心 理 学 经 典 教 材 译 丛

Exercise Psychology
(2nd edition)

锻炼心理学

（第 2 版）

[美] 珍妮特·巴克沃斯 (Janet Buckworth)

罗德·K. 迪什曼 (Rod K. Dishman)

帕特里克·J. 奥康纳 (Patrick J. O'Connor)

菲利普·D. 汤普罗斯基 (Phillip D. Tomporowski)　著

毛志雄　等　译

北京师范大学出版集团
BEIJING NORMAL UNIVERSITY PUBLISHING GROUP
北京师范大学出版社

本书中文简体翻译版由 Human Kinetics 授权北京师范大学出版社独家出版并限在中国大陆地区销售。未经出版者书面许可,不得以任何方式复制或发行本书的任何部分。

北京市版权局著作权合同登记图字:01-2016-2892 号

图书在版编目(CIP)数据

锻炼心理学/(美)珍妮特·巴克沃斯等著;毛志雄等译. —2版. —北京:北京师范大学出版社,2020.12
(心理学经典教材译丛)
ISBN 978-7-303-24471-3

Ⅰ.①锻… Ⅱ.①珍… ②毛… Ⅲ.①体育锻炼—体育心理学—教材 Ⅳ.①G806②G804.8

中国版本图书馆 CIP 数据核字(2019)第 002116 号

营　销　中　心　电　话　010-58807651
北师大出版社高等教育分社微信公众号　新外大街拾玖号

DUANLIAN XINLIXUE
出版发行:北京师范大学出版社　www.bnupg.com
　　　　　北京市西城区新街口外大街 12-3 号
　　　　　邮政编码:100088
印　　刷:天津中印联印务有限公司
经　　销:全国新华书店
开　　本:889 mm×1194 mm　1/16
印　　张:35.75
字　　数:774 千字
版　　次:2020 年 12 月第 1 版
印　　次:2020 年 12 月第 1 次印刷
定　　价:139.00 元

策划编辑:何　琳　　　责任编辑:杨磊磊　葛子森
美术编辑:李向昕　　　装帧设计:李向昕
责任校对:康　悦　　　责任印制:马　洁

版权所有　侵权必究
反盗版、侵权举报电话:010-58800697
北京读者服务部电话:010-58808104
外埠邮购电话:010-58808083
本书如有印装质量问题,请与印制管理部联系调换。
印制管理部电话:010-58805079

　　锻炼心理学(exercise psychology)是对身体活动和锻炼场景下大脑与行为的研究。它是一个以旧理论为基础的新领域。被尊为医学之父的古希腊医生希波克拉底(Hippocrates)，曾建议通过身体活动来治疗心理疾病。美国心理学之父威廉·詹姆斯曾于 1899 年指出："我们总是需要肌肉的活力……来建立健康、平静和快乐的生活环境，为我们的性情增加道德的弹性，磨平我们焦躁的'尖锐棱角'，并使我们和蔼可亲、平易近人(W. James，1899)。"

　　然而，直到 20 世纪 60 年代末和 20 世纪 70 年代初，系统的锻炼心理学研究才开始形成。威廉·P.摩根(William P. Morgan)是这类研究的代表性先驱，他于 1970 年在威斯康星大学建立了工效心理学(工作心理学)实验室。这是威廉·詹姆斯 1875 年在哈佛大学开始使用实验法，在心理学之父威廉·冯特(Wilhelm Wundt)1879 年在莱比锡大学建立第一个心理学实验室之后近 100 年内发生的事情。摩根后来在 1986 年建立了美国心理学会(the American Psychological Association，APA)第 47 分会——锻炼和运动心理学分会，并担任首任主席。这是继 G.斯坦利·霍尔(G. Stanley Hall)1892 年建立美国心理学会之后近 100 年内发生的事。第 47 研究分会于 2011 年庆祝其成立 25 周年。

　　尽管心理学与其他学科(如生理学和社会学)不同，是研究主观体验的，但现代心理学各分支学科对生理的、行为的、认知的或者社会的问题和方法的重视程度不相同。因此，心理学有许多分支学科。在这些分支学科中，比较知名的有生物心理学、行为神经科学、比较心理学、进化心理学、行为主义心理学以及社会心理学。由于锻炼心理学使用每一个分支学科的传统来研究身体活动，所以它是一个交叉学科的研究领域，而不是心理学的一个分支学科。此外，锻炼心理学根植于锻炼科学，其本身就是一个跨学科的研究领域。因为锻炼心理学涉及临床环境、人口中的心理健康和健康相关行为（health-related behaviors），所以它也包含了精神病学、临床与咨询心理学、健康促进以及流行病学领域的研究方法。

本书的一个独到之处是，在认知、社会以及环境影响的广阔背景下，介绍锻炼心理学的生物学基础。我们认为，在早年的锻炼心理学研究中，社会心理学占有统治地位。虽然，社会环境的中介和影响对于锻炼而言是重要的，但我们认为大脑和行为的生物学基础（如锻炼对大脑的影响以及大脑对锻炼的控制）也同样重要，而多数锻炼心理学研究者和多数在这一领域里使用的教科书却忽略了这一重要性。这是不幸的，因为身体活动和锻炼具有唯一的生物学本质，这是不争的事实；而且也没有其他行为在高于休息状态的新陈代谢率几倍的状态下持续长时间地发生。还有，威廉·冯特在他建立实验心理学研究领域之前，曾经受过生理学和医学的训练，铭记这一点，是有益的。

美国国会将 20 世纪 90 年代指定为"脑科学研究的十年"（the Decade of the Brain）。2000—2010 年是"行为研究的十年"（the Decade of Behavior），美国心理学会也曾制订过研究计划。该计划是在模仿"脑科学研究的十年"之后，通过跨学科之间的共同努力，提升行为和社会科学研究重要性的计划。本书中，我们努力做到了保持大脑和行为的生物学基础与来自行为主义、认知和社会研究方法的理论及知识的平衡，以研究锻炼心理学领域中的关键问题。

在发达国家，锻炼和其他形式的身体活动的社会学意义从未如此重要。久坐不动的生活方式已成为美国大众健康的负担，据统计每年有 250 000 多人死于冠心病、2 型糖尿病和结肠癌。身体活动缺乏（physical inactivity）和过量摄入卡路里的联合效应，是自 20 世纪 60 年代以来美国成人和儿童肥胖患病率迅速增加的关键因素，其中 20 世纪 80 年代后缺乏身体活动和过量摄入卡路里的现象更为明显。越来越多的证据也支持这样的论点，即缺乏身体活动是心理健康状况不佳的危险因素之一。世界卫生组织提出，到 2020 年，抑郁症是仅次于心血管疾病，成为世界上死亡与残疾的主要原因之一，并将在 2030 年之前超过心血管疾病排名第一，痴呆症的排名将升至第三位。

促进休闲体育活动的开展已成为许多经济发达国家公共卫生和提高生活质量的重要举措。1996 年美国出版的《医务总监关于身体活动与健康的报告》（*Surgeon General's Report on Physical Activity and Health*），以及身体活动咨询委员会关于《2008 年美国人身体活动指南》（*2008 Physical Activity Guidelines for American*）的报告，就身体活动对减少慢性疾病发生率和改善心理健康幸福感的两种益处达成了共识。2000 年出版的《医务总监关于心理健康的报告》（*Surgeon General's Report on Mental Health*）承认了身体活动在确保良好的心理卫生方面的作用。"健康公民 2020"（Healthy People 2020），是美国卫生与公众服务部制订的全国健康总目标，它包括几个分目标，共同提倡在美国所有阶层的人群中增加身体活动。在澳大利亚、加拿大和欧洲各国，有关部门在近十年内也提出了关于身体活动对保持健康的重要作用的类似政策声明。

尽管如此，在保留身体活动人口统计数据的国家中，休闲时间的身体活动水平仍低于建议水平。美国过去十年民众在休闲时身体活动的不足，并未发生明显的改变。尽管有关部门在普通人群中对增加身体活动进行了广泛的尝试，但仍有 20％～25％ 的 18 岁或以上的美国成年人在休闲时根本不参加身体活动。仅有 1/3 的人声称自己的活动量足够，能够满足联邦政府目前建议的要有充分身体活动的要求。不足 15％ 的美国青年参加了倡导的每天 60 分钟的有氧身体活动。

本书致力于解释休闲时的身体活动是怎样增强民众的生活质量的。本书包含 16 章，围绕与身体活动的心理健康效益有关的关键主题，以及如何促进身体活动来组织编写。

第一编有 3 章，包括锻炼心理学的理论基础及其基本概念。第 1 章包括心理学领域发展中关于身体活动的历史回顾，现代锻炼心理学的生物、认知、行为和社会基础，以及增强心理幸福感、促进身体活动的重要社会意义。第 2 章定义了用于测量心理变量、身体活动和体适能的基本概念与途径。第 3 章介绍了一个关于行为神经科学的初步讨论。本编特别适合那些尚未接触心理学的有生物学基础的学生学习。

第一编的内容为读者更完整地理解第二编（锻炼与心理健康）提供了重要的背景信息。我们扩展了第二编，把它分为两个部分：第一部分涵盖了有关应激和情感的主题，包括身体锻炼与应激、情感、心境与情绪、焦虑及抑郁等的关系；第二部分重点关注身体锻炼与生活质量之间的关系，包括锻炼与认知功能、能量与疲劳、睡眠、疼痛及自尊间的关系。其中每章讨论的共同主题包括临床特征和治疗、公共卫生负担、身体活动心理效益的描述性证据与实验性证据，以及对该效益可能包括的生物学机制的合理解释。

第三编讨论了身体活动行为、行为改变的理论、可用于增加休闲时身体活动的干预，以及与主观努力感的关系。

希望这本书可以成为初次学习锻炼心理学的高年级本科生及研究生的教科书。我们还希望它能够成为包含锻炼心理学的广义的运动心理学课程的有效参考书。

评判一本教科书的价值，要看它服务于教学工作的效果。一本入门级的教科书应该提出许多问题，并且能够回答其中的大部分问题。它还应该教导入门级的学生：知识是一个不断增长和变化的过程。我们相信，有效教学的关键成分是，使用最新的、逻辑排列有序的教学内容，并辅以清晰的示例。考虑到以上问题，我们努力避免单纯提纲挈领式地介绍相关期刊或综述文章中的热点、时髦问题，因为这样做会淡化非研究者的理解，致使信息量减少。

我们选择了一些知识量足够大的经典的和当代的主题，以证明把它们写进教科书具有一定的权威性。在本书第一版的基础上，我们增加了关于锻炼与认知、能量与疲劳，以及疼痛的章节，以介绍这些领域的研究所取得的重大进展。毫无疑问，本书所涵盖的其他细节也会使很多人感兴趣。例如，使用身体锻炼辅助治疗精神分裂症、双相情感障碍、慢性病、药物和酒精滥用以及吸烟成瘾。

我们的导向性动机一直是，提供一个与科学保持一致的教材，但以一种能够吸引、告知和挑战认真的学生的方式来转述这些内容。我们希望消除"研究人员不写教科书，也不能教书"的错误学术观念。

当一本书未达到它所追求的目标时，我们必须接受责备。一本书成功之时，荣耀应该由许多人共同分享——是他们为本书提供了资料，是他们为资料应该是什么或怎样以最佳方式呈现这些资料提供了想法，是他们提供了保证本书得以出版的环境。他们之中有我们的导师，有向我们反映问题以及提供攻克这些问题的战术的过去和现在的学生，有激发我们不断提升"卓越"二字标准的同事，还有培养并支持我们追求卓越的家人。特别感谢蒂姆·普耶茨（Tim Puetz）、内特·托姆（Nate Thom）、马特·海灵（Matt Herring）、切丽·鲁克斯-派克（Cherie Rooks-Peck）、凯蒂·威尔逊（Katey Wilson）、德里克·梦露（Derek Monroe）、布雷特·克莱门茨（Brett Clementz）、凯文·麦考利（Kevin McCully），以及菲尔·霍尔姆斯（Phil Holmes）的贡献，是他们为本书增添了新的研究成果。

我们还要由衷地感谢同行审阅人和人体动力学出版社（Human Kinetics）的编辑，他们提供了很多有帮助的建议。他们是：策划编辑迈尔斯·施拉格（Myles Schrag），开发编辑梅利莎·扎瓦拉（Melissa Zavala），编辑助理卡莉·考克斯（Kali Cox），版权经理达伦尼·里德（Dalene Reeder），以及那位勇敢地帮助我们驾驭英语的编审。

第一编
引言与基本概念

第一编　引言与基本概念

第 1 章　锻炼心理学的理论基础

第 2 章　锻炼心理学中的基本概念

第 3 章　行为的神经科学基础

锻炼心理学研究锻炼和身体活动后的心理、生理反应，及其对情绪和心理健康的后续影响。锻炼心理学也包含着对锻炼行为的研究，以及对有规律的身体锻炼的促进和生活方式(active lifestyle)的改善。在本书中，这两个分支都很重要，并且自《锻炼心理学》出版以来，这种重要性一直在增加。成为锻炼心理学专业的一名学生是一件激动人心的事情。由于新技术有助于我们研究大脑以及锻炼的神经生理反应和适应，因而我们对锻炼的生理和心理机制，对锻炼的心境、认知效应有了进一步的理解。我们已经发展和运用了一些创新理论，来解决锻炼方式的采用和坚持问题，并且也已经开发了许多技术，来帮助我们测量和干预身体活动。

　　第一编，我们将把当代锻炼心理学置于简史的视角下，介绍知名人物和一些在锻炼的生理学与心理学变量之间建立了重要联系的研究。我们也将讨论更好地理解锻炼心理学研究、理解后续章节所需的工具。比如，心理学变量是如何测量和分析的。我们还提出了一些说明锻炼心理学的范围和潜力的定义与概念，并讨论了身体活动与身体锻炼的区别。这种处理锻炼心理学的方法，与他人的不同之处在于强调行为的生物学基础。有一章内容专门论述了与锻炼和心理健康相联系的生理结构与生理功能，这有助于读者更为清晰地理解后续关于生理机制的章节，而且凸显了生理机制对行为和心境的生物学贡献的重要性。

第 1 章
锻炼心理学的理论基础

　　锻炼心理学已经成为一个研究领域，这一研究领域稳定地建立在过去 30 年的研究浪潮基础之上。然而，在这一领域中基本理念的形成过程，却要漫长得多。纵观历史，哲学家和医生们早已记载了身体锻炼与心理健康之间的关系。身体锻炼与心理健康幸福感的关系早在公元前 4 世纪就得到了认可。执业"体操医学"（古希腊医学的一个分支，依靠身体锻炼）的古希腊医生希洛地卡斯（Herodicus）把他的疗法建立在充满活力的锻炼之上（Kollesch，1989；Phillips，1973）。被尊为医学之父的希波克拉底，尽管最初批评希洛地卡斯依赖锻炼作为"疗法"，但他承认身体锻炼对身体和心理疾病的双重价值（Littre，1842）。

　　早期的犹太宗教作家们记录了身体锻炼的益处。《圣经》的旧约全书鼓励人们参加有目的的身体活动："她以能力束腰，使膀臂有力。她觉得所经营的有利。力量和威仪是她的衣服。她想到日后的景况就喜笑。"（箴言 31:17—18，25）"懒惰人的心愿将他杀害，因为他手不肯做工。"（箴言 21:25）"懒惰人仿佛一块污秽的石头，对他的丑行，人人发出嘘声。"（新约外传 22:1）12 世纪犹太哲学家、埃及苏丹萨拉丁的医生拉比·摩西·本迈蒙（Rabbi Moses ben Maimun）〔也叫"迈蒙尼德"（Maimonides）〕，在其撰写的《犹太宗教法典》（*Mishneh Torah*）中强烈推荐身体活动："任何过着久坐少动的生活而且不锻炼的人……即使他吃得很好并按照适当的医学原则照顾自己，但他的全部生活都将是痛苦的，他的力量将衰退。"（Rosner，1965）迈蒙尼德也承认身体活动的心理学效益："各种类型的锻炼，其最大的利益是，健身可致灵魂欢乐。"（Bar-Sela，Hoff and Faris，1964）

　　英国神学家和学者罗伯特·伯顿（Robert Burton）在他的《忧郁的剖析》（*The Anatomy of Melancholy*）一书中，对久坐少动的生活方式提出了警告："锻炼的对立面是懒惰或缺少锻炼，它是身体和心灵（minde）的毁灭者，……是七大致命的罪孽之一，而且是忧郁的独一无二的原因。"（1632 年）上述早期思想一直持续到了 20 世纪。例如，1905 年就有了关于锻炼对于抑郁的疗效的报道（Franz and Hamilton，1905）；20 世纪 30 年代就有人将锻炼归入精神病的休闲疗法之中（Campbell and Davis，1939，1940）。1926 年就有人提出了一种解释锻炼效果的机制的神经生物学观点，认为锻炼通过刺激神经并增加腺体分泌量而使受压抑的人受益（Vaux，1926）。

> 通观历史，我们发现哲学家和医生们已经认同了心理健康与锻炼之间的联系。

二元论与一元论之争

锻炼心理学在某种程度上是由当代问题以及回答这些问题的方法而定义的。这些问题源自哲学家和早期心理学家几个世纪的努力，解释心灵（mind）和身体（body）之间联系的性质。**二元论**（dualism）认为人类拥有物质的肉体和非物质的灵魂（soul）。身体和心灵是彼此分离的，需要用不同的原则来解释它们各自的功能。古希腊哲学家柏拉图（Plato）是个二元论者，他宣称在物质世界和灵魂之间有清晰的区别。

法国哲学家、数学家和生理学家勒内·笛卡儿（René Descartes，1596—1650）（见图 1-1）也认为人类是由身体和灵魂构成的，但他认为这两种成分是相互作用的。大约在 1633 年他完成了第一篇完整的生理心理学文章《论人》（"De Homine"，即"Treatise of Man"）（Steele，1972），在该文中，笛卡儿试图解释灵魂是怎样控制身体的。他相信，身体就是一部由灵魂控制的液压机。灵魂从各种感觉中获得信息，做出决策并用脑来指挥身体。为了解释反射性行为，笛卡儿提出，物质的身体是被"动物精神流"（flow of animal spirits）控制的。"动物精神"通过空心的管道（神经），从脑部流向肌肉。同时，非物质的灵魂通过调节脑内的松果腺（pineal gland）来控制身体，进而调节"动物精神流"。然而，笛卡儿的观点未能阐明一个非物质的灵魂怎样控制一个物质的身体，或者身体能否影响灵魂。

图 1-1　笛卡儿

注：哲学家勒内·笛卡儿（17 世纪）将人的身体定义为一部由灵魂控制的液压机。美国国家医学图书馆（National Library of Medicine）供图。

后来，德国哲学家戈特弗里德·冯·莱布尼兹（Gottfried von Leibniz，1646—1716）提出身体和灵魂虽相互分离，但在功能上是平行的，不是相互作用的。他的观点为 19 世纪中后叶实验心理学的出现奠定了哲学基础。当时，许多医生，如古斯塔夫·费希纳（Gustav Fechner，1801—1887）、赫尔曼·冯·赫尔姆霍茨（Hermann von Helmholtz，1821—1894）、威廉·马克斯·冯特（Wilhelm Max Wundt，1832—1920）以及威廉·詹姆斯（William James，1842—1910），摆脱了传统医学和哲学的束缚，开始了实验心理学领域的研究。费希纳（见图 1-2）于 1850 年奠定了心理物理学的基础。他指出，人们可以通过将某种物理刺激（如光线）的强度变化与这种刺激所带来的主观经验的变化（如对亮度的感觉）相比较，来科学地研究心理与身体之间的联系。赫尔姆霍茨（见图1-3）通过对声音知觉的研究，成为生理心理学研究领域的开创者。他也是测量神经传导速度的第一人。冯特，曾是赫尔姆霍茨的助手，通常被认为是科学心理学的创建者，他把心理学作为一门学科从医学和生理学中分离出来。詹姆斯则被公认为是美国心理学之父。

图1-2 古斯塔夫·费希纳

注：古斯塔夫·费希纳描述了研究心理和身体之间联系的方法，并于1850年奠定了心理物理学领域的基础。美国国家医学图书馆供图。

图1-3 赫尔曼·冯·赫尔姆霍茨

注：德国生理学家赫尔曼·冯·赫尔姆霍茨（19世纪）开辟了生理心理学研究领域。美国国家医学图书馆供图。

一元论大约是与二元论在同一时间发展起来的，该观点认为：单一物质原则足以解释现实——心理和身体是同一的。**一元论**（monism）假设心灵仅仅是以身体的机能及其与环境的相互作用的方式存在的。虽然柏拉图的学生亚里士多德是一位二元论者，但他的"自然二元论"学说认为，所有物质都有形态，而灵魂和身体组成了一个单一的相互依赖的实体。与笛卡儿同时代的英国哲学家托马斯·霍布斯（Thomas Hobbes，1588—1679）扩展了这一观点并声称："所存在的一切，都是物质；所发生的一切，都是运动。"按照霍布斯的观点，心理的活动是发生在神经内的运动，因而它会与其他物质运动遵循相同的原则。这些思想将心理与身体等同看待，从而为区别于形而上学的灵魂论构建了基础。

美国精神病学之父本杰明·拉什（Benjamin Rush，1746—1813），《独立宣言》的签署者之一，就是一位一元论者。他区分了"道德行动"（moral action，即心灵）与"道德主张"（moral opinion）或"良心"（conscience）的概念；他主张生理原因能够影响人的心灵，如脑的大小、遗传、疾病、发热（fever）、气候、食物、饮品、药物及其他因素。1772年，拉什发表了一篇文章《锻炼之布道》（"Sermon on Exercise"），该文为年轻人和老年人介绍了许多不同类型的体育运动和锻炼项目（包括舞蹈），用以改善身体的力量和

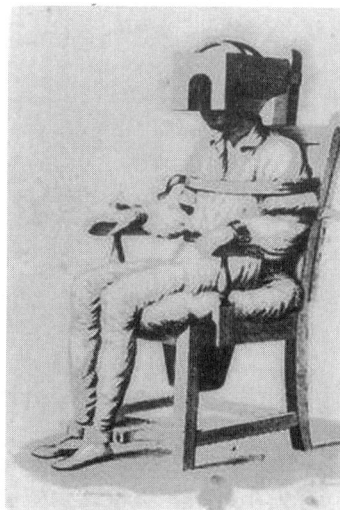

图1-4 本杰明·拉什的"放松椅"

注：美国国家医学图书馆供图。

健康状况。尽管我们不清楚拉什是否明白锻炼在心理健康中的作用，但他的"放松椅"
（relaxation chair）（见图1-4）却给人们展示了一个相当约束身体活动的样子。

早期对情绪的生物学基础的强调

　　脑，并且只有脑，是我们愉快、喜悦、大笑和娱乐的源泉，也是我们悲哀、痛苦、忧
伤和眼泪的源泉。它尤其是我们用来……区分……好与坏、愉快与不愉快的器官。脑，还
是疯狂与惊慌，昼夜来袭的恐惧、失眠，……无意义的焦虑发生的场所。

　　　　　　　　　　　　　　　　　　　　　　　——希波克拉底：《养生术》（*Regimen*）

锻炼心理学的生物学基础

　　对锻炼的研究是建立在生理学基础之上的，不过可能令锻炼心理学的初学者感到惊奇的
是，心理学也起源于生理学。心理学之父冯特（见图1-5）于1879年在莱比锡大学建立了第一个
心理学实验室，他在此之前就曾接受过医学和生理学的训练。在那之前，即1875年，威廉·
詹姆斯已经在哈佛大学进行心理学实验了。他的关于情绪的**詹姆斯-兰格理论**（James-Lange
theory）（与同时代的一位丹麦生理学家联合命名）提出，情绪产生时的生理反应是情绪反应的来
源。虽然该理论未得到后续研究的支持，但它源于一元论的观点，而且引发了至今仍在继续的
关于情绪的生物学基础的实验争论。这种争论甚至在锻炼心理学中也有发生。

　　与冯特同时代的学者有埃米尔·克里佩林（Emil Kraepelin）、
西格蒙德·弗洛伊德（Sigmund Freud）和阿道夫·梅耶尔（Adolf
Meyer），这些著名的精神病学家都支持应用神经病理学来推动精神
病学的发展，因为器官病理学对普通内科学贡献良多（Whybrow，
Akiskal，and McKinney，1984）。20世纪初期，虽然克里佩林持续
不断地基于病理生理学追求对精神疾患的实验分类，但精神病学
的主流还是偏离了神经生理学的定向。弗洛伊德和梅耶尔转而使
用人类经验和内省来解释、处理精神病理学问题。然而，梅耶尔
后来批评弗洛伊德忽略精神疾患的生物学特征，并于1915年将
神经生物学的概念介绍给了美国医学会（American Medical
Association）（Winters，1951）。

图1-5　威廉·马克斯·冯特
注：美国国家医学图书馆供图。

　　锻炼心理学通过它在运动科学和心理学中的基础，在生理学中有了自己的根基。

锻炼心理学的认知基础

　　冯特之所以成为第一个被人们认为是心理学家的科学家，可能是因为他主张将内省法作为
探究知觉和心理元素的基本方法。在他公开出版的 500 部
作品中，《生理心理学原理》(*Principles of Physiological
Psychology*，两卷，1873—1874) 就是其中之一。1881 年，
他还创建了第一个心理学期刊《哲学的研究》(*Studies in
Philosophy*)。冯特的思想被他的学生英国科学家铁钦纳
(E. B. Titchener，1867—1927) 带到了美国，铁钦纳于
1892 年来到了康奈尔大学。然而，正是威廉·詹姆斯
(William James) 通过扩展赫尔姆霍茨和冯特的心理物理
学方法，将知觉的生理学与符号意义联系了起来，将意识
(consciousness) 的研究融入了实验生理学 (experimental
physiology) 中。1890 年，詹姆斯出版了具有里程碑意义
的两卷文稿《心理学原理》(*Principles of Psychology*)，主张
心理学应发展为对意识的认知研究。在他的关于关系的学
说中，詹姆斯宣称：正统的科学心理学，必须对意识流
(stream of thought) 和感受 (feeling) 都做出说明。

图 1-6　威廉·詹姆斯

注：美国国家医学图书馆供图。

　　英国博物学家查尔斯·达尔文 (Charles Darwin，1809—
1882)(见图 1-7) 提出了"物竞天择"原理，他的著作从两方面
推动了现代心理学关于心身统一的一元论观点的发展。首
先，达尔文在著作中强调，一个生物体的所有五官均有它
的功能；其次，他在 1872 年出版的《人和动物的情绪表达》
(*The Expression of the Emotions in Man and Animals*) 一书
中，提出了以情绪表达为基础的生物学观点。达尔文的思
想对威廉·詹姆斯产生了巨大的影响。

图 1-7　查尔斯·达尔文

注：查尔斯·达尔文以发展了自然选
择原理著称，他也写过关于情绪表达的生物
学基础的文章(John van Wyhe, ed. 2002)。

锻炼心理学的行为和社会基础

　　詹姆斯后来把注意力集中在了态度和价值观对健康和疾病的影响上。1893—1896 年，他在哈
佛大学教授了一门关于心理病理学的高级研究生研讨课，这门课对科学心理疗法的发展产生了影
响。詹姆斯看到了锻炼在心理卫生中所发挥的作用。在《对教师讲心理学：兼与学生们谈一些生活
理想》(*Talks to Teachers on Psychology：and to Students on Some of Life s Ideals*)的第一章"放松的

福音"(The Gospel of Relaxation)中，他做了如下陈述：

> 我希望在接下来的时间里提出一些心理学的学说，并展示它们在心理卫生方面的实际应用……考虑一下，一个健全的运动器官，既强健又有力，它对于我们总体的个人自我意识所产生的影响，以及它使人产生的弹力感和效率感。事实告诉我们，在挪威，最近妇女的生活发生了翻天覆地的变化，这是由于她们使用雪橇或长雪鞋，使肌肉的感觉发生了变化，女性们明白了，这是一项适合男女性的运动项目。而15年前，挪威妇女还比其他国家的妇女更信奉老式的女性气质、"家务天使""我温柔典雅"之类的东西。如今，这些在灶台旁久坐少动的挪威"大花猫"们得到了锻炼。有人说，身体柔软而行动大胆的女人一旦穿上了雪鞋，对于她们来说，夜晚便不再黑暗，高度便不再令人眩晕。她们不仅告别了传统女性的苍白和纤弱的体质，居然还在每项教育和社会改革中起着带头作用。我不禁想到，在这个国家的女性中迅速蔓延的网球、步行和溜冰运动，还有骑自行车热，也将会产生一个健康而强烈的道德气氛，并将其滋养气息吹送到我们所有美国人的生活中。我真希望，在美国，像在高等教育中男女机会均等一样，训练有素、精力旺盛的身体与训练有素、精力旺盛的心理并驾齐驱的人越多越好。(James, 1899)

赫伯特·斯宾塞(Herbert Spencer)对社会心理学思潮具有跨世纪的影响力。他于1874年将达尔文的思想从生物学领域扩展到了社会学领域(是斯宾塞，而不是达尔文首创了"适者生存"一词)。社会达尔文主义影响了早期许多美国心理学家的思想，包括威廉·詹姆斯在内。人们普遍认为，是美国心理学家诺曼·特里普利特(Norman Triplett)于1897年报道了第一个社会心理学实验，他检验了竞技自行车赛中运动表现的社会学影响。虽然英国心理学家威廉·麦独孤(William McDougall)的《社会心理学导论》(*Introduction to Social Psychology*)早在1908年就出版了，但直到1924年弗洛伊德·奥尔波特(Floyd Allport)的教材《社会心理学》(*Social Psychology*)以及1935年卡尔·默奇森(Carl Murchison)的《社会心理学研究手册》(*Handbook of Social Psychology*)出版之后，社会心理学才作为一门实验学科，从更多使用自然主义的观察技术的社会学中区分出来。自从德裔美国心理学家库尔特·勒温(Kurt Lewin)于20世纪30年代普及了关于"行为是个体和环境交互作用的产物"的观点之后，态度的测量与改变、团体动力学、社会学习与人格、社会认知、攻击，以及自我知觉等领域的研究，便成为社会心理学的基本部分。

在20世纪初叶至20世纪中叶，精神分析是心理学和精神病学中的主要治疗方法。但此时，其他观点开始占有主导地位。俄国生理学家巴甫洛夫(Pavlov)和美国心理学家约翰·华生(John Watson)及其同事们所做的条件反射研究，罗伯特·耶克斯(Robert Yerkes)和卡尔·拉什利(Karl Lashley)以及哈佛大学的行为主义心理学家B. F. 斯金纳(B. F. Skinner)的操作性条件反射研究，为 20 世纪 50 年代后期出现的"行为疗法"奠定了基础。社会学习理论（Bandura，1977，1986）和认知行为主义理论（Meichenbaum，1977）的发展紧随其后。拉什利对神经心理学（neuropsychology）的发展做出了开创性工作，在此基础上建立起来的生物心理学（biological psychology），其主要局限于用动物来模拟大脑和行为之间的联系。行为主义后来也在心理学的许多领域中失宠，特别是格式塔心理学（gestalt psychology），因为它过于强调行为及刺激—反应联结而忽视了对有机体的意识和适应的研究。随着行为主义的衰落，与计算机科学、语言学和生物学的进步相联系的认知心理学，成了主流的思想学派。

> **行为主义**（behaviorism），也称学习理论或刺激—反应理论，通过观察环境操纵的结果，发展了行为研究的实证原则。后来，认知行为主义认识到，人的想法和感受可以调节其行为。

20 世纪 60 年代是心理疗法的各种手段共存的时代。这些手段包含了不同的**模型**（models）和技术。在理解健康和疾病时，生物、心理和社会因素整合的观点，是乔治·L. 恩格尔（George L. Engel）在他 1977 年出版的名著中介绍的。关于健康和疾病的多重原因的现代观点，就源于恩格尔的疾病的**生物—心理—社会模型**（biopsychosocial model of disease）。这种观点使 20 世纪 90 年代有关心理健康的研究受益，而 20 世纪 90 年代被美国国会指定为"脑科学研究的十年"。这个整合的观点也反映在 2000 年出版的《医务总监关于心理健康的报告》（美国卫生与公众服务部）中。该报告承认身体活动对心理卫生的部分作用。

21 世纪，美国心理协会（the American Psychological Association）——由 50 个分别代表行为和社会科学的学会同意——启动了"行为科学研究的十年"计划。这是仿效 20 世纪 90 年代的"脑科学研究的十年"计划，跨学科促进行为和社会科学研究的一种努力。最初的五大主题就包含了健康。

> **生物心理学**（biological psychology），是指运用自然科学的方法对脑和行为进行研究。它运用生理学、解剖学、遗传学、内分泌学、免疫学、药理学和分子生物学来达到理解行为的目的。在分子、突触和神经系统层面观察到的反应与完整的行为是相关的（Davis et al.，1988）。

> 我们需要了解行为反应与锻炼之间的生理联系。

如今，世界各地的理论发展，已经使人们初步理解了脑在不同的社会和环境状态下怎样控制思维、情绪、行为。社会因素和人的主观感受之间的关系的统计学建模的发展，已经可以使我们将早期心理学家的思想，转化为有助于理解和促进健康的精确的社会心理学理论。与此相似，神经科学的技术进步，如微型神经照相术（microneurography）、电生理、微透析技术（microdialysis）、核素脑成像（nuclear brain imaging）以及分子生物学的出现，使人们可以对心理和行为的生物学机制进行进一步的检验。2003年人类基因组计划的完成，为研究锻炼行为的遗传性，以及锻炼对与心理健康的神经生理学相关的基因表达的影响，进一步奠定了基础。因此，本书的目的是在锻炼的心理和行为反应研究中，说明锻炼心理学的生物学基础，并且在更为广泛的认知、社会和环境影响的背景下进行。

> **社会心理学**（social psychotogy），是对人际关系及其作用过程的研究。它讨论个体影响他人，或受他人、社会环境及物理环境影响的方式。
>
> **健康心理学**（health psychology），关心的是如何科学地理解以下问题：行为原则（behavioral principles）是怎样与身体健康和疾病相联系的。

现代心理学的不同研究领域在生理、行为、认知及社会的问题和方法上的侧重点相对有所不同。因此，心理学中就存在分支学科。其中知名的分支学科有生物心理学（biological psychology）、行为神经科学和比较心理学（behavioral neuroscience and comparative psychology）、行为主义心理学（behaviorism），以及社会心理学。由于锻炼心理学使用了上述每个分支学科的传统研究方法来研究身体活动（physical activity），因此它也许更像是一个跨学科研究的领域（an interdisciplinary field of study），而不是心理学的一个分支学科（a subdiscipline of psychology）。锻炼心理学的这种认识还与它的锻炼科学根源相一致：锻炼心理学本身，就是一个应用其他学科（包括生理学、医学和心理学）的方法和传统理论进行研究的跨学科领域。此外，锻炼心理学还牵涉到基于临床环境与人口的心理健康和健康行为问题。所以，它使用了来自临床心理学和精神病学、健康促进和流行病学的常用方法及手段。

> **行为神经科学和比较心理学**（behavioral neuroscience and comparative psychology），是包含知觉与学习、神经科学、认知心理学以及比较心理学等在内的分支学科。

锻炼心理学是分支学科还是研究领域？

大约在1530年，德国学者菲利普·梅兰希顿（Phillip Melanchton）首先明确地使用了"心理学"（psychology）一词。它的原义，来自希腊语"psyche"（灵魂）和"logos"（研究），即"灵魂的研究"。后来，"psyche"被译为"心理"（mind），而不是"灵魂"（soul）。对于威廉·詹姆斯来说，心理学是"精神生活的科学"，是对意识的状态……如"感受、期待、认知、推理、决策……知觉、情绪"的描述和解释（1890：1）。在过去的100年中，心理学已经发展为一门科学学科，包含了对行为原则及心理过程的研究和应用。一门**学科**（discipline）是由一些独立的问题和方法来界定的。因此，虽然心理学强调行为的生理学和社会学方面，但它对自省（introspection）和个体的关注，使它有别于生理学和社会学。

当代锻炼心理学

50 多年前，美国华盛顿特区儿童医院精神病科首席心理学家埃玛·麦克洛伊·莱曼（Emma McCloy Layman）发表了第一篇主题为"锻炼与心理健康"的现代评述，标志着当代锻炼心理学作为一个可行的研究领域产生了（如 Layman，1960）。在过去的 30 年中，研究锻炼心理学的不同领域的科学家人数大幅增长。研究数量的相应增长，为新期刊的创建提供了保障（如 2000 年创刊的《运动与锻炼的心理学》、2008 年创刊的《心理健康与身体活动》，以及 2012 年创刊的《运动、锻炼与表现心理学》）。锻炼心理学者来自心理学、体育教育和运动医学等学科，但许多人是 20 世纪 60 年代运动心理学家的第二代甚至第三代学生。

其中一位知名的锻炼心理学"父辈"，便是威斯康星大学的威廉·P. 摩根（见图 1-8）。他将心理学的应用扩展到了身体表现（physical performance），对运动员的研究除外。21 世纪锻炼心理学的基础，就是由摩根通过他 1969 年至 1979 年对于抑郁（Morgan，1969，1970；Morgan et al.，1970）、焦虑（Morgan，Roberts and Feinerman，1971）、催眠和主观努力感（Morgan et al.，1976）、锻炼坚持性（Morgan，1977）以及锻炼成瘾（Morgan，1979b）等方面的开创性研究和其相关著作奠定的。除了在锻炼科学和体育教育中将心理学建设成为一个有生命力的主题之外，摩根博士还在美国的主流心理学中促进了锻炼心理学的发展。1986 年，他建立了美国心理协会的第 47 分会，即锻炼和运动心理学分会，并担任首任主席。这距离 G. 斯坦利·霍尔（G. Stanley Hall）于 1892 年建立美国心理协会将近有 100 年。

图 1-8　威廉·P. 摩根博士

注：　由威斯康星大学医学摄影，威斯康星大学麦迪逊分校（University of Wisconsin Medical Photography， University of Wisconsin-Madison）供图。

当然，其他一些关键人物也是促进锻炼心理学领域发展的无价之宝。他们的贡献贯穿本书。在这些早期做出贡献的学者中，有普渡大学的 A. H. 伊斯梅尔（A. H. Ismail）、南加利福尼亚大学的赫布·德弗里斯（Herb deVries）、罗德岛大学的罗伯特·J. 桑斯特罗姆（Robert J. Sonstroem）、宾夕法尼亚州立大学的多萝西·哈里斯（Dorothy Harris），以及《运动与锻炼心理学期刊》的创刊编辑、亚利桑那州立大学的丹尼尔·M. 兰德斯（Daniel M. Landers）。特别值得注意的是瑞典心理物理学家贡纳尔·博里（Gunnar Borg）的开创性贡献，他开辟了对主观用力感（perceived exertion）的研究。

我们可以从美国心理协会第 47 分会：锻炼和运动心理学分会的首期通信中，捕捉到了锻炼心理学的萌芽。该分会的首任主席威廉·P. 摩根在描述分会的目标和宗旨时写道：

第 47 分会代表着一个横跨心理学和体育科学的令人激动的、快速发展的专业。通过这个分会，有共同兴趣的研究者和应用者们有机会相互交流并进一步提高他们的个人和专业能力……在这个专业领域内的专家和学生，注意的焦点多种多样；这个专业领域的科学探索和临床应用已经历史性地超越了许多现有分会的研究。在该领域工作的个体来自心理学的各个分科，如发展、教育、临床、咨询、工业、比较、生理、社会、人格、催眠、动机、人类因素(human factors)、工程和健康心理学。虽然这一领域的专家和学生代表着心理学的无数专业，但他们因为对运动和锻炼的共同兴趣而会聚一堂……"运动"一词可以作为名词、动词或形容词。对于这个分会来说，它是一个名词。分会按照欧洲人的引导，既将运动看成是竞技体育，也将它看成是一种休闲、娱乐，或者是为了玩耍而参加的身体活动。换句话说，运动的含义远比竞技体育多得多，而这就是为什么分会的名称中既有锻炼又有运动。我们用"锻炼"与"运动"这两个词，是为了拓宽本分会的范围。(Morgan，1986：1-2)

身体活动与心理健康的概述

身体活动既可以作为表现形式(急性运动和慢性运动)，也可以作为临床症状的存在和程度(正常的心理健康与生物学基础的情绪障碍)，对心理健康产生了重大影响。然而，现代观点对身体活动和心理健康之间的关系却并不十分明了，尽管锻炼可防治心境障碍的支持性证据还在增加。

1984 年，美国国家心理健康研究所(the National Institute of Mental Health)的一份委员会报告指出，急性运动和慢性运动对于焦虑、抑郁有积极的作用(Morgan and Goldston，1987)。虽然如此，5 年后，美国疾病预防和健康促进办公室(the U. S. Office of Disease Prevention and Health Promotion)下属的美国预防服务工作组(the U. S. Preventive Services Task Force)断定，证明锻炼与焦虑和抑郁之间关系的有用证据质量较差，而且锻炼在心理健康问题的初级预防中的作用难以理解(Harris et al.，1989)。

1994 年，由布沙尔(Bouchard)、谢泼德(Shephard)和斯蒂芬斯(Stephens)编辑的国际公认的著作《身体活动、健身与健康》(*Physical Activity，Fitness and Health*)，为心理健康和身体活动之间的联系提供了更多的支持。然而，关于身体锻炼对心理健康产生作用的科学依据是否充分的争论仍在继续，乃至《重度抑郁症患者治疗实践指南(修订本)》[*Practice Guide Lines for the Freatment of Patients with Major Depressive Disorders (Revision)*](American Psychiatric Association，2000)中继续省略了所有关于身体活动或锻炼的参考文献。许多医生为他们的抑郁和焦虑患者推荐了锻炼法，2010 年出版的《实践指南》(*Practice Guidelines*)第 3 版，支持了"锻炼可作为治疗重度抑郁症(major depressive disorder)的合理补充手段"，以及"应患者的要求作为轻度抑郁症(mild depression)的初步治疗方法"的观点(Gelenberg et al.，2010)。

世界卫生组织在《关于身体活动有益健康的全球倡议》(*Global Recommendations for Physical Activity*，2011)中指出，有规律的锻炼能降低抑郁症患病的风险。此外，世界卫生组织承认，有规律、适当的身体锻炼，可减少儿童和青少年的焦虑、抑郁症状，并减少成人和老年人的抑郁症状。认知功能的改善也是老年人进行身体锻炼的明显的心理效益表现。

> 《2008 美国人身体活动指南》的科学咨询委员会得出结论：有强有力的证据表明，身体活跃的成年人具有较低的抑郁、认知缺陷，以及痛苦或不幸福感的风险。

美国《医务总监关于身体活动与健康的报告》(*Surgen General's Report on Physical Activity and Health*)(1996)不仅提供了关于身体活动对冠心病和糖尿病等慢性疾病的益处的共识，也陈述了心理活动对心理健康的影响。它考查了锻炼科学、锻炼心理学、临床和咨询心理学以及医学领域广泛的研究结果，支持了有规律的身体活动能降低抑郁和焦虑的感受，并促进心理健康幸福感的提升的结论。除了为预防与减少轻度和中度的抑郁提供证据之外，该报告所引用的几个纵向追踪研究还指出：久坐少动的生活方式也是抑郁的一个危险因素(risk factor)。虽然还不清楚锻炼是否对心理健康已然良好的人有效，但已经有了锻炼能够改善健康幸福感的一般性报道。人们发现慢性运动可以改善自我观念(self-concept)和自尊(self-esteem)，且对于那些自尊原本就低并看重健身(fitness)的人而言，自尊改善得更好。

急性运动与慢性运动的定义

急性运动(acute exercise)：一次性的、相对持续时间较短的一阵运动，如慢跑 3 英里(1 英里≈1.61 千米)。

慢性运动(chronic exercise)：重复性的运动，通常被认为是"有规律的锻炼"或"运动训练"，而且限定活动类型、强度、持续时间、每周频次，以及活动发生的时间阶段(周数、月数)。

美国《医学总监关于身体活动与健康的报告》中的观点，以及美国精神病协会最近的实践指南，都支持将身体活动用作治疗心理健康问题的辅助手段。心理治疗(psychotherapy)价格昂贵并消耗时间，而且在一些文化中可能带来社会污名(social stigma)问题。药物疗法(drug treatments)价格昂贵并会产生不良后果和副作用，如体重增加。身体活动作为预防和治疗的另一手段，没有与心理治疗或药物治疗相联系的并发症，同时减少了人们对身体健康风险的担心。

有规律的身体活动可产生明确的健康效益。2008 年，美国卫生与公众服务部(the U. S. Department of Health and Human Services)出版了新的儿童、青少年、成人和老年人的身体活动指南。为获得实质性的健康效益，成年人应该每天进行 30 分钟左右中等强度的运动，每周 5 天；或者每天高强度地锻炼 20 分钟，每周 3 天；或将中、高强度锻炼相组合，且包括每周至少 2 天、涉及大肌肉群的力量训练（Haskell et al.，2007）。这些建议 2010 年被世界卫生组织的《关于身体活动有益健康的全球建议》所采纳。2009 年，一半的美国成年人未达到这些建议的要求，仅 18% 的青少年符合他们相应的指导方针，每天进行至少 60 分钟的身体活动。

美国卫生与公众服务部发布的《健康人民 2020》（Healthy People，2020）设定了比目前最佳活动率估计值高 10% 的身体活动目标。这些目标比 2010 年设定的目标更低，但更现实，因为大多数人 2010 年的身体活动和体适能的目标都没有实现。例如，2010 年设定的"无闲暇时间身体活动"（no leisure-time physical activity）的成年人口比例目标，是 1997 年基线估计值 40% 的一半（20%）。但到 2008 年，仍有 36.2% 的成年人"无闲暇时间身体活动"，于是 2020 年的目标便设定为降低 10%（32.6%）。

推广身体锻炼和身体活动的必要性不仅限于美国。世界卫生组织、美国运动医学学会（American College of Sports Medicine）和美国医学会（American Medical Association）于 2007 年联合启动的计划"运动是良医"（Exercise is Medicine，EIM），也在全球推广身体锻炼。2010 年，首届"运动是良医"世界代表大会发起了一项全球性倡议，使身体活动、身体锻炼成为疾病预防和医学治疗的标准部分。这一倡议特别重要，因为据世界卫生组织报道，全世界有 60% 的人口没有通过充分的身体活动来减少健康风险。

促进身体活动特别重要，因为活动在美国人的体重管理和肥胖流行病的防治中起着重要作用。美国是高收入国家中平均体重指数（Body Mass Index，BMI）最高的国家。在过去的 10 年中，美国成人的肥胖率增加了 5%，6～11 岁儿童的肥胖率增加了一倍，青少年肥胖率增加了三倍。尽管有些证据表明超重和肥胖正趋于稳定（Yanovski and Yanovski，2011），但在美国，特别是对于女性来说，病态肥胖的比率仍在增加（Flegal et al.，2010）。从全世界来看，总体的平均 BMI 指数自 1980 年开始增长，至 2011 年肥胖率已经增长了一倍（Finucane et al.，2011）。

我们拥有相当有效的剂量化锻炼的方法，用来预防和治疗肥胖与慢性疾病，如糖尿病和心脏病；并且有更多的研究者试图量化能使抑郁症状在统计学或临床上发生显著变化所必需的锻炼刺激。例如，有人支持这样的观点，即每周能量的消耗与公共卫生建议的相等时，可减轻轻度至中重度抑郁症人群的抑郁症状（如 Dunn et al.，2005）。然而，锻炼剂量和心理健康之间的关系，可能会因诊断、个人特点，以及锻炼的推广（promotion）、预防或治疗目的的不同而发生改变。

> 大多数人运动不足，难以获得锻炼带来的益处。

身体活动行为概述

在身心健康和身体活动水平之间已经建立的联系，对公众健康具有重要的意义。然而，这

种影响的实现，有赖于个体如何采取和保持有规律的身体活动。多数美国人运动不足，难以从
锻炼中获益，他们当中大约三分之一的人久坐少动，比例与其他工业化国家的持平。一旦人们
已经开始了一项锻炼计划，形势往往对他们保持这个积极的生活方式不利。一般说来，大约
50％的人在开始一项锻炼计划之后的半年之内便退出了。虽然人们进行了无数项研究来发现增
强锻炼坚持性的干预手段，但这个平均的退出率仍持续存在了 30 年。于是，锻炼心理学也围
绕着身体活动行为展开研究。就像锻炼的心理效益一样，激励人们参加体育活动的问题也不是
新问题。

19 世纪末，马萨诸塞州斯普林菲尔德市基督教青年会体育部负责人罗伯特·J. 罗伯茨
（Robert J. Roberts），在 1887—1889 年曾说过："……我注意到，我在体操、田径等项目中教
授……更为高深的课程时，第一年会有大量的会员参加，但他们不久便退出了。"（Leonard and
McKenzie，1927）

在"放松的福音"中，威廉·詹姆斯认为缺乏身体活动（physical inactivity）是对心理卫生的
一种挑战：

> 我想起自己多年前读过一位美国医生关于卫生和生活法则与未来人性的某篇著
> 作……我记得很清楚，里面有个关于我们的肌肉系统的可怕预言。作者说人类的完
> 善，意味着应对环境的能力；但环境越来越多地需要我们的心理能力，越来越少地需
> 要裸体动物的体力。战争将停息，机器将完成我们所有的繁重工作，人将越来越多地
> 变为自然能量的指挥者，越来越少地成为自身能量的消耗者。因此，假如未来的智慧
> 人（homo sapiens）只能消化他的食物和思考，那他还有必要保留发展良好的肌肉
> 吗？……我不能相信我们肌肉的活力将成为一种多余。即使终有一天，人类没有必要
> 再去与大自然进行古老而沉重的战斗，也总有必要为理性、宁静和惬意的生活提供环
> 境，为我们的性情提供道德的弹性，总有必要去磨平我们暴躁情绪的棱角，并使我们
> 脾气好、易接近（James，1899：205-207）。

假定与身体活动相联系的变化特征会导致行为的相应变化，那么转变锻炼行为的能力，取
决于对调节或影响活动水平的因素的识别。了解那些与缺乏身体活动相关的因素，也有助于发
现高危人群，并指导我们分配增加**锻炼采取**（exercise adoption）和锻炼坚持的专门资源。对影响
特定人群的身体活动特征的进一步了解，有助于发展个性化的干预手段，并支持更有针对性的
身体活动推广。因此，对锻炼行为的研究必须包括锻炼决定因素的辨别以及干预手段的发展，
以便促进人们的**锻炼采取**和**锻炼保持**（exercise maintenance）。

身体活动作为心理健康问题的治疗手段，可产生以下效益：

1. 自我管理(self-administration)
2. 方便
3. 低成本
4. 副作用最小
5. 社会接受度高
6. 附加身体效益(ancillary physical benefits)：有氧耐力增长，体成分变化，肌肉张力(muscle tone)增长
7. 身体健康问题的减少：冠心病、结肠癌、2型糖尿病、高血压和骨质疏松

总　结

锻炼心理学是一个交叉学科的研究领域，在心理科学和生物科学方面有着坚实的基础。两个广阔的研究领域包括：急性运动和慢性运动的心理学效益，以及采取和保持锻炼的行为动力学问题。已有研究显示，身体活动既影响身体健康，又影响心理健康，而且心理学效益的机制，可能是社会学、心理学和生物学变量交互作用的结果。检验锻炼行为并探明人们如何在闲暇时间采取和保持有规律的身体活动，已经根植于行为改变的心理学理论中。考虑到人口中多数人群活动水平较低，以及身体活动和健康之间已经建立了联系，锻炼干预对公众健康的潜在影响是巨大的。在承认社会和环境条件对于身体活动的心理前因和结果的重要性的同时，后面的章节所要单独聚焦的是从生物心理学的角度透视这一独特的生物学行为——我们通称为"锻炼"。

第 2 章
锻炼心理学中的基本概念

使人们对对话产生困惑的最简单的方法之一，就是使用对不同人而言意味着不同事物的术语。"锻炼"（exercise）和"身体活动"（physical activity）两个术语通常可互换使用，但两者间的差异对于理解锻炼心理学具有重要意义。同样，多数人都大致理解"应激"（stress）这个词，但如果使用时含糊不清，就会违背它的特定定义。即使是心理学家和精神病学家，也存在着对诸如"心境"（mood）、"情感"（affect）和"情绪"（emotion）之类术语的困惑。在后面的章节中，我们将详细考虑这些概念。本章将阐明一些与锻炼心理学联系最为密切的常见术语与概念。我们将特别注意对心理学变量（psychological variables）、身体活动（physical activity）、锻炼（exercise）以及体适能（physical fitness）的测量。本章的主要目标是，为更深入地理解后续章节的内容奠定基础。对专业术语的定义和澄清，还将有助于阐明在进行高质量锻炼心理学研究中遇到的一些挑战。为此，本章将介绍有关研究设计、方法学、分析手段的一般性问题，并以此作为理解后续各章所讨论的研究的基础。

一般性概念

锻炼心理学（exercise psychology）是在身体活动和锻炼环境下对脑和行为的研究。其关注的主要焦点是急性运动和慢性运动（acute and chronic exercise）的心理生物（psychobiological）、行为、社会以及认知的前因与后果（见图 2-1）。它既包括在单次运动（a single bout of exercise）之后对情感（affect）、情绪（emotions）和心境（moods）变化（如焦虑、抑郁）的分析，也包括对有规律的锻炼的长期心理效应的评价。锻炼心理学还需要对身体活动行为进行研究，包括对决定身体活动质量、数量和时间模式（temporal patterns）的心理、生物、环境的变量的研究。

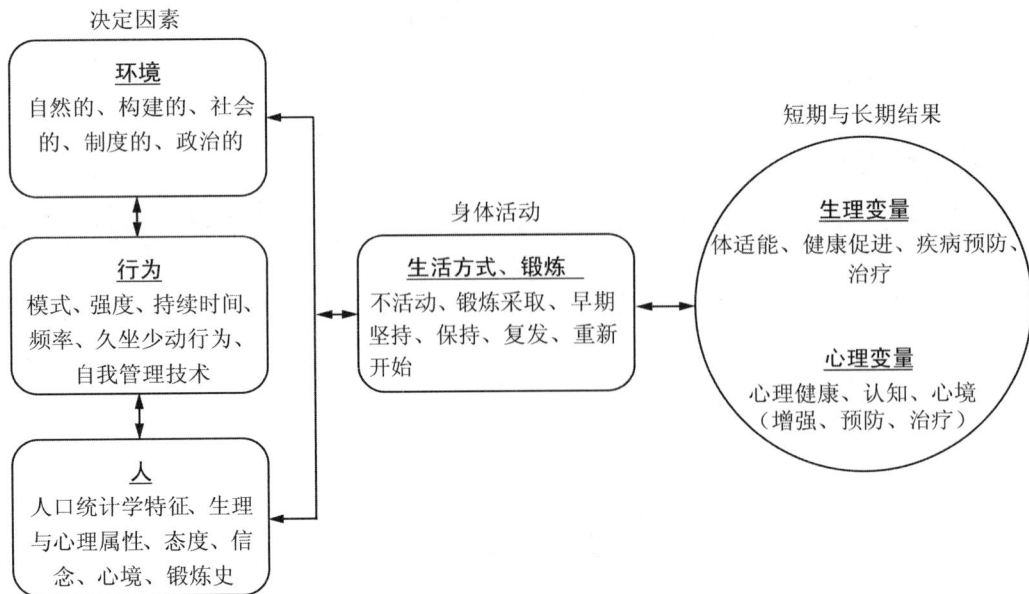

图 2-1   决定因素、身体活动和结果之间的相互关系

> 锻炼心理学包含对急性运动和慢性运动的心理生物、行为、社会，以及认知的前因与后果的研究。

大量的实证研究证据表明：脑的变化，包括基因的表达，会引起行为的变化；而行为的变化，反过来又引起脑的变化。因此，如果在分析自我报告的主观体验（subjective experiences）、对可观测行为（observable acts）进行客观描述的同时，不检查神经生物学系统，则对锻炼心理学的理解就不完整。身体活动，特别是锻炼，都是有生物学基础的行为，因此它们非常适合使用心理生物学模型（psychobiological model）进行研究。心理生物学包含了认知和行为心理学的优势，以及基于神经科学的观点来为认知、心境和行为的生物学基础提供一个模型。

> 脑的变化引起行为的变化，而行为的变化反过来又引起脑的变化。

不过，就心理学的总体而言，锻炼心理学的基石，还是人的主观体验。所以，本章首先讨论一些主观的心理学变量的定义与测量，然后再对身体活动和体适能进行相似的讨论。下一章将在行为神经科学（behavioral neuroscience）中讨论这样的问题。

心理学构念的测量

自从冯特、费希纳、詹姆斯及其同时代的人建立了心理学，心理学一直通过其对意识的测量而与生理学相区别，如思维、判断和感情（feelings）。社会心理学包含人们对自己和他人所做判断（judgments）的测量。心理物理学包含人们对自己的生理环境的判断的测量。尽管现代心理物理学家们比以前更热衷于对人们的判断进行比较，但心理物理学使用的经典手段是测量事物（things），而不是人本身。这就意味着衡量的尺度适用于被判断的事物，不是做出判断的人。例如，人们会去测量食物在苦度和甜度上的不同，而不是它们在味觉上的不同。按照经典的心理物理学的观点，人在判断上的差异，是感觉的误差（error），它只是感觉的随机波动（random fluctuations）。20 世纪 20 年代前后，芝加哥大学的 L. L. 瑟斯顿（L. L. Thurston）和哥伦比亚大学的爱德华·L. 桑代克（Edward L. Thorndike）等心理学家将心理物理学方法扩展到了社会判断（如态度）和心理能力倾向（mental aptitude）方面，他们开始测量人。人与人之间的差异不是被视为测量中的误差（error），而是被视为现实（real）。人们使用诸如态度、人格和心境等概念来描述这些差异。

心理物理学通过比较人们对一个可直接测量的对象的特征所做的判断（如重量感和重量）来测量意识，与之相反，**心理测量**（psychometrics），这一新方法基于这样的假定：不可观察的（潜在的）心理学变量，可以通过推理（inference）进行间接测量。然而，这种推理必须由**现象学**（phenomenology）（人们的经验表达）与行为、生理反应（physiological responses），以及与行为、生理反应发生的社会和环境背景相关的逻辑模式（logical pattern）来构成。例如，一个测量抑郁心情的量表或测验，应该包括一个有代表性的形容词样本。人们共同用这些形容词来区分"没希望"（hopelessness）和"绝望"（despair）之间的不同程度的差别。心理测量以一个叫作**构念**（construct）验证（validation）的过程为基础。借助这个过程，心理测量使用测量每个构念或"特质"（trait）的多重方法，通过比较不同的构念或"特质"，建立起了这种推理的逻辑模式（Campbell and Fiske，1959；Cronbach and Meehl，1955；Messick，1989）。

构想效度

测量一个心理学构念（psychological construct）的关键步骤，包括检验六种主要类型的效度：内容效度（content validity）、因素效度（factorial validity）、同时效度（concurrent validity）、效标效度（criterion validity）、逻辑效度（logical validity），以及聚合或区分效度（convergent/discriminant validity）。

• 内容效度：构成测验的题目应该能代表全部已知的可能题目。这一点可确保该构念的一些特征不被遗漏，且与其他构念关系紧密的题目也不被包含进来。研究者们常常就此构念征询专家意见，并使用即将接受这一测验的不同类型的人组成焦点小组（focus groups）进行测试，以确保内容的全面性。内容效度有时容易与**表面效度**（face validity）相混淆。表面效度是指一个测验有效是因为它对于多数人来说从表面上看有效。效度的表面形式对于专家和公众来说是测验的一个重要的可接受部分，但它是一个较弱的科学标准。不过，为了使测验题目具有清晰的含义，它们必须具有表面效度，以便与接受测验的人的经验相匹配。

• 因素效度：测验题目彼此之间的相关，比它们与其他题目的相关更为密切。这一点可通过叫作**因子分析**（factor analysis）的统计学技术来进行判别。因子分析可用来决定一个测验的结构(the structure of a test)是否与它想要测量的心理构念相一致。探索性因子分析(exploratory factor analysis，EFA)是严格实证的；它描述了对测验中的题目所做的相关反应(correlated responses)的模式。验证性因子分析(confirmatory factor analysis，CFA)用来确证观测到的相关反应的模式，与基于一个需要哪些因素、多少因素来描述这个心理构念的理论所预定的模式的拟合程度有多好。本章稍后将讨论用于说明因素效度的技术，因为它们是锻炼心理学中测量的一个主要指标。

• 同时效度：测验分数应该与其他用来估计这个心理构念的测量具有紧密的联系。例如，完成两个据称都是测量焦虑的测验的人，其等级评定结果应该一致。

• 效标效度：一个人如果通过标准化判断或经专家判断，表现出某个心理构念的关键特征，则他也应在据称是测量那个心理构念的测验中获得高分。例如，某人被诊断为患有抑郁症(depressive disorder)，那么他在一个抑郁量表上的得分，应该比没有患抑郁症的人的得分更高。

• 逻辑效度：有些事件能引起构念内的反应性变化，而构念测验的得分，应该随着这些事件的变化而变化。例如，对多数人而言，当他们被迫忍受挫折、疼痛或侮辱时，对其愤怒的测量应该产生更高的分数。同样，愤怒测验的得分在开心的情况下应该不会变化。

• 聚合或区分效度：这个心理构念测验的得分，应该与理论推断的可作为该构念的独特成分或诱发因素的那些行为、环境和生理反应具有紧密的联系。例如，一个愤怒测验的效度的聚合证据，应该通过对应的攻击行为、威胁的面部表情以及升高的血压表现出来，尤其是当它们发生在好斗的社会对峙(combative social confrontation)中的时候。相反，一个愤怒测验的得分，不应该期望它与其他情绪的有效测验得分或者与只有那些情绪才有的行为和生理反应之间紧密联系。这个测验得分的指标对于被测验的心理构念来说，都是特定的，它们为构想效度(construct validity)提供区分证据。

量表编制

哈佛心理学家 S. S. 史蒂文森(S. S. Stevens)将**量表编制**(scaling)定义为按照一定的规则为客体(objects)分配数字。多数心理量表编制的对象是文字陈述，通常是对态度、心境或情绪的陈述。反应量表(response scale)可以用来获得人在测量工具(instrument)上的各种反应。反应量表的通用方法包括二分量表(dichotomous scales)，如"同意/不同意""对/错""是/否"，或者是序数或等距量表评定，如从 1~4 或从 1~7。然而，仅仅对反应量表分配对象或陈述还不是量表编制。量表编制是测量工具(measurement instrument)的研发。从区别的角度讲，反应量表是一种方式，通过这种方式，我们可以从回答者那里获得他们对测量工具的每个部分的反应。

围绕着来自经典心理物理测量的心理测量，有一种争论，即主观判断能否用种类、等级、间距或比率来测量。这个问题将在第 16 章涉及主观努力感(perceived exertion)的应用时进行更为详细的讨论。眼下，只需考虑一个基于人的自我评定(self-rating)的不可观察的、潜在的心理构念能否伴随某些连续体存在，或者有没有可能将人的判断置于性质不同但不可量化的各种分类之下，就足够了。

数量化（quantification），要求主观判断至少能够按照频率、大小、强度等特征分出等级。如果这样的等级之间距离相等，它们就可以作为等距量表进行测量。如果每个间距都代表了测量量表全距的相同比率，则该量表测量的就是比率。如果只对判断进行分类，那么人们就能够判断出 4 个人持有不同的意见，但不是哪个人的意见最强烈或最弱。数量化至少允许我们按照人们意见的强度，将他们分为 1，2，3，4 级。然而，这种分级排列并未告诉我们第 4 人与第 3 人之间的差别，是否与第 2 人与第 1 人之间的差别一样大。等距测量建立了相等的差异，但不保证有相同的比率，除非这个量表有个真实的零起点。一个用于测量态度的真比率量表的可行性，要看当一个人说自己真的没有意见时（真实的零起点），是否看起来合理。

1904 年，教育测量之父桑代克（Thorndike），进行了如下观察：

> 如果一个人试图测量一个像拼写能力这么简单的事物，他就会被这样的事实所阻碍，那就是没有可以用来测量的单位。他可以任意编一个词汇表，并借助正确拼写的数量来观察这种能力。但如果他仔细检查这个词汇表，他就会因单位不相等而无法进行下去。所有的以任意两两词语相等为基础的研究结果，必然是不准确的。（Thorndike，1904，7）

瑟斯顿量表法

芝加哥大学有一位电气工程师、心理学家，名叫路易斯·L. 瑟斯顿（Louis L. Thurstone），他为了大多数的实践用途，解决了"单位不等"的难题。他否定了心理物理学和行为主义所青睐的刺激定向心理学（stimulus-oriented psychology），主张以个人为中心的测量取向。他认为，心理学的中心应该由人们对刺激特征的判断，转向人们努力追求的"满意感"。

从 1925 年到 1932 年，瑟斯顿发表了 24 篇文章和出版了一本著作，都是关于"单位之间不等"（inequality-of-units）问题的解决方案的。他指出，测量主观变量的量表，如态度的测量，可以按照人们在正态分布中的得分偏差的模式进行构建（Thurstone，1927）——这正是心理物理学家们曾认为错误的事情。为了研发单维度量表（unidimensional scale），他设计了几种方法，而这个等距（equal-appearing interval）的方法，是最具实践性和影响力的。瑟斯顿量表法以人们在单独的各个态度陈述句上的等级评分为基础，按照那些题目的量表分值，从"完全同意"到"完全不同意"进行排序，然后选出那些在反应量表分值之间具有相等间距的题目作为最终的量表。以下就是瑟斯顿对有效的测量所提出的要求。

- 单维性（unidimensionality）——对任何客体或主体的测量仅描述其中一个属性。这是所有测量的一个普遍特征（Thurstone，1931，257）。

- 直线性（linearity）——测量的特有理念，意味着某些品质存在一种线性连续，如长度、价格、容量、质量、年龄。将这个测量理念应用于诸如学业成就等的测量中时，有必要强制性地将质性变异（qualitative variation）放进学业的某个属性的线性量表之中（Thurstone and Chave，1929：11）。

- 抽象作用（abstraction）——隐含在整个测量中的线性连续，总是一种抽象作用。"一个测量单位是一个事物——就像尺码的一种价格，这是一种普遍谬误。但情况并非如此。"（Thurstone，1931：257）

- 不变性（invariance）——"测量的单位始终是某种过程，可以在不改变测量连续体的不同部分的情况下重复进行。"（Thurstone，1931：257）

- 不依赖样本的参数估计（sample-free calibration，也译作独立样本校准）——量表必须超越所测量的组别限制得出结果。"测量工具的测量功能未必严格受到其所测量的对象的影响……在预期的测量对象的范围内……，测量工具的功能必须从测量的对象中独立出来。"（Thurstone，1928：547）

- 不依赖测验本身的参数估计（test-free measurement，也译作独立测验测量）——在量表的不同水平上，省去几个测验的问题而不影响个体的得分（测量），应该是可能的。"不需要让每个被试都顺从于量表的整个范围。测量的起点和终点……不应该直接影响个人的得分（测量）。"（Thurstone，1926：446）

利克特量表法或累加量表法

伦西斯·利克特（Rensis Likert）是密歇根大学的工业和组织心理学家，他在 20 世纪 30 年代早期发明了**利克特量表法**（Likert scaling）。与瑟斯顿量表法类似，利克特量表法也是一种单维度量表法。该量表要求每位回答者在一个反应量表上对每个题目进行等级评分。例如，回答者可以在这样一个 1～5 的量表上为每个题目进行等级评分：

1＝"非常不同意"；

2＝"不同意"；

3＝"不确定"；

4＝"同意"；

5＝"非常同意"。

利克特的研究检查了需要多少个顺序分类（ordinal category）来估计或预测一个被认为是连续的或正态分布的单一的潜在变量。只是为一组题目加上一种如上所示的反应量表还不是利克特量表法。我们还必须选择会产生正态分布反应的题目（当每个题目的原始分数转换为一个标准的正态分数时，平均数为 0，标准差为 1）。

利克特没有将选项的数量视为重要问题（Likert，1932），当然，如果使用五个选项，就有必要在 1～5 赋值，同时把 3 赋值给未决定的选项。同时还有几个其他可能的反应量表（1～7，1～9，0～4）。所有这些量表都有一个中间值，通常标注为"中性的"或"未定的"。这些中间值有助于形成近似正态分布的反应。有的反应量表使用强制选择（自比的，ipsative）格式，使用偶数个反应且没有中间的"中性的"或"未定的"选项。强制选择格式迫使回答者对每个题目在同意和不同意之间做出选择。回答者在这个量表上的最终得分，是他对所有题目进行等级评定的总和，这就是累加量表。

一个心理构念的测量量表究竟有多少个等级分类（rating categories）最好，关于这一点没有定论。如果等级分类太少，测验题目会在被测量的变量的真实水平上没有足够的敏感性来辨别精细的差异。如果等级分类太多，答题过程就会变得过于复杂和繁重。理想的等级分类的数量应该是敏感度好、实用且使答案类似于一个正态分布的。一种观点是，等级量表（rating scales）有5~9个类别是最好的。该观点于20世纪50年代由哈佛心理学家乔治·米勒（George Miller）予以推广（Miller，1956）。米勒观察到，人们正确判断物理刺激并无误地记下信息的能力，似乎被限定在大约7个类别，再加上或减去大约两个类别上。他使用了二元判定（binary decision）予以说明。1个比特（bit）的信息需要两个相等可能的选项（equally likely alternative）的信息量。如果要在4个相等可能的选项之间进行决策，就需要2个比特的信息，3个比特允许在8个相等可能的选项之中做出选择，4个比特的信息是在16个相等可能的选项中进行决策，等等。因此，每当选项的数量（number of alternative choices）以2的倍数的形式进行增长时，就会增加一个比特的信息。

米勒称，人在判断音调、味道、颜色和线条上的点数时的准确性，通常是2~3个比特，或者是4~8个类别。然后他观察到人的短时记忆的容量平均大约为23个比特。例如，多数人可以回忆大约7个十进制数字，在总共23个比特的信息中每个约占3.3个比特。以此为基础，米勒提出了一个理论，阐述了瞬时记忆的广度是怎样作为一个测验中每个题目的信息量的一个函数而彼此不同的。这就是米勒的数字：7±2。我们中的多数人承认，在记忆一个新电话号码时，当它包含区号（共10位数），或者在记忆一个邮政编码时，末尾再加上4位数字（共9位数）时，挑战难度便会增大。如今，多数心理测量学的测验提供了4~7个反应类别，这至少在一定程度上是受到了米勒思路的影响。

米勒的数字： 7±2

"最后，神奇数字'7'是怎样的呢？世界七大奇迹又是怎样的呢？七大洋、七宗罪、（希腊神话）普勒阿得斯中（擎天神）阿特拉斯的7个女儿（the seven daughters of Atlas in the Pleiades）、人生的7个阶段、7层地狱、7种基本颜色、7个音符的音阶，还有一周的7天。7分制等级评定量表，为精确判断所设计的7个类别，注意广度中的7个对象，以及瞬时记忆广度中的7个数字，它们又是怎样的呢？在这些'7'的背后可能有个深邃和悠久的东西，有呼唤我们去发现的东西。但是，我猜它仅仅是一个致命的毕达哥拉斯巧合（Pythagorean coincidence）。"（Miller，1956：95）

格特曼量表法(累积量表法)

1950 年，社会心理学家路易斯·格特曼(Louis Guttman)认为，利于瑟斯顿量表法或利克特量表法得出的任何分数，其含义都是不明确的，除非在它的每个题目后面跟着一个统一的分层模式。

> 假如我们考虑将一组语句(statement)作为一个量表，如果一个人赞同一个更为极端的语句，他就会赞同所有不太极端的语句……如果一个等级评分更高的人在每个题目上的评分都等于或高于另一个人，那么我们就把这组相同内容的题目叫作一个量表。(Guttman，1950，62)

格特曼量表法也被称为累积量表法。它的目的是给要测量的基础的心理构念建立一个一维的连续体。这意味着，一个人如果同意测验中的任何一个问题，那么他也会同意这个题目前面的所有问题。换言之，在一个包含 10 个题目的累积量表中得 5 分，是指回答者同意了前 5 道题，得 7 分是指回答者同意了前 7 道题，等等。使用累积量表的目的，是要找到一套完美地匹配这一模式的题目。这种情况虽不经常发生，但它做到的程度，是一个量表或测验的内部一致性，即一种**信度**(reliability)形态的例证。

信　度

就像所有的测量方法一样，心理构念的测验必须是可靠的；它们必须在确定其性质的时间段内是精确(precise)、准确(accurate)和稳定(stable)的。有效的测验必须首先是可靠的，虽然一个可靠的测验未必有效。精确意味着一个测验或它的分量表是内部一致的；其题目之间的平均相关性高于人们对每个题目的反应的变异。准确意味着该测验不高估或低估心理构念的真值。稳定意味着测验的得分在没有可解释的原因的情况下不会大幅度波动。心理构念的信度通常用一个叫作组内相关(intraclass correlation，RI)的统计量来加以计算。用来估计内部一致性 RI 的常用指标是 α 系数，算法如下：

$$\alpha = \frac{k\bar{r}}{1+(k-1)\bar{r}},$$

其中 k 是一个测验中的题目数量，$\bar{r}$ 是题目之间的平均相关。因此，列入更多的题目与列入互相关联的题目均可增加信度。

多维心理学量表

截至目前，我们所考虑的量表都是被设计用来测量单一维度的，就像一条线的长度。这对于许多心理构念来说，通常是足够的，但对于像"自尊"这样的概念，情况又如何呢？本书第 12 章将整体自尊（overall self-esteem）视为一个单维度的概念，但它在层次结构中包含了几个维度。在本书第 5 章中，我们将研究各种类型的心境和情绪。研究情绪的心理学家多数同意这样的观点：实际上在所有的文化背景下，人们都有 6 种基本情绪体验（爱、喜悦、惊奇、愤怒、悲伤和恐惧）。此外，每种类型的情绪反应都可以用一个情感维度（affective dimension）（如愉快—不愉快）和一个唤醒维度（arousal dimension）（如低—高）来描述。为了测量这些不同的维度，就需要单独的量表。

语义微分

20 世纪 50 年代后期，社会心理学家查尔斯·E. 奥斯古德（Charles E. Osgood）与他的同事 G. 苏吉（G. Suci）和珀西·坦嫩鲍姆（Percy Tannenbaum）研发了一种方法来表示个体在使用话语时内涵的差别，从而测量话语之间的"心理距离"（Osgood，Suci and Tannenbaum，1957）。他们的方法被称为语义微分（semantic differential）。该方法通过作者的理论提出了多维量表的想法，即任何对象或术语的内涵意义可以在实质上通过三个维度来描述。奥斯古德及其同事将这 3 个维度命名为主动性（activity）、评价性（evaluation）和潜力性（potency）。例如，想象一下"体操"这个对象。如果你喜欢体操，你可能会在主动性维度上把它评价为"高"，在评价性维度上把它评价为"好"，在潜力性维度上把它评价为"强"。其他形容词和维度也可用来描述人们在某些事情上的内涵，但通过使用反义词来描述一个连续体的对立端是问题的关键。而且，使用反义词的方法提供了一个被通称为双极量表（bipolar scales）的样例。

奥斯古德和坦嫩鲍姆关于内涵的三个维度

主动性

高____：____：____：____：____：____：____低

评价性

好____：____：____：____：____：____：____坏

潜力性

强____：____：____：____：____：____：____弱

是量表，还是测量？

直接从反应量表中导出的分数不能用于对心理构念的测量，因为它们不能很好地拟合测量变量的真实分布。与瑟斯顿量表法和利克特量表法所表现出的线性正态分布的假设相反，反应得分通常都是非线性的，且为抽样人群所特有。例如，1953 年，丹麦数学家格奥尔格·拉希

(Georg Rasch，1960)发现，比较各种口头阅读测验(test of oral reading)的过往表现的唯一方法，就是对数据进行统计学的调整[运用泊松1837分布(Poisson's 1837 distribution)的指数可加性]，而数据是用一个新的学生样本对两个测验施测产生的(Tenenbaum，1999)。尽管如此，使用如下所述的因子分析来构建测量，是通常的做法。其目的是确定一个量表是否具有多个维度(multiple dimensions)。

探索性因子分析

因子分析(factor analysis)是决定心理构念的测量应该是单维度还是多维度的一个关键性统计学工具。研究者使用因子分析来识别测试项目之间的相关模式，将项目的相关矩阵转换为更少的维度或因子数目。使用因子分析可以估计可能潜在于一大群变量之间的相关模式下面的因子的数量和性质。从技术上讲，因子分析被用来从一系列测量中提取出公因子方差(common factor variances)。一个因子(factor)被看成是一个心理构念，这个构念假定是用来解释题目间和量表间的关系的。因子分析产生的变量，与其说是直接测量的，倒不如说是间接推断的，因此它只是研发有效的心理构念的一个步骤。

心理学家查尔斯·斯皮尔曼(Charles Spearman)在100年前研发了因子分析。他认为，所有的心理能力(mental ability)的测量，如语言的、数学的以及分析的技能，都是由智力的单独的潜在因素来解释的。他将这个因素称为"g因素"。斯皮尔曼虽然错了，但他用来检验自己想法的这项技术，已经成为用来描述心理构念并为测量这些构念而研发等级评定量表的基础工具之一。

探索性因子分析的主要步骤包括：①选择一组变量；②从选出的变量中得出一个相关矩阵；③从相关矩阵中提取因子；④旋转这些因子以增加清晰度；⑤解释这些因子的含义。下面这个例子将有助于阐明探索性因子分析的主要步骤。

假如一个研究者选择了6个标志为A到F的变量来测量一个大学生样本的语言能力和数学能力。如图2-2所示，研究者得到了一个矩阵(一个数字方阵)。矩阵包含了这6个变量之间的相关。对角线上的数值或元素都是1.0，因为任何变量都会完全与它自己相关。对角线上面和下面的数值相同，因为矩阵是对称的。非对角线上的数值表明这6个变量之间的相关，其范围可以在-1.00和+1.00之间。图2-2中两个画圈的区域表明在这些相关之中可能存在两个明显的模式。因此，矩阵中相关的模式提示：这6个变量背后有两个潜在维度或因子。

下一步是从相关矩阵中提取因子，以确定两个因子是否真正是6个变量之间关系的基础。最常见的提取方法，被称为主轴因子提取(principal-axis-factor extraction)法。它利用多重相关的平方(squared multiple correlations)作为变量的公因子方差(communalities)的初步估计。公因子方差是每个变量共同的因子方差(公共因子所解释的该变量的总方差的一部分)。而对于因子的提取来说，对公因子方差的估计是一个必要的起点。探索性因子分析利用一种迭代的(iterative)方法，从相关矩阵中抽取n(n=变量的个数)减因子个数(一个或指定数量的因子)，这样可使第一个

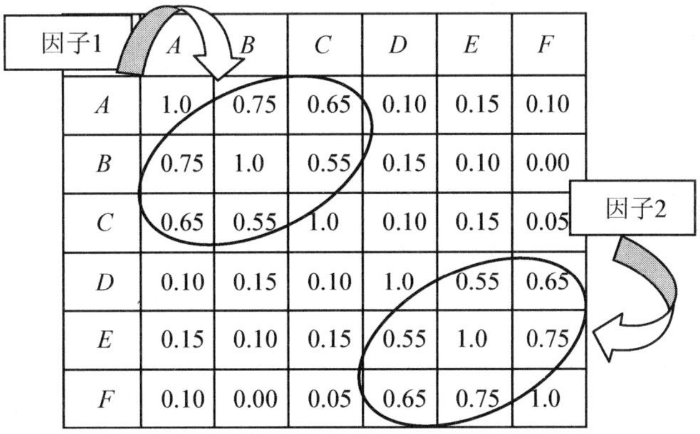

	A	B	C	D	E	F
A	1.0	0.75	0.65	0.10	0.15	0.10
B	0.75	1.0	0.55	0.15	0.10	0.00
C	0.65	0.55	1.0	0.10	0.15	0.05
D	0.10	0.15	0.10	1.0	0.55	0.65
E	0.15	0.10	0.15	0.55	1.0	0.75
F	0.10	0.00	0.05	0.65	0.75	1.0

图 2-2　探索性因子分析中的相关矩阵样例

因子解释题目之中最大数量的方差，而后面的因子解释方差的较小的部分。然后研究者检查这个(因子分析的)解(solution)并利用标准(如这些因子所解释的方差数量，或这些因子再现原始相关矩阵的程度)来确定是否提取了正确数量的因子。在本例中，研究者从相关矩阵中提取出了两个因子。

表 2-1 是因子提取产生的因子矩阵。表格的前两列数据包含因子载荷(factor loading)，它们是表示原始的 6 个变量与两个因子之间相互关系的程度的权重。与相关系数类似，这些权重的范围在－1.00 和＋1.00 之间。对这些权重的检查表明，变量 *A*，*B* 和 *C* 在第一个因子上负载较强，但在第二个因子上负载较弱。反之，变量 *D*，*E* 和 *F* 在第二个因子上有负载，在第一个因子上却没有。表 2-1 第三列数值是各个变量的公因子方差，通过因子载荷的平方和来计算。变量 *A* 的公因子方差是$(0.85)^2+(0.05)^2=0.7250$。

表 2-1　因子矩阵

变量	1	2	h^2
A	0.85	0.05	0.7250
B	0.75	0.10	0.5725
C	0.65	0.10	0.4325
D	0.10	0.65	0.4325
E	0.10	0.75	0.5725
F	0.05	0.85	0.7250

因子分析的目标，是将每个题目或量表表示为公共部分(common portions)和独特部分(unique portions)的总和。所有变量的公共部分全部是由公共因子通过定义解释的，而独特部分彼此之间完全不相关是最理想的。所以，公共因子是原始变量的公共部分的线性组合。因子分析描述的是公共因子的方差的成分。一个测验题目的全部方差包括三个部分：①公共因子的方差(可归因于公共因子的方差)或 h^2；②特殊的方差(specific variance)(不与公共因子共享的方差)；③误差的方差(1.0 减信度)。因此，总方差＝1.0＝h^2＋特殊的方差＋误差。一个测验

题目的公共因子方差，加上它的特殊的方差就是它的信度。如果我们用题目 A 来说明，并假设它有 0.80 的信度，那么它的误差的方差就是 $0.20(0.20＝1.0-0.80)$，而它的特殊的方差是 $0.075(1.0＝0.7250＋0.075＋0.20)$。

有时候因子载荷矩阵并不像表 2-1 描述地那样清楚，所以它必须旋转。旋转是将因子载荷的模式重新定向为一种更为简单化或更易解释的形式的方法。就像调节显微镜的变焦镜头来使载玻片上的内容更加清晰一样，矩阵旋转涉及调节因子载荷的模式以阐明因子矩阵中的内容。这种调节会使因子矩阵中的因子载荷更加清晰。旋转可以是正交的（独立因子），也可以是斜交的（相关因子）。在我们的二因子案例中，可以设想这些因子是相交的线或者向量。正交（orthogonal）旋转可以通过两条直线互相垂直来确定因子载荷。斜交旋转可以通过减小这个角度来确定这个负载的模式是否会变得更明显。

探索性因子分析的最后一步包括对表 2-1 中因子含义进行解释。这种解释取决于各个变量的因子载荷的大小和模式。变量 A，B 和 C 在第一个因子上负载较强，但在第二个因子上负载较弱。对变量的内容进行检查，可显示这些变量的共同元素以及这些变量之间相关关系基础的心理构念（如语言能力）。变量 D，E 和 F 在第二个因子上有负载，但在第一个因子上没有载荷。这些变量的共同元素，以及作为这些变量之间相关关系的基础的心理构念，可能是数学能力。

> 探索性因子分析是一种统计方法，用来为测量心理构念研发等级评定量表；变量之间的相关用于提取代表清晰构念的因子或强相关的变量组。

在某些人们几乎对其一无所知的研究领域，探索性因子分析应该是有价值的，因为它能够为变量之间关系的潜在模式提供建议。但令人遗憾的是，在进行探索性因子分析之前，因素解中因子的数量是未知的，所有的因子通常都会影响所有的变量，如图 2-3 所示。而且，对于最终的因子解的准确度（不确定性），或者一组题目与一个特定的因子之间的关系（因子效度），人们都没有直接的检验方法。协方差模型（covariance modeling）这一更新的技术，更适用于检验变量关系中潜在的结构假设。

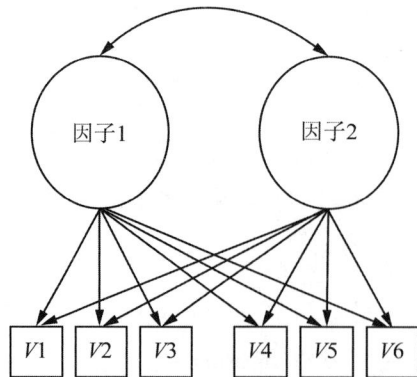

图 2-3 探索性因子分析是用来提出潜在于变量之间关系的模式的建议

协方差模型

斯皮尔曼把类似于线性回归的方法作为因子分析的基础，由此，通过一个统计学解（statistical solution）来找到回归系数和误差估计。这个统计学解将每个参加测验的受试者的预测分数（predicted score）和观测分数（observed score）平方和之间的差值最小化。一个更新的方法叫作协方差模型（covariance modeling）法，它基于协方差，而不是每个人的测验得分。协方差的目标是将从一个人群样本中观测到的协方差与某些理论模型所预测的协方差之间的差别最小化，而不是努力使预测分数和观测分数之间的差别最小化（Bollen，1989）。

协方差模型代表一种强大的分析工具类型，用于直接检验不同的理论模型对于一组变量中潜在的方差—协方差矩阵的拟合（fit）程度。协方差模型的两种主要的分析类型是，验证性因子分析（confirmatory factor analysis，CFA）和结构方程模型（structural equation modeling，SEM）。验证性因子分析与探索性因子分析类似，但它直接检验一个理论推论的测量模型与一组变量中潜在的方差—协方差矩阵的拟合度。许多潜变量（latent variables）或构念的测量、结构关联，会产生一个描述性的理论模型。结构方程模型就是测量这个理论模型的拟合度的。

> 协方差模型使用观测到的和预测的协方差来确定理论模型（theoretical models）对于一组变量的拟合度。它的样例包括验证性因子分析和结构方程模型。

验证性因子分析

验证性因子分析的主要步骤包括：①选择一组变量；②从所选变量中得出一个方差—协方差矩阵；③预先指定一个具有理论基础的测量模型（measurement model），该模型明确地定义了每个变量与一个因子的关系；④估计该模型的参数；⑤用拟合指数（fit indices）检验该模型的适当性。

前两个步骤与探索性因子分析的步骤非常相似。研究者选择一组变量，从一个样本中收集题目反应，然后生成一个描述这些变量之间关系的矩阵。然而，验证性因子分析中的矩阵，用的是方差和协方差矩阵，而不是相关系数矩阵。

在方差—协方差矩阵生成之后，下一步所做的，显示了探索性因子分析和验证性因子分析之间的根本区别。研究者预先指定一个具有理论基础的测量模型，该模型明确地定义了每个变量与一个因子的关系，如图 2-4 所示的二因子相关模型。该测量模型定义了因子的数量、因子间的关系、因子与变量间的关系，以及与被测量的变量相关联的误差项（error term）。

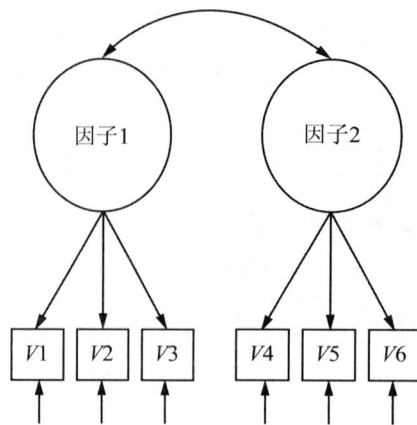

图 2-4　在验证性因子分析中使用的一个二因子相关模型

下面的步骤包括估计这些被建模的参数，然后确定该模型对数据的拟合程度。对模型参数的估计有不同的方法，如最大似然法（maximum likelihood）[基于在群体中得到的观测值的先验概率的群体值的"最好办法"（best bet）的估计]，它们都试图使样本的方差—协方差矩阵与模型参数所产生的方差—协方差矩阵之间的差异最小化。这个最小化的过程是迭代的，且当样本的方差—协方差矩阵与模型参数所产生的方差—协方差矩阵之间的差异没有可感知的减小时，最终的模型便收敛了（converge）。

然后，必须以许多拟合度指数（fit index）为基础，对模型的精确性进行判断。多数拟合度指数是用来判断模型是绝对地还是相对地拟合了样本的方差—协方差矩阵的。一些拟合度指数，如 χ^2（χ-square）统计量和拟合优度指数（goodness-of-fit index），可以用来检验模型的绝对拟合度。χ^2 统计量的算法为：样本的对角线和非对角线元素与再生的方差—协方差矩阵之间差值的平方，乘样本量减 1；拟合优度指数（对模型预测的样本矩阵中方差及协方差的相对量的测量）检验了模型的绝对拟合程度。相对拟合指数或递增的拟合指数[非规范拟合指数（non-normed fit index）]以及近似误差均方根（the root mean square error of approximation）比较的是指定模型与一个基线模型或零模型的拟合程度。基线模型（或称零模型）假定观测变量之间没有任何关联。非规范拟合指数是经过模型中参数数量校正后的零模型与假设模型的 χ^2 统计量的比率。近似误差均方根的算法是 $[(T-d)/ d\times n]^{1/2}$，在此式中，T＝最大似然法估计的 χ^2 统计量，d＝模型的自由度，n＝$N-1$），其值 0.08，0.05 和 0 分别表示"合理拟合""接近拟合""完全拟合"。验证性因子分析的优势体现在如下几方面。

• 它是对基于理论的先验测量模型的拟合优度的直接或相对的检验。

• 可在误差项之间估计相关性。在理想情况下，误差是独立的，但在有些情况下对相关误差进行调整，是合理并详细的。

• 可在不同的组别（如男性和女性）内，或在不同的时间，检验这个模型及其参数的正确性。假如作为一个心理构念基础的因子结构（factor structure）在组间或时间上有所不同，那么总分就不能直接进行比较，因为它们意味着不同的事物，因此证明测量的等价或不变性（相等的因子结构、因子载荷、题目均数和误差)是重要的。

- 可对从未求和的因子的原始分数中构建的潜变量均值进行比较。

结构方程模型

许多研究者有兴趣检验理论模型能否准确描述多个潜在或假设的心理构念之间的确切关系。本书第 14 章将解释身体活动行为变化的理论。作为验证性因子分析的扩展,结构方程模型可以用来研发并检验那些理论。例如,研究者可能想检验合理行动理论(the theory of reasoned action)是不是对一个与身体活动相联系的变量的合理描述。该理论假定行为是由意向预测的,而意向又是由态度和社会规范(social norms)预测的。结构方程模型可以确定这些变量之间关系的模式与理论化的模式是否一致。

建立结构方程模型需要几个步骤来完成。第一步是选择一个需要检验的理论模型(如合理行动理论)以便理解与身体活动相关的因子。研究者然后使用由多个变量或每个假设变量的指标所构成的理论将这些构念操作化,从样本中收集受试者对这些变量的反应,并产生一个方差—协方差矩阵。

第二步,研究者事先指定被检验的理论模型。该模型包含两部分:多个测量模型和一个结构模型。图 2-5 包含了多个测量模型和一个结构模型,可以对合理行动理论做一个假设检验。测量模型是为每个潜变量(latent variable)指定的。与验证性因子分析中所发生的事情相似,这些测量模型定义了因子的数量、因子之间的关系、因子与变量之间的关系,以及与每个被测量的变量相联系的误差项。在图 2-5 中,研究者为每个潜变量的测量模型指定了一个因子。结构模型指定了这些潜变量之间的关系或路径的性质。例如,该结构模型指定了社会规范和态度到意向的路径,以及意向到身体活动的路径。

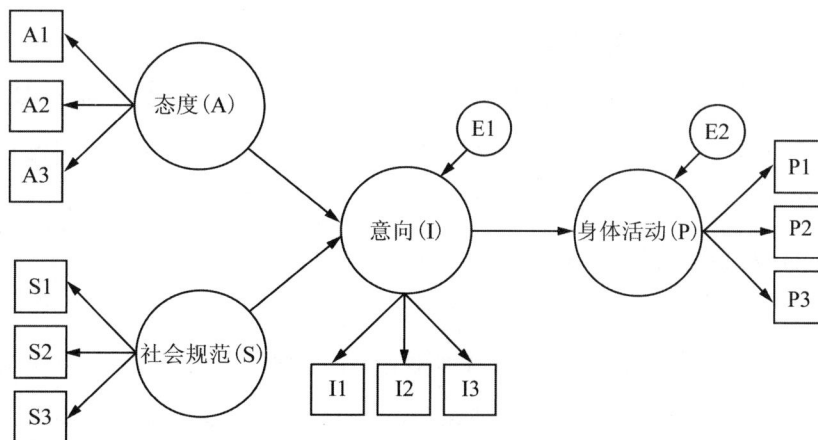

图 2-5 用结构方程模型检验合理行动理论的结构模型

注: 经许可改自 R. W. Motl, R. K. Dishman et al., "Examining social-cognitive determinants of intention and physical activity in adolescent girls using structural equation modeling," *Health Psychology*, 2002, 21(5), pp. 459-467.

接下来的几步是估计建模的参数(modeled parameters)，然后确定模型对数据的拟合程度。这种估计方法的目的是，将样本的方差—协方差矩阵与建模的参数再生的方差—协方差矩阵之间的差异最小化。与验证性因子分析中的这个步骤相似，这个最小化过程也是迭代的，而且当样本的方差—协方差矩阵与建模的参数再生的方差—协方差矩阵之间的差异无法显著性地减小时，最终这个模型会收敛。

然后，与验证性因子分析一样，必须以拟合指数为基础，判断这个模型的准确性。于是，研究者便能做到事先指定一个理论上推定的模型，然后使用结构方程模型直接检验这个模型的拟合优度。结构方程模型有以下一些优势。

- 能建立各潜在变量指标之间的真实和误差得分方差的测量模型。
- 能同时估计多个潜变量之间的假设路径。
- 能对潜变量之间的关系或路径进行无偏估计。
- 能跨组别(如男和女、跨时间)检验模型及其参数的准确性，并可分析实验干预假定的中介变量(如目标、信心、心境)对行为干预效果的影响。

相关测量的混合模型

准确测量身体活动的心理的前因和后果，是理解理论构念和身体活动的因果关系的第一步。第二步是确定急性运动和慢性运动对心理结果的影响，以及各种锻炼行为干预的效果，这往往需要复杂的结构方程模型方法。这些都与先前所述的方法类似，特别是当进行彼此相关的多个测量时，需要使用混合模型。混合模型是既包含固定效应(如实验条件和控制条件之间的分数变化)，又包含随机效应(如随机选择的人群中的组内分数变化，或随时间随机抽样间的分数变化)的统计模型。

早在20世纪初，罗纳德·费舍尔爵士(Sir Ronald Fisher)就引入了随机效应模型来研究亲属之间的相关特质。之后的20世纪50年代，查尔斯·罗伊·汉德森(Charles Roy Henderson)提供了固定效应和随机效应的无偏线性估计方法。如今，我们可以用不同的统计方法来估计这两种效应及其标准误，包括最大似然法(如基于来自总体的一个样本的已知分数，来估计正态分布中的分数的总体均值、方差和协方差)，以及贝叶斯方法(Bayesian approaches)(它的似然估计基于先验知识或概率)。

虽然，一个简单的配对t检验就可以告诉你，有氧运动课后是否大多数人的心境得到了改善，但用该方法不能检验出干预措施的全部效果，因为心境改善的效果可能受到许多不同因素的影响。t检验不能用来解释为什么有些人比其他人改善得更好，甚至为什么有些人在运动后更糟。相反，将结构方程模型扩展到混合模型对于描述变量随时间的增长，以及确定多个变量中随时间变化的关系模式是非常有用的，其中可以通过检验中介效应(间接效应)和调节(修正效应)来更全面地解释身体活动的前因后果。举例如下。

潜在增长模型

确定变化的速率和形状，需要至少三个跨时间的顺序测量，以确定该变化是线性的还是非线性的。潜在增长模型(latent growth modeling，LGM)通过使用结构方程模型过程，依据纵向数据中的两个潜变量来估计个体和群体的变化轨迹(斜率)：一个代表初始状态或起始值，另一个代表跨时间轨迹(见图2-6)，该轨迹被建成人与人之间不同的随机效应模型(Bollen，Curran and Wiley，2006)。与重复测量的方差分析(RM-ANOVA)或普通最小二乘法(ordinary least squares，OLS)的回归分析相反，潜在增长模型提供线性或非线性变化轨迹中的个体内和个体间差异的参数估计，以及变化与初始状态之间的关系，并用于缺失数据的最大似然技术、模型拟合程度以及对拟合不良(poor fit)的诊断(Muthén and Muthén，1998—2010)。潜在增长模型的一个关键优势是，能够在预测模型中使用初始状态和变化潜变量作为自变量或因变量，如前面描述的结构方程模型。

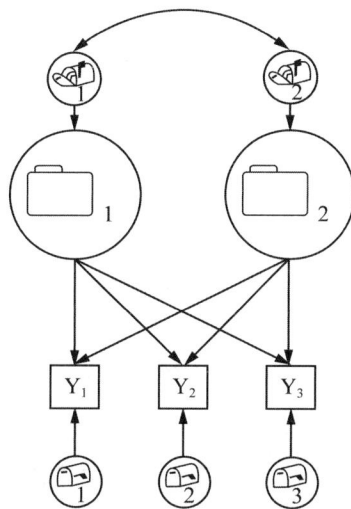

图2-6　潜在增长模型示例

注：Y_1到Y_3表示在三个相等间隔的时间点获得的测量值，η(截距或初始状态)和η_2(斜率或变化)是潜变量，并且ε_s和ζ_s分别表示Y_s和η_s未解释的方差(Singer and Willett，2003)。由η和η_2构建的变化轨迹模型是对随时间纵向变化的无误差测量的随机估计。

潜在转换分析

潜在转换分析(latent transition analysis，LTA)是潜在类别分析(用于在多变量分类数据中查找案例组的一个子集)的特殊情况，它提供了：①每个潜在状态中的人口比例的贝叶斯概率估计；②成员由阶段a、时间t状态下，转为阶段b、时间$t+1$状态下成员的条件概率的贝叶斯概率估计。在这种情况下，有两个条件概率矩阵：①时间2阶段对于时间1阶段的矩阵；②时间3阶段对于时间2阶段的矩阵。LTA提供了参与者在离散潜在类别之间移动的贝叶斯概率估计(基于先验概率的后验估计)。LTA 使用的一个实例是测试每 6 个月成年人将①正向转变(向前推进),即从缺乏活动转向符合身体活动指南的要求,以及②负向转变(后退),即从身体活动符合公共健康指南要求转向缺乏活动(Dishman et al.,2009)。

潜在类别增长模型(latent class growth modeling)的优点在于能够确定在一组人中是否存在多个分组的初始级别和多个分组的改变。因此,它不限于对初始状态(基线水平)和整个组的变化的独立测验,由此,将个人之间的差异(between-person differences)视为随机误差,而不是作为潜在的真实个体差异(固定效应)。更确切地说,潜在类别增长模型提供了一个机会来确定该组的离散类别是否存在,这个类别可能与身体活动的变化类别有独特的关系,若是整个组一起被评估,就不会检测到如图 2-7 所示的这个类别。例如,对于在整个观察期内从基线开始维持对身体活动的个人效应的高期待的人来说,在所有评估阶段中,他们应当比具有较低或下降期待的人具有较高的满足身体活动指南的可能性(Dishman,Vandenberg,Motl and Nigg,2010)。

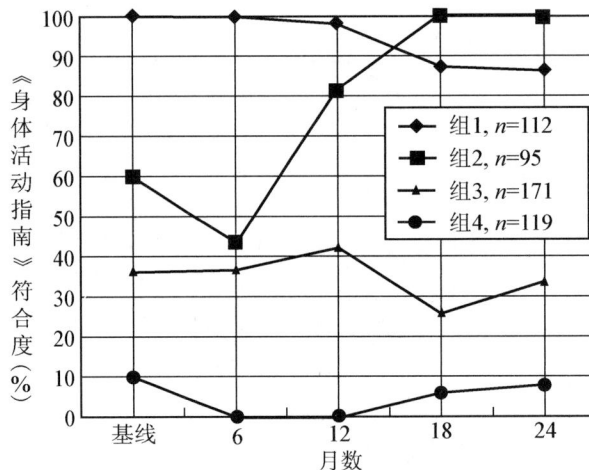

图 2-7　潜在类别增长模型显示了在两年内满足身体活动指南者的四种模式

经许可改自 R. K. Dishman et al.,"Using constructs of the transtheoretical model to predict classes of change in regular physical activity: A multi-ethnic longitudinal cohort study", *Annals of Behavioral Medicine*,2010,40(2),pp. 150-163。

多层分析

多层分析(multilevel analysis)虽然复杂,但它有助于理解和预测身体活动水平,因为它考虑了身体活动各种决定性因素的范围和关系。身体活动无疑由个人决策和动机决定,而且也由这些个人决定因素与其自然和社会环境(包括家和家人、社区、宗教场所、工作场所和学校)对人们的影响的相互作用决定(Duncan et al.,2004;King at al.,2008)。人们可能同样会受到所在社区的共同特征的影响,因此如果他们的家庭成员或朋友参加身体活动,他们的学校或工作场所提供促进身体活动的场所和机会,并且他们的家庭和邻居能提供可进行安全愉快的身体活动的场所与机会,他们就会选择参加身体活动(见图 2-8)。同样,身体活动的变化,或随着时间产生的心理健康结果，在一定程度上由遗传特质和物理或社会环境决定，它们根据家庭特质及其共同的与不同的环境和文化，以不同的方式影响人（De Moor et al.，2008）。

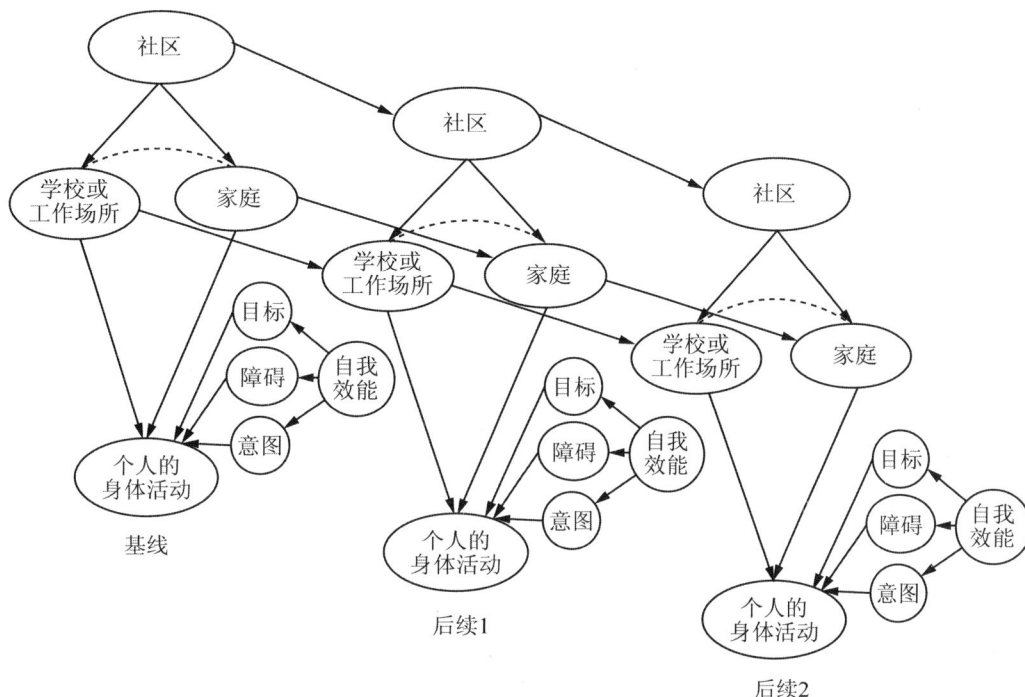

图 2-8　使用多层模型测量个人身体活动的变化

　　注：其概念模型不仅应包括在个人层面上测量的变量（如个人动机）、家庭与家庭环境，也应包括社区层面（如社区、教堂、学校）。经许可引自 Dishman，"Gene-physical activity interactions in the etiology of obesity: Behavioral considerations," *Obesity*，2008，16(suppl. 3)，pp. s60-s65

　　多层模型（multilevel modeling）[当使用观测变量而不是潜在变量时，该模型也称为分层线性模型（hierarchical linear modeling）]，是结构方程模型的混合模型特例（它将固定效应和随机效应结合进行分析）。它使用回归分析来估计在第一级因变量（first-level dependent variable）（随机效应）上的人群有多少方差可以通过第二级因子（second-level factor）（固定效应）来解释。其中，人群是嵌套的（仅共享来自第二级因子的一个类别的影响）（Raudenbush and Bryk，2002）。例如，学生的身体活动（第一级变量）将依他们的动机和先天能力（另一个第一级变量）而不同，但也会因他们分别所处的学校环境（体育教师能力、朋友的习惯、身体活动的机会）而有所差别，且学校内和学校间（第二级变量）水平也不同。

　　多层（或分层线性）模型还允许通过估计第一级因变量的变化、第二级变量或与其他第一级变量的相互作用，来预测变化的多少，进而分析纵向数据。例如，一个学年的身体活动水平的平均增长曲线，对于具有最佳体育教师和拥有最多身体活动机会的学校而言，应该更为陡峭，因为这些学校的所有学生都受益。而对于初始久坐且先天能力较低的学生来说，如果入读具有最佳体育课程和最多活动机会的学校，他们身体活动水平的增长甚至可能会更大，因为那些学生最需要帮助，并且有最大的提高空间。

在多层增长模型(multilevel growth modeling)中，第一层将建立在学校内(within-school)随时间变化的模型。例如，不同学校九年级学生身体活动的水平可能不同，九年级学生和十二年级学生之间身体活动的改变形式也不相同。变化系数(change coefficients)是随机斜率，表示身体活动(或任何主要或次要结果)随着时间在学校内的变化。第二层将建立学生身体活动在学校间(between-school)随着时间的平均变化(固定效应)，以及跨学校变化差异性(随机效应)的模型。预测变量可以在第二层引入。例如，可以在被分类为具有许多身体活动机会的学校组和被分类为提供很少活动机会的学校之间，比较九年级学生身体活动的初始水平和九年级至十二年级学生的身体活动的变化。

多层混合模型(multilevel mixed models)都基于这样一个理论，即规定了变量和变量之间在任何同一层级内的直接效应，以及变量在不同层级之间的跨层级交互作用效应(cross-level interaction effects)。因此，研究者可以针对影响另一个次级层次的变量的某个层级的变量，检验中介机制(mediating mechanism)的假设(一个变量引导另一个变量)或者调节效应(moderating effect)(一个变量影响其他变量之间的因果关系)。

构建多层模型(multilevel models)需要复杂的统计方法，可以估计和检验在个人的层面及高于个人的层面操作的变量。这需要具有内在复杂特征的概念和分析模型，包括：①多层级数据(multilevel data)；②对变量时间变化的分析；③独立(直接)、中介(间接)和调节(交互作用)关系假设的检验；④对各种不同数据形式的使用，包括自我评价以及对身体和社会环境的客观测量；⑤需要显示第一层级个人变量在年龄、种族和性别之间，以及在每个时间段内、每个组中的测量属性的等价性(Ployhart and Vandenberg，2010)。鉴于这些固有的复杂性，传统分析方法，如普通回归分析和重复测量方差分析是不够用的(O'Connell and McCoach，2004)。多层模型(multilevel modeling)可以适应(accommodate)参与者收集的时间数据中的缺失数据和变异性，以及在每个评估时段收集的感兴趣变量的时间协变量(time-varying covariates)(Singer and Willett，2003)。

身体活动与体适能的定义

身体活动(physical activity)是指"任何由骨骼肌产生的导致能量消耗的躯体运动(bodily movement)"，而且通常用单位时间内消耗的千卡(kcal)来进行测量(Caspersen，Powell and Christenson，1985)。身体活动的类别包括睡眠(sleep)、工作(occupation)、交通(transportation)和休闲(leisure)。休闲时的身体活动(leisure-time physical activity)类型有家务活动(household activities)、其他家庭杂务(other chores)、娱乐(recreation)和运动(sports)，以及运动活动(conditioning activities)(锻炼)。**锻炼**(exercise)，是身体活动的子集，它是某人为了增进或保持体适能(physical fitness)或健康(health)的一个或多个成分而从事的有计划的、有结构的、重复的躯体运动。锻炼可以是急性的，也可以是慢性的。急性运动(acute exercise)是一次性的，是相对短时间的一次运动；而慢性运动(chronic exercise)是随着时间而重复进行的运动，通常每周数次，持续时间不等。身体活动能否增进体适能，要根据其强度、频率和持续时间而定。

身体活动的特点

身体活动的强度不同，它跨越了从静息状态到数倍于每千克体重静息代谢率（resting metabolic rate）[**代谢当量**（metabolic equivalent，MET）]的能量消耗范围。身体活动的强度在普通人群中可以是静息 MET 的 10～15 倍，在有氧适应性程度非常高的人群中可达静息 MET 的 20～25 倍。测量身体活动参加者活动的类型、强度和持续时间十分重要，因为这些因素决定着人们在努力过程中的生理反应，进而可能直接或间接地影响其活动中或活动后的心理反应。现在还不知道身体活动的这些特征是如何影响心理反应的，但是，举个例子，在高强度运动（如久坐少动者的运动量达到有氧能力的 60% 以上）时发生的疼痛，就可能消极地影响心境并阻止以后的身体活动。另外，肌纤维的补充等其他生理反应，如体温、呼吸率和深度、氢离子及激素（如儿茶酚胺、皮质醇和 β-内啡肽）也在中等或大强度的运动中呈线性或指数性增长。其中任何一个或全部的生理反应都可能通过影响主观努力感（perceptions of exertion）或脑反应[如局部脑血流（regional brain blood flow）或局部脑代谢]间接影响心理反应。其中一些可能性将在本书第 4～6 章和第 16 章中详细地讨论。

本书将焦点集中在锻炼上，是因为多数现有文献都使用了身体活动的一种测量方法，而这种身体活动也适用于锻炼的定义。例如，通常在实验室条件下，焦虑，一般是研究者固定了运动强度，在有氧运动（aerobic exercise）（如慢跑、骑车或游泳）20～30 分钟前后进行测量的。对身体努力（physical exertion）的上述特征进行控制是十分必要的，因为它有利于精确界定在锻炼和心理效果（psychological outcome）之间是否存在一个"剂量反应"（dose response）。然而，确定诸如活动类型或强度[如首选努力水平（level of preferred exertion），将在第 16 章讨论]的选择，或锻炼发生的环境（如室内还是户外，跑道还是公园，独自还是与别人一起），是否影响身体活动的心理后果，是同样重要或更为重要的。我们现在还只是开始确定：谁，在什么情况下，身体活动的抗焦虑效应才能发生。这些问题都需要对身体活动进行精准的定义和测量。相比之下，却有 30 多项人群研究（population-based study）将较低水平的身体活动与抑郁症状相关联，甚至更多的研究表明，与安慰剂对照组相比，按照训练计划（如每周 3～5 天，每天 45～60 分钟的快步走）进行锻炼的人们，在几周或几个月后抑郁症状减轻。

与有监督的锻炼计划中的高强度锻炼（heavy exercise）相比，当目标行为的干预是日常生活中的低强度身体活动（如散步）时，旨在增加锻炼采取（exercise adoption）（补充新参与者的策略）和锻炼保持（后续对参与的支撑）的行为改变干预策略，取得的干预效果更好（Dishman and Buckworth，1996b）。还有证据表明，坚持高水平的身体活动可获得健康效益（心血管疾病的标志物）（Dunn，2009）。

越来越多的干预措施瞄准"身体活动生活方式"（lifestyle physical activity），并开发出可提供更多身体活动机会（如自行车道，有吸引力、易攀登的楼梯）的环境。身体活动生活方式在身体活动推广的环境下被定义为"每天累计至少进行 30 分钟强度由中等到剧烈（moderate to vigorous）的自选活动，包括所有休闲、职业或家庭活动，活动可以是日常生活中计划好的或计划外的活动"（Dunn，Andersen and Jakicic，1998，399）。身体活动生活方式是干预的对象，因为它们可以替代少动行为（less active behaviors）来实现非健身目标（a nonfitness goal），步行上下班或手提杂货而不是使用手推车。因此，生活方式干预可以通过积累非结构化身体活动（如走楼梯而不乘电梯）来代替或补充结构化锻炼，以促进增加每周的能量消耗。

　　身体活动和锻炼都是行为，这些行为测量的问题将在后面讨论。体适能测量起来更为直接（见下一节），而且在身体活动水平与适应能力（fitness）是正相关的假设前提下，体适能通常被用作行为的代替者。适应能力的改变也可影响身体活动的一些心理效果（如身体自尊）。身体活动的一些其他积极效果，如抑郁的减轻，似乎不依赖于体适能的增强。而且，有可能适应能力的不同成分与身体活动的心理或行为效果有更特定的关联。为了找出这些关系，必须界定和测量体适能的成分（fitness components）。

体适能

　　体适能（physical fitness）是成功应对生活中当前和潜在的身体挑战的能力。它是人们具有的或达到的与完成身体活动的能力有关的一系列属性。与健康典型相关的体适能包括心肺耐力（cardiorespiratory endurance）、肌肉力量和耐力（muscular strength and endurance）、柔韧性（flexibility），以及身体成分（body composition）（见表 2-2）。血压和代谢指数（metabolic indexes），如血脂（plasma lipids）和葡萄糖耐量（glucose tolerance），也受身体活动水平的影响，并与健康有关。灵敏性、平衡、协调、速度、爆发力（power）和反应时（reaction time）是通常与运动表现相关的适应性的组成部分，但可以影响日常生活和幸福感（well-being）的活动。例如，平衡与协调能力差，与老年人跌倒的风险紧密相关，因此平衡与协调能力在健康方面发挥着重要作用。

表 2-2　健康相关体适能

体适能成分	测量的类型		
	实验室测量	流行病学测量	自我评估
心肺	最大摄氧量	跑台时间	12 分钟跑/走
脚踏车 PWC	加拿大家庭健康测验		
体成分	水下称重；双能 X 线吸收测量法（DXA）	BMI、BIA、皮肤皱褶	BMI、皮肤皱褶
肌肉力量	肢体/躯干测力计	握力计、躯干/肢体上举	
柔韧性	测角器	测角器	坐位体前屈
肌肉耐力	肢体/躯干测力计	等动力器械	引体向上/仰卧起坐

　　注：BMI 是体重指数 [体重 kg/（身高 m）]²；BIA 是生物电阻抗分析；测角器测量关节角度；测力计测量力量和力量比率；PWC 是身体工作能力，用来测量一个递增测验中的最大功率输出；跑台时间是一个等级递增测试的持续时间。 经许可改自 C. J. Caspersen，K. E. Powell and G. M. Christenson，"Physical activities, exercise, and physical fitness: Definitions and distinctions for health-related research," *Public Health Reports*，1985，100，pp. 126-131。

有氧体适能（aerobic fitness），即心肺体适能，是指心肺系统摄取和使用氧气的最大能力（VO_2 max）。它通常用总体重（body mass）或无脂肪体重的千克数调整后的每分钟的耗氧的毫升数来表示。使用有氧体适能来代表身体活动是有局限性的，因为有氧能力的 25%～40% 总体上是由遗传决定的，而且心血管对活动增加的适应性改变的速度存在个体差异，即使同卵双生子也是如此（Wilmore et al.，1997）。也可能会发生这样的情况：两个有氧能力相同的人开始一个训练计划，他们会在一个特定的时间段之后达到同样的身体活动水平。但是，适应更快的那个人会在有氧体适能上显示出更大的增长。不过，为了确定一个人在中度到重度努力（将个人在标准的身体活动中的努力表示为他的能力的一部分）中所体验到的相对的（relative）张力，测量体适能仍是十分重要的。其他体适能测量的水平或变化的测量也是重要的，如肌肉力量或耐力、体成分（body mass）或体脂百分比（percentage of body fat），以及灵活性，因为它们可能是影响心理效应或身体活动的决定因素。例如，由阻力运动训练（resistance exercise training）导致的肌肉强健性（muscularity）的增强感，可以对身体自尊产生积极的贡献。适应性的变化也可用于记录锻炼计划的坚持。

坚　持

坚持（adherence）的意思是忠实地遵守一个已被设定为议定协议的行为标准。对锻炼行为变化的研究，已经典型地以出勤或特定的最小出勤率（如 60%～80%）为基础，定义了锻炼坚持性（exercise adherence）。尽管有些武断，但对一个锻炼计划（exercise program）的保持，最广泛一致的定义是最少坚持 6 个月。之所以如此，在一定程度上是因为锻炼计划常常在首个 6 个月之内有 50% 的退出率。当然，对于成功的锻炼计划而言，其结果会好过这个平均数，而且保持 3 个月后，并不能保证以后就不退出。然而，这些定义假定所有类型的缺席是等同的，它不考虑参与的水平，而且通常仅考虑排除了强度或持续时间的时间段的数量。

依从（compliance）还指某人遵循锻炼计划的程度，但这个术语更多地被用于医疗环境中，所涉及的行为与减轻症状的即刻和短期的健康忠告有关。这个词比"坚持"具有更多命令式的或强迫式的含义，而"坚持"一词是首选术语，因为它强调的是参与者的自我控制。

> 锻炼是一种行为，而适应性是一种属性。与锻炼和适应性的有效测量相关的问题影响锻炼心理学研究的质量。

身体活动的测量

对锻炼行为和身体活动水平的测量，是研究锻炼与心理健康的基础，也是检验旨在改变锻炼行为的干预措施的基础。这项工作的挑战性相当大，因为测量身体活动没有单一的标准（Dishman，Washburn，Schoeller，2001；Prince et al.，2008），而且身体活动可以通过不同方式量化，如总的活动时间，用 MET 数表示的在不同强度下花费的小时数，或心率的增加，运动单位（如步数）的增加，或以千卡为单位表示的能量消耗。表 2-3 所示的一些测量身体活动的方法，是按照以下特征分类的：研究的花费、干扰日常活动水平的程度、人们的接受程度，以及该方法提供关于身体活动类型、频率、持续时间和强度的具体信息的能力（Laporte，Montoye and Caspersen，1985）。所述方法通常可以根据它们是否测量身体活动、动作（motion）、身体活动期间的生理反应、能量消耗或对身体活动的生理适应的直接观察或间接观察来分类。身体活动的四个可测量的维度是类型、持续时间、频率（如每周的天数）和**强度**（intensity，能量消耗的速率），但是大多数方法并不能同时对四个维度进行评估。

表 2-3　自由开放的身体活动评估方法

评估过程	研究的花费		干扰	可接受性		活动细节
	时间	努力		个人	社会	
热量测定法						
直接	很高	很高	高—很高	否	否	是
间接	高—很高	很高	高—很高	否	否	是
调查法						
特定任务日记	低—中	低—中	很高	?	是	是
回顾式问卷	低—中	低—中	低	是	是	是
定量活动史	低—中	低—中	低	是	是	是
生理标记法						
心肺适能	中—很高	中—高	低	?	?	否
双标水	高—很高	中—很高	低—高	是	是	否
机械和电子监控法						
心率	高—很高	中—很高	低—中	是	是	否
计步器	低—中	低	低—中	是	是	否
加速度计	低—高	低—中	低—中	是	是	否
观察法	高—很高	高—很高	低—很高	?	?	是

注：数据采自 LaPorte, Montoye and Caspersen，1985。

> 测量身体活动有 40 多种方法，而方法的选择取决于它对于目标人群而言的适当性，以及回答研究问题所需的敏感性和特异性水平。

不同活动所消耗的能量

活动	能量消耗（METs*/h）
坐着谈话	1.5
驾驶机动车	2.5

普拉提(pilates)(一般性)	3.0
庭院劳动(中等强度)	4.0
快步走[4 mph (6.4 km/h)的速度]	5.0
低强度的有氧舞蹈	5.0
举重(有力的)	6.0
慢跑(一般性)	7.0
骑自行车[12～13.9 mph (19.3～22.4 km/h)]	8.0
绕圈游泳(自由式、有力的)	9.8
跑步[每英里 8 分钟(12 km/h)](1 英里≈1.61 千米)	11.8

* 1 MET＝1.0 千卡/千克体重。

数据来源：Ainsworth et al.，2011。

　　身体活动测量工具(physical activity instruments)的理想特征有：效度、信度、实用性(研究成本和目标人群的接受程度)、非反应性(nonreactivity)或干扰性(该测量方法不得改变该目标群体或它设法测量的行为)，以及特异性(specificity)(所测量的活动的类型、强度和时间的特征)。对身体活动测量工具的信效度进行检验是一个两难问题，而且许多自陈性测量工具尚未与能量消耗测量同时实施。能量消耗仪器的验证包括：双标水(doubly labeled water)、呼吸仓(respiratory chamber)中的代谢评估，或使用便携式代谢系统、心率，或估算动作能量的动作计数器和加速计等。而且，使用这些方法来检验信效度具有局限性，因为它们既不告诉我们活动的类型，也不告诉我们活动的强度。

　　可以理解的是，所有已经用于测量身体活动和锻炼的方法都有优缺点，而且不同的方法只是在一定程度上适合所研究的问题。例如，用一个简短的、自陈的问卷来估计活动的总体水平，对于在一个描述性分析中将一个大样本分成低、中、高活动性组可能是合适的，但在一项用来测量对一个力量训练计划的坚持性的干预研究设计中，就该使用更精确、更可靠的方法。

　　工作可能占据某人总身体活动的很大部分，而职位分类(job classification)已经是一种将人们分入不同活动性组的方法。这种方法既无反应性又快速，可用来对大群体进行分类。然而，用这种方法可能会出现相当大的职业内变异性(within-job variability)、对活动强度的潜在错误分类(misclassifications of intensity)、职业需求的季节性和长期变化(secular changes)以及选择性偏差(selection bias)。以职业为基础把个体分入不同的活动性组，未能包括其休闲和非职业时间发生的身体活动的贡献；同时由于人们已在工作时变得较少活动，因此休闲时的身体活动通常被认为更能代表某一人群的身体活动水平(Kriska and Caspersen，1997)。

　　评估身体活动更常用的方法之一是调查回顾(survey recall)法，尽管这类调查未能解释身体活动的直接和间接测量结果的 45％ 以上的方差(Durante and Ainsworth，1996)。调查回顾法要求人们报告他们身体活动的各个方面，如活动类型和持续时间，从一天到一年甚至他们一生的时间跨度。身体活动的自我报告测量的信度和效度取决于反应者的记忆力、调查者/施测者和反应者的偏见、（回顾的是）星期几（工作日还是周末）、问卷施测的顺序（sequencing of administration of the questionnaire）、所回顾的活动的显著性（saliency of the activity recalled）、（回顾者）反应的社会赞许性、社会人口统计问题、文化、年龄、性别、肥胖，以及教育水平（Durante and Ainsworth，1996；Kriska and Caspersen，1997）。调查所检查的时间范围对数据的质量有如此重要的影响，以致回顾周期越短，受回顾偏差的影响越少，而且也易于验证，其结果却不太可能反映常规行为。自我报告和直接测量之间的相关性通常为低到中等（Prince et al.，2008）。

更为客观的身体活动的测量方法是运用计步器（pedometer）或加速度计（accelerometer）。计步器记录一维运动并用于记录步数。它们在个人和群体水平上是实用的，而且，由于步行是最常报告的身体活动，因此知道人们每天行走多少步，就可以确定疾病预防和治疗所需的运动水平。**加速度计**（accelerometers）记录躯干或四肢在垂直平面（垂直和水平平面）中运动的力量。加速度计系统已广泛用于估计一系列活动的能量消耗。这些装置通常佩戴在腰、腿部或手臂处，并且其尺寸、反应性及探测活动特征，以及推断活动类型的能力各不相同。这些数据可以转换成热量消耗或运动量，如一段时间内的步数。加速度计已在各种生理测量方法下得到验证，如分等级跑台最大负荷（graded treadmill maximal workload）、跑台时间、次最大运动心率（submaximal exercise heart rate）、身体脂肪（含量）、肺功能和双标水。

小型化技术和传感器技术的进步，已经减少了应用测量设备时的阻碍。例如，一种质量为7.4克的耳戴式活动识别传感器（e-AR），可用来预测能量消耗和活动类型的能力，已通过测试（Atallah et al.，2011），并已用来监测临床人群的身体活动。

考虑到测量成年人或年轻人身体活动的方法有所不同（LaPorte，Montoye and Caspersen，1985；Owen et al.，2010；Sallis et al.，1992），在没有统一评估方法前比较各研究结果，其困难是显而易见的（Prince et al.，2008）。此外，身体活动具有几个定义作为结果变量，如每周活动的天数或总能量消耗，这也给研究间的比较带来了困难。美国运动医学学会（American College of Sports Medicine）出版了一本适合各种人群的流行体育活动问卷手册，介绍了各种问卷的使用情况和信效度信息（Kriska and Caspersen，1997）。自那时起，人们已经研发出了好几种问卷，并且坚持使用这些问卷。

学者研发出了"国际身体活动问卷"（International Physical Activity Questionnaire，IPAQ），用于测量处于监测研究（surveillance studies）中的身体活动，并已在全世界范围内进行了严格的信效度检验。虽然在某些情况下IPAQ只是作为干预后身体活动变化的量度，但IPAQ已经在150多项已发表的研究中得到了运用。由世界卫生组织研发的"全球身体活动问卷"（Global Physical Activity Questionnaire，GPAQ），提供了更多关于身体活动类型的细节。

锻炼作为干预手段如何实施，是锻炼心理学研究中的另一个问题。人们已在类型大相径庭的受试者身上实施了类型和数量均不相同的活动,将其作为锻炼的刺激。研究者们实施行为干预时所使用的身体活动数量和质量,需要与目标人群的兴趣和能力相匹配并满足其目标(如增加力量或减轻体重)。研究人员检验急性运动对心理变量的影响时,需要考虑活动的新颖性、可控性(强制或自愿、计划或自发),以及社会和环境的背景(如单独锻炼还是群体锻炼,竞赛性活动还是娱乐性活动,在室内的轨道上还是在户外的公园里)。在进行急性运动,或在推介初始活动模式和剂量并确定干预对锻炼坚持性的影响时,还必须考虑参与者的身体活动史。除非研究者能控制其他心理生物学变量(如像儿茶酚胺和 β-内啡肽之类的应激激素)的效应,或者能通过询问来控制可能与参与者的心理健康变量相关的用力感或疼痛感,否则,以最大有氧能力的百分比为基础对锻炼强度所进行的标准化,可能是不够的。

行为遗传学

研究表明,遗传的基因性状(genetic traits),从生理(Bouchard and Rankinen,2001;Rankinen,Rice et al.,2010;Rankinen,Roth et al.,2010)和心理(Deeny et al.,2008;De Moor et al.,2009,2011;Stubbe et al.,2006)两方面改变着人们对运动(exercise)的反应方式。这也是休闲时身体活动差异的原因(De Moor et al.,2009,2011;Stubbe et al.,2006)。

双生子研究是一种用于估计人们身体活动或其结果的差异中有多少是由基因遗传(基因型)来解释的常用手段。例如,比较同卵(monozygotic)[MZ;同卵的(identical)]和异卵(dizygotic)[DZ;异卵的(fraternal)]双生子之间的身体活动表型(phenotype)(一种可观察的性状)的相关性,可解析出双生子的相似性对该活动特征的影响大小。如果身体活动水平在拥有相同基因的 MZ 双生子之间,较在只拥有一半相同基因的 DZ 双生子之间更为相似,则说明在身体活动或其效果之一中,有基因成分的作用。如果双生子之间身体活动水平的相关性,对于 MZ 双生子和 DZ 双生子来说,是相似的,则双生子所共享的共同环境因素似乎解释了该表型的变异(variation),此时不考虑基因作用。因为 MZ 双生子通常共享相同的环境和基因,所以 MZ 双生子之间不完美的相关性(小于 1.0),正说明双生子之间不共享的独特环境经验可以解释身体活动表型的差异。这种极端的例子来源于出生时就分开的同卵双生子。

人类基因组由线粒体 DNA(来自母体)和 23 对染色体(分别来自父母)组成,含有 30 亿个 DNA 碱基对[核苷酸腺嘌呤(A)、鸟嘌呤(G)、胞嘧啶(C)和胸腺嘧啶(T)]。人体约 23 000 个基因,不到基因组的 2%,编码蛋白质。其余的是内含子(基因内部的核苷酸序列,它在转录后、翻译前被移除,通过 RNA 剪接产生最终成熟的 RNA)、调节其他基因的核苷酸序列,以及不编码蛋白质的 RNA 与 DNA(International Human Genome Sequencing Consortium,2004)。染色体上的基因或 DNA 序列的特定位置是一个基因位点。在给定基因位点处的 DNA 序列的变异称为一个等位基因。基因定位(gene mapping)是鉴定与表型特征(包括疾病与行为)相关的基因位点的过程。这可以通过两种方法完成,一是追踪大家族中的疾病(基因连锁研究);二是考查群体内或被匹配了其他性状和环境的子群体之间基因与性状变异的相关性(关联研究)。这两种方法都在身体活动研究中得到了应用(Bray et al.，2009；Rankinen et al.，2010)。

大多数基因对表型具有多种效应，这些效应可以是可观察的性状或生理特征，这就是基因多效性。对于一些在适应环境时无关紧要的特征，如果它们与对适应环境很重要的特征(如体适能存在)多向性地关联，则它们仍然可以通过自然选择显现出来。在超过1%的人群中发生的基因的DNA序列的变异，称为多态性(多种形式的基因)。多态性是可遗传的，并可通过自然选择进行修改。它们解释了人们之间的许多正常差异(如眼睛、头发或皮肤颜色和血型)。然而，一些多态性增加了疾病发生的风险。

数千种疾病被认为源自一个或多个亲本遗传的基因变异，但是它们中的大多数疾病属于多基因遗传。这意味着这些疾病产生于复杂的、知之甚少的环境与多个多基因之间的相互作用，每个多基因对总效应的贡献小于1%。例如，人们至少在5项研究中发现了22个肥胖基因(Rankinen et al.，2006)，但只有大约10项关联研究及少数连锁研究对改变人们身体活动水平的候选基因进行了研究(Bray et al.，2009；Rankinen et al.，2010)，而且也没有得到多少可重复的结果。美国国家老龄化研究所(The U.S. National Institute on Aging)、美国卫生研究院(National Institutes of Health)与美国疾病控制和预防中心(Centers for Disease Control and Prevention)共同维护着一个关于疾病(包括焦虑、抑郁和痴呆)以及身体活动的人类遗传学关联研究的数据库。

基因突变是DNA序列的永久性改变，它不是人群中的正常变异。当基因包含突变时，由该基因编码的蛋白质可能是异常的或可能产生不正常的功能。基因突变的范围从单个DNA构件(DNA碱基)，到染色体的大片段都有。基因突变可以从单个亲本(杂合的)或两个亲本(纯合的)遗传，或者从后天获得。遗传或种系突变在生殖细胞的DNA中进行。当含有突变的生殖细胞结合产生后代时，突变将出现在所有后代的所有体细胞中。每个细胞含有基因突变，这使我们可以采用口腔(脸颊)的细胞或血液样品进行基因检测。

仅在卵细胞或精细胞中发生，或仅在受精后发生的突变，称为新生(新的)突变；这些可以解释在缺乏家庭病史的情况下在所有细胞中发生的以突变为特征的病症。获得性突变在暴露于环境中(如辐射或化学毒素)，或在有丝分裂(细胞分裂)期间在DNA复制中产生错误时，发生在个体细胞的DNA中。在精、卵细胞之外的细胞中的获得性突变是不可遗传的。

最常见的基因突变包含单个碱基的错配，称为单核苷酸多态性(single-nucleotide polymorphism，SNP)。对于某一物种，当一个DNA片段序列的不同是由单个核苷酸造成(如AGCTGGC与AGCTGGA的不同是由单个核苷酸造成的，因此产生了两个等位基因C和A)的时，就会产生SNP。SNP等位基因的稀有性，可根据地理、人种(race)和种族(ethnicity)在人群之间变化。两个等位基因产生不同蛋白质的SNP，是置换多态性(replacement polymorphism)，它约占疾病突变的一半(Stenson et al.，2009)。不在蛋白质编码区中的SNP可能仍然影响基因剪接、转录因子结合或非编码RNA的序列。受这种类型SNP影响的基因表达被称为表达 SNP(expression SNP，eSNP)，并且可以沿着该基因向上游或下游流动。在对来自 99 个家庭的 473 名久坐少动成人进行的"健康、危险因素、运动训练和遗传学家庭研究"中，这些成人在参加标准化的 20 周运动训练后，其最大摄氧量($\dot{V}O_2$max)增益的遗传率接近 50%，主要是由 324 611 个全组基因中的 21 个单核苷酸多态性来解释的(Bouchard et al.，2011)。

克劳德·布沙尔(Claude Bouchard)是身体活动遗传学的先驱，他倡导将转录组学(或基因表达谱分析)与基因组学相结合，超越常见的 DNA 变异进行扩展研究(Bouchard，2011)。与基因组不同的是，转录组除了发生在特定的细胞系中的固定的突变之外，还依据外部环境条件而发生变化。因为包含了细胞中的所有信使 RNA(mRNA)转录物，转录组主要反映在任何给定时间内被积极表达的基因。描述基因表达的常见技术是使用 DNA 微阵列，它是一个薄玻璃片或硅芯片，由来自不同基因的数千个单链 DNA 片段组成。加入标记的 DNA 或 RNA 互补片段，当它们与活化的 DNA 杂交(结合)时会发出荧光。DNA 微阵列可用于测量基因表达的变化，检测 SNP 或基因突变分型。当应用于转录组学时，使用逆转录酶生成 RNA 的 DNA 复本。

表观遗传事件(epigenetic events)超出了人类基因组的 DNA 核苷酸序列。它们改变基因转录、基因组复制和细胞进程，而不改变 DNA 序列。表观遗传事件包括染色质包装(chromatin packaging)、组蛋白修饰(histone modifications)和 DNA 甲基化(DNA methylation)，这些将在第 3 章中有所描述。

研究中的问题

锻炼心理学研究的特征，包含了认知与行为心理学、神经科学和运动生理学(exercise physiology)研究中的许多共同问题。下面几节将为您定义研究中的常用术语，以描述已有的深刻理解锻炼行为及其结果的研究设计，并解释能使所有科学研究产生混淆的实验假象。这些问题为理解后面各章所讨论的问题打下了基础。

研究中的常用术语

锻炼心理学是从几个学科(如流行病学和临床医学)中分离出来的，读者可能不熟悉这些领域研究中的一些术语。本节为读者精选了以下定义。

偏差(bias)：结果与正确值的系统性背离，在设计或调查技术中表现为错误的结果。

混杂因素(confounder)：一种外部的因素，它既不是暴露(exposure)的结果，也不是实验操作的结果。混杂变量导致研究的效果失真。混杂因素是研究结果的决定因素或相关因素，而且它们不均等地分布在已暴露和未暴露的个体中。

构念(construct)：理论上存在但不能直接观察的概念。构念的存在与水平是从观察和测量行为与指标中推断出来的，如自陈问卷中的得分。变量是构念的操作形式，或者是构念如何在特定情况下被度量。例如，某人克服锻炼障碍的自我效能水平，可以从自我效能量表的得分中推断。

效果量(effect size)：某个实验操作结果的大小，通常用标准分数来表示[如(实验组平均数－控制组平均数)/标准差](见图 2-9)。效果量可以理解为与平均值相比发生了多少变化，就像在正态分布曲线中，距离平均数有多远。例如，1 个标准差的效果，等于将一门课程的得分字母等级，基于一个钟形的或正态的分级曲线，提升一个等级(从得"C"到得"B")。

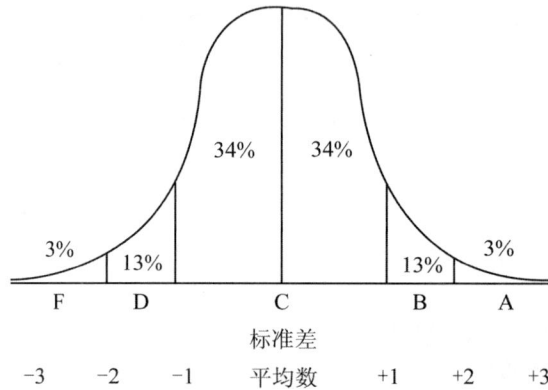

图 2-9　效果量表示与平均数相比发生了多少变化或在一个正态分布曲线中与平均数的距离

效力(effectiveness)：一种干预措施或方法在其他环境中起作用的能力，或是它的生态学效度(ecological validity)水平，即它能够在实验室环境之外应用于实践吗？它起作用吗？

效能(efficacy)：一种干预措施或方法做它想做的事情的能力(如它能起作用吗？)。

流行病学(epidemiology)：在一人群中对健康相关状态和事件(如疾病、创伤、健康行为)的分布与决定因素的研究，以及这个研究在健康问题控制中的应用。身体活动的流行病学包括以下方面的研究：①身体活动，作为一种健康相关行为，它与疾病及其他健康结果的联系；②身体活动行为的分布与决定因素；③身体活动与其他行为的相互关系；④这个知识在疾病的防控及健康促进中的应用。

发病率(incidence)：在特定时间范围内，一种疾病或状况的新样本数除暴露人口数(exposed population)。发病率用来测量治疗或干预的效力。例如，如果 5 年内在 2 000 名绝经期妇女中增加了 150 个抑郁症案例，则 5 年内抑郁症的发生率为 7.5%。

中介变量(mediator)：在自变量和因变量因果关系路径之中的一个变量。它负责传输(中介)干预对结果的影响，或一个变量变化对另一变量的影响。例如，许多人相信，一个人对有能力锻炼的信心(锻炼自我效能)，对其参与锻炼的干预效果具有中介作用。因此，人们在接受一种干预之后坚持锻炼，是因为在自我效能上的干预效应。这样，该干预通过操作自我效能对行为产生间接影响。

元分析(meta-analysis)或**定量回顾**(quantitative review)：通过累积效果量或相应风险来综合研究文献的方法。这与对每个研究结果进行叙事评论(narrative critique)的方法不同。用于叙事评论的研究都是基于统计假设检验的，元分析则取决于样本量的大小。对研究性论文的叙事评论往往因作者的主观看法而产生偏颇。虽然元分析产生的统计综合结果存在较少的主观偏见，但它可能因使用的统计方法和所包含的研究的质量而产生偏差。

调节变量（moderator）：在自变量与因变量的因果路径之外，改变一种干预或中介变量将通过交互作用影响成绩或结果的变量。例如，在一个锻炼族群中，假如喜欢摇滚乐的所有参与者都是生育高峰时期(1946—1965 年)出生的美国中年人，年龄就会调节摇滚乐在他们身上的享乐效果。

流行率（prevalence）：在一个时间点上，某种疾病或状况的现有病例数除总人口数。流行率被用来测量疾病的社会负担，并为执行医疗服务做计划。

相对风险（relative risk）：两个组的疾病发生率（在两组中疾病发生的比例）。如果一个不活动组的疾病发生率为 20％，活动组的疾病发生率为 10％，则不活动的相对风险就是 2.0；反之，活动的相对风险就是 0.5。

敏感性（sensitivity）：一个测验探测一种疾病或属性（attribute）的能力。例如，一个对抑郁症敏感的测验，几乎没有漏报率（false negatives）；而当抑郁真实存在时，它不会漏掉案例。

特异性（specificity）：一个测验的鉴别能力。例如，一个对抑郁症具有特异性的测验会只探测抑郁的症状，而且几乎没有误报率（false positives）。

敏感性和特异性

假设你的目标是研究当地一家制造厂的员工在休闲时间积极进行身体活动的流行率。你用一个设计好的量表来测量身体活动的水平。这个量表的敏感性就是它识别高度活动者的能力。使用这个量表，极少会把真正高度活动的员工分到低水平身体活动类别中。这个量表的特异性就是它正确定义活动水平不高的人的能力。这个量表几乎不会把低度或中度活动的员工错误地分到高水平身体活动类别中。一个具有高敏感性和高特异性的量表，其预测效度也高。

研究设计

运动心理学（sport psychology）的大量研究遇到了这样的尴尬情况：各种研究的设计和实施都是由一些不熟悉运动医学的心理学家以及心理学知识背景有限的运动生理学家（exercise physiologist）来完成的。锻炼心理学研究的质量也受到了这一问题的影响。几乎没有研究者拥有运动生理学和锻炼心理学的双学位，并且在**实验设计**（experimental design）和测量中出现的问题，也反映出了研究者知识和经验的相应差距。

通常，研究未能以理论为基础，或者研究人员没有将研究与心理构念的理论模型相匹配。例如，从理论上讲，特质焦虑是稳定的，因此没有必要在急性运动之前或之后测量特质焦虑。

一些使用理论模型的研究人员，仅片面地应用它们，这限制了解释缺乏显著性效应的能力。多数应用社会认知理论来理解身体活动的研究，一般都没有包括对身体活动的个体生物学影响因素的测量。只有少数将跨理论模型(the transtheoretical model)应用于锻炼行为的研究中，包含了该模型的全部成分。

有几个问题都和研究设计有特定的联系。大多数意在关联锻炼与心理健康的研究都是横断研究(如筛查性研究、相关性研究)或预测性研究，因此它们不能提供因果关系信息。

因果关系判断的科学标准

如果一种情况或条件是一个事件发生的临时性前提，且假如该情况或条件没有出现，该事件就不会发生，那么该情况或条件可以被认为是该事件发生的原因。把某事识别为原因，有一些科学的标准。在流行病学中，用来判断锻炼与心理健康效益之间因果关系的证据强度的选择标准(Mausner and Kramer，1985)如下。

- 联系的强度：相对于缺乏活动人群，身体活动人群的患病率越低，身体活动越可能具有防病作用；患病率的减半是一个可接受的标准。
- 时间序列：必须在疾病发作之前进行身体活动的测量，应有足够的时间用于健康的生物适应。
- 一致性：活动增加与疾病减少之间的关联，出现在不同的地区和反映在不同类型的人身上应该使用不同的方法进行研究。
- 独立性：积极活动的人群中疾病的减少，不会用不积极活动人群中的其他致病原因(如年龄、吸烟、缺乏社会支持)的不成比例的高发来解释。
- 剂量—反应梯度：身体活动的增加应该与疾病水平的下降呈线性或曲线性的一致。
- 表面合理性：对随身体活动增加而疾病减少的解释，应该与现有的疾病病因理论或知识，以及伴随身体活动而发生的生物适应的理论或知识相一致。
- 实验确认：有控制的实验证明，身体活动的增加能够阻止或减少疾病的发生。

在**横断研究设计**(cross-sectional design)中，被试是按照在同一个时间点上的暴露和结果进行识别与分类的。这类研究也被称作现况调查(prevalence study)。横断研究设计有益于对一般性描述和趋势进行识别，但当使用问卷数据时，就会存在与选择性存活(selective survival)和主体回忆(subject recall)有关的问题。

病例对照设计(case-control design)是一种回顾性的设计，常用于流行病学中，在健康相关事件(health-related event)发生后"重建"其可能的原因。理想的做法是，将健康对照组(healthy controls)与病案组(如病人)在年龄、性别和种族上相匹配，并且健康对照组通常与病案组来自相同的环境。然后，比较两组过去暴露于疾病潜在危险因素的频率。危险因素信息一般通过个人访谈或病例检查获得。病例对照设计的弊病包括：难以获得一个真正具有代表性的对照组，无法同时研究多种疾病的结果，以及可能出现回顾偏差。病例对照研究对于假设的初始研发和检验而言是有用的。用它可以决定是否有理由进一步实施更费时、更昂贵的队列研究（cohort study）或随机实试（randomized trial）。

预测设计（predictive designs）和前瞻性（prospective）或队列研究（cohort studies）将无疾病的受试者按照是否暴露（于危险因素）进行分组，然后随着时间推移来评价他们，以确定暴露组和非暴露组的疾病发生数。对两组之间联系的测量，用相对风险（relative risk）来表示。前瞻性研究（prospective studies）已经为锻炼在心理健康上发生作用的效果提供了重要证据，而且已经将注意力指向了锻炼的干预中潜在的中介变量。

随机对照实验（randomized controlled trials，RCTs）是用来确定在流行病学观察中或小型实验室实验中所发现的关联是否适合于大量人群的因果关系的方法。这群人通常被诊断出患有一种疾病。实验的有效性取决于人群样本的代表性，以及治疗组和对照组之间在影响结果的特征上的相似性。将受试者随机分配给治疗组和对照组，对于在组间平等分配已知和未知的混杂变量而言至关重要。对照组（control group）除了关键治疗因素之外，应该经历与治疗组相同的所有事情。一些希望评价锻炼对心理变量的影响效果的研究者，让控制组坐在安静的房间里，参加讲座，甚至让他们接受指导去想象锻炼。一个临床研究的人群（治疗组），其锻炼的心理健康效应应该与一种传统的治疗方法的心理健康效应相比较，而不是与无治疗的对照组相比较。《临床实验报告统一标准》（Consolidated Standards of Reporting Trials，CONSORT）是随机对照实验研究结果的标准化发布。1996 年，进行临床实验的研究人员和期刊编辑们，创建了一个报告相应信息的 25 个术语的检查表和一个流程图，以说明参与者如何完成临床实验。

> 除了关键治疗因素之外，对照组应该经历与治疗组相同的所有事情。

锻炼心理学的许多研究使用了方便样本和志愿者。这种做法带来的问题是有积极性的人会通过自我选择进入研究项目。自愿参加一项干预研究的人，可能更倾向于坚持参加一项定期的锻炼计划，或者更有可能相信自己会通过锻炼获益。焦虑的人不太可能自愿参加一项关于焦虑与锻炼关系的研究。因此，许多锻炼与心理健康关系的研究选择了测量正常的受试者，但不论锻炼干预的效果如何，这些人也几乎没有改进的空间。样本量也是一个问题，因为一个大样本会在极小的临床上显著的情况下导致统计学上的显著。同样，也会发生这样的情况：一个小样本的效应尽管具有重要的临床意义，但统计功效（power）的缺乏会把具有统计学意义的差异排除在外。

对心理健康研究感兴趣所产生的结果，一般是心理构念或心理生物学构念（或两者兼有）；而实验变量或自变量是锻炼行为。锻炼采取和锻炼坚持的研究用干预和心理社会学变量作为实验变量或预测源，同时将身体活动的水平作为因变量或结果变量。不管研究焦点如何，在锻炼心理学中都会在因变量和自变量的测量上存在不一致性和局限性。通常，研究对所测量的心理构念的定义不够清晰，也有大量支持测量相同构念的不同工具。有时，研究者研发出测量心理变量的工具，却不报告信度和效度。

对心理健康的心理学测量往往不充分。例如，我们不应单独使用自陈法来评定抑郁和焦虑，同步测量生理学的变化与心理学的变化也是必要的。测量生物学变量的研究，也会有方法学上的局限。这些局限限制了对一种作用的特定机制的分离能力。例如，可以结合急性运动和慢性运动测量心境障碍患者的尿液和尿液中神经递质代谢物水平。然而，绝对水平、增加量或减少量不能用来估计中枢神经系统的适应性。

理论的应用、研究设计、被试，以及对自变量和因变量的测量是锻炼心理学研究中的问题。

实验假象

在多数情况下，自我报告法被用来评定心理构念，而心理构念是研究的结果变量或行为变化的中介变量。在涉及心理学效果的研究中，已知几种行为假象影响研究结果（Morgan，1997），而且锻炼心理学的研究对于这些效应不能自动免疫。这样的效应一般都涉及与下列因素相关的真实反应的改变：参与者的期待（如人们按照自己认为的研究者要求的反应方式进行反应）、实验者的期待（如在主观评价时产生偏见），或者在参与者身上发生的实验者效应（如实验者有意无意地向参与者提示该研究的目的）。实验假象示例有如下几种：

• **晕轮效应**（halo effect）是实验者期待效应。在这个效应中，研究者基于被试的一些其他已知特征，将某些特征也赋予被试。测试者可能假定，特质焦虑分值低的人，不会因参加分级最大运动实验（graded maximal exercise test）而感到焦虑，因此会错误地把焦虑迹象（如高心率和高主观努力）解释为低适应性指标。

• 参与者的期待也影响他们的反应。认为身体活动有助睡眠的人，可能会不经意地夸大自己的报告，以说明他们的睡眠在锻炼之后有多少改善。

• 需求特征（demand characteristics）包含了实验假设的微妙信息，这些信息允许一个受到激发的参与者猜测研究假设并努力去证明，或相反，去破坏研究假设。

• **罗森塔尔效应**（Rosenthal effect），或自我实现的预言（self-fulfilling prophecy），也被称为皮格马利翁效应（Pygmalion effect）。当调查者已经传达了关于参与者的品质和能力的信息，而参与者受到激发来满足某种期待时，这种效应就会发生。

• **霍桑效应**（Hawthorne effect）是指参与者在操纵自变量之后，仅仅由于实验处理受到关注而发生结果改善的倾向。这种影响在设计锻炼与心理健康的关系研究时至关重要。当锻炼与无任何实验处理条件相比较时，有益的心理变化就不能完全归因于锻炼，因为任何处理都可能比无处理要好。研究者应考虑到霍桑效应，这证明运动比安慰剂治疗条件更好，并且与其他传统疗法同样有效，甚至更加有效。

• **社会赞许反应**（social desirability responding）或**动机性反应扭曲**（motivated response distortion)必须考虑在内，因为人们倾向于想要符合自己的社会期望的形象。人们可以被有意识地激发从而在一个测验中做失真的回答(说谎)，以便给人留下好印象。他们也可以无意识地通过歪曲事实来增强自尊心、提高个人效能和乐观性[自欺增强(self-deception enhancement)](Paulhus，1984)等进而来欺骗自己。这种社会期望的反应倾向甚至会威胁到那些具有社会价值的、测量自我知觉构念的量表，使它们丧失准确性，如自尊。人们还可能高估具有社会价值的行为(如身体活动)，或者低估带有社会烙印的身心失调的症状(如抑郁)。

总　结

　　本章的目的是为锻炼心理学的研究提供定义并介绍观点。由于本书的目标是让具有不同知识背景的读者都能接受，因此对于一些读者已经熟悉的术语，如锻炼、身体活动及体适能等，本章还是进行了定义和讨论。其他对于心理构念的定义和测量至关重要的方面，如量表编制(scaling)与统计方法，读者可能不太熟悉，本章就对这些内容做了更为深入的介绍，以便使后续的讨论更加清晰并帮助读者在研究中使用这些方法。本章介绍的研究中的一些问题，可作为理解后续各章方法论的基础。

第 3 章

行为的神经科学基础

检验锻炼与诸多社会及认知因素（如自尊、个人信念等）变化之间的联系，可以帮助我们更好地理解锻炼对于心理健康的影响方式以及如何提升锻炼坚持性。然而，行为与脑机制同样受到生理因素的影响。尽管现代"肌肉生物学家"可能并不赞同这样的观点，但威廉·詹姆斯（William James）曾指出，"现有结果已经充分表明，体育训练事实上是在对神经中枢进行锻炼，而不仅仅是肌肉"（James，W.，1899）。

因此，读者需要具有关于中枢神经系统、自主神经系统、关键神经递质、脑细胞和分子的基本知识。这样才能对后续关于应激（stress）、情感（affect）、心境（mood）、情绪（emotion）、焦虑、抑郁（depression）、认知（cognition），以及能量（energy）、疲劳（fatigue）和睡眠等内容的章节有更深入的理解。

本章是对行为神经科学（behavioral neuroscience）的综述，内容包括运用在脑和行为研究的测量项目。我们不是要深入复习神经解剖学和**神经生物学**（neurobiology），而是开展锻炼如何影响心理健康的前期讨论。例如，抑郁得到改善是由于锻炼和神经营养蛋白［例如，VGF 肽和脑源性神经营养因子（brain-derived neurotrophic factor，BDNF）］之间的关系，或是由于甘丙肽对蓝斑产生抑制作用，又或者是由于脑皮质 β 受体的密度减少。这章会详细说明这些问题。

我们将在"神经网络"一节中呈现中枢神经的基本解剖结构、自主神经系统和下丘脑—垂体—肾上腺轴，还有中枢神经如何对情绪和行为产生影响；如何测量和解释心率变异性；压力、焦虑情况下如何使用非侵害性的心理学方法；如何理解自主神经系统调节心血管系统等内容。

"神经递质"一节综述了神经系统中不断运动着的神经递质是如何影响情绪的。下一章，"脑的细胞生物学和分子生物学"一节，将呈现一些基本的概念与用来测量基因表达与管理的技术，包括组织化学的原位杂交和免疫化学。随后部分将讨论，使用动物作为人类疾病和行为的模型。最后部分，测量大脑活动的电生理的方法——透析、脑电仪和神经成像，这些技术被应用于测量行为和情感反应时的大脑活性。具体内容将在随后章节呈现。这个目录只是帮助学生概括性地了解这些复杂的现象和技术。

神经网络

在解剖学中信息加工的基础是大量的神经通路和回路网络，它们联系着人们的内部世界（如记忆、肌肉紧张、饥饿）和外部世界（见图 3-1）。神经网络又被划分为中枢神经系统和外周神经系统（见图 3-2）。外周神经系统有两个部分组成：一部分是躯体神经系统（脑和脊椎神经），负责接收信息和控制骨骼肌；另一部分是自主神经系统，他们的主要功能是在心理健康和行为方面起作用。中枢神经系统和自主神经系统会在稍后进行更详细的描述。

> 中枢神经系统将个体与他（她）的内部世界和外部世界联系起来。

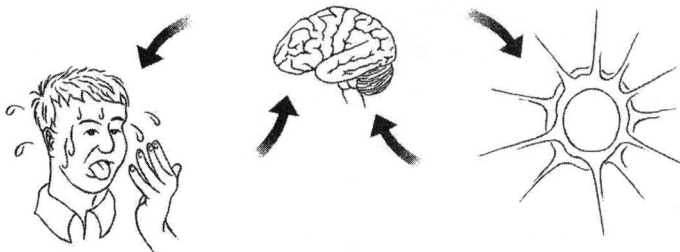

图 3-1　中枢神经系统负责感受外界环境的光和热，并且协调我们的生理、心理和行为的反应

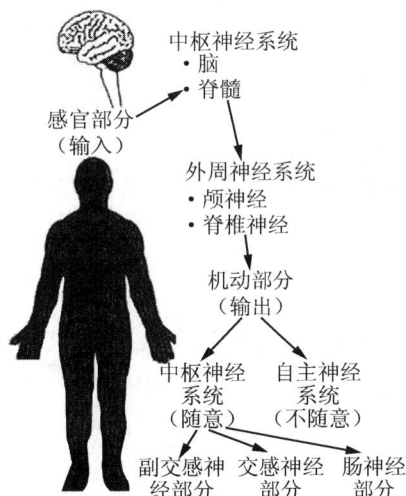

图 3-2　人体的中枢和外周神经系统

经许可改自 J. H. Wilmore and D. L. Costill, *Physiology of sport and exercise*, 2nd ed., Champaign, IL: Human Kinetics, 1999, 64。

躯体神经系统

颅神经(cranial nerves)，直接与脑相连，包括 12 对轴突束。颅神经是感觉的(传递感觉信息给大脑，如嗅觉、视觉)，运动的(支配特定肌肉，如舌下神经移动舌头)或者既是感觉的又是运动的(如迷走神经)(见图 3-3)。

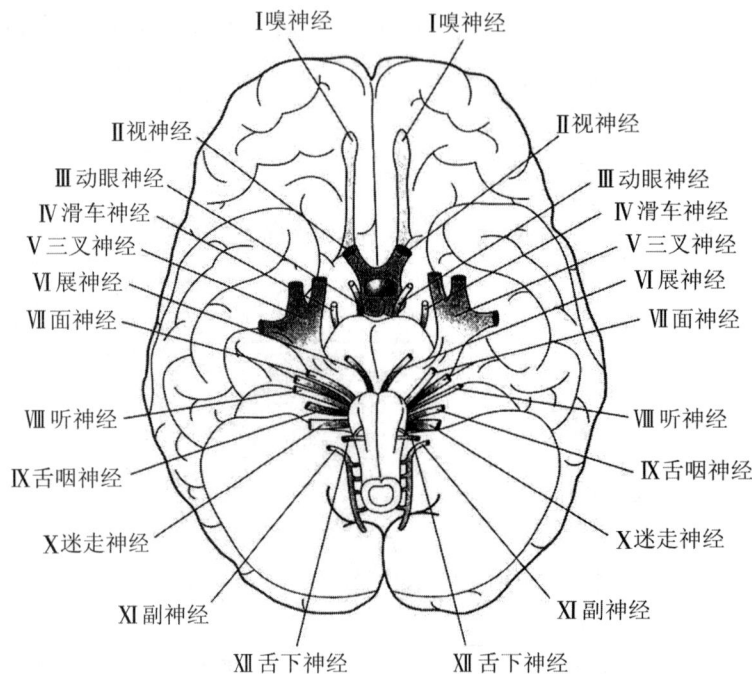

图 3-3　一些神经发送感受信息给大脑，一些支配特定的肌肉，一些两者都可以

经许可改自 S. J. Shultz, P. A. Houglum and D. H. Perrin, *Assessment of athletic injuries*, Champaign, IL: Human Kinetics, 2000, p. 348。

人体有 31 对**脊神经**(spinal nerves)连接脊髓且间隔规律并以它们连接的脊椎部分来命名(如颈、胸、腰、骶骨)。每个脊椎神经由从外周到脊髓的感觉通路以及从脊髓到肌肉的运动通路组成。

中枢神经系统

中枢神经系统(central nervous system，CNS)是人体中最复杂的系统之一(见图 3-4)。它每周 7 天且每天 24 小时负责感觉、筛选、处理、存储和回应数百万位信息。中枢系统是人体与外部世界相互联系的动态系统。每次你学习新东西，脑内化学(通常包括脑蛋白基因编码的转录和神经活动的管理)会因这一过程而发生变化。神经病学家埃里克·坎德尔(Eric Kandel，1998)提出结构和功能相互作用的精神障碍病因学的生物学框架。这个架构包括以下 5 个原则。

①脑的活动导致精神和心理的过程。

②脑功能系由基因控制。

③社会的、发展的和环境的因素可能使基因表达产生改变。

④基因表达的改变导致脑功能的改变。

⑤精神疾病治疗使基因表达改变，从而可能导致脑功能的有益变化。

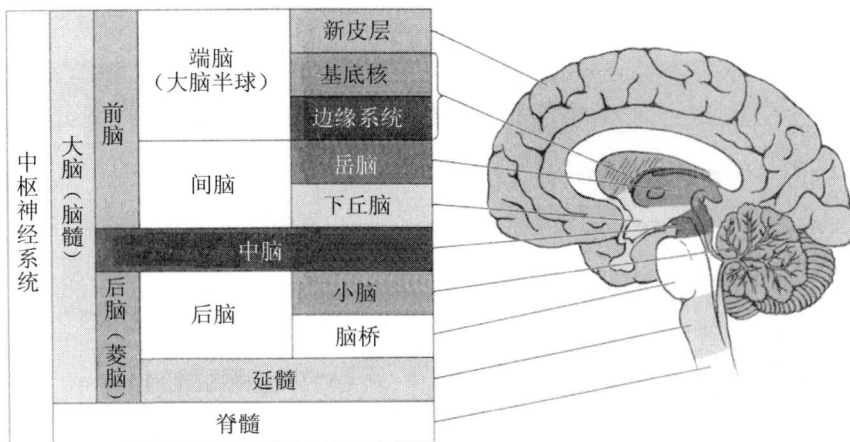

图 3-4　中枢神经系统的组成 [包括脊髓和三个脑区(前脑、中脑和后脑)]

因此，在这个架构里，抑郁和其他精神障碍是由大脑进程受到干扰导致的。使用治疗方法，如心理疗法、药物治疗、运动引发的基因层次的脑功能改变，都可以使症状减轻。我们并没有完全了解所有精神障碍症状是如何发生的，但在描述神经系统的结构和功能及其与行为、情绪的关系方面取得了重大进展。

中枢神经系统的结构由脊髓、脑干和脑(前脑)组成。**脊髓**(spinal cord)包括控制各种反射性功能的神经回路，同时脊髓也提供了将感觉输入脑，再把携带的信息或者启动信号从脑传递到外周的通路。**传入**(afferent)或者感受信号需要经由脊髓的背角传递到脑，以传送关于内部器官、肌肉、身体姿态和其他外周的信息。**传出**(efferent)或运动神经元沿着腹角向下行进以形成脊神经的运动并且支配肌肉。脊髓神经不像电缆那样仅仅传导信号。神经信号的大量处理发生在脊髓中，这使信号在器官和中枢神经系统之间传送时会发生明显改变。来自脊髓的脊神经背根(感觉)和脊神经腹根(运动)融合形成了左右相对的 31 对脊神经。

图 3-5 显示了脊髓和背腹角的横截面。传递初步的疼痛信号的 Ⅲ 型和 Ⅳ 型传入神经纤维，主要支配脊髓的背角和腹角。背部和腹部的纵行通路会在第 16 章中关于主观努力感的部分进行更详细的讨论。

感觉神经、运动神经都来自外周和脑并且穿过脑干。**脑干**(brain stem)由脊髓持续延伸到颅腔，由**延髓**(medulla, mylencephalon)、**脑桥**(pons, metencephalon)和**中脑**(midbrain, mesencephalon)组成(见图 3-6)。脑干不仅仅是一个管道，还包含着几个对于行为和情绪至关重要的神经中心，并且调控生命基本功能，如动脉血压和呼吸。

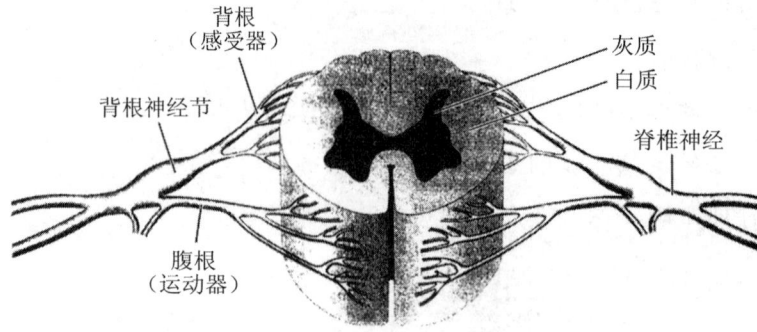

图 3-5　脊髓横截面

经许可改自 J. H. Wilmore and D. L. Costill，*Physiology of sport and exercise*，2nd ed.（Champaign，IL：　Human Kinetics），1999，67。

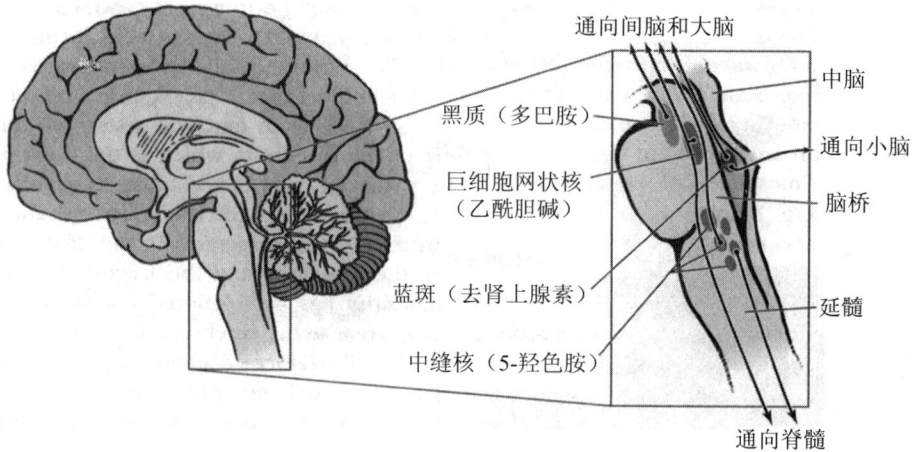

图 3-6　脑干的主要核团及相关神经递质

髓质是脊髓到脑干的过渡，协助管理心肺功能，其中含有延伸到中脑的**网状结构**（reticular formation）的末端。分泌血清素（serotonin）（也称 5-羟色胺或 5-HT）的主要**神经核**（nuclei）是**中缝核**（raphe nuclei），主要位于靠近蓝斑的脑干中线。中缝细胞发送投射信号给脑，从而控制行为和情绪（如杏仁核、海马、下丘脑、腹侧被盖区和额皮质），运动［如**纹状体**（striatum）和**小脑**（cerebellum）］，血压（如脑干最后区域的血脑屏障对血液中的化学物质浓度很敏感），以及一些其他的外周信号，如疼痛（脊髓）。血清素是一种重要的神经递质，与焦虑和抑郁有关，并且可以影响睡眠和饮食。

> 延髓包含中缝核，它是大脑中用于生产神经递质血清素（5-羟色胺）的主要核团。

脑桥包裹在小脑的基底周围，并包含涉及运动控制和感觉分析的神经核。小脑位于脑桥背部，是运动系统的关键组成部分，它将感觉信息与关于肌肉运动的信息进行整合以协调运动。脑桥包含**蓝斑**（locus coeruleus，LC），被认为就在大脑第四脑室下方的蓝色区域（"蓝斑"一词源自拉丁语"caeruleus"，意为"蓝色"）。蓝斑的总体功能是在其支配区域内抑制自发激活。这些

区域包括小脑、海马、杏仁核、丘脑和下丘脑核、中脑、大脑及脊髓。蓝斑也参与快速眼动
（rapid eye movement，REM）睡眠、注意和情绪反应，并且是分泌**去甲肾上腺素**
（norepinephrine，NE）最主要的核区。去甲肾上腺素是大脑活动和心境调节的重要神经递质。
脑中可以产生去甲肾上腺素的细胞有半数以上位于蓝斑处。

> 蓝斑，是生产大脑中的神经递质去甲肾上腺素的原发部位，位于脑桥。

中脑（midbrain/mesencephalon），构成脑干的顶端。它包括部分的网状结构、黑质、中央
灰质和腹侧被盖区。网状结构是一种从脊髓的上端延续到延髓、灰质和腹侧间脑的神经网络，
在那里我们可以看到网状核。网状激活系统是一种弥散的、有许多联系的核网络。它在睡眠—
唤醒周期中扮演着重要的角色，并且作用于前脑唤醒、注意、温度调节和动作控制。

黑质是神经递质多巴胺和一种与动作控制有关的**神经节**（ganglion）（神经元的聚集）的重要
中心。中央灰质[导水管周围灰质（periaqueductal gray，PAG）]由紧密排布的胞体组成，位于脑
干中心并且与第三脑室和第四脑室有联系。中央灰质的一些功能是情绪唤起、战斗、交配和疼
痛。当中央灰质神经元上的阿片类**受体**（receptors）被鸦片制剂刺激时，人对有害刺激的敏感性
会降低。

腹侧被盖区（ventral tegmental area，VTA）位于灰质之下，黑质中间。它是脑中多巴胺的
重要来源。激活 VTA 会产生欲望行为的动机（寻求），当该激活是由腹侧纹状体中的阿片样神
经元支配时，这些行为是奖励性的或令人愉快的。

人体的每个器官都与脑有关，人脑只有 1400 克重，或是体重的 2%（大约是一本书的重量）
（Rosenzweig，Leiman and Breedlove，1999a）。前脑负责读书、骑车，并决定是否参加一堂力
量训练课。前脑是脑最前端的部位，又被分为**间脑**（diencephalon）和**端脑**（telencephalon）。间脑
最重要的结构是丘脑和下丘脑。**丘脑**（thalamus）和大脑皮层的许多区域有着双向联系。这是除
了嗅觉以外，所有感觉系统的通路。背侧丘脑处理、整合和传递感觉信息到端脑。当你外出散
步时，你对环境温度、光线、声音和来自你的肌肉的反馈的感觉都在丘脑中进行处理，然后高
级大脑负责接收这些信息，用于做出决策和采取行动。前丘脑投射到边缘系统，参与动机和情
绪。丘脑的内侧和外侧核涉及疼痛的调解。

下丘脑（hypothalamus）向下投射到脑干，向上投射到间脑、大脑、前丘脑以及边缘皮质的
其他区域，并进入漏斗管，以控制垂体腺的分泌功能。垂体是一个关键腺体，几乎控制所有的
激素分泌。下丘脑控制身体的植物性功能，如心血管系统的活动、摄食、睡眠和温度调节。它
调节激素平衡，并在情绪行为的许多方面发挥主要作用。下丘脑是下丘脑—垂体—肾上腺轴三
联体的一个部分。这个三联体是应对心理和生理压力的中心，这一点将在本章后面以及第 4 章
中进行讨论。

端脑是由新皮质（大脑皮层）、基底神经节和边缘系统组成的。**新皮质**（neocortex）包围着
大脑半球，特点是有精致的褶皱组织，并且有着小凹槽（沟，sulci）、大凹槽（裂，fissures）和

更大的脊(脑回，gyri)形组织，组织的面积大约为新皮质的 3 倍，有 2/3 的表面隐藏在褶皱的深处。新皮质是更高一级脑功能的中心，如问题解决、创造力和判断力。新皮层的区域，如初级视觉皮层和初级运动皮层，已经被根据其输入和功能绘制成了图谱。例如，内侧前额叶皮层用于在内外刺激的基础上改变情感状态，而且它是直接投射到下丘脑的唯一皮层区域。

基底神经节(basal ganglia)是前脑之中的皮层下核群的集合，包括纹状体，它由纹状体(尾状核、壳核和伏隔核)及苍白球组成，还包括与纹状体相关的细胞群，如丘脑下核和黑质。基底神经节对于运动控制至关重要。如图 3-7 中对基底神经节的另一透视图所示，黑质是脑中多巴胺的主要来源。多巴胺在运动功能中扮演着至关重要的角色，但它同时也与动机和心境有关，这一点将在第 7 章中进行讨论。

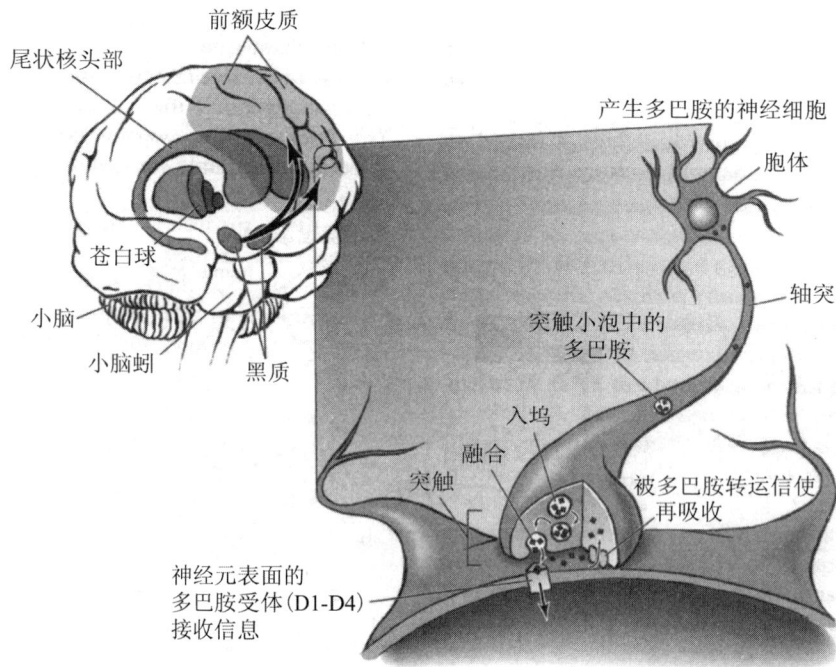

图 3-7 基底神经节的结构和多巴胺的产生传输过程

引自 Barkley，1998。

边缘系统(limbic system)是完全包裹着间脑的一大群神经核群。它与新皮质具有双向链接，并引发通过脑干网状核所中介的行为功能。目前研究者认为边缘系统是情绪性行为和动机驱动的场所，并且在学习中扮演着一定角色。它涉及本能和心境情绪的表达、自我保护，以及记忆模式的建立。因此，如果我们想要检查关于锻炼的心理生理学，边缘系统控制着我们感兴趣的各种功能。

边缘系统中对于锻炼和心理健康十分重要的部分是杏仁核(amygdala，拉丁文，指它的形状类似于杏仁)和海马(hippocampus，拉丁文，指它的海马形状)。图 3-8 显示了边缘系统。**杏**

仁核是边缘系统的一部分，它控制着社会情境下的适当行为，并且和情绪记忆有关，还能形成愤怒和恐惧。它在锻炼和情感中的重要性将在第 5 章中讨论。

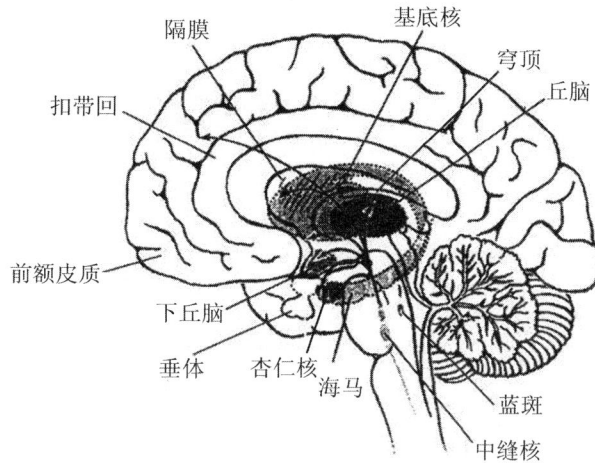

图 3-8　显示边缘系统（海马、杏仁核、扣带回、穹窿）的中枢神经系统剖面

注：　箭头表示从中缝核到中心结构的通路。

引自 Nemeroff，1998。

海马的功能在于标记环境变化的威胁，并对陈述性记忆进行储存。海马将那些被评价为重要的输入信息传递到大脑皮层。当海马受到刺激时，人就会变得草率和忧虑。海马上的皮质醇受体参与抑郁症（见第 7 章）和慢性心理应激（见第 4 章）的生理反应。

> 边缘系统是中枢神经系统的区域，它是情感行为和动机驱动的中心。

自主神经系统

自主神经系统（autonomic nervous system，ANS）是外周神经系统的一个分支，跨越了中枢神经系统和外周神经系统。它被命名为"自主"（独立、自我管理）是因为早期的解剖学家发现它的神经节在中枢神经系统之外。自主神经系统主要通过第 3、第 7、第 9 和第 10 脑神经以及其他交感神经的活动，调节内脏、部分腺体、平滑肌以及心肌的活动。它由交感神经、副交感神经和肠神经系统三个分支组成，信息通过来自中枢神经系统的神经递质（neurotransmitters，NT）传递给神经节。所有的神经节前神经递质受体都是烟碱胆碱能的（被 NT 乙酰胆碱活化），而神经节后神经递质有着各种功能的受体。β 和 α 肾上腺素受体可被去甲肾上腺素（norepinephrine，NE）和肾上腺素（epinephrine，Epi）激活，毒蕈碱胆碱能受体可被乙酰胆碱激活。图 3-9 显示了自主神经系统和它们支配的器官。总体上说，交感神经涉及能量的消耗，副交感神经涉及能量的保持。**肠系统**（enteric system）控制肠道。

交感神经和副交感神经持续放电活动的基础率，被称为交感神经张力和副交感神经张力。在器官上的效应，可以是交感或者副交感神经活性的增强或者减少的结果。曾一度被大部分人接受的观点为：这两个系统有线性反比关系，是紧紧联系在一起的一对相反的控制。但是伯恩斯顿、卡乔普和奎格利（Berntson，Cacioppo and Quigley，1991，1993）提供了更广泛的二维自主控制模型的令人信服的论证和实验证据。在他们自主性的空间假设中，两个分支的激活可以偶联或不偶联。其中两个系统同时被激活的偶联反应可以是互补的或非互补的，后者引起副交感神经和交感神经活化的同时增加或减少。例如，应激相关的极大的心率加快可能来自单独的交感神经活化的增加（非偶联），或者单独的副交感神经活化的减少（非偶联），或者两者皆有（偶联互补）（Bernston et al.，1993）。

在响应心理应激时，心率没有变化并不意味着没有自主神经反应，而是副交感神经活动的增加，消除了交感神经的激活（偶联非互补）引起的结果。当考虑第 4 章锻炼和应激反应研究的局限性时，需要时刻谨记：一个心理反应可能在终末器官活动不明显。

> 自主神经系统具有控制能量消耗（交感神经）和能量保存（副交感神经）的两个分支。它们可单独起作用，一个分支增加激活和另一分支降低激活，或两个分支一同增加或减少激活。

交感神经系统

交感神经系统（sympathetic nervous system，SNS）涉及唤醒和需要能量消耗的活动，如锻炼。简单来说，交感神经为你的行动做好身体上的准备（如当你在跑道上准备起跑），或者是感知到威胁时采取战斗—逃跑反应（如面对一只凶恶的大狗的威胁）。当没有机会进行身体行动时，使身体在面对精神压力时采取行动，也是应激反应的一部分，它可能导致几种与应激相关的疾病，如高血压。

SNS 有 22 对缠绕在一起的神经节，它们分布在脊柱的两侧，彼此连接并与脊髓连接。与脊髓联系的节前神经元是短的，而节后神经元很长；节后神经元与效应器相连，如心脏和汗腺（见图 3-9）。节后神经元是肾上腺素能的，释放 NE 到效应器官上的 α 和 β 肾上腺能受体上，从而产生许多效应。来自 SNS 的激活和去激活效应相当于分别打开与关闭一所房子里一个房间的电流或者整个房子的电流。根据环境的类型或情况的严重程度，对心理应激产生特异性反应的，可以是单个器官、几个器官，或是由 SNS 支配的所有器官。心率增加，人开始出汗，眼睛膨胀，嘴巴变干，以及其他一些不太明显的交感神经激活效应会同时发生。

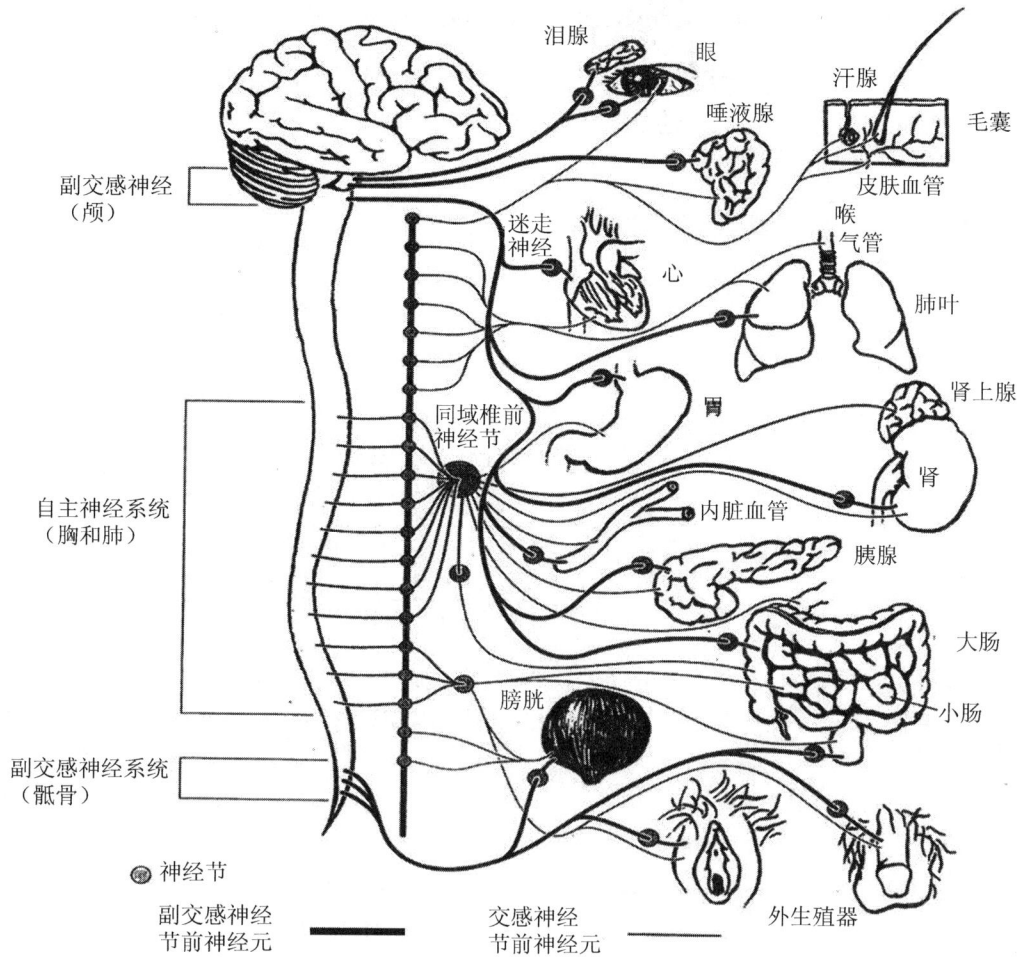

图 3-9 自主颅神经、交感和副交感神经及其支配的器官

副交感神经

副交感神经系统(parasympathetic nervous system，PNS)涉及能量的保持，如放慢心率和刺激消化。副交感神经系统的节前神经元较长，源于头部和骶骨区域(见图 3-9)。其节后神经元较短，并且和它们所支配的器官相连。节后神经元所释放的神经递质(NT)是**乙酰胆碱**(acetylcholine)，且节后受体是毒蕈碱胆碱能的。副交感神经的激活是特定的，相当于打开一间屋子的灯，因此相比于 SNS，PNS 能提供更自主的控制。(因此)人可能在看见一块热馅饼时流口水却没有心率降低的反应。乙酰胆碱通过小范围阻力血管中的内皮细胞释放一氧化氮，从而使平滑肌放松并且降低舒张压。

> 交感神经系统负责能量消耗，副交感神经系统负责能量保持。

自主平衡与心血管系统的关系：心率变异性

心率变异性(heart rate variability，HRV)提供在各种动态环境下自主神经系统对于心率的调控信息(Task Force of the European Society of Cardiology and the North American Society of Pacing and Electrophysiology，1996)，包括情绪体验和锻炼经历。心率变异性通常通过心动周期的连续 R 波间隔的标准差进行描述。短期变异(如几分钟内所测量的)可以在数学上分解成为估计心率自主调节的频谱成分。高频(high-frequency，HF)成分(0.15~0.5 Hz；1 Hz 是每秒钟 1 个完整的循环或者振动周期)被认为与迷走神经在呼吸过程中对 HRV 的调控有关，也被称作呼吸窦性心律失常(见图 3-10)。这些相对快速的波动对应着测量到的心率的改变，已在电刺激动物迷走神经中得到验证，并且反映了乙酰胆碱通过直接打开离子通道抑制心脏细胞的快速作用。

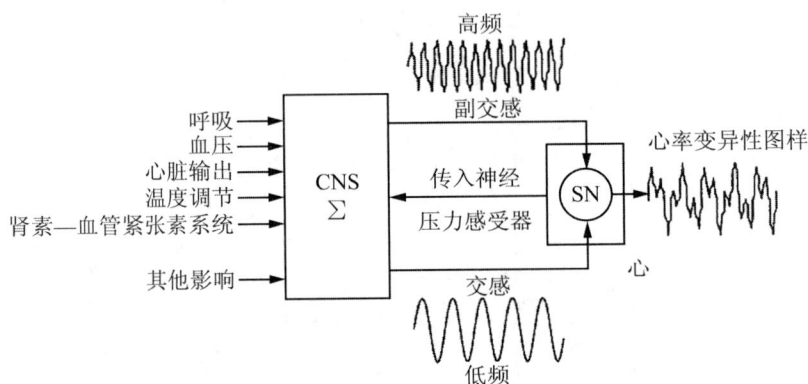

图 3-10 高频副交感和低频交感神经对心率变异性模式的贡献

经许可改自 R. McCraty and A. Watkins, *Autonomic assessment report： A comprehensive heart rate variability analysis. Interpretation guide and instructions*，Boulder Creek，CA： HeartMath Research Center，1996，7。

低频(low-frequency，LF)谱系(0.05~0.15 Hz)对应着心率的压力反射控制(对血压变化的反应)，并且反映了在大多数情况下交感神经和副交感神经对 HRV 的混合调控。这些较慢的心率波动是因为心脏对交感调控的反应比迷走调控慢，这主要是因为 NE 在心脏细胞的活动中是依靠第二信使系统打开离子通道的，而不是像乙酰胆碱那样直接作用。更多关于第二信使系统的内容会在本章后面进行介绍。在极低频(very low frequency，VLF)谱系(0.0033~0.05 Hz)中的活动可以提供对心率的交感神经影响的另一指标。

为了在心率的短期波动期间评估自主神经作用的平衡，我们通常将 HF 和 LF 成分归化为它们的总功率，如[HF/(HF+LF)×100]，以去消除 VLF 的影响。HRV 的长期(如 24 小时)监控，允许对与总 HRV 强烈相关的超低频谱(ultra-low-frequency spectrum，小于 0.0033 Hz)进行评估(24 小时内的 RR 间隔的标准差)。

低 HRV(特别是高频成分)与感知压力有关，并且伴随心律不齐、心脏死亡和心梗后的全因死亡。已有研究报道了临床焦虑症患者的低 HRV，包括惊慌、创伤后应激，以及广泛性焦虑症。因为压力感知是短暂性心肌缺血的预测源，所以 HRV 可能是心脏病发生的人口危险因素(Tsuji et al.，1996)。几项研究已经显示高心肺适应性的人有着更高的心率变异性，特别是在高频范围内。适应性是否对有压力时产生的 HRV 有缓冲作用尚不清楚，但是一项研究发现报告持续情绪应激的中年成人具有更少的高频 HRV（Dishman，Nakamura et al.，2000），且与他们的年龄、性别或体适能水平无关。

> 心率变异性测量可提供有关自主神经系统对心率的调节信息，可告诉我们在各种情况下交感神经和副交感神经的反应情况。

内分泌系统

中枢神经系统和自主神经系统之间丰富、动态的交互作用是通过交感神经髓质系统和**下丘脑—垂体—肾上腺轴**（the hypothalamic-pituitary-adrenal axis，HPA）来说明的，且两者都会被下丘脑激活。

交感神经髓质系统（sympathetic medullary system）包括 SNS 和肾上腺髓质（adrenal medulla），通过一个神经通路直接被下丘脑后侧激活。去甲肾上腺素是由肾上腺髓质里面的髓质细胞合成的，去甲肾上腺素和肾上腺素作为激素被肾上腺髓质以 1(NE)比 4(Epi)的比例分泌到血液中。NE 和 Epi 的作用是拟交感的。也就是说，它们模拟 SNS 激活的效应。但是效应持续的时间要比交感神经系统的直接刺激产生的效应时间（刺激结束后1~2分钟）长5~10倍，因为这些神经激素在血液中的消除是很慢的。血浆中 NE 的主要作用是通过增加外周阻力来增加血压。肾上腺素产生更普遍的交感效应，如增加心率和增强细胞代谢。

下丘脑—垂体—肾上腺轴包括下丘脑、垂体和肾上腺皮质（见图 3-11）。垂体的腺体通过垂体茎与下丘脑直接相连，且由两个主要部分（垂体前叶和垂体后叶）组成，这两部分功能是分离的。肾上腺皮质是肾上腺的外覆盖层。

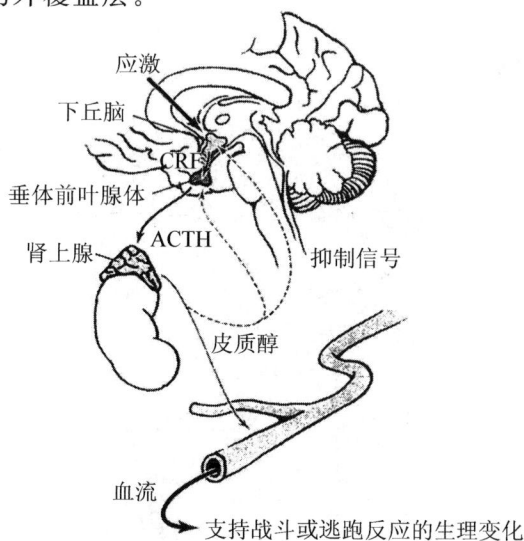

图 3-11   下丘脑、垂体和肾上腺皮质（HPA）在应激反应时的激活

CRF：促肾上腺皮质激素释放因子
ACTH：促肾上腺皮质激素
改编自 Nemeroff，1998。

下丘脑前叶释放两种强效激素（促甲状腺激素和促肾上腺皮质激素释放激素）参与心理和生理的应激反应。**甲状腺刺激激素**（thyroid-stimulating hormone）引起垂体前叶释放促甲状腺激素，刺激甲状腺分泌甲状腺素。甲状腺素刺激糖类和脂肪的代谢并且增加代谢率。**促肾上腺皮质激素释放激素**（corticotropin-releasing hormone，CRH）由下丘脑前叶（小细胞，位于大脑第三脑室两侧的室旁核区域）释放，它是昼夜节律的一部分，并对生理和心理的压力进行反应。

促肾上腺皮质激素释放激素刺激垂体后叶释放加压素（抗利尿激素）；它也刺激垂体前叶释放催乳素，并协同分泌的**促肾上腺皮质激素**（adrenocorticotropic hormone，ACTH）和 β-脑内啡肽进入循环系统。促肾上腺皮质激素激活**肾上腺皮质**（adrenal cortex）释放醛固酮和皮质醇。它还增强肾上腺对于后续刺激的反应，增强注意力、动机、学习和记忆保持能力，并且还扮演阿片拮抗剂的角色。

皮质醇（cortisol）是由肾上腺皮质分泌的主要糖皮质激素，在应激反应和抑郁中起作用。皮质醇的主要作用包括控制新陈代谢，如刺激糖异生（脂肪或蛋白质合成新糖）和在运动期间动员脂肪酸作为燃料，并且抑制免疫反应。皮质醇的释放由 ACTH 控制，但是在下丘脑和垂体前叶上有皮质醇受体，分别提供反馈以控制 CRH 和 ACTH 的分泌，因此提供皮质醇分泌的反馈调节。

> 皮质醇对身体应激（运动）和心理应激做出反应，以及对与心境障碍有关的中枢神经系统失调有一定的作用。

脑和外周循环

在本章的后面，我们将讨论用于测量大脑动脉（见图 3-12）和静脉血流量的方法。这里，我们考虑如何评估外周静脉中测量的化学物质是否来自大脑。

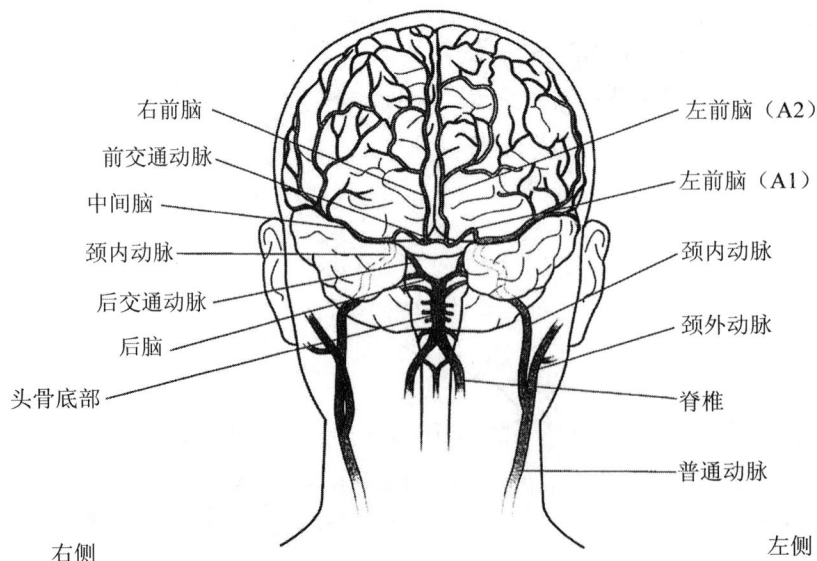

图 3-12 头部的动脉

位于外侧脑室的脉络丛(见图 3-13)分泌脑脊液，一天替换 4 次，24 小时内大约分泌 600 毫升(20 盎司)。脑脊液通过硬脑膜和软脑膜(见图 3-14)之间的蛛网膜(蜘蛛状)粗颗粒，排入大脑静脉窦，进入**上矢状窦**(superior sagittal sinus)，最后返回到静脉循环。

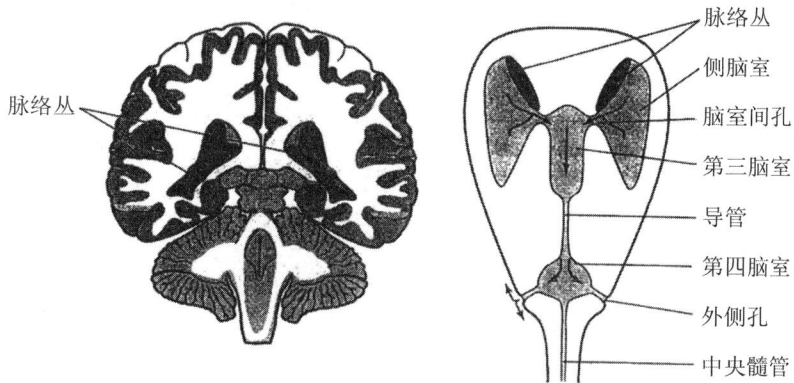

图 3-13　脉络丛

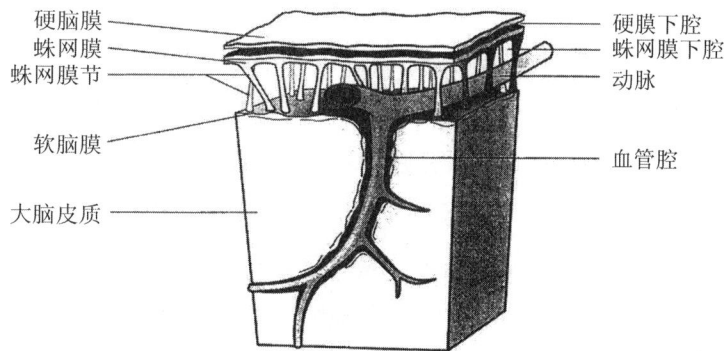

图 3-14　脑脊液(CSF)从蛛网膜间隙到脑静脉循环

上矢状窦在大脑穹隆中线下流动(见图 3-15)。它接受来自前大脑半球侧方的大脑上静脉，

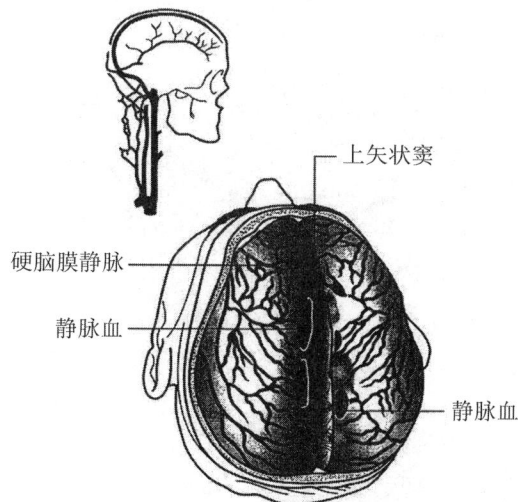

图 3-15　上矢状窦从前脑半球中流出静脉血

来自颅骨松质骨和硬脑膜的静脉，以及来自颅骨膜的静脉，这些静脉都穿过顶骨孔。静脉血从上矢状窦排入窦汇。从那里，两个横向的窦分叉在乙状（S状）窦中向旁侧、下方移动，然后形成两侧颈静脉。在颈部，颈静脉平行于颈动脉并将血液排入上腔静脉。

通过测量动脉中蛋白质浓度与内颈静脉血液中的差异（脑脊液排入大脑上、后上矢状窦，然后清空流入内颈静脉），研究者可以估计外周血液中蛋白质的增加有多少来自脑部（如Rasmussen et al.，2009）。

神经递质

信息在整个神经系统中传递的主要方式，是一个神经元（突触前的）携带的神经冲动，通过叫作突触的神经元之间的连接点传递到另一个神经元（突触后的）（见图 3-16）。突触的两个基本类型是电性质的和化学性质的，但是几乎所有中枢神经系统中的突触都是化学性质的。它对神经元的作用可以是兴奋的，也可以是抑制的。这些作用主要通过两种（神经）递质在脑中产生：谷氨酸（兴奋作用）和 γ 氨基丁酸（ramniobutyricacid，GABA；抑制作用）。其他神经递质不具有谷氨酸和 GABA 的信息传递作用，但是可以通过调控涉及特定脑功能的神经元回路，对中枢神经系统产生影响。它们与细胞膜中发现的被称为 G-蛋白（G-proteins）的信号蛋白相互作用。脑活动因此也受可以替代谷氨酸和 GABA 处理信号的神经元的其他 NT 的影响。由谷氨酸和 GABA 的作用提供的基本信息因此由许多 NT 调节，使得结果具有情绪特征或意义。这些神经特质会在随后各节中讨论，研究试图发现锻炼对情绪、睡眠和疼痛感知的影响的生物学机制。

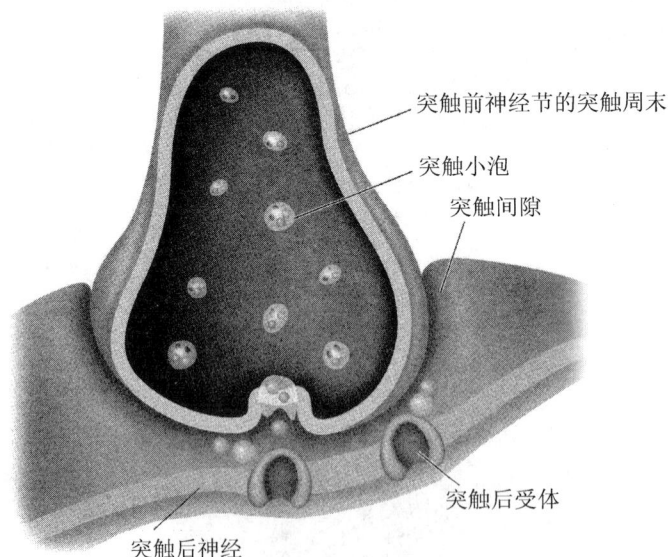

图 3-16　两个神经元之间的化学突触

经许可改自 J. H. Wilmore and D. L. Costill, *Physiology of sport and exercise*, 2nd ed. (Champaign, IL: Human Kinetics), 1999，60。

生物胺

生物胺有两种类型：儿茶酚胺类和吲哚胺类，统称为单胺类神经递质。

儿茶酚胺类

儿茶酚胺（catecholamines）包括的神经递质有多巴胺、去甲肾上腺素和肾上腺素。它们参与睡眠、奖赏、摄食、饮水，以及功能性疾病（精神分裂和抑郁）和器官性疾病（帕金森病、心血管性高血压、阵发性心动过速）。酪氨酸是儿茶酚胺的氨基酸前体，酪氨酸羟化酶是基础条件下的限速酶。酪氨酸通过一个中间步骤转化为多巴胺。多巴胺于是可以转化 NE 或者本身可以作为 NT。去甲肾上腺素可以转化为肾上腺素，如图 3-17 所示。

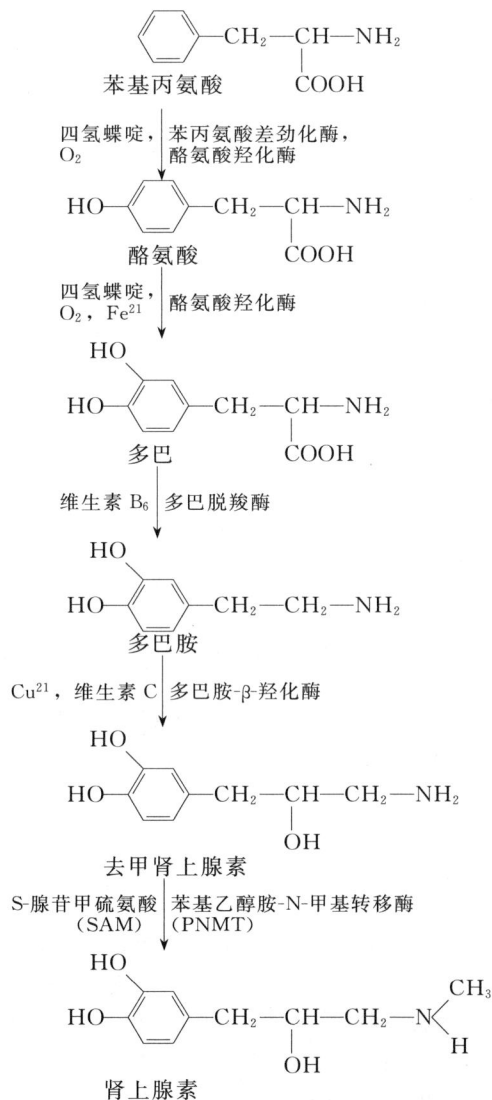

图 3-17 儿茶酚胺的合成结构式

多巴胺（dopamine，DA）系统在动机和动作功能中起关键作用。它是腹侧被盖区（VTA）的关键 NT，这个脑区包裹着下丘脑，涉及追求奖赏或快乐（想要）的行为的动机驱动。在某种程度上，当 DA 受体结合改变了位于腹侧纹状体伏隔核区（基底神经节的一部分；见图 3-18）的阿片类神经元的活性时，快感（嗜好）就出现了。VTA-伏隔核网络是重要的脑机制，涉及从诸如食物和身体运动等行为中寻求自然奖赏体验的动机。已经确定，前额叶眶额区、丘脑、纹状体的人类脑回路在参与需要重复一种模式的生存行为的保持中起关键性作用，如进食、交配和身体活动。

> 在心理健康和锻炼中发挥重要作用的神经递质是生物胺，如去甲肾上腺素和 5-羟色胺。

去甲肾上腺素是被认定（1901 年）为外周神经细胞活性介质的第一个物质。去甲肾上腺素组成了 1% 的脑 NT，与典型的 NT 相比较慢（以秒为单位），如乙酰胆碱和 GABA，其作用以毫秒为单位。因此，去甲肾上腺素经常被认为是神经调节剂；它较慢的生效有助于调节其他 NT 对神经元的快速作用。去甲肾上腺素在大脑中是拓扑图式分布的（以独特的模式分布），而不是弥散性分布的。这就使得它可以影响中枢神经系统的广泛功能，包括在受到威胁后的行为、垂体激素释放、心血管机能、睡眠，以及止痛剂反应。

神经递质

起到突触间信号传递器功能的化学物质称为神经递质。神经递质直接释放于相邻的神经（突触后），相邻神经会变得兴奋、抑制或改性，以对 NT 附着于膜上的特异性受体蛋白做出反应。在血液中的 NT 称为神经激素。

下面是影响突触前 NT 释放的因素：

①可用的递质数量（取决于可用的基质、酶，以及 NT 的储量）；

②突触前神经的活性（如长期激活可以消耗突触前 NT 的释放）；

③NT 激活突触前神经上的受体，以抑制进一步的释放（前突触抑制）。

下面是 NT 对突触后神经元的影响：

①NT 的类型和数量；

②受体的类型、密度以及敏感性；

③存在其他增强或抑制作用的化学物质；

④周围组织液的 pH 值。

去甲肾上腺素是在神经元中利用从血液中吸收的氨基酸酪氨酸合成的。在脑中合成 NE 的主要中心部位是 LC 中的细胞体。轴突从 LC 投射到中脑导水管周围灰质、丘脑核及下丘脑。LC 是供应给杏仁核、海马、所有额叶皮质以及小脑区域 NE 的唯一来源。LC 是焦虑和

抑郁这两个边缘功能障碍特征的主要调节部位。它将外部刺激和内部刺激合为一体，以调节自主神经唤醒、注意警觉，以及针对行为应激的神经内分泌做出反应。去甲肾上腺素能使 LC 的神经元超极化，增强其对从其他神经元传来的信号的响应能力。大量的脑 NE 神经元也位于 LC 之外，并且遍布腹侧被盖区。来自这些神经的纤维与 LC 神经元缠绕在一起。

去甲肾上腺素也是 SNS 的主要神经化学物质。在外周，它是在脊髓神经节和肾上腺髓质的嗜铬细胞中制造的，但是自主神经系统中 NE 的主要来源，是 SNS 游离神经末梢。NE 合成率随着交感神经的活性程度而改变，并与酪氨酸羟化酶活性的变化、酪氨酸转化为 DOPA 的限速酶相关联，因此造成 DA 和 NE 合成的不同。如果 NE 未被回收到突触前神经元，或被回收到了突触前神经元中并且未绑定在储存囊泡中，它就被单胺氧化酶（monoamine oxidase，MAO）和儿茶酚-O-甲基转移酶（catechol-O-methyltransferase，COMT）代谢掉。NE 的主要代谢物是神经元内部的 3，4-二羟基苯乙二醇（3，4-dihydroxyphenylglycol，DOPEG）和在神经元外部的 3-甲基-4-羟基苯乙二醇（3-methoxy-4-hydroxyphenylglycol，MHPG）。我们可以通过测量这些代谢物的血清水平来估计 NE 的水平，但是这种方法有局限性。例如，血清中的 MHPG 含量升高并不表明这个升高是由于 NE 释放增加还是其再吸收减少所造成的。

> 去甲肾上腺素是中枢神经系统以及自主神经系统中重要的神经调节物质。

在肾上腺髓质、心脏和一些大脑区域中，苯乙醇胺-N-甲基转氨酶进一步代谢 NE，生成肾上腺素（epinephrine，Epi）激素，其拉丁文为"*adrenaline*"（见图 3-18）。这个神经激素之所以被命名为肾上腺素，是因为我们认为它只在肾上腺中产生；并且实际上，在肾上腺髓质中，大约 80％ 已形成的 NE 转化为 Epi。肾上腺位于肾脏的上方，因此，肾上腺素的另外一个名称来自希腊单词"epi nephron"（在肾脏之上）。Epi 的主要功能是刺激心脏，但也可以作为大脑中的一种次要递质。NE 和 Epi 的作用依据受体的不同而不同（参见"肾上腺素受体"）。

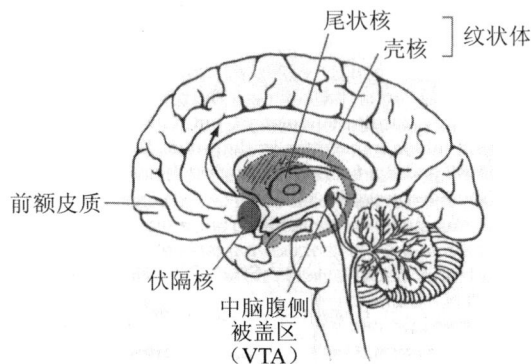

图 3-18 图中显示了中脑腹侧被盖区（VTA）相对于基底神经节的位置。 VTA 是脑多巴胺（DA）的主要部位。 奖赏通路从 VTA 向外延伸，经过伏隔核，直到前额皮质。

肾上腺素受体

神经递质的功能取决于受体类型。去甲肾上腺素和肾上腺素的活动受到 α 受体和 β 受体这两种类型的肾上腺素受体调节，这两种受体又可以进一步细分为 α-1、α-2、β-1 和 β-2。一般来说，NE 主要激活 α 受体和某些 β 受体(特别是脑中的 β-1)，而在大多数情况下，Epi 激活 α 受体和 β 受体的程度是一样的。

α-1：激活第二信使磷酸肌醇系统。控制离子通道的调节蛋白的磷酸化，以及受体——第二信使偶联所导致的神经传导和阻抗，在脑 NE 活动中起主要作用。当 α-1 受体与 NE 相结合时，其生理效应也包括血管收缩并增加外周血管对血流的阻力，从而增加血压。

α-2：突触前自身受体。突触前 α-2 受体和 NE 的结合，与通过减少 NE 神经元的活动，以及由 G 蛋白抑制酪氨酸羟化酶来减少 NE 的合成，以抑制 NE 的释放有关。如果蓝斑中的 NE 耗尽，则 α-2 受体对 NE 的正常抑制就会减少，于是 NE 的释放就会增加。

β-1：激活 3'5'-环腺苷酸(cyclic adenosine monophosphate，cAMP)水平的上升，它是神经传导的第二信使。

β-2：增加 NE 释放的突触前受体。它们对大脑中的 Epi 有着更高的亲和力。当 β-肾上腺素受体与 NE 或 Epi 相结合时，其生理效应包括心率和心搏量的增加。

吲哚胺类

吲哚胺(indolamines)构成了生物胺的第二梯队，包括褪黑激素和血清素。**褪黑激素**(melatonin)由松果体分泌，它影响生理节律，如睡眠—觉醒周期。**血清素**(serotonin)，或称 5-羟色胺(5-hydroxytryptamine，5-HT)，是由中缝核分泌的，其轴突投射进端脑、间脑、中脑和脊髓中。5-HT 的主要作用是抑制自发活动。它是用来重建内稳态(homeostasis，体内环境平衡)(生理平衡)的神经增益的一般性抑制器。血清素影响睡眠与心境并已成为许多抗抑郁药和抗焦虑药的靶点。血清素同样涉及疼痛、疲劳、欲求行为、睡眠周期、血压和皮质类固醇激活等行为。从中缝核到脊髓的投射，具有通过引起脑啡肽的释放来调节疼痛的能力，而脑啡肽是一种**内源性的**(endogenous)阿片样物质。

5-HT 在脑中的合成取决于其前体——色氨酸的神经浓度。色氨酸是一种必需的氨基酸。神经浓度取决于血液中游离色氨酸水平以及血脑屏障的传输通道。血液色氨酸或者与白蛋白绑定，或者以游离形式存在。较高的游离脂肪酸浓度会导致更多的色氨酸，这是因为游离脂肪酸会争夺与白蛋白的化学结合。游离色氨酸的水平同样取决于色氨酸吡咯酶的激活(一种在肝脏中使色氨酸代谢的酶)，而其激活是通过糖皮质激素，通过血脑屏障的传输通道受到游离色氨酸和大的中性氨基酸(芳香族氨基酸、支链氨基酸)的竞争的影响。如果这些氨基酸的水平上升，能够进入大脑的色氨酸的总量会下降。

> 脑中血清素的水平取决于其前体——色氨酸的神经浓度。

大脑中能够起调节一系列与心境和行为相关功能的 5-HT 的受体有十多种（一般列举为5-HT1～5-HT7，并且每一种都有进一步的从 A 到 D 的子分类）。例如，主要位于边缘系统中的突触后 5-HT1A 受体调节神经抑制。在中缝核中的前突触 5-HT1A 自主受体通过反复刺激脱敏，导致抑制减少并因此增加含血清素的释放，而这有着抗抑郁的功效。后突触 5-HT2A 受体高度集中于额叶皮层，调节神经兴奋。这些受体发出的刺激会导致 SNS 的激活。在脉络丛（在脑室中分泌脑脊液的一个高度密集的血管群）中的后突触 5-HT2C 受体发出的刺激会导致焦虑、嗜睡、运动不足以及 HPA 的激活。此外，其他物质，如糖皮质激素，可以与 5-HT 的受体结合并产生，独立于 5-HT 水平的效应。

其他神经激素和神经肽

其他起到神经递质功能的关键物质包括谷氨酸盐、GABA、**内啡肽**（endorphins）、甘丙肽，以及**神经肽 Y**（Neuropeptide Y，NPY）。**谷氨酸盐**（glutamate）或称谷氨酸（glutamic acid，一种氨基酸），是一种小分子、快速作用的 NT，它是脑中主要的兴奋性递质，是细胞新陈代谢的产物。例如，对谷氨酸一钠（味精）有过敏反应的人，也会对其副产物谷氨酸有反应。

谷氨酸盐有三组配体—门控离子通道（亲离子受体）以及三组 G 蛋白耦合（代谢型）受体。代谢型受体在突触可塑性中有多种角色。亲离子受体以与它们相结合的合成配体（ligand）命名。最慢和更普通的受体是 N-甲基-D-天冬氨酸（N-methyl-D-aspartate，NMDA），它控制着一个钙离子通道和一个镁离子通道，并且与癫痫、学习和缺氧后脑损伤有关。另一个亲离子受体是 α-氨基-3-羟基-5-甲基-4-异恶唑丙酸（α-amino-3-hydroxy-5-methyl-4-isoxazole proprionic acid，AMPA），它允许钠离子和钾离子通过通道而不允许钙离子通过，这会导致非常迅速的兴奋信号。受体红藻氨酸是以由海藻中萃取出的神经毒素命名的，并且它在调节谷氨酸释放，以及激活与抑制海马中的突触传导的过程中发挥着作用。

γ-氨基丁酸（gamma-aminobutyric acid，GABA）是一种由谷氨酸脱羧酶（glutamic acid decarboxylase，GAD）经由谷氨酸盐所产生的氨基酸。它是神经系统中主要的抑制性递质（参见神经递质一节开头的讨论部分）。GABA 在大多数情况下起到的是前突触抑制性递质作用。它是由大脑皮层以及脊髓、小脑和基底神经节的神经末梢分泌的。GABA 的两种受体是相当复杂的。例如，大脑中的关键受体类型——GABAA受体有 5 个结合位点。除了一个留给 GABA，还有一个用于与苯二氮结合，这是一族用于降低焦虑、促进睡眠、减少癫痫发作和促进肌肉放松的镇静剂。另一个 GABAA受体位点与巴比妥酸盐结合。其余两个 GABAA受体，一个控制着氯离子通道，另一个 GABAB受体控制着钾离子通道。

诸如 β-内啡肽、脑啡肽和强啡肽等内源性阿片类物质是内源性阿片样肽，其生化作用与诸如海洛因和吗啡等外源性阿片类物质近似。内源性阿片类物质通过与 mu(μ)、kappa(κ)或 delta(δ)受体相结合而起作用。由于这些受体广泛分布在外围和中心神经系统中，内源性阿片类物质对快乐、疼痛、心血管调节、呼吸、食欲和口渴、胃肠活动、肾功能、体温调节、新陈代谢、激素分泌、生殖、免疫力、学习与记忆有着不同的效应（Akil et al.，1998；Evans，1988）。

β-内啡肽存在于中枢神经系统中对整个脑有着广泛投射（下丘脑、边缘系统、中脑导水管周围灰质、脑干）的弓核状中和对延髓腹外侧区有投射的孤束核中。β-内啡肽与 μ 受体（以它们对吗啡的高结合力而命名）之间有着强亲和性，这会产生**镇痛**（analgesia，疼痛减轻）、呼吸抑制、心动过缓、瞳孔收缩、低体温症，以及行为冷漠和依赖。β-内啡肽还具有通过对前突触"去抑制"使其释放 GABA 来降低大脑神经兴奋性的作用。在外周部位，剧烈运动时 β-内啡肽从垂体前叶和垂体中叶分泌出来进入血液中。根据运动强度的不同，分泌通常伴随着 ACTH 的增加。因此，我们最好将 β-内啡肽的外周水平视为对于锻炼的应激反应的指标。

脑啡肽（enkephalins，ENK），包括亮氨酸脑啡肽（leu-ENK）和甲硫氨酸脑啡肽（met-ENK）两种形式，它是调节神经、内分泌和免疫系统的信号配体，并因此而影响包括伤害性感受、奖励和应激反应在内的很多功能。ENK 表达神经元分布于整个大脑中，但是 ENK 在纹状体的 GABA（γ-氨基丁酸）能中型棘突神经元的亚群中是最丰富的，该亚群主要表达多巴胺 D-2 受体（Akil et al.，1998；Heimer et al.，1991）。腹侧纹状体的 ENK 神经元广泛投射于腹侧苍白球，它是内源性阿片类物质的情感功能的关键神经回路（Smith and Berridge，2007）。ENK 优先结合 δ 阿片受体，但也与 μ 和 κ 受体结合（Akil et al.，1998）。腹侧纹状体中 δ 阿片受体的脱敏伴随着类焦虑和类抑郁效应（Perrine et al.，2008；Torregrossa et al.，2006）。其他允许 ENK 在情感体验、应激和伤害感受期间起调节控制功能的 CNS 系统还包括杏仁核、中脑导水管周围灰质及脊髓背角（Akil et al.，1998；Jonsdottir，2000）。甲硫脑啡肽和亮氨酸脑啡肽也储存在肾上腺髓质中，当出现应激反应时，它们与儿茶酚胺共同释放到胃肠道、心脏和血液循环中。

强啡肽（dynorphin，DYN）在 CNS 中的分布与 ENK 重叠，但是在纹状体内部，大部分 DYN 存在于表达 D-1 受体的中型多棘神经元中（Akil et al.，1998；Jonsdottir，2000）。在腹侧纹状体中，这个部分的中型多棘神经元投射到了腹侧被盖区。DYN 的行为功能通常与 ENK 的功能相反。以 A 和 B 两种形式表达的 DYN，主要与 κ 类阿片受体结合，它会通过从中缝背核到伏隔核的投射来调节 DYN 对于应激性烦躁和厌恶的效果（Land et al.，2009）。此外，DYN 与 VTA 中的 κ 受体相结合会抑制 VTA 将多巴胺释放到伏隔核，这有利于鸦片和食物的奖赏效应，还可能会促进大小老鼠的转轮跑（Mansour et al.，1995；Nestler and Carlezon，2006；Shippenberg and Rea，1997）。内吗啡肽（endomorphins）是最近发现的内源性物质，其与内啡肽、强啡肽及脑啡肽的结构不同，与 μ 受体的结合比其他阿片肽更紧密并且有着广泛的作用，其中许多作用与其他阿片相仿（Fichna et al.，2007）。

最好将 β-内啡肽的外周水平视为运动应激反应的指标。

甲硫脑啡肽和亮氨酸脑啡肽是广泛分布于整个 CNS 的五肽内啡肽。它们在肾上腺髓质中与儿茶酚胺共同储存，在这里它们与儿茶酚胺一同被释放到胃肠道、心脏和血管中。β-内啡肽、甲硫脑啡肽、亮氨酸脑啡肽与传入神经和脊髓神经元中的阿片受体相结合能产生镇痛作用。它们还与大脑中的类阿片受体结合以帮助调节行为。内啡肽对消除与快乐相关的脑区中对 DA 释放的紧张性抑制起到一定作用。

这些效应，加上锻炼时 β-内啡肽和脑啡肽的血浆水平增加会导致大众将伴随锻炼而增强的心境（如跑步者高潮）与内啡肽联系起来，甚至将锻炼成瘾归因于这些内源性阿片样物质。但是，您会在随后的章节中发现，内啡肽作为通过锻炼改善心境的原因的证据不足（Dishman and O'Connor，2009）。尽管如此，由于脑啡肽、强啡肽神经元与动机和快乐相关脑区部分的 DA 释放有交互作用，如第 5 章讨论的那样，它们可能影响锻炼行为和积极情绪（Dishman and Holmes，2012）。

神经肽 Y 是一个 36 氨基酸肽，在大约 40％的 LC 神经元中与 NE 共存（Holets et al.，1988）。神经肽 Y 会抑制 LC 在体外的放电行为。因此，它的功能之一可能是为 LC 神经元提供反馈抑制。大部分 LC 中的 NPY 细胞体都投射在下丘脑上，因此，它可能在帮助调节应激时的内分泌反应方面起重要作用。

甘丙肽（galanin，GAL）是一个 29 氨基酸的肽类 NT（神经递质），在大约 80％的 LC 神经元中与 NE 共存。与 NPY 相似，甘丙肽能使去甲肾上腺素能神经元超级化并且抑制 LC 在体外放电。因此，甘丙肽的功能之一可能是为 LC 神经元提供抑制反馈。酪氨酸羟化酶或甘丙肽（或两者）基因转录的变化，代表去甲肾上腺素适应应激的可能机制。一项研究表明，转轮跑这一慢性活动会在应激时阻碍 NE 在大脑皮层中的释放，并且伴随着与控制组动物相比更高的 LC 中 **GAL 信使核糖核酸**（messenger ribonucleic acid，mRNA）的水平（Soares et al.，1999）。这些发现以及一个跑台运动结束后，LC 中 GAL mRNA 增加的报告，共同表明了在大脑去甲肾上腺素对运动的适应中，GAL 起到了神经调节作用（O'Neal et al.，2001）。

脑源性神经营养因子（brain-derived neurotrophic factor，BDNF）是通过支持神经元存活、分化、连通和神经形成，特别是活动依赖性突触的可塑性活动，在整个中枢神经系统中发挥广泛作用的一种神经营养素（Binder and Scharfman，2004；Zhang and Ko，2009）。BDNF 分布在整个中枢神经系统中，并且在海马结构（hippocampal formation，HF）中能够进行高效表达（Binder and Scharfman，2004）。BDNF 的主要受体是酪氨酸受体激酶 B（tyrosine receptor kinase B，trkB），此受体负责调节神经元存活，促进轴突生长，并在 CNS 内维持突触的连通性（Zhang and Ko，2009）。BDNF 已经被证明与学习、记忆和神经系统疾病有关（Binder and Scharfman，2004）。它有助于改善血清素（5-羟色胺）神经元的功能并促进其生长，同时有效的抗抑郁药物会增加 BDNF 的信使核糖核酸（Binder and Scharfman，2004）。在强制性跑步机跑和自愿转轮跑之后，小鼠和大鼠脑中的 BDNF 蛋白质与 mRNA 水平升高（Adlard and Cotman，2004；Berchtold et al.，2005；Gomez-Pinilla，Vaynman and Ying，2008；Neeper et al.，1996；van Hoomissen et al.，2004；van Praag，2009）。人类在长时间运动之后，BDNF 也会从大脑释放到外周血液系统中（Rasmussen et al.，2009）。BDNF 同样也会在中枢神经系统之外进行表达，包括骨骼肌（Gómez-Pinilla et al.，2001），在此处它可能会帮助脂肪氧化（Matthews et al.，2009）。由于非常健康的人用 4 小时进行中等强度的划船运动才会在外周血液系统中见到脑内 BDNF 的增加（即使 2 小时的时间也不够长）（Rasmussen et al.，2009），所以我们还不清楚人们通常为娱乐或健康而参加的锻炼是否增加了脑内的 BDNF。

内源性大麻素（endocannabinoids）是内源性生理配体，它绑定相同的、具有调节大麻类精神作用效应的大麻素受体，其调节效应包括降低焦虑和疼痛、提升心境以及损害短时记忆。一项报告在剧烈跑步运动后内源性大麻素水平升高的研究（Sparling et al.，2003）已经被理解为运动后心境提升的一种可能解释（Dietrich and McDaniel，2004）。然而，如同内啡肽和 BDNF 在血液中的情况，这个结论由于以下原因尚未确凿。第一，它们在运动中的来源和功能还未可知。第二，血液中内源性大麻素水平与锻炼的心理反应之间的联系尚未建立。第三，在大脑之外（如胃肠道、胰腺、子宫、肝脏、脂肪组织和骨骼肌，以及脾脏和扁桃体）也发现了内源性大麻素，并且它们有许多功能并不具有精神活性，如消炎作用、扩张血管，以及调节应激期间的 HPA（下丘脑—垂体—肾上腺）轴（Hill and McEwen，2010）。从长远来看，内源性大麻素通过增加食欲以及降低大脑、脂肪组织、肝和骨骼肌的新陈代谢率来促进身体内的脂肪存储（Ginsberg and Woods，2009）。大鼠转轮跑研究的新证据表明，内源性大麻素在激发跑步动机中发挥了作用，但可能并没有在情绪性反应中发挥作用（Dubreucq et al.，2010；Fuss and Gass，2010）。

VGF 肽或者 **VGF 神经生长诱导因子**（VGF nerve growth factor inducible）是一种帮助调节能量平衡、新陈代谢和神经可塑性的神经肽（Alder et al.，2003；Hahm et al.，1999；Levi et al.，1985）。VGF 或 VGF 衍生肽在中枢和周围神经系统，以及垂体（腺垂体）、肾上腺髓质、胃肠道和胰腺的内分泌细胞中进行表达（Levi et al.，2004）。VGF 表达会被 BDNF 诱导并被神经营养因子－3 调节（Bozdagi et al.，2008）。进行转轮跑会增加海马 VGF 表达以及上调与抗抑郁药效果相似的神经营养因子信号（Hunsberger et al.，2007）。

脑的细胞生物学和分子生物学

为了精确表征在急性和慢性身体活动后特定脑区的变化，我们必须了解细胞和分子生物学的一些概念和技术。关键概念为：①通过受体结合的和第二信使调节的信号传输；②基因转录和翻译。一些基本技术包括**原位杂交组织化学**（in situ hybridization histochemistry）和免疫细胞化学。

> 　　可通过受体结合、第二信使调节，以及基因转录和翻译的测量技术，来解释急性锻炼和慢性锻炼后特定脑区的变化。

受体效应器和第二信使

　　本章前面部分已讨论过神经递质不能够在神经元之间直接传递化学信号。化学信号（第一信使）必须换能。在换能过程中，受体—效应器系统会激活调节后突触细胞反应的第二信使系统。第二信使是由小厄尔·威尔巴·萨瑟兰（Earl Wilbur Sutherland, Jr.）发现的，因为这项发现，他获得了 1971 年的诺贝尔生理学或医学奖。受体是结合内源性配体（如 NE 之类的神经递质），并通过质膜将信号传递至细胞内的细胞蛋白质，它通过磷酸化过程使效应器细胞产生结构性或新陈代谢性的变化。受体在细胞溶质（细胞内部）中移动并嵌入细胞的表膜中。图 3-19 显示了一个有着蜿蜒形态并 7 次穿过细胞膜的 NE 的 β-肾上腺素能受体。

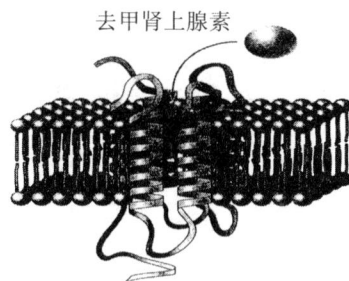

去甲肾上腺素

图 3-19　去甲肾上腺素的 β-肾上腺素能受体

　　结合引起了像 β-肾上腺素能受体分子这样的受体改变其三维形态。它的环状结构伸入细胞的细胞质中，这被称为内吞作用。内吞作用激活了另外一种被称为 G 蛋白的蛋白质。1994 年的诺贝尔生理学或医学奖这一奖项联合授予了发现 G 蛋白质以及其在细胞中的信号换能作用的美国人阿尔弗雷德·G. 吉尔曼（Alfred G. Gilman）和马丁·罗德贝尔（Martin Rodbell）。G 蛋白由 3 个独特的蛋白质亚基形成，称为 α、β 和 γ。一个 G 蛋白究竟是开通还是关闭状态取决于其是与二磷酸鸟苷（guanosine diphosphate, GDP；关闭）结合还是与三磷酸鸟苷（guanosine triphosphate, GTP；开通）结合。在几秒钟或更短的时间内，G 蛋白会将其自身的 GTP 水解成 GDP，通过下调**负反馈**（negative feedback）系统来终结其活性。

　　活性 G 蛋白会触发信号级联。当 β-肾上腺素能受体激活了 G 蛋白时，α 亚基会释放 GDP，结合 GTP，并且会脱离 β 和 γ 亚基。与 GTP 结合的 α 亚基脱离受体并激活一种名叫腺苷酸环化酶的酶，这种酶会促进三磷酸腺苷（adenosine triphosphate, ATP）转换为 3′5′-环腺苷酸（3′5′-cyclic adenosine monophosphate, cAMP）。cAMP 是第二信使。其他第二信使包括磷酸肌醇和花生四烯酸系统。图 3-20 显示了受体直接打开（见图 3-20a）或通过第二信使间接打开（见图 3-20b）一个细胞膜离子通道的过程。

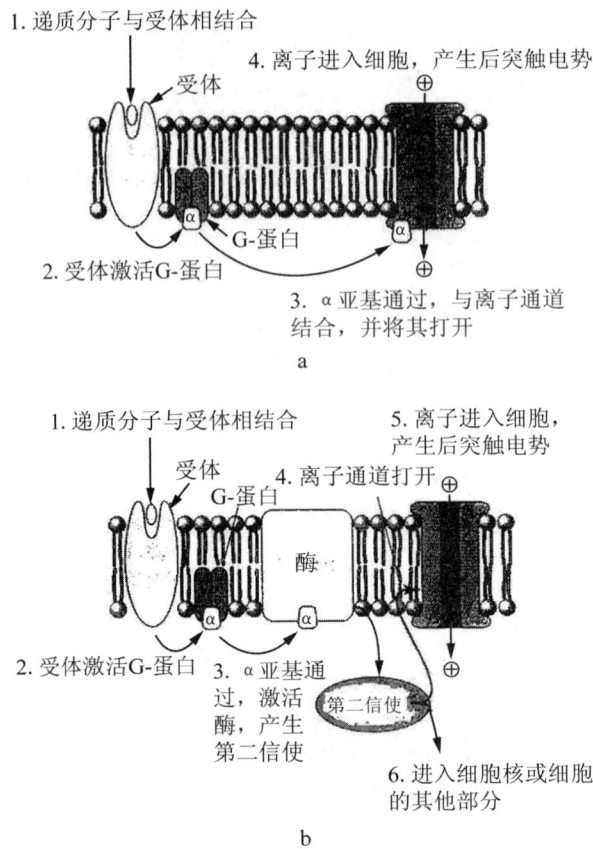

图 3-20 受体可直接(a)或通过第二信使间接(b)打开一个离子通道

Carlson，Neil R.，*Physiology of Behavior*，6th Edition，© 1998。 经 1994 年版权所有者 Pearson Education，Inc.，Upper Saddle River，HJ. Allyn & Bacon 许可改编。

高浓度水平 cAMP 会使蛋白激酶 A 磷酸化细胞内蛋白质从而调节细胞结构的变化(如通过激活基因表达和蛋白质合成)和活性变化(如通过打开使细胞膜电位去极化的离子通道)。图 3-21 显示了作用于钙离子通道的 cAMP。单个 NE 分子可以激活数十个蛋白质的 α 亚基。而每个蛋白质的 α 亚基可以激活腺苷酸环化酶的合成，继而合成数百个 cAMP 分子。

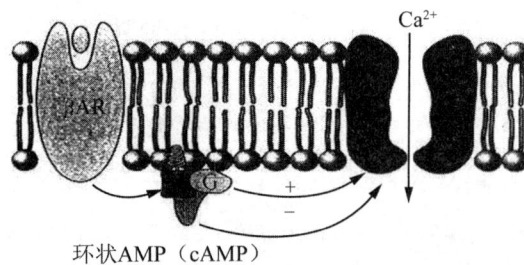

图 3-21 通过 cAMP 第二信使调节钙通道

基因转录和翻译

受体—效应器系统的例子表明了细胞蛋白质水平和功能的变化在神经传递中的重要性。因此，理解一些基因转录和翻译在蛋白质合成中所发挥的作用就十分重要了。

由弗朗西斯·克里克（Francis Crick，DNA 结构的共同发现者）所提出的分子生物学的中心法则，解释了脱氧核糖核酸（deoxyribonucleic acid，DNA）和蛋白质之间的差异与联系。法则宣称，在我们的 DNA 中编码的基因，会转录成**核糖核酸**（ribonucleic acid，RNA）并被翻译为能够执行活细胞功能的蛋白质。脱氧核糖核酸是由脱氧核糖、磷酸和 4 种含氮碱基组成的。含氮碱基可依据它们的化学结构被分为嘌呤（腺嘌呤和鸟嘌呤）与嘧啶（胞嘧啶和胸腺嘧啶）。这些成分形成所谓核苷酸。连接在一起的一系列的核苷酸创建了 DNA 的一支链条，该链条和与之互补的另一支链条（核苷酸系列）配对产生了 DNA 的双链螺旋结构。这些链条上含氮碱基的特定序列（A、G、C、T）创建了一个基因，即合成蛋白质和其他分子所需要的信息，它会最终影响有机体的生理和功能特征。

从基因到蛋白质的信息级联由转录开始，以翻译（translation）结束。在**转录**（transcription）阶段，一个 DNA 链条——称为模板或反义链——被 RNA 聚合酶蛋白读取；另一个与模板链互补的 RNA 分子会被合成。核糖核酸与 DNA 相比有 4 种特性：①单链；②含有核糖而不是脱氧核糖；③更小；④含有含氮碱基尿嘧啶而不是胸腺嘧啶。在 DNA 中未被读取的剩余的链条称为编码链或有义链，并且除了尿嘧啶之外，与 RNA 分子的序列完全相同。因此，RNA 的合成允许基因信息转移到一个不同分子中。

翻译是一个将 RNA 链用于创建用肽键连接在一起的一系列氨基酸的过程。这一系列的氨基酸创造了能够经历一系列修饰过程的多肽链。例如，与其他多肽链相结合，或者加入碳水化合物、脂质、辅因子和辅酶以形成功能蛋白。

人体中的每个细胞都包含了相同的基因组，但是每种类型的细胞都有着不同的蛋白质表达谱，这表明多种基因的转录都是在细胞水平上进行调节的。蛋白质（转录因子）和位于基因附近的 DNA 序列（启动子和顺式元件）的交互作用，可调节基因转录的水平。转录因子与启动子区域的结合对于基因的识别十分重要，但是这些因子和其他与顺式作用元件绑定的因子间的交互作用，代表的是转录控制的一个水平。例如，一些类固醇激素穿过细胞的质膜并且与位于细胞质中的类固醇蛋白受体相结合。然后这个结合受体进入细胞核并且绑定在被称为激素反应元件的 DNA 区域。一旦绑定在 DNA 上，类固醇和受体就可能与位于 DNA 其他区域的额外转录因子相互作用。类固醇、受体、激素反应元件和其他转录因子之间的相互作用改变了几种基因的转录水平，从而影响了基因表达。

> 基因调控允许细胞对其环境的变化做出反应以维持内稳态（体内环境平衡）。

表观遗传学

除了基因 DNA 序列的变化，基因表达的遗传变化，是表观遗传事件。当受精卵细胞（受精卵）分裂为多能干细胞，然后进一步分化为神经元和肌肉细胞时，该事件就会自然发生。在细胞分化期间，一些基因的转录被激活了，而其他基因的转录就被抑制了。基因被表观遗传调控的另一个途径是通过染色质的重塑。染色质是 DNA 及其相关组蛋白（包裹 DNA 的蛋白质微球体）的复合物。要完成染色质重塑有两个主要机制：DNA 甲基化和组蛋白脱乙酰化。

DNA 甲基化是向 DNA 中加入一个甲基基团，最常见于胞嘧啶环的第 5 位置，这个过程会将胞嘧啶变为 5-甲基胞嘧啶。与胞嘧啶相似，5-甲基胞嘧啶与鸟嘌呤相匹配。重甲基化的序列在转录期间活性较低。遗传印记是指当胞嘧啶甲基化从一个亲本的胚系继续进入受精卵时，将染色体标记为从该亲本继承的染色体。

组蛋白脱乙酰化是构成组蛋白蛋白质的氨基酸在翻译后的变化。这个过程会改变组蛋白球的外观，然后会在复制期间将其携带到每个新的 DNA 复制中。新的组蛋白作为其他临近组蛋白的模板，也具有新的形状。表观遗传事件可以导致细胞的永久变化，这会使它们更容易受到环境性应激源（如缺氧或导致癌症的化学毒素）的影响，或者它们会导致生理系统调节的几乎永久性改变。例如，在胎儿的早期发展过程中，过度劳累的产妇可能上调与成年时的夸张的应激反应相关的性状，而中度的身体活动可能具有相反的作用。

基因调节是一个重要现象，这是因为它允许细胞对周围环境的变化做出反应，从而保持体内环境平衡（内稳态）。因此，改变细胞的体外或**体内**（in vivo）环境，有可能使我们观察到基因转录和蛋白质生产水平的变化。测量这些变化的技术，如原位杂交组织化学和免疫细胞化学，使我们能够深入了解特定的生物学功能和实验条件作用的机制。

原位杂交组织化学

原位（in situ）杂交组织化学是一种检验位于初始、自然条件下细胞内 mRNA 稳态水平的技术。其他测量 mRNA 的技术需要从细胞中去除核酸并且固定在硝酸纤维素或尼龙膜上。原位杂交组织化学技术的优势在于通过获得组织的切片并将其与标记的探针（单链互补核酸）杂交，我们可以检验 mRNA 而不需要将其从细胞中移除（见图 3-22），从而获得 mRNA 位于组织的特定区域内或在区域内的特定细胞内的定位信息。奥尼尔及其同事（O'Neal et al.，2001）运用这项技术观察了大鼠在跑步机训练后 LC 中前列腺素丙氨酸神经肽的变化（见图 3-23）。如前所述，甘丙肽共存于 80% 的 LC

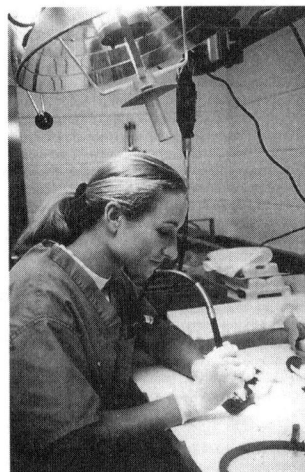

图 3-22　对麻醉大鼠进行脑部手术

注：Exercise Psychology Laboratory, Department of Kinesiology, and Department of Psychology, the University of Georgia 供图。

神经元中，并且会使 LC 中的去甲肾上腺素能神经元超级化。跑步机训练后甘丙肽的增加（见图 3-24）也许能解释在慢性应激后 LC 神经元功能的变化。

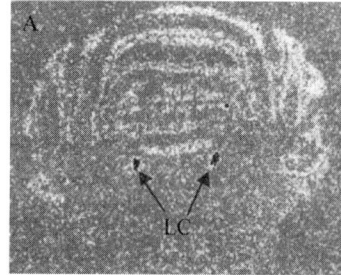

(a)

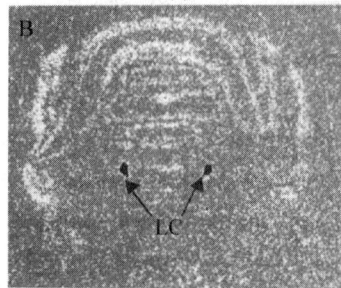

(b)

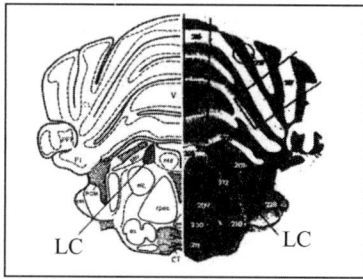

图 3-23　穿过蓝斑的冠状切片

引 自 M. Palkovitz and M. H. Brownstein, *Maps and guide to microdissection of the rat brain*, New York：Elsevier，1988，175. 经 Miklós Palkovits 许可。

图 3-24　放射自显影图显示了（a）跑步机运动训练后大鼠与（b）久坐少动大鼠蓝斑中甘丙肽信使核糖核酸信息

注：Dr. Heather O'Neal, the Exercise Psychology Laboratory, Department of Kinesiology, and Department of Psychology, the University of Georgia 供图。

免疫细胞化学

通过测量 mRNA 我们可以得到基因表达水平的信息，但最终我们感兴趣的是功能蛋白的水平。**免疫细胞化学**（immunocytochemistry），作为一种测量蛋白质表达的技术，类似于原位杂交组织化学，因为它也在细胞中进行，这使我们能够获得关于蛋白质定位的信息。免疫细胞化学使用抗体识别蛋白质，而不是用标记的核酸互补链来显示 RNA。抗体是鉴别被称为抗原的或结构域的蛋白质。第一抗体与抗原的结合可以识别鉴定组织中存在的特异性蛋白质。然而，在使用化学反应显现蛋白质时，还需要结合第一抗体的附加抗体。通常，研究者需要将原位杂交组织化学和免疫细胞化学相结合，以此来确定 mRNA 水平的变化，以及转化为蛋白质表达的变化。

早期基因反应

不同类型的细胞中的特异性蛋白质表达可以不同，构成所谓细胞蛋白质组，或是在细胞中表达的蛋白质的集合。然而，一些蛋白质是普遍存在的，并且这些蛋白质的表达水平经常用于测量转录激活。

在应用各种刺激后经常检查的一个蛋白质家族是转录因子的 Fos 家族,它可以与 Jun 家族二聚化(二聚体是两个相似分子的化合物),以改变特定基因的转录。关键的转录因子是激活蛋白-1(AP-1),它是由 Fos 样蛋白和 Jun 样蛋白组合成的二聚体。靶 AP-1 与基因启动区域中的 AP-1 位点[具有 TGA(G/C)TCA 的序列]相互作用,从而增加或降低转录的速率。Fos 家族的主要成员包括 c-Fos,FosB,Fra-1 和 Fra-2;但是最常检查的是 c-Fos 诱导,因为它发生在基线的低水平,并且在多种刺激后可诱导。此外,因为 c-Fos 在刺激后被快速诱发,所以它被认为是即刻早期基因。

检测运动后 c-Fos 水平的行为神经科学研究的实例表明,转轮跑诱导 c-Fos 的表达(Clark et al.,2011;Rhodes,Gammie and Garland,2005),但是慢性转轮跑并未改变足部电击应激反应的大鼠的 c-Fos 表达(Soares et al.,1999)。c-Fos 的水平通常用作响应刺激的细胞活性的指标。然而,c-Fos 的反应可以在重复或常规刺激细胞后**下调**(down-regulated)(配体或受体的相互作用减少),因此细胞可以在没有 c-Fos 变化的情况下被激活(Kovacs,1998)。

delta-FosB 是 Fos 家族中的同种型,或者说是剪接的变体(截短的)成员,其缺少 FosB 的 C 端 101 个氨基酸。在受激细胞中,delta-FosB 可以限制 Fos 样蛋白和 Jun 样蛋白的转录效应(Nakabeppu and Nathans,1991)。研究发现大鼠在转轮跑期间,其伏隔核中的 c-Fos 和 delta-FosB 被激活(Greenwood and Fleshner,2011;Werme et al.,2002),并且,与同窝仔鼠控制组相比,在含有强啡肽的纹状体神经元中过度表达 delta-FosB 的转基因小鼠增加了每日运动量(Werme et al.,2002)。delta-FosB 可能通过抑制 GABA 神经元(见图 3-25)释放强啡肽来促进转轮跑,否则强啡肽将与 κ 阿片受体相结合,抑制腹侧被盖区或伏隔核中的多巴胺释放。

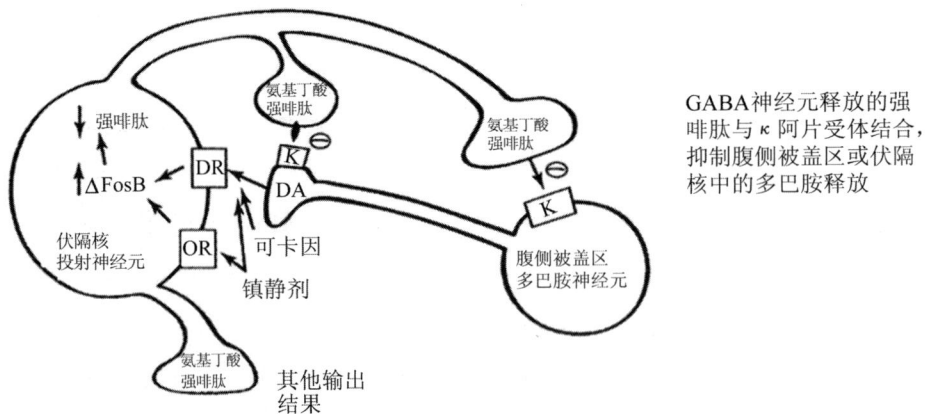

图 3-25　阿片样物质调节抑制了多巴胺在腹侧被盖区的释放,
是跑步动机的一种假设机制(Werme et al.,2002)

经许可改自 E. J. Nestler, M. Barrot and D. W. Self, "FosB: A sustained molecular switch for addition," *PNAS*, 2001, 98(20), pp. 11042-11046。

后转录调节

不仅基因表达的变化必须被考虑，蛋白质水平的变化和蛋白质功能的转录后改变也很重要。既然已知基因表达的水平可以与蛋白质表达相关，并且各种蛋白质相互作用可以影响许多细胞事件的功能特性，这就使得锻炼在实验室中成为独特且有时难以研究的刺激物。与其他实验条件（如药理学研究中的那些条件）不同，锻炼的"活性成分"难以确定，并且可根据许多因素（包括模式、强度、持续时间、频率和时间）而改变。例如，在药理学研究中，研究者可以首先检测与药物结合的受体。而在锻炼研究中，这一表征的起点可以随着感兴趣的科学问题而变化。尽管如此，使用从分子生物学借鉴的技术来研究运动对大脑功能的影响是运动心理学的新前沿之一。神经影像学技术的最新发展会在本章的最后部分进行讨论，这种技术使人们得以运用分子生物学对人脑进行实时的研究。这些技术才刚刚开始在锻炼期间应用。分子生物学应用于运动的动物已经有几年的历史。

动物模型

行为神经科学在很大程度上依赖于大鼠和小鼠以及非人类灵长类动物，研究者对它们的大脑进行遗传学和分子生物学研究，以此作为人类行为和疾病的实验模型。在过去 10 年中，行为神经科学家对锻炼的研究稳步增加，因此锻炼心理学的学生需要熟悉动物模型中使用的一些基本方法，这是很重要的。

转基因模型

转基因啮齿动物，是当引入外来 DNA 或合成基因时使选择的基因过度表达、失活（"敲除"），或活化（"敲入"）而形成的突变体。

转基因实验中允许操纵一些基因，而这些基因被认为是对大脑和行为进行分子调节的关键。两种广泛使用的产生转基因啮齿动物的方法为：①在具有新的或改变的 DNA 的组织培养物中培养转化的胚胎干细胞；②将基因注入受精卵的原核中，如图 3-26 所示。

插入的基因可以恢复突变体动物中的功能（"敲入"，如通过去除阻断基因转录的 DNA 序列，或用新的基因进行替换），或使特定基因位点失活（"敲除"）。如果替代基因（见图 3-26）是非功能性的（无效等位基因），则两个杂合转基因动物的交配将生育出非功能基因的纯合子代（该位点的两段基因均被敲除）。所谓"管家基因"（维持基本细胞功能所需的那些基因）在整个发育阶段的所有细胞类型中都有表达，但是其他基因通常仅在被适当的信号（如神经递质或激素）激活或打开时，才会在特定类型的细胞中表达。较新的技术可以仅在单一类型的细胞（如神经元而不是骨骼肌）中敲除一段基因。

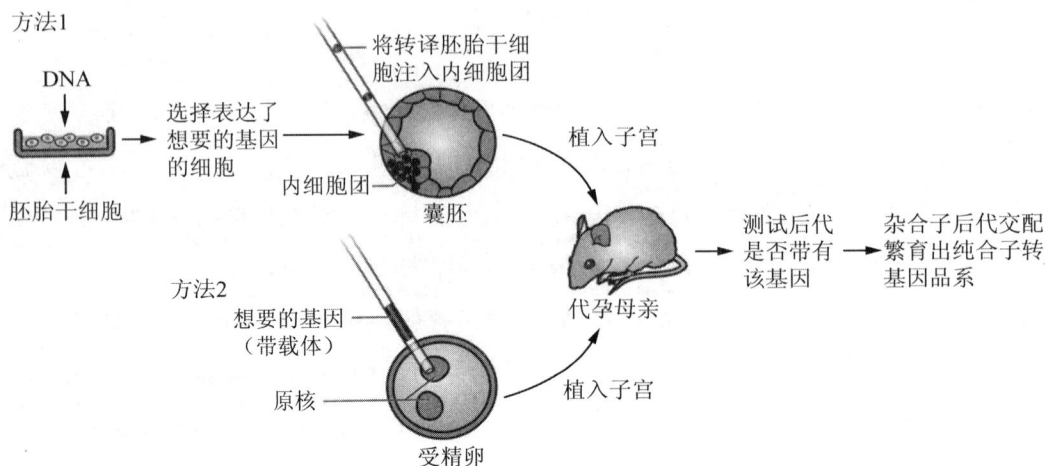

图 3-26　用于产生转基因啮齿动物的方法

选择性配种

大多数精神健康障碍和退行性中枢神经系统疾病是非传染性的。它们形成时间长，这可能是因为基因网络的突变改变了基因表达、转录和调节的环境特征之间相互作用的复杂结果。转基因模型是识别这些多基因疾病的不完美方法。基因敲除仅显示该基因是否对某些功能至关重要，以及会发生什么样的生物适应以补偿其损失。而且，基因敲除动物通常不受其基因缺陷的影响。许多基因被证明是不必要的，因为基因组有冗余来补偿单个丢失的等位基因对。还有，大多数基因是多效性的。它们在不同的组织中以不同的方式在不同的发展时期内表达。最后，转基因模型还需要预先知道已被认为是某种疾病或行为特性的候选项的 DNA 的序列。

表型性状的人工选择是对转基因模型的补充方法，因为它可以产生一系列物种，这些物种在疾病相关的特征簇上产生分支，不同的疾病特征簇可能会共享公共等位基因或其转录物。最近的选择性配种计划导致小鼠高度自愿地在转轮上奔跑（Garland et al.，2011；Swallow，Carter and Garland，1998）和大鼠在跑台上奔跑的高能力（Koch and Britton，2001）。

人工选择大鼠的有氧能力开始于 1996 年，使用由美国国家健康研究院开发的创始种群，这些种群是从 8 个近亲繁殖品种的杂交配种中获得的，代表实验室大鼠最广泛的遗传异质性。杂交配种的目标是，确定 8 个祖先种群中，有哪些等位基因变体可作为选择奔跑特征的结果（Koch and Britton，2008）。对于每只大鼠，用速度渐变式跑台实验至力竭时的总距离来估计其有氧代谢能力。在每一代老鼠中，家庭内轮流配种方案应用于从低线到高线的 13 个家庭。配种程序保留了遗传异质性，同时保持近亲繁殖率为每代 1%（Koch and Britton，2008）。21 代之后，选择性繁殖的低能跑步者（LCR）和高能跑者（HCR）在有氧跑台上的跑步能力，以及在转轮上自愿奔跑的能力有 450% 的差异。

HCR 雄性和雌性跑动的距离是 LCR 雄性和雌性的 6 倍和 4 倍。此外，与非选择性的白化和白头种群每日跑动的距离相比，HCR 族系大约是它们的 2 倍，而 LCR 族系大约是它们的一半（Murray et al.，2010）。HCR 大鼠每分钟的最大摄氧量比 n LCR 大鼠的摄氧量高大约 50%，这主要是由于更大的每搏输出量和最大心排血量的增加，同时也与更大的骨骼肌氧提取量与更好的组织中的氧扩散，以及更大的毛细血管密度（纤维体积小的结果）和较高的氧化酶活性有关。HCR 大鼠体型较小，脂肪较少。然而，这些生理差异本身并不足以完全解释自愿奔跑的广泛差异。研究人员正在对这些选择性配种的小鼠和大鼠进行持续的研究以寻找其他相关的行为特征（Geisser et al.，2008；Jónás et al.，2010；Waters et al.，2010），研究者同时也关注大脑区域中的遗传性状（如蓝斑核、中缝核、纹状体和腹侧被盖），以及神经递质系统（如去甲肾上腺素、血清素、多巴胺和脑啡肽），研究涉及动机性行为的调节以及转轮运动的适应（Foley et al.，2006；Mathes et al.，2010；Murray et al.，2010）。

行为模型

我们可以利用动物模型在人类的某个疾病或行为的模型之内进行脑或行为的实验操作，以帮助确定生物学、解剖学或药理学因素是否可以解释人类有规律的身体活动的一些心理学效应或决定因素（McCabe et al.，2000）。然而，在人类中，应激的社会决定因素与人们如何评价事件的意义，以及他们如何应对这种评价或其后果的差异，会发生交互作用。这样，动物模型就先天性地限制了对人类经验的推论。一个动物模型，仅仅就是一个模型而已。它可以指导人类研究，但直接推断动物行为的"人类"意义可能更多的是从旁观者视角，而不是在动物的脑中。正如弗洛伊德的格言："有时候雪茄只是雪茄。"

然而，大多数锻炼心理学研究者仅使用应激的社会认知模型进行研究，这限制了我们对身体活动环境中行为的生物学意义的理解及使用动物模型的合理性。因此考虑如何使用动物作为模型来指导对人类的研究，就很重要了。检验动物模型和检验基于人类自我报告的心理构念（已在第 2 章中概述）之间的相似之处应该是显而易见的。

用于判断使用应激源任务的动物模型是否具有预测性、同构性或同源性，是药理学中常用的方法，它有助于评估这些模型对人类抑郁和焦虑的有效性。**预测模型**（predictive models）通常包括特定标记或行为，这些标记和行为可以被药物改变，并在人类中具有可靠的临床功效。预测模型必须基于一些物种（species）或品种（strains），它们对药物的反应方式与人类相同。**同构模型**（isomorphic model）唤起与人类疾病相同的特征，一些物种或品种在使用药物后临床症状减轻，但所产生的特征可能不具有与人类疾病相同的病因（发展过程不同）。**同源模型**（homologous model）满足预测有效性和同构性的标准，它也具有与人类疾病相同的病因。当同源模型特异于单一疾病时，其便具有构念效度，这是效度的黄金标准或对效度的理想测试。

抑郁

不可控制的足部电击之后的逃避缺陷模型是最精细的抑郁症动物模型，它首先由麦考洛克和布鲁纳（McCulloch and Bruner）于 1939 年报告。对不可控制、不可逃的足部电击的标志性反应是，在后续 24～72 小时的可控电击时间内，逃跑反应的潜伏期变长，这可能是由于 LC 中 NE 的耗竭。单次高强度不可控足部电击导致脑 NE 大量减少，伴随着脑血清素和 DA 水平不太可靠地减少，这可能是由于 NE 的再合成较慢。逃避缺陷模型试图模拟人类抑郁症中常见的所谓习得性无助或行为绝望。动物放弃了逃避应激刺激的尝试，如足部电击、被迫游泳或监禁。珀斯劳特游泳实验(the Porsolt swim test)在筛选抗抑郁药物的有效性中使用了最广泛的行为绝望测量，但其构想效度较差(Yoo et al.，2000)。

逃避缺陷模型大多与人类抑郁症同构，特征是体重减轻、性行为减少、睡眠障碍(REM 睡眠潜伏期减少)和快感缺乏(快乐丧失)。然而，这样的模型并不与人类抑郁症同源。尽管自我奖励任务，如蔗糖偏好和颅内自我刺激，被用作老鼠对于人类经历的快乐的现象学构造的替代，但这不可能确定大鼠是否感到无助或无望。所有这些模型都模拟人类抑郁症的某些特征，但不应被视为与人类疾病是同义的(Holmes，2003)。

人类某些类型的抑郁症和焦虑似乎是内源性的，它们不能归因于不可控的应激源。大鼠内源性抑郁症的较新模型涉及用氯米帕明(一种 5-羟色胺再摄取抑制剂)注射新生幼崽，导致大鼠到成年时 REM 睡眠潜伏期减少以及其他抑郁症的关键行为症状。另一个内源性模型通过手术去除位于大脑额叶皮层下方的嗅球来干扰大脑 NT 系统，包括 NE 和血清素。这些模型各自与人类抑郁症同构，并且它们对药物治疗有反应。由于其内源性病因与基于外源性应激的动物模型不同，氯米帕明和嗅球切除术模型有可能用于检验身体活动在预防不是由慢性应激引起的抑郁症中所起的作用。

焦 虑

运动(locomotion)的增加可反映大鼠的适应性激励状态，同时表明行为抑制减少(如较少僵直)。在强迫练习游泳后和在跑台跑步后，研究报告了大鼠开放式运动的增加。大鼠在开放场地中的运动能力与观察到的焦虑等级呈负相关，此时运动表现出目的性且动物表现出其他探索行为，如接近开放场地的中心。相比之下，低水平的运动几乎不接近开放场地的中心，僵直、排便、排尿、发抖通常被认为是与人类焦虑中常见的超警觉、犹豫、恐惧和自主激活同构的。

在某些威胁的情况下，增加的运动似乎表明激动或恐慌(对捕食者的逃跑反应)。这种对开放场测试期间增加的运动的二分解释说明，当人们从大鼠的运动推断焦虑时，环境背景十分重要。例如，慢性转轮跑能减少通过重复性开放场测试所得到的特质焦虑(Dishman et al.，1996)，但是对于单一暴露于新开放场地的焦虑行为反应，却产生了混合结果。然而，当暴露于急性和慢性应激源(包括血清素激动剂、强光、尾巴电击、不可控的足部电击、社会失败和母婴分离等)之后，转轮跑可以一直减少焦虑行为(Sciolino and Holmes，2012；Sciolino et al.，2012)。

与此相反，其他研究表明，转轮跑通过促进防御行为(如增强的感觉加工、不动、逃跑、防御性恐吓或攻击)增加了练习大鼠的焦虑(Burghardt et al.，2004)。然而，大多数关于转轮跑对焦虑的影响的研究都使用了并非旨在衡量防御行为的测验(声学或恐惧增强型惊吓、高架或零度迷宫、孔板、亮或暗箱、开放场地、应激力诱导性高温)(Sciolino et al.，2012)。威胁的结构化实验，诸如社会互动、弹珠埋藏以及电击探测防御埋藏实验(Burghardt et al.，2004；Salam et al.，2009；Sciolino and Holmes，2012)，允许探测有助于理解防御和焦虑行为的神经生物学机制、筛查抗焦虑药物的防御行为。

学 习

研究表明，重复训练增强了学习和记忆的各种测试中海马的功能和记忆存储的性能，如莫里斯水迷宫(Morris water maze)、地点记忆设置任务(place-learning set-task)、星形迷宫实验(radial arm maze test)(Anderson et al.，2000；Fordyce and Farrar，1991a、1991b；Fordyce and Wehner，1993；Leggio et al.，2005；Van Praag et al.，1999；Vaynman，Ying and Gomez-Pinilla，2004)及情境恐惧条件反射(一种令人生厌的学习形式)(Greenwood et al.，2009；Van Hoomissen et al.，2004，2011)。例如，已经在轮子中跑过几个星期的大鼠在返回到它们先前经历足部电击的环境中时，僵直行为增加(Van Hoomisse et al.，2004)，但将它们放置在电击后的新环境下就不会有这种行为(Van Hoomissen et al.，2011)。这表明，锻炼增强了学习线索和记忆之间的关联强度。在莫里斯水迷宫实验中，所测量的啮齿类动物定位和游动到浸没式基座所需的时间，也证明了运动增强了啮齿动物的学习。

在几种类型的测试中，运动训练有利于动物对空间位置的学习(Anderson et al.，2000；Fordyce and Farrar，1991a、1991b；Fordyce and Wehner，1993；Leggio et al.，2005；Van Praag et al.，1999；Vaynman et al.，2004)。总的来说，证据表明，在啮齿动物中，慢性运动改变了过去的经验编码、存储，然后用于解决问题和适应性应对。规划和目标导向行动这两种高级认知功能，可能涉及整合记忆的前额神经网络。

一项研究(Rhyu et al.，2010)发现，在跑台上进行了 5 个月有氧训练的雌性猴子的初级运动皮层中的血管密度增加，并且更快地学会了区分威斯康星通用测试仪中呈现的与食物奖励相关的物品。威斯康星通用测试仪是 20 世纪 30 年代在威斯康星大学，世界著名的灵长类心理学实验室里研发的通用测试仪器(Harlow and Bramer，1938)。然而，在啮齿类动物和猴子中获得的与运动相关的学习改进证据可以在多大程度上推广到人类学习和记忆之中，仍然有待确定。如第 8 章所述，很少有实验报告运动训练对人类关系学习的影响。

动机与享乐

中脑边缘多巴胺介导对自然奖励的动机反应(如喂养、繁殖行为和游戏)，而不是快乐(Berridge and Robinson，1998；Flagel et al.，2011；Lutter and Nestler，2009；Smith and Berridge，2007；Wise，2004)。诱因凸显假说强调多巴胺在"想要"中的重要性，而这种想要是由奖励相关的条件刺激所诱发的。与奖励相关的"喜好"或快感涉及与中脑边缘多巴胺途径平行或下游的其他系统的激活。这些其他的享乐系统包括在腹侧纹状体和纹状体苍白球回路中不同但整合的路径中的 GABA 和阿片样肽（Smith and Berridge，2007）。享乐的应变平衡理论（hedonic allostasis theory）（Koob and Le Moal，1997）将成瘾行为概念化为对多巴胺系统缺乏活动的反应，这被认为会诱导代偿性行为激活（如药物寻求、感觉寻求、强迫性运动），从而恢复正常的享乐状态。相反，成瘾的诱因凸显模型强调多巴胺作为行为激活的驱动作用，最终导致诱发快乐。因此，多巴胺调节着引发奖励定向行为的动机。

因此，在啮齿动物模型中，运动对情绪状态影响的行为测量必须分离动机和享乐变量。例如，大鼠的生殖行为就包括这两者（Holmes，2003）。虽然一些"快感缺失"模型，如稀蔗糖溶液偏好的减少具有一定的有效性，但是通过增加可口食物的消耗评估来测量享乐激活，容易混淆与动机和能量平衡相关的变量。由贝里奇和罗宾逊（Berridge and Robinson，1998）所描述的对大鼠情感味觉反应的测量，可能是当前用于量化快乐反应的最佳选择。

脑活动测量

为了确定行为或情绪是否可以通过大脑中的神经活动来解释，研究人员必须在行为或情绪反应过程中进行测量。例如，王及其同事（Wang et al.，2000）使用正电子发射断层扫描，在人类志愿者参加分级极量跑台实验之前和之后检查其纹状体 DA 的释放。然而，脑成像技术很少应用于锻炼心理学领域，神经活动主要通过脑电图（electroencephalography，EEG）测量大脑皮层的电活动来估计。以下内容将介绍可用于测量人类和其他动物脑中的神经活动的一些神经科学的关键技术。

电生理学

电生理学（electrophysiology）使用位于大脑皮层或脑神经元特定区域的电极，在行为期间或应激反应时记录电位，以确定这些区域是否在生理学和行为中起调节作用。微电极由金属丝（通常为钨或不锈钢）或填充有可检测单个神经元的放电速率的导电电解液（如氯化钾）的细玻璃管构成。更大的宏电极可记录数千个或更多神经元的活动。它们可以植入大脑或附着于大脑皮层的表面，或作为盘片附着于头皮。然后，将变化的电位（神经放电率）放大、显示并记录在示波器或用墨水写入示波器上，或者将其数字化以用于计算机显示和存储。类似的电极也可以用于刺激脑神经元。

电生理学很少被用来了解大脑对运动的反应。有两个例子，记录了猫在行走期间 LC（Rasmussen，Morilak and，Jacobs，1986）和中缝核（Veasey et al.，1995）的放电率。南卡罗来纳大学的研究者也使用电生理学来进行颅内自我刺激：将刺激电极放置在腹侧被盖区（一个围绕下丘脑的快乐中心），并让大鼠操作性地强化在跑台上的跑步行为（Burgess et al.，1991）。

微量透析

虽然神经元在没有 NT 的后续释放时可以放电（如当 NT 合成没有跟上放电速率时），但对神经元的去极化的正常响应包括囊泡的钙调节迁移(囊泡含有存储 NT，一直迁移到细胞轴突的末端膜)、囊泡的胞突(突入突触)和释放 NT 到神经元之间的细胞外突触空间。其他因素可以解释 NT 细胞外水平的增加，但在大多数情况下，NT 水平是 NT 释放的非常好的指标。

细胞外 NT 水平可以通过**微量透析**(microdialysis)测量。透析使用人工膜出口分离各种尺寸的分子，其仅对一些分子是可渗透的。微量透析探针由包含内部和外部隔室(或插管)的小金属管制成，其通过使用牙科黏合剂固定到颅骨，并通过导管植入大脑(见图 3-27)。探针的内套管作为入口，人工脑脊液通过该入口可以使 NT 分子从细胞外脑液穿过透析膜扩散进入外套管，并迅速泵入脑中，在出口处收集(见图 3-28)。然后使用化学分析技术(称为具有电化学检测的高效液相色谱)分析回收的流体的 NT 浓度。该技术基于构成 NT 的蛋白质的不同氧化速率来进行。

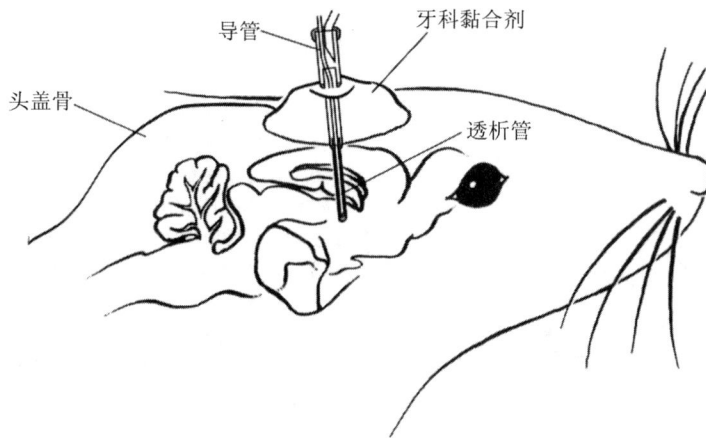

图 3-27 用于脑神经递质的微透析的手术植入导管

注：Exercise Psychology Laboratory，Department of Kinesiology，and Department of Psychology，the University of Georgia 供图。

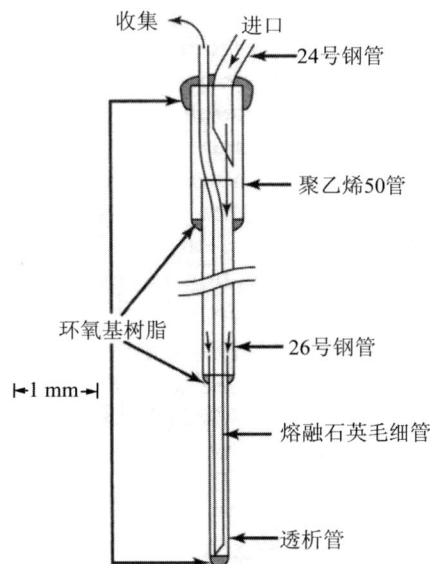

图 3-28 微量透析探针

与电生理学一样，微量透析在锻炼心理学中很少使用，但是已经用于显示大鼠的脑血清素（Wilson et al.，1986）、NE(Pagliari and Peyrin，1995)和DA(Meeusen et al.，1997)水平在跑台上跑步期间有所增加。另一项使用微量透析的研究表明，在活动轮中运动数周的大鼠在受到足部电击时（如图3-29所示）(Soares et al.，1999)，额叶皮层中的NE释放减弱。

图 3-29　足部电击压力下的微透析

注： Exercise Psychology Laboratory，Department of Kinesiology and Department of Psychology，the University of Georgia 供图。

脑电图和脑磁图

在人类中，测量大脑活动的主要方法是，运用**脑电图**（electroencephalography，EEQ)、**脑磁图**(magnetoencephalography，MEG)，以及其他神经成像技术来测量神经元的核反应。几项对急性锻炼的心理生理反应的研究，报告了通过脑电图记录的实时脑电活动。我们将在第5章"情感、心境和情绪"、第6章"焦虑"和第10章"睡眠"中详细讨论这些应用。

EEG和MEG测量由锥体神经元（具有三角形细胞体的神经元集合）的兴奋性与抑制性突触后电位的总和所产生的电磁信号。这些测量近似于实时事件，但是其空间分辨率（精确定位信号的确切来源的能力）有限。

将电极放置在标准化位置的头皮上，记录结果由电位或脑电波形成。最常见的位置是基于国际10—20系统，其中根据头围和枕骨隆突（枕骨突起或颅骨基部处的凹凸）到鼻根（鼻梁）（见图3-30）之间的距离以10%或20%的增量布置。

因为大脑产生的电压场贯穿整个头部，并且大脑的一些腹侧区域方向朝上，所以密集阵列传感器网络系统现在通常记录128个或256个位置，包括耳朵下方的面部。

脑波的幅度可以达到$200\mu V$，频率范围可以从几秒钟一次到每秒50多（Hz）。频谱通常被分解为范围或带宽。

1875年，理查德·卡顿(Richard Caton)描述了用兔子和猴子暴露的脑直接测量的脑电波。然而德国神经生理学家汉斯·伯格(Hans Berger)发现可以通过头皮来测量电位。在他1929年的文章《论人的脑电图》("Ÿber das Elektroen-zephalogramm des Menschen")中，伯格指定了一个大的规则波：每秒循环10次，作为α波；较小的、不规则的、每秒循环20~30次的波，作

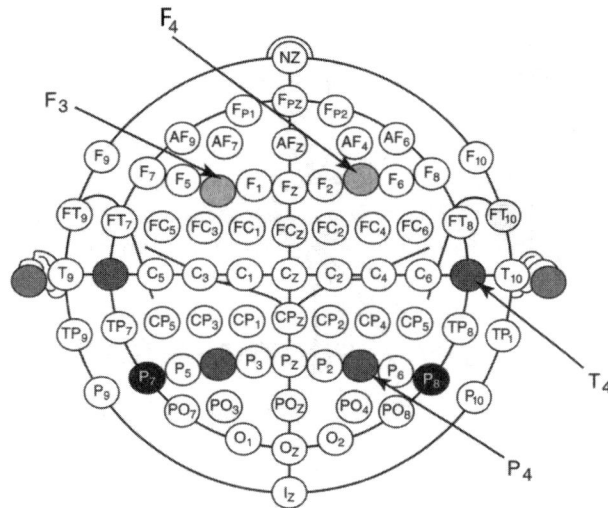

图 3-30　脑电图扩展 10－20 系统的电极位点和命名

经 Elsevier Science 许可引自 G. H. Klem，H. O. Luders，H. H. Jasper and C. Elger，"The end twenty electrode system of the International Federation，" *Electroencephalography and Clinical Neurophysiology*，1999，Vol. (Suppl.)52，p. 6。

为 β 波。后来，贾斯伯(H. H. Jasper)和安德鲁斯(H. L. Andrews)使用 γ 来表示高于 30 Hz 的波。沃尔特(W. G. Walter)将 α 波段以下的所有频率波记为 δ 波，但随后又指定 4～7.5 Hz 的波段范围为 θ 波，因为他认为这些脑电波是由丘脑产生的。

通常假设，脑激活与 EEG 活动的频率相关(例如，δ 波在深睡眠中占优势，θ 波在困倦中常见，α 波反映轻松的觉醒，β 波反映信息加工)(见图 3-31)。然而，一些研究表明，α 波与注意最为相关，β 波在情绪中更活跃。矛盾的是，巴比妥类镇静剂已显示可增加 β 波。脑波模式与神经活动可靠地相关，如睡眠的特定阶段(见第 10 章)和癫痫发作相关，并且 EEG 读数与各种情况下的情绪状态相关(第 4 章和第 5 章)。然而，心理生理学家对于用于处理情绪的各种带宽的含义几乎没有一致结论。脑波的特性取决于大脑皮层的活性，但是在一个特定的 EEG 电极位点处增加的电活动不一定意味着紧临其下的神经元的神经传递增加或者该区域下的脑系统代谢活动增强。

脑电图频带

δ(delta)	0.5～3.5 Hz	20～200 μV
θ(theta)	4～7 Hz	20～100 μV
α(alpha)	8～12 Hz	20～60 μV
β(beta)	13～30 Hz	2～20 μV
γ(gamma)	40～50 Hz	2～10 μV

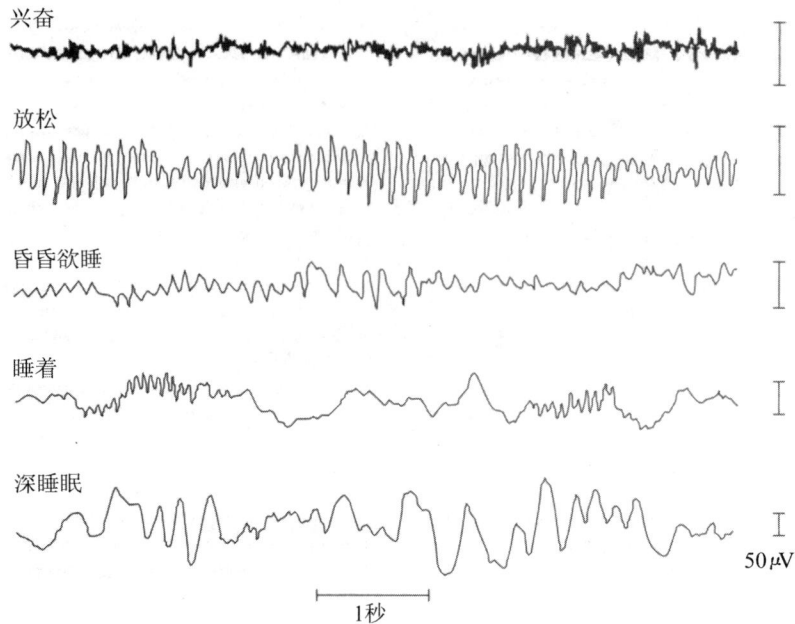

图 3-31 不同精神状态的 EEG 记录

经 Elsevier Science 许可引自 D. B. Lindsley，"Psychological phenomena and the electroencephalogram,"*Electroencephalography and Clinical Europhysiology*，1952，Vol. 4，pp. 443-456。

记录 EEG 和 MEG 活动可以是简单的：需要一个记录电极、一个参考电极以及放大器和用于记录放大信号的装置。然而，现在使用的数据采集系统已经变得非常复杂。为了对数据进行数学运算，通常使用全数字系统。此外，由于逆解问题（无限数量的电磁源可以解释在头皮处记录的内容），所以开发了具有越来越多数量的电极系统（高达 256 个）。这些所谓密集阵列（见图 3-32）能用高级数学算法来对感兴趣的电磁信号源的位置做出良好的推断。除了本章提及的内容，还必须处理其他考虑因素，以减少记录信号中的伪影。这些考虑包括校正非大脑相关活动（如眼睛运动、眨眼、面部肌肉运动和心脏信号），适当地过滤信号，以及选择采样率。

图 3-32　密集电极列阵

感谢 Tim Puetz and Nate Thom 博士，Exercise Psychology Laboratory and Brain Imaging Research Center，the University of Georgia。

　　评估 EEG 和 MEG 的活跃性的主要方法有两种：快速傅立叶变换（FFT）和事件相关电位（ERP）。FFT 获取时域数据，并使用微积分将它们转换为频域。其结果是对多个频率的电动力值进行估计，这些频率通常被组合成可以与情感或认知功能（如本节前面所述）相关联的频带。例如，在睡眠或打瞌睡期间通常发现 θ 波的活跃（4～8 Hz），但是最近的研究也发现在个体集中注意期间，额叶中线的 θ 波活性。传统上，α 波活跃（8～12 Hz）已经与放松的清醒状态相关联，但最近的研究表明，在不同的认知操作期间，α 频带内的不同子带也活跃。γ 震荡被认为反映了大脑对高阶认知操作（例如，注意和唤醒，知觉绑定或记忆中各种知觉的连接）进行支持的过程。

　　尽管在静息时可以检测到振荡活动，但只有当出现刺激时，才能在 EEG 信号中检测到 ERP。ERP 具有低信噪比，因此为了检测 ERP，必须多次呈现刺激，并且必须生成每个刺激的 EEG 数据的平均值。这样就使与刺激无关的随机脑活动的波幅减少，使 ERP 可被检测到。ERP 成分的潜伏期或波幅（或二者都有）代表着用于处理特定刺激的大脑皮层资源的指标。

　　ERP 的成分通常分为两组，即内源性的和外源性的，尽管一些成分共享两者的特性。外源性成分，如由脑干产生的那些成分，被认为是强制性的（反应性的），因为它们的属性（如潜伏期和振幅）主要是刺激的物理性质的函数。相比之下，内源成分的特征，如 P 300（在刺激产生后 300 ms 内 EEG 中发生的变化）则受刺激与人之间的相互作用的影响。

　　许多不同的 ERP 可以发生在广泛时间范围内。例如，一些 ERP 产生于对刺激的预期，而其他一些可能持续产生长达 6 s。许多与振荡活动相关的技术问题也适用于 ERP 数据。准备一个 ERP 实验需要广泛的专业知识，以便使刺激呈现的范式产生可解释的 ERP 参数。

　　确定电磁数据的来源是比较困难的，这不仅是因为逆解问题，也因为由 EEG 测量的信号经过大脑、脑脊液、颅骨和头上皮肤之后会失真。在任何一个传感器和任何单个时间点记录在头皮处的神经活动都包含来自多个神经发生器的活动。因此，脑波源头的位置不能直接从 EEG 活动的空间分布进行推断，除非首先进行来源—空间转换。一方面，表层拉普拉斯算法与脑的硬脑膜上的电位成比例，有助于减少通过头皮的信号的失真或拖尾。它突出了径向定向到传感器的表面神经活动。这些是用 EEG 测量的最好信号。另一方面，表层拉普拉斯算法可以衰减深部、非焦点源（nonfocal sources），这些源可能是在检测皮层活动时的漫射噪声的来源，也可能与真正脑激活相关（Nunez and Srinivasan，2006）。

　　相比之下，与突触后信号相关的磁势不会在朝向头皮传播时失真，这可以使 MEG 成为测量电磁活动的更有吸引力的方法。然而，MEG 不能"看到"以某些方向为导向的来源，这限制了它的实用性。尽管如此，对源位置的良好估计可以基于生理学、解剖学和电磁物理学的完善的假设。这些假设的细节虽然超出了我们的范围，但是可利用许多源定位技术来生成源定位图。偶极子源模型（偶极子是一对大小相等但符号相反，由小距离分开的电荷）假设大多数电磁活动来自有限数量的偶极子源，并允许用户通过一个迭代过程来识别可能的源，以找到一个最适合头皮数据的解决方案。其他方法有最小模估计（minimum-norm estimation）、低分辨率电磁断层扫描(low-resolution electromagnetic tomography，包括 LORETA 和 sLORETA)、可变分辨率电磁断层扫描(variable resolution electromagnetic tomography，VARETA)、局部自回归平均(local auto-regressive average，LAURA)和贝叶斯方法。定位 EEG 和 MEG 数据的来源是复杂的并且需要相当多的专业知识，但在正确假设的前提下，这还是可能并有优势的，尤其是考虑到提供优越的空间分辨率的其他技术[如功能性磁共振成像(functional magnetic resonance imaging，fMRI)，正电子发射断层扫描技术(positron emission tomography，PET)]的成本和不可动性。

神经影像

现代脑成像的基础可以追溯到欧洲 19 世纪 80 年代生理记录的进步确定了心理活动可导致脑血流量的变化之后。研究了大脑温度的意大利生理学家安吉洛·莫索(Angelo Mosso)，研发了一种记录器，用于绘图记录由于疾病或创伤进行开颅手术的患者处于认知和情绪事件时大脑血流量的区域变化(Zago et al.，2009)。莫索(Mosso)巧妙地将一个按钮固定在一个小的木制圆顶上，木制圆顶放置在暴露的硬脑膜上并连接到记纹鼓的螺丝上。当脑的容量在血管脉搏期间改变时，按钮上的压力增加，并且螺杆上的压力增加以压缩滚筒内的空气。空气压缩的变化被传送到第二记纹鼓，然后写在旋转的圆筒(波动曲线记录仪)上。图 3-33 显示了对米歇尔·贝尔蒂诺(Michele Bertino)的测量，这是一位 37 岁的农民，他有一个很宽的颅骨裂缝。在去除了头骨碎片后，就暴露出了大脑额叶的 2 cm。莫索的工作，建立了神经活动增加与脑血流量之间的生理联系，为后续研究奠定了基础(Roy and Sherrington，1890)。

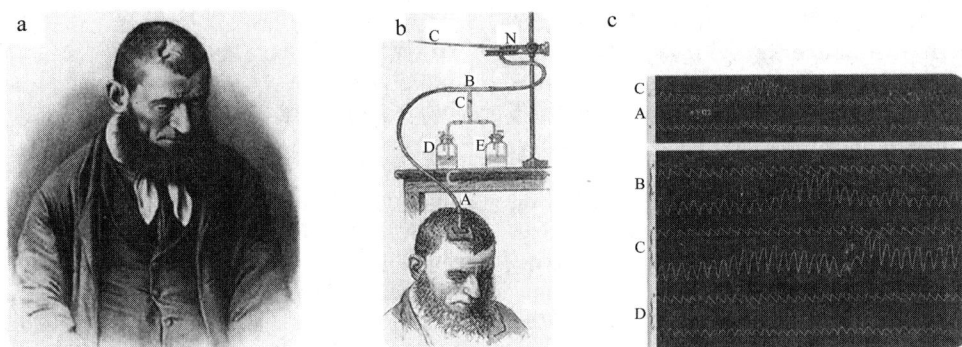

图 3-33　a. 米歇尔·贝尔蒂诺。 b. 莫索用于记录大脑血流量的装置。 c. 要求贝尔蒂诺计算
8×12 时的大脑脉动记录。顶部迹线代表大脑脉动，底部迹线代表前臂脉动。

经 Elsevier 许可改自 S. Zago, R. Ferrucci, S. Marceglia and A. Priori, "The Mosso method for recording brain pulsation: the fore-runner of functional neuroimaging," *Neuroimage*, 2009, 48(4), pp. 652-656.

随着 X 射线技术、光谱学以及运用复杂计算机进行核磁传感技术的发展，人们如今已研发出测量皮层和皮层外区域脑活动的更精致的方法，如图 3-34 所示。

计算机轴向断层摄影(computerized axial tomogram，CAT)或**计算机化断层摄影扫描**

(computerized tomogram scans，CT scan)使用 X 射线增强脑密度的微小差异。X 射线源围绕受检者头部圆弧形反复移动，并且在每个位置分析脑内吸收的辐射量，这取决于密度。最终产出的结果是颅骨及其内容物的二维图片。不同的物质吸收不同的辐射量，因此利用这种技术可以识别大脑的特定结构。

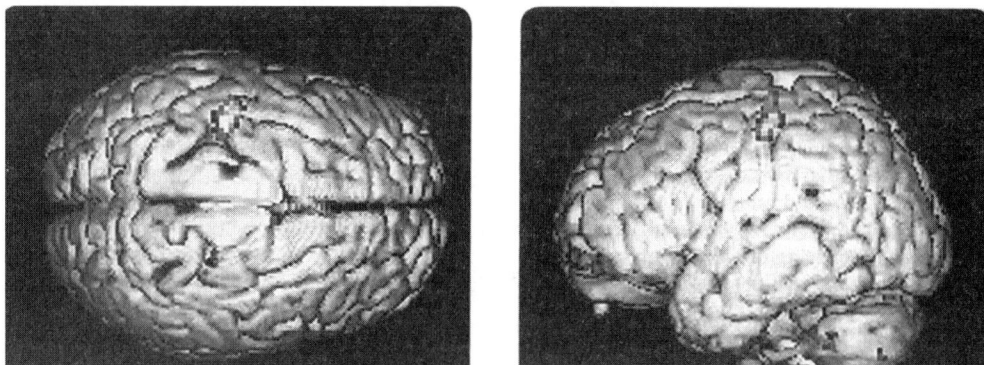

图 3-34 运用功能性磁共振成像测量运动皮层激活时的电脑三维图像重构

Dane Cook 博士供图，Department of Kinesiology，University of Wisconsin。

无线电波和强磁场的相互作用可以在活体大脑内部产生更为详细的图像。**磁共振成像**(magnetic resonance imaging，MRI)可以提供比 CT 具有更精确的分辨率的图像。MRI 使较强的磁波通过被试的头部。在存在强磁场的情况下，体内分子中的原子核按特定方向旋转。当射频波通过身体时，这些核发射无线电波。不同的分子发射不同的频率，并且根据已知的特定组织中的氢浓度，调整 MRI 扫描仪可以从氢分子中提取并产生大脑的图像。用 MRI 扫描，可以检测出一组轴突周围髓鞘丢失的微小变化。

CT 扫描和 MRI 扫描可以提供有用的静态的大脑图像。我们可以使用**正电子发射断层扫描**来观察脑的动态活动，这可以揭示特定细胞核的葡萄糖摄取过程。将放射性化学物质(最常见的是放射性葡萄糖)注射到血管中，并且将受试者置于类似于 MRI 扫描仪的装置中。该装置检测大脑中放射性葡萄糖发射的正电子，并且可提供各种脑区域的代谢活性的图像。PET 扫描的高成本是一个缺点；较新技术(**功能性磁共振成像**)已改进了较便宜的 MRI，可以足够快地获得大脑活动的测量图像，如活跃脑区域的耗氧量。在大脑中，血液灌注可能与神经活动相关，所以 fMRI 和其他成像技术一样，当受试者执行特定任务或暴露于特定的刺激时可以了解大脑在做什么。

> 扫描技术的发展使得科学家可以实时检测脑区的活动。

神经影像技术

　　磁共振成像：20 世纪 40 年代发展的核磁共振，其原理基于原子核的旋转轴可对射频产生响应，这种响应变化即共振。所有原子核都在它们轴上自转，因为具有正电荷，并且充当沿着自旋轴线的南北两极的磁体。当物体处于外部磁场中时，物体中所有核的自旋轴与磁场一致。接下来，具有射频(RF)的信号垂直于磁力线扩散，引起原子核的自旋轴从磁场中倾斜一个角度，该角度特异于物体及其共振的 RF。RF 信号产生后 20～300 ms，旋转轴逐渐返回到其平行于外部磁场的位置。这就是所谓 T2 弛豫时间，或自旋弛豫时间。随着弛豫，每个核发送无线电信号。大脑的 MRI 研究使用氢核，氢核在脂肪和水中具有不同的 T2 弛豫时间。氢核在脂肪中的传输频率不同于在水中，因此具有不同水脂比的组织传输独特的无线电信号。这些独特的无线电传输可以用于形成大脑性状及其化学性质的 MRI 图像(Horowitz，1995)。

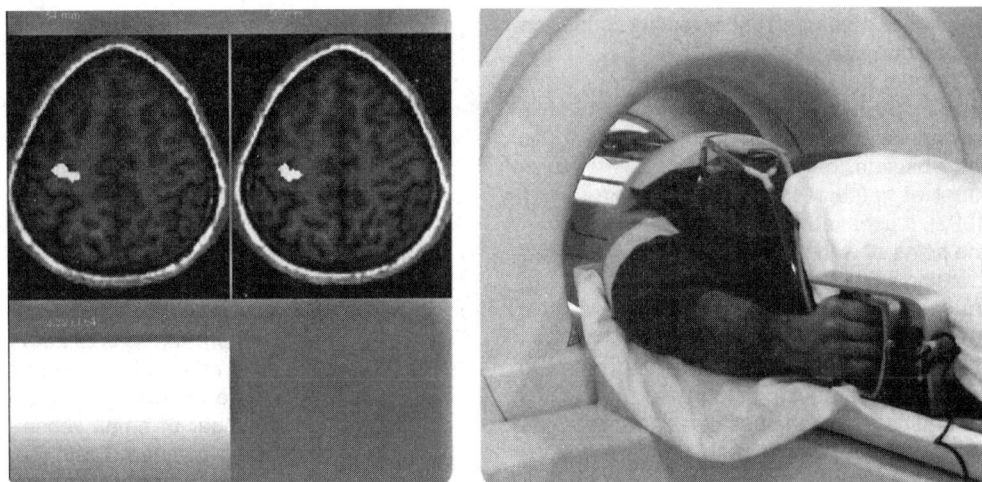

图 3-35　在右臂手握运动(b)期间，用 fMRI(a)测量的左半球中的运动皮层激活(图中的亮区)的神经图像。 Dane Cook 博士供图，Department of Kinesiology，University of Wisconsin。

　　功能性磁共振成像：应用磁共振原理，以确定大脑的哪一部分被不同类型的身体感觉或运动活动激活，如图 3-35 所示。它比 PET 具有更好的空间和时间分辨率(Cohen and Bookheimer，1994)。特定软件允许 MRI 扫描仪检测活跃脑区增加的血流量。氧合动脉血的磁效应较小。然而脱氧血红蛋白具有由 4 个未配对的铁电子产生的磁效应。这就扰乱了脑中部分区域的局部磁场，这部分脑区发生了血流或代谢的增加。1990 年首次报道：血氧水平依赖(blood-oxygen-level dependence，BOLD)是血液脱氧血红蛋白的 MRI 对比。流向神经元被激活的脑区的血液所携带的氧总是比脑组织提取的氧有更大幅度的增加。结果，多余的氧合血红蛋白在活化的脑区域的静脉中累积，这可以被区分为氧合血红蛋白与脱氧血红蛋白的局部比率的变化。这提供了 MRI 的 BOLD 对比度以估计脑区域中红细胞中氧合血红蛋白的比例增加，反映了更长的质子弛豫时间，它可以被形象化为 1%～10% 的 fMRI 强度变化。fMRI 可以进行脑氧合作用的测量，以及其他血流动力学测量（Huppert et al.，2006）。然而，fMRI 要求被试在数据采集期间保持不动，这也就排除了在动态练习期间使用该技术的可能性。但是，fMRI 可用于确定急性运动或运动训练能否改变在静息条件下测量的心理反应（Colcombe et al.，2004）。

动脉自旋标记（arterial spin labeling，ASL）：它是唯一允许对脑血流量进行绝对而非相对测量的无创磁共振成像技术（Williams et al.，1992）。它使用射频脉冲来反转动脉血液中水分的自旋，有效地产生一团带有磁性标记的血液，当它沿着支脉血管系统行进时，可作为对比示踪剂来成像。通过这种方式，ASL 能在不需要使用造影剂或使用辐射同位素的条件下提供脑血液灌注图（Buxton，2009；Brown et al.，2007）。ASL 型 fMRI 具有较低的信噪比，对弱刺激的敏感度较低，其时间分辨率比 BOLD 差（Brown et al.，2007）。ASL 相比 BOLD 更适用于定位脑激活区域。ASL 激活信号被认为是由皮质激活区域的毛细血管床中的变化主导的，而 BOLD 信号则可能由测量区域附近静脉的氧合作用来主导（Brown et al.，2007；Buxton，2009）。最近一项使用脉冲 ASL 的研究发现，30 分钟中等强度的自行车运动后，全脑血流量增加了约 20%（Smith and Paulson et al.，2010）。

弥散张量成像（diffusion tensor imaging，DTI）：它是 MRI 的相关用途的延伸，用于测量脑区之间的解剖连接。它不能对大脑功能的动态变化进行测量，相反，DTI 用于测量在脑区域之间携带功能信息的白质束的区域间连接。由于水分子的扩散沿白质物质束的轴被阻碍，因此水扩散的测量可以估计大脑白质通路的解剖位置。脑白质的正常组织或完整性遭到破坏的疾病（如多发性硬化症）对 DTI 的测量结果具有定量的影响。运用 DTI 的相关研究表明，神经退行性疾病（如多发性硬化症）和大脑前额叶区域中的脑白质减少，与随年龄增大而下降的认知功能有关（Madden et al.，2009）。一项横断研究发现，在无神经损伤的年轻人和老年人中，有氧体适能与扣带回（从扣带皮质投射到内嗅皮质，海马的主要神经输入）更大的白质完整性有关，而与前额叶脑区无关（Marks et al.，2007）。与不太活动的老年人相比，有氧运动的老年人也具有较低的血管曲率（较少的扭曲曲线）和通过 MRI 估计的增加的毛细血管数量，这可能有助于脑白质的完整性（Bullitt et al.，2009）。

正电子放射断层扫描：正电子是带正电荷的电子。比如，氧 15（oxygen 15）和碳 11（carbon 11）这两种分子，它们在衰变时发射正电子。当正电子与电子发生碰撞时，湮灭作用会产生两种相反运动方向的 γ 射线。用一个特殊 360° 摄像机（见图 3-36）可以检测到这些反射光线，并通过它们的相交点确定它们在大脑中的位置。PET 可以通过检测标记到生物活性分子上的正电子发射同位素示踪剂的汇聚点，评估脑中的葡萄糖摄取量、血流量和 pH 值。如果多个湮灭作用发生，则可以定位示踪剂的汇聚点。例如，脱氧葡萄糖在磷酸化后被捕获在脑细胞中，因此用碳 11 标记可使 PET 在脑代谢增加期间检测其积聚。PET 的优点主要是它对代谢事件而不是脑结构进行成像，如图 3-37 所示。然而，PET 可以分辨约 1 cm 的对象，而 fMRI 可以解析 1 mm 范围内的图像。

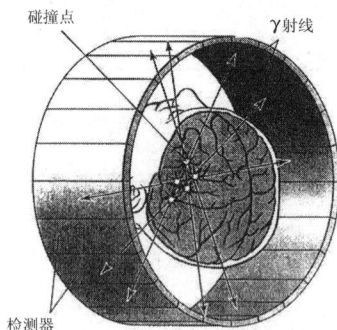

图 3-36　正电子放射断层扫描使用正电子和电子碰撞发射的 γ 射线
探测来提供脑中代谢活动的图像

单光子发射计算机断层扫描(single-photon emission computed tomography，SPECT)：当
放射性标记的化合物以示踪剂量注射时，它们的光子发射可以像计算机断层扫描中的 X 射线
一样被检测，所制造的图像代表标记化合物的积累。该化合物可以反映诸如血流、氧气或蛋
白质代谢、DA 转运蛋白浓度等。这些图像通常用彩色显示。使用单光子发射计算机断层扫
描的研究，确定了丘脑和几个皮层及皮层下区域(岛叶皮质、前扣带回、内侧前额叶)的区域
性脑血流量增加，提示这些区域在骑自行车和抓握运动期间受到心肺功能响应的中枢命令的
调节(Williamson，Fadel and Mitchell，2006)(见图 3-38)。由于大脑的示踪剂摄取与脑血
流量成比例，所以 SPECT 允许对动态练习期间发生的血流变化进行事后估计。然而，
SPECT 不能对脑氧合直接测量。

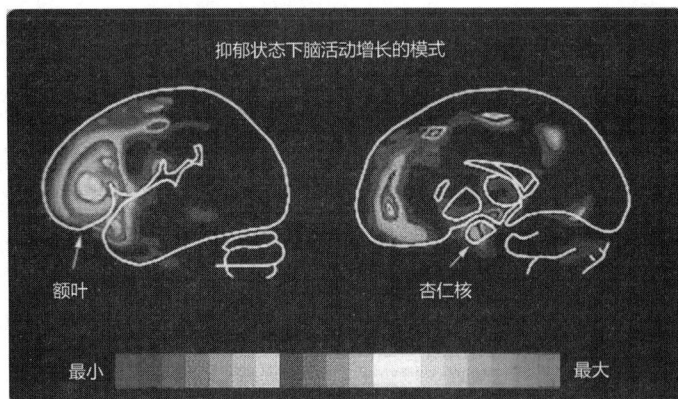

图 3-37　抑郁症患者大脑活动的 PET 神经成像

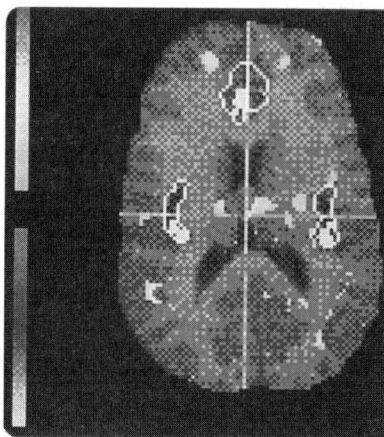

图 3-38   单车训练期间大脑两半球前扣带回皮质和岛叶皮质

（白色轮廓）激活的 SPECT 横断面神经成像

注： Jon Williamson 博士，Department of Physical Therapy, Southwestern Medical Center, University of Texas, Dallas 供图。

近红外光学图像扫描（near-infrared optical image scanning，iOIS）：脑组织不透明，它不能强烈吸收可见光。虽然光不会直线穿过脑组织，但光子通过脑组织散射，直到它们通过脑组织或被其吸收。在近红外光谱中，血液和水对光的吸收小，但散射大。因此，近红外光子在大脑中的传输是非常分散的。对这种扩散的局部变化的测量，是通过使用近红外光谱（near-infrared spectroscopy，NIRS）测量组织光学吸收（tissue optical absorption）来实现的。NIRS 通过组织传递近红外光（波长 700~1 000 nm），在组织中它被诸如氧合血红蛋白（O_2Hb）、脱氧血红蛋白（dHb）或细胞色素氧化酶等发色团吸收，或被散布在组织内。在特定波长下测量返回的散射光，可以确定在下面的组织中吸收的 O_2Hb 和 dHb 的相对水平（Ferrari, Mottola and Quaresima，2004）（参见图 3-39）。这种技术可以在毫秒内分辨脑血流量和氧合作用的变化。NIRS 与前述其他方法相比的优点是它可以直接、实时地测量皮质组织中的氧合，具有可接受的空间分辨率（约 1 cm），并且不像其他测量方法那样对运动伪像那么敏感。NIRS 已被广泛用于评估骨骼肌动态运动期间的血流动力学变化（Hamaoka et al.，2007），并且在脑中也有类似的运用（Perrey，2008；Rooks et al.，2010；Wolf, Ferrari and Quaresima，2007）。

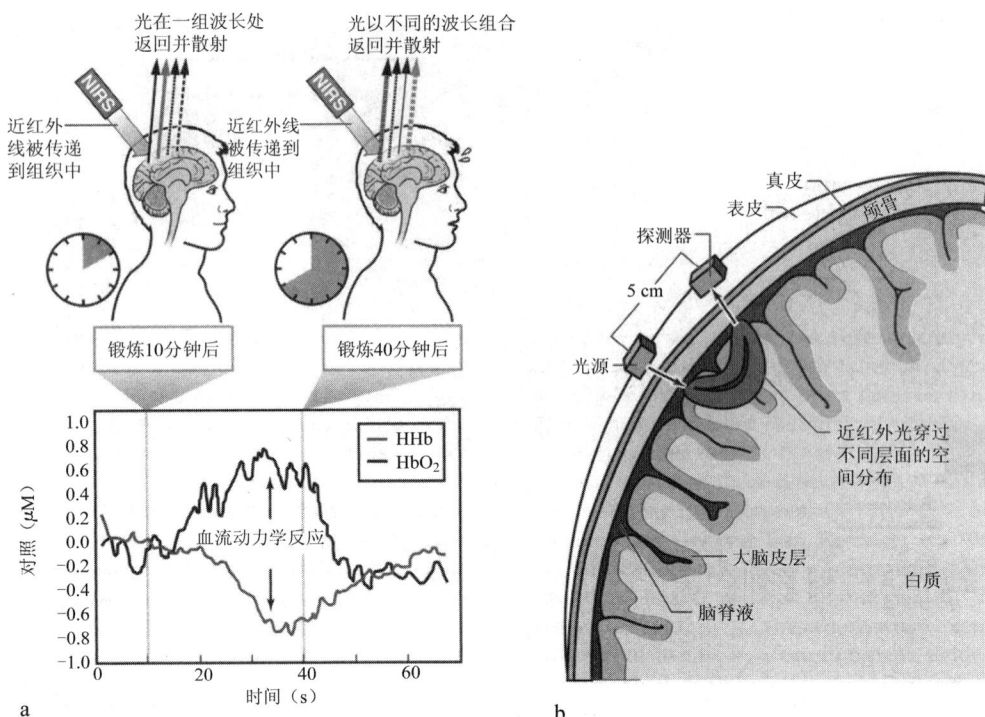

图 3-39　使用近红外光谱法测量运动期间大脑皮质中的氧合（HbO₂）和脱氧（HHb）血红蛋白

（a）经 Elsevier 许可引自 S. Perrey，"Non-invasive NIR spectroscopy of human brain function during exercise," *Methods*，2008，45(4)，pp. 289-299.（b）经 Canadian Science Publishing or its licensors 许可复制自：M. Ferrari, L. Mottola, and V. Quaresima，"Principles, techniques, and limitations of near infrared spectroscopy," *Canadian Journal of Applied Physiology*，2004，29(4)：463-487.ⓒ 2008。

总　结

　　社会和认知因素，以及用于测量和操纵它们的方法是锻炼心理学的基石，因此我们在第 2 章中提供了许多关于这些主题的细节。然而，神经生物学因素和行为神经科学的方法对于理解锻炼心理学同样重要。虽然行为神经科学还没有被锻炼心理学家广泛使用，但它代表了锻炼心理学领域中的一个新的前沿领域。因此，本章介绍了其关键概念和技术。越来越多地使用脑神经成像、转基因啮齿动物，以及为培育小鼠和大鼠的身体活动性状而进行选择性育种的计划，将使行为神经科学在未来 10 年中对身体活动和锻炼的研究进展做出巨大贡献。新学生接触这一领域不仅重要，而且对这一章的初步理解也是必要的：它有助于全面理解后面章节中关于应激、情绪、焦虑、抑郁、睡眠、能量和疲劳、主观用力评分（ratings of perceived exertion）、疼痛，以及认知中的部分材料。读者尽可以不用阅读本章，便能掌握上述章节涵盖的大部分内容，但身体活动尤其是锻炼，毕竟是一种基于生物学的行为，所以任何严肃认真地学习锻炼心理学的学生都首先必须处理脑和行为的生物问题，尽管有时会有挑战性。

第二编　锻炼与心理健康

2000 年，美国医务总监（the U.S. surgeon general）发布了首份关于心理健康的报告，引发了美国人对关于心理疾病在多大程度上影响人们健康及生活质量问题的关注。心理健康也是一个全球性的重大公共卫生问题。世界卫生组织和世界银行委托的全球疾病负担研究表明，世界范围内有超过 9 800 万人因抑郁症而产生中度或重度残疾，多年来抑郁症成为成人因残疾而死亡的首要原因（WHO，2008）。在发达国家，由精神障碍导致的直接或间接损失占国民生产总值的 3%～4%。世界卫生组织认为到 2020 年抑郁症将超过癌症，成为全球仅次于心血管疾病致残与致死的第 2 位原因。

尽管各个国家情感性障碍的患病率不同，但大部分国家情感障碍的患病率和开支都很高（Weissman et al.，1996、1977）。美国心境障碍的发病率是 20.8%，焦虑障碍的患病率是 28.8%（Kessler et al.，2005）。在 2002 年和 2003 年，美国精神疾病的开支是 3 000 亿美元，其中包括 193 亿美元的收入和工资损失（Reeves et al.，2011）。

将心理疾病的患病率和治疗开支搁置一边，强调锻炼对情感性障碍的患病风险和严重程度的潜在积极作用也是合理的，因为焦虑和抑郁是一些其他慢性疾病（如冠心病、癌症、肥胖、哮喘、溃疡、类风湿性关节炎、头痛）的致病危险因素，而且心理疾病会加剧这些疾病的躯体症状（Friedman and Booth-Kewley，1987；Reeves et al.，2011）。联合国原秘书长潘基文在 2010 年世界精神卫生日说道："离开心理健康，健康便无从谈起。"我们赞同此说法。这部分将通过考查身体活动降低焦虑，预防与减少轻度和中度抑郁的发生率，改善心境和自尊，提高生活质量方面的研究证据，提出锻炼与心理健康的关系。

第 4 章至第 7 章提供有关心理健康的专业化知识，以及急性运动和慢性运动对这些病因与存活率的影响。锻炼与心理健康的关系也许可视为锻炼心理学发展的里程碑。早期研究（如 Franz and Hamilton，1905）致力于确定锻炼对抑郁症状的影响，其后，数百篇有关急性运动和慢性运动对应激、情感、焦虑、抑郁影响的文章发表。许多临床心理学家和精神病学家将锻炼视为一种可行的辅助治疗方法。在心理社会和神经生理的关联及作用机制的背景下，研究者提出了急性运动和慢性运动同应激、心境、焦虑及抑郁之间的关系。他们从心理生物学的角度描述每个心理健康问题。

第 8 章至第 12 章讨论生活质量与锻炼的关系，侧重于认知、能量、疲劳、睡眠、疼痛和自尊等方面。生活质量（quality of life，QOL）的概念与 1946 年世界卫生组织对健康（health）的定义（健康不仅仅是没有疾病）和后来的身心健康（wellness）理念是完全一致的。《2008 年美国居民身体活动指南》科学顾问委员会把有关健康的生活质量界定为"个人整体意义上的健康，包括疼痛、心境、能量水平、家庭与社会互动、性功能、工作能力，以及适应日常活动能力等因素"（Physical Activity Guidelines Advisory

Committee，2008）。

对几项以随机控制实验为主的研究的元分析指出，对于患病和健康人群，生活质量的综合评分及与生活质量相关的特定的心理状态都会受到低至中等强度锻炼干预的积极影响，包括自尊与积极情感（如能量感、幸福感、情绪健康感、生活满意感等）(Conn et al.，2009；Netz et al.，2005；Reed and Buck，2009；Schechtman and Ory，2001；Speck et al.，2010）。这些实验的效果量一般较小（小于1/3个标准差），但会因干预是用于初步预防、康复还是疾病管理而不同。例如，对于健康状况良好或进行康复的人群，（锻炼使）其心理和躯体方面的生活质量得到同样的改善，而对于参加疾病管理项目的人们，其情况会变得更糟(Gillison et al.，2009)。

睡眠同身心能量和疲劳水平有关，本书第二编将阐述锻炼如何对生活质量的影响因素产生作用。也有证据表明，锻炼对某些人群的认知功能产生积极影响。人们经常把锻炼，尤其是高强度的有氧和力量训练，与疼痛和疲劳联系起来，但这部分将通过证据说明这些变量间更为复杂的关系。最后，我们将考查身体活动与自尊的关系，自尊是心理健康的重要指标，对生活适应和生活质量具有重要的作用。

第 4 章

身体锻炼与应激

锻炼可以减轻应激的看法已成为大众智慧的一部分，与后面几章将要讨论的锻炼可以改善心境、自尊和睡眠等观点一样。考虑到有关心理应激在致病及康复中所起作用的证据，提高应对慢性应激的能力所带来的益处是显而易见的。例如，应激与心脏病、癌症、意外事故及自杀等主要的死亡原因均存在关联。本章将讨论科学证据是否支持锻炼可改变应激时的生理反应的观点。鉴于其他各章涉及身体活动对与焦虑、抑郁障碍有关的应激情绪反应的影响，本章将重点讨论身体活动或体适能是否能钝化人们在各类应激（除去锻炼带来的应激）中的生理反应，以及它是否会影响人们的痛苦和幸福体验。

背景介绍及定义

应激（stress）这一术语出现在 17 世纪的英语中，它借用了法语单词"destresse"和"estrece"，意思是"艰难"和"压抑"。其词源为拉丁词"strictia"，引用其动词含义"用力拉"（to draw tight）。自 1660 年英国科学家罗伯特·胡克（Robert Hooke）报告了他的弹性定律（一根被牵拉的绳子所具有的张力与它被拉伸的长度成正比）开始，工程师们一直将应激视为一种负荷（外力）作用于某一个物体的方式。应激与张力（strain）不同，张力指物体因应激而变形、扭曲或紧绷。

在生命科学领域，应激被视为一种生理系统的失衡，这种失衡引发生理和行为反应以恢复平衡。在这种意义上，应激源（stressor）就像一种负荷，是作用于生理系统的一种力量。由于很容易看出物体在张力作用下的抵抗或断裂与人们承受生活压力相类似，所以人们通常会接受这样的看法，应激（失衡）会引起动物的应变（扭曲、紧张），如同在物体上发生的一样。

> 应激是一种生理系统的失衡，它会引发生理和行为反应以恢复平衡。应激源是作用于生理系统引发应激的各种力量。

良性应激与不良应激

　　如果说慢性应激可以提高患病风险，如心脏病、高血压、免疫系统受抑制、进食障碍、头痛、睡眠障碍和溃疡，人们可能想知道是否应该设法移走他们生活中所有的应激。答案是否定的。一定数量的应激是保持理想的健康状态和操作表现所需要的，没有应激的生活将是乏味的！应激研究者汉斯·谢耶（Hans Selye）明确区分了不良应激（distress/"bad stress"）与良性应激（eustress/"good stress"）。某种应激水平（良性应激）利于最佳操作表现和健康，而当应激水平高过某一点时，应激会妨碍我们的心理、情绪和生理机能有效发挥作用（见图 4-1）。

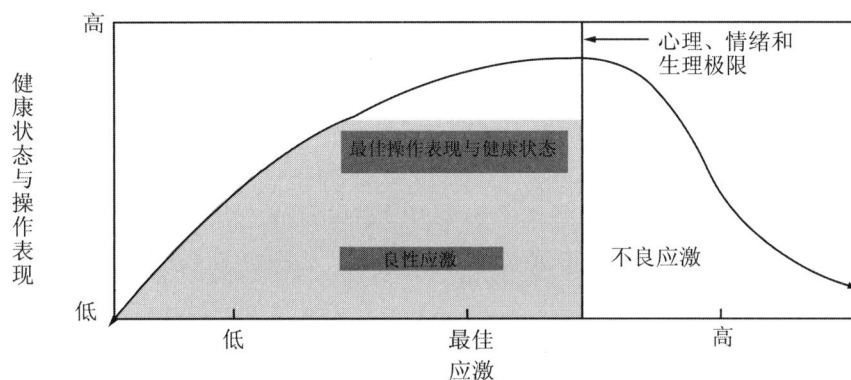

图 4-1　一定程度的应激可以提升作业成绩，而过度应激会损害心理、情绪和生理机能

经许可引自 A. Jackson, J. Morrow, D. Hill, Jr. and R. Dishman, *Physical activity for health and fitness*. Champaign, IL: Human Kinetics, 1999, p. 282。

　　过高的应激会削弱各种积极情绪，如爱、快乐和惊奇等，却会夸大各种消极情绪，如愤怒、悲伤和恐惧。锻炼有助于促成良性应激水平，此时人们很享受，不会因应激过强而紧张，或因频次过高而无法恢复。经常进行中等强度的锻炼可以抵消消极应激情绪，并可能增加积极应激情绪。

应激研究简史

　　19 世纪中期，法国生理学家克洛德·伯纳德（Claud Bernard，1867）提出，生命依靠外部环境变化时，保持内环境（法语：milieu intérieur）处于稳定状态。目前被接受的看法是，只有保持温度在一定范围变化与酸碱平衡（acid-base balance），且有水、营养及氧气可利用时，哺乳动物的细胞才能存活。由细胞构成的系统也依赖于这种平衡。20 世纪 20 年代，哈佛医生——科学家沃尔特·坎农（Walter Cannon）研究了愤怒和恐惧时肾上腺素和自主神经系统在调节与保持生理平衡中所发挥的作用，借此扩充了伯纳德的看法。坎农（Cannon，1929）还引入了**内稳态**

(homeostasis)这一术语描述生理系统的平衡或协调。20 世纪 30 年代初期，哈特曼、布劳内尔和洛克伍德（Hartman，Brownell and Lockwood，1932）扩展了坎农的主张，提出了一般组织激素理论（a general tissue hormone theory），认为细胞为了抵抗感染及肌肉、神经系统的疲劳，调节体温及体内水分，需要肾上腺皮质分泌的类固醇（如皮质醇）。基于应激反应中肾上腺皮质激活，瑞士（应为加拿大，译者注）医生汉斯·谢耶整合了所有这些成果，构建了**一般适应症候群**（general adaptation syndrome，GAS）和适应综合征（Selye，1936，1950）理论。

> 内稳态是指生理系统的平衡或协调。

对于谢耶而言，内稳态的改变不仅仅是对环境改变的反应。他相信动物的生理系统可以学习并保持适应性防御反应，以防未来遭遇应激。因此，谢耶推理认为，许多疾病产生于对环境不能充分适应、过度适应或调节不当（Selye，1950）。他提出，"条件作用因素"，如曾遭遇过某一应激源以及此应激源的可控性，可以改变一般适应症候群。此外，谢耶认为，包括肌肉锻炼在内的应激源可以产生跨应激源适应，以提高对心身疾病与神经症性疾病的抵抗力。他的研究还为锻炼的**跨应激源适应假说**（cross-stressor adaption hypothesis）提供了科学基础，该假说主张运动训练或体适能水平的提升与非锻炼情境下应激反应的减弱存在关联（Michael，1957；Sothmann et al.，1996）。

洛克菲勒大学的神经学家布鲁斯·S. 麦克尤恩（Bruce S. McEwen，1998）使用术语"（身体）**适应负荷**"（allostatic load）描述应激生理反应的长期效应（包括自主神经系统、下丘脑—垂体—肾上腺轴，以及新陈代谢、心血管和免疫系统的激活）。**应变平衡**（allostasis）这一术语衍生自希腊语，意思是通过变化（适应）以达到稳定的能力（见图 4-2）。与谢耶的观点相近，麦克尤恩认为应激适应的代价是身体适应负荷，是由适应系统活动过度或活动不足所导致的损伤。

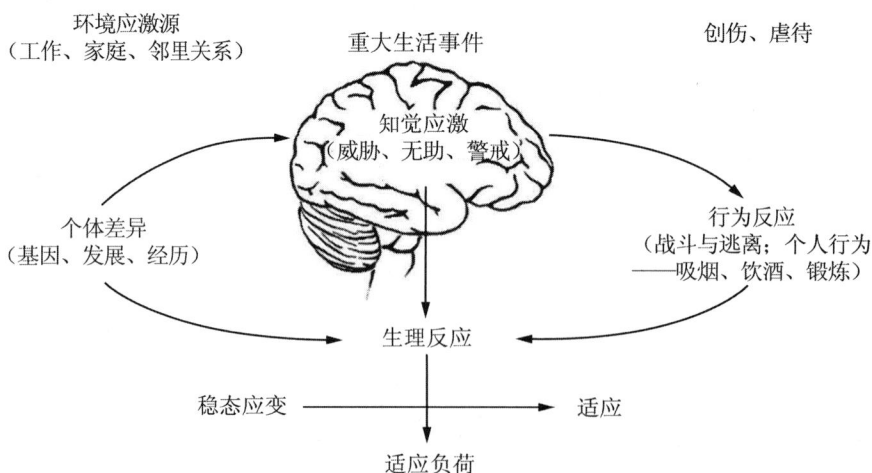

图 4-2　稳态应变：通过适应应激以实现稳定的能力

经许可引自 B. S. McEwen，"Seminars in medicine of the Beth Israel Deaconess Medical Center：Protective and damaging effects of stress mediators," *The New England Journal of Medicine*，1998，338，p. 172. 马萨诸塞医学学会，1998 版权所有。

有些人出现了正常应激反应的活动减退（hypoactivity）与活动过度（hyperactivity）。应激反应过低似乎与应激反应过高一样对健康有害，因为这可能导致其他的补偿反应。例如，皮质醇刺激血糖以获得能量，但是它也通过抑制炎症控制免疫系统。如果皮质醇在应激过程中不升高，那么，即使没有感染，炎症也会产生。另外，皮质醇过多时炎症反应会被过度抑制，使人易受感染，而且会导致骨丢失，肌肉萎缩，胰岛素水平升高。

> 对应激做出平衡反应是最理想的：反应过度或反应不充分都是危险的。

由于一些未知原因，在应激事件结束后，一些人的应激反应并没有消退。例如，公开演讲会使多数人的下丘脑—垂体—肾上腺轴（HPA）激活，血液中皮质醇升高。当人们拥有经验后，该反应会消失。然而，即使已拥有经验，仍会有约十分之一的人在公开演讲时继续出现皮质醇反应。同样，令人无法理解的是为什么一些人在长期暴露于应激事件后会失去产生应激反应的能力。许多研究者相信，中等强度的规律锻炼是抵消慢性应激适应负荷的最佳途径之一。这是有道理的。因为我们知道，如锻炼可以降低随皮质醇的升高而升高的胰岛素水平，而且运动训练可以降低血压和安静时的心率。在认真思考锻炼与应激反应关系的证据之前，我们有必要界定诱发应激和主要应激反应的各种条件。

界定应激

应激可以导致躯体疼痛症状，如肌肉紧张、头痛、胃部不适；生理体征，如心跳加速、血压升高、出汗、脸红、口干；行为表现，从攻击到活动过度以至退缩。这些征兆与症状可单独出现，也可与应激情绪一起发生，其中包括主观体验到的生理和行为反应（如恐惧、焦虑、愤怒、失望）。科学家已确认了应激的关键生理反应及其发生模式。

20 世纪 50 年代至 60 年代，有关人类的早期研究显示，当应激任务复杂且需要快速决策时，当人们需要对他人健康负责或对重要事件的后果几乎无法控制时，或以上情况同时出现时，由肾上腺引发的应激反应最为强烈。在 20 世纪 60 年代后期和 20 世纪 70 年代早期，斯德哥尔摩大学的玛丽安·弗兰肯豪塞尔（Marianne Frankenhaeuser）的研究表明，当身处新奇、无法预测和威胁性的情境时，在肌肉用力或面对心理挑战的过程中，肾上腺素和去甲肾上腺素水平的提高与人们对应激的知觉成比例。然而，当人们熟悉这些挑战后，（激素水平的）提高会减弱，尤其是肾上腺素的水平（Frankenhaeuser，1971）。后来的一项研究显示，皮质醇也存在同样的应激反应方式（Mason et al.，1976）。这些研究成果还使研究人员根据人们如何将应激事件评价（定义和评估）为威胁，以及人们如何应对应激（做出心理的或行为上的反应）来进一步定义应激（Lazarus，1993）。人们可以通过克服或避开应激源**积极应对**（active coping），或不抵抗而接受应激源，进而做出被动应对。引发应激的事件可从其他几个与反应性质有关的维度加以描述（见表 4-1）。

表 4-1　引发应激反应的事件的维度

应激源的各维度可相互作用。例如，与自身能够解决的一件短期重大生活事件相比，持续数月而又无法控制的频繁的日常烦心事可导致更大的累积的不良效应。

性质	熟悉度	来源
良性应激（积极）	熟悉	心理的（消极思维）
不良应激（消极）	新奇	生理的（如病毒）
		环境的（社会的、物理的）
数量	**应对反应**	**威胁程度**
持续时间	主动	无威胁
发生频次	被动	威胁生命
强度	**感觉聚焦**	**类型（知觉到的）**
日常琐事	拒绝	挑战（人们知觉到自己有信心克服应激源）
重大生活事件	接受	威胁（预期受到伤害）
	接受或拒绝	伤害（经历过伤害）

　　应激可以出现在影响重大的危急时刻，持续时间或短或长；也可出现在琐碎、短暂却恼人的日常烦心事中。积极的生活事件或令人精神振奋的日常经历也可以是应激性的，却是有益的，因为它们能减少枯燥感，抵消消极情绪。虽然事实上一些人会面临更多引发应激的事件（如家庭冲突、金钱问题、失去挚爱的人、太多的艰难考试），但人格和应对技能可减少一个人遭受应激困扰的可能性，这也是事实。一个人气质（如安静、紧张或暴躁）的约50%可由遗传和童年早期所受教育得到解释。不管怎样，人们都可以通过学习技能减少暴露在应激事件下的机会或改变对生活的看法，借以提高应激应对能力。与那些将变化视为威胁，对生活失去控制，缺乏生活目标的人相比，那些把变化视为挑战或成功机遇的人，那些拥有控制感，执着坚守生活目标（如职业、他人、精神）的人，似乎可以更好地应对生活中的不幸。

> 对应激的反应既可以是主动的（抵抗或回避），也可以是被动的（不做抵抗地接受它）。

面临慢性应激的人

如果人们有以下感受，就可能面临慢性应激的风险：
①感到被责任感压倒；
②几乎没有时间却认为有太多的事要做；
③对似乎超出个人掌控的重要结果感到不确定。

应激管理：　通过保持理性思维来控制情绪

- 避免宿命论思维(无论我做什么，都不会比现在更强大)。
- 避免全或无的思维(在这个班级里我必须得 A，否则就是浪费时间；我一点儿巧克力都不能吃，否则就破坏了我的整个日常饮食)。
- 避免灾难性思维，即小题大做(这一周我无法跑步——我一定得了某种代谢疾病，使自己无法适应锻炼)。

身体锻炼的效益

在锻炼心理学领域，多数应激研究者考查过锻炼是否会影响人们的应激知觉。而且许多研究证明，当人们积极锻炼时，通常会报告应激减弱或应激征候减少。一般来说，似乎持续约 30 分钟的有氧型运动与最大程度地应激知觉降低有关。持续至少数月的有氧锻炼(aerobic exercise，亦称有氧运动，后同)似乎对慢性应激的减少最为有效。虽然锻炼通常不会消除应激源，但它可以通过短期内转移注意力来暂时减轻应激。锻炼可以提升人们的控制感和承诺感(如成功完成某项对个人很重要的事情)，对应激带来的影响起到缓冲作用。

然而，借助人们对应激的自我评价开展研究存在着问题。使用应激减少的自我报告，难以分离出锻炼对应激降低的作用与安慰剂效应。正如在焦虑和抑郁研究中，许多研究参与者在进入测试环境时会带着一种期望，即锻炼会减缓紧张并改善情绪。此外，应激知觉的自我评价并不足以确定积极参与身体活动或身体健康是否可以减轻面对应激事件时的行为或生理反应。

> 急性运动可以减少应激反应的行为与生理表现。

使用应激的客观测量方法的研究似乎证明了自我报告的结果。一些研究在锻炼后进行**肌电图**(electromyography，EMG)测试，发现单次锻炼(a single exercise session)可以减小面部、手臂和腿部肌肉的张力(de Vries and Adams，1972；Smith et al.，2001)。其他研究在锻炼期间及锻炼后进行测试，也发现单次锻炼可以使脑电(在头皮上进行脑电图测试，参见第 3 章)的 α 频段(每秒 8~12 个周期)增加半个标准差(Crabbe and Dishman，2001)。通常认为 α 波反映放松清醒的心理状态。然而，锻炼也可以增加波幅较小、频率较快的 β 波(每秒 13~30 个周期)，大脑在激活时 β 波也会增加，所以还不能将脑电波研究视作锻炼可以减轻应激的生理学证据。

此外，当进行肌肉及脑测试时，这些研究并未表明人们会知觉到较少的紧张或应激。有关情感、心境、情绪方面的研究将在第 5 章进行更详细的讨论，焦虑将在第 6 章中讨论。我们还应注意到，采用了生理测量的多数应激研究是在实验室条件下进行的，其考查面对轻度应激任务时，与久坐不动的、健康不佳的青年和中年人相比，那些积极运动的、健康的人是否会心率减慢、血压降低，或考查在单次锻炼后这些应激生理反应是否会减弱（Jackson and Dishman，2002）。本章后面会讨论关于锻炼和应激研究的局限。

锻炼效益的机制

要了解锻炼引起应激反应减弱的可能机制，需要熟悉应激过程中的关键性生理反应，理解它们如何受到神经与**内分泌**（endocrine）系统的控制，以及在应对不同应激源时他们的不同表现（见表4-2）。应激反应的关键是神经与内分泌反应，由大脑和自主神经系统调节，包括由神经递质去甲肾上腺素和5-羟色胺调节的脑区，自主神经系统的交感神经（包括肾上腺髓质）与副交感神经臂丛，以及下丘脑—垂体—肾上腺（HPA）皮质轴。

表4-2　人类应激与自主神经系统研究中通常使用的研究任务特征及应激生理反应

任务	应对（主动—被动）	感觉聚焦（接受—拒绝）	反应模式	ANS模式
心算	主动	拒绝	↑HR，↑SBP，↑DBP，↔SV，↑CO，↔TPR	迷走神经活动强烈消退，β-肾上腺素能的
心理运动反应时	主动	接受/拒绝	↑HR，↑SBP，↑DBP，↑SV，↑CO，↓TPR	迷走神经活动适度消退，β-肾上腺素能的
STROOP色词测验	主动	接受/拒绝	↑HR，↑BP，↑DBP，↔SV，↑CO，↔TPR	迷走神经活动适度消退，β-肾上腺素能的
前额变凉	被动	?	↓HR，↑SBP，↑DBP，↓SV，↔CO，↑TPR	迷走神经活动，α-肾上腺素能的
冷升压	被动	?	↑HR，↑SBP，↑DBP，↓SV，↔CO，↑TPR	迷走神经活动消退，α-肾上腺素能的

注：ANS＝自主神经系统；CO＝心排血量；DBP＝舒张压；HR＝心率；SBP＝收缩压；SV＝每搏输出量；TPR＝总外周阻力；↑＝增加；↓＝减少；↔＝几乎不变。

经许可引自 R. K. Dishman and E. M. Jackson, "Exercise, fitness, and stress," *International Journal of Sports Physiology*，2000，31，p. 190。

脑内的去甲肾上腺素和血清素

应激时脑内的去甲肾上腺素和血清素细胞会影响注意与警觉、垂体激素的释放及心血管机能。它们还会影响疼痛、疲劳和睡眠。蓝斑、中缝核的神经放电，在唤醒时增强，在睡眠时减弱，在快速眼动睡眠阶段终止（此时运动活动受到抑制）。应激时蓝斑细胞释放去甲肾上腺素，中缝核细胞释放血清素，释放至大脑额叶和边缘系统，包括海马回、杏仁核和下丘脑（见图 3-8）。去甲肾上腺素还对与应对威胁时的警觉反应有关的其他脑细胞进行调节，应激时帮助启动行为反应、心血管和内分泌系统的反应。能量消耗过后（如餐后感到满足和饱胀，锻炼后感到疲劳），血清素会帮助身体恢复休整。在这些方面，蓝斑、中缝核在脑内发挥作用的方式与周围自主神经系统的交感与副交感分支对心脏、血管和肾上腺的调节方式相似。

> 应激时，去甲肾上腺素有助于启动行为反应、心血管和内分泌系统的反应。5-羟色胺有助于能量消耗后身体的恢复休整。

自主神经系统

与规律性锻炼（产生）的跨应激源适应最为相关的自主神经系统的特征包括：①通过交感神经和迷走神经支配心脏、血管和肾上腺；②下丘脑—垂体激素反应（见第 3 章，图 3-11）。尽管自主神经系统在对不同应激源做出反应时存在较大的特异性，但在强应激期间，其共同的脑内神经解剖结构也允许自主神经系统反应存在共同激活作用。

交感神经和迷走神经的作用

当某人经历应激时，交感神经系统的活动通常会增强。来自躯干脊髓各部位的交感神经会刺激心脏、肾上腺及动脉等器官的活动。处于躯体或情绪应激时，交感神经会刺激心脏跳得更快、更有力；肾上腺分泌肾上腺素和去甲肾上腺素，也会刺激担负心脏与骨骼肌输送任务的动脉，使其扩张，从而使血流量增加（见图 4-3）。

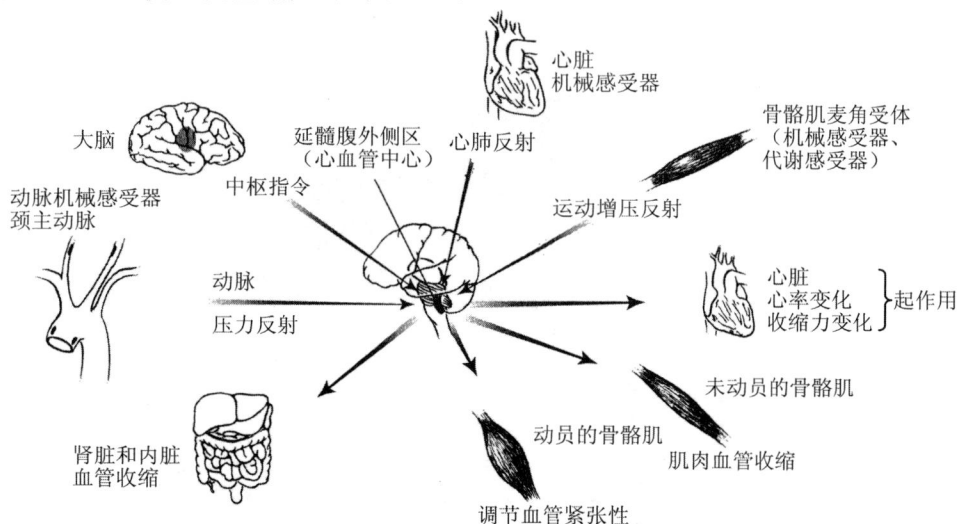

图 4-3　通过大脑的中枢指令和对感觉信号的反射性加工控制锻炼中心血管反应的示意图

经许可引自 J. H. Mitchell and P. B. Raven，Cardiovascular adaptation to physical activity. In *physical activity*，*fitness*，*and health*，Champaign，IL：Human Kinetics，1994，p. 289。

在锻炼过程中，这些行动都有助于输送更多的含氧血液到参与活动的肌肉中。心脏跳动时，收缩压升高有助于把血液传送至肌肉。在两次心跳的间隙，舒张压较低，这样就几乎不会对血液流向骨骼肌形成阻力（见图 4-3）。

> 发生情绪应激时，自主神经系统会促使身体对实际的或知觉到的威胁做出逃离—战斗准备；在预期到威胁时，代谢活动接近于休息状态。发生锻炼应激时，自主神经系统会为骨骼肌代谢的增强提供支持，调节呼吸和体温，增强代谢以完成身体活动。

情绪应激情况下会出现（同锻炼应激）一样的反应，但通常程度较低，因为神经、心血管和内分泌系统要对危险情境做出应对准备，即所谓面对危险的逃离—战斗反应。锻炼应激与情绪应激两种情况的主要区别在于，锻炼中的反应要适应身体新陈代谢的大幅增强（需要更多能量）。情绪应激时，身体代谢一般接近休息时的水平，此时人们正在预期做出诸如战斗或逃离危险的反应。交感神经系统对知觉到的但未必真实存在的危险的反应会增强，这在抑郁及焦虑障碍人群中普遍存在。当人们感受到危险，但并未做出战斗或逃离等躯体反应时，一些激素水平的持续升高会使大脑、心脏和血管内的组织易受损伤乃至死亡。应激性激素水平的持续升高也可导致诸如冠心病发作及机体免疫系统功能受抑制等病症（见图 4-4）。

1. 知觉威胁情境。

2. 边缘系统生成对威胁知觉的情绪反应，信号被传输到更高一级的大脑中枢，然后下丘脑产生一种反应。

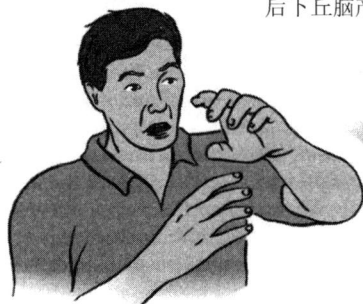

3a. 下丘脑后部的神经通路可直接激活脑垂体后叶分泌抗利尿素和催产素；肾上腺髓质分泌肾上腺素和去甲肾上腺素进入血液。

3b. 下丘脑对应激的反应还会激活交感神经系统，从而使得心率增加、汗液增多、瞳孔扩大和呼吸加速。

ACTH

4. 下丘脑前部释放促肾上腺皮质激素释放激素（CRH）激活前垂体。

6. 肾上腺髓质释放肾上腺素和去甲肾上腺素，通过增加心率和心收缩力来增加血液向肌肉的流动。

5. 前垂体释放促肾上腺皮质激素（ACTH）激活肾上腺皮质释放糖皮质激素。主要的糖皮质激素是皮质醇，它能为身体活动动员能量，浓度过高时会抑制免疫反应。醛固酮是一种盐皮质激素，会通过增加血容量提高血压。

图 4-4　支持心血管应激反应的系统

锻炼时，自主神经系统的主要功能是增加心率、提高血压，适应心输出量增大的需要，进而支持骨骼肌细胞新陈代谢的加强。其次要功能还包括调节呼吸和体温。心血管增压反应会调节锻炼时的收缩压，此反应被认为依赖于来自颞叶感觉运动皮层的自主传出神经的中枢指令。在脊髓的延髓腹外侧区对受中枢控制的参与锻炼的肌肉中的机械感受器（如对肌肉紧张敏感）与代谢感受器（如对氢离子敏感）的增压反射进行整合（Mitchell and Raven，1994）。心肺与动脉压力反射对锻炼中的增压反应进行调节，显然是通过上调或平行重置受中枢控制的动脉反射的操作（设定）点来实现的（Rowell，1993）。这意味着血压仍需要通过心率变化来调节，且水平远高于安静状态。锻炼时心率升高最初源于心脏迷走神经抑制的解除。大强度锻炼时，伴随着迷走神经抑制的解除与心率的升高，交感神经活动及肾上腺皮质分泌的儿茶酚胺激素刺激会引发心脏活动的增强。

锻炼过程中，血液中去甲肾上腺素水平的升高主要来自支配心脏的交感神经活动，也有一些来自参与运动的骨骼肌，还有一些可能来自大脑。当人们处于安静状态时，通常测量不出由运动训练引起的血液中去甲肾上腺素及支配肌肉的交感神经活动的变化。然而，在训练之后，在给定的**绝对强度**（absolute intensity）（标准强度）（如 6 分钟内跑约 1.61 千米）下，血液中去甲肾上腺素的水平较低，而当锻炼强度以**最大有氧能力**（maximal aerobic capacity）的百分比来表示时（如以最大速度的 80% 跑 1.61 千米），其水平保持不变，但均高于最大锻炼强度时的水平。这意味着运动训练似乎可提高交感神经对最大锻炼强度的反应能力，但并未改变人们对与训练前紧张度相同的锻炼的反应。此外，当通过血液中的肾上腺素和去甲肾上腺素或支配骨骼肌血管活动的交感神经活动来对交感神经反应进行测量时，没有证据显示锻炼会导致交感神经反应减弱。

> 就血浆中的去甲肾上腺素水平而言，锻炼性适应是指安静时没有变化，在指定的绝对锻炼强度上降低，在同样的**相对强度**（relative intensity）上没有变化，在最大锻炼强度上升高。血浆中的去甲肾上腺素水平在人们休息时不会变化，在指定的绝对锻炼强度上会有微小升高，在同样的相对强度上没有变化，在以最大强度锻炼时它会升高。

研究表明，与健康不佳的人相比，身体健康的人，尤其是女性，发生主动心理应激时（如心算和当众演讲）的心率和血压较低（Spalding et al.，2000）；但这主要是依据他们在安静时较低的心率与血压来解释的，是对经常性锻炼的一般性适应。换句话说，应激时他们的反应水平低，是因为他们开始时水平就较低，而不是因为他们对应激源的反应较弱（Buckworth，Dishman and Cureton，1994；Graham et al.，1996；Jackson and Dishman，2002）。

> 与健康不佳的人们相比，身体健康的人主动性心理应激时的心率和血压较低，因为他们在安静状态下的心率和血压就低。

健康人群较低的心率可能源于其心脏的内在节律（如心脏内在起搏器的节律）较低或支配心

脏的交感神经系统活动水平较低，而研究大多显示其源自**心脏迷走神经活动**(cardiovagal tone)的增强（见表 4-3 自主神经系统活动的测量）。迷走神经是自主神经系统的副交感分支的一部分。其神经递质是乙酰胆碱。回想一下，交感神经系统刺激能量消耗，而副交感神经系统帮助储藏和保存能量（见第 3 章）。两个系统共同作用以保持安静与应激状态时的身体能源的平衡。例如，迷走神经可以使心跳节奏放慢，心收缩力变弱，放松或扩张动脉，为骨骼肌输送血液。于是，锻炼后迷走神经机能活动增强的人可以较好地抵消交感神经系统对心脏和血管的影响，因此在安静和应激时可以拥有较低的心率与血压。心脏迷走神经活动的增强可以降低心脏病病人出现心律不齐及猝死的风险。

表 4-3　自主神经系统活动的测量：心率变异性

直接测量支配心脏的交感神经与迷走神经的活动频率(firing rate)是不可行的。因此，可以借助心率变异性(heart rate variability，HRV)对其相对活动情况进行一般性评估。	
动物（非人类）实验表明，心脏交感神经的电刺激可以导致心搏波动幅度增大而速度减慢(LF)，而迷走神经刺激导致心率的快速改变(HF)。	

术语	定义
心跳	心脏活动的周期；在连续 QRS 波群中两个 R 波之间的时间。
赫兹(Hz)	频率或每秒的周期数
低频(LF)	$0.05 \sim 0.15$ Hz
高频(HF)	$0.15 \sim 0.50$ Hz
心率短期波动时自主神经系统平衡的评估	
心脏迷走神经成分	用高频对总功效相对值来表示：$HF/(HF+LF) \times 100$
交感迷走神经成分	用低频对高频的相对值来表示：(LF/HF)

　　锻炼期间代谢活动的提升可以通过周围神经系统和血液中的激素水平为脑与中枢神经系统提供反馈，这种反馈可用于调节体内的生理平衡。这就很容易理解为什么经常锻炼和体适能改善可以降低锻炼过程中的心率、血压及应激激素水平，加快（应激生理反应）恢复，因为适应可以维持动态平衡，降低适应负荷。然而，难以理解的是，为什么这种锻炼适应可以迁移至其他一些能量消耗不高，不涉及骨骼肌发力的应激源上。这并非显而易见，但人们应该可以预期心血管对锻炼的适应可以泛化至其他未强加类似心理运动需求的应激源上。

　　与锻炼不同，多数非锻炼性应激源几乎不能或根本无法诱发感觉输入活动，以调节心血管反应。因此，多数锻炼后出现的跨应激源性适应势必涉及中枢指令（如运动神经将兴奋传到心脏、血管和肾上腺髓质）或者会改变器官对中枢指令的反应（如与肾上腺素和去甲肾上腺素紧密相关的感受器细胞数量减少与敏感性下降）。尽管这样的主张表面看似有道理，但与此有关的研究并不支持这样的看法，即经常性锻炼或健康的心肺功能钝化了对除锻炼之外的应激的生理反应。

> 　　锻炼后出现的多数跨应激源适应势必涉及中枢指令或会改变器官对中枢指令的反应。

　　另外，对大鼠的研究已表明，处在足下（施予）电击的应激情境时，在转动的轮子上主动奔跑会导致应激反应减弱（测量到大脑皮层的去甲肾上腺素释放减少）（Soares et al.，1999），以及对先天免疫系统的一种保护性抑制（Dishman et al.，1995）。应激过程中的这些反应似乎是由交感神经系统加以调节的（Dishman and Hong et al.，2000）。

下丘脑—脑垂体—肾上腺皮质系统

　　应激时自主神经系统被激活，大脑也通过激活内分泌器官，包括腺垂体和肾上腺外周部分（皮质）（见图 4-5），刺激能量的生成。在应激与锻炼过程中，垂体前叶的腺垂体释放促肾上腺皮质激素（ACTH），刺激肾上腺皮质分泌皮质醇。释放的促肾上腺皮质激素的数量由促肾上腺皮质激素释放激素（CRH）的一个基因来调节。这一基因主要存在于下丘脑的弓形核，由一个大分子**阿片—促黑素细胞皮质素原**（proopriomelanocorticotropin，POMC）来表达。从 POMC 分离出的促肾上腺皮质激素和 **β-内啡肽**（β-endorphin）在应激时由脑垂体一起分泌。尽管包含促肾上腺皮质激素释放激素的神经细胞遍布大脑，但多数可提高促肾上腺皮质激素水平的促肾上腺皮

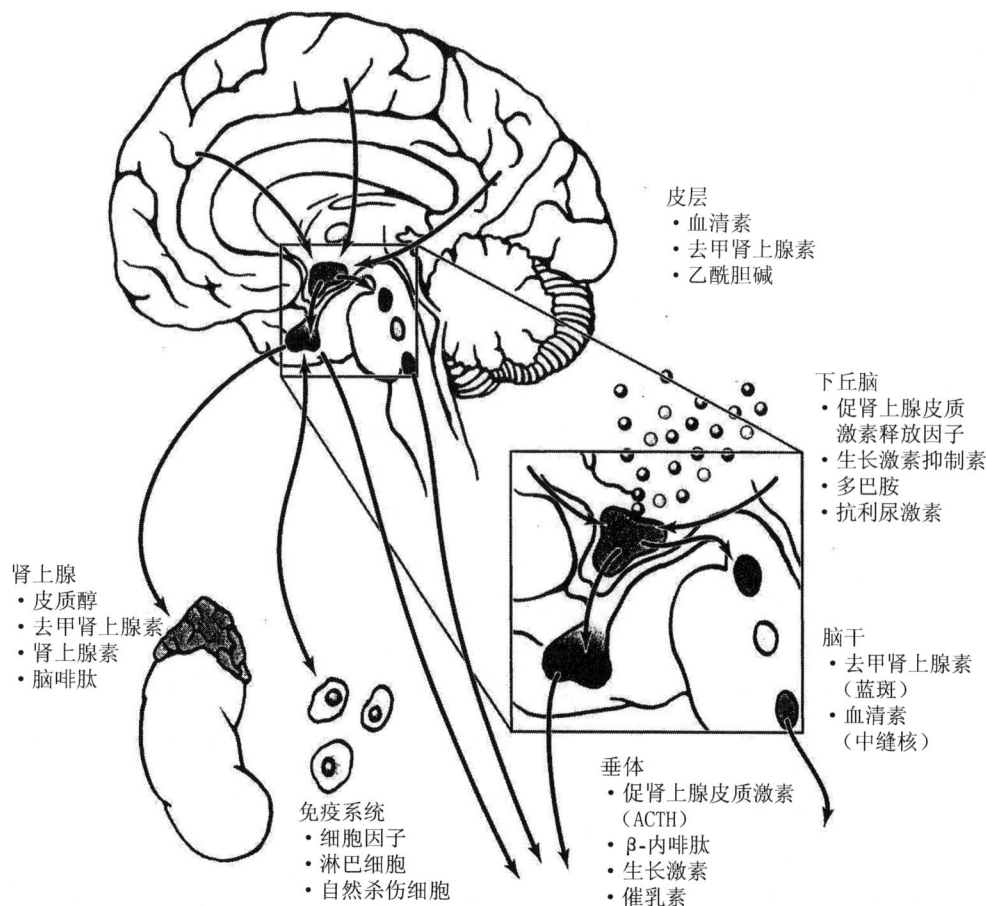

图 4-5　应激过程中下丘脑—垂体—肾上腺皮质系统和交感—肾上腺髓质系统的反应

改编自 R. H. Black，"Psychoneuroimmunology: Brain and immunity," *Scientific American*，1995，2(6)，p.17。

质激素释放激素来自海马的室旁核(paraventricular nucleus，PVN)，并释放至进入脑垂体的血液，促进脑垂体内释放 ACTH 的细胞活动。应激时，PVN 内去甲肾上腺素和多巴胺的释放会激活促肾上腺皮质激素释放激素以增加促肾上腺皮质激素。促肾上腺皮质激素释放激素的分泌受海马的抑制。

与锻炼前相比，绝对锻炼强度相同情形下的中等强度锻炼会减弱下丘脑—垂体—肾上腺(HPA)反应。然而，高强度锻炼可能与安静状态下异常的 HPA 反应相关联(见第 5 章)。一般情况下，健康的人拥有更强的应对重度应激的反应能力。然而，身体健康状况对日常争吵等带来的轻度心理应激的影响还不清楚。一项早期研究(Sinyor et al.，1983)显示，与久坐少动的人相比，接受过训练的人在安静状态、心理应激和恢复期的皮质醇水平均较高；但受过训练的与未受过训练的人的应激反应速度和恢复速度是相同的。在其他研究中，无论心理应激是新奇的(Sothmann et al.，1988)还是熟悉的(Blaney et al.，1990)，对于健康状况不同的人来说，其应激后血浆中的皮质醇或促肾上腺皮质激素的水平是相似的。动物研究也显示，雌性和雄性大鼠反复受到足下电击后，慢性活动轮跑运动对其血浆中的促肾上腺皮质激素和皮质醇的水平没有影响(Dishmann et al.，1995，1997)。

虽然有证据显示，训练有素的女性的 HPA 皮质系统和 HPA 性腺系统之间存在着交互作用，性激素对非锻炼性应激源的生理反应也具有影响，但锻炼研究通常不对性激素加以测量或控制。接受雌性激素处理的雌鼠进行跑台训练，其 ACTH 对熟悉的跑台运动的反应会减弱；而 ACTH 对新奇的制动或足下电击刺激的反应则会变强(White-Welkley et al.，1995，1996)。至于这种 ACTH 的过强反应是否是一种有益的适应，以及是否是由于 CRH 的升高或其他释放 ACTH 的因素所致，目前尚不知晓。后一种看法似乎更有可能，因为接受跑台训练的雄鼠，在面对制动的应激情形时，ACTH 减少，而脑内的 CRH 不变(White-Welkley et al.，1996)。这些发现或许表明，跑台跑步对能量与神经肌肉方面的要求增加了对新异应激源的 HPA 反应的可能性。

当代观点：身体锻炼的研究

依据 25 项有关健身和生理应激反应研究的累积证据，第一篇综述文章得出以下结论：无论使用何种类型的应激源，测试哪些生理反应，有氧健身可减少半个标准差的应激反应(Crews and Landers，1987)。自那时起，再未达成如先前结论般的科学共识。一项元分析发现，在心理应激过程中心肺功能更好的人心率及收缩压更低，心率恢复更快(Forcier et al.，2006)；但另一项元分析发现，在实验室应激条件下，健康状况与生理反应的增强只有微弱相关，但健康者恢复得较快，而且发现运动训练可使人们应激时心率和血压保持不变(Jackson and Dishman，2006)。一项随机对照实验借助有氧训练和停训来增强或降低心肺功能，同心肺健康状况无变化的抗阻训练组相比，积极应对或被动应对实验室应激源期间和之后报告的心率、心率变异和血压反应均无差异(Sloan et al.，2011)。

对于锻炼、健康和应激反应的认识一直处于混乱状态，主要是由于基于已知的应激生理学知识开展的锻炼心理学研究工作不得力。尤为突出的问题是，对研究中所使用的应激源的特性缺乏清晰的描述，对于控制应激生理反应的调节机制缺乏细致的思考。具体来说，上述共识的缺乏可由补充材料中描述的"制约锻炼与应激反应研究的五种因素"予以解释(Dishman and Jackson，2000)。

在锻炼与应激反应研究中使用的应激源类型是一个特别关键的问题。除非应激刺激足够强烈，可以促成一般意义的逃跑—战斗反应(如面临生死威胁)，否则应激反应会由于应激源类型的不同而大为不同(Allen and Crowell，1989；Dishman，Jackson and Nakamura，2002)(见表4-2)。积极的应激刺激可以激励人们努力控制挑战(如心算、小测验、反应时任务)。此时的生理反应包括心率、心输出量和收缩压的升高以及迷走神经张力的解除。消极的应激刺激几乎不给人们控制厌恶情境的机会，并导致心率升高、外周血流阻力和舒张压增加。还会出现其他一些反应，如迷走神经张力的增强会导致心率减慢和血压下降(一种所谓的假死反应)。可引发多数人心迷走神经反应的被动测试是冷敷额头。尽管心率下降了，由于血流阻力的升高，冷敷额头会使血压升高。这一反应与哺乳动物潜水反射相似，它包括迷走神经调节的心动过缓以及α-肾上腺素引起的皮肤和内脏的血管收缩。

通常，手浸入冷水(冷升压)时的血压反应比心算更大，而心算可引发比心理运动性反应时任务更大的反应。与之相反，进行反应时任务和心算任务时的心输出量大于冷升压测试时的心输出量。与冷升压试验和反应时测验任务相比，心算时心率增加最多。心算时心率的增加可由迷走神经活动的退出来解释，而在进行反应时任务时心率更多受心脏交感神经支配。应激源的类型不同，血流情况也会不同。反应时任务中心输出量的增加可由每搏输出量的增加来解释，而心算时的变化可通过心率增加来解释。由于心率的增加被每搏输出量的减少所抵消，所以冷升压试验时的心输出量保持不变(Dishman，Jackson and Nakamura，2002)。

以往研究的局限使得人们过早得出结论，认为规律性锻炼对受交感神经系统调节的应激反应没有影响。以往研究未发现锻炼效果的原因，可能是由于研究人员使用应激源诱发的血浆中儿茶酚胺的增加幅度较小。研究使用的多数应激刺激强度较弱，诱发的去甲肾上腺素的增加幅度在 300～500 pg/mL，肾上腺素的增加幅度在 40～80 pg/mL。该水平低于可靠地诱发心率和收缩压增加的去甲肾上腺素(1 500～2 000 pg/mL)与肾上腺素(75～125 pg/mL)的阈限值(Clutter et al.，1980；Silverberg，Shad，Haymond and Cryer，1978)。一般认为，要对心血管活动产生影响，去甲肾上腺素需增加 5～10 倍，肾上腺素需增加 2 倍，而研究中使用的应激刺激很少能够导致血液中的儿茶酚胺量高出基线水平 2 倍。与之相反，中至高强度的锻炼会诱发去甲肾上腺素增加 6～10 倍，肾上腺素增加 3 倍(Clutter et al.，1980)。

与现实生活中的许多应激事件相比，锻炼与应激研究中使用的应激源的刺激强度较弱。实验中应激刺激导致心率加快，一般是通过打破心脏自主神经系统控制的交感—迷走神经间的平衡实现的，而非借助激素反应。例如，接受心脏移植的病人在心算时，他们心脏的自主神经联络被断开，会出现血压上升（Sehested et al.，1995），但心率未增加（Sehested et al.，1995；Shapiro et al.，1994）；心脏正常的人则出现心率增加。因此，类似心算等任务并不能诱发足够强度的肾上腺活动以引起心率增加。

> 有关运动训练后心理应激反应减轻的证据尚不明确，但从升高的迷走神经张力的改善看，锻炼可能具有积极的影响。

无论如何，看似合理的是，规律锻炼引起的心迷走神经张力的增强可钝化对强度较弱的应激刺激的反应，这些应激刺激主要通过迷走神经活动的减弱来实现心率和血压的增加（Jackson and Dishman，2006）。与之相反，面对强度较弱的应激刺激，不同应激器官的自主神经系统的反应似乎是特异性的。因此，规律锻炼引起的自主神经系统调节功能的改变是否会导致所推论的反应尚不清楚，这很可能依赖于运动的强度及其他应激源。尽管实验室应激条件下的心率和血压反应在改善心肺健康水平的锻炼研究中并未受到影响（Jackson and Dishman，2006；Sloan et al.，2011），但血管、血流反应及自主神经系统对它们的调控对健康的重要性要超过对心率与血压的笼统测量。然而，这些因素还未得到充分研究（如 Dishman et al.，2003；Sloan et al.，2011），尤其是心血管疾病高危人群（如 Jackson and Dishman，2002）。

与之相似，人们对急性运动后的血管应激反应几乎一无所知（Hamer，Taylor and Steptoe，2006），它可以引起安静时血压的暂时下降（锻炼后的低血压）（MacDonald，2002），进而引发一次身体运动后血压和血管的应激反应改变。正如本章前面讨论的，Stroop 色词测验（color and word test，CWT）（一种依赖交感神经消退或 β-肾上腺素受体的激活而发挥功能的自主血管扩张剂）和前额变凉测试（一种依赖 α-1 肾上腺素受体的激活而发挥功能的自主血管收缩剂）是常用的心血管反应测试，此时人会面临神经血管方面的挑战（如那些通过自主神经系统所引发的血管变化）。采用这些任务进行体适能与锻炼研究的典型局限是仅通过测量血压和心率考查心血管应激反应（Hamer et al.，2006）。这限制了得出有关心血管应激反应的结论以及调节肢体血流量的自主神经系统的潜在机制，特别是在反向引发血管舒张或收缩反应的应激源任务的执行过程中。

内皮功能一般通过受血流调节的血管扩张（FMD）进行评估，FMD 作为一种应激反应，发生在血管阻断后血流增加引起对内皮的切应力或摩擦力增加之时（如反应性增生）（见图 4-6）。负责 FMD 的作用机制主要通过一氧化氮的中介，对保持血管健康和血管紧张度十分重要。一项研究发现，30 分钟中等强度自行车运动提升了年轻女性的 FMD，在接受 Stroop 色词测验时降低了动脉血流速和血流反应，在冷敷额头时相似的指标降幅扩大（Rooks，McCully and Dishman，2011）。总之，急性运动除了在神经血管应激时增加血管阻力，减少肢体血流外，还可改善内皮功能。

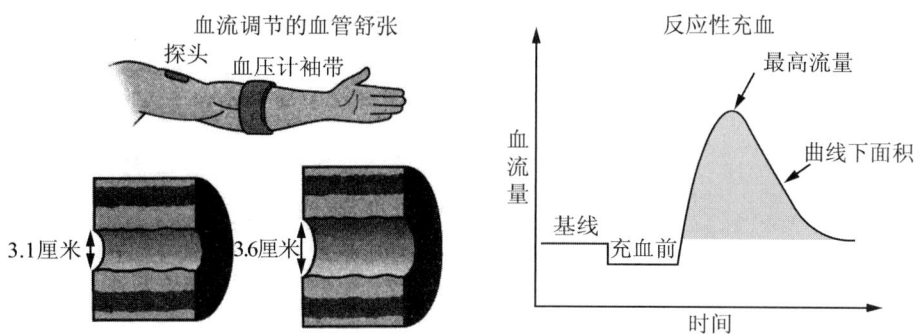

图 4-6　血流调节舒张过程中血管的反应

经 Elsevier 许可转载自 H. A. Silber et al.，"The relationship between vascular wall shear stress and flow-mediated dilation: Endothelial function assessed by phase-contrast magnetic resonance angiography,"*Journal of the American College of Cardiology*，2001，Vol. 38(7)，pp. 1859-1865。

早期研究中制约锻炼和应激反应的因素

适能和锻炼的测量

早期研究未对适能或锻炼进行很好的界定和测量。因此，很难确定人们之间的差异足够大，进而可以对体适能或锻炼习惯对应激反应的影响进行真实的测量。此外，评价最大摄氧量时使用次最大心率导致一些研究把心率既作为自变量(适能水平)又作为因变量混淆使用。一个有测试焦虑的人在面对锻炼测试和其他应激源时可能出现过强的心跳反应，并由于锻炼期间情绪引发的心跳加速而被误归入不健康人群。

生理变量的测量

鉴于生理变量测量方法以及应激反应生理变化计算方法的报告方式，人们难以确认许多研究的程序是否符合生理学研究的国际标准。一些研究的测量准确性存在疑问；也有一些研究中，前测基线水平对应激过程和其后的恢复过程中测试的应激变量的影响未进行解释，这很可能对反应进行了错误的测量。

研究设计

大约三分之二的研究采用横断设计，对依据体适能或锻炼水平划分的各小组的应激反应进行比较(而不是对健康或锻炼改变后的反应进行比较)，而且未对已知影响应激反应的其他因素进行匹配，如气质、行为模式或性激素状态。

综合生理反应的考虑

对于各变量(如心率、血压，或去甲肾上腺素、肾上腺素及皮质醇等应激激素)引起的综合性反应的变化，研究者对其生理机制解释时并未充分思考。例如，健康水平不同的人对一个应激源的心率反应可能是相似的，但原因可能不同。尽管存在相似或更强的心交感神经刺激，但一个健康的人的副交感神经对心脏的抑制可能较小。虽然综合的心率反应不同于不健康人群，但心交感—迷走神经平衡的不同模式非常重要，因为我们已知这会影响健康。

应激源任务特点的考虑

研究人员通常无法比较标准化应激源任务的新颖性和难度是否相同，也无法根据可引发特殊或一般应激反应的那些共同的或独有的特征来选择应激源任务（如不同的交感—迷走和交感—肾上腺髓质反应）。锻炼适应可迁移到不同特点、种类或强度的应激源，而非其他应激源。

痛苦和幸福体验

无论规律锻炼是否可减缓应激的生理反应，但有大量的证据表明，与较少进行身体活动的人相比，积极进行身体活动的个体感受到的痛苦更少，且拥有更高的幸福感或积极情感（Netz et al.，2005；Reed and Buck，2009）。甚至对于无焦虑障碍或心境障碍的人来说，心理痛苦也是发生精神障碍和冠心病的危险因素。相反，积极的幸福体验可以降低精神疾病的患病风险，是高生活质量和健康的重要特征。在面对包括慢性病在内的正常生活和挑战性生活事件过程中，人们经常体验到痛苦。因此，了解身体活动与痛苦或幸福体验之间的关系显得十分重要，因为它们对整体心理健康和人们感知到的与健康相关的生活质量有重要影响。

> 《2008 美国人身体活动指南》的科学顾问委员会给出结论，积极参加身体活动的人们拥有较少的痛苦或不幸福的体验。

相关研究

三类主要的研究检验了身体活动与痛苦或幸福体验的关系。队列研究是在一个群体抽样中对身体活动水平和痛苦或幸福水平进行测量，或在一个横断时间内进行，或对一个人群追踪数年，以考查积极参与身体活动的个体是否较少出现应激类症状。另外一些研究则进行了随机对照实验，安排人们参加一个锻炼项目，考查人们的痛苦体验是否减少，或幸福感是否提高。下面将对各类研究进行列举或总结。

欧　盟

在一项采用标准化量表的面对面访谈中，16 230 名年龄在 15 岁及以上的答题者报告了他们过去一周的身体活动情况（用代谢当量-小时表示，MET-hours），过去一个月的紧张和抑郁体验，以及能量和活力情况（Abu-Omar，Rutten and Lehtinen，2004）。在多个国家各取 1 000 人左右的样本。调查包括各社会人口亚群（年龄、性别、婚姻状况、家庭总收入、教育状况），研究者发现积极参与身体活动者总体心理健康状况更好。在 15 个被调查国家中的一些国家，但不是所有国家，不考虑年龄或性别，身体活动与心理健康之间都存在着剂量反应关系（见图 4-7 和图 4-8）。

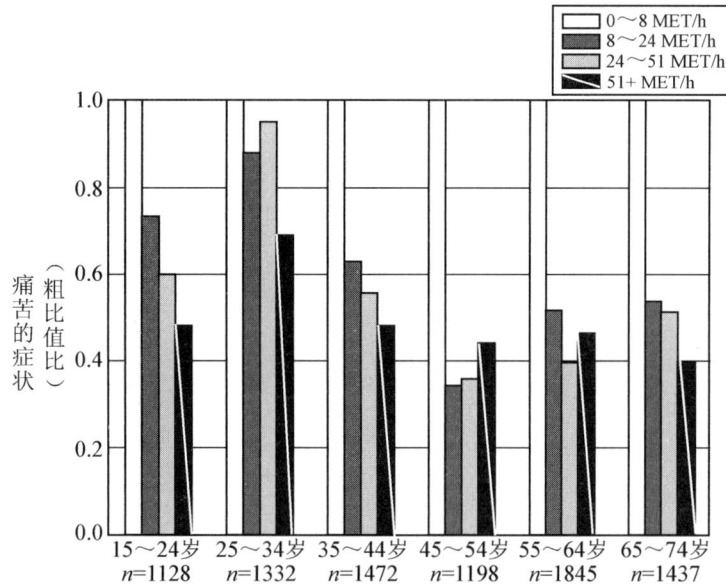

图 4-7 身体活动和幸福体验之间的关系——来自欧盟的女性样本

数据来源： Abu-Omar，Rutten and Lehtinen，2004。

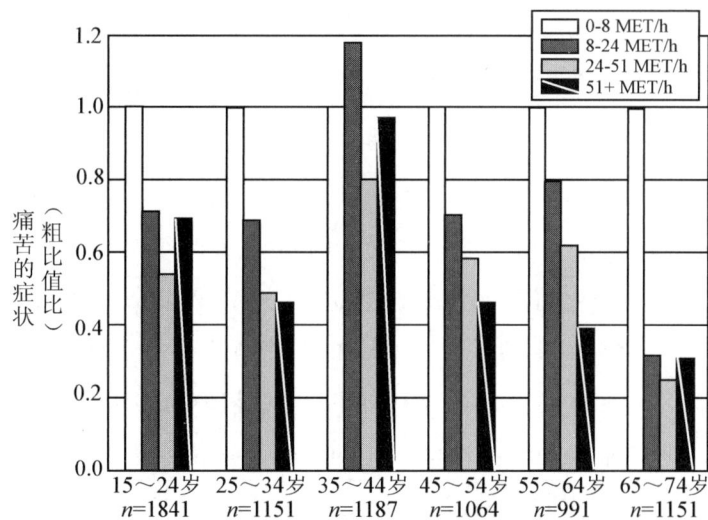

图 4-8 身体活动和幸福体验之间的关系——来自欧盟的男性样本

数据来源： Abu-Omar，Rutten and Lehtinen，2004。

前瞻性队列研究

在澳大利亚、加拿大、丹麦、英格兰、荷兰、苏格兰和威尔士等国进行的 13 项成人研究及 3 项对美国人的研究，均采用了前瞻性队列研究设计。对其他一些风险因素（如年龄、性别、种族、教育、社会阶层、职业、收入、吸烟、饮酒、药物滥用、慢性病、残障、婚姻状况、生活事件、工作压力、社会支持等)进行了调节的研究发现，减少痛苦体验与增强幸福感的平均比值，使喜欢活动的人受益近20%(Physical Activity Guidelines Advisory Committee，2008)。

图4-9呈现了18项原始的或校正后的比值和95%置信区间，数据来自13项关于身体活动与痛苦或幸福体验的前瞻性队列研究，来自8个国家的超过100 000名成年人参加了此项研究，其中包括67 000名美国女性。不考虑年龄和性别或校正其他危险因素，与不参加或较少参与身体活动的人群相比，每增加一个层级的身体活动水平，即从低到中到高，其痛苦体验会减少约10%。

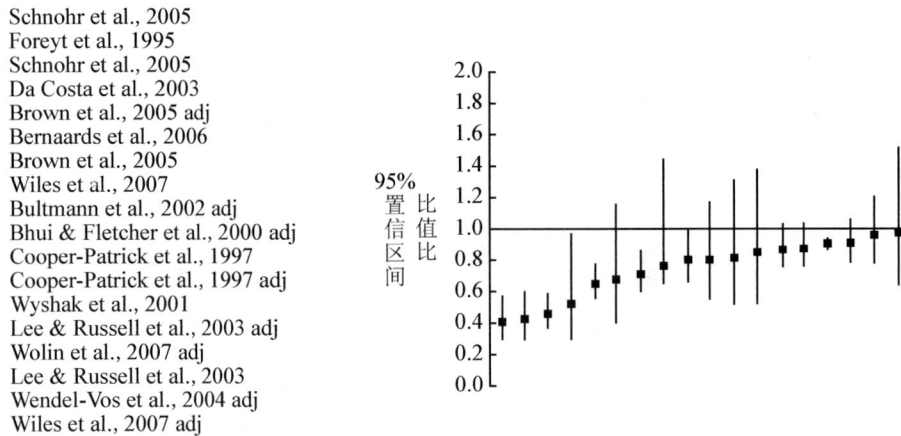

图4-9　身体活动和痛苦、不幸福感降低比率的前瞻性研究

数据来源：Physical Activity Guidelines Advisory Committee，2008。

护理人员的健康研究

63 000名40～70岁的女性，自1986年起至1996年每两年对她们的身体活动情况进行报告，并根据期间的身体活动变化情况取四分位数进行分组(Wolin et al.，2007)。在1996年和2000年，她们还对与健康有关的生活质量(QOL)的7个方面进行了评价，即身体机能、身体功能障碍、情绪功能障碍、疼痛、活力、社会功能和心理健康(较少痛苦体验，较少焦虑或抑郁症状)。在1986年参与身体活动最为积极的1/4的女性，锻炼水平每周达6代谢当量-小时，到1996年每周升至30代谢当量-小时。校正了年龄、身体活动起始水平、生活质量、吸烟、体重指数和慢性疾病关节炎、高血压、糖尿病、胆固醇过多症等之后，在1886年至1996年身体活动量增长最多的1/4女性，与同一时间段内身体活动保持原状的人相比，她们在1996年拥有更高的生活质量得分，并在1996—2000年生活质量的7个方面得到更大幅度的增长。心理健康方面增长最少，而身体机能感知方面增长最多。

澳大利亚关于女性健康的纵向研究

澳大利亚关于女性健康的纵向研究考查了休闲时间内的身体活动与痛苦体验（焦虑和抑郁症状）的横向关联与前瞻性关联。在这项人群队列研究中，参与者为 6 663 名 73～78 岁女性，她们在 1999 年、2002 年和 2005 年接受测试（Heesch et al.，2011）。这些女性在 1999 年均未患有抑郁障碍或焦虑障碍。这些女性完成了 3 次邮寄问卷调查，调查中她们要报告过去 1 周作为休闲或交通而步行的分钟数，以及花费在其他强度达到中等至激烈的休闲身体活动的时间（要求每个时段至少持续 10 min）。

1999 年约 26%、2002 年约 34% 的女性报告未进行休闲时段的身体活动。近 40% 的女性报告散步是其休闲时间唯一的身体活动。在校正了社会人口统计参数、婚姻状况、社会关系、生活压力、慢性疾病、吸烟、体重指数之后，1999 年至 2002 年，休闲时段与痛苦体验的身体活动量平均值之间呈负相关，与 3 年后的 2005 年报告的痛苦体验也呈负相关（见图 4-10）。虽然这些女性未患上抑郁或焦虑障碍，在几乎不进行身体活动与非常积极参与身体活动的女性之间其症状表现差异也很小（在可能的 18 种症状中，平均差异不足一个症状），但结果仍然支持这一看法，即身体活动与个体对心理健康的知觉存在相关，这是事关老年女性生活质量的一个重要方面。

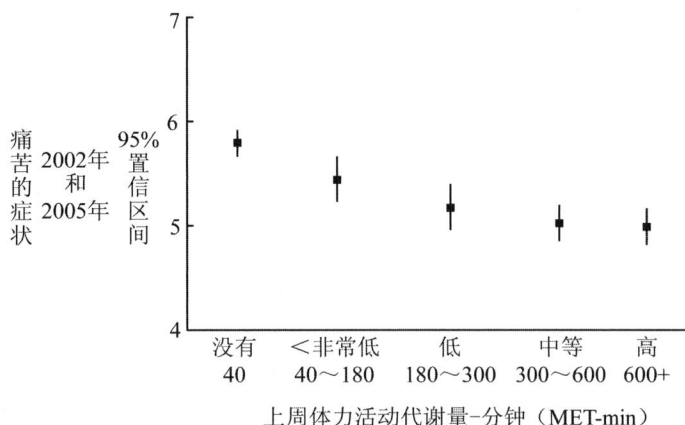

图 4-10　澳大利亚老年女性身体锻炼与痛苦体验

数据来源：Heesch et al.，2010。

一项对 2 489 名生活在奥斯陆的挪威青少年（1 112 名男孩，1 377 名女孩）进行的研究发现，15 岁、16 岁男孩每周参与身体活动的小时数与 3 年后的情绪症状（抑郁和焦虑障碍的危险因素）存在相关，而在女孩中未发现两者的相关（Sagatun et al.，2007）。

随机对照实验

自 1995 年以来，近 3 000 人参加的至少 26 项随机对照实验考查了锻炼对痛苦或幸福体验的影响，被试为身体健康或患有疾病但非精神障碍或严重妨碍身体活动的残障人群（如脊髓损伤、多发性硬化症、脑卒中或重型颅脑损伤)(Physical Activity Guidelines Advisory Committee,2008)。与控制条件相比,锻炼的平均效果为 0.27 个标准差(SD)(95%置信区间 CI=0.16~0.38)。与控制条件相比,近 80%(26/33)支持锻炼有效,但仅 13 项达到了统计显著水平。

与安慰剂组(一般为拉伸或健康教育)相比,锻炼的效果减少了 0.10 个标准差(95%CI:-0.12~0.32),9 项比较中只有两项显著。

增进身心健康的延伸研究

一项历时 12 个月的大规模随机对照实验采用旨在改变 641 名体重超标或乳腺癌、前列腺癌、结肠直肠癌的肥胖患者的身体活动和饮食习惯的家庭电话咨询,其参与者来自加拿大、英国和美国(Morey et al.,2009)。建议目标进行隔天 15 分钟的力量训练,每天 30 分钟的耐力训练,每天至少 7 份(女性)或 9 份(男性)水果或蔬菜,将能量摄入中的饱和脂肪限制到少于 10%,以及体重下降 10%。与控制组相比,接受干预的人们报告每周的力量训练和耐力训练分别增加 18 分钟和 13 分钟,而且身体功能更好,痛苦体验减少。但是在实验结束时干预组仅有 15% 的参与者达到了每周 150 分钟或更多的中等强度的身体活动的目标(平均为 70 min)。

绝经女性锻炼的剂量—反应研究

在一项历时 6 个月有 430 名久坐少动、超重或肥胖的绝经女性参加的随机对照实验中,在每千克体重每周消耗 4 千卡、8 千卡或 12 千卡热量的有氧运动后(每周 3~4 次以 50%的有氧能力进行脚踏车或半卧骑车训练),无论这些女性体重是否下降,幸福体验(主要为焦虑和抑郁症状减少)会增加(Martin et al.,2009)(见图 4-11)。这些身体活动量约达到公共卫生推荐的 50%、100% 和 150%。

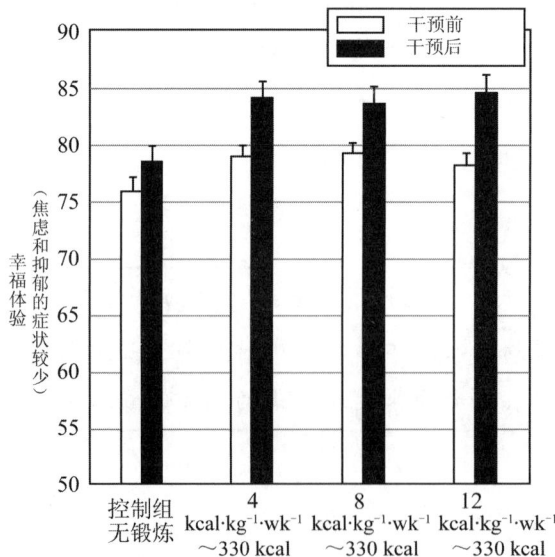

图 4-11 有氧运动对绝经后女性幸福体验的影响

数据来源: Martin et al.,2009。

不考虑锻炼剂量，针对疾病患者的实验也取得了相似的效果，但多数实验使用了中至高等运动强度，即有氧能力或最大力量的 60%～80%，每周训练 3 天，每次平均锻炼时间为 45 分钟。体质改善和痛苦、幸福体验改变之间没有很明确的相关。

剂量—反应研究？

大型横断研究、前瞻研究和观察性研究表明了线性的剂量—反应关联。约 6 个前瞻性队列研究的结果表明，对应每个身体活动水平的痛苦体验平均下降 10%。

总　结

没有应激障碍的成年人通常会说，在完成一个单独锻炼阶段或一个规律性锻炼计划后，他们感觉应激反应减弱。然而这些研究并未提供令人信服的证据，这表明那些研究结果未曾受到人们对锻炼效果的期待的影响。目前尚未有研究去证明锻炼是否可以减轻应激障碍患者的应激程度。测量生理反应的研究表明，心肺适能与主动性心理应激时的心率和收缩压反应的钝化有关，而在被动性应激时不存在此关联，如把手放到冰水中。更为常见的是，健康的人在应激时有较低的心率和血压水平，因为他们在安静时其水平就较低，而不是因为与不健康的人相比其应激反应较小。

研究并未显示体适能会影响应激时的儿茶酚胺反应，但由于研究中使用的应激刺激始终强度较弱，因而无法引发强度足够大的反应来验证健康状况是否可以真正改变交感神经系统的反应（通过肾上腺实现）。皮质醇等其他激素反应研究也不足以使我们得出结论，即锻炼和体适能可以改变应激时其他内分泌腺的反应。

锻炼、体适能和应激方面的研究者几乎很少使用生理心理学与神经科学的传统与方法。尽管许多人会说锻炼有助于应对应激，但我们不能仅仅依靠应激的社会认知模型得出此结论，该模型使用人们的自我评价来确定是否或在什么情境下，心肺适能或规律运动会使应激时的生理反应变得钝化或被放大，并可促进应激恢复。锻炼心理学专业学生应该学习神经解剖学、神经生理学和精神药理学等方面的基础知识，以及神经科学的相关技术，这有助于他们扎实开展锻炼与应激方面的研究工作，或与生理学家或生物心理学家开展有效的合作。尽管如此，应激的主观经验仍是探索应激情绪本质（如焦虑和抑郁）的一块基石。后面的章节将讨论这些问题。

尽管缺少可利用的研究证据支持锻炼或体适能可以减少其他类型的应激的生理反应，但目前来自自我报告的证据一致表明，积极参与身体活动的人报告他们的痛苦体验较少。约 12 项前瞻性队列设计的观察研究进行了为期 9 个月至 15 年（平均 5.5 年）不等的追踪研究，校正了其他风险因素，研究结果表明，积极参与身体活动的人减少的痛苦体验或增加的幸福体验的比率接近 20%。澳大利亚、加拿大、丹麦、英格兰、荷兰、苏格兰、威尔士和美国等国开展的研究表明，不管年龄、性别、人种和种族如何，积极参与身体活动有益健康。然而，人种和种族特点在美国的多数研究中未能得到很好的呈现或描述。

在近 30 项随机对照实验中，持续 6 周至 6 个月的运动训练，期间痛苦体验减少或幸福体验增加了约 1/4 个标准差。这些研究的参与者为身体健康者，或患有疾病者但非精神障碍或严重妨碍身体活动的残障人群（如脊髓损伤、多发性硬化症、脑卒中或重型颅脑损伤）（Physical Activity Guidelines Advisory Committee，2008）。然而，这些或其他医学因素对身体活动和痛苦或幸福体验关系的影响尚未开展研究。此外，有氧运动或抗阻运动的作用效果常常未能超过安慰（控制）组（如健康教育或伸展练习）的效果。

痛苦体验或幸福体验的有益变化并未从应激的生理反应的减少方面给出看似合理的解释。关于减少焦虑和改善心境的涉及社会、认知、生理机制的更多内容将在第 5 章、第 6 章、第 7 章中讨论，而这正是那些未患有焦虑或心境障碍人群的生活质量的核心特征。

第5章
情感、心境与情绪

    很多人在锻炼后会感觉到心情更加舒畅。本章主要讲述这种感觉意味着什么,为什么产生。本章重点关注体育锻炼对于改善个体心境的潜力,以及急性运动是否可以改善情绪。本章将阐明情感(affect)、心境(mood)和情绪(emotion)之间的不同,同时介绍情感与情绪的神经解剖学基础及有关的理论。本章还将介绍影响锻炼对消极心境和积极心境起作用的关键性因素。另外,本章对一些新近有关锻炼中、锻炼后的情感和情绪体验的研究进行了总结,并指出了这些研究的局限,包括测量的适当性问题。

    体育锻炼所带来的积极心理效应可以对人们是否参加体育锻炼的决定因素起调节或中介作用。因此,理解情感与锻炼之间的关系有助于探究锻炼和心理健康的关系问题;同时,对于理解锻炼的坚持性也有帮助,这将在本书的最后部分予以讨论。本章还会讨论锻炼与情感、心境及情绪之间关系的作用机制。对于锻炼在特殊心境[如焦虑、抑郁以及能量感(feelings of energy)或疲劳感]方面的作用等,我们将在第6章、第7章和第9章中详细介绍。

    生活总是需要强大的肌肉活力。强大的肌肉活力将会为清醒、安静和快乐的生活提供有力的保障,强大的肌肉活力将赋予我们精神层次上的灵活性,帮助我们成功地戒骄戒躁,使我们保持乐观的心态。(William James,1899:207)

    身体活动影响情感,情感也反作用于身体活动。

    威廉·詹姆斯是美国心理学之父,他非常赞同锻炼对积极心境的促进作用,这种观点也一直流传至今。年轻人和中年人普遍认为锻炼后他们的感觉更好,紧张感减少(Steinhardt and Dishman,1989)。赛耶、纽曼和麦克莱恩(Thayer,Newman and McClain,1994)在研究中,

让无临床疾病的受试者报告其用于心境自我管理的 10 种行为，结果发现锻炼是所有行为中改善心境最有效的方式。人们认为锻炼在改善心境方面的作用最好；对于提升能量感，锻炼效果列第四位；对于减少紧张感，锻炼列第三或第四位。

伴随锻炼的积极变化

人们描述的伴随锻炼的一些积极变化有：

①感觉不错、放松、愉悦或者富有想象力；

②具有成就感；

③自我价值感有所提升；

④对幸福有一种更全面的认识；

⑤更容易集中注意力；

⑥能清晰地体验身体感觉。

术语的定义

锻炼后人们普遍报告感觉更好，但是只有少量心理学术语解释锻炼后的这些心理反应，同时定义它们也比较困难。比如，如果有人问你在 3 英里(约 4.8 千米)的慢跑后心情是什么样的，你可能会说心情不错。相反，如果你被问到有什么感觉，你的答案可能会更加具体些，如"放松""舒畅"，或者是"释放的"，这取决于当时的环境。

感觉(feelings)是一种可以公开或者隐蔽的主观体验。**感觉状态**(feeling state)指的是身体体验、认知评价、实际的或潜在的操作性条件反应，或以上反应的某些结合体(Averill et al.，1994)(见表 5-1)。**情感**(affect)则一直以来是衡量感觉状态较有价值的指标(Batson，Shaw and Oleson，1992)。心理学之父威廉·冯特在 1897 年认为情感可以从 3 个维度来描述，即愉快—不愉快、紧张—松弛、兴奋—平静。

表 5-1　感觉状态的分类和举例

分类	举例
身体反应和体验	疼痛感或疲劳感
归因于对象或活动价值的认知评价	长跑结束后的积极感觉，或骑行快结束时却遇到上坡路的消极感觉
实际的或潜在的工具性反应	如得到冰激凌或者漫步时的感觉

目前一个广为接受的关于情感的观点分成两类：情感体验和特定情绪。情感体验在两个主要且互相独立的维度之间变化(见图 5-1)：①心理效价，或者可以解释为心理愉悦度，其范围

从有兴趣与愉悦感到回避与不高兴；②激活强度，其范围从平静到高度唤醒。特定情绪可以用环状模型描述，这个环状模型包含心理效价和强度维度中不同程度指标的组合。

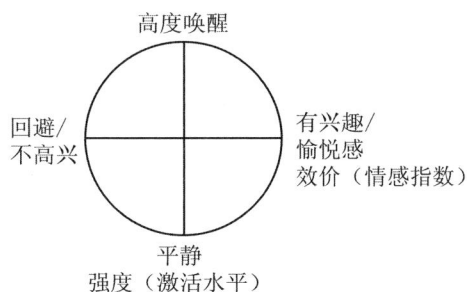

图 5-1　情感体验的两维度模型：趋近—回避和唤醒水平

　　另一个较为流行但少有证据支持的观点，与冯特的观点相似，认为激活包括两个维度而非单一的连续体（Thayer，1989）。依据这种观点，情感体验的心理效价取决于两个维度上的强度水平：①能量（energy）（从昏昏欲睡到精力充沛），②紧张度（从松弛到紧张）。另外一个理论模型认为唤醒并不是一个独立维度而是嵌套于积极情绪或消极情绪之中的（如悲伤情绪是负效价和低唤醒水平的，高兴情绪是正效价和高唤醒水平的）（Tellegen，1985）。

　　情感体验的后两种观点限于自我报告数据，情感则是通过人们对形容词的评定进行因素分析来确定的（见第 2 章）。到目前为止，我们讨论的模型都严格基于人的感觉，没有考虑到生理唤醒可以在全身代谢、大脑神经活性以及自主神经系统中的神经活动性上发生变化。关于这一点，有很多证据非常适合这个观点，如图 5-1 所示，心理效价的两极维度和生理唤醒的两极维度有联系，但非依赖关系（Davidson，1998a；Lang，Bradley and Cuthbert，1998）。生理唤醒作为独立的情感和情绪的维度对于与锻炼相关的研究有重要的意义，因为强体力活动对于新陈代谢的唤醒具有强大的影响。

　　气质（temperament）指人格中一种非常稳定的核心部分，决定着个人的情绪反应以及心境变化。我们通常用心境来形容一个人阶段性的情绪高涨或低落。例如，我们可能会形容某个经常爱生气的人具有胆汁质的气质类型。气质由生物学（遗传）因素和习得经验共同作用。**特质**（traits）是狭义上的气质，特质可以展现一个人在特定心境状态下对待外部或内部事件的倾向性反应。例如，伴有高焦虑特质的人更有可能在等待工作面试结果时感到心烦意乱。特质随着时间的变迁而较稳定，但与气质相比，还是相对较易改变的。

　　我们经常会形容某人是个好/坏脾气的人，这种形容源于我们的文化历史。早在 2 世纪古希腊罗马时代的内科医生克劳迪斯·加仑纳斯（Claudius Galenus）［又名盖伦（Galen）］就认为人有四种基本的气质类型，它们是由体液的四种类型决定的。例如，一个忧郁的、悲伤的患者体内含有过量的黑胆汁体液（black bile，拉丁文"melan chole"）；一个乐观的、欢快的人被认为是由于受多血体质（blood，拉丁文"sanguis"）的影响；一个易怒的人被认为是受他体内的黄胆汁（yellow bile，拉丁文"chole"）的影响；一个冷静的、平和的人被认为是由于受其体内过量的黏液(phlegm，拉丁文"phlegma")的影响。继此之后，波斯的内科医生埃博恩·西纳(Ibn Sīnā)[又名阿维森纳(Avicenna)]于 1025 年所著的《医学真经》(the *Canon of Medicine*)使得"四种体液说"风靡中东地区。

> 总体来说，有四种类型的情绪：其一为原始的、偏向野蛮的情绪，这种情绪存在于每个人的心中并且是其他一切情绪的源头；其二是偏于感性的情绪，这种情绪源于我们的大脑；其三是自然的情绪，它源于我们的肝脏；其四为生存的情绪，也就是我们有将基因遗传下去的情绪，它源于生殖腺。

尽管从生物学上讲以上观点并不正确，但是这些古老的观点依然对现代观点有一定的影响，因为有关以上观点的形容词依旧保留在英语语言中。同时，愉快、生气、悲伤这样的词也常被心理学家认可，它们和爱、惊讶及害怕一起构成了情绪的主要成分。在本章后面部分我们会看到，这些古老的观点和问题对于当代锻炼心理学在理解锻炼对情感、心境、情绪的影响中还会体现出来。

> 感觉、情感、心境、特质和气质是与情绪反应相关的构念。

心境(mood)是情感状态的一种类型，它通常与预期相伴而生，尽管有些时候这些愉悦或痛苦是无意识的。心境可以持续 1 分钟，也可以持续数天。一个特定的心境状态(如积极的)会受到整体人格(气质和特质)的影响，也会受到由感受、不同独特的自主神经和躯体激活以及行为所构成的简单反应(情绪)的影响。心境往往在一个缓慢的时间进程中逐渐发生变化，这些变化也随着情绪经验的反复积累而逐渐显现。事件引起情绪是个快速的过程。例如，在腿推举运动中你获得了个人最佳表现，并且当你知道自己举起了多大的质量时你会变得兴高采烈。之后，如果你继续经历那些能引起你积极情绪的事件，如一次舒服的锻炼，从健身房回家的路上碰到的信号灯都是绿色的通行灯，回到家后发现有你最爱吃的晚餐，你很可能会体验到积极的心境。这时，你会期望一个愉快的夜晚，而且这种愉悦的心境很有可能会持续到明天。当然，心境也可以不需要明显的、特定的诱发事件激发而自发形成。

心境可改变信息加工的方式，使认知或思想偏转(Smith and Crabbe，2000)。持续的积极心境使得一个人能够获得积极的思维和感觉。有人认为这种现象在生物学上可解释为：积极的心境促进了积极思维和感觉的神经通路，即积极心境促使这种积极神经通路的联结比消极思维和感觉的联结更易建立。这种神经通路促通(facilitation)的观点有助于理解抑郁患者的认知倾向，他们更倾向于关注消极的思维和感觉。

> 1878 年出版的由查尔斯·莱图尔诺(Charles Letourneau)所著的《激情的生理学》将情绪定义为"一种短暂的激情"。

　　情绪（emotions）是一种对于某种情境所唤起的消极或积极感受的短暂反应。正如我们刚刚看到的，情绪可以对心境造成影响。反过来，一种持续蔓延的心境也可能会启动情绪反应。心境会影响信息加工的方式，从而导致心理效价偏转，而情绪也会影响自主神经系统的活动。情绪反应既包含行为方面的因素，也包含自主神经系统和激素系统的激活（见表 5-2）。因此，情绪包含生理成分，而情感没有，情感是情绪的主观成分。这并不是说情感没有生物学基础。我们会在本章后面看到，所有的主观性经验（包括情感、心境和情绪）都存在神经化学基础。实际上，有很好的证据表明外显行为、自主神经反应，以及激素反应的整合，是由一些关键脑区组成的神经系统控制的。这些内容会在本章后面讨论。

表 5-2　情绪反应的构成

构成部分	解释
行为	与引发情绪的情形一致的肌肉运动（如微笑或者皱眉）
自主神经的	促进行为的反应（如在恐惧的情形下交感神经激活以促进战斗或逃跑反应）
激素的	自主神经系统反应的增强（下丘脑—垂体—肾上腺的激活，以促进心血管反应和酶底物可用性）

　　诸如感觉、情感、心境和气质等术语都是有关情绪的表达的，这些词所描述的概念不同于情绪反应。相较心境而言，情绪的焦点更为狭窄，其持续时间也更短；它由某些特定的想法或者事件引起，通常指向一些目标，同时会伴随一些生理性的反应。一种观点提出情绪总被认为用来描述一种非连续的状态，并经常成对出现（见表 5-3）。另一种观点是将所有情绪归于一个分层级的集群，从基本情绪反应到更具体的情绪反应。这些情绪性的集群具有共同的外在表现、生理唤醒以及认知评估（Lazarus，1991）。已经有很多证据证明了对应于不同的情绪反应会有不同的生理唤醒模式（Cacioppo et al.，1993），对于特定的情绪或者心境状态可用一个环状模型理论来解释，这个理论包含心理效价和强度不同的变化维度，如图 5-2 所示。

表 5-3　情绪概念化

离散情绪（Ekman，1992）	
快乐、惊奇、害怕、生气、厌恶	
对立情绪（Plutchik，1994）	
欢乐	悲伤
包容	嫌弃
愤怒	忧虑
期待	惊奇
情绪集群（Shaver et al.，1987）	
基本情绪	**情感状态**
生气	激怒、懊恼、暴怒、盛怒
害怕	不安、焦虑、恐慌、恐怖、惊恐
爱	喜爱、依恋、热爱、激情
愉快	快乐、愉悦、高兴、欣喜若狂
悲伤	失望、沮丧、抑郁、悲痛

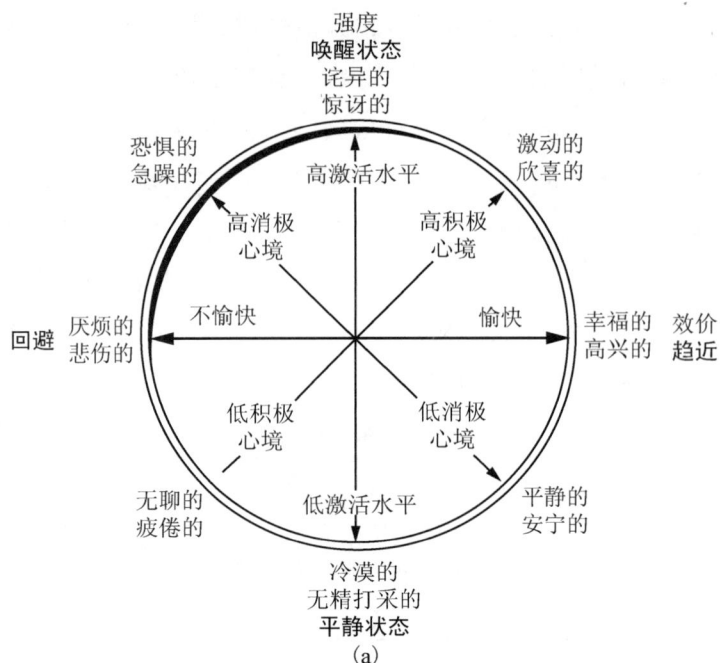

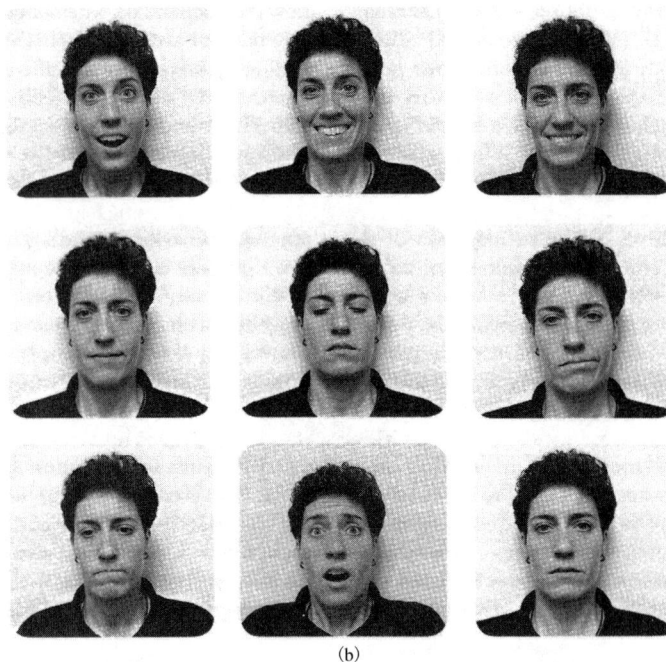

图 5-2　沃森和特勒根（Watson and Tellegen，1985）在拉塞尔（Russell，1980）情绪环(a)上显示的积极情感和消极情感的维度；与(a)中基本情绪相对应的面部表情，惊讶、喜悦、厌恶、愤怒和恐惧的面部表情在所有文化中都很常见。

(b)部分由 Exercise Psychology Laboratory，Department of Kinesiology and Department of Psychology，the University of Georgia 提供。

　　积极和消极情感的研究主要关注心境，通常会让人们报告在过去 2 周内感觉如何（Watson and Tellegen，1985）。情感体验的效价和唤醒程度与对特定情绪事件进行反应时产生的效价和唤醒程度很不相同。然而，积极情感（positive affect，PA）—消极情感（negative affect，NA）环状模型理论一直被广泛应用于情绪反应的研究（Ekkekakis and Petruzzello，2002），积极和消极情感量表（the positive and negative affect schedule，PANAS）经常被错误地用于评估特定情绪的实验操作（Carver and Harmon-Jones，2009a）。

加利福尼亚大学著名心理学家理查德·拉扎勒斯（Richard Lazarus）提出情绪对人类的生活有五种重要的作用（Lazarus，2006）（见表 5-4）。第一，情绪以及其他情感状态，如心境等，均反映我们个人的价值观以及对目标完成好与坏的评价标准。当在追求目标的过程中遭遇失败，或者感受到威胁和伤害时，我们会觉得焦虑、生气、自责、羞愧、羡慕甚至嫉妒。当已达成目标或目标可达成时，我们感到愉快、自豪、充满爱，面临挑战的兴奋之感油然而生。第二，情绪是我们与家人、爱人、朋友、同事、竞争者甚至不期而遇的人之间维持社会性联系的最重要特征之一。第三，情绪能促进或损害人际关系。有效地处理人际关系是一种基本的情绪应对策略。第四，情绪的来源和个人意义是难以掌握或接受的。并且，情绪的表达可以真情流露或者欺骗他人。尽管有些人会流露出自己的情感，但是更多的人会选择隐藏自己的内心以防被社会排斥或报复。第五，情绪强烈时经常难以控制。情绪的自我控制是情绪管理的基本功能。

表 5-4　十五种情绪的核心情境

情绪	核心情境
生气	受到贬低、攻击
焦虑	面临着不确定性、存在性的威胁
恐怖	面对一个即时的、具体的、压倒性的身体危险
内疚	违背道义
羞愧	辜负了自我理想
悲伤	经历了不可挽回的失败
嫉妒	面对其他人拥有而自己没有的东西时，所感受到的被剥夺感
妒忌	由于其他人的美好或优秀而产生的失败或威胁感，致使对他人的美好之处怀恨在心
高兴	制订出实现目标的合理计划
自豪	因获得有价值的成就而增强自我认同，成就可以是自己的，也可以是自己所认同的他人或团体的
放心（安心）	一个令人不舒服的、与原目标不一致的情况被改善或者消失
希望	害怕坏的事情会发生，但还期望情况会变得更好，并且相信我们所希望的改变会发生
爱	期望着或者表达着一种情感，这种情感通常有一种报答的意味
感激	对无私馈赠的一种感谢之情
同情	被他人的遭遇所感染，想去提供帮助

经许可改自 R. S. Lazarus，"Emotions and interpersonal relationships: toward a person-centered conceptualization of emotions and coping,"*Journal of Personality*，2006，74(1)，pp. 9-46。

卡佛和康纳-史密斯（Carver and Connor-Smith，2010）已经验证了对于事件的评估是如何引起情绪以及这些情绪是如何依靠环境信号做出趋近或回避行为的。例如，一种缺失感会在某种程度上促使你想实现某种特定目标。所爱之人的死亡同时也意味着一段有价值的关系的结束。

威胁和伤害之间的差异不明显。在趋近情境下，它们可以释放失败的信号并以此获得激励。在回避情境下，它们可以释放失败的信号以避免惩罚。威胁可以表明对既定目标的趋近行为受到阻止或者愉快兴奋的情境可能会中断。在任何情况下，伤害则表明失败的威胁已经变成了现实，破坏已经发生。相反，威胁预示着一种令人讨厌的、非愉快的事件逐渐发酵，而伤害表示惩罚已经发生（Lazarus，1993）。威胁在一个趋近情境下经常导致挫败和气愤，然而在回避情境下则经常导致害怕或者焦虑。失败往往伴随着忧愁和沮丧。因此，当事件被评估为威胁或危害的时候，人们所感受到的是负性的、令人不愉快的情感，这取决于你的认知评价是在趋近行为还是在回避行为的背景下发生的。

相比之下，挑战是一种需要付出很大努力、尽人之所能的情境，但也可看作一种能获益的机会（Lazarus and Folkman，1984）。单纯的挑战在趋近系统中是有益的，但是在回避系统中不是。挑战所带来的情感体验包括希望、渴望、激动或兴奋（Lazarus，2006）。

图 5-3　年轻女孩自然表达的面部表情和受到电刺激的男性患者的面部表情

源自 Charles Darwin' *The Expression of the Emotions in Man and Animals*，1889。 National Library of Medicine 供图。

情绪可支持保持动机性反应的系统激活（Frijda，1986），情绪对行为的贡献已在理论和研究上探讨了几十年。在 19 世纪后期，达尔文（Darwin，1872）提出了情绪是天生的，其在低等动物、跨文化情境中也普遍存在。情绪表达（"行为"）是以面部表情的方式进行的，它是肌肉运动的特定物种的表达方式。面部表情不是后天习得的，而是先天的、保存的，它与身体语言的结合运用可使我们的情绪更好地传达给他人，同时也向他人预示我们可能的后续行为（Zajonc，1985）。

埃克曼和其同事们的研究，支持了特定面部表情以及相应情绪的跨文化一致性（如 Ekman

and Friesen，1971）。欢乐、惊奇、生气、害怕及厌恶的面部表情能在几乎所有文化背景下被识别。这提高了不同的脑系统调节每种情绪的可能性，而不仅仅是积极的和消极的情绪类别。如果这种观点是正确的，那将会对锻炼心理学提出特殊的挑战。为什么或在何种情形下锻炼可独立于其进行的环境而影响情绪？锻炼产生的生物学反应主要取决于锻炼的类型、强度以及锻炼的持续时间。在较小程度上，恶劣的环境条件，如热或冷、湿度和高海拔会影响锻炼的反应。锻炼可以单独改变某种特定情绪的观点是否合理？或者，锻炼可能会改变一些积极或消极心境共同的神经系统的观点是否合理？

情绪研究简史

为了理解锻炼是如何改变情感、心境和情绪的，我们需要先追溯与之有关的观点逐渐形成的历史。如第 1 章所说的，詹姆斯-兰格情绪理论（James-Lange theory）认为身体反应是情绪体验的源泉。下面的内容摘自詹姆斯在期刊《心理》（Mind）上发表的"情绪是什么"（James，1884）一文，詹姆斯阐明了理解生理反应在情绪体验中的真正作用所面临的挑战，这个挑战至今依旧存在。詹姆斯提出了这样的问题，即当代观点认为的生理和行为的反应只发生在人对事件进行了评估之后是否在所有情形下都是适用的。例如，情绪的潜意识属性为当代的临床观察所说明，即一些大脑有损伤的失明的患者竟然能对他们意识不到的某些视觉刺激做出情绪性反应，这种现象又被称作情感性盲视（Kunst-Wilson and Zajonc，1980）。

我们思考标准的情绪的自然方式是，对某种事件的心理知觉激发了被称为情绪的心理情感，而情绪又导致了相应身体反应的发生。与此相反，我认为身体变化直接发生于对事实的知觉之后，而我们对这种身体变化的心理感受即情绪。例如，失去财富时，人们会感到难过并流泪；遇见凶猛的熊时，人们会感到害怕并想逃跑；被对手侮辱时，人们会感到生气并想要报复。在此需要为其辩护的假说认为，这样的发生顺序是不正确的，一种心理状态不会立刻由另一种心理状态诱发而出现，身体表现必须介入其间。对此，更为理性的陈述为：我们难过是因为我们哭泣，我们愤怒是因为我们攻击，我们恐惧是因为我们战栗，即哭泣、攻击、战栗并非是由于我们难过、愤怒和害怕，情况可能就是这样（James，1884：189）。

如果没有知觉后的身体状态的变化，知觉将是纯粹的认知形式，是苍白的、无色的、无情绪热度的。例如，遇见熊就断定最好要逃跑，受到侮辱就认为回击是正确的，但我们不会实际感受到害怕或愤怒（James，1884：190）。

也许有人会问：是否有证据能证明这样的假设，即特定的知觉会通过一种即时的身体作用而对全身产生影响，而这种身体作用是情绪和情绪性想法的先决条件。唯一的可能回答是我们确实发现了很可信的证据。当我们聆听诗歌朗诵、英雄事迹或者观赏戏剧时，我们经常会惊奇地发现我们的皮肤在颤抖，就像是一种突然的波动拂过我们的身体，以及出乎意料紧跟着出现的心脏的跳动和感动的泪水。听音乐时，同样的情况甚至更加真实。如果我们突然见到树林中一个黑影，那么在清楚地确认是否有危险前，我们会感到非常紧张，心脏骤停，不敢呼吸。如果我们的朋友站到悬崖边上，我们会产生一种众所周知的担心的感觉，并会向后退缩，尽管我们明确知道他是安全的，也没有清晰地想象他会掉下去（James，1884：196）。

詹姆斯还使用精神病的案例来佐证自己的观点，描述了一种典型的惊恐发作症状，该症状现在被视为一种焦虑障碍（anxiety disorder），我们将在第 6 章中进行讨论。

在每一个精神病院里，我们都能发现一些完全动机不明的恐惧、愤怒、忧郁或妄想病例，此外还发现类似的冷漠病例，尽管有足够的理由认为它不应该存在。在之前的情况下，我们一定会认为神经组织在某个情绪指向方面可能是不稳定的。然而几乎每一种不合适的刺激都将以某种方式使人们感到烦躁，并作为结果引起特殊而又复杂的感受，情绪就是由这些感受组成的。因此，举个特殊的例子，如果人们感到无法深呼吸、心跳或者腹部以上出现反常的变化，即俗称的"胸闷"，就会忍不住蹲下或静坐着，或许还伴随有其他脏器的变化，所有这些情况都会自发地在某人身上发生；某人对于这些情况的感受就是害怕，而他就是这种被称为病态恐惧的受害者。我的一个朋友曾经经历过这种最痛苦的疾病发作，他告诉我这次发作似乎集中在心脏和呼吸器官，他尽力控制呼吸和减缓心跳，一旦他可以做到深呼吸和使身体直立，恐惧似乎就消失了（James，1884：199）。

必须承认，验证假设为真与反驳该假设一样困难。在一个案例中，患者除情感变得冷漠，身体内外的感觉完全缺失外，机体和智力均无变化。如果不进行一个关键性的检验，此案例至少提供了一个强有力的推断，支持我们先前所提出的观点的真实性。而在强烈情绪感受持续存在的情况下，它又会使我们彻底推翻先前的观点。癔病性的感觉缺失似乎也不足以包含所有现象。另外，器质性病变所导致的整体感觉缺失是相当少见的（James，1884）。

接下来詹姆斯仔细讲述了和德国医生斯特吕姆佩尔（Strumpell）的交流。斯特吕姆佩尔发表过一篇关于 15 岁鞋匠学徒的个案研究。这个男孩除了一只眼睛、一只耳朵有知觉外，失去了其他所有知觉。据医生说，男孩在弄脏床后表现出羞愧情绪，看到他最喜欢吃的食物再也不能品尝时就表现出悲伤情绪。詹姆斯向斯特吕姆佩尔教授写信询问他是否能够确定羞愧和悲伤是男孩内心真实的感觉，还是只是被观察者解释为"情绪"的知觉反射。下面是斯特吕姆佩尔博士的回复（译文）。

我可以确信地说，他绝不是完全缺乏情绪情感。至于我文章中提到的羞愧和悲伤的情绪，我可以清楚地回忆起他表现出了愤怒情绪并且经常与医院工作人员争吵。他还表现出恐惧情绪，担心我会惩罚他。简言之，我认为我的案例不完全支持你的理论，同时，我也不能明确断言它驳斥了你的理论。我的案例的确是某种中心化的条件性感觉缺失（知觉感觉缺失，如歇斯底里发作），因此，在他身上外部印象的传导还未被干扰（James，1884：204）。

这些段落说明，想要揭示在所有情境下掌握人类行为的规律是很难的。在介绍了詹姆斯-兰格的理论后，刺激间的互相影响、刺激的神经整合、自主神经和激素的激活、刺激的知觉和解释、生理反应及随后情绪和行为上的反应已经成为各种理论研究的焦点（Carlson，1998；Rosenzweig，Leiman and Breedlove，1999b）。

坎农-巴德理论（the Cannon-Bard theory）提出了不同的事件排序。根据20世纪20年代对处于恐惧和愤怒中的动物的生理学研究，哈佛大学沃尔特·坎农（Walter Cannon）医生推断，大脑负责确定对刺激做出恰当的反应，随后生理反应和情绪一起发生。接下来社会心理学家斯坦利·沙赫特（Stanley Schachter）在20世纪60年代提出了和情绪相关的认知理论。在这个理论中，情绪反应是非特异性生理反应（心率增加）和对唤醒的认知解释交互作用的结果。沙赫特提出，将人的生理唤醒（通过注射肾上腺素）知觉为不同情绪要依据社会环境。例如，你在走路时看到一只咆哮的大狗，你的心率会增加，会将其解释成"我很害怕"；而当一个有魅力的跑步者向你微笑时，你会把心率增加解释成"我很兴奋"。**沙赫特的情绪理论**（Schachter's theory of emotion）基于非特异性唤醒。唤醒水平控制情绪强度，而解释决定情绪效价。

然而，如前所述，有证据显示，不同的情绪会呈现出特定的自主神经唤醒模式。克洛尔、施瓦茨和康威（Clore，Schwarz and Conway，1994）提出，评价决定的不仅是情绪效价，还有情感强度。也有证据支持情感强度与基本情绪的体验和表达方式上存在稳定的个体差异（Davidson，2000；Gauvin and Spence，1998）。还有一个观点认为，当原始的、反射性行为反应被抑制时，人类的情绪就被体验为情感（Lang，1995）。当今的研究始终受到来自情绪的生物遗传、认知和发展等方面的影响（Smith and Crabbe，2000）。目前还没有任何一种理论能够被证明适用于所有情境，因此熟悉各种理论的历史非常必要。

自从几十年前研究者发现原始机体组织有两个基本的情绪反应倾向：回避和趋近，情感的趋避性模式就提出了。施奈亚拉（Schneirla，1959）将回避描述为机体逃离有害刺激，将趋近描述为被有利刺激吸引。孔诺斯基（Konorski，1967）和奥斯古德、苏吉及坦嫩鲍姆（Osgood，Suci and Tennenbaum，1957）分别扩展了这个观点：孔诺斯基增加了唤醒对于反应的调节性影响，奥斯古德等人把口头的情绪描述语分为两个维度：情感效价（从厌恶到吸引）及生理激活（从平静到唤醒）（见图5-1）。

由于一种心境或情绪的愉快与否通常意味着趋近行为或回避行为，大部分情感理论包括了支配（dominance）这一情感的第三维度（Bradley and Lang，1994；Schaefer and Plutchik，1966），尤其是用于社交互动的时候（Leary，1957；Wiggins，Trapnell and Phillips，1988）。愉快水平、唤醒水平和支配水平成了人们判断面部表情、手部和身体动作以及姿态的依据（Mehrabian，1970；Mehrabian and Russell，1974）。身体活动和锻炼是否会影响情绪唤醒、情感效价或支配的体验和表达，目前还没有确定，该问题在本章后面部分将得到检验。在已提及的所有观点里，尽管情感体验的使用一直以来都和心境差不多，但它的定义更加宽泛，被认为是比心境和情绪更为基础的概念（如 Tellegen，1985）。正如我们将看到的，生理反应也是心境和情绪的一个重要方面。

接近—回避行为和积极—消极情感： 愤怒的特殊案例

当愤怒被看作环状模型中的一种消极心境时，愤怒被认为与令人厌恶的行为或回避行为相关（Watson，Clark and Tellegen，1988）。而越来越多的证据显示，愤怒情绪、积极情感都与趋近动机紧密相关。当愿望受阻[意味着趋近感受性（approach sensitivity）的参与]或受到惩罚的威胁[意味着回避感受性（avoidance sensitivity）的参与]的情况同时发生时，愤怒和恐惧就会同时发生（Carver，2004）。

引发愤怒的(情境)操控，也会引起与积极情感体验相关的其他状态（如活跃、警觉、专心、坚定、热情、激动、骄傲、有灵感、有趣、坚强）（Harmon-Jones et al.，2009）。如今一些理论家（Carver and Harmon-Jones，2009a）提出愤怒和趋近行为具有共同的神经基础，人们对此存有争议（Carver and Harmon-Jones，2009b；Tomarken and Zald，2009；Watson，2009）。

亚里士多德论情绪

亚里士多德在他的经典著作《修辞学》的第 2 卷中，承认吸引他人的情绪(伤感)在说服艺术中的重要性，这些情绪包括愤怒、平静、恐惧以及屈服于支配后的羞愧。

"此外，我们还会对那些我们已做过的事情感到羞愧……那些行为使我们陷入耻辱和责备当中。比如，当我们自己屈服的时候，或者说参与邪恶行动的时候；又如，当我们屈服于暴行时。顺从他人欲望的行为是令人羞愧的……"（William Rhys Roberts，1924）

常见的描述情感维度的形容词词对

愉快	唤醒	支配
不幸的—快乐的	放松的—兴奋的	被控制的—控制的
恼怒的—高兴的	平静的—激动的	受影响的—有影响的
不满的—满意的	懒散的—狂乱的	受照顾的—控制下的
抑郁的—满足的	沉闷的—不安的	敬畏的—重要的
绝望的—有希望的	困倦的—清醒的	顺从的—支配的
无聊的—轻松的	未唤醒的—唤醒的	引导的—独立自主的

经许可改自 A. Mehrabian and J. A. Russell, *An approach to environmental psychology*, Cambridge, MA: MIT, 1974。

当代情感、情绪观

当今的情绪观点都基于以下这些早期观点。情感表达由两个基本动机系统决定，这种动机系统与解剖学上的神经回路相关联，基本动机系统出于生存目的而产生欲望行为（appetitive behavior）和防御行为（defensive behavior）（Davidson，2000；Lang，2000）。动机有一个先天的双向组织，即趋近和回避（或撤退）。趋近系统和欲望行为关系密切，会产生多种类型的积极情感（如好奇、热情、自豪、爱），它和接近目标的行为相一致。回避系统参与避开不良刺激，并产生多种类型的消极情感（如恐惧和厌恶），与躲避伤害的目的相一致。

朗（Lang，2000）通过"天生的选择性注意"解释了情绪的动机基础。其中注意主要取决于线索的突出性、固有的动机意义以及先前的驱力状态。具有欲望或防御特性的线索是我们需要关注与回应的。回应的强度取决于唤醒的水平。例如，一个人骑车骑了一上午忘了带水壶，她的唤醒水平会因口渴而升高，然后她会去寻找对于她有欲求价值的线索，如饮水机或自动贩卖机。她在街道一旁看到一瓶柠檬汽水的反应是微笑（行为），伴随出现自主神经激活和激素激活，支持她的欲望驱力去满足渴的需求。

> 情感作为效价（积极与消极）和强度的函数而变化。

尽管每种情绪都有独特的面部、行为和神经特征，然而这些特征在某些情况下似乎共享一个神经系统（Phan et al.，2002；Vytal and Hamann，2010）。但是，情绪反应是否能够在情感维度（愉快—不愉快）和行为维度（趋近—躲避）上产生映射尚不清楚，这些维度由环形模型提出，主要用于了解心境的维度（Watson and Tellegen，1985）。例如，与趋近行为由神经奖励系统控制不同，经典动物行为模型可以推断出战斗和逃跑同样属于防御行为，并在大脑中由同一个惩罚系统调节控制。

　　同样，人类的情感模型通常认为：不愉快的心境或情绪伴随着回避行为，积极心境或情绪则伴随着趋近行为。不过目前还不清楚这个假设是否总是成立。就像本章之前所讨论的，愤怒被看作一种典型的消极情绪反应和防御回避行为。愤怒的不同表达和控制可能会导致具有社会破坏性的暴力行为以及身体状况变差这些情况（Chida and Steptoe，2009；Spielberger，1983）。相反，在人们自己争取权益或为理想奋斗，而不是因恐惧或绝望而退缩的情况下，愤怒就是一种积极的体验。就像亚里士多德提到的，愤怒情绪会激起对压迫的反抗，从而减轻来自服从他人的错误行为导致的羞愧。随之而来的控制感和支配感会引起极大的满足和愉悦。然而，合理或正义的愤怒，可以使人感觉良好，（但）可能容易使人因担心社交报复而感到焦虑，或因违反个人道德而感到内疚（Lazarus，2006）。相比之下，愤怒可以使喜欢使用暴力的人通过支配他人而感到愉悦。

　　这可能有助于区分不同情绪或心境的情感体验与行为表达，在神经调节上它们都会有细微的差别。一般经验表明抑郁的人可能会无精打采，除了悲伤之外他们很少表现出其他情绪。然而一个抑郁同时也很焦虑的人（这也很常见）可能会出现过激行为。在某些个案中，虽然情感是不愉快的，但情绪唤醒和行为是彼此相反的。

　　愤怒可能更加复杂。在愤怒心境或者情绪反应上具有相同特质的人，表达愤怒的方式可能大不相同。愤怒可以外显地表达（如大声喊叫、咒骂、投掷、击打或踢东西），也可以在内心表达（如内心酝酿、计划复仇，甚至是犯罪），或者可以通过控制来解决（如数到 10，通过谈话或书写来发泄，或去锻炼）（Speilberger et al.，1983）。各种愤怒表达的神经基础与愤怒体验的神经基础存在不同，这是可以想象到的。

　　再增加另一个情感体验的维度：支配。一个以支配方式体验愤怒的人更可能以敌意、攻击、暴力的形式表现出趋近行为。相反，一个以顺从的方式体验愤怒的人则更容易避开对抗，或控制它或把它藏在内心。

情感和情绪的神经解剖学

　　情绪的唤起和表达有很强的生物基础。古希腊哲学家毕达哥拉斯（Pythagoras）和阿尔克迈翁（Alcmaeon）相信大脑是思想的器官。柏拉图（Plato）认为脑内的"球形体是人和上帝身体上最神圣的器官，超越其余所有部分"。但是柏拉图的学生亚里士多德（Aristotle）不同意这个观点，他接受古代希伯来人、印度人和中国人的观点：心脏才是智慧的器官和神经的中心。关于大脑和心脏哪个才是产生情绪起端的哲学辩论贯穿了远古时代，甚至持续到了欧洲的文艺复兴时期。

> 告诉我爱情源自何方，是心脏还是大脑······
>
> ——莎士比亚《威尼斯商人》

正如我们看到的，情绪分离理论(theories of discrete emotion)(Darwin，1872；Ekman et al.，1972)提出一系列基本情绪(如快乐、悲伤、愤怒、恐惧、厌恶)，它们具有独特的生理和神经结构。其他理论观点，如情绪的维度理论(dimensional theories of emotion)，通过使用一种理论框架来使情绪概念化。框架中的情感状态可以用一些潜在因素，如情绪唤醒(情绪强度)和情绪效价(愉快或不愉快的程度)来表示。测量脑电或外周生理反应(如心率、血压、皮肤电传导、应激激素)的研究大部分都不能确认心理生理反应模式是否明确对应着每一种基本情绪(Barrett and Wager，2006；Cacioppo et al.，2000；Zajonc and McIntosh，1992)。然而，越来越多针对低等动物和人类大脑的累积研究证据显示，情绪在脑结构和脑回路方面具有独特的，有时又是共同的活动模式。

1937 年，詹姆斯·佩普斯(James Papez，音：Papes)发现，一组相互联系的大脑结构负责动机和情绪。佩普斯的神经回路包括下丘脑、乳头体、丘脑前部、杏仁核和扣带回皮质(见图 5-4)。

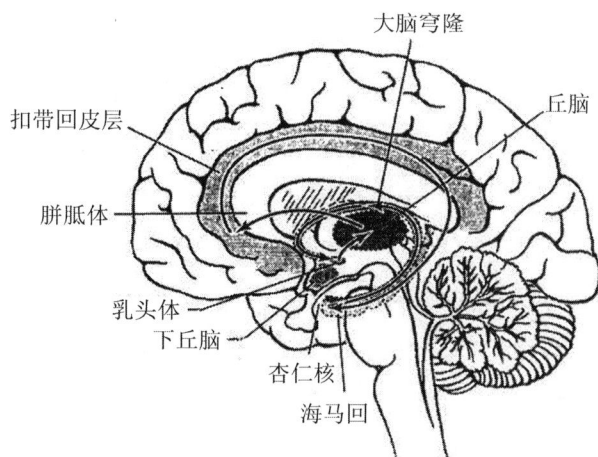

图 5-4 佩普斯 (Papez，1937)提出情绪体验最初取决于扣带回皮层，扣带回皮层用于调节海马活动。海马通过一束名为大脑穹隆的轴突投射到下丘脑。下丘脑的脉冲从丘脑前部传递到皮层。

法国解剖学家布罗卡(Broca)于 1978 年描述了大脑的边缘叶(the limbic lobe)。美国国家精神卫生研究所(National Institute of Mental Health)的保罗·麦克莱恩(Paul McLean)被认为将佩普斯的神经回路扩展为边缘系统，边缘系统作为情绪场所，包括前额皮质、海马回、杏仁核、隔膜等。

大脑和情绪行为

后来的动物实验主要将大鼠作为模型以指导建立有关人类的理论，结果表明：大脑中的两个主要神经回路会激活情绪和产生行为反应，并在潜在的奖赏或威胁背景下产生趋近或回避行为。詹姆斯·奥尔兹(James Olds)和彼得·米尔纳(Peter Milner)在1954年发现趋近(或称为奖赏)的神经回路位于内侧前脑束(medial forebrain bundle，MFB)。安东尼奥·费尔南德斯·迪墨林纳(Antonio Fernandez de Molina)和拉尔夫·汉斯伯格(Ralph Hunsperger)在1962年发现回避或惩罚神经回路包括室周系统(periventricular system，PVS)。伴随着积极愉快的情绪，位于内侧前脑束的通路会激发"需要"(如催促、驱力、渴望)，趋近行为(如喂养、交配、玩耍)和"喜欢"(如愉快或满足)。据此他们提出了行为趋近系统(behavioral approach system，BAS)。PVS的通路激发出伴随着消极不愉快的情绪的防御或回避行为(如战斗或逃跑)，于是他们提出了战斗—逃跑系统(fight-or-flight system，FFS)。

与BAS相反，有别于FFS的另一个系统是行为抑制系统(behavioral inhibition system，BIS)。20世纪70年代，英国心理学家杰弗里·格雷(Jeffrey Gray)曾在伦敦精神病学研究所接受训练，师从著名人格心理学家汉斯·艾森克(Hans Eysenck)，并在1983年成为那里的心理学负责人。他提出的BIS，成为除逃跑—战斗系统(应对不学而知的惩罚和新异刺激)、行为趋近系统外的第三种情绪系统(Gray，1973，1994b)。BIS由惩罚或失败威胁，以及被新异性或不确定性激活(Gray，1987)。格雷认为，BIS最主要的功能是比较实际的刺激和预期的刺激。当实际的和预期的刺激出现矛盾时(如出现新异刺激或不确定刺激)，或当即将发生的刺激是令人厌恶的刺激时，BIS将被激活并将注意集中在环境上，抑制正在进行的行为。当最佳决策是什么都不做时(如动物装死或人类"认命")，BIS就会适应性良好。在那些例子中，什么都不做是适应良好的，因为行动可能会使情况更糟。当我们做出错误的决策导致我们的行动无效(如过早放弃或屈服于绝望)时，或者当我们不能迅速做出决断，即面对威胁到底是应该逃跑还是战斗时，BIS系统会出现适应不良(如恐慌)。

在竞争决定成功的文化中，人们学会了习惯性地激活BIS来避免社会报复。在极端情形下，长时间地抑制情绪行为可能会导致社交适应不良和精神疾病，如焦虑、沮丧和愤怒管理问题，这些问题又可能引发身心疾病，如胃溃疡、高血压，还可能引发心脏病和癌症。由于气质(如艾森克的内倾性—外倾性或情绪稳定性—不稳定性的气质特质)和学习经历的缘故，人们通常会被描述成拥有或多或少BAS活跃或BIS活跃的人格特质。那些BAS活跃的人会对奖赏更敏感，并更有可能喜欢冒险、更加外向、自信和易冲动。而那些BIS系统活跃的人对于惩罚更敏感，并更有可能表现出胆小、孤僻、害羞、忧虑和谨慎。当今这些想法应用于人类时，BAS已被概念化为一个行为趋近系统，有三个组成成分[驱力、寻求乐趣(如冲动)、奖励或诱因敏感度(incentive sensitivity)]。BIS作为一个单独回避系统，调节回避动机从而回避令人不快的东西(Carver and White，1994)。"惩罚敏感性和奖励敏感性问卷"(the Sensitivity to Punishment and Sensitivity to Reward Questionnaire，SPSRQ)已被研发，当用于评价焦虑和冲动时，可评估格雷的理论观点(Torrubia et al.，2001)。

BAS 的神经解剖基础

大脑内并不存在单纯的愉快中枢，而存在一个负责愉快情绪的神经系统，包括沿着内侧前脑束的皮层下区域之间的回路（包括腹侧被盖区、伏核、腹侧苍白球回路、隔膜、丘脑的一部分、杏仁核）以及皮层区域（眶额皮层和前扣带回皮层）。

PVS 通路包括从下丘脑的内侧（如下丘脑视上核区）沿着丘脑的第三脑室，以及在脑干的延髓中的内脏和躯体运动神经元，还包括终纹床核（the bed nucleus of the stria terminalis，BNST）、杏仁核和中脑导水管周围灰质（the periaqueductal gray，PAG）。

BIS 的神经解剖基础

格雷认为，预期焦虑（尤其是僵化行为引起的焦虑）反映了在大脑神经回路中存在于海马回、隔膜间的 BIS 系统被激活的情绪状态。隔膜由位于脑桥和前额皮层的蓝斑上的上行去甲肾上腺素系统调节（Gray，1987），前额皮层则负责评估复杂的情境并最终控制大部分情绪反应（Gray，1994a）。随后，神经生理学家扬·潘克塞普（Jan Panksepp）提出上行 NA 系统和格雷的下行 BIS 系统使大脑做好情绪反应准备，但是处于杏仁核和中脑导水管周围灰质之间的神经回路是产生恐惧和焦虑情绪状态的关键部分（Panksepp，1998）。

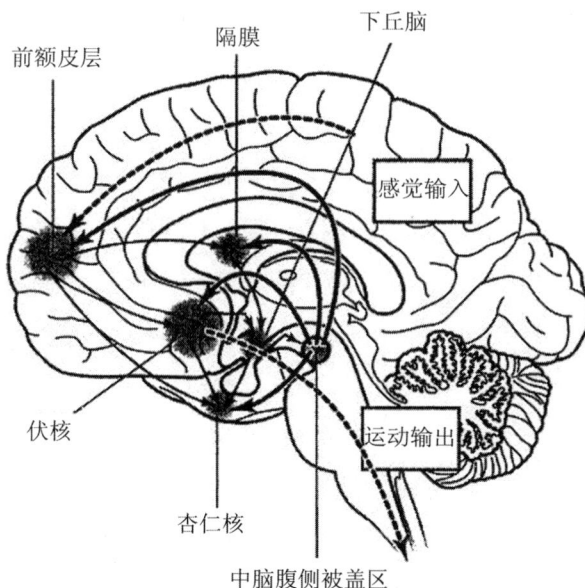

图 5-5 大脑中的奖赏回路

杏仁核下丘脑中央灰质轴与恐惧

对大脑中的三个位置进行电刺激将会激活对于恐惧的特异反应（如逃跑或愣住会增加心率、排尿和排便），它们分别是：杏仁核外侧和中央区域、下丘脑的前部与中部以及中脑导水管周围灰质的部分区域（见图 5-6）（Panksepp，1998）。

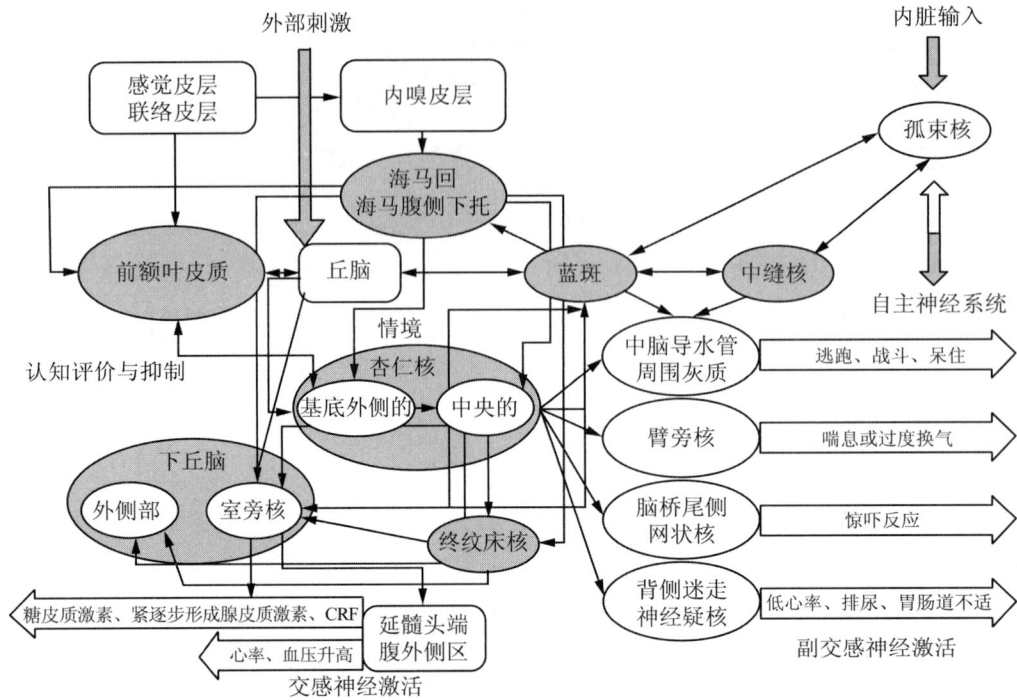

图 5-6　大脑中的惩罚回路

CRFcorticotropin-releasing factor（促肾上腺皮质激素释放因子）——译者注。

经允许改编自： T. Steimer，"The biology of fear-and anxiety-related behaviors," *Dialogues in Clinical Neuroscience*，2002，4，pp. 231-249。

杏仁核与正强化和注意

杏仁核基底外侧参与正强化的学习和记忆，并可能与腹侧纹状体多巴胺系统和眶额皮层相联系。人类神经影像研究显示，杏仁核在面对愉快或不愉快场景时被激活了（Garavan et al.，2001）。因此当处于具有潜在的奖赏或厌恶的不明确情境中时，我们有理由相信杏仁核能够帮助人们调节情绪行为。

终纹床核/纹状体的床核（bed nucleus of the stria terminalis，BNST）

终纹床核/纹状体的床核与中央杏仁核和伏核（NAc）壳一起形成了泛杏仁核结构。BNST 从杏仁核中央区域和基底外侧区域、前额皮质和海马，以及内脏器官接受神经输入，并投射到下丘脑的室旁核（paraventricular nucleus of the hypothalamus，PVN），室旁核调节应激情绪期间的生理反应；它还投射到伏隔核与腹侧被盖区，在那里调节多巴胺神经元的放电（Georges and Aston-Jones，2001）。因此，BNST 在知觉与接近—奖赏（如想要）和回避—惩罚回路之间起着重要的中继作用。

人类神经影像学与情绪

神经科学的早期研究发现基于病变、电生理学测量和使用正电子放射断层扫描（PET）及功能性磁共振成像（fMRI）的**神经影像**（neuroimaging）技术，PET 和 fMRI 可以确认那些涉及人类情绪体验和表达的若干关键脑区（Davidson and Irwin，1999）（见涉及人类情绪表达的脑区）。

尽管研究者通常认为那些脑区像系统一样运行，但它们还是表现出了一些特异性功能：

- 前额皮质似乎负责情感的记忆，允许情绪维持足够长的时间以将行为指向适合于该情绪的目标。

- 海马似乎负责加工情绪发生的环境或情景的记忆。海马损伤的人同样能够体验情绪，但与恰当的时间和地点不相匹配。

- 腹侧纹状体（尤其是伏核）是多巴胺神经元的中脑边缘通路的一部分。多巴胺神经元来自腹侧被盖区，该区域是脑磷脂和强啡肽阿片的受体，后者是奖赏—刺激行为的关键。吸毒者注射可卡因或抽烟者摄入尼古丁，同看到积极的画面一样，都会激活伏核。因此，伏核似乎在调节与积极情感有关的尤其是被基底核中的腹侧苍白球驱动的趋近行为过程中起到一定作用。

- 前扣带皮层是在进化过程中，比人类等级稍低物种的原始皮质中常见的一部分。在情绪效价加工过程中，它似乎能够帮助人们进行注意力调节。岛叶皮质接受自主神经系统的感觉信息输入，尤其是自主神经系统的心血管反应，此外，在压力状态下，它也向中央杏仁核和下丘脑发送信号，进而调节应激状态下的心脏和内分泌反应。

- 在压力和情绪状态下，杏仁核在整合外显行为、自主神经反应以及激素反应的过程中起着重要作用。除此之外，杏仁核活动激活水平对于消极心境很敏感。例如，抑郁症病人和焦虑障碍（anxiety disorder）病人的杏仁核活动更活跃。当一个物体诱发恐惧症病人的恐惧情绪时，其杏仁核活动明显增强，甚至在观看一个恐惧的表情时，病人在杏仁核内的血流量和新陈代谢也增加了。苯二氮䓬类和阿片制剂减轻焦虑的效果在很大程度上要依赖杏仁核上的受体（Carlson，1998）。

一项关于 55 项使用 PET 或者 fMRI 进行神经影像学研究的元分析绘制了健康受试者在 20 个脑区上对于明确刺激的反应（见第 3 章），受试者接受的刺激主要包括积极维度或者消极维度的情感刺激，或者以视觉、听觉或者想象方式呈现的愉快、恐惧、愤怒、悲伤或者厌恶刺激等（Phan et al.，2002）。元分析的主要发现有：①在情绪的加工过程中，内侧前额皮质普遍起作用；②恐惧的确与杏仁核有关；③悲伤与前扣带回（anterior cingulate cortex，ACC）下皮层有关；④视觉刺激诱发的情绪使得枕叶皮层和杏仁核的活动增加；⑤视觉刺激诱发情绪会有前扣带和岛叶参与；⑥带有认知要求的情绪性任务也涉及前扣带回和脑岛的参与。然而，这项元分析有以下不足：没有明确说明在区域激活的基础上，每一种基本情绪是否都可以与其他情绪区别开来。之后的一项关于 106 个 PET 和 fMRI 研究的元分析（Murphy，Nimmo-Smith and Lawrence，2003）指出了在趋近情绪中左脑的活动。然而与消极情绪或者退缩情绪（withdrawal emotion)相联系的神经活动在大脑两半球之间是对称的。此外，恐惧(杏仁核)、厌恶(岛叶皮层)和愤怒(苍白球和眶额皮层外侧)激活的区域有所不同，但是愉快和悲伤激活的区域没有区别。

两篇综述都没有对情绪识别(例如，观看可能不会诱发情绪反应的情绪面孔)和情绪体验(例如，可诱发情绪的场景、气味或者记忆)进行区分。2003年进行的一项涉及83个PET或fMRI研究的元分析中，墨菲(Murphy)和同事同样也根据标准化的三维坐标得出了一份全脑图的成果汇总(Vytal and Hamann，2010)。许多使用多种方法诱发反应的研究，得出的结论是五种基本情绪(生气、恐惧、悲伤、快乐和厌恶)的每一种都一致地与局部脑区活动的独特模式有关。愉快情绪激活了右侧颞上回(right superior temporal gyrus，STG)(脑回是大脑皮层的桥梁，常被一条或者多条脑沟或脑裂环绕，见图5-7和图5-8)和ACC，这些脑区的激活可以把愉快与悲伤、愤怒、恐惧和厌恶(只有ACC激活)等情绪区分出来。悲伤情绪激活了额内侧回(medial frontal gyrus，MFG)和尾状核头或ACC；悲伤、愉快、愤怒、恐惧和厌恶在所有脑区的活动都有所不同。愤怒激活了左侧额下回(inferior frontal gyrus，IFG)和海马旁回(parahippocampal gyrus，PHG)，这些区域的共同激活可以把愤怒从其他情绪中区分开来。恐惧激活了杏仁核和岛叶皮层，这些区域的激活可以把恐惧与愉快、愤怒(只有脑岛)和厌恶(后岛叶皮层)的情绪区分出来。厌恶激活了额下回和前岛叶皮层，这些脑区可以可靠地区分厌恶和其他情绪状态。在所有基本情绪的研究中，除悲伤和厌恶之外(这些情绪图片是次频繁使用的刺激类型)，最频繁使用的刺激就是面部表情(1/2～2/3的研究)。尽管如此，当只对使用面孔刺激进行的研究做评估时，元分析的结果并没有实质上的区别。

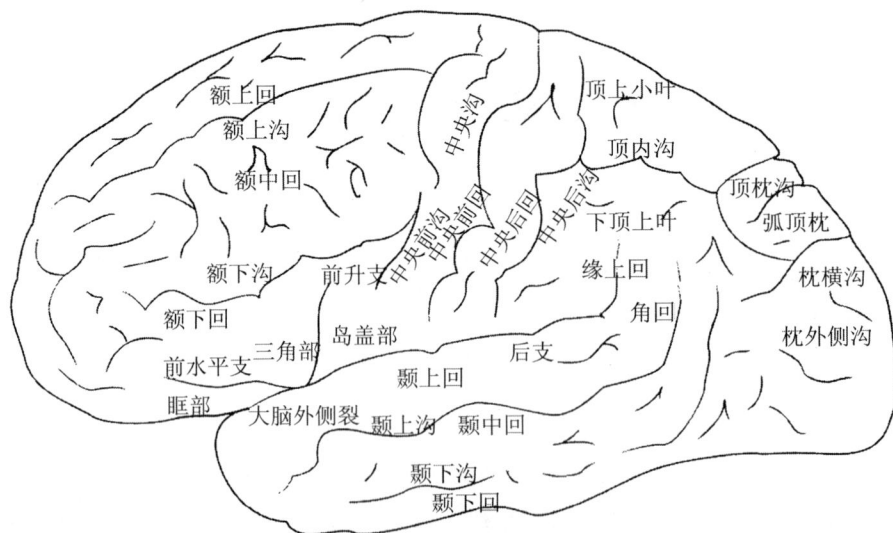

图 5-7　人脑外侧面的脑回和脑沟

经许可转载自 H. Gray，*Gray's anatomy*，London，England：Arcturus Publishing，2010。

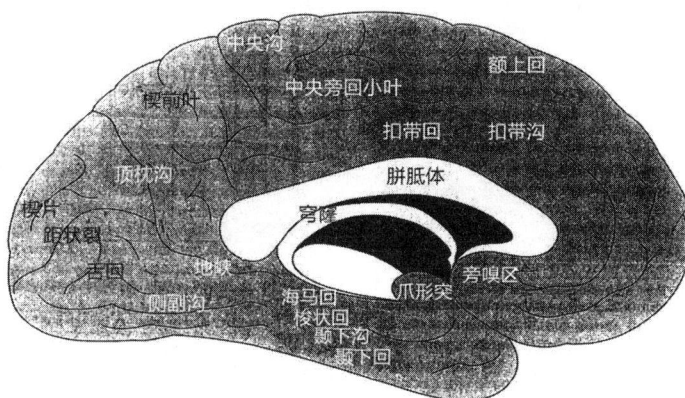

图 5-8　大脑脑回和脑沟的内侧矢状面图

经许可转载自 H. Gray, *Gray's anatomy*, London, England: Arcturus Publishing, 2010。

随后的一项涉及 100 项情绪面孔加工过程的研究和 57 项关于情绪场景加工研究的元分析发现：面孔和情绪都诱发了杏仁核内 fMRI 的血氧水平依赖（blood oxygenation level dependent, BOLD）的激活（以血流增加为标志）（见第 3 章），其后是内侧前额叶皮层、额下回、眶额皮层、颞下回和纹状体外侧枕叶皮层（视神经元在这里被注意、工作记忆和奖赏期待调节）。处理情绪面孔的区域就是那些已知的只加工面孔而不管表情如何的特异性区域，包括前梭状回和颞中回。处理情绪场景的特异性区域是外侧枕叶皮层，以及丘脑后侧和背中核（Sabatinelli et al., 2011）。

一项研究测量了大脑的事件相关电位（event-related brain potentials, ERP），结果显示：人在观看情绪面孔或者情绪性唤醒（愉快或者不愉快的）场景时，都会提高 N170 电位。与情绪面孔相比，情绪场景引起了更强烈的唤醒、更高的情绪效价评定，以及更大范围的早期后部负电位（early posterior negativity, EPN）和后期正电位（late positive potential, LPP）反应（Thom et al., 2012）。在奖赏行为过程中，包括腹侧纹状体和内侧前额叶皮层在内的边缘系统奖赏回路（尾状核、杏仁核以及眶额皮层）中的 fMRI 活动与反馈负电位（feedback negativity, FN）——诱发的 EEG 电位（来源于内侧前额叶皮层和纹状体）——呈正相关（Carlson et al., 2011）。

杏仁核对于加工与习得性恐惧和体验有关的神经事件尤为重要。损伤研究（lesion studies）表明：虽然恐惧情感是一种对紧急危险的、原始的、固有的反应，但是习得性恐惧和焦虑也取决于杏仁核（LeDoux, 1994）。听觉惊吓眨眼反应（acoustic startle eye-blink response, ASER）对于研究与人类恐惧、焦虑以及其他积极或消极情绪状态相关的大脑活动而言，是一项有效的探测方法（Lang, 1995; Lang, Bradley and Cuthbert, 1998）。突发的噪声（如类似于发令枪的声音）可以诱发 ASER，对这种声音的加工被视为一种来自听觉神经的强制性反射，该反射通过耳蜗前根神经元传递到脑桥尾侧网状核，上行至支配眼轮匝肌（牵动眼睛的肌肉）活动的面部神经（Davis, 1997; Lee et al., 1996）。将表面电极放置在眼睛下方和周围来记录眨眼时的眼轮匝肌活动的综合肌电信号便可以测量 ASER。图 5-9 呈现了电极安放的位置。图 5-10 呈现了一个典型的肌电图（EMG）描记的反应。

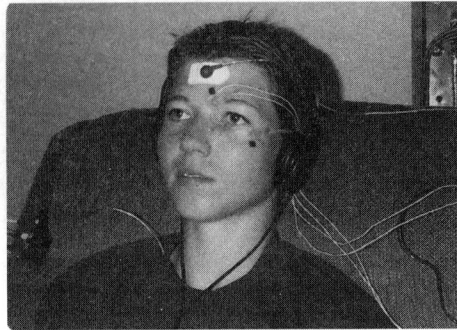

图 5-9　肌电图在测量听觉惊吓眨眼反应时安放电极的位置

注：The Exercise Psychology Laboratory，Department of Kinesiology，the University of Georgia 供图。

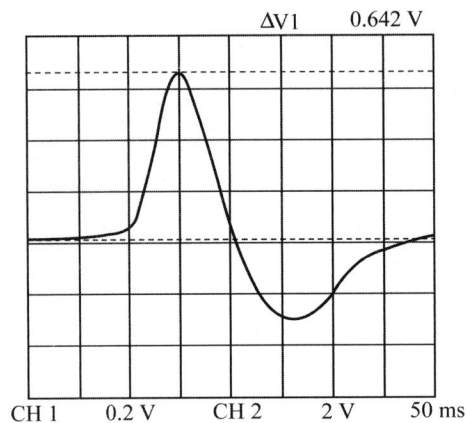

图 5-10　脑电图测量的典型惊吓眨眼反应

注：The Exercise Psychology Laboratory，Department of Kinesiology，and Department of Psychology，the University of Georgia 供图。

　　脑桥尾侧网状核受杏仁核神经元和中脑导水管周围灰质支配，脑桥尾侧网状核为杏仁核提供一个在调控情绪状态时 ASER 的神经回路（见图 5-11）。在人体内，ASER 的振幅会因对电刺激的预期以及诱发恐惧或厌恶情绪的图像而增强（Lang，1995）。例如，苯二氮䓬类抗焦虑药物可以减少 ASER。

　　心理生理学家彼得·朗（Peter Lang）及其佛罗里达大学的同事认为：ASER 是一种主要发生在令人厌恶的情境下的自卫反射，此时消极情感占主导或者动机状态是逃避或退缩。研究者通过让人们注视一系列从非常愉快到非常不愉快的内容不同的标准化图片证明：在诱发注意、厌恶和高度情绪唤醒的条件下，ASER 增加（Cuthbert，Bradley and Lang，1996；Lang，1995；Lang et al.，1998）。当参与者将图片的情绪性内容评价为积极或者愉快的时候，其 ASER 趋于减少。

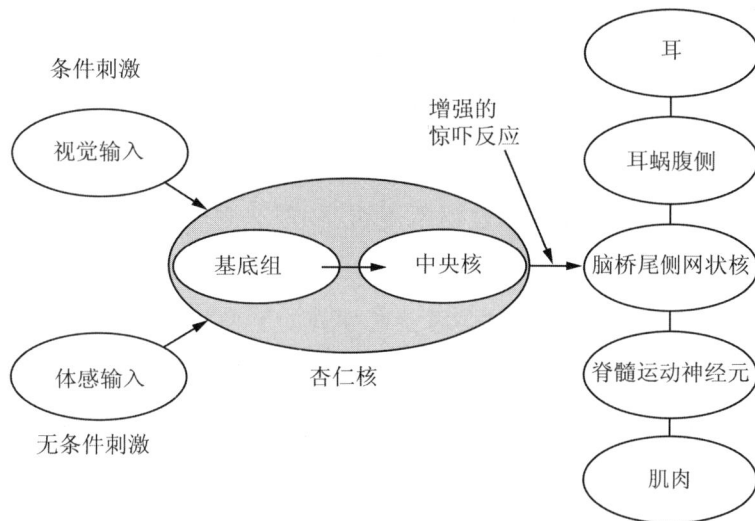

图 5-11　惊吓反应的神经回路流程图

人类情绪表达涉及的大脑区域

- 前额皮层的三个部分：
  ①背外侧部分（额叶的顶端，两侧部分）
  ②腹内侧部分（位于大脑正中央的底部）
  ③框额部分（额叶的底部，位于眼窝之上）
- 杏仁核，尤其是其中央部位
- 海马
- 腹侧纹状体，尤其是伏核（尾核和壳核前部的下方）
- 扣带回皮层（位于大脑和侧脑室之间的一层灰质）
- 岛叶皮质（临近颞叶的形似岛状的复杂皮层）

大脑半球的非对称性

在左半球与右半球上情感神经回路的作用有所不同。这种不同被称为**大脑半球的非对称性**（hemispheric asymmetry）。例如，前额皮层尤其是左背外侧区域曾经受过损伤的人患抑郁症的风险会增加（Davidson and Irwin，1999）。这实际上并不是一项新的发现。首个关于额叶功能的当代理论是由大卫·费雷尔（David Ferrier）在 20 世纪 70 年代提出的。在某种程度上该理论基于一个名为菲尼亚斯·盖奇（Phineas Gage）的个案，盖奇的左侧额叶曾受过大面积损伤，并且遭受了永久性精神功能丧失。盖奇是一队铁路建设工人的领班，为佛蒙特州（Vermont）卡文迪什地区（Cavendish）附近的拉特兰（Rutland）和柏林顿（Burlington）铁路工作。1848 年 9 月，他所安置的炸药意外爆炸，炸起的一根 3.5 英尺长、13 磅重（约 1 米、6 千克）的铁夯，起先穿过他的左颧骨和左眼，之后完全穿过头顶，实际上破坏了他的左侧额叶（见图 5-12）。他幸免于难，并且在 1849 年又回到了工作岗位上，但是他的性格发生了戏剧性地改变。在这次意外之前他曾是一个有能力、有效率的心智健全的领班。事故过后，他被认为："情绪不稳定、没耐心、顽固、多变、犹豫，不能为自己要做的事情制订任何计划。"他的朋友说他不再是"原来那个盖奇"了。他的医生约翰·哈洛（John Harlow）报告了盖奇的病例，并且将颅骨和铁夯交给了哈佛医学院，现在它们陈列在学院医学图书馆里（Macmillan，2000）。根据对盖奇颅骨的测量和神经影像学数据对其脑损伤进行现代复原，结果表明其损伤发生在涉及**认知**（cognition）、情绪的左侧和右侧额叶脑区，这与盖奇人格和气质转变的报道是一致的（Damasio et al.，1994）。

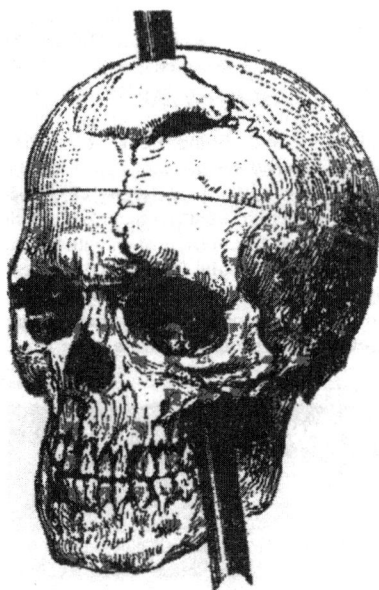

图 5-12　盖奇的挖掘头骨的木质重构图，该图曾经出现在盖奇的主治医生哈洛博士于 1868 年对其病例的报告中（Harlow，1868）。 粗线大致接近铁夯的位置和厚度。

注： Malcolm Macmillan，School of Psychology，Deakin University，Victoria，Australia 供图。

情感类型

给没有临床疾病的人呈现诱发积极情感或者消极情感的图片，从而得到他们的脑电图，这一方法测量了前额叶大脑活动的不对称性。不只是大脑左半球在注视积极图像时活动增强，右半球在注视消极图像时的活动也增强了。另外，一些具有某种情感类型或者性格类型的人，他们对情绪事件的反应更积极或更消极。那些左侧额叶活动占优势的人倾向于将情绪性事件看得更加积极，而右侧额叶活动占优势的人倾向于将情绪性事件看得更加消极。一些研究甚至认为，人们的情感类型也会影响他们从消极情绪中得以恢复的速度或者他们体会积极情绪的时间（Davidson，2000）。

当使用一些恐怖图片（如蛇或蜘蛛）诱发焦虑症（anxiety disorder）患者的消极情绪时，PET和 fMRI 图像显示其右下前额叶皮质血流量增加，并且代谢作用增强。至今并没有更多证据显示出在体验积极情感时前额部分的变化。虽然早期研究显示，左侧额叶皮层比右侧额叶皮层的活动增加与积极情感联系更紧密，但有更多研究主要集中在愤怒情绪上，并表明左侧额叶皮层比右侧额叶皮层的活动增加与趋近动机联系更紧密，这种动机的效价可以是积极的（如激情）也可以是消极的（如愤怒）（Harmon-Jones et al.，2009）。

情绪应对

在本章的前面部分我们看到，人格或者气质会影响或者帮助解释他们是否正处于诱发情绪的趋近或者回避情境中（如外倾或者内倾，情绪稳定性或者神经质，奖赏敏感性或者惩罚敏感性）。现在我们要去考查人们如何将事件的意义评估为应激性的以及人们如何应对这些事件（Lazarus，1966）。

人处于极端不适应以及想法错误的状态（如极端、死板、不切实际、不合逻辑、绝对评价）可导致对情感遭遇的解释事与愿违，可导致自责、自怜和极端愤怒（Ellis，1957）。最大程度的适应是有效应对。应对通常被定义为"不断改变认知和行为的努力，以应对特殊的外部和内部需求，这些需求被评价为负担或超出个体拥有的资源"（Lazarus and Folkman，1985）。

正如最初所设想的那样，两种主要的应对类型是问题关注型和情绪关注型。问题关注型应对使用一种分析性的方法来进行预防或计划，以对抗那些被视为有害的、威胁性或者挑战性的情况。一旦问题被确认，人们会权衡解决问题的不同策略的利弊。人们的策略也可以指向自己，如改变他们的目标，降低目标的重要性，或者转换为其他的奖赏路径。情绪关注型应对试图通过回避、最小化、容忍、远离、选择性关注来减少痛苦（to reduce distress），或者控制威胁性或者挑战性的环境。这种类型的应对方式是通过对情境的认知重评来改变情境对于个人的意义，而不是改变情境本身。例如，选择性地关注或者回避一个情绪性压力情境可以延缓它，但不会改变它。其他应对行为诸如冥想，祈祷，寻找情绪支持，用短暂愉快的行为（如食物、饮料、药物）来补偿等，虽然并不是重评，但有时可以导致重评或问题的解决。

情绪关注型应对依次从自我安慰（如放松、寻找情绪支持），到宣泄消极情绪（如大喊、大哭），再到将注意力集中在消极想法（如反思），以及试图脱离压力情境（如回避、否认、痴心妄想）（Carver and Connor-Smith，2010）。问题关注型应对和情绪关注型应对可以彼此促进。有效的问题关注应对可以减少威胁，从而也减少了威胁导致的痛苦（distress）。有效的情绪关注型应对减少了消极压力（negative distress），使人们能够更加冷静地思考问题，导致更好的问题关注应对。因此问题关注型应对和情绪关注型应对可以互为补充（Lazarus，2006）。某些人选择最小化或回避诱发情绪痛苦（emotional distress）的情境，而不是正面处理痛苦（distress）的来源，他们可能发现锻炼尤其有帮助。锻炼可以减少痛苦（distress）感。一些人甚至说他们在锻炼时获得了解决问题的洞察力。图 5-13 显示，一些锻炼方式可能对于拥有不同人格特征、应激暴露

(stress exposures)的人以及应对情绪应激的方式产生直接或间接的积极影响。

> 参与应对(engagement coping)：应对情绪痛苦(emotional distress)或者它的来源。
>
> 脱离应对(disengagement coping)：回避应对情绪痛苦(如使消极想法最小化)或者它的来源(如回避、否认、痴心妄想)。

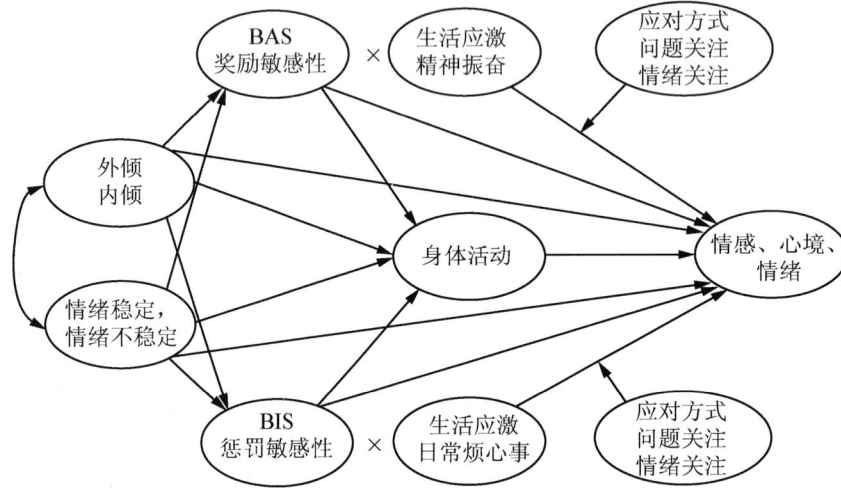

图 5-13　身体活动改善情感体验的路径

BAS：behavioral approach system(行为趋近系统)；BIS：behavioral inhibition system(行为抑制系统)——译者注。

人格描述了或者部分决定了人们如何评估和应对情绪体验。第 4 章曾提到有坚强或坚韧人格特征的人倾向于将改变视为机遇而不是威胁，并且通常相信他们最终可以掌控自己的生活(Kobasa，Maddi and Kahn，1982)。同样，乐观和悲观反映的是人们总体上相信生活而不是怀疑生活(Carver and Connor-Smith，2010；Tiger，1979)。人格的生物模型包含了趋近和回避的人格特质，如所谓人格五因素模型(外倾性、神经质、宜人性、尽责性、开放性)(Digman，1990；Goldberg，1981；McCrae and Costa，2003)。这些研究者认为趋近或回避系统在一定程度上由不同脑区支持，而且每个系统的敏感性(人和人之间有差异)影响着对即将发生奖励或者威胁的环境线索信号的反应行为(Carver and Connor-Smith，2010)。

外倾性是一种趋近性气质。它传达的是高度自信(assertiveness)、支配性(dominance)、自发性(spontaneity)、精力(spontaneity)、社交性(sociability)，有时也包括快乐(happiness)。神经质是一种回避性气质。它传递的是对情绪痛苦(emotional distress)、焦虑、抑郁、敌意、喜怒无常的敏感性。宜人性气质的个体是友好的、乐于助人的、富有同情心的，并且能够抑制消极感受；相对于在社会冲突中利用支配行为的非宜人性的个体，他们很少对其他人生气。

认真负责的人(conscientious people)为实现目标可有目的地做计划，坚持并且奋斗。他们还会表现出责任感和抑制冲动。对经验的开放性包括好奇心、灵活性、想象力、愿意尝试新的事物、可能理智聪明。多项元分析的结论为：乐观、外倾性、尽责性（conscientiousness），以及开放性预示着个体将会更多地进行参与应对；神经质预示着个体将会更多地进行脱离应对；乐观、尽责性、宜人性预示着个体将会更少地做出脱离应对（Connor-Smith and Flachsbart，2007；Nes and Segerstrom，2006）。

阿尔伯特·艾利斯（Albert Ellis）提出了下述三种导致情绪困扰的核心观念

"我必须始终非常有能力，有干劲，能实现目标，让他人喜欢，否则我就是一个无能而卑微的人。"

"我生命中的重要他人必须要一直对我友善和公平，否则我不能忍受，他们是糟糕的、堕落的、邪恶的人，因待我极其不友好，他们应该受到严厉的指责、清理，以及报复性的惩罚。"

"事情和状况必须完全按照我想要的方式发展，绝不能太困难或者太让人沮丧。否则的话，生活就是可怕的、糟糕的、讨厌的、灾难性的和难以忍受的。"

经允许摘选自 A. Ellis，"Early theories and practices of rational emotive behavior therapy and how they have been augmented and revised during the last three decades," *Journal of Rational-Emotive & Cognitive-Behavior Therapy*，2003，21(3)，pp. 219-243。

一些应对方式

迎难而上

我坚持我的立场。

我疏远自己。

我不让它影响到我。

我尽力去忘记它。

自我控制

我尽力保持我对自己的感觉。

我尽力不去表现得像乱了阵脚。

寻求社会支持

我为了更好地处理这个局面去和某个人交谈。

我承担责任。

我意识到问题是我所带来的。

逃跑与躲避

我希望这个状况消失。

我避免与他人接触。

有计划地解决问题

我制订了一个行动计划并且去执行它。

我的行为使事情朝着更好的方向发展。

积极重评

我朝着好的方向改变或者成长。

我找到了新的信仰。

积极心理学

积极心理学(Seligman and Csikszentmihalyi，2000)的中心假设是"如果个体采用积极的想法或者感觉，放弃或最小化对严酷或不幸事情的偏见，也就是说生活中压力的一面，他们就会发现一颗保持健康和幸福的灵丹妙药"(Lazarus，2003b)。乐观主义研究者马丁·塞利格曼(Martin Seligman)和克里斯托弗·彼得森(Christopher Peterson)一起开发出了《性格力量与美德：手册和分类》(*Character Strengths and Virtues：A Handbook and Classification*)，他们称其为美国精神病学会的《精神疾病的诊断和统计手册》(*Diagnostic and Statistical Manual of Mental Disorders*，DSM)的一个积极的副本(Peterson and Seligman，2004)。他们从亚洲、希腊、罗马，以及西方文明的历史记载中总结了文化概要，编制出一个美德列表，包括六种性格力量：智慧或知识、勇气、人道、公正、节制、卓越，每一种都有几个亚成分，这是对基督教传统中的六种美德：节制(如谦虚、自控)，公正(如公平、公民权)，勇气(如刚毅、勇敢)，实践智慧，人道(如慈悲心)，卓越(如希望、信念)的一次小型的再包装(Cloninger，2005)。积极心理学的科学基础已引起了激烈的争论(Lazarus，2003a，2003b)。尽管如此，在过去几年里，积极心理学在有关锻炼的研究和促进中的应用已经出现。

影响锻炼的情感效应的因素

要了解调节锻炼对情感产生影响的变量，首先要了解影响情感的因素。情感在效价(或愉悦度)以及强度两个维度上可以变化，这两个维度受一系列内源性或外源性因素的影响。例如，情绪记忆系统内部存在着相互作用，情绪能激活对过去情绪的记忆或思维，思维也能激活存储的情绪反应(Lang，2000)。对心境和情绪来说，情感的关键性决定因素是不同的。华生和克拉克(Watson and Clark，1994)将影响心境的潜在重要因素分为四大类型：外源性因素、内源性节律、特质与气质、特征变异性。外源性因素是一些环境中的暂时性条件，如连续的阴雨天或进行有氧锻炼时播放的音乐。内源性节律是一些和心境周期相联系的先天性生理过程，如月经周期。特质与气质指人们所拥有的体验特殊的积极或消极心境状态强度水平的总体倾向性。特征差异是关于心境波动幅度的稳定的个体差异。

心境可被一段时间内高频重复的强烈情绪改变，如你意外接到一个大学老友的电话，你们畅谈大学的美好时光，你回想起大学足球赛、参加过的聚会以及好兄弟们的滑稽动作，而后你的消极心境因此得到改善。心境也能够被一些生理变化所改变，如药物作用、缺乏睡眠以及锻炼(Ekman，1994)。例如，一项对女性的现场研究发现，身体活动会影响感觉状态的**昼夜变化**(diurnal variation)，锻炼过后，积极参与、活力状态以及平和心境比平日里显著增加(Gauvin，Rejeski and Reboussin，2000)。锻炼对心境的影响受个人、情境、任务变量的影响，如锻炼方式或强度。

情感、情绪以及心境易受一系列个人因素的影响，如健康状况(如疾病或过敏引发的消极反应)、激素水平、感知觉。期待是锻炼训练影响自尊水平的效果的个人因素(详见第 12 章)，但急性运动后的积极心境变化并不会取决于积极期待(Berger et al.，1988；Tiemen et al.，2001)。有证据表明锻炼的自我效能感会减弱锻炼对心境的影响，高自我效能感与锻炼中及锻炼后的积极心境有关(Bozoian，Rejeski and McAuley，1994)。

锻炼经验是另外一个被假设能减弱锻炼影响情感的效果的因素，此外，锻炼经验作为锻炼激励因素对心境调节也有重要作用。一个初级锻炼者在经历了一天负重训练后会感受到肌肉疼痛，与一个经常健身的人相比，他会有更为强烈的消极情感反应。经常健身的人已经习惯了锻炼过后的疼痛，而且如果他依据过去经验将负重训练过后的疼痛视为力量增加的前提，就会产生积极情绪反应。因此，在理解锻炼对心境的影响时，应该考虑锻炼经验。一项横断研究调查了 168 名健身房里的锻炼者，就锻炼原因来说，富有经验的人比缺乏经验的人更看重心境因素(Hsiao and Thayer，1998)。与初级锻炼者相比，高级锻炼者更赞同锻炼能改善心境；与初级和中级锻炼者相比，高级锻炼者更重视锻炼的社会化功能。

影响情感的情境因素包括物理环境(如天气)和社会环境。实验室条件可能产生情境效应，它通过参与者对实验情境的解释来混淆锻炼对心境的影响。社会环境能够与一系列个人和任务变量交互作用，从而影响情感反应和心境。例如，一个初级有氧锻炼班的参与者对自己的进步以及与班里同学的无障碍交流感到高兴。但由于工作时间冲突，她被迫调到一个练习强度大且成员水平更高的班级，备受打击，心境沮丧。

影响情感反应的锻炼经验特征包括锻炼强度、持续时间以及模式。情感包括效价及唤醒两个维度。随着锻炼强度水平的增加，锻炼的唤醒水平也会增加，相应的情感(效价或享乐维度)取决于参与者如何解释这种唤醒水平。锻炼的持续时间同样会影响心境，但目前并没有该层面的系统研究(Yeung，1996)。持续时间的影响应考虑到不同的锻炼方式、强度以及人群。锻炼模式是另一个影响心境的任务变量。第 6 章、第 7 章论述了不同锻炼模式(如有氧锻炼和力量练习)对焦虑、抑郁的不同功能。

对锻炼唤醒的解释影响情感反应

查德(Chad)与其刚刚从一场轻微的心脏病发作中恢复的祖父弗兰克(Frank)一同走过一个陡坡后都会气喘吁吁。弗兰克的情绪反应是害怕,并且在那天接下来的时间里他一直很沮丧。而对查德来说,气喘是正常的身体反应,它只产生了很小的情绪反应或对心境的影响很小。

案例: 心境影响因素间的交互作用

吉尔(Jill)已经搬到新城市 3 周了,这里每天都阴雨连绵。尽管她喜欢偶尔的雨天,但这种天气使她没办法到户外跑步。吉尔已习惯在月经期做锻炼以减少疼痛。没有了户外活动,这个原本充满激情与活力的女孩在差不多一个月的时间里处于抑郁的心境。

锻炼与情感的相关研究

尽管人类情绪可用生理心理和行为观测技术来评估,但情感和锻炼的研究还是使用了自陈工具进行情感测量。本部分对用于测量"锻炼影响情感"的自陈工具进行了综述,并给出了有关急性运动及运动训练(exercise training)影响情感和心境的研究案例。

自陈工具

最广泛用于锻炼和情感研究的测量工具是形容词检查表(adjective checklists),特别是"心境状态剖面图"(Profile of Mood States,POMS)(McNair,Lorr and Droppleman,1981)。另外编制的测量情感的工具包括"积极情感和消极情感量表"(Positive Affect and Negative Affect Scales,PANAS)(Watson,Clark and Tellegen,1988)和"情感网格"(the Affect Grid)(Russell,Weiss and Mendelson,1989)。其他针对性地测量锻炼情感反应的量表包括"感觉量表"(the Feeling Scale)(Hardy and Rejeksi,1989),"锻炼诱导感觉问卷"(the Exercise-Induced Feeling Inventory)(Gauvin and Rejeksi,1989)和"主观锻炼体验量表"(the Subjective Exercise Experiences Scale)(McAuley and Courneya,1994)。这三类量表的研发主要考虑到现有的有效

心境量表或者在觉察"锻炼之中或之后的心境变化"方面不够灵敏，不够有针对性（Gauvin and Spence，1998）；或者身体活动的情感反应与其他情境下的情感反应有所不同。第一点考虑看似有理，但它同样与反应量表的范围和量表的内容结构有关。第二点考虑较难理解。

锻炼体验中为什么会存在一系列独特的心境或情绪呢？如果发现这是真实的，那么这些结果是 100 年研究的一个挑战性例外，以往的研究都支持心境和情绪的表达具有跨情境甚至跨文化的不变性。锻炼特殊性主张的逻辑延伸是：人类的每个行为都需要独特的量表。一顿美餐后的愉悦体验与性行为后或加薪后等的愉悦体验不同。尽管每一种体验之后愉悦的效价强度和情绪唤醒强度会有所不同，但作为一种独特的情感体验，愉悦的结构是相同的。该问题将在第 6 章"焦虑"中进一步详细讨论。

有一种方法是，从现存一般性心境或情感量表中挑选条目，这些条目看似可以更为敏感地捕捉到锻炼反应的变化，然后再将这些条目组合成一个针对锻炼的、新的、特殊的量表。当使用第 2 章中所讨论的经典的构想效度检验方法对该方法进行检验时，其实用性证据一直没有令人信服。尽管如此，本章之所以讨论锻炼特异性量表，是因为这个话题很有可能会持续吸引一些锻炼心理学研究者的注意（如 Ekkekakis and Petruzzello，2000）。

单极版的 POMS 有 65 题，采用 5 点评分，从 0"一点也不符合"到 4"非常符合"。它包括几个独立的情感状态：紧张—焦虑、抑郁—沮丧、愤怒—敌意、活力—疲劳、困惑—迷茫。应答者被要求集中于当下感受（如现在），但 POMS 也同样用于评估日常的、每周的甚至是习惯性的感受（如从今天起过去的一周）。POMS 的精简版只有 30 题，可在（Multi-Health Systems）有限公司网站下载。

POMS 经常用于确定急性运动（acute exercise）的抗焦虑和抗抑郁效果，也被用于对耐力项目运动员过度训练和倦怠的研究。1988 年，勒恩斯（LeUnes）和博格（Burger）出版了一本POMS 研究参考书，其中包含了自 1975 年 POMS 问世以来的 194 项相关研究。然而，一些研究者怀疑其用于没有临床疾病群体的适用性（Gauvin and Spence，1998）。POMS 针对精神病群体研发，以确定对门诊病人持续治疗的效果。该量表对这些变化十分敏感，对实验操纵引发的变化也很敏感。此外，它还有正常青年人和年轻成年人的性别、年龄、精神病状态的常模数据。目前的争议是，量表强调消极情感，对极少经历消极心境的人来说，它是否能够敏感测量到他们积极心境的变化却不得而知。

双极版 POMS 用于强调积极情感的重要性，更适用于没有临床疾病和正在经历精神疾病的患者。双极版 POMS 有 72 个条目，在 4 点量表上评定等级，从 0"非常不相似"到 3"非常相似"。它包含 6 个两极量表：安详—焦虑、随和—敌对、高兴—沮丧、自信—不确定、活力—疲惫、头脑清晰—困惑。

PANAS 使用两个 10 条目的心境量表来测量积极情感和消极情感两个相对独立的维度（Watson，Clark and Tellegen，1988）。该量表在两个月内具有高内部一致性和良好的稳定性。PANAS 两因素结构通过一个样本确定，该样本包含一个锻炼训练营的 645 名参与者，年龄为

10～17 岁，在锻炼一段时间后即刻施测；但其消极情感量表的三个条目（易怒、痛苦、烦恼）仍存在心理测量方面的问题（Crocker，1997）。

"情感网格"（the Affect Grid）只有 1 个条目，它以效价或愉悦度，以及情感的唤醒水平为基础，被定义为快乐不快乐（满意不满意）、唤醒昏昏欲睡两个维度（Russell，Weiss and Mendelsohn，1989）。环形模型如下：将情感相关的概念放入一个圆形中，整体分为两极维度（见图 5-1）。"情感网格"能有效描述当下心境、情绪相关单词的含义以及通过面部表情传递出的感受。该量表具有跨文化的一致性（Russell，Lewicka and Nitt，1989）。

"感觉量表"（the Feeling Scale）同样只有 1 个条目，测量效价或愉悦度，以及情感的唤醒水平（Hardy and Rejeski，1989）。受试者在 11 点两极量表上评价当下感觉，程度从"非常好"到"非常糟糕"。

"锻炼诱导感觉问卷"（Exercise-Induced Feelings Inventory）由 12 个形容词构成，在 5 点利克特量表上评定等级，程度从"没有感觉"到"感觉强烈"（Gauvin and Rejeski，1993）。该量表用于测量四种感觉状态（热情、活力、疲劳以及冷静），并假设这四种状态分别由积极联想、重新振作、体能耗竭以及平静诱发，这些都是一系列急性运动刺激的产物。

"主观锻炼体验量表"（Subjective Exercise Experience Scale）是为测量锻炼刺激总体心理反应而设计的，这些反应对锻炼的刺激特性敏感（McAuley and Courneya，1994）。量表中三个因素中的两个（积极幸福感、心理痛苦感）相当于心理健康层面的积极程度与消极程度的两极。第三个因素疲劳感，反映了疲劳的主观感受。量表有 12 个条目，以利克特等级量表评价当下感受，程度从"一点都不符合"到"非常符合"。

专门为锻炼而研发的以上后三个量表的效度，受到了他人的批评（如 Ekkekakis and Petruzzello，2001a，2001b）。

测量注意事项

大多数用于测评情绪的问卷在测量心境时都存在争议，因为完成问卷需要较长时间（Smith and Crabbe，2000）。例如，65 题的 POMS 量表，测量特定情绪的条目分散在整个测试中。在回答其他项目之前，受试者回答第一个量表条目的感觉状态或者作答情绪可能会改变，这会影响测量效度。单个条目的测量工具（如双极线性量表）可能会更好地弥补这种测评情绪状态的不足，这些类型的测量工具相较于长的测量工具会减少测量误差。但是单条目量表，如"感觉量表"（Hardy and Rejeski，1989），由于未对特定情绪刺激实施评估，故不能确定其所评估的是什么情绪，或者不能确定不同人是否在体验同样的情绪（Lang，1995）。

> 对情感与锻炼的测量，通常会评估心境，而不是评估短暂的情绪反应。

急性运动

以往文献中有如下共识：锻炼能改善情感。一项元分析总结了从 1979 年到 2005 年发表的

158 项急性运动对积极情感影响效果的文章，并得出锻炼能够增加积极情绪的结论（Reed and Ones，2006），也有证据表明维持在通气阈和乳酸阈之下的急性运动可以增强自我报告的积极情感（Ekkekakis，Parfitt and Petruzzello，2011）。急性运动对心境的益处也存在于临床病人中，如 2 型糖尿病（Kopp et al.，2012）、脊髓损伤（Martin Ginis and Latimer，2007）。此外，日常的积极心境与客观可测量的身体活动密切相关，消极心境与此不同（Poole et al.，2001）。正如已讨论过的，在不考虑锻炼经验、锻炼特征及环境等调节变量的前提下，应谨慎看待锻炼对心境或情绪状态的益处，以免过度泛化。

总体而言，规律锻炼相较于不锻炼更能改善心境（如 Hoffman and Hoffman，2008）。瑞德和万斯（Reed and Ones，2006）的研究显示急性运动维持在低至中等水平并持续 35 分钟会产生一种积极效应。一项研究将客观可测的身体活动与日常心境做比较，发现轻缓的身体活动也和积极的日常情感相关，费力的身体活动则与之不相关（Poole et al.，2011）。

鲁道夫和金（Rudolph and Kim，1996）测量了参加有氧舞蹈、足球、网球以及保龄球引起的情绪反应，受试者是 108 名来自韩国一所大学的正在参加体育课的学生。"主观锻炼体验量表"在锻炼前后施测两次。参加有氧舞蹈和足球锻炼学生的积极心境有所提升，消极心境无变化。参加网球及保龄球锻炼学生的情绪没有显著改变。然而，一项受试者自己选择锻炼模式的随机实试能够更清晰地解释锻炼任务在情感反应中所发挥的作用。

对锻炼的敏锐心理反应会受物理环境或社会环境的影响，如温度、湿度、气味和他人在场。例如，习惯久坐的妇女们在固定的功率车上，基于主观用力评分法做中等强度的锻炼，每次持续时间为 20 分钟。其练习环境可分为有无他人在场、有无镜子的练习环境（Martin Ginis，Burke and Gauvin，2007）。其感受通过《锻炼诱发感觉量表》进行测量，施测时间为锻炼前、锻炼中及锻炼后。在控制了参与者的体重指数（BMI）的情形下，有他人在场、有镜子的女性练习组相较于其他三组，其活力状态增长非常少，疲劳感增加更多。与他人一起在镜子前进行锻炼的反应表明了在分析锻炼的心境效应时考虑环境变量的重要性。

在一些参加完比赛的青年锻炼者中，积极心境有所提升，但是这种提升大部分是由锻炼所取得的成就的知觉及技能与挑战匹配所决定的（Wankel and Sefton，1989）。一项关于大学生的研究表明，赛跑运动后的心境变化不受比赛本身影响（O'Connor，Carda and Graf，1991）。

一项对 POMS 研究的综述认为以下联系是有据可循的：非临床人群急性身体活动与心境改善有关，临床人群慢性运动与心境改善有关（Berger and Motl，2000）。POMS 也用于确认对锻炼过后心境改变的社会性或认知性解释。但是，尽管研究者们正在努力探索锻炼与心境改变间联系的各种可能解释，但是对于什么在一贯性地中介或调节锻炼与心境改变间的关系，仍然没有决定性证据给出一个或者一系列解释。例如，规律的锻炼者要在一个 10 分钟自定速度的慢跑前后报告心境，并被要求对之前的心境进行回忆（Anderson and Brice，2011）。用精简版 POMS（the Incredibly Short Profile of Mood States，ISP）的总体心境紊乱（the total mood disturbance，TMD）测量心境，与无锻炼控制组相比，心境得到显著改善。此外，回忆得出的锻炼前心境会被善意歪曲以表明心境改善。事实上，回忆得出的锻炼前心境要比锻炼前实际报告的心境差，这样会导致一个由急性运动所引发的显著的心境改善效果。这种记忆扭曲现象应有进一步的研究确定其原因，如当下的心境状态以及对锻炼改善心境的期望。

我们通常只会思考锻炼如何在短期内增加积极心境与情感，但同样有证据表明锻炼会减少消极心境，如焦虑，甚至减少强迫性精神障碍的症状（Abrantes et al.，2009），而且锻炼效应可能超出锻炼阶段。举例来说，30 分钟的中等强度的骑行锻炼能够降低易怒特质得分较高的男性大学生的愤怒情绪，也能减弱由浏览情绪化图片诱发的愤怒情绪增加的程度，但并不能改变图片浏览过程中产生的愤怒情绪的强度（Thom et al.，2012）。因此，尽管锻炼不会影响愤怒情绪体验，但是它能够防止 45 分钟后诱发产生的愤怒感。另外一项研究运用意向引导的方法使被试产生烦乱或愤怒情绪，结果显示在一次抗阻锻炼过后，愤怒状态有所减少，但效果并不好于安静休息组（Bartholomew，1999）。

训练研究

布莱恩和布莱恩（Bryne and Bryne，1993）对 1975 年以来发表的关于运动训练对心境调整效应的 30 个研究进行回顾，包括沮丧、焦虑及其他紊乱心境状态。其中 10 项研究评估了非临床群体的心境变化，发现运动训练大幅改善了心境，而且这些心境变化与适能变化无关。总体来说，90%的研究赞同锻炼能改善心境的观点。里德和巴克（Reed and Buck，2009）对 1980 年至 2008 年发表的 105 项关于规律性有氧锻炼和积极心境的研究进行了综述，发现最佳锻炼项目，即强度低，持续时间为 30～35 分钟，每周 3～5 天，共维持 12 周，在自我报告的情感状态上具有中等的增益效果。一些随机的临床试验也显示锻炼训练对临床人群的心境和生活质量有改善作用，如正在接受治疗的乳腺癌女性患者（如 Yang et al.，2001；Mutrie，2007）、多发性硬化症（Dalgas et al.，2010）以及外伤性脑损伤（Driver and Ede，2009）的病人。也有些证据表明心境的改善与坚持锻炼有关。例如，运用"心境状态剖面图"（精减版）和其他心理测量工具对 173 名肥胖女性进行长达 6 个月的中等强度的锻炼干预，在干预开始和干预结束时进行两次施测（Annesi et al.，2011）。结果发现，被试的心境显著改善，仅心境与身体满意度的变化对锻炼参与产生了影响，而自我效能感的变化不影响锻炼参与，这与 BMI 的变化显著相关。

虽然训练强度会产生混合效应，但其他一些训练研究则在总体上支持锻炼对心境的积极效应且适用于所有人群。对最初惯于久坐的老年女性进行 12 周的力量训练之后，其心境有所改善（Tsutsumi et al.，1998）。在该研究中，高强度与中强度训练组女性的积极心境显著增加，焦虑和紧张状态有所减少，然而对中强度训练组的支持性更强些。将一些年轻有活力的有氧锻炼者随机分配到中强度的抗阻训练项目中，结果表明情感改善最大；在高强度训练组，其情感减少量最大，而低强度训练组则没有体验到有益的情感变化（Etnier et al.，2005）。

选取受试者参加一个 7 周的锻炼训练项目，所有受试者以自选方式分成 4 组，每节锻炼课前后都会对受试者的心境进行监控（Steinberg et al.，1998）。受试者在每节课上，积极心境增加，消极心境减少，但其后 1 周来自锻炼的积极心境有所降低。这里似乎存在持久的、强烈的锻炼（心理）效应，这在锻炼的积极生理效应方面也得到了证实。

> 已在许多但并非所有样本人群中发现运动训练后心境会发生积极变化。

情感、 心境和情绪的心理生理与行为评估

近年来，在动物趋近行为和回避行为神经学层面的研究取得了进展，这也为用心理生理学技术探查人类情绪提供了可能性（见图 5-14）。自主神经激活可以通过**皮肤电反应**（galvanic skin response）（皮肤电传导或反向阻力）、皮肤温度变化，以及心血管反应性（参见第 4 章）测得。确定皮肤电反应包括测量放置在皮肤上的两电极之间组织路径自动产生的电阻的变化。情绪唤醒与这些变化相联系，皮肤导电性随消极情绪的产生而增加，随积极情绪的产生而降低（如 Hughes，Uhlmann and Pennebaker，1994）。皮肤的温度变化反映了血管的扩张或收缩，由应激反应导致的血管系统的交感神经兴奋引起。心率和血压的变化也与应激反应、相应情感密切相关。这些方法的一个局限是缺乏对特定情绪的特异性。比如，心率和血压的升高可能是由于你在读一封国税局审计你的纳税申报表的信，也有可能是因为你在读一封电视制作人邀请你参加游戏竞赛节目的信。生理指标本身并不能准确区分个体在这些情况下的不同情绪反应。另外还应考虑被推荐的评估自主神经激活的心理生理学测试协议的一致性使用（Smith and Crabbe，2000）。

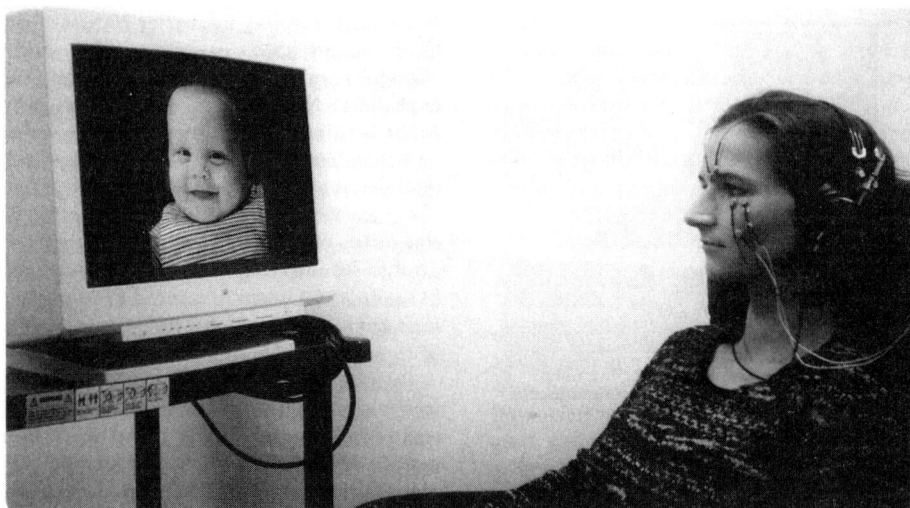

图 5-14　情绪唤起图片引发听觉惊吓眨眼反应

Center for the study of Emotion and Attention，the University of Florida 供图。

肌肉收缩会引起肌纤维的电位变化，这种变化可通过放置在肌肉的针状电极或放在研究者感兴趣的肌肉上方皮肤的贴片电极测得。面部肌肉激活的肌电变化和不同的情绪反应有关

（Cacioppo et al.，1986）。例如，颧骨（微笑）肌肉活动和皱眉肌肌肉活动可以区分愉悦和不愉悦的情绪（Greenwald，Cook and Lang，1989）。艾克曼（Ekman）及其同事的大量研究证明了面部表情是情绪的行为表现之一，并发现面部表情和特殊情绪之间的联系具有跨文化的一致性（Ekman，1989）。艾克曼和弗里森（Ekman and Friesen，1976）开发了面部动作编码系统（Facial Action Coding System，FACS），可根据面部44块明显的、看得见的肌肉动作的保持时间和出现频率进行评分。原始的FACS和更新的FACS电脑图形分析软件已用于测量面部表情，这些面部表情已经被证实能够可靠地反映出主观感觉到的情绪（Bartlett et al.，1999；Ekman，Davidson and Friesen，1990）。

锻炼研究中使用的方法

锻炼研究主要检查了在静息状态（无刺激）或者反应状态（响应刺激）下的神经肌肉活动，包括ASER、骨骼和面部肌肉活动、脑电皮质活动（brain electrocortical activity）。临床神经生理学中探测情绪反应的生物电位测量法已在第3章做了描述。一般测量生物电位的方法如图5-15所示。这些方法的具体应用将会在接下来的章节中以相关研究案例的形式加以讨论。

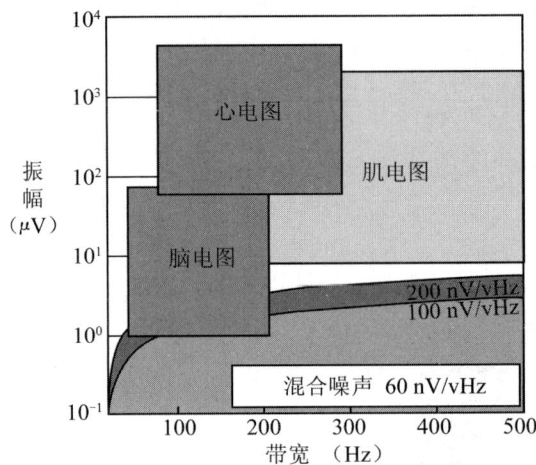

图 5-15　临床神经生理学的生物电位

肌电图

增加代谢兴奋水平（metabolic arousal）的强体力活动（physical exertion）对ASER的影响尚未得到深入研究，但是我们仍有理由认为体力活动可能会直接影响脑生化反应，成为一种改变惊吓反应的方式。尽管不同的神经递质对于依赖脑区的惊吓反应有不同的影响（Davis，1997；Davis et al.，1993），但去甲肾上腺素和血清素都能普遍地抑制惊恐。多巴胺 D_2 受体的兴奋剂能够减弱惊吓反应，由兴奋剂 D_1 导致的惊吓反应增强部分取决于 D_2 受体的共激活作用（Meloni and Davis，1999）。

（脑功能的）区域效应虽未确定，但是对老鼠的研究显示：当老鼠在跑台或转轮上跑步时，大脑中去甲肾上腺素、血清素以及多巴胺（dopamine，DA）的浓度都有所升高。在跑台上跑步增加了 DA 的流通量（用新合成的 DA 替换使用过的 DA），也增加了纹状体中 D_2 受体的数量。慢性转轮跑运动能增加多巴胺水平，也能降低游离在大脑中的 D_2 水平（见 Tieman et al.，2001 的综述）。因此，强体力活动不仅可以增加代谢兴奋水平，也能通过影响 ASER 神经回路中自动反射（与生俱来的）或情绪化（可调节）的部分，改变大脑中生物活性物质的动态变化。其他的神经递质（如 GABA），如促肾上腺皮质激素释放因子和胆囊收缩素，也能够改变惊恐反应，但这主要取决于它们在不同脑区中的分布（Davis，1997）。因此，锻炼后释放的神经递质引起的脑反应的作用机理有待进一步研究。

到目前为止，只有三个研究强调了急性运动对 ASER 的效应。在一项研究中，ASER 变化的幅度及潜伏期通过以下方式被检验：对 26 名健康年轻男性在 20 分钟轻度和高强度（40％和 75％峰值耗氧量）骑行锻炼后进行施测，休息 20 分钟后再次施测（Tieman et al.，2001）。结果发现，无论是久坐不动的参与者还是好动的参与者，锻炼强度并没有影响其 ASER 的幅度或潜伏期。这些发现表明，在不考虑参与者身体活动习惯的前提下，我们不应当期望年轻健康男性 ASER 基线的改变会干扰急性运动对惊吓反应增强的（或者由积极或消极的显著刺激所引发的惊吓）可能影响。

尽管锻炼效果对年轻健康男性没有影响，但是对于涉及神经系统反应改变的障碍人群［如焦虑障碍（anxiety disorders）、注意力缺陷多动症（attention-deficit/hyperactivity disorder，ADHD）］，其惊吓的基线反应可能受到影响。例如，一项研究提出，患有 ADHD 的儿童，其大脑中的多巴胺系统是紊乱的。局部脑血流量的研究表明，患有 ADHD 的儿童的纹状体尾核灌注不足，而此部分主要是多巴胺能源地。哌甲酯（methylphenidate）（利他林）作为一种治疗 ADHD 的药品，其实质是一种多巴胺受体激动剂（Barkley，1998）。

一项研究致力于考查不同强度水平（65％和 75％的峰值耗氧量）的跑步机行走锻炼对 ASER 的影响，实验组受试者是 18 名患有 ADHD 的男女儿童，控制组的 25 名儿童在可能影响惊吓反应的关键性变量上与实验组儿童情况相同（Tantillo et al.，2002）。

研究的主要成果是：在最大强度的锻炼过后，患有 ADHD 的男孩的 ASER 潜伏期缩短，自发眨眼频次增加；在完成次大强度锻炼后，患有 ADHD 的女孩的 ASER 潜伏期缩短。控制组儿童的眨眼频次不受锻炼强度的影响。第三个研究（Smith et al.，2002）使用 ASER 去检验锻炼是否会改变情绪反应。

情绪的测量

少数研究检验了持续锻炼（超过 1 分钟）对情绪的影响。菲林吉姆、罗斯和库克（Fillingim，Roth and Cook，1992）发现 15 分钟很低强度（50 W）的功率脚踏车运动之后，休息 8 分钟与休息 15 分钟相比，对悲伤和愤怒表象的自我报告和皱眉肌肌电图反应并无差异。然而，这些研究使用情绪回忆（内部产生的表象）方法，这使验证情绪是否真正产生变得困难（参见 Davidson et al.，

1990 情绪研究需要破解的难题)。同时，它们没有考虑分析中的先决反应，也没有量化个体最大可承受的锻炼量。

一项根据当代情绪理论检验锻炼后情绪反应的研究(Lang，1995)，致力于考查低强度和中等强度锻炼对焦虑自我评估、ASER 幅度和皱眉肌肌肉活动及状态焦虑的影响，受试者为 24 位健康女大学生，分别完成低强度或中等强度的脚踏车锻炼或者安静的休息 25 分钟(Smith et al.，2002)。在受试者观看愉快、中性以及不愉快的图片的前后 20 分钟对听觉惊吓眨眼反应、皱眉肌反应、强直皱眉肌肌电活动基线水平进行测量。三种观看条件之后的 20 分钟，分别测试受试者状态焦虑，发现均有显著下降，惊吓反应幅度也是如此。皱眉肌肌电图活动基线在休息后没有改变，但在强度成比例增加的骑行锻炼后有所降低。惊吓幅度的降低与状态焦虑降低相关(r=0.44)。观看图片时测得的皱眉肌肌电反应没有差别。这项研究表明低或中等强度的抗焦虑骑脚踏车锻炼以及之后的休息时间与惊吓幅度的降低有关，但不会导致对情绪刺激的趋近或防御反应的改变。

先天的或习得的惊吓反应与其他被唤醒或情绪刺激影响的(如 Bonnet et al.，1995)脊髓反射(如肌腱反射)之间存在着潜在交互作用的可能，这也是很有趣的。在德弗里斯(deVries et al.，1981；deVries et al.，1982)和其他人(Bulbulian and Darabos，1986)进行的一系列研究中，锻炼后脊柱的 H 反射会减少。H 反射是一个在 S1~S2 水平骶脊神经根的单突触反射，由膝盖后的腘窝混合胫骨神经的电刺激激发，通过腓肠肌颤搐的肌电图测量(见图 5-16、图 5-17)。尽管 H 反射主要被视为 α 运动神经元的兴奋性指数，但上行或下行的棘突神经束的存在允许其被中枢神经系统调控。

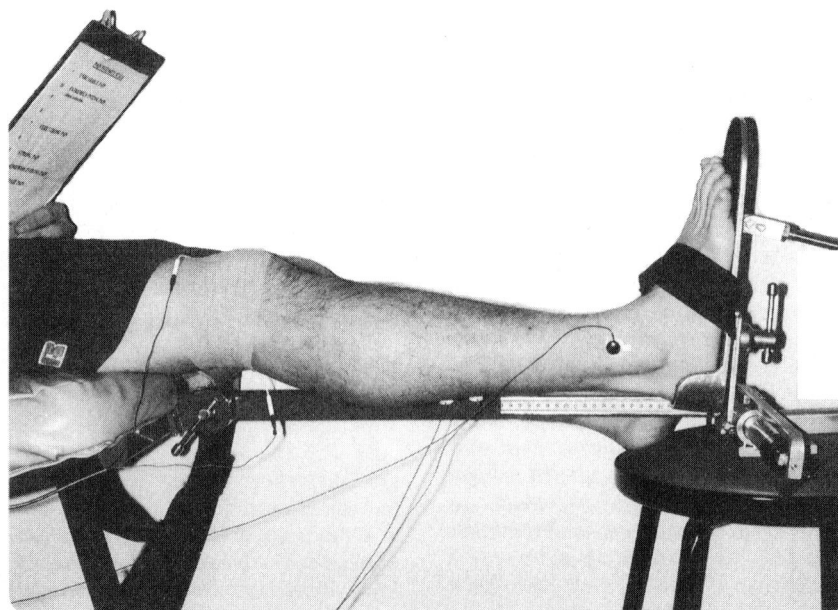

图 5-16　用肌电图测量比目鱼肌上的 H 反射时电极的放置位置

Exercise Psychology Laboratory，Department of Kinesiology，the University of Georgia 供图。

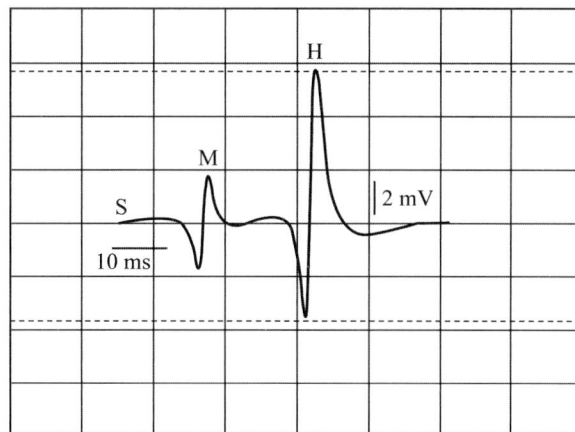

图 5-17　用肌电图测量 H 反射的示波器记录

Exercise Psychology Laboratory，Department of Kinesiology，the University of Georgia 供图。

脑电图

　　有研究用脑电图测量了锻炼中和锻炼后自我报告情绪激活的大脑不对称性（如 Petruzzello and Tate，1997），而不是刺激引发情绪反应的大脑不对称性。情感效价的主观评价与额叶皮层有关，唤醒水平能在颞顶区脑电的改变中探测到（Smith and Crabbe，2000）。

　　尽管大量的研究检验了身体活动对心境的作用，但关于心境改变对情绪反应的作用（Ekman，1994）或者锻炼是否调节这种作用（Smith and Crabbe，2000）所知甚少。正如脑电图所显示的，额叶皮层不对称性与情绪反应相关（Davidson，1998b），而且更可能是与动机性活动（趋近对回避）而不是与情感效价（Carver and Harmon-Jones，2009a）有关。

　　有证据表明，额叶活动不对称性可能与心境的相位变化有关。佩特鲁泽罗及其同事（Petruzzello and Landers，1994；Petruzzello and Tate，1997）的研究发现，静息态额叶不对称性与锻炼前后焦虑和活力唤醒等心境变化呈中等相关。其 1994 年的研究也表明锻炼前后焦虑的变化与不对称性的变化有关。心境的相位变化在何种程度上影响了情绪反应尚不得知。锻炼可改善心境，但是锻炼后的情绪反应极少得到关注。

　　一项研究以心肺适能处于中等水平的年轻男性和女性为受试者，实验组接受 30 分钟骑自行车有氧锻炼（峰值功率的 50%），对照组正常休息 30 分钟，考查两组受试者对消极、中性和积极三种效价的标准化情绪图片的情绪反应（Crabbe，Smith and Dishman，2007）。情绪反应以额叶脑电不对称性和效价及唤醒自评分数为记录指标，效价和唤醒使用两极等级量表——"自我评定量表"（Self-Assessment Manikin，SAM）测得，如图 5-18 所示。

　　与已有理论一致（Davidson，2000），静息态 α 波不对称性可预测额叶在 α（8～12 Hz）频率的不对称性和对图片反应的情绪效价评估。状态焦虑虽有缓解，但是骑车锻炼没有改变情绪反应或面对消极、中性和积极情绪图片时产生的积极情感和消极情感。锻炼期间唤醒水平有所提

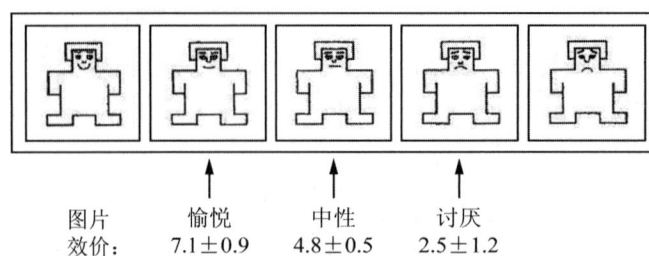

图片	愉悦	中性	讨厌
效价:	7.1±0.9	4.8±0.5	2.5±1.2

图 5-18　人体模型愉悦度的自我评估

经许可转载自 P. J. Lang，M. M. Bradley and B. N. Cuthbert，*International affective pictures system*（IAPSI）：Instruction manual and affective ratings，1999，Technical Report A-4，（The Center for Research in Psychophysiology，University of Florida）. Copyright © Dr. Peter J. Lang。

高，由 PANAS 测量的积极情感或消极情感没有因锻炼而产生变化。因此，研究结果并未表明中等程度的骑车锻炼可引发情绪，或通过改变心境来影响情绪反应。同时有大量证据表明，锻炼中和锻炼后所有频段的脑电的活动水平都有提高，而不仅限于 α 波；而且脑电的活动水平在所有测量的部位都有提高，而不仅仅在额叶或前部脑区，更别说在哪个脑半球（Crabbe and Dishman，2004）。然而，这些研究只测量了少数脑区，而且未使用第 3 章所述的密集阵列电极测绘法。尽管如此，这些证据表明急性运动可提高脑电的活动水平，其与唤醒度提高整体一致，可能是由脑干处理的向丘脑输送的感觉和心血管神经传递的增加导致的。

脑电图测量了相对较少的浅层神经元。表层激活并不能保证皮下大脑区域的相应激活。第 3 章讨论的脑成像技术使研究者能够估计处于不同情绪体验中大脑皮下区域（如杏仁核）的细胞代谢率；这些技术为探索锻炼和情感的关系带来了光明的前景（Irwin et al.，1996；LaBar et al.，1998）。迄今为止，关于急性运动或运动训练后情感或情绪反应的神经影像研究还未见报告。然而，至少有两项研究表明脑电反应与锻炼后的活力感或疲劳感有关（见第 9 章，能量与疲劳）。

在一项对不存在能量或疲劳问题抱怨的女大学生的研究中，吴（Woo）及同事（2009）报告 30 分钟中等强度跑台运动后活力感受提高，大脑右前部感觉区而非左前部感觉区测到的 δ 波、θ 波和 α 波频段的脑电活动在一定程度上可以解释这一现象。然而，只有左前部 θ 波的降低由运动引起。在对存在持续疲劳抱怨的大学生的一项随机试验中（Dishman et al.，2010a），学生在第一周、第三周和第六周的 3 个 20 分钟的低度或中等强度锻炼后报告其活力感觉。活力感提升的一半可由脑后部的 θ 波活动来解释。

已发表的 20 多项有关急性运动对心境影响的实验和准实验研究发现，一次锻炼后愤怒状态有中等强度减弱。这些研究并非旨在评估急性运动后的愤怒变化。大部分研究中的受试者在锻炼前有较低水平的特质愤怒或状态愤怒，或者并未报告特质愤怒。正如焦虑状态研究所述，引发了愤怒状态或具有高愤怒特质的个体，锻炼后愤怒的减弱可能会更显著（Motl，O'Connor and Dishman，2004；O'Connor，Raglin and Martinsen，2000）。同时很多研究使用心境状态剖面图（POMS）测量愤怒。POMS 用于测量外显愤怒或敌意的强度（McNair，Lorr and Droppleman，1981），但不能区分愤怒体验和愤怒表达。与之相反，"状态—特质愤怒表达量表 2"（STAXI-2）用于把愤怒从敌意和攻击中分离出来，同时也可测量愤怒体验和愤怒表达。此外，本文评估的大部分研究并未试图操纵愤怒，因此不能得出锻炼后愤怒降低的因果推论。

研究的局限

锻炼影响情感的研究与情绪及心境的研究存在着相同的问题，如效度、测量方法的适宜性以及未知但关键的调节变量和干扰变量。遗憾的是，大部分在实验室中测查的单次锻炼对心境影响的研究可推广性欠佳[糟糕的**生态学效度**（ecological validity）]。尽管很多人选择在类似于实验室的封闭环境中锻炼（如在跑步机上走或跑，或者在固定机器上骑车），但很多在自然锻炼环境中的研究表明锻炼对心境有积极影响。

一次锻炼前后要求受试者完成心境问卷的研究很难做到单盲。此外，锻炼刺激未标准化。考虑到与高强度锻炼（如远高于乳酸阈和通气阈）有关的不愉快，会干扰锻炼对心境的作用，很多研究未设不锻炼的控制条件。人与人之间、个体内部随着时间而出现的心理生理反应的改变使变化的方向和程度的测量变得困难。例如，感觉、情绪和心境的短暂性会对使用基值比较产生干扰。实验室情境本身会提高基线的情感分数，夸大急性运动后的情感降低效应。另外，以没有临床障碍的人为受试者的研究可能会显示锻炼没有影响，这是因为天花板效应和地板效应（测验分数范围可能不符合受试者情感体验的全部范围），或者使用了针对临床群体的心境问卷来测量没有临床障碍群体的变化。

训练研究因使用方便取样法、随访数据缺失和不能重复而受到限制。锻炼和其他处理条件间的比较经常是不确定的。暴露条件不同，因此来自注意程度的影响可以剔除，而且各组受试者都未随机化。这些研究未考虑起初的健康水平或身体活动史，而且测量健康状况和锻炼历史的方法也很薄弱。研究者是在不考虑随时间变化基线水平或模式对反应影响的情况下来分析急性运动和慢性运动前后的绝对变化（如 Gauvin，Rejeski and Reboussin，2000）。尽管有这些研究缺陷，但仍有大量的研究支持这样的观点，即在多数情况下对大部分人而言身体活动和锻炼对心境有积极影响。

久坐不动的人们认为，长时或短时的高强度锻炼是令人厌恶的（Weisser，Kinsman and Stamper，1973），比低强度的锻炼愉悦感差（Ekkekakis，Hall and Petruzzello，2008；Ekkekakis and Petruzzello，2002；Hall，Ekkekakis and Petruzzello，2002）。这些人在强力举重和骑车锻炼中在用力感增加时经常会皱眉（de Morree and Marcora，2010、2011）。然而，大部分人说他们锻炼后感觉更好（Morgan，1973、1985）。当然，对一些人来说，那仅仅是因为锻炼结束了。正如比尔·摩根（Bill Morgan）打趣说的："锻炼就如用锤子敲打你的拇指，停止后感觉很好。"

关于为健康而进行锻炼是否引发锻炼中的情感反应的研究还不多。史密斯（Smith）及其同事(2002)发现女大学生在中等强度的骑车锻炼中愉悦感评分提高,在高强度锻炼中愉悦感评分降低。超低强度的骑车锻炼反而愉悦感分数更高(Smith and O'Connor,2003)。一些研究表明,相对于高强度的骑车锻炼,人们在低强度锻炼中的积极情感体验更高(Bixby and Lochbaum,2006);然而,其他研究发现30分钟中等强度的骑车锻炼(低于通气阈和乳酸阈值)引发了中等强度的唤醒,但愉悦感与安静休息状态接近一致(Crabbe,Smith and Dishman,2007)。在20分钟适中的大强度锻炼中一些人愉悦感轻微提高,另一些人稍微降低,但依然很积极(Van Landuyt et al.,2000)。

总之,新的证据表明,大多数健康而活跃的年轻人称推荐的健身和保持健康的锻炼强度使他们在锻炼时会体验到中等强度的愉悦感,即使在他们报告了高情绪唤醒和轻到中等强度的大腿肌肉酸痛时也是如此(Smith and O'Connor,2003;Smith et al.,2002)。我们将会在第16章"主观努力感"中再次讨论锻炼中的这些主观反应。

还有研究关注情绪反应、对某种环境威胁和潜在奖赏的注意是否随锻炼而发生改变。人们对情绪图片的面部肌肉反应在低强度的骑车锻炼中没有变化(Smith and O'Connor,2003),但在中等程度和高强度锻炼时人们能更快更准确地觉察威胁性的以及中性、非威胁性的图片(Shields et al.,2011)。在针对高特质焦虑大学生的一项研究中,尽管积极情感得分提高,但30分钟中等强度骑车锻炼结束后其消极情感并未降低,也未将注意力转移至积极情境中(Barnes et al.,2010)。相反,在10分钟中等强度骑车后,大学生对笑脸的注意增强,对非笑脸的注意减弱,而在高强度骑车条件下未出现变化(Tian and Smith,2011)。

综上所述,研究发现人们在锻炼中对外部刺激注意增强,这与情绪环路在锻炼中受到抑制的假设相反(Dietrich and Audiffren,2011)。然而,在锻炼中和锻炼后,典型意义的锻炼活动及锻炼情境在何种程度上有选择地激活专用于锻炼控制、身体觉醒和对威胁或奖赏警觉的大脑环路,并进而影响情绪和心境,对此我们尚不得而知。

锻炼产生情绪效益的机制

博格(Berger)和莫特尔(Motl)提出,为使身体活动后的心境改善最优化,活动应当是令人愉悦的、有氧的、非竞争的,应当在相对固定的地点和时间内的一个封闭环境中有规律地进行,应当是中等强度且持续至少20分钟(Berger and Motl,2000)。然而,很少有关于人的研究通过操纵社会的、心理的或生物的因素探究能解释身体活动或锻炼后心境变化效应的机制。大部分有关人类的研究,以及对非人类进行的检验貌似合理的机制的研究,都旨在理解焦虑和抑郁中某些特定心境的效应。这些心境和机制将在第6章和第7章中详细讨论,这里只做简要介绍。

生理机制

产热假说(the thermogenic hypothesis)提出,锻炼后积极心境的改变是由身体温度提高引起的，但是各种效应混杂在一起，且作为一种有效的机制，却鲜有研究支持（比如，Koltyn，1997；Koltyn et al.，1992；Koltyn and Morgan，1997；Youngstedt et al.，1993）。

各种应激源都可引起脑血流量增加，但是锻炼效应似乎主要作用于涉及锻炼、感觉和心血管调节的区域，而不是情绪反应区域（Nybo and Secher，2004；Secher，Seifert and Van Lieshout，2008）。尽管急性运动和慢性运动都会影响前扣带回和岛叶皮层（涉及情绪加工和心血管控制的区域）的血流量（Colcombe et al.，2004；Williamson，McColl and Mathews，2003），但上述反应到底是由于锻炼引起的情绪反应还是由于高唤醒引起的心血管和感觉的变化还有待确认。

短暂性脑血流量假说（the transient hypofrontality hypothesis）推测，在次极量锻炼时，在额叶皮层等不参与锻炼控制的大脑区域，神经活动下调（Dietrich，2003）。据迪特里希（Dietrich）介绍，"脑血流量和代谢研究对锻炼减少前额叶皮层神经活动的假说提供了最强的支持。"（Dietrich，2006：81）然而，一篇借助近红外光谱成像技术（near-infrared spectroscopy，NIRS）（见第 3 章）进行的关于锻炼对大脑血流动力学影响的系统综述与元分析的结果与该解释不一致（Rooks et al.，2010）。回顾的研究中的脑氧合、氧离和脑血容量模式的反应与短暂性脑血流量假说相反。图 5-19 表明，只有在高强度、耗竭性的锻炼中脑氧含量会下降。相反，中等强度到剧烈的次极量的锻炼伴随着脑氧含量和脑血容量的提高（Rooks et al.，2010）。

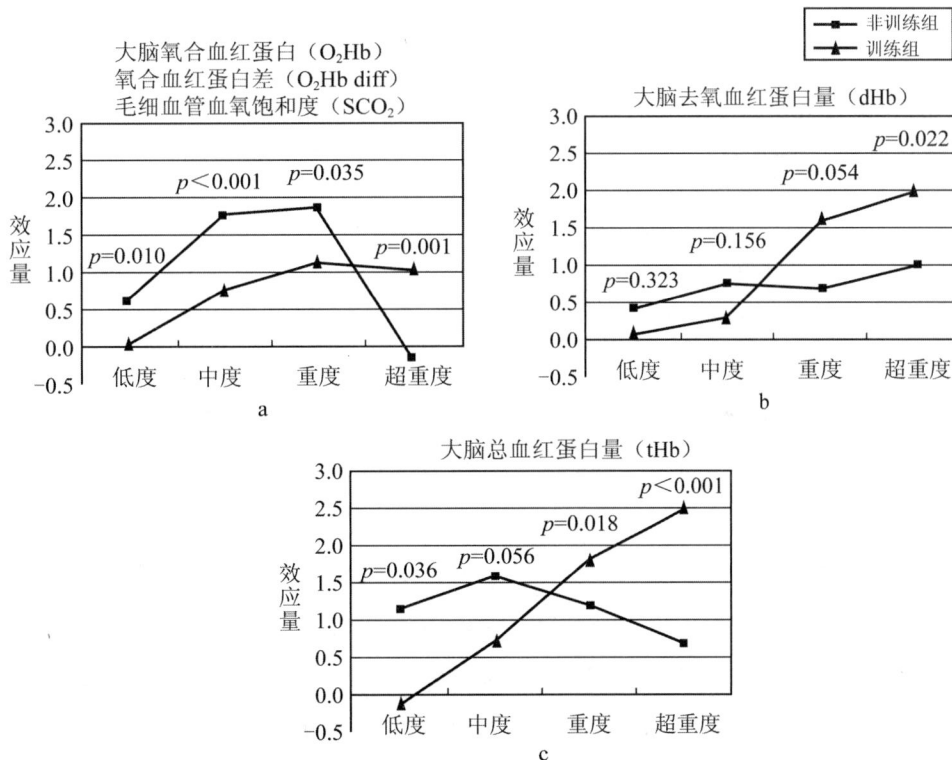

图 5-19　增量锻炼中的脑氧代谢

内啡肽假说(the endorphin hypothesis)继续在人群中流行。血浆内啡肽这一天然的阿片样物质随锻炼而增多，因此它们被认为是增强锻炼时心境愉悦度和兴奋度的"原因"。然而，在严格控制的实验研究中还未能成功发现心境改变和内啡肽水平的关系（如 Hatfield et al.，1987）（见第 7 章"其他生理机制假说"）。

内啡肽与锻炼后心境或焦虑的变化有关的假说貌似有理，但在不考虑合理证据的情况下这个假说会永久存在下去。在强烈锻炼中脑下垂体分泌更多的血浆 β-内啡肽（Boecker et al.，2010；Goldfarb and Jamurtas，1997）。脑外周 β-内啡肽或脑啡肽与剧烈锻炼后心境或止痛反应貌似可信的关系尚未确立。相反，研究表明阿片样拮抗剂并未阻碍锻炼后心境的变化。在典型锻炼体温下，肽的血脑屏障抑制了血液中 β-内啡肽增多从而影响大脑的能力。

关于锻炼后大脑在阿片样物质活性变化方面尚未达成共识。尽管阿片样物质介导的止痛可间接影响心境，但锻炼引发的止痛还不能解释人类心境的提升（Cook and Koltyn，2000）。急性运动的外周阿片样物质反应显著抑制了锻炼中儿茶酚胺对心血管、呼吸和内分泌的影响，但是目前的证据表明它们对心境的直接影响是难以置信的。尽管过去的证据有局限性，最近一项非控制性研究报告了自陈愉悦度和大脑阿片样物质的关系，大脑阿片样物质通过正电子发射断层扫描（PET）技术在 10 名有经验的长跑锻炼者中被测得（Boecker et al.，2008）。这是第一个也是唯一的证据表明，人类锻炼能影响大脑阿片样物质，如果能得到实验研究证实，将有助于解释与跑步有关的心境变化。对于外周阿片样物质，解释锻炼引起血源反应的新发现（Sparling et al.，2003；Szabo，Billett and Turner，2001；White and Castellano，2008a），以替代脑测量技术或作为身体活动心理效益的推断性解释，应该十分谨慎（Morgan and O'Connor，1988）。

大脑多巴胺和阿片样物质

有学者回顾了中脑边缘多巴胺系统对内啡肽系统的调节作用（Dishman and Holmes，2012）。享乐的应变平衡理论（Koob and Le Moal，1997）认为成瘾行为是对多巴胺系统活动减弱的反应。多巴胺抑制状态被认为是通过激活补偿行为（如药物寻求、感觉寻求、强迫锻炼）来重建正常的快乐快感度。相反，奖励敏感化假说强调多巴胺在奖赏相关情境刺激引起的"渴望感"中的重要性。根据这个模型，"喜欢"或快乐连同奖赏与中脑边缘多巴胺平行或下行路径的其他系统的激活有关。这些其他的基于快乐的系统包含腹侧纹状体和纹状体—苍白球环路内不同但又整合在一起的路径中的 GABA 和类阿片活性肽（Smith and Berridge，2007）。

在奖励敏感化模型中，多巴胺是行为激活的驱力，最终产生快乐。因此，多巴胺对引发药物寻求、感觉寻求和锻炼等相关行为的动机起调节作用。这两种模型对多巴胺和类阿片活性肽激发锻炼动机及相应的快乐或由这种活动衍生出的"嗨"的方面做出了相反的预测。快感缺乏模型预测多巴胺传送不足可能减轻焦躁，引发重新体验作为相关行为结果的欣快感的需要。因此，对于某些人来说，锻炼的强烈意愿与低水平多巴胺有关，参与锻炼可能使多巴胺达到获得欣快感的必要水平。

　　在这个模型中，强迫性锻炼或者说"锻炼成瘾"，取决于低水平多巴胺（可能也有阿片样物质）引起的焦躁状态能否正常化（见图 5-20）。

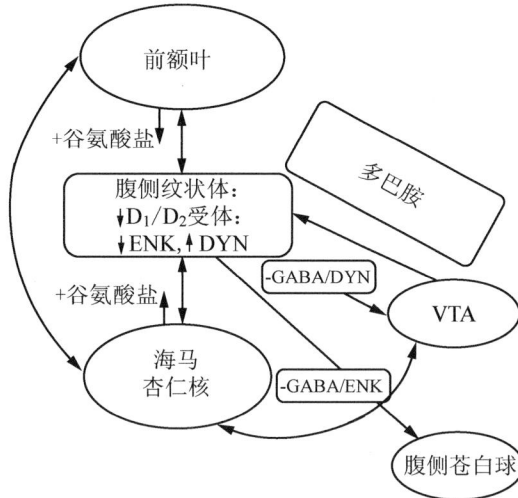

图 5-20　多巴胺调节脑内啡肽的假设模型

注：ENK：enkephalin（脑啡肽）；DYN：dynorphin（强啡肽）；GABA：γ-氨基丁酸；VTA：Ventral tegmental area（中脑腹侧被盖区）——译者注。

经许可转载自 R. K. Dishman and P. V. Homes, Opioids and exercise: animal models. In Functional neuroimaging in exercise and sport sciences, edited by H. Boecker et al.（New York：Springer），2012，p. 51. 获得 Springer Science and Business Media 的慷慨许可。

　　另外，奖励敏感化模型预测高水平的多巴胺传送驱动锻炼等动机性行为，因为中脑边缘多巴胺系统在神经系统内发挥着适应性作用，提高对可增加生存概率的环境线索的注意，调节动机水平，执行适宜的趋近或回避行为。这种协调激活能否使人类体验到快乐或烦躁不安，取决于习得的预测相关事件后果的线索群（是趋向于一位潜在的配偶还是逃离一个潜在的侵犯者）。在任一种情况下，主要的认知状态是动机（渴望、欲望、冲动），相应的行为状态是激活，多巴胺会调节这两种功能。在导致积极结果（如喂养或交配）的行为激活案例中，摄食或交配等完美的线索可能会触发 GABA 能环路或愉悦内啡肽环路（或两者都触发）（Smith and Berridge，2007）。在逃离或抵抗敌人的案例中，愉悦内啡肽环路的激活可能取决于代表成功逃离或避免威胁的线索（Dishman and Holmes，2012）。

　　没有哪一个神经递质或神经调（节物）质（neuromodulator）系统能单独解释人类的心境。它取决于很多神经环路的复杂交互作用。这些神经环路由以下物质所调节：兴奋和抑制性的神经递质（如乙酰胆碱、γ-氨基丁酸和谷氨酸盐），神经调质（如多巴胺、去甲肾上腺素和血清素），神经营养因子[如脑源性神经营养因子（BDNF）和神经生长因子（NGF）]；除阿片样物质之外的神经肽，如 β-内啡肽、脑啡肽和强啡肽[如缩胆囊肽、促肾皮素释放因子（CRF）、促生长激素神经肽、神经肽 Y（NPY）和血管生长因子（VGF）、膜脂（membrane lipids）（如内源性大麻素），各种气体（如一氧化氮），控制基因转录和翻译及神经元的翻译后调节的胞内信号转导。鸦片制剂、苯丙胺、苯二氮䓬和四氢大麻酚等药物对心境有强烈的直接影响。然而，在大多数情况下，锻炼期间让内源性系统模仿这些药物作用，以产生同样强烈的效果，在生物学上会引起不适。强体力活动为什么以及如何在多数人或特殊人群中以心理健康和不健康的方式改变其脑神经系统，仍然是关键性问题（Dishman and O'Connor，2009）。

心理社会机制

尽管有更多证据支持关于锻炼可强化心境的心理社会解释，但这种效果很可能产生于因锻炼而改变的心境所受到的生理和心理影响的交互作用。

掌握假说（the mastery hypothesis）认为，在完成一项重要的和需努力的任务后心境会提升。自我效能感可能会影响锻炼对心境的作用，正如博佐安、雷耶斯基和麦考利（Bozoian, Rejeski and McAuley，1994）研究发现，高自我效能感与更多的积极心境相关。

注意分散假说（the distraction hypothesis）提出，在锻炼中注意暂时离开焦虑思想和日常应激源能够产生心境增强效应。如果注意力分散是锻炼效应的主要机制的话，那么提高多任务处理倾向，如人们在跑步机和台阶器上谈判生意、组织报告可能会抵消锻炼的心理收益。实际上，150名有经验的跑步者在完成一项特定的跑步锻炼前后完成POMS，最终测得的活力增强与进行无关思考的倾向有关（Goode and Roth，1993）。由"锻炼中的思维量表"（Thoughts During Exercise Scale）测得的关于人际关系的想法与紧张和焦虑的降低有关。

可能与心境提升有关的锻炼心理效益

持续参与剧烈的、有意义的身体活动可提升情绪稳定性、自足感和尽责性。

增强幸福感，亢奋，提升自我感，更加感激周围的世界。

降低对恐惧、紧张和烦躁的觉察。

分散对担心和沮丧的注意力。

对惰性、疲劳、抑郁和混乱的抵消效应。

改编自 Casper，1993

锻炼有风险？

本章集中讨论了锻炼对情感和心境提升的积极作用。身体活动益处的一个例外，是因过度训练（长期超过身心极限）而疲沓的耐力运动员存在着心境焦虑不安的风险（Morgan et al.，1987）。疲沓是一种综合征，通常表现为紧张和抑郁程度的提高，长期疲劳，食欲丧失，失眠，性欲减退，能力或表现功能降低和内分泌失调，免疫系统抑制（Dishman，1992）。

过度锻炼问题在非运动员身上也可以看到(Morgan，1979b)。强迫性锻炼、强迫运动和锻炼依赖这些术语适用于把日常锻炼看得比工作、家庭、朋友和社会功能更重要的情况。尽管严重受伤，这些人仍坚持锻炼，在他人阻止其锻炼时，他们体验到了戒断症状，如心境不安、焦虑、羞愧和抑郁(Mondin et al.，1996；Cockerill and Riddington，1996)。

一些研究表明普通跑步者和各年龄组游泳者的倦怠(staleness)发生率为 33%(Raglin and Moger，1999；Raglin and Wilson，2000)。然而，尚未进行流行病学研究以确定人群中锻炼倦怠或过度锻炼的发生率及相关危险因子。目前看来，精英运动员群体和健身狂热者都代表着一个临床医学问题，但似乎并不是公共卫生问题。正如将在本书最后一章所看到的，发达国家很少有成年人能够达到过度训练或锻炼滥用(exercise abuse)的程度。这个议题将在第 12 章"锻炼滥用"部分详细讨论，因其与情绪调节和失衡的自我观念有关。

总   结

情感通常由借助纸笔工具的自我报告测得，但测量感觉状态(feeling states)、情感、心境和情绪的其他方式还包括测量生理指标(如皮肤电传导、肌电图、脑电图和神经成像)和面部表情等行为指标。迄今为止，尽管证据的科学性不充足，但其还是支持锻炼可提升心境这一祖先传下来的民间智慧。对于观察的社会、认知和生理解释还未被证实，但将锻炼对心境的积极作用仅仅归因于人们对锻炼效益的自我实现预期是不恰当的。很少有身体活动和锻炼的研究在现代情感理论的框架下检验心境或情绪。此外，研究也尚未表明出于放松和健康的目的而进行的急性运动可改变情绪反应。正如一些研究所报告的，锻炼后神经肌肉张力的降低是否在锻炼对心境或情绪反应的直接效果中发挥着重要的作用，这一问题尤为有趣。

人们决定进行锻炼的原因包括减肥和健康效益。采取锻炼在短期内需要大量的时间和精力投入，而且长时间不会出现显著的结果。心境调节的短期回报可能对帮助人们保持规律锻炼更为重要。锻炼动机问卷把心境作为一个因素，心境作为人们锻炼的一个原因仍然有其概念上的意义。然而，锻炼对心境的积极作用可能是微妙的，在新手中可能不会轻易显现。对于过去一直参与锻炼的人来说，锻炼导致心境的改善被认为更倾向于是一个动机因素(Hsiao and Thayer，1998)。关于开始并保持锻炼的内在影响因素将在第 13 章和第 15 章中讨论。

第 6 章
焦　虑

　　许多在休闲时间锻炼身体的人都注意到艰苦训练产生的平静效果，并报告自己用锻炼"忘记忧虑"或将其作为"神经能量"的发泄方法。健步走(brisk walk)爱好者也表示中等强度的身体活动使他们感到更加放松。研究文献支持锻炼具有减轻非临床人群焦虑的能力。尽管曾有一段时间，锻炼被认为可诱发惊恐障碍(或恐慌症)(panic disorder)患者的焦虑，但近期的研究表明，临床人群也受益匪浅。本章以大量统计资料说明焦虑对社会和经济造成的不利影响，并对焦虑和焦虑症进行定义。此外，本章将着重论述焦虑与锻炼之间的关系，并就锻炼缓解焦虑的心理效益机制进行探讨。

焦虑的流行及其社会影响

　　每年约 2 300 万的美国成年人(约为美国 18 岁及以上人口的 18％)受到各种焦虑障碍(anxiety disorders)的折磨(Kessler et al.，2005b)，约有 29％的个体将与焦虑障碍伴行终身(Kessler et al.，2005a)。事实上，焦虑障碍为所有精神障碍患病率之冠，仅次于物质滥用；就毕生发展而言，女性罹患焦虑的概率更高——女性的毕生患病概率(约占 30％)比男性(约占 20％)高 60％(Kessler et al.，2005c)，两性在一年中和人生各阶段的各种焦虑障碍的发病情况比较见图 6-1。

　　相比老年人，中青年焦虑程度更严重。图 6-1(b)显示了各类型焦虑障碍发病的年龄分布状况。如不考虑种族，15～24 岁的青少年较 25～54 岁的成年人更容易多经历 40％的焦虑事件。在美国国家共病重复调查(National Comorbidity Survey Replication，NCS-R)(Breslau et al.，2006)中对 5 424 名西班牙裔和非西班牙裔黑人及白人的调查统计资料显示：非西班牙裔黑人和非西班牙裔白人两个少数群体患广泛性焦虑障碍(generalized anxiety disorder)和社交恐惧症

（social phobia）的风险较低，其中非西班牙裔黑人患惊恐障碍（panic disorder）的风险更低；少数族裔群体中的低教育水平亚组患病风险显著低于其他亚组（见图 6-2）。

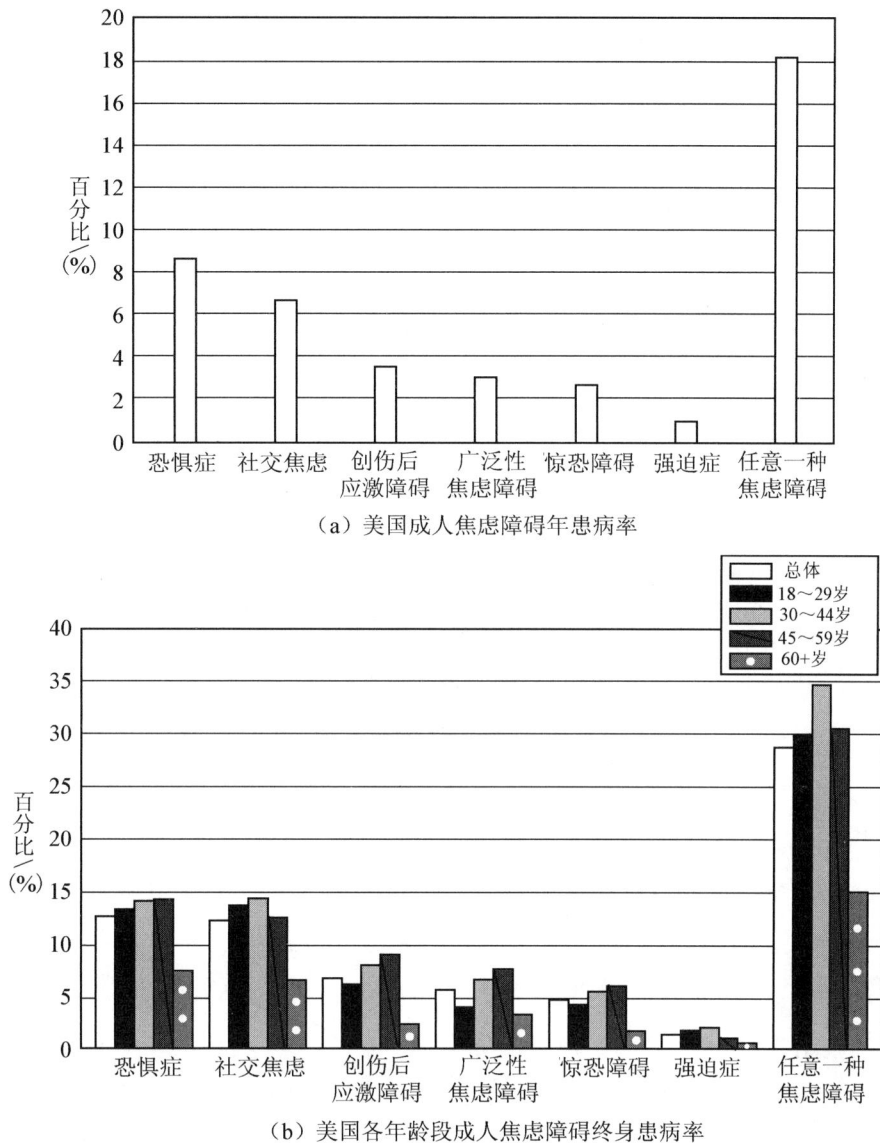

（a）美国成人焦虑障碍年患病率

（b）美国各年龄段成人焦虑障碍终身患病率

图 6-1 美国成人一年中和各年龄阶段中各种焦虑障碍的发病情况

数据来源： Kessler et al.，2005。

社交恐惧症是一种最常见的焦虑障碍，据报告，其患病率高达 18.7%；通常发病于儿童期或青春期，若得不到妥善治疗则病程反复，并伴随严重的功能性损害；常与包括情绪障碍、焦虑症、物质滥用、物质依赖在内的多种精神障碍共病。尽管存在有益的治疗方法，但寻求专业帮助的社交恐惧症患者仍占少数（Van Ameringen et al.，2003）。

惊恐障碍（或恐慌症）是基层保健机构中最常遇见的焦虑症之一，它是一种慢性的、令人虚弱的疾病。病患常表现出一些医学上无法解释的症状，从而导致公共医疗资源浪费（Pollack et al.，2003）。惊恐障碍患者常伴有广场恐惧症（agoraphobia）和重度抑郁症（major depression），患者具有

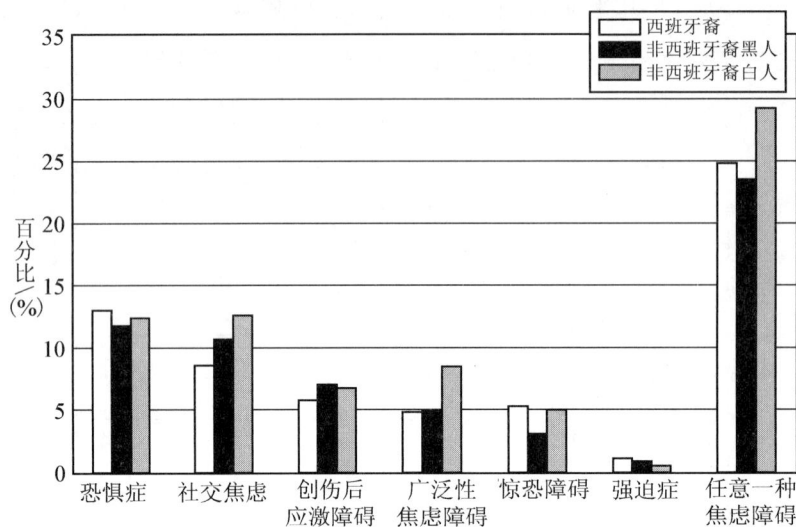

图 6-2　美国各种族和族裔成人焦虑障碍终身患病率估计

数据来源：Breslau et al.，2006。

较高罹患心血管疾病的风险且自杀倾向严重。

广泛性焦虑障碍（generalized anxiety disorder，GAD）（后面再定义）在总人口中的终生患病比例为 4%～7%，属常见障碍的一种。虽然广泛性焦虑障碍通常发病于 20 岁后，但儿童和青少年的发病比例也很高；GAD 的临床过程往往是慢性的，约 40% 患者病程超过 5 年；其高功能致损性可严重影响个体的职业功能和生活质量。因患者多采用门诊药物治疗，故致使公共医疗负担加重（Allgulander et al.，2003）。

焦虑障碍因经常与抑郁、进食障碍（eating disorders）或物质滥用共病而变得更加棘手，而且惊恐障碍也增加了个体罹患心血管疾病的风险（Kessler et al.，2005b；Weissman et al.，1990）。生活质量由于焦虑障碍而以各种方式受损，如丧失生产力（Greenberg et al.，1999）。美国国家共病调查结果显示，焦虑障碍不仅侵害病患的个人健康，其所致的来自医疗保健、药品、生产力丧失方面的开销可达 85 亿美元（Dupont et al.，1996；Greenberg et al.，1999）。自 1990 年以来，美国每年用于治疗焦虑障碍的医疗费用稳定在 45 亿～46.6 亿美元，约占同期美国心理健康干预总成本的 31.5%（Greenberg et al.，1999；Ricc and Millcr，1998），与抑郁症成本基本持平。例如，2009 年，抑郁症和焦虑障碍患者服用的抗抑郁药成为美国第四大处方药物类别，销售额为 9.9 亿美元。

> 除了物质滥用之外，焦虑障碍比其他精神障碍更为普遍。

焦虑的定义

焦虑（anxiety）是一种担忧、恐惧或紧张的状态，它通常发生在没有真实或明显的危险时。

尽管焦虑是对真实的或假想的危险的一种正常反应，但它与恐惧的区别在于恐惧是人在遇到危险刺激时的短暂情绪反应。除了大多数恐惧症(phobia)，焦虑比恐惧的持续时间更长、更抽象。当焦虑的症状或行为频繁发生或严重到引起疼痛或损害正常的身体及社会功能时，它就会被认为是一种疾病。

　　焦虑并不是一个新问题。例如，古希腊人的著作中发现了六种亚类型，即死亡、残害、分离、内疚、羞愧，以及弥漫性或非特异性焦虑，常用"不安""危险""绝望""害怕""紧张""恐慌""受惊吓""羞怯""烦恼"之类的词来表示(Newbold，1990)。一个世纪以前，弗洛伊德就曾指出慢性的、无明显原因的焦虑在普通人群中也常出现。

常见焦虑障碍的类型

　　焦虑障碍(anxiety disorder)的类型有以下几种：恐惧症、惊恐障碍、强迫症、创伤后应激障碍以及广泛性焦虑障碍。每一种类型都有其特定的心理和行为特点。

　　最常见的一类焦虑障碍是社交恐惧症(social phobias)和**特定恐惧症**(specific phobias)。社交恐惧症或社交焦虑症表现为害怕他人的判断、批评或者评价。患有社交恐惧症的人对于某些社交场合可能存在的评头论足或者尴尬的情况具有强烈的恐惧感，以致他们丧失了参与其中的乐趣和有益经历。社交恐惧症在男性和女性中同样普遍。它们可能是离散的(discrete)(如限于在公共场所吃饭、在公共场合说话，或者与异性接触)或弥漫性的(diffuse)，几乎涉及家庭以外的所有社交场合。直接的目光对峙在一些文化中可能带有特殊的压力意义。社交恐惧症通常伴随着低自尊和对批评的恐惧。症状通常包括脸红、手颤、恶心或急切的排尿需要。社交恐惧症患者有时会确认上述继发性焦虑症状之一是其主要问题。随着病程的演进，这些症状可能会发展为惊恐发作。

　　广场恐惧症(agoraphobia)出自希腊语，本意指"对开放的市场的恐惧"，但它具体涉及患者对难于抽身的情况的惧怕，或者竭力避免独自离家，乘坐汽车、公交车、飞机旅行，或置身拥挤场所。广场恐惧症患者常因害怕离开住处或家中某一间卧室而限制自己的活动以减轻焦虑。单纯恐惧症(simple phobia)指对特定事物(如蜘蛛)或场所(如高度)无理由的恐惧与回避。通常，特定恐惧症并非由暴露于单一的创伤性事件(被狗咬伤或险些溺水)引起。这些恐惧症可能受到家庭因素的影响或源自习得的替代性经验。

　　惊恐障碍(panic disorder)是一种没有预警和明显原因的强烈而反复的恐惧发作。躯体症状包括胸痛、心悸、窒息感或气短、头晕、腹痛、不真实感，以及死亡恐惧、失去控制或疯狂。惊恐发作通常持续数分钟，在此期间恐惧和自主神经症状(autonomic symptoms)逐渐增强，在10～15分钟内达到最大化。惊恐的发作常导致发作者拔足而逃，以远离应激源，发作者经常产生害怕独处或置身公共场所的恐惧或对其再次发作的持续性恐惧。

　　强迫症(obsessive-compulsive disorder)指个体陷入反复的、侵扰性的、不必要的想法、冲动，或者似乎不可能停止的想象或强迫行为，并以重复的行为或仪式为代价，来缓解焦虑。强迫症较多数其他焦虑障碍更具有家族性。

创伤后应激障碍（posttraumatic stress disorder）包括由特别的威胁性或灾难性应激事件或环境（长期或短期）引起的延迟性、长期性的焦虑体验和行为失调。这些事件包括自然灾害、战争、严重事故、目睹他人死于暴力，或酷刑、恐怖主义、强奸或其他犯罪行动。症状通常包括对原始创伤事件的回放或梦境重现，病患常处于超警戒的自主神经过敏状态，伴有强烈的惊恐反应和失眠。约50％的创伤后应激障碍症状可以在事发后6个月内得到改善，其余人则通常会持续多年且可能是无法抗拒的。

广泛性焦虑障碍（generalized anxiety disorder，GAD）指个体对多种事件经常性或持续性的过度的、无法控制的担忧，症状持续许多天而不是至少6个月。正如前文所述，弗洛伊德指出弥漫性的慢性焦虑情绪在普通人群也经常出现。广泛性焦虑障碍的发作伴有应激和焦虑所致的过度警戒（vigilance）和躯体症状，如肌紧张。在各种类型的焦虑障碍中，广泛性焦虑障碍和其他类型焦虑症的共病率最高（见图6-3）。广泛性焦虑障碍的诊断标准目前仍在改进之中。对于是否将过度担忧（excessive worry）作为必要的诊断标准尚存争议。例如，国际疾病分类（Word Health Organization，1992）中并不要求过度担忧（Weisberg，2009）。

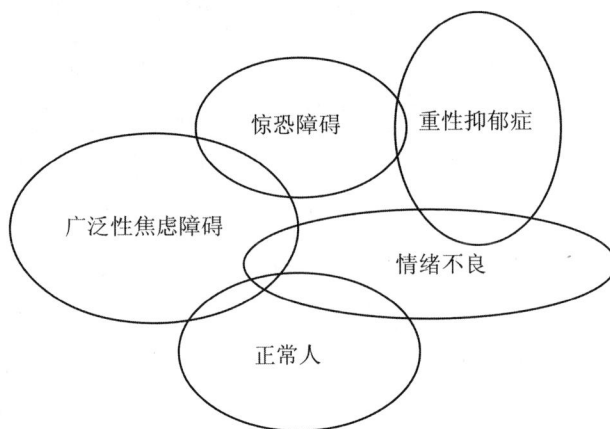

图 6-3　与广泛性焦虑障碍并存的疾病

经允许翻印自 Medscape Mental Health，© 1997，Medscape Inc.

焦虑的成分包括认知、情绪反应和生理变化，如肌肉运动紧张（motor tension）和自主神经功能的亢进。就认知和情绪维度而言，焦虑与**唤醒**（arousal）的区别在于：唤醒是一种非特异性的生理反应，以肌紧张（muscle tension）、心率加快和警觉性增强为特点。某人的唤醒程度高未必是焦虑的，但是焦虑的人典型指征就是生理上的高唤醒和心理上不安的期望、躁动、对危险信号的警戒和认知应对的减少。

诊断指南

社交恐惧症

社交恐惧症的诊断需符合以下所有标准：

心理、行为或自主症状必须首先是焦虑的临床表现，而非继发于妄想或强迫等其他症状；

焦虑必须仅局限发生在特定社会情境中；

必须对恐惧情境有明显的逃避反应。

惊恐障碍

只有当无特殊恐惧症时，方可将惊恐障碍作为主诊断。患者需在下述条件下，在 1 个月内发生数次严重的自主性焦虑发作，方可做出明确诊断：

情境中不存在客观危险；

不受已知的或可预期的环境限制；

在惊恐发作间歇期几乎无焦虑症状(尽管常会担心下次惊恐发作)。

强迫症

至少连续两周内多次出现强迫症状、强迫行为，或两者同时发作，并且使人感到痛苦或干扰正常活动。强迫症状应具备以下特点：

患者必须能够意识到症状是出自自己的想法或冲动；

即使其他人在场，患者不再试图抗拒，但仍有至少一种想法或行为是患者努力尝试却无法摆脱的；

执行强迫行为的想法本身一定是不愉快的(简单的紧张或焦虑的缓解不被视为是快乐的)；

想法、想象或冲动必须令人不愉快地重复出现。

创伤后应激障碍

"患者在过去 6 个月内经历了异常严重的创伤性事件"是做出创伤后应激障碍诊断的先决条件。此外，患者重复、多次、难以摆脱地陷入对创伤事件的回忆、复现、白日梦或梦境中。而情绪冷漠、感觉麻木以及对可能唤起创伤性回忆的刺激的回避等虽经常出现但并非做出诊断所必需的。自主神经功能紊乱、心境障碍(如抑郁、突发的恐惧或惊恐)及行为异常(攻击障碍、酒精滥用)等症状虽然都有助于诊断但并非关键指征。

广泛性焦虑障碍

病患必须在大多数日子里出现焦虑的主要症状，一次持续数周，通常是几个月。典型症状包括：

忧虑(忧心未来的不幸、心烦意乱、注意力涣散)；

肌肉运动紧张(motor tension)(如烦躁不安、紧张性头痛、颤抖、无法放松);

自主神经活动过度(头昏眼花、出汗、心动过速或呼吸急促、上腹部不适、头晕、口干)。

儿童病例的躯体化症状更为明显,诊断时需要反复确认。

经许可翻印自 WHO, International classification of diseases-10, Geneva: World Health Organization, 1992。

通常将焦虑描述为即刻或暂时的(状态焦虑)以及一种人格表现(特质焦虑)两种。**状态焦虑**(state anxiety)是由当前意识到的或无意识知觉到的威胁触发的身心反应(如你现在焦虑吗?),涉及主观感受和客观表现(如心率加快)。**特质焦虑**(trait anxiety)是一种人格特征,反映了某人将事件评估为威胁性事件的倾向性(你是一个焦虑的人吗?)。总体而言,高特质焦虑者知觉到更多威胁,并更频繁地置身于高焦虑状态,其对特定情境的焦虑反应也更强烈(Spielberger et al., 1983)(见图 6-4)。特质焦虑与人格有关,但与相对稳固的气质相比具有一定的可改变性。虽然焦虑是正常情绪反应的一种,但可根据症状的数量、个人苦恼的强度以及正常社会功能的受损程度将正常水平的焦虑和临床焦虑症进行区分。

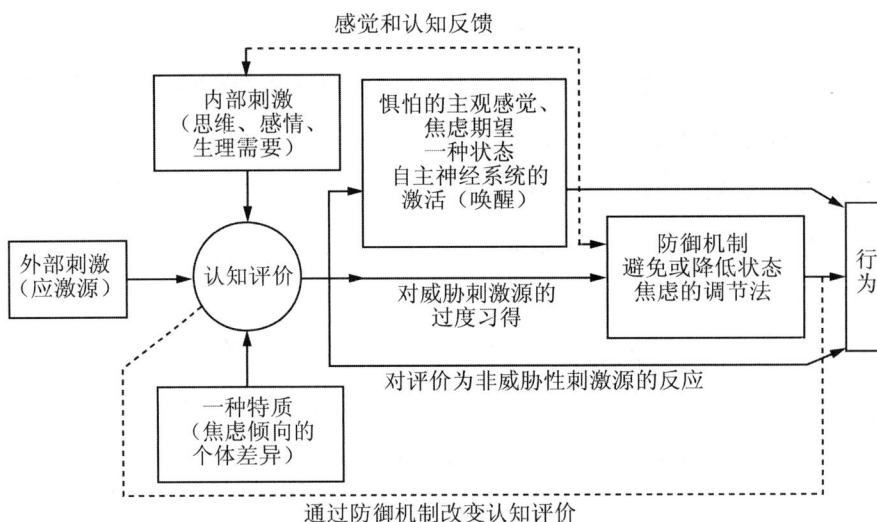

图 6-4 特质焦虑和状态焦虑的概念

经许可翻印自 C. D. Spielberger, Theory and research on anxiety. In *Anxiety and behavior*, New York: Academic Press, 1966, 17。

> 状态焦虑是对感知到的威胁做出的最直接的心理和生理反应,而特质焦虑是把事件说成具有威胁性的倾向。

锻炼的效果

1996年美国《医务总监关于身体活动与健康的报告》（*U. S. Surgeon General's Report on Physical Activity and Health*）（U. S. Department of Health and Human Services，1996）指出规律性身体活动可降低焦虑体验。但《2008 美国人身体活动指南》（2008 *Physical Activity Guidelines for Americans*）科学咨询委员会声称只有少数证据支持了身体活动或锻炼能够缓解焦虑症患者的症状或起到预防焦虑症状发展的作用（Physical Activity Guidelines Advisory Committee，2008）。相比身体活动与抑郁症方面的研究成果，几乎没有基于人群的前瞻性队列研究检查了有规律的身体活动能否防止焦虑症状的发展，而探讨锻炼计划是否可以缓解焦虑障碍患者焦虑症状的随机对照实验也少之又少。多数研究都是针对无焦虑障碍人群或无焦虑障碍的躯体疾病患者，通过锻炼方面的随机对照实验，从促进健康（fitness）或改善身体状况的角度分析急性运动对状态焦虑的干预效果，以及慢性运动对特质焦虑的改善作用。

威斯康星大学的比尔·摩根（Bill Morgan）推测，对于用锻炼法管控焦虑的研究缺乏关注，源自20世纪60年代末和20世纪70年代初医学对锻炼的抗焦虑效益所持的态度。当时医学界普遍认为身体活动可以作为诱发焦虑性神经症患者和部分非焦虑性神经症患者惊恐发作的一个预测因子（Morgan，1979a）。这种关于锻炼对抗焦虑有潜在疗效的消极态度，基于一项乳酸盐注射量与焦虑体验的正相关研究。皮茨和麦克卢尔（Pitts and McClure，1967）分别比较了10名对照组成员和14名焦虑性神经症患者对静脉注射乳酸盐、DL-乳酸钠、安慰剂（葡萄糖）产生的焦虑反应，测试在静息状态下完成。结果表明，焦虑性神经症患者在注射乳酸钠钙之后乳酸盐血液浓度达到40 mg/dl，除1名患者外的所有参与者出现了2～5天的焦虑发作。皮茨和麦克卢尔还记录了对照受试者的一些焦虑反应，并得出结论：乳酸盐可能产生焦虑症状。由于高强度运动可增加肌肉和血液中的乳酸，且运动强度达到峰值时血乳酸盐的典型增加可达到注射乳酸钠量的2～3倍，因此身体活动或为焦虑发作的诱因。

然而，格罗兹与法默（Grosz and Farmer，1972）和摩根（Morgan，1979a）呈现了众多理由，认为虽然注射乳酸盐可以引发焦虑症状，但运动导致的乳酸增加不会导致相同的结果。例如，输注获得的乳酸盐会快速转化为碳酸氢盐和二氧化碳，它与代谢性碱中毒和随后的过度换气具有函数关系，因此会造成焦虑发作（Maddock，Carter and Gietzen，1991）。运动诱发的乳酸盐升高导致代谢性酸中毒。自1987年以来进行的15项运动与惊恐发作有关的研究也反驳了该观点。其中对420名惊恐障碍患者的单次运动观察发现，444次运动中仅出现5次惊恐发作（O'Connor，Smith and Morgan，2000）。研究还显示，35名惊恐患者中仅有1名患者在进行超强跑步机测试时出现了惊恐发作。彼时其血乳酸水平（8～14 mmol/L）高于2/3惊恐发作者在发作时的血乳酸含量，并高于注射所达水平（5～6 mmol/L）（Martinsen et al.，1998a）。此外，运动所致的乳酸蓄积与无临床症状者的锻炼后焦虑无关（如 Garvin，Koltyn and Morgan，1997）。急性的亚极量运动还可缓解惊恐患者和健康人群因使用惊恐诱导药物缩胆囊素所诱发的惊恐频次和焦虑症状的严重程度(Strohle et al.，2005；Strohle et al.，2009)。此外，小型临床随机试验结果显示，10周的有氧运动训练虽然不及药物疗效，但确可有效缓解惊恐障碍和广场恐惧症患者的焦虑症状(Broocks et al.，1998)；且该疗效优于单独的放松治疗或放松技术与SSRI抗焦虑药帕罗西汀(SSRI anti-anxiety drug Paroxetine)的组合疗法(Wedekind et al.，2010)。仅两周的中等强度有氧运动就足以缓解焦虑敏感性测试评分较高的年轻人的恐惧这一焦虑症状，而该症状是惊恐障碍的甄别特征之一(Smits et al.，2008)。

> 早期研究错误地把惊恐发作归因于参与剧烈运动。

20世纪60年代末和20世纪70年代乳酸—焦虑的争论，妨碍了身体活动作为焦虑治疗手段的研究，但急性运动和慢性运动对焦虑的影响一直是过去40年来众多研究的主题。摩根(Morgan，1973，1979a)对急性身体活动的焦虑症状缓解效益的开创性研究，为大量研究显示有氧运动降低自评焦虑奠定了基础。例如，摩根(Morgan，1973)对剧烈运动的状态焦虑缓解效益进行了分析，干预时长45分钟，测查点包括剧烈运动前、剧烈运动后不久，以及运动后的20～30分钟。结果表明，40名男性的状态焦虑评分在运动后即刻有轻微增加，但在之后的20～30分钟出现显著降低，低于运动前焦虑水平。随后，一项纳入75名中年男性的研究表明，锻炼者的状态焦虑在以70%有氧能力进行锻炼后的20分钟后出现明显缓解，与冥想和静息状态的干预效果相当，如图6-5所示(Bahrke and Morgan，1978)。这项研究的重要性在于：它通过总结抗焦虑研究中的"暂停"(time-out)——这个共同的关键特征，或者说从焦虑的源头或症状中分散注意力，而分散注意力可能是运动后焦虑减少的可信解释。这一假说得到了后续研究的支持(Breus and O'Connor，1998)。

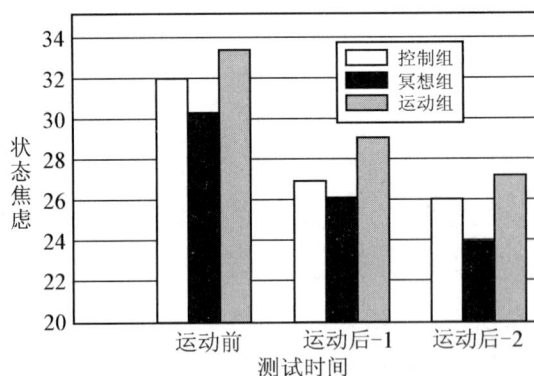

图6-5　运动组，冥想组和控制组前后状态焦虑的变化

数据来源：Bahrke and Morgan，1978。

焦虑的预防：观察性研究

早期横断研究表明，规律锻炼者的焦虑症状比无锻炼习惯者更低(Stephens，1988)。在加拿大健康调查(The Canada Health Survey)中，对近 11 000 名 15 岁及以上国民近两周内的焦虑状况和锻炼状况进行调研的结果表明：40 岁以下及以上男性和 40 岁以上女性日均休闲身体活动运动消耗量高于或等于 5 kCal/kg 体重的个体比日均低于 2 kCal/kg 体重的个体自我报告了更少的类似焦虑症状。

近 10 年来，至少有 5 项大样本横断研究结果表明，规律性身体活动与焦虑症状的低概率有关，其中包括近 35 万美国人的全国代表性样本数据。

美国国家共病调查

古德温(Goodwin，2003)对 15～54 岁美国人的调查数据进行了分析，样本取自美国国家共病调查(U. S. National Comorbidity Survey)数据库($n=5\,877$)。在对年龄、性别、种族、婚姻状况、教育、收入、身体疾病和其他精神障碍等因素进行较正后，那些声称自己在过去一年中出于娱乐目的或因工作而进行规律性体育锻炼的人，被诊断为焦虑障碍的概率降低了 25%～35%。相关数据如下：特异性恐惧症(OR＝0.78；95% CI：0.63～0.97)，社交焦虑(OR＝0.65；95%CI：0.53～0.80)，广场恐惧症(OR＝0.64；95%CI：0.43～0.94)和惊恐发作(OR＝0.73；95% CI：0.56～0.96)。调整了其他精神障碍(OR＝0.76；95% CI：0.52～1.11)后，广泛性焦虑障碍(OR＝0.61；95%CI：0.42～0.88)的患病概率降低了近 40%，相比其他焦虑障碍不再显著，这可能反映了抑郁症及其他焦虑障碍与广泛性焦虑障碍之间的高度共病性。随着身体活动频次的增加，各种焦虑障碍的发生率呈现出了剂量—反应的下降(见图 6-6)。

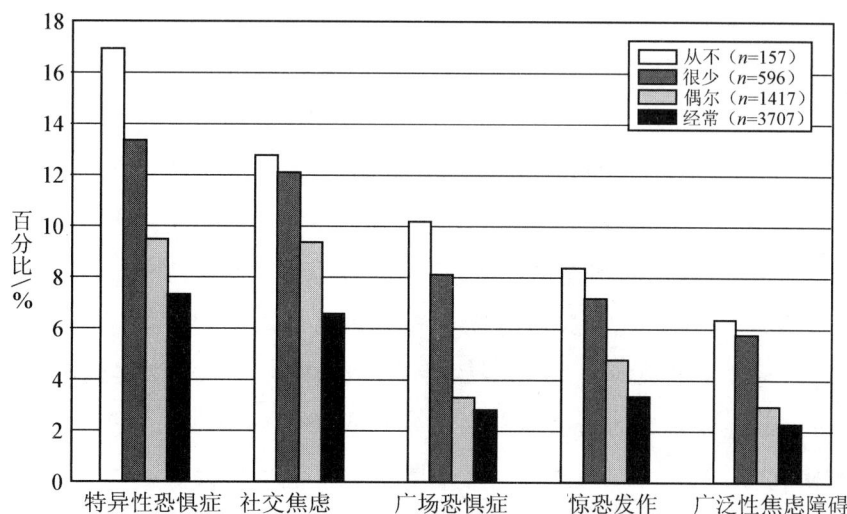

图 6-6　在美国国家共病调查中 12 个月内不同身体活动频率对应的焦虑症的患病率

数据来源：Goodwin，2003。

2006 年行为危险因素监测调查

2006 年行为危险因素监测调查（Behavioral Risk Factor Surveillance Survey）是一项随机数字电话拨号调查项目，包括了全美 38 个州、哥伦比亚特区、波多黎各和美属维尔京群岛的 217 379 名参与者（Strine et al.，2008）。约 11% 的参与者（14.3% 的女性和 8.2% 的男性）称其至少有一次被医生或健康服务者告知患有一种焦虑障碍（包括急性应激障碍、广泛性焦虑障碍、强迫症、惊恐发作、惊恐障碍、恐惧症、创伤后应激障碍或社交焦虑症）。约 24% 的参与者表示他们在近 30 天内没有进行任何休闲体育活动或锻炼。无论年龄如何，不锻炼的人患终生焦虑障碍的可能性比锻炼者高 40%（OR＝1.4；95% CI：1.3～1.5）。即便对年龄、性别、种族和族裔、教育、婚姻和工作状况、慢性病（脑血管疾病、糖尿病、哮喘）、吸烟、肥胖（BMI≥30 kg／m²）和酒精使用（每日次数：男性＞2；女性＞1）等因素进行调整之后，患焦虑障碍的风险仍然高出锻炼者 10%。

挪威北特伦德拉格郡健康研究

挪威北特伦德拉格郡健康研究（Health Study of North Trøndelag County，Norway）项目对 1 260 名睾丸癌幸存者和 20 207 名健康男性的休闲身体活动（包括步行上班）和焦虑症状进行了邮寄问卷调查（Thorsen et al.，2005）。研究者将主诉近一年内每周低强度身体活动（运动强度达不到能出汗或呼吸困难）不足 1 小时，以及从不进行高强度身体活动的受试者划分为不活动者（占人数的 18%）。结果显示，不论是否罹患过睾丸癌（OR＝1.36；95% CI：1.23～1.51），不活动者（17%）的焦虑症状都比活动者高（占人群的 13%）。但对年龄、BMI、受教育程度、婚姻状况、吸烟和重度抑郁症状等因素进行调整后，不锻炼者的焦虑症状不再高于锻炼者。

荷兰双生子登记项目

在荷兰双生子登记项目（the Netherlands Twin Registry）中，12 450 名青少年（最小年龄为 10 岁）和成年人参加了生活方式与健康关联的追踪研究，时间为 1991—2002 年（De Moor et al.，2006）。结果显示，有 51.4% 的受试者有锻炼习惯（每周至少 1 小时、大于等于 4 代谢当量的运动）。对性别和年龄进行调整后，锻炼者的一般性焦虑感较不锻炼者大约低 16%（OR＝0.84；95% CI：0.81～0.87）。然而，这一关联可能与人格相混淆，因为锻炼者更加外向且情绪稳定的特质降低了罹患焦虑障碍的风险。对 18～50 岁的同卵双生子（479 位男性和 943 位女性）进行调研发现，双生子中锻炼较多者的焦虑主诉与锻炼较少者持平（De Moor et al.，2008）。此外，纵向分析（追踪年限在 2～11 年不等）表明，焦虑降低并不是参加锻炼的必然结果。

前瞻性队列研究

至少三项以人群为基础的研究使用了前瞻性队列设计，研究表明，身体活动可降低 25%～

40％的罹患焦虑障碍的风险。

澳大利亚北部河流地区心理健康研究

澳大利亚北部河流地区心理健康研究（Northern Rivers Mental Health Study，Australia）项目对新南威尔士州里士满流域一个社区的居民进行了为期两年的追踪，以了解除历史因素之外足以影响个体心理健康状况的因素（Beard et al.，2007）。研究采用随机电话筛查的方式招募到有精神障碍风险的受试者 1 407 名，并对其进行面对面基线诊断，工具为简版 WHO-CIDI 访谈诊断标准（ICD-10 标准）。诊断结果甄别出 859 个疑似病例（61.1％）和 548 个健康个体（38.9％）。两年后，研究者成功追踪 968 名 18～85 岁的受试者，并进行了二次访谈。结果显示，每周进行 3 小时及以上大运动量身体活动的个体罹患任意一种焦虑障碍的概率比无锻炼者低 43％（OR＝0.57；95％ CI：0.31～1.05）。但在对性别、应激性生活事件、情绪稳定性以及痛苦症状的基线值等因素进行调整后，锻炼参与者的低焦虑发病优势趋近于无。

纳瓦拉大学后续行动研究

纳瓦拉大学后续行动研究［SUN（Sequimiento Universidad de Navarra）Study］对西班牙纳瓦拉大学 10 381 名毕业生（平均年龄 43±12）进行队列研究，并对他们进行了 4～6 年的随访，研究发现了焦虑发生率的降低（Sanchez-Villegas et al.，2008）。样本中 731 个焦虑障碍病例为主诉医生诊断的焦虑障碍患者或镇静剂使用者。校正基线年龄、性别、热量摄入、吸烟、婚姻状况、关节炎、溃疡和癌症因素后，每周休闲时间活动消耗 19～33 MET-hour 的 20％的个体（OR＝0.67；95％ CI：0.52～0.85），其焦虑发生的概率降低了 1/3；而在 20％每周消耗 33MET-hour 或以上的个体，其焦虑发生的概率较 20％几乎不锻炼群体减少了 25％（OR＝0.74；95％ CI：0.58～0.94）。

瑞典健康专家项目

瑞典健康专家（Swedish Health Professionals）项目对瑞典西部医疗保健专业人员和社会保险工作人员 2004 年和 2006 年收集的队列数据（2 694 名妇女，420 名男性）进行了分析（Jonsdottir et al.，2010）。2004 年调查实施之前的 3 个月内声称自己进行过轻度身体活动（每周园艺、步行、骑自行车上班至少 2 小时），或中等至剧烈身体活动（有氧运动、跳舞、游泳、足球或繁重园艺劳作至少 2 小时，或单周高强度锻炼达到 5 小时）的个体，在 2006 年随访中似乎比静坐少动者主诉的焦虑症状更少（OR＝0.64；95％ CI：0.42～1.02 和 OR＝0.56；95％ CI：0.34～0.94）。

状态焦虑

文献定量回溯研究（元分析）对急性运动对非焦虑障碍患者暂时性状态焦虑降低的作用进行

了大量的报告(如 Landers and Petruzzello，1994；Petruzzello et al.，1991)。1960 年至 1993 年发表的状态焦虑相关研究表明，急性运动停止后状态焦虑平均降低 1/4 个标准差(McDonald and Hodgdon，1991；Petruzzello et al.，1991)至 1/2 个标准差(Landers and Petruzzello，1994)，更大降幅通常出现在运动结束后的5～30 分钟，并可持续约 20～30 分钟。几项研究表明，急性运动具有与冥想(Bahrke and Morgan，1978)、生物反馈和药物(Broocks et al.，1998)相同的状态焦虑降低效益，但不比安静休息和分散注意降低状态焦虑的效应更好(Bahrke and Morgan，1978；Breus and O'Connor，1998)。然而，锻炼的**抗焦虑**(anxiolytic)效果显然持续时间长于休息或分散注意，且短时间的锻炼与运动后几小时内状态焦虑的持续减少有关。例如，拉格林和威尔逊(Raglin & Wilson，1996)发现功率自行车运动 20 分钟后，无论个体的摄氧量峰值($\dot{V}O_2$peak)处于 40%、60%还是 70%都可以带来 2 小时的状态焦虑降低效益。

> 急性运动可以降低状态焦虑，并与其他传统疗法，如冥想，一样有效。

1993 年之前发表的研究所报告的锻炼后焦虑变化，在以摄氧量峰值百分比标识的运动强度中没有发现显著差异(Landers and Petruzzello，1994；Petruzzello et al.，1991)，但大多数研究未能就心肺耐力(cardiorespiratory fitness)状况对相对运动强度进行量化，也未能对相同参与者的不同运动强度进行比较。通常情况下，有氧运动能力以次最大锻炼强度下个体的体能测试或者心率为基础进行估计，这种估计与实际有氧能力的偏差可高达 20%。对运动强度的精准评估，对于确定减轻焦虑的急性运动的必要水平或最佳运动强度水平，以及提供运动处方都是至关重要的。自 1993 年以来，研究者多以标准化的方式对运动强度进行量化。这些研究显示，运动强度达到摄氧量峰值的 40%～70%时，受试者的焦虑程度可能降低，也可能不变(Breus and O'Connor，1998；Dishman，Farquhar and Cureton，1994；Garvin，Koltyn and Morgan，1997；Koltyn and Morgan，1992；O'Connor and Davis，1992；Raglin and Wilson，1996)；不同受试群体在最大强度运动后也出现焦虑水平升高、降低、不变的不同情况(Koltyn，Lynch and Hill，1998；O'Connor et al.，1995)。

这些研究虽然对锻炼者的体适能水平进行了区分，但鲜有对其锻炼经历的描述或测量。而急性运动无法降低焦虑的研究多在体适能和锻炼经历的比较上存在局限。此外，以所达到的摄氧量峰值百分比表达相对运动强度的方法并不能将不同锻炼项目的运动量等量化。当以相同的摄氧量峰值百分比进行锻炼时，静坐少动者会比锻炼者体验到更强的代谢压力(Wilmore and Costill，1994)，且这种差异可能会影响运动后的焦虑反应。再者，爱运动的成年人较不爱运动者对锻炼的心理效益有更高的期待(Hsiao and Thayer，1998；Steinhardt and Dishman，1989)，因此他们对急性运动后焦虑感降低的主诉也可能是期望效应导致的偏误。

多数有关锻炼后焦虑的研究是通过焦虑感自我评定来测量焦虑体验的变化的(Morgan，1997；Petruzzello et al.，1991)。因此不能排除锻炼后焦虑的降低是个体主观上对锻炼心理效益的期待所致的(Morgan，1997)。期待效应得到了骑行后焦虑降低研究(Youngstedt et al.，1993)与慢跑后紧张缓解效益研究(Berger et al.，1998)证据的支持。一项研究对个体锻炼经历、体适能与锻炼心理效益的预期进行了控制，结果表明，虽然低体适能者在极限强度锻炼后焦虑水平较高，但在20分钟轻量骑行(摄氧量峰值的40%)后状态焦虑降低状况较高体适能者更为明显(Tieman et al.，2002)。因此，该研究还指出低体适能和近期静坐少动的情况没有对次极限锻炼后焦虑感下降造成影响。

关于焦虑与锻炼关系的研究多集中于有氧运动、低抗阻运动(如游泳、自行车，或者中等或高强度跑步)，而对举重类高抗阻运动的研究相对较少。1993年，拉格林、特纳和艾克斯滕(Raglin，Turner and Eksten，1993)发现从事举重运动的个体在举重后状态焦虑并没有得到缓解，但在骑行功率自行车后出现状态焦虑的明显降低。福赫特和科尔钦(Focht and Koltyn，1999)发现，个体在50%，不是80%的1-最大重复量(1-repetition maximum，1RM)条件下进行抗阻运动后，状态焦虑缓解，尽管这一效应延迟到锻炼后60多分钟才出现。另一项抗阻运动的焦虑缓解效益研究则称该效益发生在运动后1.5~2小时(O'Connor et al.，1993)。巴塞洛缪和林德(Bartholomew and Linder，1998)的研究表明，状态焦虑可以在进行20分钟抗阻运动后得到缓解，运动强度为40%~50% 1RM，且该效益在运动后15~30分钟才出现。他们还发现20分钟的高强度(75%~85% 1RM)抗阻运动后会出现焦虑的升高，该现象发生在运动后的5分钟和15分钟。

特质焦虑

大量研究已经支持了规律性锻炼可减少人们总体焦虑感的观点。两项早期元分析研究认为：运动训练(exercise training)可以有效降低非焦虑障碍或其他疾病患者的特质焦虑。一篇综述发现，锻炼可使除焦虑之外的慢性病患者的焦虑症状减少。

佩特鲁泽罗及其同事(Petruzzello et al.，1991)在其早期发表的关于锻炼的焦虑缓解效益的元分析中总结认为，锻炼后特质焦虑的下降通常可达到0.33个标准差，即在测量用的等级量表[斯皮尔伯格的《状态—特质焦虑量表》，其评分范围从20(几乎从来不焦虑)到80(几乎总是焦虑)]有3分的变化。虽然所有研究对象都未被诊断出焦虑障碍，但还是观察到其中的高特质焦虑者焦虑减少更大。锻炼的焦虑缓解效益可与其他积极疗法(active treatments)媲美，且始终优于控制组。

随后，郎和范斯达沃尔(Long and van Stavel，1995)对40项基于健康成人的准实验和实验研究进行了元分析，结果表明，运动训练后的特质焦虑减少量的平均效应可达0.40个标准差。1995年以来，学界累计发表了约50项有关运动训练的随机对照研究。

晚近发表的基于40项随机对照实验研究的元分析(包括除2 914例焦虑障碍以外的慢性病患者)，发现在无焦虑障碍的慢性病患者群体中施以运动训练可获得显著但较小的症状缓解效益，该效益高于无治疗条件0.29个标准差(0.29 SD；95% CI：0.23~0.36)(Herring，

O'Connor and Dishman，2010)(见图 6-7)。在持续时间不超过 3 个月的实验中，当单次锻炼干预至少持续 30 分钟，且当患者报告自己的焦虑症状比过去一周更多时，焦虑减少得最多。

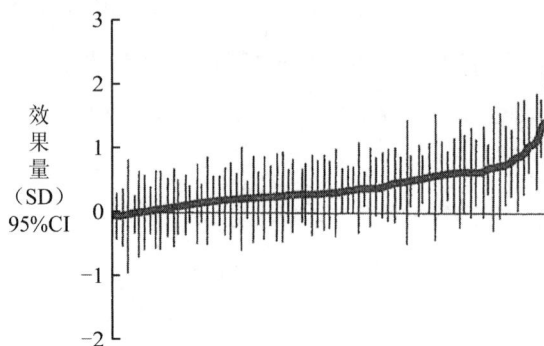

图 6-7   除焦虑以外的其他疾病患者运动训练与焦虑症状关系的随机对照实验

数据来源：Herring，Matthew，O'Connor and Dishman，2010。

是剂量—反应研究吗？

目前尚无运动干预的研究比较不同干预项目和干预时间对焦虑缓解的贡献差异。近一半的研究仅考查有氧运动(步行、慢跑或骑自行车)的效益，约四分之一的研究单独考查抗阻运动的效益或有氧运动与以低强度力量训练为主的抗阻训练的组合效应。无论锻炼类型、锻炼的持续时间(通常在 25～60 分钟)、锻炼持续或间歇进行(是否有间断)，焦虑减少的程度都是相似的。然而，大多数研究未能准确描述与热身、休息和整理活动(cooling down)相比，主动运动(active exercise)实际花费的时间。目前我们还不清楚有氧运动或抗阻训练的强度是否影响临床实验中焦虑的减少。一半以上的研究采用了中度至剧烈的锻炼强度(60%～80%的有氧能力或最大力量)，运动频率为每周 3 天或更多。无论锻炼强度如何变化，焦虑症状的减少却是相似的。

> 对于焦虑障碍人群，慢性运动对于减少其特质焦虑的效果似乎不大，但慢性运动确实可以降低高特质焦虑的非焦虑障碍患者的状态焦虑。

焦虑障碍患者的运动训练

虽然针对临床人群的研究很少，但通常情况下，无论训练强度或有氧能力如何变化，临床人群都表现出焦虑的减少。马丁森、霍法特和索伯格(Martinsen，Hoffart and Solberg，1989)对 79 个患有各种焦虑障碍的住院患者实施了有氧运动(步行和慢跑)干预和无氧运动(力量、柔韧性和放松)干预以考查其焦虑缓解效益。患者被随机分配到有氧运动组和无氧运动锻炼组，进行每周 3 次、每次 1 小时的训练。8 周后，不论两组病人的有氧能力如何变化，其焦虑症状均得到显著缓解。另一项对 44 名有不同焦虑障碍的住院病人的研究也支持了运动训练的心理效益(Martinsen，Sandvik and Kolbjornsrud，1989)。研究要求住院患者每周进行 5 次 1 小时的有氧练习，共 8 周。除社交恐惧症的患者外，其余患者的焦虑症状均在研究期间得到了改善，且广泛性焦虑障碍(GAD)患者和无惊恐发作的广场恐惧症患者的改善持续了 1 年。塞克斯顿、梅耶和达尔(Sexton，Maere and Dahl，1989)的研究也表明对住院患者实施 8 周的中等或低强度有氧运动训练可以获得持续 6 个月的焦虑症状缓解效益，且两种运动强度的心理症状改善程度相近。

至少有 3 项随机对照实验研究表明，某一种焦虑障碍的患者，其焦虑在运动训练(exercise training)之后减少(如 Broocks et al.，1998；Herring et al.，2012；Merom et al.，2008)。

有氧运动与治疗惊恐障碍和广场恐惧症的 SSRI[①] 药物

临床随机实验显示，为期 10 周的有氧运动训练可有效缓解惊恐障碍和广场恐惧症导致的焦虑症状，但这一疗效与药物治疗尚有差距(Broocks et al.，1998)。研究共收治 46 名患有中重度惊恐障碍的门诊病人(4 人无广场恐惧症)，被试被随机分入由常规有氧运动(跑步)组、血清素再摄取抑制剂氯米帕明(clomipramine，112.5 mg/d)组和安慰剂药片组组成的 10 周治疗计划之中。截至实验结束，锻炼组的退出比例为 31%，安慰剂组为 27%，氯米帕明治疗组为 0。与安慰剂组相比，锻炼组和氯米帕明组出现了显著的焦虑症状降低，但是氯米帕明治疗组比锻炼组见效更快、更有效(见图 6-8)。虽然有些证据表明，惊恐障碍患者都是不进行身体活动的，且确实有意回避锻炼(Broocks et al.，1997)，但惊恐障碍患者对身体活动的回避是否出于恐惧目前尚未定论(O'Connor，Smith and Morgan，2000)。

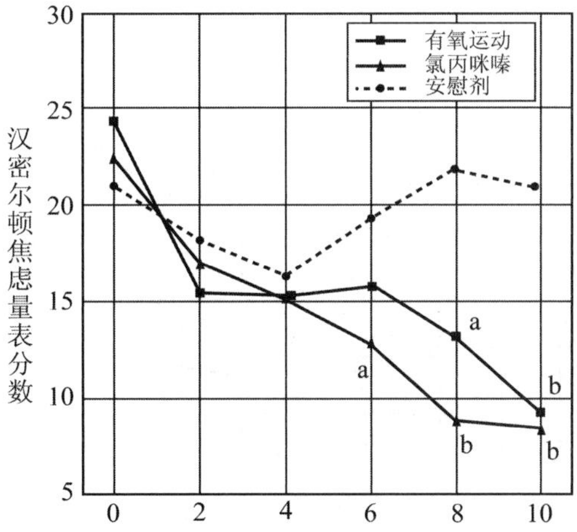

图 6-8　有氧运动或药物治疗对惊恐障碍的作用

数据来源：Broocks et al.，1998。

① SSRI(selective serotonin reuptake inhibitor)，即选择性血清素再摄取抑制剂，20 世纪 80 年代研发并试用于临床的一类抗抑郁药物。——译者注

健步走＋团体认知行为疗法

研究者对在门诊被诊断为惊恐障碍、广泛性焦虑障碍或社交恐惧症的患者进行了一项小组随机实验(group randomized trial)，以比较接受家庭健步走(home-base walking)和团体认知行为疗法(group cognitive behavioral therapy，GCBT)的联合治疗(GCBT＋步行)(21 人)与仅接受认知行为治疗和相关教育课程的疗法(GCBT＋教育单元)(20 人)的差异(Merom et al.，2008)。在对研究开始时的自评抑郁、焦虑、应激等级，以及焦虑障碍的类型进行调整后发现，"GCBT＋步行"组比"GCBT＋教育单元"组报告了更少的抑郁、焦虑和应激的症状。

广泛性焦虑障碍

一项研究将佐治亚大学 30 名患有广泛性焦虑障碍(DSM-IV 初级诊断)的静坐少动女性(18～37 岁)随机分配到 6 周的抗阻运动训练组、有氧运动训练组和等待控制组(wait-list control group)(控制组将有机会在实验结束后接受锻炼计划)(Herring et al.，2012)。被试中约 70％存在与另一种焦虑或情绪障碍的共患病，1/3 正在接受抗抑郁药治疗。研究者根据每个被试的身体区域、正向做功负荷级数(positive work load progression)和锻炼时能够积极参与的时间(time actively engaged in exercise)为每一名被试安排了适宜的下身举重(lower-body weightlifting)或腿部骑行(leg cycling)运动，锻炼在主试监督下每周进行两次。实验过程安全无事故。抗阻运动、有氧运动和对照条件下的症状缓解率分别为 60％、40％和 30％。图 6-9 显示，运动组比对照组的忧虑症状明显缓解。

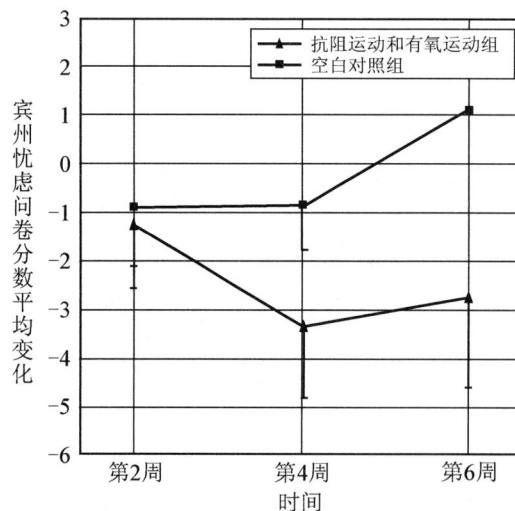

图 6-9　运动训练对于广泛性焦虑障碍短期治疗的可行性：随机对照实验

经许可翻印自 M. P. Herring，M. L Jacob，C. Suveg，R. K. Dishman，R. J. O'Connor，"Feasibility of exercise training for the short-term treatment of generalized anxiety disorder：A randomized controlled trial，" *Psychotherapy* & *Psychosomatics*，2012，81，pp. 21-28。

身体活动与年轻人的焦虑

目前尚没有关于焦虑症患儿或青少年的随机对照实验。一项元分析总结了六项控制不佳的对照试验，受试者包括 11～19 岁的普通民众。该研究比较了运动训练(exercise training)、不做任何处理，以及非药物或心理治疗干预的情况(Larun et al.，2006)。结果表明，不论运动强度如何，锻炼组焦虑分数在锻炼后都有较大幅度的降低(—0.48 SD；95% CI：—0.97～0.01)，但未达到统计学显著。这个明显的效应是否可以归结为降低青少年发生抑郁的主要风险，尚未确定。在德国慕尼黑开展的一项纵向研究对 2 548 名 14～24 岁青少年和青年人进行了为期 4 年的追踪研究，发现那些在基线调查时声称自己规律性地锻炼或进行体育运动的个体，精神障碍和任何一种焦虑障碍的总体发病率较低(Andreas Strohle et al.，2007)。

已有研究存在的问题

了解身体活动和锻炼能否使人放松，具有重要意义，即使他们没有焦虑障碍。生活压力周而复始，虽然不足以致病或造成严重损害，但其带来的不适或损害仍然影响个体的工作效率和休闲生活，进而降低生活质量。这是大多数运动与焦虑关系研究招募正常人或低焦虑被试的原因之一。然而，这个方法导致研究出现了四个问题。第一个问题是普遍性问题。用没有临床焦虑的人进行研究，显然无法说明锻炼是否是一种可用于任何一种焦虑障碍的有效疗法。鉴于焦虑障碍的流行规模，深入了解身体活动和锻炼对被诊断出的焦虑障碍患者的潜在助益或危害，对于公共健康具有重要意义。

第二个问题是最初的低焦虑水平，给焦虑改善的空间很小。换言之，我们不能期望那些本不焦虑的人更不焦虑。一些研究非临床焦虑人群的研究者能够通过大规模测查筛选出健康人群中高特质焦虑得分者(如 Breus and O'Connor，1998)，或通过咖啡因等药理学方式来激发更高的焦虑水平(Youngstedt et al.，1998)解决健康人群焦虑起评点偏低的问题。

第三个问题在于大多数锻炼研究所使用的焦虑等级量表对锻炼后焦虑状态的变化是否有足够的灵敏度。这一问题在被试起始焦虑水平较低的时候尤为明显。大多数锻炼研究使用的等级量表都是给出一个焦虑水平分数值。一些心理学家对此质疑，认为此类研究至少应对担忧的情绪和对应的生理症状分开测量。有人特别关注的是，锻炼研究中所使用的焦虑量表没有足够的敏感性或特异性来测量由锻炼引起的焦虑反应。对焦虑的自我报告的评定，通常使用"状态—特质焦虑量表"(State-Trait Anxiety Inventory，STAI)(Spielberger et al.，1983)、心境状态剖面图(Profile of Mood States，POMS)(McNair，Lorr and Droppleman，1981)中的紧张/焦虑分量表，或者其他使用形容词的类似量表来评定一种焦虑或紧张心境(an anxious or tense mood)。

虽然 STAI 是目前全世界效度最佳的焦虑量表，但一些研究者担心 STAI 和 POMS 不能测量运动期间或运动的焦虑或紧张（见 Ekkekakis and Petruzzello，1999）。一个担心是，量表中的问题可能被锻炼过程中对生理唤醒的知觉产生人为的影响；另一个担心在于锻炼中或锻炼后的焦虑体验与其他情况或环境下的体验不同——因此焦虑的结构可能因锻炼而改变。一些研究者甚至认为需要专门设计针对锻炼研究需求的焦虑测量方法。情况是否如此尚待研究验证。目前很难想象，锻炼中或锻炼后的焦虑为什么变化以及怎样变化会成为一个独特的现象。但是，有些人会在没有担忧体验的情况下也可能体验到焦虑相关症状，如肌肉紧张或疼痛，因此，锻炼前有非临床焦虑（nonclinical anxiety）的人锻炼后会体验到"更平静"和"更放松"，而相关量表并没有足够的问题来测量个体放松感受的变化。目前心理学界对于"放松是否就意味着不焦虑"和"焦虑与放松是否代表同一情绪的两极（如唤醒、激活）或属于不同的情绪体验"尚无定论。

第四个问题是实质上缺少焦虑减少的生理证据。这种依据的缺乏有三个重要的理由：第一个理由如前文所述，受限于量具的敏感性和特异性。一些早期的研究（如 deVries et al.，1981）和另外一项研究（Smith et al.，2002）显示，急性运动和慢性运动都可以降低肌肉的反射能力和肌紧张程度。但学界对于运动后肌紧张的下降究竟是焦虑减少的一部分，还是仅仅是肌肉对锻炼的与焦虑无关的生物学反应，对于这个问题目前尚无定论。同样，锻炼中和锻炼后个体的脑电图常显示 α 波的频率有中度到高度的增加（Crabbe and Dishman，2001；Kubitz and Mott，1996；Petruzzello et al.，1991）（见图 6-10）。虽然 α 波活动的增加历来被视为放松觉醒状态的一个指征，但这并不是脑电图专家的普遍看法，此外来自锻炼的研究并未显示 α 波的活跃由锻炼引起或与焦虑的减少有关，因为其他可能与焦虑无关的脑波频率在运动后也会增加（Crabbe and Dishman，2001）。除此之外，一些研究者将锻炼后血压的下降看作锻炼抗焦虑效益的间接证据（如 Petruzzello et al.，1991；Raglin，Turner and Eksten，1993）。但众所周知，运动后血压降低（运动后血压的降低可持续 2 小时）是常见的生理现象，即使运动后焦虑没有下降也会出现血压降低的现象（如 Youngstedt et al.，1993）。

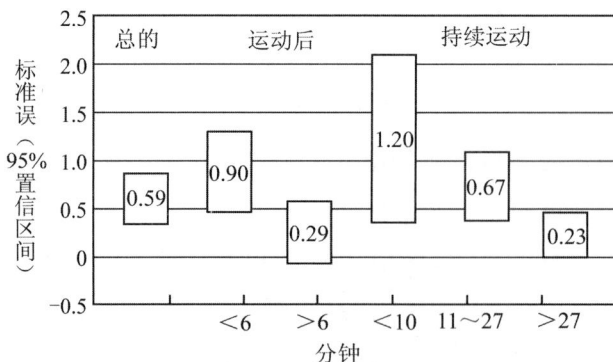

图 6-10　运动后脑电图中 α 波段频率的结果

数据来源：Crabbe & Dishman，2004。

第二个有必要用生理学方法测量焦虑的理由，是有必要确认作为心境或情绪反映真实测度的焦虑的自我评定的有效性。尽管生理测量无法替代自我报告，自我报告是直接测量个人体验的唯一方法，但它比焦虑的自我报告更客观。生理测量不受实验中一些人为因素的影响，如要求特征（demand characteristics）、实验者对受试者所做评估的影响、社会赞许性（social desirability），或者其他受试者期待等。这些因素可能会使焦虑的自我评定出现人为偏差。

第三个理由，缺乏焦虑减少的生理学证据是一个问题，因为从希波克拉底时代到查尔斯·达尔文（Charles Darwin）和威廉·詹姆斯（William James）时代，再到今天，生理变量一直都是众多有关负性情绪理论的一部分，包括焦虑（见第 1 章和第 7 章）。一些现代理论认为，对惊吓（startle）的肌电图测量（Lang，Bradley and Cuthbert，1998）和对不对称脑波的 EEG 测量（Davidson，1992），为人们提供了将环境事件解释为负性或威胁倾向的指标。一些研究显示，如脑电图指出的不对称性（Petruzzello，Hall and Ekkekakis，2001；Petruzzello and Landers，1994；Petruzzello and Tate，1997）和对惊吓的肌电图测量（Smith et al.，2002）与焦虑的自我评定有关，但与整体的情绪反应无关（Crabbe，Smith and Dishman，2007；Smith et al.，2002）。通过研究急性运动与脑电波活动所累积的证据可知，无论半球的区域如何，大脑两半球所有频段的活动都会随着运动而增加（Crabbe and Dishman，2004）。然而，这些研究的局限性在于研究者仅对几个区域进行了记录，却没有使用密集阵列的标测电极（dense-array electrode mapping）。有证据表明，急性运动增加脑电活动的一般方式，与唤醒增加相一致，这可能是由经脑干加工到丘脑的感觉和心血管神经传导的增加所致。

研究者研究了与运动相关的霍夫曼脊髓反射（H 反射，spinal Hoffmann reflex，H-reflex），以找到锻炼对自陈焦虑所涉及的中枢神经系统影响的证据。H 反射是单突触反射，但是有上行和下行神经束往返于脊髓和大脑，从而使运动受到中枢神经系统的调控。德弗里斯和其他研究者（deVries et al.，1982；Bulbulian and Darabos，1986）的系列研究显示锻炼后的 H 反射减弱，并假设这种减弱表明锻炼具有镇静安神的效果。然而，研究显示，H 反射的变化与锻炼后焦虑的自我报告无关（Motl and Dishman，2004；Motl，O'Connor and Dishman，2004），且 H 反射的减弱并不能延展到参与运动的四肢的特定的脊髓节段（Motl and Dishman，2003）。

最后一个担心是，研究者对于身体活动时所处环境对个体的影响了解甚少。赛耶（Thayer，1987）的报道称户外散步 10～15 分钟能减轻紧张的自我评价，但更早的研究却显示，在跑台上剧烈行走对焦虑没有任何影响（Morgan，1973）。麦考利、米哈尔科和贝恩（McAuley，Mihalko and Bane，1996）发现，无论是在实验室还是在自然环境中，焦虑在自选运动强度的锻炼之后减少，尽管在锻炼过程中有小幅增加。

焦虑的心理疗法

治疗焦虑的两种最有效的心理疗法是认知行为疗法和行为疗法。行为疗法通过呼吸技术或通过逐渐将患者暴露于所恐惧的事物中来帮助他们改变行为。认知行为疗法在这些技术之上还帮助患者理解自己的思维模式，以便他们对引起焦虑的情境产生不同的反应。

焦虑的药物疗法

尽管 2005 年美国每三名焦虑症患者中有近两名长期接受抗抑郁药的治疗（Olfson and Marcus，2009），但（抗焦虑药）苯二氮䓬类（benzodiazepines，BDZs）药物对于短期治疗多种焦虑障碍疗效卓著，特别是广泛性焦虑障碍（Ballenger，2001）。苯二氮䓬类药物与 γ-氨基丁酸 A 型受体（GABA$_A$）的结合会产生快速而短暂的作用，GABA$_A$ 通过打开氯化物通道，使细胞超级化并降低细胞对放电的敏感程度，以达到抑制神经元兴奋的作用。苯二氮䓬类药物是中枢神经系统抑制剂，属镇静催眠类药物。镇静类药可减少焦虑（抗焦虑）并具有镇静作用。催眠药会让人困倦，有助于患者入睡和保持睡眠。

数据显示，美国 2009 年约有 8 800 万张医药处方中含有苯二氮䓬，这使其成为第十大类药物（IMS Health，2010）。赞安诺［Xanax，阿普唑仑（alprazolam）］是美国迄今为止最常开具的苯二氮䓬类处方药（2009 年约达 4 440 万张处方）。强效苯二氮䓬类药物［如阿普唑仑、氯硝西泮（clonazepam）和劳拉西泮（lorazepam）］可有效治疗惊恐障碍和伴有或不伴有广场恐惧症的惊恐发作，可作为治疗强迫症时使用选择性血清素再摄取抑制剂的附加性疗法（Chouinard，2004）。阻断去甲肾上腺素受体的药物，称为 β 受体阻滞剂（β-blockers）（如普萘洛尔［propranolol］，即心得安），有助于缓解心动过速、心悸等惊恐症状。选择性血清素再摄取抑制剂则用于社交焦虑和惊恐障碍的一线治疗。苯二氮䓬氯硝西泮（benzodiazepine clonazepam）和某些单胺氧化酶抑制剂也具有一定的疗效。

社交恐惧症的治疗可能需要持续几个月的时间来巩固患者反应并达到完全的缓解。鉴于社交恐惧症的慢性长期性和伴随的残疾，以及短期治疗后复发率较高，建议有效治疗周期至少持续一年以上（Van Ameringen et al.，2003）。

药物疗法与认知行为疗法相结合的综合疗法是治疗恐怖惊恐障碍的最佳疗法。长期疗效和易用性是选择治疗方案时需考虑的重要因素，因为维持治疗的时间可长达 12 个月，有时甚至无限期（Pollack et al.，2003）。

目前，苯二氮䓬类和丁螺环酮（buspirone）常用于广泛性焦虑障碍的治疗。但鉴于耐药性、精神运动障碍、认知和记忆改变、躯体依赖，以及停药后的戒断反应进程，苯二氮䓬类药物并不适宜广泛性焦虑障碍的长期治疗。SSRIs［如帕罗西汀（paroxetine）］和血清素与去甲肾上腺素再吸收抑制剂（serotonin and noradrenaline reuptake inhibitors）［如文拉法辛（venlafaxine）缓释片］从治疗广泛性焦虑障碍方面看来是有效的。在心理疗法中，认知行为疗法（cognitive behavioral therapy，CBT）对于广泛性焦虑障碍患者最为有益。12 周的 CBT 治疗后，疗效可维持长达一年。但截至目前广泛性焦虑障碍的长期治疗尚无确定的指导方针（Allgulander et al.，

2003）。药物作用提供了精神药理学模型，有助于进行锻炼抗焦虑作用的生物学机制的探索。

用于治疗焦虑的常用药

苯二氮䓬类药物（benzodiazepines）

氯羟安定（劳拉西泮）［Ativan (lorazepam)］

森塔克斯（普拉西泮）［Centrax(prazepam)］

海乐神（三唑仑）［Halcion (triazolam)］

克诺平（氯硝西泮）［Klonopin (clonazepam)］

三氟安定（哈拉西泮）［Paxipam(halazepam)］

莱斯特罗（替马西泮）［Restoril(temazepam)］

舒宁（奥沙西泮）［Serax(oxazepam)］

安定（地西泮）［Valium(diazepam)］

速眠安（咪达唑仑）［Versed (midazolam)］（仅在医院静脉注射）

赞安诺（阿普唑仑）［Xanax(alprazolam)］

巴比妥类药物（barbiturates）

利眠宁（甲氨二氮䓬）［Librium(chlordiazepoxide)］

氯查配特（氯拉卓酸）［Tranxene(clorazepate)］

三环抗抑郁类药（tricyclics）

曲米帕明（三甲丙咪嗪）［Surmontil(trimipramine)］（治疗惊恐障碍和强迫症）

血清胺拮抗制剂（serotonin antagonist）

布斯帕（丁螺环酮）［Buspar(buspirone)］

选择性血清素再摄取抑制剂（selective serotonin reuptake inhibitors）

喜普妙（西酞普兰）［Celexa(citalopram)］

兰释（氟伏沙明）［Luvox(fluvoxamine)］

克忧果（帕罗西汀）［Paxil(paroxetine)］

赛尔福姆罗拉（氟西汀）［Selfemra(fluoxetine)］（治疗恐慌发作和强迫症）

左洛复（舍曲林）［Zoloft (sertraline)］

选择性血清素与去甲肾上腺素再吸收抑制剂（selective serotonin and noradrenaline reuptake inhibitors）

欣百达（度洛西汀）［Cymbalta(duloxetine)］（治疗广泛性焦虑障碍）

郁复伸（文拉法辛）［Effexor(venlafaxine)］（治疗广泛性焦虑障碍）

兰释（氟伏沙明）［Luvox(fluvoxamine)］（治疗强迫症、社交恐惧症、恐慌症、创伤后应激障碍、广泛性焦虑障碍）

多巴胺受体激动剂(dopamine agonists)

威博隽(安非他酮)[Wellbutrin (bupropion)](治疗惊恐障碍)

副作用：镇静、肌肉张力弱、抗惊厥作用，可能会产生耐药性或依赖性和退缩性。

运动减轻焦虑的机制

确认急性运动或训练后个体焦虑症状的缓解是锻炼的直接效益还是运动环境等的直接影响非常重要。虽然运动直接作用于某些形式的焦虑并使之得到缓解的可能性不大，但锻炼或许可以成为应对焦虑的有效手段。例如，我们没有理由期待运动能缓解简单的恐惧症。当一个害怕蜘蛛的人见到蜘蛛时，不论他是否活跃、健康还是静坐少动，焦虑的体验都客观存在。

同样，社交恐惧症患者通常可以认识到自己的焦虑是非理性的，但他们的自我意识和恐惧判断仍然存在于各种社交场合，因此，他们在社交场合中尽可能地躲避人。我们没有理由期望进行身体活动的个体会受到某种保护而不会发展成社交焦虑症，因为社交焦虑在更多情况下是一种习得反应。的确，认知行为疗法是目前被证明的对社交恐惧症最有效的治疗手段。在认知行为治疗小组中，患者能够习得焦虑的渐进性应对方式，尝试投入社交活动中进行自我介绍、与他人交流、演讲、模拟面试、沟通交流、合作表演话剧等。这个疗法的核心在于增加个体的非负面社会评价经验，降低患者在社交场合中的敏感性。这样的疗效非锻炼所能实现，且社交恐惧症通常会隔绝个体进行任何锻炼的机会。但认知行为疗法可以在健身俱乐部之类的群组锻炼情境中实施。此时锻炼虽然不是一种治疗方式，但社交恐惧症患者可能会体验到锻炼带来的社交焦虑缓解效益。甚至少量案例研究表明，锻炼对情景恐惧症病患的改善作用，或许得益于帮助病患习得对高强度运动所引发的唤醒的应对策略(如Orwin，1974)。

另外，锻炼对于应对广泛性焦虑障碍或许具有一定的应用价值。一经证实，锻炼将在公共卫生方面使广泛性焦虑障碍患者受益。调查结果表明，目前只有25%的广泛性焦虑障碍患者曾接受过治疗(Uhlenhuth et al.，1983)。

洞察锻炼抗焦虑效益的作用机制需从对焦虑症状影响最大的运动强度、方式及持续时间入手，明确锻炼对焦虑相关的各项心理、生理指标的影响。运动缓解焦虑的效益已成为共识，其作用机制尚待澄清。厘清焦虑症病因是分析锻炼的焦虑缓解效益的第一步。研究表明，遗传是影响焦虑症易感性的重要因素，但最终触发焦虑障碍的原因来自生物、行为、环境(O'Connor，Raglin and Martinsen，2000)。遗传论、认知行为论、心理动力论、社会因素影响论及神经生物学理论都曾用于解释焦虑障碍的起因，但都未能充分解释焦虑的病因。鉴于致病因素的复杂多源，锻炼对焦虑的改善作用也可能是多方面的。其中，焦虑的认知和神经生物学方面是目前最活跃的研究领域。

认知理论

在第 14 章中我们将会讲到，认知理论立足于以认知解释行为和感受。认知理论将特质焦虑的形成过程定义为个体因直接或间接暴露于负性评价或威胁性经验之中所获得的认知经验。因此，认知评价，如高估事件的紧迫程度，低估自己的应对能力，或灾难性地错误解释与焦虑有关的生理症状（比如，认为心率加快可能引起的心脏病发作）等因素是导致病理性焦虑的原因（O'Connor，Raglin and Martinsen，2000）。麦克纳利、法尔和唐奈（McNally，Foa and Donnell，1989）提供了对焦虑障碍认知成分的支持，他们发现与非临床对照组相比，焦虑障碍患者更偏向于回忆与焦虑有关的信息，更可能去处理和记忆具有明显或潜在威胁的信息。

研究者提出了锻炼对焦虑影响的认知解释。锻炼产生的身体感觉有助于个体重新定义唤醒的主观含义，并可以与焦虑症状的知觉相抗衡。锻炼过程中的心跳可重新被定义为良好锻炼的标志，而不再是一种焦虑的症状。锻炼还可以分散焦虑发作的想法的注意力，并从忧虑和担心中产生"暂停"（分心假说）。布鲁斯和奥康纳（Breus and O'Connor，1978）对 18 名高特质焦虑女性在仅锻炼、边学习边进行中等强度（有氧代谢能力为 40％）锻炼、仅学习、静息（对照）4 种情境下的状态焦虑（STAI）进行比较，以检验"暂停"或"分心"假说（Bahrke and Morgan，1978）。结果表明，学习并锻炼组、仅学习组、静息组的焦虑没有改变，但仅锻炼组的焦虑自评显著降低，这表明锻炼的抗焦虑作用（锻炼能暂停担心和忧虑）可受到学习的阻断。

> 暂停假说表明，锻炼可以分散人们对于引发焦虑的想法的注意力并暂停忧虑和担心。

神经生物学理论

随着脑成像等测量技术的发展演进，神经生物学对焦虑症的病因解释和表现的阐释日趋成熟。研究发现，焦虑和抑郁的神经机制都与特定神经系统的功能失调有关（如去甲肾上腺素能系统和血清素能系统）。多数情感障碍患者以焦虑症状为突出症状，并伴有抑郁症的病史。

焦虑的神经生物学观点支持认知和神经学理论的整合。例如，参与焦虑的神经回路必须包括传入神经纤维，这些传入神经觉察到威胁性刺激或潜在威胁性刺激，因此这些刺激可能被更高级的脑区解释为威胁。这些脑区对传入刺激进行评价，并将之与以往相关记忆整合。若刺激被视为威胁，则传出神经会触发神经内分泌、自主神经、肌肉方面的协调反应。这些神经系统的影响取决于多种神经递质，而这些神经递质就是药物治疗焦虑障碍的靶点。

来自人类和动物研究的证据表明，杏仁核、蓝斑核（LC）、中脑、丘脑、右侧海马、前岛叶皮质和右前额叶皮质都参与了焦虑的发生和表达（Goddard and Charney，1997；Reiman，1997）。杏仁核可能是中央脑神经结构的关键区，掌管恐惧、焦虑反应的神经心理成分（见第 3 章）（Goddard and Charney，1997）。杏仁核接收到来自丘脑和蓝斑核的输入与高级皮层区整合的感觉输入，因此直接经验触发的焦虑（狗叫触发状态焦虑）、无意识加工触发的焦虑（自发性惊恐发作)和以往经历触发的焦虑(创伤后应激)均可通过杏仁核调节。杏仁核在认知、情感、神经内分泌、心肺功能、肌肉骨骼等系统中发挥的作用使得它在焦虑症状的调控上有着举足轻重的作用(Goddard and Charney,1997)。例如,杏仁核和蓝斑核投射到下丘脑就会导致交感神经系统的激活。

目前,对于焦虑的神经生物学机制的理解建立在动物行为研究基础之上。如前文第 3 章所述,当老鼠具有目的性且表现出其他探索性行为增加,如远离或接近开放地带的中心时,通常反映出其低行为抑制的适应性动机状态(如略微僵立)。与此相反,老鼠低水平运动、几乎不接近开放地带的中心、僵立、排便、排尿、颤抖通常被视为高度警觉、犹豫、恐惧和自主神经激活的标志,而这些表现都是人类焦虑的常见反应。在某些威胁的情境下,老鼠移动加快也意味着恐慌(如对于捕食者的逃跑反应)。

目前焦虑的动物模型尚未深入探讨运动抗焦虑效益的神经生物学机制。莫根森(Mogenson,1987)认为,焦虑的边缘系统—运动整合模型与鼠类身体活动和焦虑行为关联性的研究相关。在此模型中,恐惧运动(fearful locomotion)是由边缘系统所调控的中脑运动系统通过上脚脑桥被盖核(tegmental pedunculopontine nucleus)控制,该过程通过 γ-氨基丁酸(γ-aminobutyric acid,GABA)和多巴胺在**纹状体**(corpus striatum)中传递的交互抑制而实现的。从伏隔核(nucleus accumbens)到腹侧苍白球传出的 γ-氨基丁酸输出物显然抑制该运动。

海马接受到威胁刺激后,对记忆进行扫描以评价环境的危险性,然后做出静止或逃跑的行为指令发送给杏仁核。腹侧被盖区(ventral tegmental area,VTA)环抱丘脑,作为快乐中枢调节趋近行为(见图 6-11);中脑导水管周围灰质在第三脑室和第四脑室之间围绕着输送管和中缝核,作为疼痛中枢影响威胁情境下的运动。

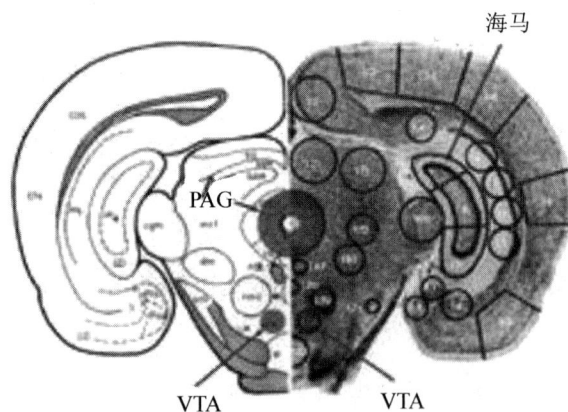

图 6-11　与焦虑相关的运动;中脑导水管周围灰质围绕第三和第四脑室间的
导水管,海马和腹侧被盖区围绕下丘脑调节大鼠面临威胁情境的恐惧行为。

经许可翻印自 M. Palkovits and M. H. Brownstein, *Maps and guide to microdissection of the rat brain*, 1988, p. 152。

目前研究者致力于深入了解焦虑障碍的机制和锻炼抗焦虑效益的神经病药物学解释,钻研药物对于神经递质系统的影响，并探索锻炼对这些系统的作用。已有研究表明，去甲肾上腺素系统和血清素系统，以及 γ-氨基丁酸等特定神经递质都与焦虑有关。

血清素

大量抗抑郁和抗焦虑的药物通过影响 5-羟色胺能系统（serotonergic systems）起作用，如阻断血清素的再摄取（见图 6-12）或作为激动剂或拮抗剂作用于血清素受体。血清素再摄取抑制药物，如氯丙咪嗪和氟西汀，常用于治疗一些焦虑障碍（Goddard and Charney，1998）。在受体水平阻断血清素与血清素受体激动剂的结合，如非选择性血清素激动剂间氯苯哌嗪（m-chlorophenylpiperazine），可以诱发多数惊恐症患者和少数控制组受试者的焦虑（Charney et al.，1987），这意味着此类病人 5-羟色胺能系统的失调。5-HT2 血清素受体的激活会引发老鼠产生类似焦虑的行为（Fox，Hammack and Falls，2008；Salam et al.，2009），而缺乏 5-HT2 受体的转基因小鼠能抵抗恐惧环境（Heisler et al.，2007）。

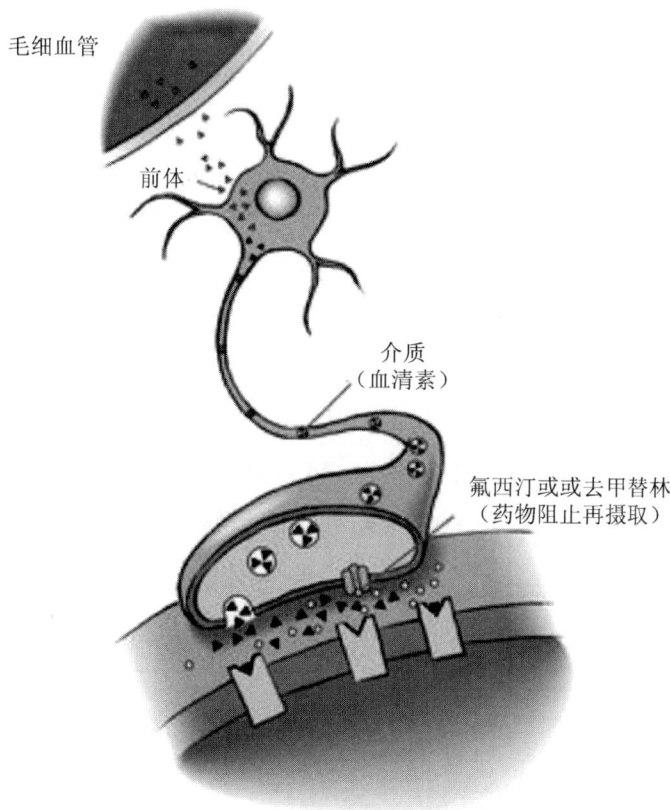

图 6-12 受体水平的血清素再摄取抑制

动物研究表明，中缝核活性与血清素的合成会随着运动训练而增加（Dishman，1998）。锻炼效益的间接证据表明，锻炼对于中心血清素能系统的作用基于血液中色氨酸的分布和脑脊液中 **5-羟基吲哚乙酸**[5-HIAA，血清素（5-HT）代谢产物]浓度（Chaouloff，1997）。大脑中血清素含量随锻炼增加的机制与锻炼对于底物色氨酸的影响（见第 3 章）有关。锻炼可促进脂肪分解或导致甘油三酯分解为游离脂肪酸，而游离脂肪酸可增加肌肉的收缩水平。游离脂肪酸的血清水平上升，并和色氨酸竞相与白蛋白结合，导致了游离色氨酸的增加，刺激色氨酸流入大脑，从而增加了血清素合成的可能。游离色氨酸的增加为锻炼提高血清素含量的机制提供了有力支持(Chaouloff，1997)。锻炼也可能降低了在血脑屏障的转运蛋白水平上与游离色氨酸竞争的中性氨基酸(芳香族氨基酸和支链氨基酸)。但急性运动对支链氨基酸的证据尚无一致结果(Chaouloff，1997)。

美国科罗拉多大学的研究(Greenwood et al.，2005；Greenwood et al.，2008)为自主锻炼改善中枢血清素功能的观点提供了更多证据支持。中缝核(dorsal raphe nucleus，DRN)中 5-HT1A 自受体核糖核酸的上调与老鼠进行六周的自主运动有关，因此可以通过加强中缝核细胞放电的自动抑制逐渐减少血清素在有助于引起焦虑性行为的投射区的释放，从而减少中缝核活动(Greenwood and Fleshner，2011)。此外，迪什曼(Dishman et al.，1997)发现，为期六周的跑轮跑可降低海马和杏仁核中血清素代谢物 5-羟吲哚乙酸水平，使在难以控制的足底电击后伴随类似焦虑的行为减少。两周的自主锻炼足以缓解触发焦虑的 5-HT2B/C 激动剂的惊吓—增强效果(Fox et al.，2008)。

> 运动可以通过改变促进脑组织摄取色氨酸和血清素后续结合的代谢途径，从而影响焦虑。

去甲肾上腺素

几种证据表明焦虑与去甲肾上腺素能系统有关(O'Connor，Raglin and Martinsen，2000)，用 β-肾上腺素能阻断剂抑制去甲肾上腺素(NE)的影响，从而下调去甲肾上腺素受体—效应器系统。这种方法可有效治疗社交恐惧症(Gorman and Gorman，1987)。蓝斑核的功能和去甲肾上腺素的释放也与焦虑障碍有关。自发性蓝斑核活动与觉醒—兴奋之间也存在普遍联系。蓝斑核通过降低海马、丘脑和皮层区自发放电，提高外侧膝状体与视觉皮层的诱发反应来提高信噪比。基于此，研究者假设惊恐障碍患者的 α-2 去甲肾上腺素能受体系统可能存在异常，从而影响了蓝斑核对去甲肾上腺素的释放。研究表明，惊恐障碍患者的生长激素对 α-2 受体激动剂可乐定的反应迟钝(Tancer，Stein and Uhde，1993)，但对 α-2 受体拮抗剂育亨宾(yohimbine)表现出过度焦虑并伴有生理反应(Charney et al.，1992)。可乐定类 α-2 受体兴奋剂，能降低蓝斑核的活动(如延缓去甲肾上腺素释放)；而育亨宾类拮抗剂则会增强蓝斑核的活动。动物研究表明，蓝斑核的刺激可导致类似焦虑的行为，并引发与焦虑相关的行为、生理变化。蓝斑核的切除则会消除这些焦虑反应。

肾上腺素能受体的差异是交感神经系统和去甲肾上腺素或肾上腺素活动的指标。致力于澄清锻炼对这些系统影响的研究检测了人类体内肾上腺素能受体的密度。结果表明，耐力训练运动员的淋巴细胞(一种白细胞)中 β-肾上腺素能受体密度高于正常值，这说明一项高强度的长期身体活动会伴随淋巴细胞中 β-肾上腺素能受体密度的增大。然而，淋巴细胞中肾上腺素能受体为 β_2 型，对肾上腺素具有较高的亲和力，这一特性与骨骼和平滑肌、肝脏和周围交感神经中发现的受体无异。目前并不清楚这些受体是否会影响周围交感神经系统受体的指数，但可以确定这些受体不能作为衡量脑组织中去甲肾上腺素活动的方法（Dishman，1998）。

> 运动对于去甲肾上腺素的效果会使焦虑障碍患者在蓝斑核层面受益，但是用于证明此观点的研究资源还非常有限。

鼠类实验结果表明，运动训练能提升蓝斑核、杏仁核、海马和下丘脑中去甲肾上腺素的水平（Dishman et al.，2000），并能在压力过后降低大脑前额叶皮层中去甲肾上腺素的释放量（Soares et al.，1999）。人在进行急性身体活动后，脑组织中去甲肾上腺素活动的变化可通过测量尿液、血浆或脑脊液中的 **3-甲氧基-4-羟苯基乙二醇**（MHPG，去甲肾上腺素代谢物）进行估算。对泌尿系统 3-甲氧基-4-羟苯基乙二醇的研究显示，人在经过一个阶段的身体活动后，3-甲氧基-4-羟苯基乙二醇的分泌会增加或不变。在休息状态时，周边血液或尿液中 20％～60％的 3-甲氧基-4-羟苯基乙二醇来自脑组织中去甲肾上腺素的新陈代谢。但是锻炼期间血液中去甲肾上腺素的增长主要来自支配心脏的交感神经和一些锻炼用到的骨骼肌，因此急性运动后，焦虑与血液中 3-甲氧基-4-羟苯基乙二醇增长之间的联系尚不明确（Dishman，1998）。

伽马氨基丁酸

伽马氨基丁酸（Gamma Aminobutyric Acid，GABA）作为主要的神经抑制性神经递质，具有降低唤醒水平的功能，其与焦虑的关系得到了广泛的研究支持。伽马氨基丁酸神经元与受体广泛分布在下丘脑、中脑导水管周围灰质、隔膜、海马和杏仁核，是与焦虑表达相关的重要脑区（Menard and Treit，1999）。伽马氨基丁酸与苯二氮䓬，如地西泮或安定，通过打开氯化物通道使细胞超级化，从而与伽马氨基丁酸 A 型受体结合并抑制神经元活动（见图 6-13）。苯二氮䓬能有效治疗广泛性焦虑障碍，而苯二氮䓬受体反向激活剂（如 β-咔啉）会产生强烈的焦虑反应（Dorow，1987）。

另一项假说结合了焦虑的生物与认知过程（Sarter & Bruno，1999）。苯二氮䓬对基底前脑的胆碱能神经元具有抑制作用。基底前脑神经元支配所有皮层区，并参与调控皮层区的信息处理。另外，基底前脑神经元还接收来自蓝斑核和杏仁核的传入输入信息。斯塔特和布鲁诺（Sarter and Bruno，1999）认为，基底前脑皮层胆碱能输入兴奋性的增长影响着焦虑的认知层面并促进焦虑相关刺激的加工。苯二氮䓬对胆碱能神经元的抑制作用则可以降低对焦虑相关刺激的认知加工。

迪什曼（Dishman et al.，1996）对长期进行跑轮（wheel running）和跑台运动的老鼠的中枢神经系统神经递质系统进行了研究。结果表明，跑轮运动诱发了纹状体中伽马氨基丁酸水平升高、伽马氨基丁酸 A 型受体数量的减少和露天场地实验中的运动加快。根据莫根森（Mogenson，1987）的

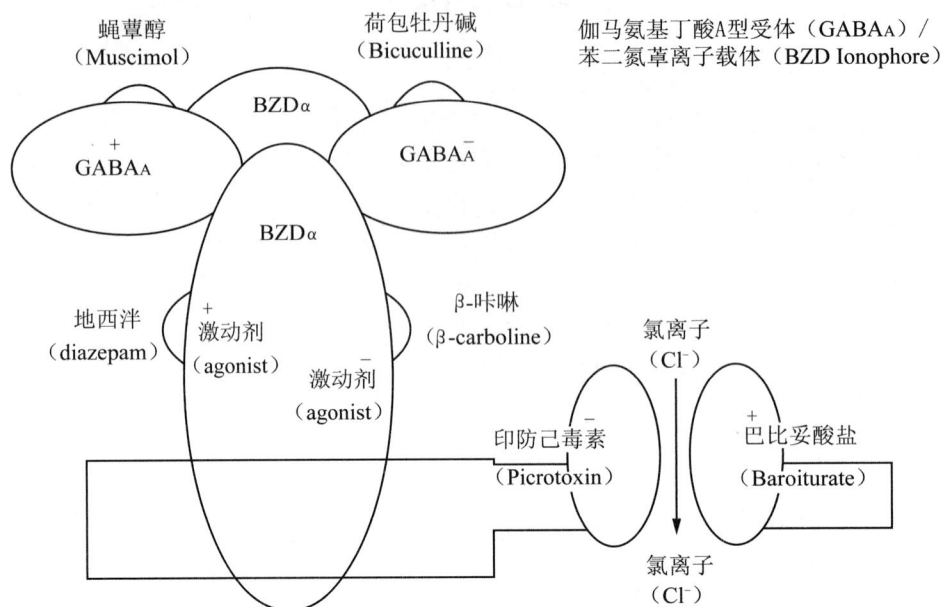

图 6-13　伽玛氨基丁酸 A 型受体/苯二氮䓬离子载体受体复合物

边缘—动作整合模式，这些变化与抗焦虑作用一致。从伽马氨基丁酸的角度可从锻炼对中枢胆碱能功能的影响解释锻炼的抗焦虑效益，因为中枢胆碱能功能可受到苯二氮䓬受体兴奋剂的抑制。运动训练可改变外周胆碱能功能(Zhao et al.，1997)，因此运动训练后焦虑的改善可能是由于中枢神经系统胆碱能神经回路的适应结果(见 O'Connor，Raglin and Martinsen，2000)。

> 运动训练后焦虑可以通过中枢神经系统胆碱能或伽马氨基丁酸能的神经回路的适应而得到改善。

总　结

　　焦虑是个体对现实存在或感知到的威胁做出认知、行为、情感和生理方面的反应。急性焦虑是大多数人时常经历的体验，其影响较小；但是焦虑障碍却损害个体的功能。为了应对焦虑障碍，美国和全球数百万焦虑障碍患者在经济和情感上付出了高昂的代价。鉴于药物治疗的风险性和副作用，锻炼的治疗效益和潜在身心效益使其应用于焦虑症防治的价值尤为瞩目。

　　鲜有研究涉及除惊恐障碍患者之外的临床人群，大多数研究关注的是焦虑水平未达病理程度的健康群体。然而，即便焦虑水平改善空间有限，急性运动对于非病理性焦虑的缓解作用仍取得了跨研究的一致性，且多数临床病例研究也呈现了一致的趋势。有氧锻炼虽然能够缓解急性焦虑，但在强度和持续时间上尚需深入探讨。抗阻训练对急性焦虑的干预效果尚没有得到较为一致的结果。

　　研究者对急慢性运动缓解焦虑的机制提出了多种可能，并付诸研究加以论证。随着相关神经生物学研究的演进，这些基于机制的假说也在不断发展完善。后续的机制研究需继续在病理性焦虑症患者和焦虑体验异常但未达焦虑障碍的人群中展开，建议无创脑成像技术、神经递质阻滞剂和生理心理学多种研究方法并用(如把锻炼中对焦虑的自我报告和相关大脑皮层的脑电图或神经肌肉反射的肌电图分析相结合)。焦虑的动物模型可以为丰富焦虑的神经生物学机制提供新的潜在的有价值的内容，而这些机制可以解释锻炼和身体活动在焦虑缓解方面的作用。

第7章

抑　郁

　　大部分人都曾体验过短暂的悲伤或抑郁情绪。通常抑郁情绪在几分钟或几小时后就会消失，但是，人们会记得，在那期间即便是做洗衣服这样的日常活动都需要付出很大的努力。很多人都说，缺乏锻炼的时候他们更容易感到抑郁，而锻炼似乎会使心情好转。但是，锻炼与抑郁的关系就像"鸡与蛋"的难题：人们是因为不运动而抑郁，还是因为抑郁而不运动？纵向研究提供的一些证据表明，身体活动少会增加抑郁的风险。运动训练研究也表明，临床抑郁症患者在训练后抑郁症状有所好转。通过对抑郁的生物心理学机制方面的广泛研究，我们也许会找到对这些现象的解释。本章回顾了前人对这一领域的探索，给出了有关的临床定义，介绍了关于锻炼与抑郁的研究文献，提出了当前对锻炼-抑郁效应的社会、认知和心理机制的解释，从而为我们理解锻炼与抑郁的关系提供了基础。

抑郁的流行性及其社会影响

　　2001 年，抑郁是高收入国家十大影响寿命的因素之一（Lopez et al.，2006），到 2020 年抑郁成为世界范围内的第二大影响因素，到 2030 年则将升至首位（Mathers and Loncar，2006）。从 20 世纪 40 年代到 20 世纪 90 年代，美国重性抑郁症每年的患病率稳定上升。到 10 多年前，1/3 的美国人在生命中至少会有一次抑郁的经历（Ernst，Rand and Stevinson，1998）。在 1996 年，有 1 260 万人次因重度抑郁症或其他类型的抑郁障碍而求医（Schappert，1998），抑郁也是所有寻求心理治疗的成年人常见的问题之一。

　　然而感到沮丧只是临床抑郁症症状的一部分，它是一种伴有持续性情绪、心理和认知问题的严重疾病。来自英国、芬兰、澳大利亚和美国的流行病学研究估测，在任意时间点，8％的女性和 4％的男性有某种形式的临床抑郁症（Lehtinen and Joukamaa，1994）。在美国，有 4.5％～

9.3％的女性和2.3％～3.2％的男性患有重性抑郁症。

　　美国国家共病调查显示，重度抑郁症的终生患病率为17％(女性为21％，男性为13％)，在过去12个月里有过抑郁经历的人占比9.5％(Kessler et al.，1994)。女性罹患抑郁症的比例约为男性的2倍，除了双相情感障碍中的躁狂发作较少。在该调查10年后进行的美国国家共病重复调查显示每年有9.5％的美国成年人存在抑郁性心境障碍(Kessler et al.，2005b)，在一生中21％的人出现过心境障碍(Kessler et al.，2005a)，如图7-1所示。最新的估测是，美国成年人在一生中罹患重性抑郁症的比率为16％(Kessler et al.，2003)。

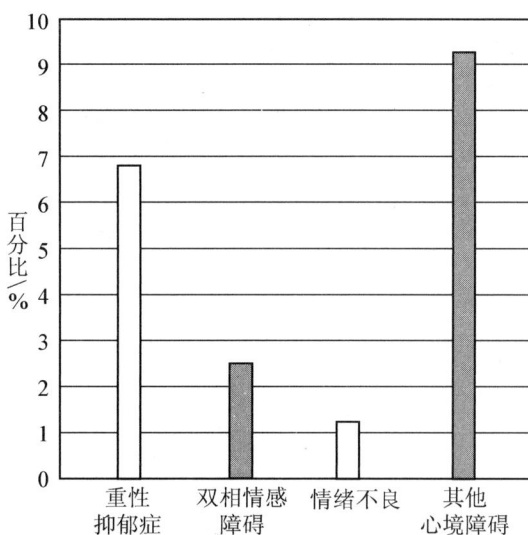

图 7-1　美国成年人心境障碍 12 个月的患病率

数据来源：Kessler et al.，2005。

> 世界卫生组织预计，到 2020 年抑郁将成为世界上仅次于心血管疾病的第二大致死和致人丧失行为能力的原因，到 2030 年将升至首位。

　　心境障碍在美国的发生率依性别、年龄和种族而不同。女性各种心境障碍的终生患病率比男性高50％。重性抑郁症和情绪不良的患病率在60岁前一直随年龄增加而上升(如图7-2所示)。心境障碍发作时间的中位数是30岁，比大部分其他精神障碍的发作时间要晚(Kessler et al.，2005a)。但是，抑郁每年会影响8％～9％的青少年(Rushton，Forcier and Schectman，2002)。青少年每年抑郁的患病率大约是25～44岁成年人的2倍，65岁以上人群的4倍(Kessler et al.，1994)。

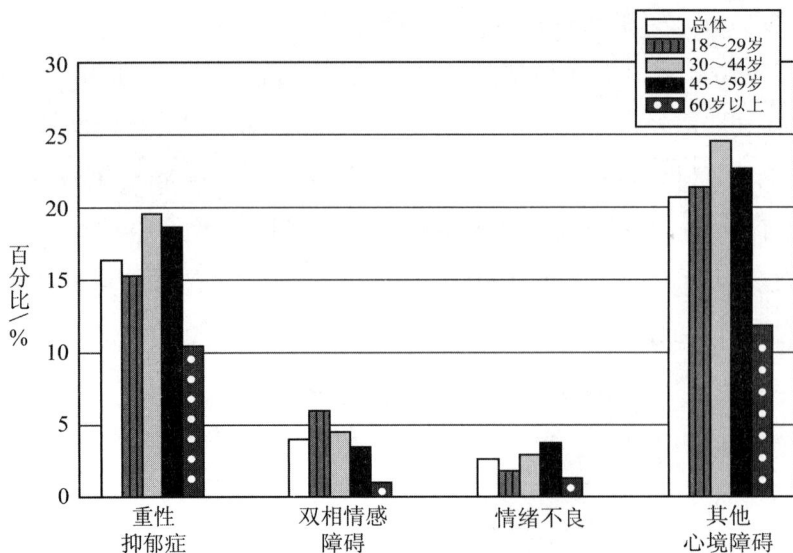

图 7-2　美国各年龄段成年人心境障碍的终生患病率估测

数据来源：Kessler et al.，2005。

非裔美国人比美国白人经历更少抑郁，西班牙裔中非白人比白人经历更多抑郁。美国国家共病调查重测的结果发现(Breslau et al.，2006)，西班牙裔黑人和非西班牙裔黑人患抑郁症的风险都较低，西班牙裔情绪不良的风险较低(见图 7-3)。

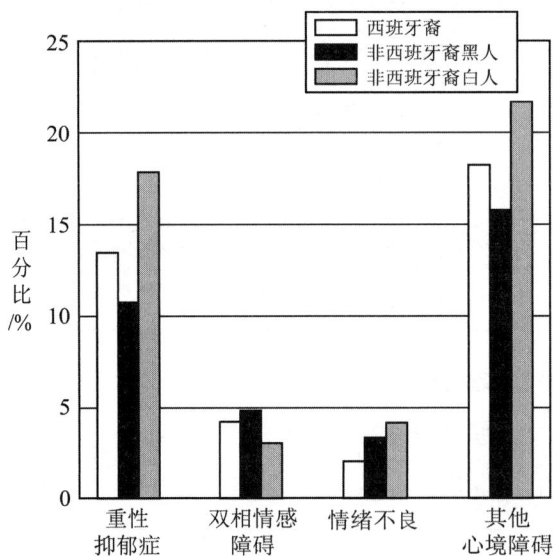

图 7-3　美国各种族成年人情绪障碍的终生患病率

数据来源：Kessler et al.，2005。

美国国家共病重复调查及世界卫生组织"世界心理健康调查"的结果发现，重性抑郁症患者试图自杀的概率比普通人高 2～3 倍。抑郁人群出现自杀想法的概率高，其中严重焦虑不安的人(如创伤后应激障碍患者)和冲动控制能力较差的人(如品行障碍者和物质使用障碍者)最有可能制订自杀计划或试图自杀(Nock et al.，2009；Nock et al.，2010)。

此外，从 10 岁至青年期由抑郁引发的自杀率呈现惊人的增长(Greenberg et al.，1993)。自杀是青少年和年轻人的第三大死因。抑郁症在 25 岁以下女性中的患病率尤其高，是同龄男性的 2 倍，是 25～54 岁女性的 6 倍(Regier et al.，1988)。

在世界范围内，发达国家在 12 个月内有自杀想法、自杀计划和试图自杀的人据估计分别为总人口的 2.0%，0.6% 和 0.3%，发展中国家的情况也类似(Borges et al.，2010)。

自杀行为的风险因素有：

①女性；

②年纪不大(＜50)；

③受教育较少；

④收入低或失业；

⑤未婚；

⑥父母有精神疾病；

⑦童年不幸；

⑧存在 12 个月的精神障碍史[根据《精神障碍诊断与统计手册》(DSM-Ⅳ)判定]。

转载自 Borges et al.，2010。

大约 80% 试图自杀的美国人曾有精神障碍(尤其是伴有焦虑、冲动控制障碍和物质使用障碍的心境障碍)(Nock et al.，2010)。每年全世界约有 100 万人死于自杀。在美国，自杀是导致死亡的第十一大原因，每年有超过 3 万人自杀。

2008 年，自杀在美国男性死亡原因中列第 7 位，女性死亡原因中列第 15 位。在 15～34 岁的美国印第安人和阿拉斯加原住民中，自杀是第二大死因。男性死于自杀的人数几乎是女性的 4 倍，但女性试图自杀的比率比男性高 2～3 倍。在美国，每一起自杀背后有 24 起自杀未遂(CDC，2010a)。

> 在美国如果你或你认识的人有自杀风险，请拨打美国国家自杀预防生命热线。

临床抑郁症给个人、社会和经济带来巨大损失。抑郁者体验到失去了快乐、感觉和希望，并存在人际关系障碍。抑郁者的自杀风险增加。临床抑郁症是导致青年人和成年人自杀的最强烈的精神疾病风险因素(Petronis et al.，1990)。

据估计，2000 年，重性抑郁症给美国造成的直接医疗损失为 261 亿美元(31%)，自杀相关的死亡的损失为 54 亿美元(7%)，工作生产力下降的损失为 515 亿美元(62%)(Greenberg et al.，2003)。2009 年，美国开具了约 1.69 亿个抗抑郁药物处方，排在脂类药物和镇痛药物之后，位居第三。主要面向抑郁和焦虑患者的药物在 2009 年的处方药物销售中位列第 4，约为 99 亿美元。

2004 年，抑郁症给欧洲带来的损失估计为 1 180 亿欧元，相当于人均 253 欧元(Sobocki et al.，

2006)。直接费用为 420 亿欧元，包括门诊(220 亿欧元)、药物(90 亿欧元)和住院(100 亿欧元)。疾病和死亡带来的间接损失约为 760 亿欧元。在各种精神疾病中，抑郁症的花费是最多的，占精神疾病治疗总费用的 33%，占欧洲国内生产总值(GDP)或经济总量的 1%。

有证据表明，抑郁症会带来长期性的身体问题，如骨矿物质密度降低，冠心病和高血压患病率增加(Gold and Chrousos，1999；Jonas，Franks and Ingram，1997)。抑郁症和肥胖之间存在复杂的双向关系(Stunkard，Faith and Allison，2003)，考虑到所有年龄段肥胖和超重的人比例都很高，这个问题显得尤为重要。有一些证据表明，抑郁症会增加肥胖的风险(Luppino et al.，2010)，尤其是对于青少年女性(Herva et al.，2006)；不过研究肥胖和抑郁症的关系时必须考虑到，在治疗过程中一些抗抑郁药物可能引起体重增加。

> 尽管在任意时刻都有大约 8% 的女性和 4% 的男性患有临床抑郁症，但只有 30% 的抑郁症患者会寻求专业的帮助，其中只有不到一半人得到了充分的治疗。

美国的自杀问题

根据美国疾病控制和预防中心的数据(CDC，2010a，2010b)：

①自杀是 25~34 岁人群的第二大死因；

②自杀是 15~24 岁人群的第三大死因；

③15~24 岁人群中，自杀者占每年死亡人数的 12.2%；

④9~12 年级的学生有 13.8% 在过去 12 个月中严肃考虑过自杀(女性 17.4%，男性 10.5%)；

⑤6.3% 的学生报告在过去 12 个月内曾至少有一次企图自杀的念头(女性 8.1%，男性 4.6%)；

⑥自杀死亡率在老年男性中最高。

抑郁症的临床描述

定义抑郁症很困难，因为它包括若干种类型的心境障碍，而且有些症状完全相反(如失眠或嗜睡，食欲增加或减退)(见表 7-1)。《精神障碍诊断与统计手册》(American Psychiatric Association，2000)将心境障碍分为四类：①抑郁；②双相障碍或称为躁郁症；③健康状况导致的心境障碍；④物质使用引发的心境障碍。第一类包括**重性抑郁症**(major depression)和轻度而长期的**情绪不良**(dysthymia)。重性抑郁症包含两个主要的子类：忧郁症和非典型抑郁症，但是

53％符合重性抑郁症标准的患者并不符合这两个子类的标准。第二类即双相障碍或**躁郁症**（manic-depressive，disorder），它的特征是抑郁期与躁狂期交替，躁狂期表现为情绪高涨、易激惹、自尊膨胀，行为鲁莽或以自我为中心，甚至是偏执狂。

表 7-1　单相情感障碍（重性抑郁症）的子类

忧郁症	非典型抑郁症
生理过度唤醒	生理唤醒不足
失眠	嗜睡
食欲减退	食欲增加
早醒	疲劳
无价值感	感情迟钝
性欲降低	性欲降低
内分泌失调	内分泌失调
悲观	极度惰性
无快乐感	
慢波睡眠减少	
恐惧	
易回想痛苦记忆	

在欧洲，世界卫生组织（WHO）1992 年在瑞士日内瓦批准的"国际疾病分类标准"（the International Classification of Diseases，ICD-10）中将抑郁定义为心境沮丧、失去兴趣和快乐、精力衰退并导致易疲劳（经常是稍有轻度活动就疲劳），以及活动减少（WHO，1992）。抑郁被分为轻度、中度和重度。

抑郁发作期的表现是，在至少连续两周时间里，不管遇到什么情况每天都是心境消沉，不过心境往往在白天趋于改善。如果症状持续尚不足两周，但非常严重或者出现得非常快，也可以诊断为抑郁发作。在一些个案中，焦虑和运动激越的症状可能比抑郁心境表现得更明显。此外，其他一些特征也可能比心境失调表现得更明显，如易激惹、酒精滥用，以及原有的恐惧、烦扰或身体症状恶化。

ICD-10 中包含的一些症状对定义典型的躯体性抑郁症有特别的临床意义，并且与美国 DSM-Ⅳ 系统诊断的**忧郁症**（melancholia）的症状类似。

诊断为躯体性抑郁症需包含以下症状中的至少 4 种：

①对通常令人愉悦的活动失去兴趣或乐趣；

②对通常令人愉快的环境或事件缺少情绪反应；

③早晨比平常早 2 小时或更多就醒来；

④早晨的抑郁较严重；

⑤客观证据显示有明显的精神运动迟滞或是激越（由他人评价或报告）。

当人处于重性抑郁期时，这些症状会在社交、工作和个人生活其他领域给人带来很大障碍和痛苦。如果抑郁症状是由药物滥用、服药治疗，或诸如甲状腺功能亢进、心脏病、糖尿病、多发性硬化症、肝炎、风湿性关节炎等疾病引起的，则不应诊断为重性抑郁症。许多人在爱人去世后的最初 2 个月也会出现这些症状，除非症状伴随着明显的机能下降、无价值感、自杀想法、精神错乱或精神运动迟滞，否则不认为是重性抑郁症。

女性抑郁的人数是男性的 2 倍，造成这种差异的原因还不清楚，但可能与遗传、内分泌和社会学习有关。例如，导致双相情感障碍的风险因素就包括女性（特别是年龄在 35～45 岁的女性）、有抑郁症或酗酒的家族史、过去 6 个月中有过分娩、近期的负性生活事件、缺少信任关系、消极的家庭环境。抑郁症的病因一般涉及与神经生物学过程相关的应激情绪。抑郁的发生可由灾难性事件引起，如所爱的人离世或自尊丧失（如因未达到某个重要目标而感到自己没有价值），也可由慢性焦虑、压力引起，甚至也可能毫无预兆地出现。

美国一项具有里程碑意义的全国性研究显示，患者们在接受了 2 个月抗抑郁药物治疗、心理治疗或者同时接受两种治疗后，约一半人仍有残留症状。在接受抑郁症序贯治疗（the Sequenced Treatment Alternatives to Relieve Depression，STAR * D）的抑郁症患者中，研究显示，2 900 人中仅有 47％的人在 6 周或者更长时间的抗抑郁西酞普兰（Selective Serotonin Reuptake Inhibitor，SSRI，选择性五羟色胺再摄取抑制）治疗后有良好的反应（症状减轻 50％），仅 27％完全康复（不再有症状）。仍有症状的一组患者随后转至接受舍曲林（另一种 SSRI）、文拉法辛（一种 SSRI 和 NSRI 的组合）或安非拉酮－SR（一种去甲肾上腺素和多巴胺回收抑制剂）治疗，大约 25％的人后来完全康复（Rush et al.，2006；Trivedi et al.，2006a）。另一组患者转至接受认知治疗，他们在第二轮治疗的康复率也类似（31％）。心理治疗比药物治疗的耐受性更好，不过西普酞兰搭配另一种药物比搭配心理治疗的见效更快（平均分别为 40 天和 55 天）（Gaynes et al.，2009）。

这些事实提示了自助行为，如可促进心理健康的锻炼行为的潜在重要性（Freeman et al.，2010）。许多研究一致认为，规律的身体活动能够减轻已有的抑郁症状并减少未来发生抑郁的可能性。如后文所述，锻炼可能作用于人脑的单胺系统，效果与抗抑郁药物类似；锻炼可能有积极的认知效应，如提高身体自尊；锻炼也能够增强精力，促进睡眠，改善性功能，从而帮助消除无效药物治疗留下的残留症状。运动训练甚至已经成功地作为一种助增疗法，治疗那些对药物疗法无响应的患者（Trivedi et al.，2006b）。

双相情感障碍症

Ⅰ型双相情感障碍症：重性抑郁与躁狂或无法控制的亢奋交替发作。

Ⅱ型双相情感障碍症：重性抑郁与轻躁狂交替发作。

环形心境障碍：轻度抑郁与轻躁狂交替发作。

国际疾病分类标准(ICD-10)确定的抑郁发作常见症状

注意力和注意集中性下降。

自尊和自信下降。

内疚感和无价值感(即使是在轻度抑郁期)。

对未来的态度黯淡和悲观。

有自伤或自杀的想法或行为。

睡眠障碍。

食欲不振。

经授权后转载自 WHO，*International classification of diseases*-10，Geneva： World Health Organization，1992，p.100。

锻炼的效用

自古以来医生就推荐用身体活动来对抗抑郁症。大约 2 500 年前，希波克拉底就曾给患有忧郁症(此术语沿用至今)的病人开具运动处方。现代第一个关于锻炼与抑郁的研究出现在 20 世纪初。2 名男性抑郁症患者在每天运动 2 小时的日子里，与不运动的日子相比，情绪和反应速度都有改善(Franz and Hamilton，1905)。大约 65 年后，第一个实验研究结果表明，在一个运动训练周期后男性患者自评抑郁症状有所缓解(Morgan et al. ，1970)。这一发现被扩展至针对精神科门诊病人的小型随机临床实验，结果表明，12 周跑步治疗的效果相当于或更优于两种团体心理治疗(Greist et al. ，1979)。而且跑步治疗组中的 10 名患者有 9 名在 9 个月后仍然跑步且无抑郁症状，而其他组患者的抑郁症状又出现了。

10 多年后，3 项早期的群体调查结果提示，闲暇时间有规律的锻炼可能减少成年期出现抑郁的概率。

• 1975 年，对近 7 000 名 25～74 岁美国人开展的国家健康与营养调查 I(The National Health and Nutrition Examination Survey I，NHANES I)发现，闲暇时间不锻炼或很少锻炼的人报告有更多的抑郁症状(Stephens，1988)。

• 1978—1979 年，对 24 000 名 15 岁及以上的加拿大人开展的加拿大健康调查(the Canada Health Survey)和 1981 年对 22 000 名 10 岁及以上的加拿大人开展的加拿大体适能调查(the Canada Fitness Survey)得到了类似的结果(Stephens，1988)。在这些调查中，闲暇时进行中度或非常活跃锻炼的人更多地报告有积极的情绪感觉。

• 1975—1984 年，在德国上巴伐利亚(Upper Bavaria，Germany)开展的一项研究调查了

1 500 名 15 岁及以上的参与者，结果显示，与从事规律性体育活动的人相比，目前没有进行体育锻炼的人罹患数种抑郁障碍的比率都更高（Weyerer，1992）。

　　在这 3 项研究中，不论身体疾病、性别、年龄和社会地位如何，不活跃人群的抑郁症患病率更高。但是，这些研究呈现的只是活跃与不活跃人群的横断比较，也就是说，这些研究只是对同一时间测得的身体活动情况和健康状况拍了一张"快照"，并不能确定不运动与抑郁哪个发生在前。有可能是人们在抑郁后变得更不活跃，而不是不活跃导致抑郁。如图 7-4 所示，在上巴伐利亚的研究中，缺少身体活动并不能预测 5 年后出现抑郁的概率更大。

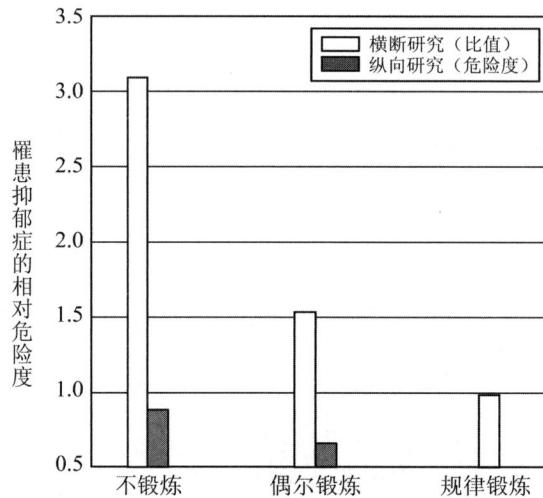

图 7-4　上巴伐利亚的实地研究通过对 1 536 名社区居民进行临床访问，测量了他们的体育锻炼水平
　　　　并评估了抑郁情况。不锻炼者抑郁的比值（OR）为 3.15，但是不锻炼并未显著提高随后 5 年
　　　　罹患抑郁症的风险。
　　　　数据来源：Weyerer，1992。

　　美国国家健康与营养调查的研究结果更振奋人心。约 1 500 名最初接受国家健康与营养调查 I 访谈的人在 8 年后再次接受了访谈（Farmer et al.，1988）。后续研究中测量了身体活动并观察了抑郁症状出现的比率，结果发现：

　　1975 年不抑郁但身体活动一直不活跃的久坐白人女性，其患抑郁症的比率是那些参与中度身体活动并在 8 年间保持活跃的女性的 2 倍；

　　1975 年抑郁且不活跃并且后来一直不活跃的白人男性，其 8 年后抑郁的可能性是那些最初抑郁但后来身体活动较活跃的男性的 12 倍。

　　无论参与者的年龄、受教育水平和社会经济地位如何，研究均观察到了上述发现。

　　另外两项重要的前瞻性研究对抑郁情况进行了长期追踪，并比较了锻炼活跃程度不同的人群出现抑郁的风险：

　　在加利福尼亚州奥克兰附近开展的林荫郡研究中，研究者对约 5 000 名最初无抑郁症的成年男女在 1965 年、1974 年和 1983 年进行了关于身体活动和抑郁情况的调查（Camacho et al.，

1991）。根据其自我报告的身体活动频率和强度，参与者被分为低度活跃组、中度活跃组和高度活跃组。与高度活跃组相比，在 1965 年不活跃的不抑郁人群在 1974 年抑郁的风险增加了 70%。1965 年至 1983 年活跃度的变化与 1983 年的抑郁症状存在相关，说明增加锻炼可减少患抑郁症的风险，但这一关系与引起抑郁的其他因素并不独立。

20 世纪 60 年代中期至 1977 年进行的针对 10 000 名哈佛男性校友的研究显示，身体活动可降低抑郁的概率（Paffenbarger，Lee and Leung，1994）。每周通过步行、爬楼梯或其他体育活动消耗 1 000～2 500 卡路里的男性与不活跃的男性相比，出现抑郁的风险降低 17%，每周消耗 2 500 卡路里以上的男性风险降低 28%。

在这些早期研究之后，已有超过 30 项前瞻性调查研究显示身体活跃的人出现抑郁症状的风险下降，有至少 25 项随机对照实验检验了运动训练是否可缓解被诊断为心境障碍（主要是重性抑郁症）的成年人的症状。1984 年，美国国家精神卫生研究所关于锻炼与心理健康的研讨会得出结论，锻炼有利于缓解轻到中度抑郁症（Morgan and Goldston，1987）。此结论得到了很多支持，包括 1992 年在多伦多举行的第二届身体活动、体适能和健康国际共识研讨会（Bouchard，Shephard and Stephens，1994），1996 年美国《医务总监关于身体活动与健康的报告》，2008 年《美国人身体活动指南》科学顾问委员会。关于运动能缓解轻到中度抑郁症的文献资料，主要来自人口学研究、描述性和定量性研究综述（如元分析）、以临床及非临床人群为被试的运动训练研究。

大多数关于运动与抑郁的研究针对的是从青年到中年的人群。关于儿童的研究还太少，不能下明确的结论。在 65 岁以上的人群中（O'Connor，Aenchbacher and Dishman，1993），运动对抑郁的缓解作用随年龄的增长而减小；尽管老年人有更多的与年龄相关的抑郁症状（如睡眠和认知障碍），但他们临床抑郁症的患病率低于青年和中年人。体育锻炼通常有助于人们预防抑郁，无论其年龄、性别、种族或社会地位如何。

《精神障碍诊断与统计手册》（DSM-Ⅳ）对重性抑郁症的诊断标准

两周内出现 5 项以上的下列症状，且其中至少 1 项是心情沮丧或丧失兴趣、乐趣：
①几乎每天的大部分时间心情沮丧（在青少年或儿童中可能是心情烦躁）；
②几乎每天的大部分时间对所有（或几乎所有）的活动都失去兴趣或乐趣；
③明显的体重增加或减轻，且不是由饮食引起的；
④失眠或嗜睡；
⑤精神运动激越或迟滞；
⑥疲倦或缺乏精力；
⑦感觉无精打采或烦躁不安；
⑧感到毫无价值或过度内疚；

⑨注意力不集中或犹豫不决；

⑩反复想到死亡或自杀。

　　要诊断为重性抑郁症，患者的症状应不符合躁狂的标准，不是由某种物质（如酒精）或一般医疗症状（如甲状腺功能减退）导致的直接生理作用，也不是由离丧引起的。

　　基于 American Psychiatric Association，2000。

　　体育锻炼有助于人们预防抑郁症，不论其年龄、性别、种族或社会经济地位如何。

预防抑郁症：人口学研究

　　检验身体活动与抑郁症状关系的研究主要有两类。大多数研究——特别是早期研究——是在一个横断时间点进行采样，同时测量身体活动与抑郁。这些研究无法确定是身体活动减少导致了抑郁症，还是抑郁症降低了人们的身体活动水平。在过去十来年间，许多研究采用前瞻性队列研究设计，首先测量身体活动，然后追踪数年后的抑郁症状。当控制了与低身体活动和抑郁症状都有关联的混淆变量后，这些纵向研究可提供更有力的证据表明身体活动减少抑郁症患病率。

横断研究

　　自 2000 年起，已有来自许多国家的超过 100 项人群横断观察研究发表，其中包括对美国近 20 万全国代表性样本的调查。这些研究结果在总体上支持了成年人闲暇时间的身体活动与抑郁之间的关联。活跃人群比不活跃人群出现抑郁症状的比率平均要低近 45%。在美国的全国性样本中，活跃人群的抑郁发生率低至约 30%。这些研究没有时间序列，无法下结论说抑郁下降是由于更多的身体活动，而且活跃人群通常也较少受到其他一些抑郁风险因素的影响，而这些研究往往未对此进行校正。尽管如此，这些研究还是为锻炼与抑郁的剂量—反应关系提供了一些证据，并表现出了此关系跨人群亚组的一致性（Physical Activity Guidelines Advisory Committee，2008）。

　　美国国家共病调查　　古德温（Goodwin，2003）分析了美国国家共病调查的数据（$n=5877$），这是美国 15～54 岁人群的一个全国代表性样本。为了娱乐或工作而参加规律性身体锻炼的人们在过去一年里被诊断出重性抑郁症的比率降低 25%，而且这一数据已校正了年龄、性别、种族、婚姻状况、教育、收入、躯体疾病和其他精神障碍的影响。锻炼人群轻度抑郁的比率降低了 14%，双相情感障碍的比率降低了 6%，在统计上不显著。但是，重性抑郁症、情绪不良和双相障碍的患病率呈现出了随运动量的增加而下降的趋势（见图 7-5）。

　　青年人冠心病风险因素研究　　在针对美国黑人（男性 1 157，女性 1 480）和白人（男性 1 171，女性 1 307)的青年人冠心病风险因素研究中(Coronary Artery Risk Development in Young Adults study,CARDIA)(Knox et al.,2006),研究者使用"流行病学研究中心抑郁调查量表"(The Center for Epidemiologic Studies Depression Scale,CES-D)进行了抑郁症状发展史调查(随访时间为第 5 年、第 10 年和第 15 年,3 个评估进行了至少 16 次)。研究结果显示,在校正了年龄、教育、饮酒、吸烟和体重指数(BMI)后,第 15 年的抑郁症状史与身体活动存在负相关(过去一年里代谢当量减少 28、对应抑郁期增加 1 次),并且这一效应存在跨种族一致性。

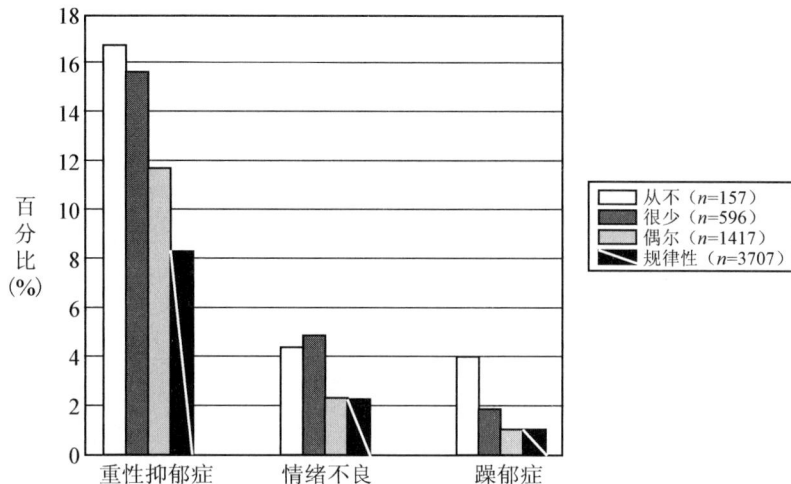

图 7-5　美国国家共病调查中不同锻炼频率的人心境障碍的 12 个月患病率

数据来自 Goodwin,2003。

医疗费用登记调查　在 2003 年美国一项有代表性的全国调查中,研究者询问了 23 283 名成人是否进行每周 3 次、每次不少于 30 分钟的中度到剧烈的锻炼活动(Morrato et al.,2007)。研究还获得了社会人口学特征和医疗状况信息,包括抑郁障碍或根据《国际疾病分类方法》第 9 版确诊的重性抑郁症。结果显示,活跃人群发生抑郁的比率下降了 40%。在校正了性别、年龄、种族和民族、教育、收入、体重指数、心血管疾病、高血压、高血脂和身体残疾后,该比率有所减小但仍然显著。

2006 年行为风险因素监测调查　2006 年行为风险因素监测调查是针对美国 38 个州、华盛顿哥伦比亚特区、波多黎各和美属维尔京群岛的 217 379 名参与者进行的随机电话调查。调查使用基于 DSM-IV 的患者健康状况调查问卷,评估了参与者当前的中度抑郁症状(除了自杀想法),并询问了他们是否曾被医生或卫生保健人员告知患有抑郁障碍(包括重性抑郁症、情绪不良或轻度抑郁症)。结果显示,无论年龄大小,不活跃人群(占抽样人数的 24%)比活跃人群当前有抑郁症状的比率高 2 倍,抑郁症的终生患病率高 50%。在校正了年龄,性别,种族和民族,教育,婚姻和工作状况,慢性疾病(脑血管疾病、糖尿病、哮喘),吸烟,肥胖(BMI$\geqslant$30kg/m^2)和重度酒精使用(每日饮酒次数男性大于 2,女性大于 1)后,上述两项比率的升高分别保持在 100% 和 20%。

　　荷兰双生子档案　荷兰双生子档案的样本包括了 12 450 名青少年（10 岁及以上）和成人，他们于 1991—2002 年参与了关于生活方式和健康状况的调查（De Moor et al.，2006）。该研究将每周活动至少 1 小时，且代谢当量至少大于 4 划定为参与锻炼。结果显示，在校正了性别和年龄后，锻炼参与者出现抑郁症状的比率降低了约 17%。但是，这种关联可能涉及了人格这一混淆变量，因为锻炼者更外向、情绪更稳定，而这些特质可降低焦虑（见第 6 章）和抑郁的风险。事实上，在 18～50 岁的同卵双生子（男性 479 人，女性 943 人）中，锻炼更多的那一个并不比锻炼少的那一个被报告的抑郁症状少（De Moor et al.，2008）。而且，纵向分析（追踪 2～11 年）显示，锻炼参与的增加并不能预测抑郁症状的减少。

评估抑郁症的方法示例

群体自我报告或社区筛查

　　"流行病学研究中心调查量表"（CES-D：21 个条目；CES-D 10：10 个条目；针对 12～18 岁青少年的 CED-DC：20 个条目）

　　"老年抑郁量表"（Geriatric Depression Scale）（GDS：30 个条目；简版：15、12 或 10 个条目）

临床症状自我报告

　　"贝克抑郁量表"（Beck Depression Inventory）（BDI-Ⅱ：21 个条目）

　　"医院焦虑和抑郁量表"（Hospital Anxiety and Depression Scale）（HADS：7 个关于抑郁的条目，也用于医生问诊）

由经过训练的评定者访谈评估临床症状并做诊断

　　"蒙哥马利—阿斯伯格抑郁等级量表"（Montgomery-Asberg Depression Rating Scale）（ADRS：10 个条目评估症状的严重程度）

　　"汉密尔顿抑郁量表"（Hamilton Rating Scale for Depression）（HRSD：21 个条目评估症状的严重程度）

　　结构化抑郁症临床访谈（Structured Clinical Interview for Depression）（SCID：用于临床诊断的半结构化的访谈）

前瞻性队列研究

　　自 1988 年的第一项研究开始，全世界已报告了超过 30 项基于人群的锻炼-抑郁前瞻性研究，涵盖了来自美国及 11 个其他国家和地区（澳大利亚、加拿大、中国、丹麦、英格兰、芬兰、德国、以色列、意大利、荷兰和日本）的约 5 万名成年人。几乎所有研究都显示，闲暇时不运动或很少运动的人更可能出现抑郁症状。但是大约一半的结果没有达到高的统计显著水平，这往往是由于抑郁风险的变化量很小且存在波动，而这些研究的样本量又太小（在 1/4 的比较性研究中参与者不超过 500 名），因而难以检测这样的效应。这些研究是前瞻性的并满足时间序列，平均追踪年限约为 4 年（时长从 9 个月至 37 年不等），这更说明了横断研究中观察到的关联关系不太可能是因为人们在经历抑郁症状后变得不爱运动。

当把这些研究平均后，在未校正各种抑郁风险因素前，活跃组比不活跃组出现抑郁症状的比率低大约 33%。在校正了风险因素，如年龄、性别、种族、教育、收入、吸烟、饮酒、慢性疾病、其他社会和心理风险因素后，活跃组的抑郁比率仍然低约 20%（见图 7-6）。

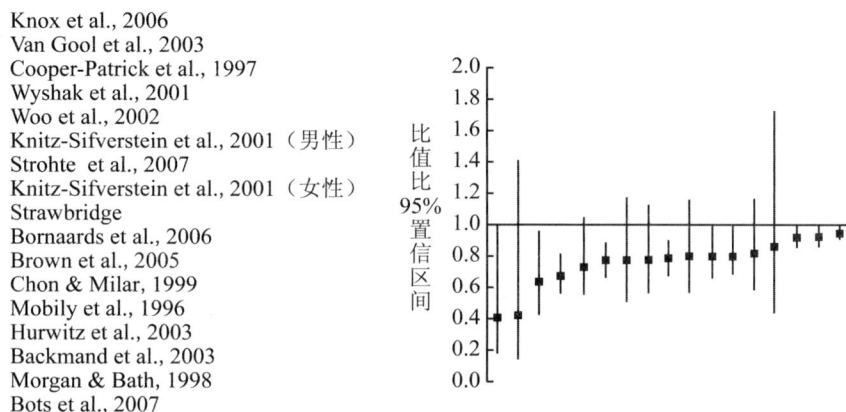

图 7-6　1995—2008 年发表的前瞻性队列研究中校正后的比值和 95% 置信区间

数据来源：Physical Activity Guidelines Advisory Committee，2008。

身体活动的抗抑郁作用不仅表现在问卷测量的参与者自评中，至少有 10 项研究报告医生诊断的抑郁症在活跃人群中也较低。在校正了年龄、性别、种族、教育、收入、吸烟、饮酒和疾病状况（非精神疾病）等风险因素后，活跃人群的患病率低约 25%。

林荫郡研究　参与者包括 1 947 名居住在美国加利福尼亚州奥克兰和伯克利附近的 50～94 岁成人。研究者在 1994 年对他们进行了评估，随后追踪了 5 年（Strawbridge et al.，2002）。使用 DSM-IV 诊断标准测得的抑郁症人数占群体的 5.4%。研究使用 1 个 8 点量表测量参与者是否从不、有时或经常参与身体活动，包括体育锻炼、活跃的运动、长走和游泳。研究结果显示，在校正了年龄、性别、民族、财务紧张状况、长期健康状况、残疾、体重指数、饮酒、吸烟和社会关系等因素后，在 1994 年测得的身体活动上每得 1 分，5 年间抑郁出现的风险下降 17%（OR＝0.83；95% CI：0.73～0.96）。

澳大利亚女性健康纵向研究　该研究考查了身体活动和抑郁症状之间的剂量—反应关系。研究使用了横断研究和前瞻性研究，数据来自 9 207 名中年女性，她们在 1996 年、1998 年和 2001 年接受了评估（Brown et al.，2005）。研究结果显示，抑郁症状随以前、当前和习惯性身体活动的增加而降低。在校正了出生国、教育、婚姻状况、职业、吸烟、体重指数、更年期、健康状况以及另一种抑郁和焦虑感测量指标的影响后，与每周锻炼少于 1 小时的女性相比，在当前或以前 1 年中每周进行至少 1 小时中等强度身体活动的女性在 2001 年 CES-D 抑郁分数低

30%～40%。

在另一项研究中，6 677名年轻女性(在2000年的年龄是22～27岁)报告了她们在2000年和2003年的抑郁症状(Ball，Burton and Brown，2009)。该研究将每周150分钟中等强度的身体活动定义为中等程度的锻炼。研究结果显示，2000年久坐不动(不参与或很少参与锻炼)的女性，如果将锻炼提高到中等程度，则2003年阳性抑郁症状降低25%，如果锻炼提高到高等程度，则可降低50%(见图7-7)。

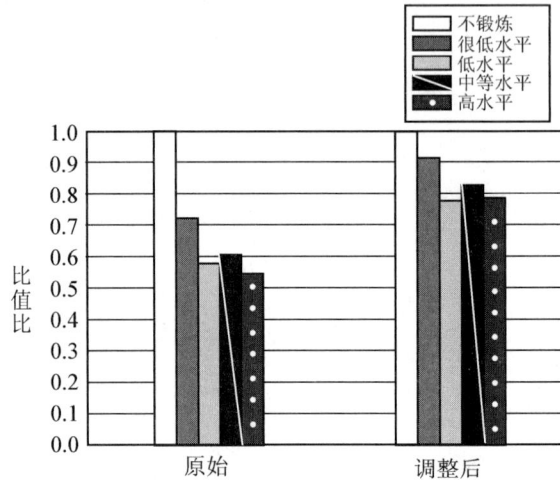

图 7-7　澳大利亚女性健康纵向研究中身体活动和抑郁症状的剂量—反应关系

数据来源：　Ball，Burton and Brown，2008。

美国黑人女性健康研究　35 224名年龄在21～69岁的非裔美国女性在1995年(作为基线)和1997年(作为追踪)回答了关于过去和当前锻炼水平的邮寄问卷(Wise et al.，2006)。研究者随后在1999年使用CES-D测量了参与者的阳性抑郁症状。研究结果显示，在校正了年龄、教育、职业、婚姻状况、体重指数、健康状况、吸烟、饮酒和儿童保育因素之后，阳性抑郁症状的出现率与成年期每周4小时内的剧烈身体活动呈负相关，但与4小时以上的活动无关。高中(每周5小时或以上)和成年期(每周2小时或以上)高强度锻炼的女性比从不锻炼的女性出现抑郁症状的比率低25%。步行锻炼与抑郁症状的风险无关联。

哥本哈根心脏研究　该研究测量了18 146名丹麦哥本哈根居民闲暇时间的身体活动及潜在的混杂因素，基线测量是在1976—1978年，随后又在1981—1983年和1991—1994年进行了追踪测量(Mikkelsen et al.，2010)。另外根据ICD-8或ICD-10的诊断标准，研究者从丹麦两个医院的档案中获得了参与者截至2002年抑郁症的病案个数。研究结果显示，两次追踪测量时的抑郁风险可被之前(5～10年前)测得的身体活动和混杂因素所预测。在校正了年龄、教育和慢性疾病后，与高度身体活动的女性相比，中度身体活动女性总抑郁的风险提高了7%，低度身体活动女性抑郁风险提高了80%。与高度身体活动的男性相比，中度身体活动男性抑郁风险提高了11%，低度身体活动男性抑郁风险提高了39%(见图7-8)。

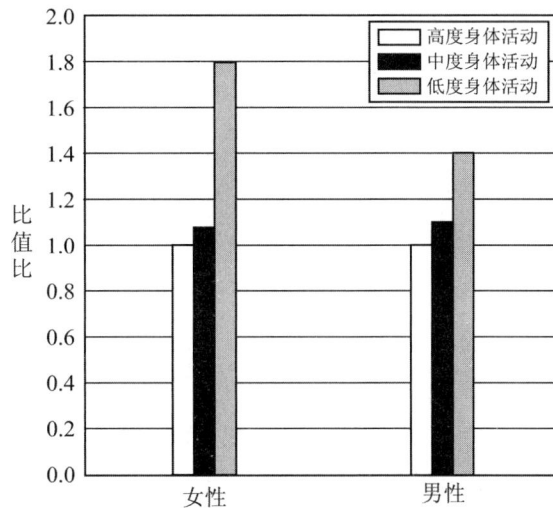

图 7-8　哥本哈根心脏研究中女性和男性的抑郁发病率

数据来源：Mikkelsen et al.，2010。

　　檀香山—亚洲老龄化研究　1 282 名 71～93 岁的老年男性在 1991—1993 年报告了他们每日步行的距离（12 个城市街区对应约 1.6 千米），然后在 8 年后的 1999—2000 年报告了他们的抑郁症状（Smith，Masaki et al.，2010）。研究结果显示，校正了年龄因素后的 8 年抑郁患病率对于低度（每天约少于 0.4 千米）、中度（每天 0.4～2.4 千米）和高度（每天约大于 2.4 千米）步行组分别为 13.6%、7.6% 和 8.5%。在校正了年龄、教育、婚姻状况、体重指数、糖尿病、饮酒、吸烟、癌症、帕金森病、认知缺陷或痴呆、残疾因素后，低度步行组男性比中度和高度步行组男性的抑郁症状出现率分别高 60%～90%。

　　中国台湾老年人健康与生活状况调查　研究者 1996 年抽取了 3 778 名 50 岁及以上的代表性成人样组进行调查，并在 1999 年和 2003 年做了追踪研究（Ku，Fox and Chen，2009）。数据分析校正了年龄、性别、教育、婚姻状况、独居、对收入与社会支持的满意感、饮酒、慢性疾病和日常活动限制因素。研究结果显示，1996 年被划分为低活跃度的人（每周在闲暇时间的身体活动少于 3 次）比活跃的人（每周活动 3 次或以上）在 2003 年出现阳性抑郁症状的比率高 34%。1996 年和 1999 年在闲暇时间都不活跃的人（$n=818$）比都活跃的人（$n=714$）在 2003 年抑郁症状增加的比率高 40%。

剂量—反应研究？

　　要确定抑郁症状出现的比率是否随身体活动水平的增加而呈梯度递减，需要在研究中包含 3 个或更多的身体活动水平（Physical Activity Guidelines Advisory Committee，2008），但这样的前瞻性研究还不到 10 个。在校正年龄、性别和其他风险因素后，最低水平身体活动的受测者抑郁比率下降程度较小（OR=0.86；95% CI：0.79～0.94），低于中度或高度身体活动水平的受测者，而后两者没有差别（OR=0.77；95% CI：0.72～0.82）。大约一半的前瞻性研究提供了关于身体活动的详细信息，可以确定活跃的人们是否满足公共健康推荐的中度或剧烈身体活动的参与标准（中度有氧锻炼为每周 5 天、每次最少 30 分钟；剧烈有氧锻炼为每周 3 次、每次最少 20 分钟）。在校正了其他风险因素后，与进行锻炼但活跃度未达到标准的人们相比（OR＝0.84；95％CI：0.78～0.90），中度或剧烈身体活动的人们表现出了保护性收益（OR＝0.77；95％ CI：0.72～0.82）。所以，证据虽然尚不完整，但支持了身体活动水平和抑郁分数下降之间存在剂量—反应关系，此关系还有待进一步的临床随机对照实验研究。

前瞻性队列研究中的因果关系？

纵向研究满足时间序列，但它们不能证明抑郁引起身体活动减少（De Moor et al.，2008）。即使基线研究中校正了混杂因素，也不能排除有残余的其他与身体活动和抑郁倾向都有关的特质的混杂影响。加拿大国民健康调查的结果发现，重性抑郁症与身体不活跃的风险提高 60％相关联，但与身体活跃度增加不相关（Patten et al.，2009）。

对一个被诊断为重度或轻度抑郁症的群组（n＝424）的研究发现，身体活动可以抵消疾病和负性生活事件对抑郁的影响，但身体活动与事件之后的抑郁无关联（Harris，Cronkite and Moos，2006）。研究者在基线、1 年、4 年和 10 年后分别测量了参与者近一个月的身体活动（游泳、打网球、远足或长走），抑郁情况，其他人口学和心理社会结构。研究结果显示，即使在控制了性别、年龄、健康问题和负性生活事件之后，更多的身体活动与更少的抑郁仍有关联。

> 其他研究支持身体活动和抑郁之间能够互相影响。对 496 名青少年女性 6 年的年度评估发现，身体活动可减少出现抑郁症状的风险以及重度和轻度抑郁症的发病，而抑郁症状和重度或轻度抑郁症也使随后的身体活动减少（Jerstad et al.，2010）。

除了少数个例，过去的队列研究即使追踪期持续很多年，也仅限于使用一种或两种身体活动的评估指标。研究结果经常发现抑郁发生率与身体活动的量无关。但是，这些研究中的身体活动水平往往依赖于自我报告（大部分没有什么有效的辅助证据），研究者随后使用各种标准和方法把人分成活跃程度不同的组，而这些分组在不同的研究中并不相同。研究都没有评估身体活动经历或结果变量的变化，而这些对于估测变化轨迹以及判定由于人们多报或少报身体活动带来的分组错误是必需的。与身体不活跃和抑郁风险都有关的波动性特质（包括抑郁的精神性共病，如焦虑、酗酒、睡眠障碍）在以往研究中也没有评估。要减少这些因素带来的残余混杂影响，身体活动经历或结果变量的变化数据是必需的。心肺体适能（cardiorespiratory fitness，CRF）为我们提供了一个替代性的、客观的身体活动指标。在考虑了年龄、体重指数和吸烟因素后，对 40～60 岁健康成人心肺体适能下降的最佳解释是中度至剧烈身体活动的减少（Jackson et al.，2009）。

健美操中心纵向研究是一个包含了体适能指标和抑郁症状的前瞻性队列研究。研究评估了参与者在 4 次临床求诊时的心肺体适能，每次间隔 2 年或 3 年，从而客观地测量了 7 936 名男性和 1 261 名女性的累积身体活动量。这些人在第一次求诊时都未报告有抑郁问题（Dishman et al.，

2012）。在随后的求诊中，446 名男性和 153 名女性出现了抑郁症。在校正了年龄、求诊间隔、体重指数和第一次求诊时的体适能之后，51～55 岁男性和 53～56 岁女性跑步机耐久力每减少 1 分钟（半梅脱值的体适能下降），抑郁症比率分别增加 2％和 9.5％。在进一步校正了吸烟、饮酒、疾病情况、焦虑和睡眠问题后，此比率增加仍然显著，不过减小到了 1.3％和 5.4％（见图 7-9）。研究结果支持了在中年晚期，即体适能加速下降的时候，心肺体适能的保持有助于减少临床抑郁的出现。

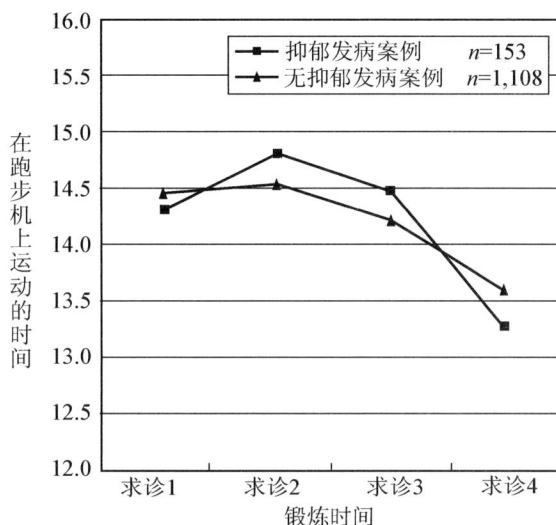

图 7-9　女性心肺体适能下降量与抑郁症的关系，已校正了年龄、求诊
时间、体重指数、吸烟、饮酒、疾病数量、焦虑或睡眠问题

经 Elsevier 授权，重印自 R. K. Dishman et al.，"Decline in cardiorespiratory fitness and odds of incident depression." *American Journal of Preventive Medicine*，2012，43(4)，pp. 361-368。

在抑郁的人口学研究中常需要统计控制的其他风险因素

年龄

教育

慢性疾病

社会隔离

自觉健康水平

身体残疾

躯体症状

自主能力

应激性生活事件（搬家、失业、分居或离婚、丧偶、财政困难）

治疗抑郁症：实验研究

大部分关于锻炼改善抑郁心境的实验研究是针对身心健康的人做的，但也有了一些被诊断为轻度到中度单相抑郁症患者参与的实验，结果显示，患者在数周的中等强度锻炼后心境有所改善。在持续数月的锻炼后，人们自评的抑郁改善程度与接受心理治疗的改善程度一样大。门诊病人在既参加锻炼项目又接受心理治疗时，抗抑郁的效果最好。在少数研究中，锻炼项目持续了4~6个月，其对抑郁的改善作用与药物治疗相当。虽然锻炼对治疗轻度到中度抑郁的效果似乎与药物治疗相当，但见效比药物治疗慢。缓解抑郁的最小或最佳的锻炼类型或锻炼量目前也还不清楚，但似乎体适能的提高并非必需，有几个研究显示抗阻锻炼有效。

综述和元分析

早期关于锻炼和抑郁的综述认为，对于已被确诊为抑郁症的患者，锻炼可以减少抑郁症状。过去发表的元分析研究也支持了这一结论（Craft and Landers，1998；Martinsen，1990，1993，1994；Morgan，1994b；North，McCullagh and Tran，1990）。此外，对于除抑郁外还有其他医学疾病的患者，运动训练也对其症状有缓解作用（结果汇总见"近期对抑郁症患者随机对照实验的元分析"）。急性运动研究（Bartholomew，Morrison and Ciccolo，2005）和运动训练的追踪研究都获得了锻炼改善作用的证据，这提示锻炼的抗抑郁效果既是即刻的，也是长期的。这些研究也对锻炼和传统治疗方法做了很好的比较。40项涵盖了2 408名没有被临床诊断为抑郁症的参与者的研究结果显示，被分配到运动训练组的参与者的抑郁分数比对照组低约0.60个标准差（Rethorst，Wipfli and Landers，2009）。一项元分析回顾了针对确诊的抑郁症患者的14个慢性运动实验（Lawlor and Hopker，2001），以"贝克抑郁量表"测得的症状分数为指标。该量表最高分数为61分，得到10分及以上判定其为轻度抑郁，分数越高意味着抑郁越严重。结果显示，锻炼者比未治疗者分数低1.1个标准差，相当于症状分数降低了7分（95% CI：-10.00~-4.6）。锻炼的效果与认知心理治疗的效果类似。

一项研究综述系统回顾了90项随机对照实验，其中包含了10 534名除抑郁外还有慢性疾病的久坐患者，结果发现运动训练降低了抑郁症状，平均效应量约为0.30个标准差（95% CI：0.25~0.36）（Herring et al.，2012）。在以下情况下锻炼的抗抑郁效果较好：①患者基线抑郁症状得分较高时；②患者达到了推荐的身体活动水平时；③当最初为轻度到中度抑郁症患者的主要结果指标（大多是机能相关的指标）显著提高时。

在治疗抑郁症或情绪不良方面，心理治疗的效果量相对于等待名单对照组为0.88个标准差，相对于常规护理对照组为0.52个标准差，相对于药物安慰剂对照组为0.36个标准差（Cuijpers et al.，2008a），这些效果量与锻炼治疗类似。当以药物治疗为比照时，心理治疗的效果量比锻炼治疗小0.30个标准差（-0.28；95% CI：-0.47~-0.10）（Cuijpers et al.，2008b）。

然而，针对抑郁患者的锻炼实验在科学性上存在着一些弱点，使得我们很难下结论说抑郁症状的缓解是单独由锻炼引起的(Krogh et al.，2010；Lawlor and Hopker，2001)。

抑郁患者锻炼实验中存在的一些方法缺陷

志愿者的使用

使用症状评分而不是临床诊断作为治疗响应的测量指标

未能将分组情况保密

将退出者从治疗响应记录中排除

改编自 Lawlor and Hopker，2001

通常，当症状的缓解达到初始症状数量或强度的 50％或以上时，判定为对抑郁治疗有了良好的临床响应。但是，对治疗有响应的患者大约一半没有康复，而康复才是治疗希望达到的终点。康复一般定义为患者在 17 个条目的"HAM-D 医生评价量表"上(17-item Hamilton Rating Scale for Depression，HAM-D-17)的得分为 7 分或以下，抑郁的症状最小化或消失，不再被诊断为抑郁症(患者不再满足 DSM-IV 所列的重性抑郁症的标准)，以及正常社会能力和职业能力的恢复。只有很少数锻炼研究报告了患者症状的缓解是否达到了良好临床康复的程度(如 Dunn et al.，2005；Singh et al.，2005)。

在未来针对抑郁症状的有氧训练和抗阻训练随机对照实验中，研究方法的质量还应提高(Physical Activity Guidlines Advisory Committee，2008)，不过那些在过去的锻炼研究中存在的方法学局限性其实在心理治疗研究中也很常见(Cuijpers et al.，2008b，2010)。

运动训练研究

多数关于慢性运动和抑郁的研究采用了有氧锻炼作为干预方式，如散步或慢跑。但是不同的研究中被试的类型、最初的抑郁程度、分组比较的方法、抑郁的测量和运动计划的执行往往各不相同。

有氧运动训练和抗阻运动训练对临床抑郁患者都有积极的作用。

近期对抑郁症患者随机对照实验的元分析

米德及其同事(Mead et al.，2009)：对劳勒和霍普克 2001 年的综述(Lawlor and Hopker，2001)做了更新，找出了 23 个随机对照实验，涉及 907 名被诊断为抑郁症的成年患者，不包括产后抑郁症的女性。

平均来看，锻炼对抑郁症状的缓解量为 0.82 个标准差（95％CI：－0.51～－1.12）

但是，在作者认为控制最好的 3 个实验里（治疗方式对患者保密，退出者也被包含在结果评估中），效果量是上述的一半。

雷托斯特及同事（Rethorst，2009）：分析了 17 项研究，涉及 547 名参与者，检验了锻炼对临床被诊断为抑郁症的患者的效应。

锻炼治疗组的临床抑郁症患者的抑郁分数显著低于控制组（ES＝－1.03SD）。

BDI 测得的抑郁分数的平均变化是 10.60，HRSD 分数的平均变化是 8.11。

持续 10～16 周的干预产生的效果强于 4～9 周的干预（95％ CI：0.102～0.870），但持续超过 16 周的 13 个实验效果量较小。

使用了足够保密措施的研究效果显著大于没有使用足够保密措施的研究（95％ CI：0.106～0.893）。

有充分治疗意图的研究效果量显著大于无充分治疗意图的研究（95％ CI：0.357～1.340）。

克罗及其同事（Krogh，2011）：在 13 个研究中鉴定出了 8 个对患者的实验分组充分保密的研究。

在 6 项研究中症状评分者不知道患者的分组情况。

6 项研究使用了治疗意愿分析（将退出者包含在了锻炼和控制条件的平均效应分析中）。

锻炼的平均效应量是症状减轻了 0.40 个标准差（95％ CI：－0.66～－0.14）。

效应量在各研究中不同，与干预的长度（4～16 周）呈负相关。

但是，坚持率在 42％～100％之间变化，一些最长的实验坚持率最低，对抑郁的效应也最小。

三项被认为设计最好的研究（对随机分组足够保密，结果盲评和治疗意愿分析）效应较小且统计上不显著（SD：－0.19；95％ CI：－0.70～－0.31）。

在这三项研究中每一项都将锻炼与另一组做非有氧或抗阻锻炼的积极治疗组（如拉伸或放松，或每两周看一次精神科医生）进行了比较，而不是与无治疗的控制组（未进行治疗，但在控制期过后实施锻炼项目的小组）进行比较。

与安慰剂组做比较可判定锻炼是否比其他具有最小效应量的治疗效果更好，但这种比较低估了独自锻炼的功效。考虑到大量抑郁的人不寻求专业的治疗，但可能独自锻炼，了解独自锻炼对抑郁有多大作用也是很重要的。

马丁森、梅德许斯和山特维克（Martinsen，Medhus and Sandvik，1985）以及马丁森、霍法特和斯洛伯格（Martinsen，Hoffart and Solberg，1989）检测了运动训练对被诊断为抑郁症的精神科住院患者的影响效果。在第一个研究中，43 名患者除进行包含心理治疗和药物治疗的标准

治疗之外，还被随机分派到锻炼治疗组或是作业治疗对照组。9 周后，与对照组相比，锻炼组患者自我报告的抑郁症状明显减少。在第二个研究中，99 名被诊断为单相抑郁障碍的患者（重性抑郁症、情绪不良和非典型抑郁症）被随机分派进行有氧运动或无氧运动。8 周后，两组抑郁分数都有了明显降低。虽然有氧运动组的最大摄氧量（$\dot{V}O_2\,max$）有了很大的提高而无氧运动组没有变化，但有氧运动和无氧运动对抑郁的改善效果没有差别。由此说明，两种运动形式对减轻抑郁症状都是有效的。

多因及其同事（Doyne et al.，1987）对比了有氧运动和抗阻运动对缓解抑郁的效果。40 名年龄为 18～35 岁的女性抑郁症患者参与了研究。根据抑郁研究诊断标准，这些女性都被确诊为抑郁症。她们被分到有氧运动组（跑步）和举重组。在 8 周的训练后，两组的抑郁分数都明显降低，而未参与实验的控制组抑郁情况没有改变。而且，两种形式的锻炼所降低的抑郁分数相似。上述两个研究的结果提示，有氧代谢能力的改变对锻炼的抗抑郁效果来说并不是必需的。

辛赫、克莱门茨和菲亚塔隆（Singh，Clements and Fiatarone，1997）对患有符合 DSM-IV 标准的重性抑郁症、轻度抑郁或情绪不良的老年人进行了一项为期 10 周的渐进抗阻运动训练研究。与进行健康教育的对照组相比，抗阻运动组"贝克抑郁量表"自评的抑郁症状和临床医师会谈诊断的抑郁症状都有大幅的减少（约 4～5 个标准差）。

弗里蒙特和克雷黑德（Fremont and Craighead，1987）研究了包含 49 名自我报告有轻度到中度抑郁症状的 19～62 岁男女的样组，对比了有氧运动和传统心理治疗对抑郁症的影响效果。被试被随机分到有监督的跑步组、个体认知心理治疗组和跑步与心理治疗结合组。经过 10 周的治疗，所有组的抑郁分数都有明显降低，而且组间没有差异（见图 7-10）。由此说明，锻炼和传统的心理治疗一样有效，而同时进行锻炼和心理治疗并没有增强效果。

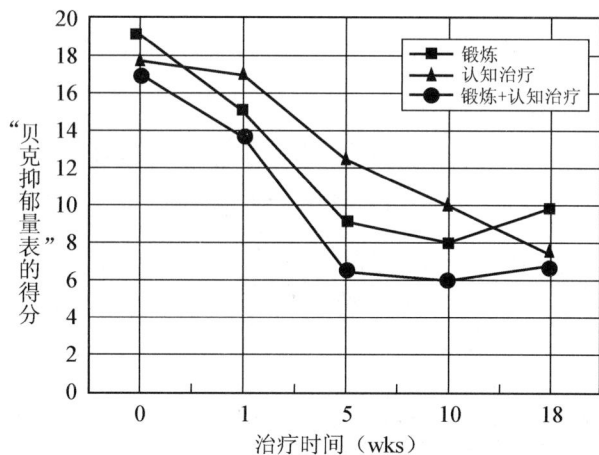

图 7-10 被随机分到有监督的跑步组、个体认知心理治疗组和
跑步与心理治疗结合组的被试自评抑郁症状的变化
数据来源：Fremont and Craighead，1987。

156 名被临床诊断为重性抑郁症的老年男性和老年女性参与了有氧运动和标准药物治疗的对比研究（Blumenthal et al.，1999）。被试被随机分到有氧运动组、抗抑郁药物组和锻炼与药物结合组。16 周后，3 组被试的抑郁水平在统计和临床上都有显著的降低且降低的程度相似。药物组抑郁缓解反应出现的最快；但是到项目结束时，锻炼对缓解抑郁症的效果与药物治疗相当（见图 7-11）。对这些老年男性和老年女性进行的后续研究指出，在治疗 6 个月之后，相对于药物治疗的患者，锻炼组的患者更可能完全康复而且抑郁症复发的可能性更低（Babyak et al.，2000）。

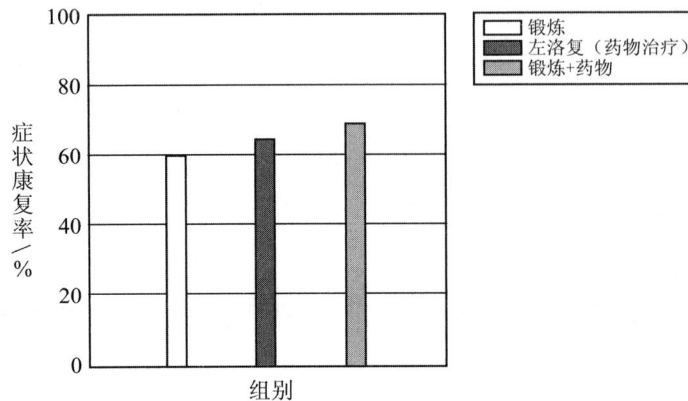

图 7-11　诊断为有重性抑郁症的老年男性和老年女性被随机分配到抗抑郁药物组、有氧锻炼组、有氧锻炼加药物组，16 周后的康复率
数据来源：Blumenthal et al.，1999。

多少量才够？

了解锻炼的最小量或最优量对于帮助预防和治疗抑郁症是非常重要的。目前，似乎还没有关于每日身体活动强度或总量与抑郁之间的清晰的剂量—反应关系。但总体来说，尽管久坐不动会增加抑郁症的风险，但大量的运动可能并不比少量运动更能有效对抗抑郁。

加拿大体质调查显示（Stephens，1998），人们在日常生活中如果可以达到每天每千克体重消耗 1 千卡(约为 4 185.85 焦耳)以上的能量，似乎可以远离抑郁，而这个活动水平并不高(如走路 20 分钟)。当能量消耗达到每天每千克体重 2～5 千卡时，抑郁症的风险并没有进一步降低。

对哈佛校友的研究数据（Paffenbarger，Lee and Leung，1994）提示，当每周剧烈运动超过 3 小时或消耗能量超过 2 500 千卡后，锻炼量的增加伴随着与锻炼剂量相关的抑郁的减少(见图 7-12)。但是，该研究结果的现实意义是有限的，因为只有 1/10 的美国成年人在闲暇时的身体活动中能消耗如此多的能量。

357 名无临床抑郁症的健康老年人参与了一项考查运动环境和运动强度对抑郁心境影响的研究（King，Taylor and Haskell，1993）。该研究将年龄为 50～65 岁不运动的被试随机分为 3

组(高强度集体锻炼、高强度居家锻炼、低强度居家锻炼)。12 个月后，3 组之间没有明显的差异。但是，随后的数据分析显示，无论哪种锻炼形式和强度，运动的参与程度与抑郁分数均呈负相关。

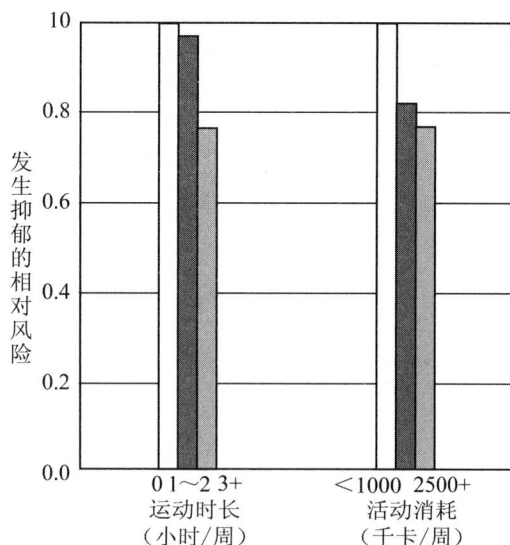

图 7-12　对 10 201 名 23～27 岁的男性哈佛校友在 1962—1966 年的身体活动习惯和抑郁症
　　　　　发生率的分析显示，一定量有规律的运动能降低抑郁发生的相对风险(RR)
　　　　　数据来源：Paffenbarger，Lee and Leung，1994。

在身体疾病的康复过程中，体育锻炼可以缓解抑郁

约 12 个实验显示心脏病患者在康复期参加心脏康复锻炼计划后，自评的抑郁症状有中等程度的下降(约 1/2 标准差)(Kugler，Seelbach and Kruskemper，1994)。也有研究报告，乳腺癌存活者进行锻炼缓解了抑郁症状(Segar et al.，1998)。

在大约 3/4 的对健康成人和非精神科病人的随机对照实验中，锻炼为每周 3 天中等至剧烈强度(有氧能力或最大力量的 60%～80%)，在其余研究中强度低一些或锻炼频率是每周 2 天。单次锻炼的平均持续时间约为 35 分钟，但在 1/4 的研究中少于 30 分钟，在另外 1/4 的研究中长于 1 小时。仅有不到一半的研究清楚报告了热身、锻炼和运动后放松的时间划分。抑郁症状的缓解量并没有表现出伴随这些锻炼属性的一致性变化。但是，这些研究并没有实验性地检验锻炼的抗抑郁效果是否依赖于锻炼的类型或活动量。在 3 个妥善实施的针对抑郁症患者的研究中，有 2 个显示出了锻炼缓解抑郁的剂量—反应效应。

有氧锻炼的"剂量"(DOSE)研究

有氧锻炼的"剂量"(DOSE)研究是第一个设计用于检验患者有氧锻炼和抑郁症状缓解之间

的剂量—反应关系的研究(Dunn et al.，2005)。80 名诊断为轻度到中度重性抑郁症的成人被分配到安慰剂控制组(每周 3 次灵活性锻炼)或 4 种单人有氧锻炼治疗中的一种。这 4 种锻炼每次和每周的能量消耗分别为：低剂量(7.0 千卡/千克/周或 100～150 卡/次)、高剂量(17.5 千卡/千克/周或 250～400 卡/次)，每周的频率是 3 天或 5 天，在有监护的实验室中进行。主要的效果指标是医生量表评定的抑郁症状分数。在第 12 周，高剂量组的抑郁分数比基线降低了 47%，低剂量组和控制组分别降低了 30% 和 29%。在第 12 周时没有锻炼频率的主效应，但图 7-13 显示每周锻炼 5 天的高剂量组人群有良好响应(症状减轻 50% 或更多)和康复(症状不再足以被判断为抑郁)，且比率都高一倍。

抗阻锻炼剂量研究

60 名在社区生活的患有重性抑郁症或轻度抑郁的 60 岁及以上成人参与了研究，他们被随机分配到医生常规护理组或有监护的渐进式抗阻锻炼组。锻炼持续 8 周，每周 3 天，高强度(80% 最大负荷)或低强度(20% 最大负荷)。结果显示，高强度组良好响应的比率(医生评定的症状减轻 50%)为 61%，是低强度组(29%)和常规护理组的两倍(21%)。

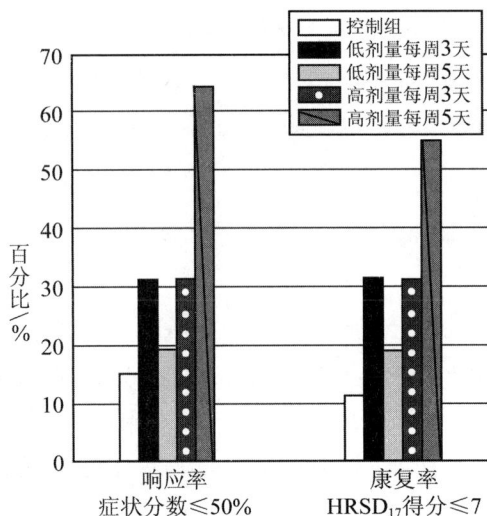

图 7-13 两种锻炼剂量下，抑郁的治疗响应率和康复率的变化

经 Elsevier 授权，改编自 A. I. Dunn et al.，"Exercise treatment for depression： Efficacy and dose response." *American Journal of Preventive Medicine*，2005，28(1)，pp. 1-8。

DEMO 实验

DEMO 实验是 2005 年 1 月至 2007 年 7 月进行的针对单相抑郁症患者的实践性随机实验。患者转诊自全科医生或精神科医生，年龄为 18～55 岁，符合 ICD-10 的单相抑郁症标准。165 名患者被分配到每周两次有监护的抗阻锻炼组、有氧锻炼组或放松组，持续时间 4 个月(Krogh et al.，2009)。主要的效果指标是 17 个条目的"汉密尔顿抑郁量表"[HAM-D(17)]，次要效果指标是过去 10 个工作日中缺勤的百分比，第三效果指标是认知能力。4 个月后，尽管抗阻锻炼组的力量增强了，有氧锻炼组的最大摄氧量增加了，但他们的抑郁症状、认知能力的变化与放松组并没有差别。但是，40% 的参与者中途退出了研究，留下来的参与者平均每周也只有 1 天有监护的锻炼，所以锻炼量可能不足以影响症状。另外，研究也没有查证参与者在项目之外进行的锻炼，所以体适能分数的提高（基于测试中的表现，而非客观的生理标准）可能是因为参与者有希望在第二次测试时表现得更好的动机。

> 竞技体育过量的运动训练（过度训练）可诱发一些运动员的抑郁状态（Morgan，1994b）。但大多数的青年人及成年人都是久坐不动的，所以由过度训练导致的抑郁症并不是大众普遍关心的问题。

> 久坐不动会增加抑郁的风险，但是高强度的体育锻炼可能并不比中等强度的锻炼更能保护人们远离抑郁。

尽管有少量研究检验了抗阻或灵活性锻炼对抑郁的效应，但大部分研究使用慢跑作为锻炼的形式，也有少量使用自行车运动。训练的设定通常基于美国运动医学学会推荐的适合健康人的锻炼类型和锻炼量的指南（见表 15-4）。鉴于这些研究没有关于任何不良影响的报道，所以下列运动指南可供患抑郁症但其他方面健康的人参考：

每周 3~5 天，每次 20~60 分钟，55%~90% 的最大心率。

在锻炼项目的初期，人们应当逐渐地增加锻炼的强度和时间，这个循序渐进的过程对抑郁者尤为重要。因为一点点地取得进步可以使他们最大限度地感受到成功，同时可以最大限度地避免为了追求快速进步而可能产生的失败感。要记住，对于缓解抑郁，持续参与运动比提高体适能更重要。

> 锻炼与抑郁关系研究中的弱点包括，使用非抑郁的被试，测量抑郁仅使用自我报告，未包含安慰剂对照组，对训练方案中使用的锻炼刺激记录不足。

关于指导抑郁人群运动训练的几点建议

熟悉抑郁的症状和基本的精神疾病治疗方法，并且手边有可参考的资源。如果有人表现出了情感和心理的问题并且这些不良情绪很难调节，你可以表示关切，并提供一些当地可以给予专业帮助的人的名字和电话。要机敏！对于所有的医疗服务者，能够觉察出自杀意向并正确地做出反应都是非常重要的。要熟悉常用的治疗抑郁症的医药处方。人们在刚来的时候可能更愿意谈关于药物治疗的信息，而不是精神科的诊断结果。另外，有些药物可能有副作用，如增重或疲劳，可能会影响人锻炼的动机。

不要忽视个人的情感或疑虑。大多数人更喜欢对方能够倾听和表示同情，而不是试图安抚或提供咨询意见。以来访者为中心的心理治疗认为改变的核心条件是真诚、共情和温暖。你对患者的态度不应取决于他是否达到了你设定的锻炼参与标准。

确立你与患者关系的界限。当你与患者建立了融洽关系时，这个患者可能会把你当作顾问。注意，要在支持和鼓励的同时避免建立依赖关系。对于大多数患者来说，这不是问题，但是，一个有精神障碍的人可能会缠住第一个对他的生活似乎感兴趣的人，于是这种界限可能难以建立。你的责任是根据职业道德和你的自我感觉去建立你与患者的关系界限。

评估当前的身体活动习惯和体适能。因为有抑郁症的人很难管理好自己的时间并完成日常工作，所以他们可能高估身体活动的量和强度。任何活动看起来都可能是巨大的负担。对于发生运动迟滞和嗜睡的个体，日常活动可能会比典型的久坐者更少，这导致他们的体适能水平很低。在这种情况下他们可能会怀疑自己进行任何锻炼的能力。你应该让他们放心，告知锻炼计划是为他们专门设计的。

确定个人的锻炼动机。锻炼的哪种副产物对这个人有意义？锻炼的动机是内在的还是外在的？这个人有没有想要完成的具体目标？目标是否现实？非常重要的是，根据个体的心理状态考虑其动机，从而确定目标，提供适当的锻炼计划，激励个体坚持锻炼，并帮助其形成对锻炼和自我的积极知觉。

使锻炼有乐趣而没有胁迫感。由于低动机、疲劳和缺少快乐感是抑郁症的核心症状，所以尽可能地使锻炼有乐趣是很重要的。实现这个目的的一个方法就是找出个体过去喜欢的活动，并且创造一个让他感兴趣的环境，找出锻炼中令他有胁迫感的因素并将其减到最小。有的人可能喜欢团体健身，另外一些人则可能觉得团体环境有胁迫感。你要避免使锻炼太难，但同样也要避免使锻炼太简单，让人觉得似乎是浪费时间或"没有成就感"。

使锻炼易行。让人坚持训练可能是最难的。因此要讨论并形成一个克服参与运动训练的障碍(时间、交通、工作和家庭冲突等)的计划。这一步可能需要你在最基本的层面上帮助个人解决问题。例如，如果他的配偶在他预定的锻炼时间必须使用汽车，你可能需要帮助制订一个替代方案。

通过让其参与制订锻炼计划而加强责任感。患者愿意参与或能够应付的程度因人而异。既要避免给他们太多的责任令他们受不了，又要努力提升他们的独立感与成就感。关注各种线索，了解对每个人来说怎样是好的，并且要做好准备在需要的时候减少或增加对他的控制。不要让他们将成功归功于你。无论成就大小，要鼓励他们为自己的成就而自豪。

对不坚持锻炼和各种借口有所准备。不要去评判他们，这一点很重要。你要避免责备他们，也要努力让他们避免内疚和自责。不要让他们将一点过失放大为完全的失败。让患者付出努力，一起提前计划好可能出现的退步、困难情境和问题解决方法。不要接受含糊的借口，而要找出导致退步的具体的、可修正的原因，并制订克服困难的策略。把退步看作一个学习的过程，并在退步后尽快为成功创造机会。

　　鼓励在既定的运动训练之外增加锻炼。在训练进程中设置小的、容易实现的目标(共同协商设立)。让他记录自己的运动习惯、障碍或挫折、训练的成就等，作为之后训练进程中解决问题的工具。例如，运动中使用计步器就是一种简单易行的便于自我监测和目标设定的方式。

　　注意阻挠性因素。无论是心理习惯还是与运动相关的习惯都会让人适应，要离开这一"舒适区"可能会遇到患者或依赖他们的重要他人的抗拒。此时，患者或他人可能会有微妙的方法试着拒绝改变，应识别并解决这些潜在的阻碍变化的因素。

　　意识到哪些行为在被强化。对很多人来说，负面关注好过没有关注。如果你总是关注错过的训练，或者在人们表现出焦虑或抑郁时给予更多关注，那么这些行为可能因为这种关注而增加。应当以对个体有意义的方式积极地强化良好的行为。并要记住，能强化一个人的方式不一定能强化另一个人。

　　经许可后转载 H. A. O'Neal, A. L. Dunn and E. W. Martinsen, "Depression and exercise," *International Journal of Sport Psychology*, 2000, 31(2), pp. 133-135.

抑郁的药物治疗

　　全世界有超过 30 种药物正在被用于治疗抑郁(见常用的抗抑郁药物)。据估计，2005 年约有 2 700 万美国人使用抗抑郁药物，包括 2.5% 年龄为 6～17 岁的儿童青少年(Olfson and Marcus，2009)。一半的患者将药物用于背部或神经痛、疲劳、睡眠困难，或其他抑郁症之外的问题。在美国的抗抑郁药物使用者中，接受心理治疗的占比从 1996 年的 31.5% 降至 2005 年的 20%。约 80% 的患者接受的是普通医生而非精神科医生的治疗。

　　最常用的治疗抑郁的药物是 20 世纪 40 年代引入的三环类抗抑郁药物(Tricyclics，TCAs)，它能够阻断脑神经元释放的单胺的再摄取；20 世纪 50 年代引入的单胺氧化酶抑制剂(Monoamine oxidase inhibitors，MAOIs)，能够阻断神经元释放出的单胺的去胺化(新陈代谢)；20 世纪 80 年代晚期引入的选择性 5-羟色胺再摄取抑制剂(selective serotonin reuptake inhibitors，SSRIs)，能够阻断神经元释放的 5-羟色胺重新进入神经元。SSRIs 现在最流行，并不是因为更有效，而是因为它们比三环类药物和 MAOIs 的副作用更少(例如，更少的嗜睡、口干、眩晕、昏倒、胃部不适和体重增加)。

　　20 世纪 90 年代，开始流行选择性去甲肾上腺素再摄取抑制剂(SNRIs)(如瑞波西汀)，以及可同时阻断去甲肾上腺素和 5-羟色胺再摄取的药物(如文拉法辛)，或更偏向于阻断多巴胺再摄取的药物(如阿米庚酸和安非拉酮)。其他一些四环类抗抑郁药物[也称为去甲肾上腺素和特异性 5-羟色胺抗抑郁药(NaSSAs)]最早在 20 世纪 70 年代引入，其化学结构与三环类药物和 MAOIs 不同。它们不影响单胺的再摄取或新陈代谢，而是阻断受体［如米安色林阻断 5-HT2（5-羟色胺）受体，米氮平阻断 α-2（去甲肾上腺素）自体受体］。阻断 α-2 自体受体，以及 α-1 和 5-HT3 受体，NaSSAs 可增强肾上腺素能和 5-羟色胺能的神经传递，尤其是 5-HT1A 介导的传递。

四环类去甲肾上腺素和特异性 5-羟色胺抗抑郁药物

米安色林（Mianserin）（别名 Bolvidon，Norval，Tolvon）

米氮平（Mirtazapine）（别名 Remeron，Avanza，Zispin）

赛普替林（Setiptiline）（别名 Tecipul）

常用的抗抑郁药物

三环类抗抑郁药物

安拿芬尼（Anafranil）（clomipramine，氯米帕明）

氯氧平（Asendin）（amoxapine，阿莫沙平）

去甲替林（Aventyl）（nortriptyline，去甲替林）

阿米替林（Elavil）（amitriptyline，阿米替林）

地昔帕明（Norpramin）（desipramine，地昔帕明）

去甲替林（Pamelor）（nortriptyline，去甲替林）

多虑平（Sinequan）（doxepin，多塞平）

三甲丙咪嗪（Surmontil）（trimipramine，曲米帕明）

托法尼（Tofranil）（imipramine，米帕明）

普罗替林（Vivactil）（protriptyline，普罗替林）

单胺氧化酶抑制剂

马普兰（Marplan，isocarboxazid，异唑肼）

拿地尔（Nardil）（phenelzine sulfate，硫酸苯乙肼）

硫酸反苯环丙胺（Parnate）（tranylcypromine sulfate，硫酸反苯环丙胺）

选择性 5-羟色胺再摄取抑制剂

喜普妙（Celexa）（citalopram，西酞普兰）

美舒郁（Desyrel）（trazodone，曲唑酮）

依地普仑（Lexapro）（escitalopram，艾司西酞普兰）

路滴美（Ludiomil）（maprotiline，马普替林）

帕罗西汀（Paxil）（paroxetine，帕罗西汀）

百忧解（Prozac）（fluoxetine，氟西汀）

氟西汀（Selfemra）（fluoxetine，氟西汀）

左洛复（Zoloft）（sertraline，舍曲林）

选择性 5-羟色胺和去甲肾上腺素抑制剂

欣百达（Cymbalta）（duloxetine，度洛西汀）：用于治疗广泛性焦虑障碍

郁复伸（Effexor）（venlafaxine，文拉法辛）：用于治疗广泛性焦虑障碍

兰释（Luvox）（fluvoxamine，氟伏沙明）

去甲文拉法辛缓释剂（Prixtiq）（sustained-release desvenlafaxine，去甲文拉法辛缓释片）

奈法唑酮（Serzone）（nefazodone，奈法唑酮）

多巴胺受体激动剂

安非他酮（Wellbutrin）（bupropion，安非他酮）：用于治疗惊恐障碍

安非他酮缓释片（Zyban）（sustained-release bupropion，安非他酮缓释片）

括号中是每种药物的通用名。药物的副作用包括低血压、视力模糊、心律不齐、肠胃不适、男性性功能障碍、长期使用有毒性。

锻炼缓解抑郁的机制

有充分证据显示，锻炼与抑郁症的缓解有关，但这种抗抑郁效果的根本原因仍在探索中。我们可以从社会、认知和生理机制方面对其进行解释。从社会认知的角度来解释锻炼对抑郁的作用，可能涉及主观期待、注意焦点脱离应激刺激、关注、自我意象的改善、控制感、社会交互作用和社会支持（Ernst，Rand and Stevinson，1998）。虽然这些解释可能是正确的，但它们还没有得到设计良好的实证研究的证实（O'Neal，Dunn and Martinsen，2000）。而且，即使被证实是正确的，它们也无法脱离锻炼的情境而对锻炼的直接效应做出解释。例如，在一项研究中，30 名轻度抑郁的老年人被随机分为 3 组：第一组与一名学生一起在室外步行 20 分钟；第二组是与学生会面 20 分钟，这两种干预持续 6 周，每周 2 次；第三组是等待名单控制组（McNeil，LeBlanc and Joyner，1991）。如图 7-14 所示，步行对抑郁的缓解作用和仅与学生会面是一样的。因此，与学生的社会互动和交往可能是引起两种情况下抑郁降低的原因，而步行在此效应中可能是多余的。

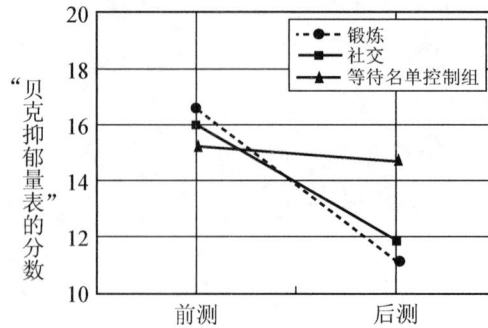

图 7-14　在锻炼项目(步行)和规律性地与他人社交之后抑郁的下降

经授权后转载自 J. K. McNeil，E. M. LeBlanc and M. Joyner，"The effect of exercise on depressive symptoms in the moderately depressed elderly." *Psychology and Aging*，1991，6(3)，pp. 487-488。

> 锻炼可能由于其心理社会收益而减少抑郁，如自尊的提高或社会支持的增加。

锻炼影响抑郁的心理社会机制

主观期待：通常大家都认为锻炼会让人心情愉快，所以当一个人开始锻炼后，他一般会期待自己的情绪得到改善(安慰剂效应)。

从应激刺激中脱离：在锻炼时，人能够"暂停"或不关注他们的担忧和疑虑，这可以解释焦虑和抑郁情绪的缓解。这种从应激情绪中暂时脱离的方法所产生的效应可以在每次锻炼中得到不断累积和强化，情绪的改善又可以强化锻炼活动的重复出现。

关注：参加锻炼的人通常会和教练以及其他锻炼参与者有一对一的接触。这种来自他人的积极关注使得个体感受到自己对他人的重要性，从而产生一种自我价值感。

自我印象的改善：身体对规律性锻炼的适应性变化除了锻炼耐受性提高之外，还包括一些外形上的改善，如肌肉比例增加。这可增强身体自我观念，使自尊也随之增强，是影响心理健康的重要心理变量。

控制感：抑郁情绪的核心是无助感和无望感。参与锻炼使抑郁者控制了自己生活的一个方面，在一个方面重新建立的控制感又可能迁移到生活的其他方面，增加对生活的希望。

社会交互：社会孤立是引起和延续抑郁的一个因素，而在一个充满热情和友好气氛的社区中心或健身中心进行锻炼可以帮助锻炼者建立新的人际关系，从而降低孤立感。

社会支持：和他人一起参加锻炼可以在有形和无形间让抑郁者感受到自己对于他人是重要的，并使其感觉到自己是集体的一分子。

生物学机制为建立锻炼和抑郁之间的直接因果关系提供了更多的可能性。然而，即便从生物学角度也很难为锻炼对缓解抑郁的独立作用提供直接的证据支持。例如，强光治疗（bright light treatment）对治疗某些抑郁症状是有效的，因此，在明亮的日光下进行锻炼，可能是日光而不是锻炼使得抑郁得到缓解。要从生物学角度支持锻炼对抑郁的影响，该解释应与已知的抑郁症病因学以及锻炼引发的生物适应性变化相符。

抑郁症的神经生物学

抑郁症病因学的背景知识可以帮助解释锻炼与抑郁症状缓解之间的关系。两个最具影响力的神经生物学模型是单胺损耗假说（monoamine depletion hypothesis）和下丘脑—脑垂体—肾上腺（HPA）轴模型。

> 抑郁症生物学基础的核心在于单胺系统和 HPA 轴的功能失调。

单胺损耗假说

20 世纪 50 年代，人们意外地发现一些用于治疗身体疾病的药物会对心理产生作用，由此开始逐渐理解抑郁的神经生物学基础。用利血平治疗高血压的患者中有 15% 出现了抑郁症状。利血平控制血压的机制是抑制外周神经中储存去甲肾上腺素（NE）和 5-羟色胺（5-HT）的微粒，从而减少细胞内的 NE 和 5-羟色胺。利血平是一种生物碱，可以穿越血脑屏障，因此可能引发的副作用是脑中 NE 和 5-羟色胺损耗，从而导致部分患者产生抑郁情绪。大约在同一时期，人们发现用抗结核药治疗肺结核时出现的"副作用"是患者情绪改善。这种药物的作用机理是抑制用于降解 NE 和 5-羟色胺的单胺氧化酶（MAO）。20 世纪 60 年代和 70 年代进行的研究发现，抑郁人群比无临床疾病人群的 NE 代谢物（MHPG，见第 3 章）和 5-羟色胺代谢物[5-HIAA（5-羟吲哚乙酸）]的水平低。此外，双相抑郁症（bipolar depression）患者在抑郁发作期 MHPG 分泌低于正常水平，在躁狂发作期则高于正常水平。这些证据都支持了 NE 和/或 5-羟色胺水平与抑郁之间的关系，从而产生了抑郁的**单胺损耗假说**。

根据单胺损耗假说，抑郁是由中枢肾上腺素能（adrenergic）受体的 NE 或 5-羟色胺不足引起的，而躁狂是由过量的 NE 导致的。如前文所述，NE 和 5-羟色胺都是重要的神经递质，其功能在于调节与应激和情绪相关的大部分脑区，因而它们成了抑郁症病理学原因的主要候选者（见表 7-2 和第 3 章生物胺类）。此外，**去甲肾上腺素能**（noradrenergic）系统和 5-羟色胺能系统之间还存在着结构和功能上的联系。例如，从脑干主要的 NE 生成细胞蓝斑核（LC）发出的投射，既到达合成脑 5-羟色胺的中缝核，也到达蓝斑核周围的 5-羟色胺生成细胞。

表 7-2　中枢神经系统中去甲肾上腺素和 5-羟色胺的作用

去甲肾上腺素	5-羟色胺
激素分泌	感知觉
心血管功能	痛觉调节
快速眼动睡眠	疲劳
止痛反应	食欲
唤醒	睡眠周期
奖赏	体温调节
性行为	皮质醇活动
警觉	梦
情绪调节	

　　根据损耗假说，抗抑郁药物的直接作用是提高 NE 和/或 5-羟色胺的水平。大多数常用的抗抑郁药物上调中枢神经系统 a-肾上腺素能和 5-羟色胺能受体，下调 β-肾上腺素能受体，对突触后第二信使（腺苷酸环化酶）进行脱敏，或抑制神经递质释放后的代谢过程（见表 7-3）。这些抗抑郁药物明显比安慰剂更能有效地治疗抑郁（Williams et al.，2000）。药物治疗在几小时内就改变了 NE 和 5-羟色胺的水平，但症状的改变则要两到三周的时间才会出现。

表 7-3　各类抗抑郁药物

药物类别	作用
三环类抗抑郁药物	改变脑对去甲肾上腺素和 5-羟色胺神经递质的反应（通过阻断突触前受体从而阻止 NE 和 5-羟色胺的再摄取）。保持神经递质与突触后受体的接触，从而延长效应。
单胺氧化酶抑制剂	阻断神经元内分解 NE、多巴胺和 5-羟色胺的单胺氧化酶（MAO）的活动。
选择性 5-羟色胺再摄取抑制剂	阻止 5-羟色胺释放到突触后被神经元再摄取，从而增强 5-羟色胺的活性。

　　神经递质水平已提高但症状的缓解却滞后，这无疑是对损耗假说的一个挑战。抑郁症的根源和维持并不能简单地用 NE 和 5-羟色胺的不足来解释，后续的研究也不支持神经递质不足是抑郁的成因的说法。例如，有些抑郁患者的 MHPG 水平偏高或者正常，脑脊液（CFS）中的 MHPG 水平也不低。另外，治疗抑郁的两种有效方法——电休克和伊普吲哚药物——都不改变单胺的水平（Maas，1979）。

　　于是，研究者对单胺模型进行了修改，他们将抑郁描述为去甲肾上腺素能和 5-羟色胺能系统的**功能性失调**（dysregulation），而不仅仅是递质水平的降低。抑郁被认为是源于这些神经递质系统自我调节能力的紊乱，以及神经中枢（如前额叶皮层、杏仁核、海马以及室周灰质）的过度刺激，其中主要的失调区是蓝斑核。

　　NE 水平低引起的一个重要的反应是与 NE 结合的突触后 β-1 受体的数量或者敏感性增加。于是当 NE 释放到突触时，神经元会对 NE 过度反应。抗抑郁药物的一个标志性治疗反应就是 β-1 受体下调和 NE 敏感性回归到正常水平。要产生该反应，脑内 5-羟色胺系统需完好。

此外，突触前 α-2 自体受体通常参与控制 NE 释放的负反馈过程。当 NE 水平降低时，突触前 α-2 自体受体导致 LC 自我抑制的削弱，从而移除了负反馈，引起 LC 神经元过度释放 NE。该反应可能导致脑内 NE 暂时性耗竭，因为 NE 细胞会在压力下过度发放。NE 的主要功能是以抑制方式调节脑内其他细胞的活动，因此这个过程最终可能导致神经中枢的过度活跃，其中就包括与负性情绪（如抑郁）有关的中枢。

很多关于抑郁的研究都聚焦于脑的单胺能系统，特别是去甲肾上腺素能和 5-羟色胺能系统。但是，一元多巴胺（dopamine，DA）系统也应作为抑郁的病因被纳入考虑（O'Neal，Dunn and Martinsen，2000）。脑中多巴胺生成细胞的主要分布区域是腹侧被盖区（ventral tegmental area，VTA）。电刺激 VTA 区域以及下丘脑的周围部分可以产生愉悦。虽然 NE 不是 VTA 区域的主要神经递质，但脑中 NE 的损耗似乎间接抑制了 VTA 区域多巴胺的正常活动。多巴胺系统对奖赏、动机和运动机能起着关键作用。例如，奖赏和强化过程中就包含了伏隔核多巴胺的释放，伏隔核中的一些多巴胺受体含有脑啡肽和强啡肽，可帮助调节动机和愉悦（见第 3 章）。

因此，多巴胺系统的失调可能引起抑郁症状中的快感缺失（快乐丧失）和精神运动障碍。例如，慢性应激使得促肾上腺皮质激素释放激素和皮质醇持续增高，因此扰乱多巴胺能系统到边缘系统的投射（Chrousos，1998），一些抗抑郁药物可通过靶向作用影响多巴胺受体或改变多巴胺代谢来影响多巴胺的活性（Willner，1995）。

下丘脑—脑垂体—肾上腺（hypothalamic-pituitary-adrenal，HPA）轴模型

在抑郁症中神经生物系统（HPA 轴和单胺）是整合在一起的，这体现在维持 NE 的正常功能需要足够浓度的**糖皮质激素**（glucocorticoids）（Gold and Chrousos，1999）。大量证据显示 HPA 轴在抑郁的病因中扮演着重要角色。例如，体重下降和睡眠失调等抑郁症状与 HPA 轴的失调有直接关系。

HPA 轴在应激反应中起主要作用（见第 4 章），应激反应的失调与抑郁症的病因有关。当人感知到真实的或想象的威胁时，下丘脑的视旁核（paraventricular nucleus，PVN）就会向脑垂体前叶的正中隆起释放促肾上腺皮质激素释放激素。促肾上腺皮质激素释放激素作用于脑垂体，激活了促肾上腺皮质激素（adrenocorticotropic hormone，ACTH）和 β-内啡肽从阿片促黑色素原前体分子的释放，然后 ACTH 作用于肾上腺，使肾上腺皮质加速合成和分泌皮质醇。该系统的综合作用是为机体做好战斗或逃跑的准备（参见第 3 章和第 4 章对应激的生理性反应的深入描述）。

HPA 轴的功能

调节饥饿和饱腹感

性行为

睡眠

生长

分泌激素

调节生理性应激反应

　　虽然上述系统的激活对适当的应激反应至关重要，但 HPA 轴的过度激活可能导致抑郁的发生。事实上，抑郁症的症状与极度的应激状态非常相似，并且可能在压力下突然出现（Gold and Chrousos，1999）。海马细胞含有糖皮质激素受体，可以介导对下丘脑 CRH 神经元的抑制（见图 7-15）。

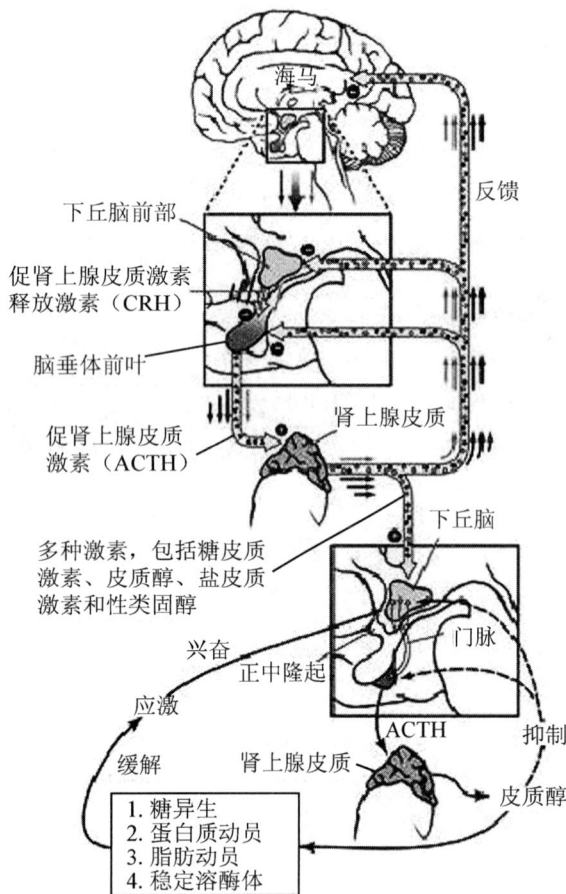

下丘脑前部释放CRH（节律性释放或针对身体和心理应激反应释放)通过下丘脑—脑垂体门脉进入脑垂体前叶。皮质醇受体提供CRH释放的抑制性反馈。

脑垂体前叶对CRH响应，共同分泌ACRH和β-内啡肽进入循环。皮质醇受体提供ACTH释放的抑制性反馈。

肾上腺皮质被ACTH激活分泌皮质醇。

皮质醇影响碳水化合物。蛋白质和脂肪的代谢也与应激反匠和抑郁有关。

皮质醇水平提高反馈至海马中的受体，海马发出信号抑制下丘脑前部的CRH分泌。在下丘脑前部和脑垂体前叶也有皮质醇受体，在皮质醇水平提高时分别参与CRH和ACTH的抑制性反馈。由此，皮质醇水平提高的最终结果是分泌量减少，返回至正常水平。

异常模式：高水平的皮质醇损害海马受体，移除对HPA轴的抑制性反馈。CRH的持续释放导致ACTH水平提高以及皮质醇的持续过量分泌。

图 7-15　促肾上腺皮质激素释放激素对下丘脑—脑垂体—肾上腺
轴的作用方式及效应(正常模式和非正常模式)

　　经授权后重绘，源自 M. R. Rosenzweig, A. L. Leiman and S. M. Breedlove, *Biological psychology: An introduction to behavioral, cognitive, and clinical neuroscience*, 2nd ed., 1999, Sunderland, MA: Sinauer Associates, p. 125.

　　一般情况下，当高水平的皮质醇反馈到位于海马和下丘脑的糖皮质激素受体时，会引发

CRH 和皮质类固醇生成减少（负反馈输出抑制了起始的输入活动）。然而，皮质醇增多症可能破坏海马糖皮质激素受体，下调其敏感性，进而导致 HPA 轴过度激活。皮质醇增多症同样可能通过改变脑干单胺能系统和其他控制 HPA 功能的神经系统（如杏仁核和前额叶皮层）而使皮质醇和 ACTH 水平异常偏高（Gold and Chrousos，1999）。事实上，约 50％ 的抑郁患者同时患有皮质醇增多症。抑郁的发生同时伴有 ACTH 的增加、类固醇负反馈缺失和对 CRH 的敏感性提高。CRH 和糖皮质激素影响对情绪反应有重要作用的边缘系统，包括伏隔核、杏仁核和海马，所以慢性应激引起的 CRH 和皮质醇水平提高可能会破坏调节情绪的脑区的功能（Gold and Chrousos，1999）。

锻炼影响抑郁的生物学证据

目前几乎还没有在人类身上考查锻炼抗抑郁的生物学机制的研究。但在过去 10 年里，锻炼心理学领域已经出现了一系列令人鼓舞的研究，这些研究使用了神经科学的方法和动物应激与抑郁模型。

单胺失调假说

按照**单胺失调假说**（monoamine dysregulation hypothesis），抑郁是单胺系统失调的后果。因此锻炼可能通过调节此神经递质系统来缓解抑郁。例如，有证据显示，慢性运动可以影响脑干的 NE 和 5-羟色胺受体以及脑干 NE 神经元向腹侧被盖区（奖赏中枢）的投射。锻炼引起的适应性变化，如单胺合成的增加，会通过与运动神经元的联系而影响边缘系统。肌肉的感觉传入会通过丘脑通路刺激大脑的高级中枢。

> 锻炼可能通过增加中枢神经系统 NE 和 5-羟色胺的合成来缓解抑郁。

许多针对人和动物的研究致力于描述锻炼对 NE 及其合成和代谢的影响。在人类身上，剧烈身体活动后脑中 NE 活动的变化可以通过测量尿、血浆和脑脊液中 MHPG（主要的 NE 新陈代谢产物）的水平来加以评估。对抑郁和非抑郁被试的研究发现，急性运动后尿液中的 MHPG 水平或保持不变或有所上升。这些研究结果对于理解锻炼—抑郁关系的意义还含糊不清。例如，休息时，外周血液或尿液中的 MHPG 仅有约 1/3 来自脑中 NE 的新陈代谢。在轻度到中度的急性运动中，NE 的水平可能增加 2～6 倍，但大部分不是来自脑，而是来自支配心脏的交感神经节后神经末梢，还有部分来自运动骨骼肌。NE 水平的增加是机体为了适应锻炼带来的刺激而进行的生物性调节。要确定体育锻炼的关键效应，需要对特定脑区的 NE 或 5-羟色胺的水平及其变化进行评估。但这在人类研究中明显是很难实现的，而且目前也还未见使用脑成像技术考查锻炼对抑郁影响的研究。

动物实验已提供了更有力的证据，支持锻炼对与抑郁相关的单胺能系统的作用。研究显示，大鼠在急性运动过程中 5-羟色胺和 NE 水平有短暂提升（见图7-16），在慢性运动后脑单胺系统有适应性的变化（Dishman and Renner et al.，2000；Dunn and Dishman，1991；Dunn and Reigle et al.，1996）。研究还发现，中等强度的慢性运动伴随着脑皮层的 β 肾上腺素能受体的下调（Yoo et al.，2000；Yoo et al.，1999），与抗抑郁药物的作用相当。抗抑郁药物选择性 5-羟色胺再摄取抑制剂的一个重要的作用就是抑制 5-羟色胺载体（将释放出的 5-羟色胺重新运回 5-羟色胺细胞的蛋白质），从而阻碍 5-羟色胺的再摄取，使 5-羟色胺在突触中停留更长的时间，更多地与突触后 5-羟色胺受体结合（见图 7-17）。

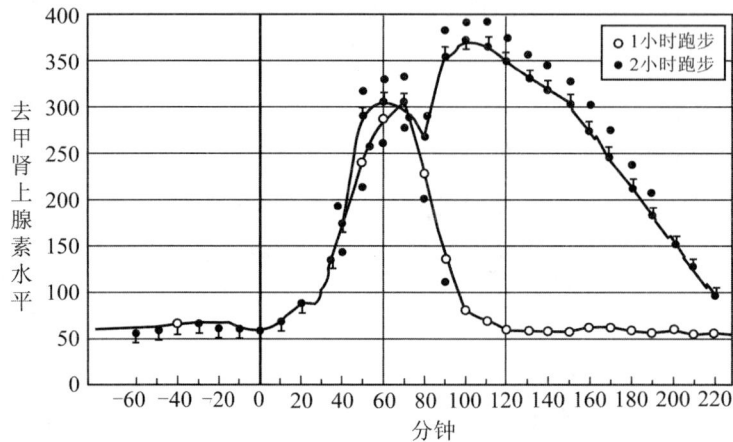

图 7-16　在跑步机上锻炼时和锻炼后去甲肾上腺素水平的变化

数据来源：Pagliari and Peyrin，1995。

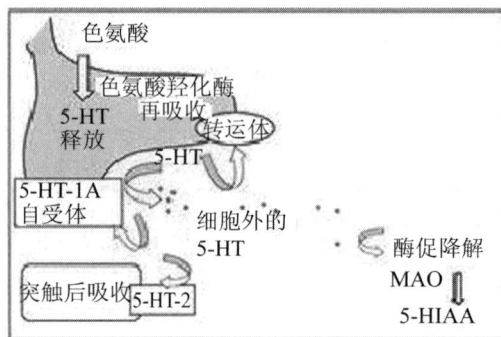

图 7-17　5-羟色胺突触图

注：显示了 5-羟色胺从突触前神经元释放后的 3 种可能的结果：被突触后摄取、与突触前自体受体结合、通过 5-羟色胺转运因子被突触前神经元再摄取。

　　研究人员给雄性幼鼠服用盐酸氯米帕明，这是一种 5-羟色胺再摄取抑制剂，可导致脑 NE 的长期损耗，使大鼠在成年后出现抑郁。大鼠成熟后，与不运动的对照组相比，进行了 12 周转轮跑步或跑步机跑步的大鼠额叶皮层的 NE 水平较高（Yoo，et al.，2000）。两种锻炼方式都使 NE 水平得到提高，但滚轮组大鼠还表现出 β 肾上腺素能受体的降低，与抗抑郁药物的治疗作用相似。此外，滚轮组大鼠的性功能表现也有所提高，这也是抗抑郁效果的行为标志。

　　在动物实验中常用的一种人类抑郁模型是反复向被试呈现无法控制且不可逃避的应激刺

激，从而导致脑中 NE 或 5-羟色胺的损耗，使动物随后在可逃避应激刺激时的逃避反应受损。第一个应用此模型的研究发现，在无法控制且不可逃避的足部电击之后，不运动大鼠与 6 周转轮跑步大鼠相比，蓝斑核、海马及杏仁核的 NE 和 5-HIAA 水平更低(Dishman et al.，1997)。不运动大鼠在足部电击后杏仁核的 5-羟色胺水平高 28%。随后，在受到可控制的足部电击时，转轮跑步大鼠比不运动大鼠表现出更快的逃避反应，表明了转轮跑步的抗抑郁作用。后续研究发现转轮跑步对减轻习得性无助也有类似效应(Greenwood et al.，2003)。

有证据显示，跑步机跑步可快速提升多巴胺的释放和流转，并长期性地上调大鼠纹状体中的多巴胺 D2 受体，但在人身上尚未发现锻炼对纹状体多巴胺活动的影响(相关综述见 Dishman and Berthoud et al.，2006；Knab and Lightfoot，2010)。那些变化也只发生在纹状体负责调节运动的部分，而不是负责调节动机的 VTA 或伏隔核。跑步机跑步主要是受迫的，而转轮跑步则不同。长期进行转轮跑步使体适能好的大鼠纹状体多巴胺活动降低(Waters et al.，2008)，但 D2 受体的基因表达在小鼠神经核团中不变(Knab et al.，2009)，而在大鼠伏隔核中降低(Greenwood et al.，2011)。目前从总体来看，在涉及调节抑郁等情绪的脑区中，锻炼是否影响多巴胺活动还不清楚。

一些新证据提示 5-羟色胺系统的遗传变异(从每个亲本遗传的不同等位基因或基因形式的组合)可能与身体活动水平有交互作用，进而影响抑郁症状。例如，5-羟色胺转运因子基因的短等位基因与较低的 5-羟色胺新陈代谢水平有关，可能增加抑郁的风险。一项横断研究(Rethorst et al.，2011)显示，同样是身体活动较少的大学生，带有来自父母至少一方的短等位基因的受试者与带有来自父母双方的长等位基因的受试者相比，在"贝克抑郁量表"测量中报告了更多的抑郁症状。但与预期不同的是，在身体活动较多的学生中，有至少一个短等位基因的人比有两个长等位基因的人抑郁症状少。不过，在 5 周的有氧运动训练之后，有至少一个长等位基因的学生比有两个短等位基因的学生抑郁症状有更大的减轻(Rethorst et al.，2010)。

下丘脑—脑垂体—肾上腺皮质(HPA)轴假说

长期运动训练使得参与者在普通运动中的内分泌反应减少(Richter and Sutton，1994)。因此，身体活动对 HPA 轴的调节可能是锻炼影响抑郁的另一个途径。动物研究为运动通过影响 HPA 轴对抗抑郁提供了一些支持。例如，经过跑步机训练的雌鼠对跑步机跑步引发的 ACTH 和皮质脂酮反应减轻，但在被固定(White-Welkley et al.，1995)或被足部电击(White-Welkley et al.，1996)时 ACTH 反应增加。这种 ACTH 反应增加究竟是一种健康的适应行为，还是源于 CRH 水平提高或其他影响 CRH 释放的因素，目前还不得而知。锻炼引起的 CRH 活动变化可能与抑郁有着特别的关系，因为 CRH 会提高脑干蓝斑核的活动，蓝斑核在调节脑和外周交感神经系统对欲望和厌恶行为的反应中起着关键作用，而欲望和厌恶行为是抑郁症的核心。

> 运动训练产生的 HPA 轴适应性变化有助于重新调节引起抑郁的生物性紊乱，但是这方面的研究目前还比较有限。

其他的生物学假说

除了第 5 章呈现的关于情感、心境和情绪的假说(以急性运动过程中脑血流、体温和内分泌的提升解释心境的改变),新的研究领域涉及了锻炼对抑郁积极效应的其他潜在生物学机制。例如,神经营养肽[如脑源性神经营养因子(brain-derived neurotrophic factor,BDNF)和 VGF]促进神经系统的生长和保持,可能对抑郁的神经病理学和治疗有重要作用(Hunsberger et al.,2007;Russo-Neustadt,2003)。动物研究已经显示,慢性运动使得海马(与情境记忆相关)(Adlard and Cotman,2004)及内边缘系统腹侧被盖区域(帮助调节动机)(Van Hoomissen,Chambliss,Holmes et al.,2003)中 VGF 和 BDNF 基因表达增加。

总 结

重度抑郁症是一种常见的精神健康疾病,可导致严重的后果。其特征是严重的消沉或是严重影响社会功能或职业功能,或两者兼有。传统治疗抑郁的方法耗时长、费用高且效果不明显。另外药物治疗还有副作用,包括疲劳、心血管并发症和成瘾等。因此,锻炼可能是一个非常理想的替代或辅助治疗手段。总体而言,研究支持锻炼可以降低抑郁风险,并缓解轻到中度抑郁症患者的症状。在一些研究中,锻炼对抑郁的缓解效果和药物或其他心理治疗的效果一样大。

但是,产生最佳效果所需的锻炼类型、频率和强度还有待确定。锻炼是否独立于其他因素对抑郁起到缓解作用?这种作用对于不同性别、年龄、种族、教育程度、社会经济水平和心理状况的群体是否一致?这些问题还需要通过良好控制的实验来寻求解答。实验中应包含一系列人口学组别,并充分考虑被试的特点。相对于健康人,抑郁患者的肌肉耐力(Morgan,1968)、身体运动能力(Morgan,1969)和心肺体适能通常会下降(O'Neal,Dunn and Martinsen,2000;Martinsen,Strand et al.,1989)。但是,只要对锻炼项目进行了精细分级,并关注了与个体坚持性相关的问题,就可能成功执行。在中年期能够保持心肺体适能的人出现抑郁症状的概率小。

虽然近期的一些随机对照实验支持了中等强度的锻炼是缓解轻到中度抑郁症状的有效方法,但锻炼尚未被医学公认为治疗抑郁症的方法(American Psychiatric Association,2000)。了解锻炼是通过怎样的机制——尤其是神经生理机制——直接并独立地缓解抑郁症的,是锻炼心理学的下一个前沿研究方向。

第 8 章
锻炼与认知功能

　　保持有规律的体育锻炼或采取积极的生活方式都是明智的行为，那么锻炼对智力功能又有什么影响呢？锻炼可以让人变得更聪明吗？锻炼与认知之间的关系还是一个较新的研究和实践领域，但对人类认知的学术兴趣可以追溯到公元前 2 世纪亚里士多德的《论记忆》（Sorabji，2004）。在这篇著作中，亚里士多德把心理加工概念化为一种可以被实证研究的过程。从那以后，科学家们研究了认知加工的过程和表现，范围涉及从知觉评估到脑结构和机能的变化及其对行为的影响。

　　认知会受到遗传、发展和环境经验的影响。本章聚焦于环境经验中的锻炼行为这一因素对认知的影响，为理解锻炼与人的推理、记忆和反应能力之间的关系提供基础。本章展示并讨论了锻炼对各类健康人群、临床人群和不同年龄群体产生作用的证据，介绍了可能的机制、调节变量和中介变量，并总结了锻炼与认知关系研究中的议题。

> 古希腊人曾断言，健康的身体有益于健康的心智（*Mens sana in corpora sano*）。然而，直到最近我们才开始在实证研究中系统地评价锻炼与认知的关联。

认知的定义

　　亚里士多德对认知研究的观点影响了 15 世纪至 16 世纪的欧洲哲学家，是他们推动了科学方法的兴起。例如，勒内·笛卡儿对心理学的贡献之一就是，他认为认知可以通过直接观察和测量而被理解，而脑就是行为的中介（Hergenhahn，1992）。当代研究者把"认知"作为一个总称，其可以指任何能体现人的知识或觉知的心理过程，包括知觉、记忆、判断和推理（Wilson，Caldwell and Russell，2007）。认知反映了众多心理过程的整合，这些心理过程以层级方式相互作用。处于较高层级的心理过程包括与意识有关的加工过程，如计划去跑马拉松，以及目标导向行为，选择跑步而不是玩电子游戏。较低层级的过程则控制自动的和反射性的行为。

> "认知"（cognition）来源于拉丁语"cognoscere"，意为"知晓""概念化""识别"，它是思维的过程。

认知的测量

在过去的 150 年中，已有数百种测量心理过程的测验被开发出来。其中一些在整体层面评估认知（如一般智力），另一些则分离并探索具体过程的运作（如注意）。锻炼科学家最常用的测验来自 4 个相互交叠的研究领域：教育心理学、实验心理学、临床神经心理学、神经生理学。

> 第一个用于测量智力功能的测验是 1905 年发布的比内-西蒙智力测验。

教育心理学与心理测量学

20 世纪初期，法国政府要评估居住在巴黎的儿童从普及教育中受益的程度。法国心理学家阿尔弗雷德·比内设计了第一个用于测量智力功能个体差异的测验。比内-西蒙智力测验（1905）由 30 个评估高级心理过程（如推理和问题解决）的条目组成。这些条目由易到难排列，以通过/不通过的方式计分。比照各年龄组得分的常模，人们可确定受测儿童的心理年龄。

比内开创性的智力概念以及对测验条目富有洞察力的选择和组织，为心理测量学的发展做出了巨大贡献，相关内容讨论见本书第 2 章。在过去一个世纪里，心理测量工作者们使用日益成熟的定量测量人表现的方法，探究了人类智力的结构（Wasserman and Tulsky，2005）。图 8-1

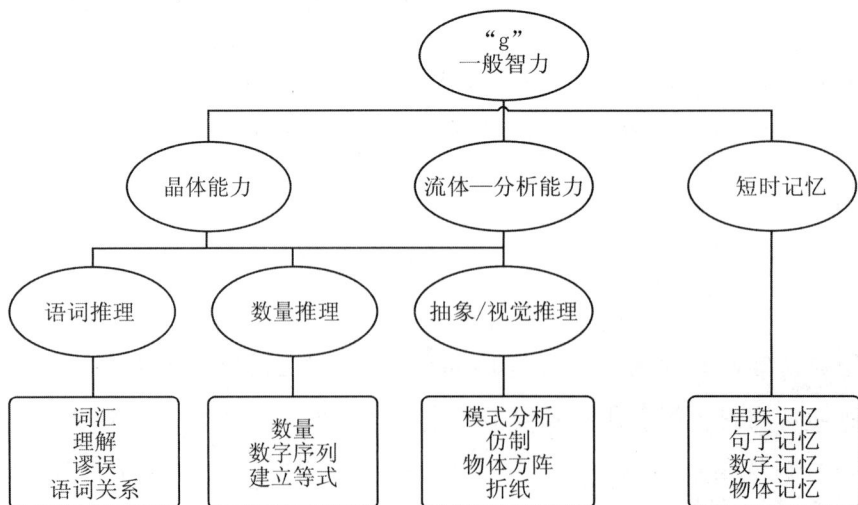

图 8-1　斯坦福-比内智力测验的因素结构

注：每个测验条目（如词汇、数字序列、物体记忆）的测试表现最终获得一个分数以表示一般智力（g）。条目分数间的相关可为推测心理结构提供基础，这些心理结构被认为支撑着人的适应性思维和行为（如推理、才能、记忆）。

显示了一种智力测验的因素结构的示例。心理测量学的兴起促进了大量智力测验的发展（如斯坦福-比内测验、韦克斯勒智力测验、考夫曼儿童成套评估测验），这些测验已被用于测量和描述世界各地数百万人的能力。

实验心理学

1872 年，威廉·冯特在德国创立了心理学这一学科，侧重于通过研究心智的组成成分来理解复杂的心智。记忆测验和**心理测时法**（mental chronometry）（使用响应时间的测量来分离心理过程的方法）为冯特和他的学生们提供了研究认知结构的方法。研究者们在严格受控的实验室条件下检测心理过程及相应的主观体验。当代许多实验心理学家所做的研究仍延续着这一成分分析的传统（Detterman，1986）。

20 世纪 60 年代，现代认知心理学兴起，侧重于信息如何编码、存储、加工、使用并引发行为。对编码过程感兴趣的研究者，通常使用知觉测验来测量感受系统如何把初始的物理能量转换为有意义的知觉。例如，视觉器官和听觉器官就是在扫描和检视外部世界，形成感知觉编码。研究者们开发出了检视时间法（inspection-time methods）（Nettelbeck and Wilson，1997）和扫描例程（scanning protocols）（Sternberg，1969）以分离知觉过程。研究信息存储和加工通常使用经典的短时记忆和长时记忆测验（如布朗-皮特森测验），这些测验可追溯至 19 世纪中期赫曼·艾宾浩斯开发的方法。

工作记忆（working memory）这一构念从 20 世纪 80 年代对短时记忆功能的理论研究中演化而来（Baddeley，1986）。工作记忆指对信息的短时存储和操作，这些信息可支持学习、语言理解、推理等复杂任务。注意测验为研究者提供了探索和评估信息操作过程的方法。这些测验检测影响编码和记忆系统运作的心理过程。

还有方法用于评估信息如何引起行为。**执行功能**（executive function）测验评估对决策、目标设置与行为选择至关重要的心理过程（Miyake et al.，2000；Naglieri and Johnson，2000；Posner and Dahaene，1994）。这些过程也被归为**元认知**，即对问题解决所需思维过程进行控制的高阶思维（Borkowski，Carr and Pressely，1987；Flavell，1979）。图 8-2 展示了信息加工模

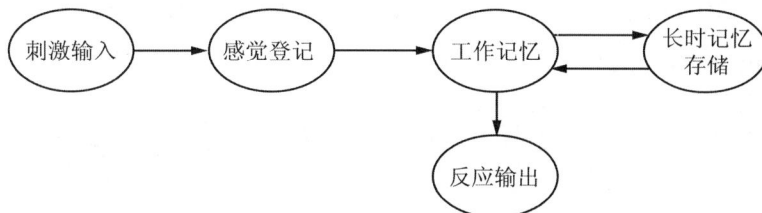

图 8-2　信息加工模型

注：环境信息作用于感受器并进入短时工作记忆，在此处，控制加工（如复述）结合长时记忆中提取的记忆信息对新信息进行操作。随后，与目标导向行为相关的执行控制过程设定行为动作。

型的一般性示例，突出了刺激信息抽取和操作以及反应准备所涉及的过程。这些低阶心理过程的运作可被注意和动机所调节。

临床神经心理学

疾病和受伤如何影响认知与行为一直是医生关注的焦点。公元前 3 世纪，希波克拉底将思维和推理的紊乱解释为体内 4 种体液的失衡：血液、黑胆汁、黄胆汁、黏液。他认为，这些体液的失衡改变了脑，并影响情绪和知觉。2 世纪的古罗马医师盖伦（Galen）发展了希波克拉底关于心理功能的自然主义解释，将人格特征与人体体液联系起来。如第 5 章所述，当代基于生物性的人格理论体现了这些早期关于体液平衡的理念（如 Eysenck，1990）。

多种测验已被开发出来用于评估临床人群，如阿尔茨海默病患者或脑震荡患者的认知功能。一篇由雷扎克（Lezak）及其同事们所做的关于神经认知的全面综述记录了 400 多个用于评估各种认知功能的行为测验，如对心理灵活性和加工速度的测验（Lezak，Howieson and Loring，2004）。

神经生理学测量

前述这些方法是通过观察行为来推测认知过程的，与之形成对比的方法是直接测量脑活动，人们对这类方法的兴趣由来已久。研究者使用各种技术［如脑电（electroencephalographym，EEG）］测量脑皮层活动已有数十年。过去二十年出现了很多重要的技术进步，可以提供越来越精确地对脑结构和功能的测量。

如第 2 章、第 3 章所述，锻炼研究者广泛使用各种技术评估健康人群和临床人群的身体活动、体适能水平及训练干预对脑功能的影响。每种方法捕捉到脑活动的不同方面，汇总在一起可描绘出执行信息加工、记忆和注意的神经网络（O'Reilly，2010；Posner and Raichle，1997）。这些方法可测量人在执行特定认知测验时的脑活动变化，从而为研究者提供锻炼影响认知功能的综合证据。另外，在学习和表现过程中相关脑细胞内和细胞间的代谢会发生变化，对动物（通常是啮齿类动物）脑的测定可提供关于这些变化的信息（Dishman and Berthoud et al.，2006；Meeusen and De Meirleir，1995）。

> 认知功能的多维性和评估方法的多样性是解释身体活动影响认知功能的证据时面对的一种特殊的挑战。

执行功能和记忆所涉及的脑结构

额叶(frontal lobe)接收来自皮层和皮层下区域的多重输入，并整合信息以发起统一的目标导向行为。

背外侧前额叶皮层(dorsolateral prefrontal cortex)接收来自顶叶、前运动皮层和基底神经节的输入。这部分额叶区域与目标选择、计划、排序、言语与空间工作记忆、自我监控和自我觉知相联系。

腹外侧前额叶皮层(ventrolateral prefrontal cortex)接收来自颞叶的输入。这个区域分析特征和环境属性信息，服务于目标导向行为的执行。左腹外侧前额叶与工作记忆有关，涉及保持信息和屏蔽干扰。右腹外侧前额叶与警觉和探察威胁有关。

眶额皮层(orbitofrontal cortex)与边缘系统——尤其是杏仁核——紧密连接。这个区域抑制不适宜的反应，并评估奖赏和风险的概率。该区域的加工被认为是情绪和社会行为的基础。

前扣带皮层(anterior cingulate cortex)参与监督和觉察行为错误，以及觉察冲突。这个区域是与刺激加工和记忆更新相关的网络的一部分。

边缘系统是一个与情绪、学习和记忆有关的复合结构。

杏仁核是边缘系统中的一簇核团，影响情绪行为以及与情绪情境关联的记忆。带有情绪色彩的经历会被快速记住，这些记忆可引起恐惧和焦虑反应(心率加快、呼吸加快、压力荷尔蒙分泌)。

海马是边缘系统中参与长时记忆形成的结构。海马神经元的激活可引起长时程增强，并巩固和存储与经历相关的情境和其他信息。

身体锻炼与认知功能关系的研究

大量叙述性综述和元分析综述表明急性运动和慢性运动都会影响认知功能。第一个针对锻炼与认知的全面的元分析开展于 1997 年(Etnier et al.，1997)。对 134 个横断研究、相关研究和实验研究的分析显示，平均效果量为 0.25，说明锻炼对心理功能有小但显著的效应。调节变量分析揭示了二者联结关系的强度依赖于多种因素。急性运动的效果量(0.16)显著小于慢性运动(0.33)。如下列所示，一些叙述性综述和定量综述已开始关注急性运动与慢性运动的方案。

急性运动与认知：叙述性综述

汤普罗斯基和埃利斯(Tomporowski and Ellis，1986)：检验了 27 个已发表的实验。

方法：

将研究分为以下 4 类。

非常短暂的、高强度(静力)锻炼;

短时、高强度、无氧锻炼;

短时、中强度、有氧锻炼;

长时、有氧锻炼。

结论:

许多研究缺少足够的方法学控制;

没有足够的证据支持锻炼与认知之间存在关联。

麦克莫里斯和格雷顿(McMorris and Graydon,2000):评价了 23 个已发表的实验。

方法:

将研究分为以下 3 类。

静息与次最大量锻炼;

静息与最大量锻炼;

次最大量锻炼与最大量锻炼。

结论:

接近无氧阈值的锻炼与反应速度的提高相关;

锻炼强度对反应正确率无影响;

没有证据支持单维倒 U 形假说。

布理斯沃尔特、科勒杜和艾尔赛林(Brisswalter,Collardeau and Arcelin,2002):评价了 7 个已发表的研究。

方法:

将研究从 3 方面分类。

锻炼强度;

锻炼持续时间;

参与者的体适能水平。

结论:

在 20 分钟以内的中等强度锻炼(40%~80%最大摄氧量)过程中,认知表现在简单和复杂心理任务上有提高;

有氧体适能水平与锻炼过程中的认知表现无关联。

汤普罗斯基(Tomporowski,2003a):评价了 43 个已发表的实验。

方法:

将研究分为 3 类。

剧烈无氧锻炼；

短时有氧和无氧锻炼；

稳态有氧锻炼。

结论：

在锻炼诱发疲劳的条件下认知功能并未发生变化；

反应速度、反应正确率、执行功能在中度稳态锻炼之中和之后有所提高；

没有与锻炼相关的记忆存储变化；

没有证据支持单维倒 U 形假说。

急性运动与认知：元分析综述

埃尼亚等人(Etnier et al.，1997)：检验了 134 项已发表和未发表的研究。

方法：

鉴定了 371 个已发表和未发表的急性运动研究的效应。

结论：

急性运动引起小但显著的认知表现提高($ES=0.16$)；

效果量依赖于所采用的认知测验；

没有证据支持单维倒 U 形假说；

认知功能不受锻炼诱发疲劳的影响；

锻炼缩短简单反应时而延长选择反应时。

兰博恩和汤普罗斯基(Lambourne and Tomporowski，2010)：检验了 40 项已发表的被试内设计的实验。

方法：

对评估锻炼中和锻炼后的认知的研究分别进行了分析。

共有 21 项研究中的 126 个效应评估了锻炼中的认知表现。

共有 29 项研究中的 109 个效应评估了锻炼后的认知表现。

结论：

锻炼过程中认知表现受到损害($d=-0.14$；95％CI：$-0.26\sim-0.01$)，中介分析揭示认知表现的变化是双相的，在锻炼中的前 20 分钟下降而在该点之后上升；

简单反应时、选择反应时、辨别反应时的表现在稳态有氧锻炼中提高但在无氧锻炼中下降；

效果量依赖于所采用的认知测验，锻炼对自动加工的效应最大，对执行控制加工的效应最小；

锻炼后，认知表现提高($d=0.20$；95％CI：$0.14\sim0.25$)，中介分析显示自行车锻炼的效果量大于跑步。

麦克莫里斯等人(McMorris et al.，2011)：检验了 38 个效应，分别来自 24 个评估中等强度有氧锻炼(50%~75%最大摄氧量)过程中的工作记忆的研究。

方法：

对锻炼中反应时和反应正确率的变化分别进行了分析。

结论：

锻炼导致反应速度大幅提高($g=-1.41$；95%CI：-1.74~-1.08)；

锻炼导致反应正确率低至中度的下降($g=0.40$；95%CI：0.08~0.72)。

慢性运动与认知：叙述性综述

福克金和西姆斯(Folkins and Sims，1981)：检验了 12 项研究。

方法：

检验了针对儿童、青年人和老年人的研究。

结论：

几乎没有证据表明体适能训练影响儿童和青年人在一般性智力测验和学业测验上的表现；

两个针对老年精神疾病患者的研究证明有改善效应。

柯兹克-扎伊克和摩尔(Chodzko-Zajko and Moore，1994)：检验了 35 项研究。

方法：

检验了针对老年人的 23 项横断研究和 12 项慢性运动研究。

结论：

体适能与认知加工速度的提高相关联；

没有足够证据表明体适能训练影响老年人的认知表现。

慢性运动与认知：元分析综述

埃尼亚等人(Etnier et al.，1997)：检验了 134 项已发表和未发表的横断研究、准实验研究和实验研究。

方法：

鉴定了来自慢性运动研究的 358 个效应。

结论：

运动训练与中等水平的认知提高相关联($ES=0.53$)；

来自随机对照实验($n=17$)的证据支持存在小而显著的效果量($ES=0.18$)；

效应与体适能无关；

效应受年龄调节。

埃尼亚等人(Etnier et al.，2006)：检验了 37 项横断研究、被试内设计研究和组间设计研究。

方法：鉴定了来自慢性运动研究的 571 个效应。

结论：

运动训练与认知功能的少量提高相关联($ES=0.34$；$SD=0.34$)；

8 个横断研究获得了 27 个效应，平均效果量为 0.40($SD=0.67$)；

30 个被试内设计实验获得了 106 个效应，平均效果量为 0.25($SD=0.35$)；

24 个组间设计实验获得了 78 个效应，平均效果量为 0.27($SD=0.50$)；

回归分析表明有氧体适能不是认知功能变化的预测源。

柯克姆和克雷默(Colcombe and Kramer，2003)：检验了 18 项针对非临床和临床老年人(55 岁及以上)的干预实验。

方法：

鉴定了 197 个效应，并将它们编码为 4 类，速度、视觉空间能力、控制加工和执行加工。

结论：

运动训练与中度的认知提高相关联($g=0.48$；$SE=0.028$)；

训练显著影响速度($g=0.27$；$SE=0.50$)、视觉空间能力($g=0.43$；$SE=0.062$)、控制加工($ES=0.46$；$SE=0.035$)、执行加工($g=0.68$；$SE=0.052$)；

临床和非临床样本表现出相似水平的提高。

安泽瓦伦等人(Angevaren et al.，2008)：检验了 11 个针对 55 岁及以上非临床老年人的随机对照实验。

方法：

效应被编码为 11 类。

结论：

11 个中有 2 个产生了显著的结果；

在动作功能上发现了大效应($ES=1.17$；95％CI：0.19～2.15)。在认知速度($ES=0.26$；95％CI：0.04～0.48)、听觉注意($ES=0.50$；95％CI：0.13～0.91)和视觉注意($ES=0.26$；95％CI：0.02～0.49)上发现了中等效应；

认知功能与有氧体适能的提高无关。

急性运动与认知

运动心理学家探讨了唤醒水平对注意和行为表现的影响。唤醒水平对心理功能的影响一直是心理学家的兴趣所在（见 van der Molen，1996，一篇关于唤醒理论历史的优秀综述）。1908 年，罗伯特·耶克斯和约翰·多德森（Robert Yerkes and John Dodson）引入倒 U 形假说来描述唤醒和行为表现的关系。在其基本模型中，唤醒理论预测个体的表现随唤醒水平的增加而提高到最佳水平，然后随着唤醒水平的继续增加而逐渐下降。更细化的当代理论（Hockey，1997；Kahneman，1973；Sanders，1998）还考虑了加工水平以及资源（心理和生理资源）的分配和使用，以解释唤醒如何影响认知及随后的行为。近期研究还将经典唤醒理论扩展到了神经心理学领域（Pfaff，2006）。

前述的叙述性综述和定量化综述表明，虽然几乎没有证据支持倒 U 形假说，但锻炼引起的唤醒确实影响着认知功能。总体来看，认知功能在急性运动后得到提高，但从行为测验的表现来看效应的持续时间非常短暂（Lambourne and Tomporowski，2010）。在大约 20 分钟中等强度的持续有氧锻炼后，感觉加工能力提高，实施充分学习过的自动化行为（如简单反应时任务、选择反应时任务和辨别反应时任务）的速度提高（Lambourne and Tomporowski，2010）。执行控制功能测验中的反应速度也提高，但反应正确率下降（McMorris et al.，2011）。那些引起主观疲劳感的短时剧烈无氧运动对认知表现几乎没什么影响（Brisswalter，Collardeau and Arcelin，2002；McMorris and Graydon，2000；Tomporowski，2003），但是，那些导致碳水化合物耗尽和脱水的长时运动损害记忆及多个认知成分（Brisswalter，Collardeau and Arcelin，2002；Tomporowski，2003）。

神经生理学研究为锻炼影响认知功能的机制提供了更多信息。研究者们测量了个体在锻炼中和锻炼后即刻的脑活动。在锻炼过程中测量脑活动很困难，因为肌肉收缩和头部、眼部的运动伴随着巨大的电位变化，使得微伏级的皮层活动微小变化很难被探察和监测（Luck，2005）。使用事件相关电位方法考查锻炼中的神经活动的研究很少（Grego et al.，2004；Pontifex and Hillman，2007；Yagi et al.，1999），但结果是一致的，表现出加工速度减缓和行为测验正确率下降（Pontifex and Hillman，2007）。这些变化被认为是由于注意资源分配给了动作控制，从而减少了对认知任务的资源分配。

与之相对，许多测量锻炼后皮层活动的研究一致显示出儿童和青年人认知加工与执行控制能力的提高，并表现在相应脑活动模式的变化中（Kamijo，2009）。尤其是在辨别任务中，通常观察到锻炼后 P3 的波幅提高，反映了工作记忆存取和更新速度加快；P3 的潜伏期缩短，反映了刺激评价速度加快。在反应抑制任务中，观察到的事件相关负波（ERN）的波形发生变化，反映了执行控制（Hillman，Erickson and Kramer，2008）。

> 在急性运动过程中，信息加工速度加快，但涉及工作记忆和执行控制的任务错误率提高。

总之，行为研究和神经生理学研究获得的结果为急性运动对认知功能的影响提供了聚合的证据。在锻炼过程中，信息加工速度加快，但代价是涉及工作记忆和执行控制的任务错误率提高。在锻炼后即刻获得以速度和正确率为指标的认知表现，结果显示出短暂的提高；但是，对皮层活动的测量提示该效应可能持续更长的时间。有研究报告，锻炼后皮层活动的改变在儿童中可持续到 24 分钟（Hillman and Pontifex et al.，2009），在青年人中可长达 60 分钟（Hillman，Snook and Jerome，2003）。

来自横断研究的证据

有相当多研究检验了体适能水平或身体活动与心理能力的关系。过去，大量研究集中在心理功能的老化上。在美国，已有一些大规模的研究综述聚焦于老年人的认知功能，其中的证据提示身体活动及体适能水平调节年龄相关的认知功能丧失，并延缓痴呆和其他老年疾病的出现（Hamer and Chida，2009；Lindwall，Rennemark and Berggren，2008；Paterson and Warburton，2010；Sturman et al.，2005）。有横断研究探讨了儿童体适能水平与认知的关系，一些大规模的研究报告了儿童身体活动与学业成就之间存在关联（California Department of Education，2005；Carlson et al.，2008；Chomitz et al.，2009；Roberts，Freed and McCarthy，2010）。

相较于全国性研究，另一些研究针对的群体规模小但条件控制更严格，结果一致地显示出在多种认知测验中身体活动或良好的体适能对儿童、青年人和老年人有益。而且，体适能水平与神经心理功能和脑结构相关联。在老年人中，较好的心肺体适能与涉及执行控制、反应抑制和动作控制的皮层区域的激活相联系（Hillman，Erickson and Kramer，2008）。神经成像研究报告了身体活动和体适能与前额叶和顶叶皮层的调用（Prakash et al.，2011）、前额叶和颞叶皮层灰质体积（Colcombe et al.，2006）、海马体积（Colcombe et al.，2004）、大脑血容量（Pereira et al.，2007）呈正相关，这些都关系到脑健康和认知功能。

对于儿童，希尔曼（Hillman）、巴克（Buck）及其同事（2009）以一些被认为影响执行控制和信息加工的皮层活动为指标，观察到了与体适能相关的变化。一篇关于儿童神经成像的综述提示体适能与特定脑区的体积相关联，特别是背侧纹状体（基底神经节的一部分，与执行控制和反应分辨力相关）和海马（对长时记忆非常关键）（Chaddock et al.，2011）。另外，功能磁共振成像显示，体适能更好的儿童与体适能较差的儿童相比有更多的与执行控制相关的前额叶激活。总之，横断研究为体适能和认知测验表现的联系提供了清晰的证据，并提示一些脑系统可能是这种联系的基础。

来自慢训练研究的证据

绝大多数已发表的关于认知和锻炼的研究采用有氧训练作为锻炼干预手段。其假设是例行锻炼提高心肺功能进而促进脑功能，而脑功能正是心理过程的基础。在许多研究中，心肺功能的测量被作为评价运动训练效应量的黄金标准。但是，有氧体适能的变化对焦虑症状的减轻并非必需的（见第 7 章），因而有氧体适能的变化并不总是与认知功能的改善相联（Etnier et al.，

1997；Etnier et al.，2006)。元分析一致报告，慢性运动对认知有小但显著的效果量，但一项设计用于直接探究心肺假说的元回归分析发现，几乎没有证据支持心肺功能在其中的作用(Etnier et al.，2006)。如本章后面部分所述，当代研究者正在开始考虑其他可能中介锻炼诱发认知功能变化的生理、心理和社会因素。例如，一项关于抗阻训练效应的综述得出结论认为力量训练可能促进老年人的认知尤其是记忆功能(O'Connor，Herring and Caravalho，2010)。

通常假定运动训练的效应在生命连续体的两端较为强健(Dustman，Emmerson and Shearer，1994；Hertzog et al.，2009)。脑老化的标志是灰质和白质组织退化，最严重的退化出现在支撑执行控制和计划的前额叶皮层区域(Erickson and Kramer，2009；West，1996)。锻炼一直都被认为能改善随年龄增长出现的认知功能下降，并且已有许多研究评估了它对非临床和临床人群的效应。一些元分析支持了运动训练对老年人心理功能的益处，但是，各研究中的效应模式并不一致。埃尼亚和她的同事们的综述(Etnier et al.，1997，2006)发现年龄对锻炼的效应有调节作用，但它们的关系不好解释。柯克姆和克雷默(Colcombe and Kramer，2003)综合论述了18个关于健康和临床老年人的研究，结果提示运动训练促进多项认知加工，收益最大的是执行功能。但是，安泽瓦伦和同事们(Angevaren et al.，2008)评估了11项针对非临床老年人的随机对照实验，结果揭示锻炼只影响少数基本认知过程，而对高阶注意或执行过程影响很小。海恩、阿布鲁和奥滕巴彻(Heyn，Abreu and Ottenbacher，2004)综合阐述了针对虚弱的临床老年人(平均年龄80岁)的研究，结果提示这一人群可能从运动训练中获得身体和心理的双重收益。艾格蒙特和同事们(Eggermont et al.，2006)的叙述性综述报告，患有阿尔茨海默病的人群会受益于锻炼，但是，该效应在有心血管风险因素的人身上可能有所不同。

这些综述和元分析的不一致可能是由于研究选择、编码方式、锻炼干预的提供方式的不同。尽管存在不一致之处，但还是有充分的证据说明运动训练有益于健康老年人的心理加工。

来自神经心理学研究的证据

训练研究可提供关于因果关系的证据，用于探讨锻炼与支撑认知功能的脑系统的变化之间的因果关系。克雷默和同事们(Kramer et al.，2002)发现有氧运动训练与老年人(60～75岁)执行控制功能(如制订日程、计划、抑制、工作记忆)的提高相关联。该研究的一项重复性研究使用了功能磁共振成像方法，结果显示，6个月的有氧训练提高了行为测验中的抑制加工表现，并改变了任务相关脑区(扣带回前部皮层、额中回、额上回、上顶叶和内顶叶)的激活(Colcombe et al.，2004)。

关于运动训练对儿童心理发展影响的研究相对较少。来自几个研究领域的证据表明，儿童的神经组织可被环境经验和身体活动影响(van Praag，2009)，而且发展心理学家提供了令人信服的证据表明肌肉动作对认知的影响(Thelen，2004)。叙述性综述将锻炼与信息加工、注意和执行功能的提高联系了起来(Chaddock et al.，2011；Tomporowski et al.，2008)。一个基于44项急性和慢性干预研究的元分析综述获得了总体为0.32的效果量，提示儿童身体活动和认知功能存在显著的正相关(Sibley and Etnier，2003)。

　　有假设认为慢性运动训练对执行功能的提高作用最大，一项针对久坐和超重儿童($N=171$，平均年龄 9.3 岁)的实验考查了这一假设。参与者被随机分配到低剂量(20 分钟/天)组或高剂量(40 分钟/天)组进行持续 13 周的课后运动项目，或分配到无干预的对照组(Davis et al.，2011)。在基线和干预后实施了一个标准化认知测验和一个标准化学绩测验。认知测验可分别提供关于执行功能、注意、记忆、知觉组织的指标。结果发现，锻炼影响儿童执行功能测验的表现($ES=0.30$)，并显著提高学业成就(数学)且效应量与锻炼剂量有关(见图 8-3)。在训练前和训练后对其中部分儿童(对照组 9 人，锻炼组 10 人)使用了脑成像方法，结果显示，与对照组相比，锻炼儿童在反应抑制任务中表现出双侧前额皮层活动的加强和双侧后顶叶皮层活动的减少。这些研究结果与对老年人的研究一致，并且新增了剂量—反应效应的证据。

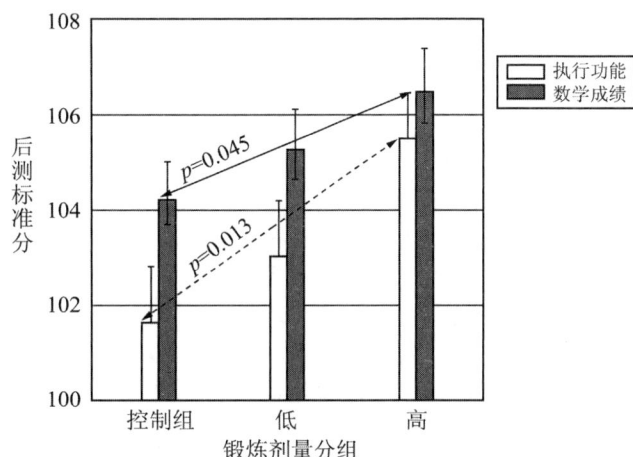

图 8-3　与对照组相比，20 分钟和 40 分钟有氧锻炼组的超重儿童后
测执行功能与数学学业成就测验成绩显示出剂量—反应效应

经许可后转载，源自 C. L. Davis et al.，"Exercise improves executive function and academic achievement and alters brain activation in overweight children: A randomized, controlled trials," *Health Psychology*，2011，30，p. 96。

　　运动训练和儿童学业表现的关系多年来都是教育者感兴趣的问题。早期，一项在小学实施的实验显示，与传统体育课相比，8 个月剧烈的体育项目提高了儿童在标准化学绩测验中的表现(Ismail，1967)。近期也有类似的发现(Donnelly and Lambourne，2011)，而且这些研究结果已受到倡导增加校内、校外体育活动的人士的推崇(Morabia and Costanza，2011)。

　　大部分评估锻炼—认知关系的实验聚焦于老年人或者儿童，其隐含的假设是这部分人群由于资源衰退或发展不充分，最能表现出锻炼干预的收益。然而，人们有理由相信，运动训练可以在整个人生中提高认知功能。佩雷拉和同事们(Pereira et al.，2007)发现 3 个月的有氧训练提高了 10 名年轻成人(平均年龄 33 岁)的自由回忆记忆力，该变化与海马齿状回脑血容量的增加有关。类似地，施特罗特和同事们(Stroth et al.，2009)观察到年轻成人(平均年龄 19.6 岁)的空间记忆在 6 周有氧运动训练后比对照组有所提高，而言语记忆未提高。同样地，马斯利、罗茨海姆和瓜尔蒂耶里(Masley，Roetzheim and Gualtieri，2009)报告了 10 周的有氧锻炼项目提高了 71 名中年成人(平均年龄 47.8 岁)的执行加工能力，且提高量与运动剂量相关。这些发现再次印证了动物研究的结果，并提供了锻炼有益于空间记忆和学习的证据，也提示了运动训练可能在整个人生中都对认知表现有益。

身体锻炼与认知功能关系的机制

早期评估锻炼—认知关系的研究是描述性的、非理论性的(Tomporowski and Ellis，1986)。随着证据的积累，研究者们开始提出各种针对锻炼—认知关系的解释。斯皮杜索、彭恩和柯兹克-扎伊克(Spirduso，Poon and Chodzko-Kajko，2008)引入了一个概念模型鉴别老年人群中身体活动和认知关系的中介变量和调节变量。该模型已被扩展到儿童群体(Tomporowski，Lambourne and Okumura，2011)(见图 8-4)，而且它可凸显出当代研究者所面临的情况的复杂性。研究者们用锻炼对身体的直接效应和经由身体资源和心理资源的间接效应来解释锻炼带来的认知改变。**资源**(resources)和**脑可塑性**(brain plasticity)是经常互换使用的名词，用来描述人们如何学习适应环境中的条件和如何应对挑战(Hertzog et al.，2009；Hillman，Erickson and Kramer，2008；Noack et al.，2009)。

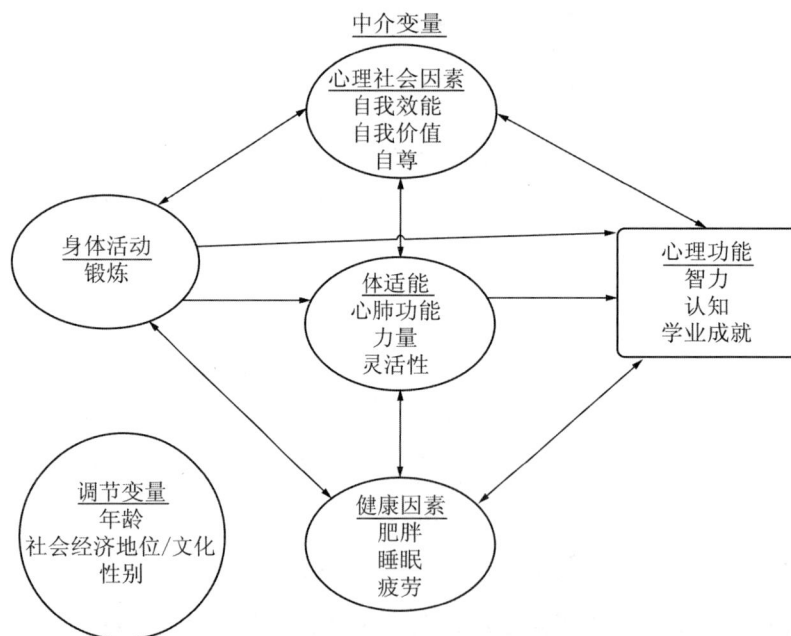

图 8-4　可能在身体活动对认知功能的效应中起作用的中介变量和调节变量

经许可后转载，源自 P. D. Tomporowski，K. Lambourne and M. S. Okamura，"Physical activity interventions and children's mental function：An introduction and overview,"*Preventive Medicine*，2011，52，S7。

资源分配的理念是许多有影响力的认知理论的核心（Baltes，Staudinger and Lindenberger，1999；Kahneman，1973）。资源反映了执行给定任务的能力，资源分配由个体差异、环境因素和动机决定。相比于有足够资源投入以适应不断变化的挑战性环境的健康人，资源较少的人被认为更能从锻炼中受益。这一假设引导许多研究者评估了锻炼对疾病、受伤、压力相关的症状（如疲劳、心理混乱、能量减少）的改善效果。

生物学解释

早期的老年医学研究者普遍认为，锻炼提高认知功能是因为它带来了更多的脑血氧并调节了神经递质的产生（Spirduso，1980；Stones and Kozma，1988）。达斯特曼和同事们（Dustman et al.，1994）对考查老年人神经心理的研究做了第一个系统的综述。这些研究中尤其令人感兴趣的是大脑新陈代谢（脑血流、氧消耗和葡萄糖使用）以及它如何被身体活动改变。达斯特曼和同事们的结论是，横断研究结果表明，体适能与更快速的信息加工（以脑电和事件相关电位方法测量）相关联，而训练研究的结果并不明确。

锻炼之所以能够影响认知功能，可能是它引起了脑结构的变化。研究者们提出了一些可能驱动脑结构变化的机制。基于动物研究的大量文献和可得的针对人类的研究，研究者们将 4 种机制与老年人的认知功能变化联系在了一起：①血管可塑性和血管再生（新毛细血管的生长），它们可能改善脑血流、氧摄取和葡萄糖利用；②突触发生，包括修整树突以提高神经网络的效率；③神经发生或叫作神经元的产生和扩增，特别是海马中的神经发生；④胶质细胞可塑性和其他支持神经活动的脑细胞的增强（Churchill et al.，2002）。更多的生物学机制还包括神经营养因子的作用，如脑源性神经营养因子（brain-derived neurotrophic factor，BDNF）、神经生长因子和甘丙肽（Dishman，Berthoud et al.，2006）。脑结构（包括那些涉及发起和控制动作的脑结构）可能被锻炼改变（Anderson et al.，2003）。有研究在分子水平上检验了神经功能，揭示了锻炼如何调节细胞间信号系统的运作并影响神经功能（van Praag，2009；Vaynman and Gomez-Pinilla，2006）。

对脑结构和功能的理解已取得了实质性的进步，当代研究者们也已做了许多尝试，将脑系统的改变与行为和认知功能的改变联系在一起。但是，脑活动究竟能在多大程度上映射到认知和行为中，这是研究者们长期讨论的话题（Diamond，1991）。对于如何解释成像法获得的结果也已有很多疑虑，科学家们对基于生物学数据的结论也有争议。尽管如此，大量证据支持锻炼能引起生物性的变化，这些变化对认知功能产生积极影响。

资源解释

锻炼也可以间接地影响心理功能。研究者们已鉴别出了一些潜在的中介变量，如身体资源和心理资源的变化。身体资源是自稳态的，能量和疲劳程度的变化反映了身体资源的分配。历史上，锻炼已被作为处方用于恢复能量水平，调节睡眠模式和提高身体能力，而这些都可能使思维和推理更清晰。对运动员表现、工作行为、工业和交通事故感兴趣的人们关注可以逆转身体能量衰减的动因。不少研究考查了睡眠剥夺如何导致疲劳并影响认知功能。一个元分析综合了 70 项考查 24～48 小时睡眠剥夺的研究，发现效果量的大小依检测任务的不同而不同，对简单觉察任务有较大的效应(g＝－0.78；95％CI：－0.96～－0.60)，对工作记忆任务有中等效应(g＝－0.55；95％CI：－0.74～－0.37)，对高阶推理任务的影响小且不显著(Lim and Dinges，2010)。有很多研究考查了心理药理学因素对身体疲劳和认知的效应，相比之下，只有很少的研究将锻炼作为一种应对措施进行评估。而且这些研究的结果并不一致，一些显示出积极效应(Englund et al.，1985)，另一些显示无效应(LeDuc，Caldwell and Ruyak，2000)。有证据表明，慢性运动改变睡眠困扰者的睡眠模式(King et al.，2008；Li et al.，2004)，这将在第 10 章中进行讨论。睡眠调节有益于认知功能，似乎是合理的(Vitiello，2008)；但是，尚缺少对两者关系的实证支持。

　　环境事件和应激源影响心理资源，而心理资源决定着一个人启动和维持心理加工的能力。对应激源的生物性反应已有广泛研究，本书也在第 4 章中描述了锻炼对压力的影响。对压力的认知反应也可被评估。有清楚的证据表明，有非临床水平的抑郁和焦虑的人们在压力影响下认知功能的许多方面出现下降。麦克德默特和艾博美尔(McDermott and Ebmeir，2009)的一项针对 14 个研究的元分析显示，抑郁的严重程度与执行功能、情境记忆和加工速度相关联。要阐明锻炼干预对抑郁人群认知功能的作用并不容易，因为前驱性的、轻度短暂的抑郁症状与重性抑郁症存在区别，后者本身伴随着与认知相关的脑结构的退化(稍后介绍)。而且，大部分运动训练研究仅测量了抑郁症状而没有对认知进行评估(Deslandes et al.，2009)。包含了认知测量的那些干预研究的结果也是混杂的，一些显示出积极的收益(Khatri et al.，2001)，另一些显示无效应(Hoffman et al.，2008)。同样地，针对焦虑症状的锻炼治疗研究也没有包含独立的对认知功能的测量。

> 　　运动训练可能通过身体和心理资源的分配间接影响认知。但是，锻炼与特定资源的关系的强度还有待确定。统计方法，如结构方程模型(见第 2 章)，可能对探索锻炼的效应有帮助。

疾病状态、锻炼和认知

　　许多疾病、感染和环境因素会导致脑损伤，并可能减少身体和心理资源，进而损害认知功能。锻炼已被用作针对其中少量疾病的治疗方法。重点聚焦于进行性的且对药物治疗反应有限的疾病，如阿尔茨海默病、多发性硬化症和帕金森病。此外，研究者们也关注影响脑血流的心血管疾病。进一步，有少量研究考查了锻炼治疗对基于生物性的心理失调(如抑郁症)的作用。

临床人群的锻炼与认知：综述

艾格蒙特（Eggermont et al.，2006）：评估了 8 项针对阿尔茨海默病个体的临床研究。

方法：

考查运动训练对认知的影响，特别是对注意、记忆、交流、执行功能和整体心理功能的影响。

结论：

8 项研究中有 7 项显示出积极效应；

锻炼的益处可能依赖于心血管风险因素；

哈默尔和迟达（Hamer and Chida，2009）：评估了 16 项关于痴呆症、阿尔茨海默病、帕金森病的前瞻性研究。

方法：测量了 163 797 名未失智的男性和女性的基线水平，对其中 3 219 例做了追踪测量。

结论：

身体活动使患痴呆症风险降低 28%，患阿尔茨海默病风险降低 45%；

身体活动与帕金森病风险的增加无关。

临床人群的锻炼与认知：元分析

海恩、阿布鲁和奥滕巴彻（Heyn，Abreu and Ottenbacher，2004）：评估了 30 项针对 65 岁及以上临床老年人的随机对照实验。

方法：

分离出了 12 个效应。

结论：

运动训练对提高认知表现有中等的效应量（$ES=0.57$；$95\%CI$：$0.38\sim0.75$）；

虚弱久坐的成年人对锻炼表现出良好的短期反应。

阿尔茨海默病

阿尔茨海默病是最常见的痴呆形式。它是一种无法治愈的、退行性的末期疾病，其典型特征是记忆丧失和心智惑乱。阿尔茨海默病与其他形式的痴呆［如血管性痴呆、多发性脑梗死痴呆、莱维小体痴呆（Lewy body dementia）、额叶—颞叶痴呆］的区别在于，是否存在神经元外部的 β-淀粉样蛋白斑块和神经元内部的神经纤维缠结。脑萎缩常首先见于海马区，这也解释了为什么阿尔茨海默病的典型特征是记忆编码困难。

研究显示，健康老年人在慢性运动后脑结构发生变化并且认知表现提高，这推动了一系列实验考查如何能延迟或减缓与阿尔茨海默病相关的认知衰退。虽然锻炼对于健康老年人的脑结构和认知功能的效应有令人信服的证据，但身体活动对有明显痴呆症状的人群的益处饱受怀疑

(Briones，2006)。痴呆症的发展从前驱症状到轻度再到重度可能经历 10 年时间，并且其发作和发展速度受各种因素的影响(Polidori，Nelles and Pientka，2010)。然而，对于有阿尔茨海默病患病风险或轻度痴呆症的成年人，新近的随机对照实验结果确实为锻炼—认知关系提供了证据支持。

劳恩夏格和同事们(Lautenschlager et al.，2008)将有阿尔茨海默病风险的老年人分配到 6 个月居家锻炼组或教育性对照组，在基线、干预后即刻、干预后 12 个月、干预后 18 个月施测"阿尔茨海默病评估量表"(The Alzheimer Disease Assessment Scale，ADAS)，该量表包含 11 个认知测验以及用于阿尔茨海默病建档的成套认知测验。结果显示，在干预后即刻施测中，锻炼组的总体 ADAS 分数和延迟回忆记忆好于对照组。在后续的评估中，效应量减小但依然存在。

一项研究将 75 个对照组成年人和 77 个有轻度痴呆症的老年人(平均年龄约 75 岁)进行了比较，结果显示轻度痴呆症老年人在 6 个月和 12 个月结构化的步行项目之后并无任何认知功能的变化(van Uffelen et al.，2011)。但是，对该身体活动项目的坚持性与男性记忆提高和女性注意提高呈正相关。贝克及其同事们(Baker et al.，2010)评估了 6 个月的有氧锻炼干预对 33 个有轻度认知缺陷的久坐老年人(平均年龄 70 岁)的影响，以拉伸作为对照组。干预 3 个月时的测量显示两组没有差异，但是，干预完成后的测量显示执行功能指标有提高，而记忆无提高，并且有证据显示女性的收益($ES=0.72$)比男性大($ES=0.33$)。

有可能锻炼会影响血管功能并扭转阿尔茨海默病的症状。局部灌注不足与脑新陈代谢下降和痴呆症相关，而锻炼可增加脑血流。但是，锻炼对脑生理的效应可能受许多因素的调节。有证据表明，心血管风险因素可能调节锻炼对认知功能的效应(Eggermont et al.，2006)，遗传因素也可能使得锻炼的效应有所不同。例如，载脂蛋白 E4(ApoE4)在大脑代谢中发挥作用并与痴呆症的发生有关，一项横断成像研究提示有氧体适能可能对有 ApoE4 等位基因的老年人的记忆功能尤其有益(Smith and Nielson et al.，2010)。在这个领域开展更多研究是有必要的，即使锻炼只能延缓痴呆症的发病，其社会影响也会很大。据估计，将痴呆症的发病延后 12 个月可使全世界阿尔茨海默病病例减少 920 万(Lautenschlager et al.，2008)。

多发性硬化症

多发性硬化症是中枢神经系统长期的、炎症性的神经脱髓症。所有的认知功能都可能因此受损，心理反应速度、认知灵活性、持续性注意、记忆提取的受损在多发性硬化症中尤其常见(Bol et al.，2009)。过去，多发性硬化症患者被建议避免锻炼，因为人们认为锻炼会增加疲劳进而导致症状恶化。近期，人们发现锻炼能减轻抑郁和疲劳症状；但是，锻炼对认知的作用尚未得到足够的研究。一项随机对照实验比较了等待名单对照组(20 人)、6 个月有氧锻炼项目组(15 人)和 6 个月瑜伽项目组(22 人)，结果发现，两种活动条件都减轻了疲劳症状，但未影响被试在注意和执行功能测验中的表现(Oken et al.，2004)。另一项研究考查了包含 20 名患者的小组，患者完成瑜伽训练或攀岩，结果发现，瑜伽提高了选择性注意，但对执行功能无影响，锻炼未影响被试在任何测验中的成绩(Velikonja et al.，2010)。

> 2010 年 4 月，由美国国家卫生研究院召集的独立专家小组发布了一份详尽的报道，介绍了被认为可预防阿尔茨海默病发病或降低该病影响的因素。该小组审查了 25 个系统综述和 250 项主要研究，并将其分为 5 类：①营养因素；②药物因素(包括处方药和非处方药)；③社会、经济和行为因素(包括身体活动)；④毒性环境因素；⑤遗传。众多因素中只有一小部分被评定为与积极结果相关。其中，认知参与和身体活动一致地显示出与阿尔茨海默病和认知衰退的风险降低相关。但是，相关程度是小到中度，而且研究的质量普遍较低(Willians et al.，2010)。

帕金森病

帕金森病是一种进行性神经系统疾病，其典型特征是运动障碍。最具代表性的是运动徐缓或运动的减慢，反映了计划、发起和执行运动能力的丧失；其他症状还包括震颤、肌肉僵直和言语变化。与这些削弱身体能力的症状并发的是认知功能降低。这些症状与黑质的退化和多巴胺生成下降有关，而多巴胺生成对基底神经节的结构及其与前额区，特别是黑质纹状体、丘脑—皮层回路的连接至关重要(Tanaka et al.，2009)。近期的功能磁共振成像研究显示，帕金森病导致中背侧额叶激活的降低，而该区域是工作记忆过程的核心(Lewis et al.，2003；Owen，2004)。

身体活动是众多被认为可减轻帕金森病的症状的干预方法之一。对干预效果的实证研究还很有限，目前只有一项研究考查了锻炼与帕金森病的关系。田中和同事们(Tanaka et al.，2009)将 10 名有轻度帕金森病的成人分配到为期 6 个月的锻炼项目组，其中包含多种将心率保持在年龄相应最大值 60%～80%的身体活动。参与者每周锻炼 3 次，每次 60 分钟。另外 10 名成人被分配到对照组，保持他们日常的作息规律，不参与锻炼活动。在干预前和干预后，对参与者施测了"威斯康星卡片分类测验"和"韦氏成人智力量表"的一个测量注意的分量表，结果表现出了锻炼的改善作用。测验表现提示锻炼可提高帕金森病患者的心理灵活性和反应抑制能力。预计慢性身体活动可能影响脑结构和神经调节因子，并对帕金森病患者产生类似的效应。锻炼对整个疾病进程的长期效应尚不清楚。

心血管疾病

心血管疾病(动脉粥样硬化)影响心脏向全身输送血液和营养物质的能力，而脑血流量的减少或不规律与认知功能的变化有关。神经元活动需要葡萄糖的持续供应，这使得它们易受代谢紊乱的影响。高血压与认知功能的轻微衰退有关(Elias and Goodell，2010)，对肥胖人群的影响尤重(Gunstad et al.，2009)。

一项随机对照实验评估了两种条件对有高血压前兆或中度高血压的超重成年人认知功能的影响：进行 4 个月的有氧运动并结合节食、只进行 4 个月的节食(Smith and Blumenthal et al.，2010)。与对照组相比，节食加锻炼组被试(43 人)的执行功能、记忆和学习能力提高($d =$ 0.56)，而只节食组未见这些测验表现的提高。但是，这个实验缺少一个只锻炼不节食的条件，使得实验结果无法解释得很清楚。之前有一项实验专门评估了有氧锻炼治疗对轻度高血压患者记忆功能的影响，结果未观察到任何变化(Pierce，1993)。一些研究者认为导致肥胖的高脂膳食可能对认知功能有消极影响(Molteni et al.，2002；Wolf et al.，2007)，而锻炼并减少热量摄入可起到改善作用。

慢性阻塞性肺疾病

慢性阻塞性肺疾病(Chronic obstructive pulmonary disorder，COPD)是一种由肺气道受损引起的疾病，干扰氧气和二氧化碳的交换。大部分 COPD 由长期吸烟引起。COPD 的症状与哮喘类似，但是哮喘是间歇性的并且在药物治疗下可逆转，而 COPD 的影响在很大程度上是不可逆的。轻度 COPD 患者在大量体力消耗时会感到呼吸困难或憋气，中度到重度患者会报告在进行身体活动时腿部疲劳与不适(Rochester，2003)。与 COPD 相关的还有记忆力、抽象推理能力、反应速度和复杂视觉—运动加工能力的下降(Emery，2008)。动脉血浓度下降、氧气向脑的输送减少及其引起的血氧不足被认为是导致认知功能下降的原因。

横断研究表明，COPD 患者的有氧体适能与认知功能呈正相关(Emery et al.，1991)。追踪研究发现坚持 12 个月以上规律性锻炼项目的 COPD 患者可保持其执行功能，而那些停止锻炼的患者则表现出下降(Emery et al.，2003)。还有研究发现，锻炼干预可影响老年 COPD 患者执行功能的多个方面，特别是言语流畅性(Emery，1994；Etnier and Berry，2001)；但是，由于缺乏足够的实验控制，这些研究发现的解释力有限。

一项针对老年人(平均年龄 66.6 岁)的随机对照实验评估了 10 周锻炼活动结合教育和压力管理组(29 人)、仅教育和压力管理组(25 人)及等待名单对照组(25 人)的呼吸功能、有氧体适能和认知功能(Emery et al.，1998)。与对照组相比，锻炼组在干预后表现出言语流畅性的提高，而在注意、动作速度或由转换任务测量的执行功能上没有发现与锻炼相关的变化。总之，慢性运动训练研究提供了初步而有限的证据支持锻炼—认知联系，尤其是锻炼与执行功能的联系(Emery，2008)。

类似地，急性运动可能对老年人的认知功能有选择性的影响。埃默里和同事们(Emery et al.，2001)评估了急性有氧锻炼对认知功能的短期作用，参与者是 29 名患有 COPD 的老年人(平均年龄 67 岁)和相匹配的无 COPD 的对照组。20 分钟的自行车运动提高了 COPD 患者的言语流畅性，但对健康人无效应。COPD 的特征是组织缺氧，因而这些患者可能特别易于从急性运动和慢性运动中获益。

重性抑郁症

已有大量研究探讨了重性抑郁症的成因以及如何预防和治疗，并已证实了锻炼有益于重性抑郁症的风险降低和症状缓解（见第 7 章）。虽然重性抑郁症最明显的表现在情绪和退缩行为上，但它也会导致记忆力和注意力障碍。抑郁可在人生的任何时刻出现，但最常见于人生的第三个十年，并在生命晚期再次增加。

神经心理学研究的元分析提示早发性抑郁症的特征是海马萎缩和记忆巩固能力缺陷，而晚发性抑郁症（65 岁后出现的抑郁）与额叶纹状体结构受损有关，该结构对执行功能和加工速度十分重要（Herrmann, Goodwin and Ebmeier, 2007）。前额回路活动的缺失提示晚发性抑郁者会对运动训练的收益特别敏感，初始的研究也支持了这一预测。

卡特里（Khatri）和同事们（2001）开展的一项随机对照实验考查了抑郁的男性和女性临床患者（平均年龄 57 岁）在认知测验中的表现。被试参加为期 4 个月有指导的有氧锻炼项目，包含每周 3 次，每次 45 分钟的有氧运动，或是参加药物（舍曲林，一种血清素回收抑制因子）治疗。结果显示两组的抑郁症状都减轻了，但是，锻炼者表现出记忆和执行功能测验绩效的提高，这提示锻炼可能对某些认知功能有益。该研究的缺陷是缺少无药物对照组，因而两种条件下认知表现的差异可能不是由于锻炼组认知功能的提高，而是由于药物治疗组认知功能下降。霍夫曼（Hoffman）和同事们（2008）的一项系统的重复实验支持了后一种解释。他们将 202 名临床抑郁的中年男性和女性（平均年龄 51.7 岁）随机分配到锻炼组、药物治疗组（舍曲林）或药物安慰剂组，并比较了他们的认知表现。与之前的研究一样，实验发现锻炼组比药物组的执行功能好；但是，锻炼组和安慰剂组没有差异，这提示之前研究的结果可能是由于药物引起了神经认知功能下降，而不是锻炼引起了提高。

> 重性抑郁症是一个沉重的健康负担。很多评估身体活动干预对抑郁症状效果的研究都报告了参与者的幸福感和精神状态，但仅有少数研究加入了可灵敏探测神经认知过程的测验并将其用于检验锻炼—认知关系。

总之，锻炼已被作为针对多种疾病和失调的处方，对此做全面综述已超出了本章的范围。但是，我们可以从上述研究中得出一般性结论。各种疾病和环境危害以不同的方式损伤中枢神经系统的结构，锻炼也能够影响脑结构和功能。所以，系统的锻炼有可能在整体层面对脑健全和脑功能发挥作用，对年轻人正在发展中的神经系统尤其如此。不过，现有数据提示，运动训练选择性地影响成年人的认知功能。锻炼治疗可能对存在前额叶脑网络病变的患者有益，因为这些网络是执行功能的基础。但是，正如在下一节将讨论的，锻炼效应量可能受到许多因素调节。人们关于锻炼与患者记忆的关系还知之甚少，需要更多的研究验证海马结构的变化确实显著影响到阿尔茨海默病患者和其他痴呆症患者的记忆。

锻炼效应的调节因子

如第 2 章所定义的，调节变量是在自变量和因变量的因果通路之外的变量，它影响干预对结果发生作用的方式。锻炼对认知的影响不是全或无的，认知受锻炼影响的程度或数量可能被很多因素影响或调节。一般认为，调节锻炼—认知关系的可能因子包括年龄、性别和智力水平。

年　龄

在成熟期，人脑有大约一千亿个神经元，绝大多数是在生命的头二十年以井然有序的模式出现并组织起来的(Casey，Galvan and Hare，2005)。传统观点认为，儿童的身体和心理都沿着一系列固定的阶段发展。但是，近期的神经认知研究揭示，人们的心理过程在不同的时间点出现，每个人都有自己的发展轨迹(Best，Miller and Jones，2009；Diamond，2006；Diamond and Lee，2011)。而且，这些轨迹可被环境经验影响。

一种发展观点(Best，2010)强调了动作控制和技能、记忆、语言和执行加工的出现，以及它们如何影响锻炼作用于认知发展的方式。有控制的运动需要对肌肉收缩做选择、排序和时间串联，因而通过玩游戏，儿童可习得动作和结果之间的预测性关系。锻炼活动的结构与随之产生的心理表征可能调节和塑造儿童青少年加工信息和计划行为的方式。心理加工速度在成年早期达到顶峰，但从生命的第三个十年开始放缓，并在生命其余的时间内持续放缓(Salthouse，1988)。随着年龄的增长，加工速度的减缓通常会被元认知或高阶反应策略的变化所补偿(Baltes，Staudinger and Lindenberger，1999)。运动训练对认知的效应量可能反映了成年期神经系统的完整性和元认知可用性。发展心理学的新进展提示了身体活动对成长和心理功能的重要性；但是直到最近，才有相对较少的研究探讨了它们的关系。

锻炼与认知发展：综述

汤普罗斯基(Tomporowski，2003)评估了 20 项已发表的针对儿童和青少年的研究。

方法：

分离出了 17 项针对临床疾病儿童(注意力缺陷多动症、自闭症、学习障碍、行为障碍、发育迟缓)的研究和 4 项针对无临床疾病儿童的研究。

结论：

学校的体育活动不妨碍学业成绩；

剧烈身体活动后认知表现可能提高；

锻炼可能对以冲动控制为特征的疾病有益。

汤普罗斯基(Tomporowski et al.，2008)评价了 16 项针对儿童和青少年的相关研究和实验研究。

方法：

将研究分为 3 类——智力、认知、学业成就。

结论：

在智力功能和学业表现的整体指标上没有检测到运动训练的效果；

针对具体过程的测验常常报告发现运动训练的积极效果；

情境和心理社会因素的作用尚不能确定。

锻炼与认知发展：元分析

西布里和埃尼亚（Sibley and Etnier，2003）考查了 44 项已发表和未发表的针对儿童和青少年的研究。

方法：

分离出了 125 个效应，按照研究设计、年龄分组、锻炼类型、认知测验进行了编码。

结论：

锻炼对认知的总体效应为 $g=0.32(SD=0.27)$；

锻炼的效应受年龄调节（ES：$0.40\sim0.48$），中学生的效应量最大；

除记忆（$ES=0.03$）外，所有认知测验的表现都出现了显著的变化（ES：$0.17\sim0.49$）。

性 别

一项元分析检验了针对老年人开展的锻炼实验（Colcombe and Kramer，2003），结果显示女性比男性获得更多的认知收益。研究者认为是两性激素分泌的差异，特别是老年女性的激素分泌，影响了脑结构和认知功能（Erickson et al.，2007）。但是，一项针对 839 名瑞典老人的研究发现，男性的认知表现与轻度日常身体活动呈正相关，女性的认知表现却与轻度日常身体活动无关（Lindwall，Rennemark and Berggren，2008）。目前可获得的信息尚不足以预测性别是否影响锻炼干预的结果。

智 力

发育迟缓的人比一般智力水平的人信息加工速度更慢，记忆编码更低效。根据资源量和资源分配的理念，研究者们认为有发展缺陷的人可能尤其对运动训练的收益敏感。这一理论似乎是合理的，但对有控制的实验的综述（Tomporowski，Naglieri and Lambourne，2010；Zagrodnik and Horvat，2009）未发现支持锻炼—认知关系的实证证据。然而，这也可能是因为大部分研究用的是认知功能的整体指标（如一般智力测验），而这些指标可能不够灵敏。这个领域的研究还远远不够，尤其是针对具体心理加工过程（如执行功能和记忆）的研究。

总之，有用的心理学理论应服务于两个目的：①概括观察到的研究结果；②为因果关系预测提供基础。过去 30 年间，理论发展已取得了长足的进步，神经心理、认知、社会和行为理论在互相竞争中引导着锻炼心理学家们当前的研究。随着数据库规模的增加，探讨个体差异在预测行为变化中的作用，对致力于锻炼—认知关系的锻炼科学家来说将是非常关键的。

研究中的议题

在过去 10 年中，评价锻炼能否提高心理功能的研究数量急剧增加。一些研究结果还被摘录在了媒体和流行杂志上，并吸引了大众群体、教育者和政策制定者的广泛关注。锻炼干预已面向广大目标群体推广，包括儿童、老年人、有身体或精神障碍的人群等。在将严格控制的实验室研究应用于现实世界时，科学家们自然地持保守态度。在宣传锻炼对心理功能的益处之前，重要的是收集证据，证明干预措施确实能带来有意义的认知变化，而且这种变化是持久的。

举　证

人们对改善心理功能的干预措施的兴趣由来已久。几个世纪以来，人们提出了许多神奇药物、饮食和生活方式来增强或恢复身体与心智。在 20 世纪初的某一时期，人们相信每日一定剂量的镭元素可促进健康并防止衰老，而事实上，许多人的日剂量相当于每天摄入毒素。像过去一样，为了促进身心健康，今天的人们也被吸引到各类活动中去，日常锻炼只是众多被认为有益的方法之一。

有两项全面综述评估了那些用于提高认知功能的治疗方法，考查了关于"举证"的议题。赫尔佐格（Hertzog）及其同事们（2009 年）在《关于公共利益的心理科学》的一篇著作中介绍了一种寿命期限法，用于检验丰富认知（进行智力、身体和社会活动）和心理训练能否带来有意义的心理健康收益。诺亚克（Noack）及其同事们（2009）的综述则聚焦于老年人康复问题。下栏中的"干预的有效性"展示了评价干预治疗效果的 4 条标准。基于对纵向研究的回顾，评估者们得出结论：包含了心智活动和身体活动的丰富的生活方式有益于认知功能。成功的干预项目的特点是，训练中需要参与者付出认知努力并进行元认知/高阶认知加工。类似观点以前就已有发表，研究者认为经历心理和身体的挑战有益于认知功能（Tomporowski，1997）。

干预的有效性

用于评价"举证"的标准有以下几种（Hertzog et al.，2009：17）。

1. 正迁移

在一个情境中习得的内容能影响新技能的获得、新任务的执行或不同情境中的任务表现吗？

迁移反映一个情境中（如学校教室）获得的知识能被用于其他情境的程度（如工作情

境)。指导新认知技能学习的认知训练项目通常表现为参与者在所学任务中(如填字游戏)的绩效大幅度提升,却很少能迁移到其他任务中(如数独谜题)。旨在提高一般能力的项目迁移表现得最为明显。

2. 干预效应的长时间保持

干预的影响能持续多久?

干预可能改变训练中的表现,但重要的是确定训练效果在干预结束后能否延续。许多非认知因素可能改变人们在参与训练项目过程中的行为,关键还是看训练中习得的内容能否继续得到使用。

3. 干预收益应用于日常生活

在面对日常挑战时,个体会改变决策和变换策略吗?

教授记忆策略的认知训练项目(如记忆术训练)显示,个体在实验室的表现可出现令人印象深刻的明显进步。然而,训练效应的重要意义在于新获得的认知策略在多大程度上将被选择并被有效地使用以解决日常挑战。

4. 推广到更大的人群

训练项目能对所有个体产生类似的结果吗?

在实验室研究中,认知训练的参与者很少是从一般人群中随机选择的。取样偏差可能影响训练项目的效果,因此需要确定训练项目在多大范围内能够被推广。

在未来研究中,将锻炼干预和心理丰富性干预对认知功能的效果进行比较,对于此领域将有重要意义。目前还很少有随机对照实验包含了不锻炼的条件并在其中系统控制心理卷入性活动。一般假设身体活动和心理卷入相结合的干预能够对认知功能产生协同增效(Schaefer, Huxhold and Lindenberger, 2006; Tomporowski, McCullick and Horvat, 2010),但是实证支持还是很有限的。

是什么使锻炼变得特别?

诺亚克(Noack)及其同事们(2009)比较了认知和身体活动治疗的有效性,一致发现锻炼对认知表现的影响效果能更好地迁移。研究者们借用基于动物研究发展出来的**神经源性储备假说**(neurogenic reserve hypothesis)(Kempermann, 2008)来解释为什么运动训练可能有独特的作用。锻炼引起脑中一系列的神经变化以及海马齿状回神经元数量的增加。大量海马神经元形成一个资源池,使人们能够对环境挑战做出更具适应性的反应。但是,海马细胞的增加并非唯一的重要结果,人们的经历反过来又改变了海马细胞的功能,并改变了支持学习的神经通路。因此,研究者预期认知挑战与身体活动相结合能保持神经储备和可塑性。神经源性储备假说预测,在生命早期,身体活动和认知卷入相结合尤为重要,因为由此发展出的储备可为后续生命阶段提供资源。"生命早期广泛的身体活动不仅有助于建立适应复杂生活的高度优化的海马网络……而且可通过保持前体细胞循环促进神经储备（Kempermann，2008）"。

只有很少的慢性运动研究提供了对其所用干预方法的详细描述，大多数只是简单将干预描述为有氧锻炼或无氧锻炼。一般预期，在跑步机上独自步行的认知卷入程度不同于在群体情境中进行舞蹈活动。精细地检验训练项目的认知需求将有助于解决，至少是部分解决研究结果中存在的不一致。

运动训练影响的是表现还是学习？

锻炼干预通常会改变参与者的行为。心理学家明确区分了由学习引起的和由表现引起的行为变化。前者是从经验中获得的相对持久的反应潜能的变化，后者是短暂的、基于非认知因素的变化。已确定的行为变化来源有三种：①疲劳、心境或动机的日常波动；②现有策略或记忆技巧的使用；③基本能力的改变（Noack et al.，2009）。那些自愿参加锻炼研究的参与者了解实验处理条件，他们的期望可能影响其认知测验成绩。类似地，急性运动带来的能量或慢性运动引起的身体适应可能影响神经速度、选择及决策策略的使用（这对许多执行功能测验非常关键）。然而，这样的认知测验成绩提高仅会存在于锻炼引起生理扰动的时段。重复的急性运动可能引起学习，因为它可以以相对持久的方式改变皮层和皮层下网络，进而改变神经整合。这三种变化源并非分离运作，因而很难下结论说变化是基于表现还是学习。

表现（技术）与学习（能力）的区分非常重要，因为它关系到迁移和泛化。在日常生活中，身体和心理技术的提高当然重要，人们努力练习以获得和保持专业技能。但是，技术只是特定地针对某个领域，只在特定情境下有用。而能力是个人特质，跨越多个知识领域，构成了适应性问题解决的基础（Carroll，1993）。目前，大量支持锻炼—认知关系的证据来自对执行过程的行为测验，其中强调的是反应选择、速度和准确性，只有少量研究报告发现了记忆功能的变化。近期神经研究的证据开始为表现—学习问题提供解决之道。通过操控学习迁移和记忆保持来评估学习效应的实验也将推进此领域的研究。

剂量—反应研究

研究证据显示，运动训练促进脑结构的完整性（如神经递质、神经调节因子、维管化、神经发生）。但是，多次急性运动对认知功能的效应现在尚不清楚。历史上，研究者们的做法是根据锻炼生理学家们开发的指导方针来提高人的心肺功能。大部分研究使用有氧运动项目，被试根据锻炼效果所需要的强度、持续时间和频率进行锻炼，并测量参加锻炼之前和参加锻炼几个月后的认知功能。但是，研究未获得足够的支持心肺假设的证据（Etnier et al.，2006），这还有待于其他解释的出现。

另外，研究也缺乏运动训练时长与认知功能关系的实验证据。这方面的数据对开发用于教育、康复、健康、绩效提高的程序特别重要。戴维斯（Davis）及其同事们（2011 年）观察到，在超重儿童中锻炼时长（20 分钟与 40 分钟）与执行能力提高和学习成绩之间存在线性关系。类似地，马斯利（Masley）及其同事们（2009 年）评估了健康中年人（平均年龄约 47 岁）在 10 周有氧锻炼前后的认知功能，结果发现，相比于每周锻炼 2 次以下和每周锻炼 3～4 次的人，每周锻炼 5～7次的人执行功能的进步最大。研究者们需要确定，是否存在一个阈值，而身体活动必须达到该阈值以上才能获得认知收益的积累。

总　结

锻炼有益于人类认知。尽管我们已在理解其潜在机制方面取得了进步，但还是缺少对二者关系的明确解释。身体活动可能影响不同水平上（如分子、细胞、组织、系统）的众多生理结构，从而直接对认知产生益处。神经心理学的进展还强调了运动训练对脑网络的重要作用。但是，锻炼—认知关系是非常复杂的，多种环境因素的作用和个体过去的学习经验显然也对其有影响。看起来锻炼干预影响特定的认知功能，并且效果量依赖于多种调节因子。还应特别注意，在研究中记录到的锻炼干预的收益的效应量普遍为从少到中。

综合来说，现有数据表明，尽管锻炼有益于心理功能，但并不是如流行媒体中所描述的那种灵丹妙药一样。要更好地理解身体活动改变生物系统的途径，以及这些生物性的适应过程如何改变心理活动并最终改变行为，还有很多问题亟待我们考证。

第 *9* 章

能量与疲劳

一位抚育两个孩子的上班族母亲，通常会认为自己太累而无法锻炼。但是当她锻炼之后，即使只是进行了低强度的锻炼，如在家附近散步或者是在花园里修剪草木，她都会感到一阵短暂的能量提升。疾病患者，如癌症、抑郁症或者是心脏病患者，多是久坐少动（sedentary）且常感到持续的疲劳。有这些情况的人通常在开始进行规律性锻炼的几周内就能感觉到持续的能力提升。而一位精力充沛的大学生运动员，即使能够持续数月每天进行两场剧烈的游泳运动，这可能会使她在几周内提升运动训练水平，并使她感到强烈的、相对持久的**疲劳**（fatigue）。这些例子都揭示了身体活动与能量、疲劳关系的关系中具有的潜在复杂性。

本章将集中探讨急性运动和慢性运动（acute and chronic physical activity）对于能量与疲劳的作用。本章将从这些感受的界定开始，描述它们被概念化的过程，介绍测量它们的手段，并讨论它们的重要性。最后将总结身体活动是如何影响个体的能量及疲劳的感受的。

概念的界定

能量（energy）这个术语可以被界定为个体对有能力完成心理或身体活动的主观感受。疲劳（fatigue）则可以被界定为个体对执行心理或身体活动的能力降低的主观感受。能量感常被描述为精力充沛和充满活力。疲劳感常用筋疲力尽（exhaustion）和倦怠（tiredness）来形容。由于感受是主观的，因此它们被恰当地描述为能量症状或疲劳症状，尽管有些研究者为了说明它们不是指与锻炼有关的疲劳，也使用短语心理能量（mental energy）和心理疲劳（mental fatigue）。

研究简史

最早关于心理层面能量与疲劳的历史记载，至少可以追溯到公元前 4 世纪亚里士多德关于

"行动和潜能"(actus et potential)的观点。他认为心理能量是激活头脑(mind)工作的力量源泉。现代英文词汇中对能量与疲劳的描述可以追溯到 17 世纪。

> "能量"(energy)一词源于拉丁语和希腊语中的"energia"和"energos",它们的词根是"en"(意思是"更多")和"eng"(意思是"工作")。
>
> "疲劳"(fatigue)一词源于拉丁语和法语中的"fatigare"和"fatiguer",它们的词根是"fati"(拉丁语中意为"足够",法语中意为"伴随劳动的疲惫或耗竭")。

心理能量的概念在西格蒙德·弗洛伊德(Sigmund Freud)于 20 世纪 20 年代提出的著名的精神分析人格理论中具有核心作用。1921 年,在疲劳定义和测量的挑战中苦苦挣扎的心理学家伯纳德·穆齐西奥(Bernard Muscio)得出了这样的结论:"心理疲劳这个术语应该从科学的探讨中被绝对摒除,而且编制心理疲劳的测验的努力也应放弃。"(Muscio,1921)除了这个极端的观点之外,20 世纪中叶的众多心理学家,如伊丽莎白·达菲(Elizabeth Duffy)提出了有关唤醒的理论(theories of arousal),唤醒是一个类似于心理能量的概念,这些理论认为,唤醒在广泛影响多数(如果不是全部)情感、行为和情绪方面都发挥了核心作用。

研究者们尝试着从认知、疾病(如与癌症相关的疲劳)以及生物学等更狭窄的视角对心理疲劳进行阐释(Dawson et al.,2011;Deluca,2005;Stahl,2002;van der Linden,2011;Watanabe et al.,2010)。现今,学界对于能量与疲劳感受的研究兴趣似乎处于历史最高水平,部分原因是太多的人因过于疲劳而无法获得最佳表现。技术革命已成为疲劳高发的原因。互联网的使用激发了许多人拓展自己的社交活动、职业相关活动及其他认知活动,但也占用了诸如睡眠和身体活动这些能提供心理能量的活动时间。

能量与疲劳的概念框架

外行人通常把身体疲劳(与高强度的骨骼肌活动相关)与心理疲劳区别对待。在这里我们所关注的是疲劳的心理方面(mental aspects of fatigue)。对于身体疲劳与心理疲劳的区分虽然利于讨论,但需要认识到,这样的二分法在哲学上和技术上都是不恰当的。我们定义的无论是心理还是身体上的能量与疲劳,在某种程度上都是由脑神经回路中的电化学事件(electrochemical events)引起的。这些电化学事件可以被脑外信号修正(如接收到骨骼肌上的感受器激活的信息)。

能量与疲劳分为两大类:急性的(状态性的)和慢性的(特质或类特质性的)。能量与疲劳状态在一天内波动,且受到日常一次性事件的影响,如一夜睡眠的长度,一下午需要高度集中注意力的艰难工作,或是一组运动(a single bout of exercise)。慢性能量或疲劳是指持久的体验(longer-lasting experiences),包括个人人格相对长久的方面。或许你认识的某个人就是你认为的那种总是精力充沛的样子。慢性能量与疲劳的水平是可变的,但改变它通常需要一个更大的刺激，如疾病或是行为的持久改变（如睡眠、饮食或身体活动模式等的长期改变）。

如果一个人经历的主要感受是疲劳，那么他通常会缺乏能量，反之亦然。然而，能量与疲劳感受之间的关系并非总是如此简单的。一位母亲经过长时间的努力生下幼子时，或许会感觉到既疲惫又有精力。这种偶尔出现的混合感受（mixed feelings）引起了科学家的潜在兴趣，因为它可能意味着能量感与疲劳感的脑神经回路是相互分离的。如果这是真的，那么锻炼对能量感的影响或许与它对疲劳感的影响相独立。

> 能量与疲劳之间的相反关系是符合常理的，但混合感受（如同时感受到疲劳与精力）又提示两者的神经回路可能是分离的。

能量与疲劳的测量

目前没有一个被公认有效的测量能量或疲劳感的客观手段。共识的标准是，通过一次访谈，或者更普遍地通过一个问卷来测量自评的能量或疲劳感。常用问卷通常使用的是三种量表类型之一。研究者和心理学家使用**单极量表**（unipolar scales），将能量与疲劳构念分为两个单独结构，测量范围从"无感受"到"强烈感受"。此类测量方法考虑到了测量能量与疲劳的混合感受。"心境状态量表"（Profile of Mood States questionnaire，POMS）中活力与疲劳分量表就是例证，它们是被广泛用于测量能量与疲劳感受强度的单维量表。这些量表可以测量你在第一次完成了 26.2 英里（约 42.2 千米）的马拉松之后可能即刻体验到的疲劳与能量的混合感受。

> 波士顿马拉松赛运动员在终点线处可能会同时体验到强烈的疲劳与能量。

广泛使用的"健康调查简表"（SF-36 Health Survey）中的活力（vitality）分量表，将能量构念与疲劳构念作为单一连续体的两极，即一个**双极量表**（bipolar scale）。例如，使用这个双极量表，为了得到活力最高分，个体必须报告自己总是精力充沛且从来没有疲劳感受。若有些时候出现疲劳感受，则活力总分就会下降。活力量表被广泛运用于身体锻炼的研究中，旨在量化回忆出的能量与疲劳感频率的变化。

还有一种方法是使用**多维量表**（multidimensional scale）同时测量疲劳和其他相关的构念。多维量表被频繁地用于患者的运动训练研究中。例如，"疲劳症状量表"（Fatigue Symptom Inventory，FSI），用于测量癌症患者的疲劳程度。它不仅包含疲劳的信息，还可获得病人所感知到的疲劳妨碍他们的日常生活的程度，包括影响工作能力、注意力集中、享受生活以及与他人维持良好人际关系的程度。虽然多维测量手段通常可提供对疲劳相关的功能的良好评估，但缺乏针对能量与疲劳的测量，可能导致对能量与疲劳本身的测量出现很大的误差（substantial error）。

对患者疲劳及其他重要临床症状（如疼痛）的测量，有时被称为患者报告结果（patient-report

outcome，PRO）。由于 PRO 的医学重要性，美国国家卫生研究院（National Institutes of Health）已经投入资金，通过使用经过严格测试的计算机自适应测验系统，以改良 PRO 在患者中的施测方式。相比于纸笔问卷，计算机自适应测验的优势体现在，通过受试者先前的答案调整每个新问题，从而实现采用更少的测试题获取更精确的测量。NIH 初步称其为患者报告结果测量信息系统（Patient Reported Outcomes Measurement Information System，PROMIS）。

在理想情况下，心理能量和心理疲劳应该被客观地测量。在当前关于能量与疲劳最可行的客观测量方法中，最好的方法是警戒任务表现（performances on vigilance tasks）。这是一些对特定注意类型的认知测试。一项警戒任务的示例是，在每秒呈现在屏幕上的一串字母中，每次看到紧随在字母 M 后面的字母 Q 时，受试者按下电脑的特定键。警戒测试的一个独特之处是它们涉及在一段相对较长的时间里持续的专注，如从 20 分钟到几小时。随着时间流逝，警戒任务表现将会下降：错、漏按键，或者对字母 Q 的按键反应时增长。

> 患者报告结果可以直接从由患者处收集到的信息中获取疲劳、疼痛或患者健康等其他方面的资料，而无须任何他人的解释。

研究表明，导致疲劳的事件，如整夜不眠，会导致警戒任务表现下降，且在客观警戒任务表现下降与疲劳感增加、能量感降低之间存在中等程度的相关。例如，143 名美国陆军游骑兵完成了负重 38 磅（约 17.2 千克）的 12 英里（约 19.3 千米）的步行，30 分钟后又进行了无负重的 3 英里（约 4.8 千米）跑，4 小时后再进行无负重的 3 英里（约 4.8 千米）跑（Lieberman，Falco and Slade，2002）。在这些活动的前、中、后，士兵们完成"心境状态量表"（Profile of Mood States，POMS）及对腕表监测仪（wristwatch monitor）的声音做按键反应。他们对声音的反应速度和准确性被用来测量其警觉。这些人被随机分组，分别接受安慰剂或含有 6% 或 12% 碳水化合物的饮料。在给予碳水化合物的情况下，警觉以剂量—反应（dose-response）的方式得到了改善，主观的活力分数与来自监测仪器的客观结果相吻合。

疲劳症状的原因及相关因素

众多诸如环境的、社会的、行为的、个体的以及生理的变量都与能量感和疲劳感有关，这使得我们完整地理解身体活动对这些感受的影响变得复杂。在回顾下一段内容后，疲劳的这种复杂性将变得显而易见，该段枚举了被认为影响能量与疲劳症状的多种多样的且核心的变量。

每天，从起床到睡觉，持续的清醒导致了疲劳感的逐渐增加。长期的睡眠缺乏导致疲劳感增加，且可以在多天内累积。积极投入需要持续注意的认知任务，一段时间也会增加疲劳感。而且，无论是从事单个复杂任务，还是在多个复杂任务之间切换，正如许多工作都需要的，几小时的持续注意会激发更多的疲劳。将身体及社会状况感知为有趣的或具有威胁的，会导致疲劳症状的减少。神经质人格的特征是疲劳症状增多。一些环境条件（如暴露在明亮或多变的灯光下），使人充满能量，而其他环境（如长时间的昏暗灯光或完全的黑暗）却会增加疲劳。一些声音(如你最喜欢的打击乐)会让你感到充满能量,然而其他声音(如持续暴露在响亮的工业噪声中)则会使人疲劳。疲劳症状与参与认知和身体活动的动机呈负相关。兴奋剂的摄取可以减少疲劳感,如咖啡因、尼古丁和安非他命[如阿德拉(Adderall)]。其他药物,如降血压药,则会使人产生疲劳。还有其他的物质(如酒精)则会先提高饮用者的兴奋度,一段时间之后又削减了能量感。一次性和长期的节食(food restriction)会导致疲劳感加重。吃,可能会产生能量或疲劳,这取决于吃的什么或什么时间吃。在某种程度上,怀孕对大多数女性而言增加了疲劳感,这种疲劳感对有些人来说是轻微而短暂的,对其他人而言则是严重与令人虚弱的。疲劳亦常见于颅脑损伤之后。疲劳症状的频发通常由心理或生理异常状态导致,这些异常状态导致了临床疾病(参见"以疲劳症状加重为特征的疾病实例")。同时,对同卵和异卵双胞胎的研究表明,慢性疲劳状态超过一半的变异可归因为遗传因素。简言之,大脑回路(brain circuit)之所以能产生能量感与疲劳感,是通过整合各种来源的信息实现的,包括对急性运动和慢性运动的心理生物(psychobiological)反应与适应。

以疲劳症状加重为特征的疾病列举

过敏(如花粉病)	纤维肌痛综合征
贫血	心力衰竭
厌食症	急性感染(如流行性感冒、单核细胞增多症)
焦虑障碍	慢性感染(如梨形鞭毛虫病、艾滋病)
哮喘	多发性硬化
癌症	肥胖症
冠心病	帕金森病
慢性疲劳综合征	睡眠障碍
慢性阻塞性肺部疾病	中风
慢性疼痛	物质滥用
糖尿病	甲状腺疾病
抑郁障碍	

重度疲劳的流行

持续的、逐渐加重的疲劳症状在美国乃至全世界都是一个广泛存在的问题。疲劳症状在人群中呈正态分布,但是疲劳的流行作为一个公共健康问题则取决于人们对它的界定。例如,对4 591名美国中年人进行的研究显示,37%的人报告至少发生过一次持续性的疲劳。但当使用更严格的界定时,疲劳的流行率会降低。当疲劳症状被分别界定为持续1个月或6个月以上时,疲劳的流行率分别变为 23% 和 16%。约 20% 需要基础护理的病人抱怨他们近期发生过持续性疲劳。但不管如何界定，女性出现疲劳问题的可能性是男性的 2～3 倍。

仅有约 1% 的美国人，虽然所占百分数不大却约相当于 310 万人，正忍受着**慢性疲劳综合征**(chronic fatigue syndrome)的折磨。慢性疲劳综合征是一种以严重的、导致功能障碍的、持续 6 个月以上的疲劳为病理学特征的疾病，同时伴有广泛感染性和风湿性疼痛及心理症状。焦虑或抑郁人群出现严重疲劳的情况是正常人的 6～7 倍，而当疲劳存在时，医生更难对重度抑郁症做出诊断。在癌症患者中，逐渐加重的疲劳是癌症最普遍的症状，且约有 1/3 的癌症病人在接受治疗后的数月乃至数年的时间里仍会有这种感受。

持续性疲劳的流行程度在全球并不统一。一项对 14 个国家的居民进行的调查表明，经济欠发达国家（如尼日利亚）疲劳的流行程度低于平均水平(Skapinakis, Lewis and Mavreas, 2003)。然而，相比于经济发达国家，生活在经济不发达国家的人们却会更多地向医生抱怨自己出现了难以解释的疲劳(unexplained fatigue)。总之，疲劳感与低能量影响着许多人，尤其是女性、焦虑和抑郁的人群，以及与疾病抗争的或生活在工业化国家的人群。

低能量感与疲劳感对个人和社会的影响都是显而易见的。它们对个人有着广泛的消极影响，包括影响学习、人际关系、健康、生活质量以及工作效率等方面。由于影响了个体的工作效率，低能量感和疲劳感对社会经济的健康发展也产生了消极影响。

拥有充沛精力可能是我们进化遗传的一部分，精力充沛的人理应在获取食物、寻找避难所以及择偶方面均比低能量的人更易获得成功。但疲劳或许独立于能量有助于我们获得成功。假定疲劳感代表着生病或者状态不佳的心理或身体机能，那么疲劳症状就是一个信号，即我们需要比平常有更多的休息。对疲劳症状的重视会使我们的祖先在感受到更佳心理或身体状态之后再进行资源争夺，从而可以更成功地传递基因。

除了推测能量感与疲劳感在进化中扮演的角色外，我们了解到它们在其他方面的作用也很重要。相比于精力充沛的儿童，低能量且疲劳的儿童在学校的表现更差。与不疲劳者相比，饱受疲劳折磨者的身体和心理功能降低，即生活质量更低。

病患们对低能量与疲劳症状的增加尤为重视，这也是人们寻求医疗帮助的主要原因之一。这种担忧对包括老年人在内的很多人来说是合理的，因为对于老年人来说，疲劳症状与死亡风险的增加直接相关。然而，很多医生认为疲劳症状的增加并不重要，或许是因为它们非常普遍，且不易于根据这些症状做出明确的诊断。然而医生们通常对疲劳的看法并非最健康。他们的职业经常要求他们在缺乏充足睡眠的情况下工作长达数小时之久，并且他们中的许多人以自己能抗疲劳工作为荣。然而对近 3 000 名处于培训阶段的医生（如住院实习医生）的调查发现，1/5 的医生承认曾因疲劳带来的不佳表现伤害到了患者。各种类型的事故，包括死亡或造成惨重的环境（如切尔诺贝利核事故），或经济损失等，在某种程度上都可归咎于试图忽视疲劳症状。

流行病学证据

　　十几项基于群体的(population-based)研究测试了超过 150 000 名受试者的疲劳感，比较了在休闲时间进行与未进行身体活动的成人的疲劳感，结果高度一致。不论受试者的年龄、健康状态，或是在不同的国家或地区进行测试，研究结果均表明，不活跃的人们比活跃的人们报告更少的能量和更多的疲劳。图 9-1 呈现的是欧洲国家从青少年到年长成年男性研究结果的跨年龄一致性。

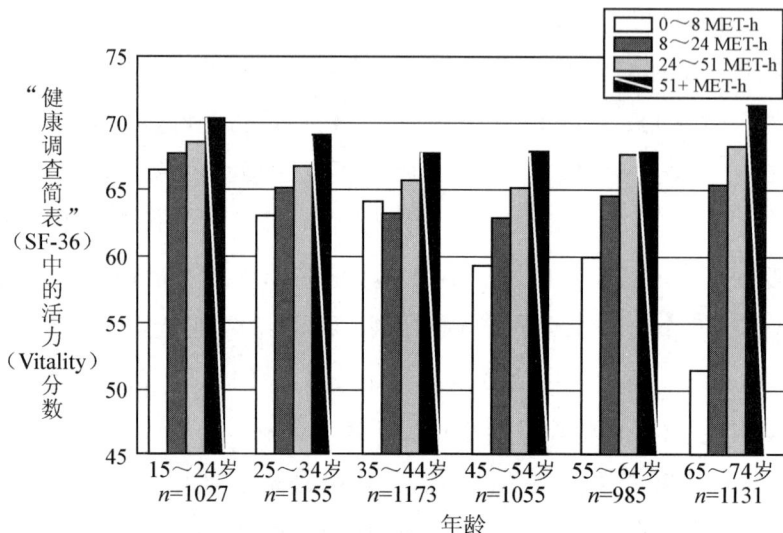

图 9-1　生活在 16 个欧盟成员国中某国年龄大于 15 岁的 6 526 名男性自我报告的最近
一周的身体活动 [一周总的代谢当量，梅脱/小时/周（MET-hours/week）] 与
能量感（使用 SF-36 测量）之间的关系

改编自 Abu-Omar，Rutten and Lehtinen，2004。

　　总的来说，身体活跃者比不活跃者经历疲劳的风险降低了 40%（Puetz，2006）。这种效应很稳健，它在用统计校正了潜在混淆变量（如吸烟或饮酒）影响的横断研究中仍有意义。这种效应在前瞻性研究(prospective studies)中也稳健存在。例如，一项对 128 名老年人（其中包括 54 名百岁老人）的调查发现，身体活动不足是1.5～5 年内疲劳增加的强效预测因子(Martin et al.，2006)。

　　散步(walking)是身体活动中最常见的形式。在美国的成年人中，从未散步锻炼的人自我报告因缺乏能量而无法参与锻炼的可能性是散步者的 4 倍(Eyler et al.，2003)。流行病学的证据表明，典型的休闲时间身体活动与**能量症状**(energy symptoms)之间存在增速减慢的剂量—反应效应，如图 9-2 所示。

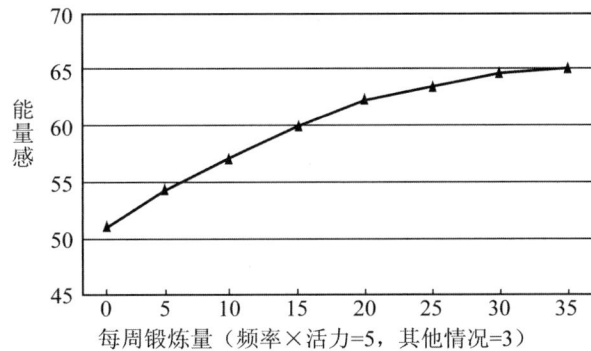

图 9-2 39 325 名澳大利亚成年女性每周锻炼量与能量感（使用 SF-36 活力分数评估）的关系。

1 412 名美国女性作为对照组采用相同的方法测量，其平均分和标准差分别是 58 和 21

改编自 Brown et al.，2000。

　　流行病学证据的局限之一在于，使用简短自我报告测量身体活动可能导致实质性误差。鉴于增加剧烈锻炼的结果之一是身体适能，如最大摄氧量的增强，而测量身体适能比自我报告身体活动更加客观且误差更少，因此，一项对 427 名年长工人进行的研究值得关注。该研究发现体适能优者倾向于报告自己经常是精力充沛的，且该趋势具有统计意义（Strijk et al.，2010）。

　　使事情复杂化的是，当调查数据囊括了从事高水平运动训练的人群，如为参加耐力性竞赛训练，身体活动和能量感之间呈倒 U 形关系。一项以 1 880 名年龄在 11～14 岁的青少年为受试者的为期两年研究发现，每日久坐超过 4 小时或经常处于高度活跃状态都与报告持续性疲劳的可能性增加存在关联（Viner et al.，2008）。

　　一些流行病学证据表明，疲劳是身体活动的障碍。1 818 名美国成人的随机抽样调查显示，约 20％的人报告他们过于劳累而无法进行规律性锻炼（Brownson et al.，2001）。另一项研究发现，263 名复发—缓解型多发性硬化症（relapsing-remitting multiple sclerosis）患者中，6 个月内疲劳症状的增加与身体活动的减少显著相关（Motl et al.，2011）。另一项调查发现，报告频繁感到疲劳的人通常只是有意向保持身体活跃，而不是真正地参与活动。

　　总的来说，大量的流行病学证据支持了身体活动缺乏与疲劳感增加、低能量感之间的关系。然而，对于身体活动缺乏是否一定会导致低能量感，还有待实验的验证。

实验证据

　　实验可以为身体活动是否会引起能量感和疲劳感的变化提供证据。最常见的实验是对身体活动增加的研究，包括运动训练和单次运动（a single bout of exercise）。与确定锻炼能否引起能量感和疲劳感的变化同等重要的是，揭示人们在停止锻炼之后会发生什么。

身体活动的减少

　　在规律活动的人群中，一段时间的身体活动减少屡见不鲜。一些人决定花更多的时间在其他事情上，然后变成了"沙发土豆"①（couch potatoes）。另一些人受伤了或进行手术，需要挪用通常的身体活动时间以更好地康复。许多女性在怀孕期间降低了她们的身体活动水平，而那些依然保持着孕前身体活动水平的女性似乎具有更好的心境稳定性，包括对能量与疲劳更佳的感受（Poudevigne and O'Connor，1995）。每年约有100万的美国女性长期卧床休息以期能够怀上多胞胎，或者是希望这样做能减轻孕期并发症。不幸的是，现今并没有明确的证据能够证明卧床休息的益处，反而出现了许多副作用，包括肌肉功能的下降、胰岛素抵抗水平提高以及患血栓栓塞性疾病的风险增加。

　　如果身体活动能使人们感到更加精力充沛，那么积极进行身体活动的人们一旦停止积极活动，他们理应感到更加疲劳。少数研究将卧床休息或暂停锻炼3～20天的人与保持正常身体活动水平的对照组进行比较，发现前者的疲劳症状和低能量均有增加。其中一项实验的结果可见图9-3。

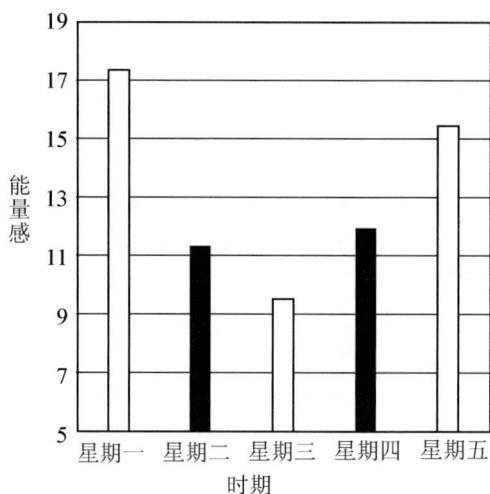

图 9-3　积极运动者（一周 6 天或 7 天，一天 45 分钟）在暂停锻炼前（星期一）、

后（星期五）与中 3 天（周二到周四）的能量感

来源于 Mondin et al.，1996。

身体活动的增加

　　大量的研究检验了急性运动对心境（包括能量感与疲劳感）的影响，并以大学生为受试者（Yeung，1996）。在典型的短程（short-duration）（20～40 分钟）低到中等强度的锻炼之后，能量感增加，而疲劳感持续不变。这种能量提升的现象在大多数的锻炼类型中都可观察到，如散步、骑行、游泳、抗阻训练、瑜伽及武术等（Herring and O'Connor，2009）。而这种提升在短短 10 分钟的一组运动之后亦可发现（Osei-Tutu and Campagna，2005），尽管一些证据表明 30 分钟的锻炼对增强活力感是更为有效的刺激（Hansen，Stevens and Coast，2001）。

---

　　①　美国人将整天看电视的人比作"沙发土豆"。——译者注

　　在短程高强度锻炼之后，疲劳感可能即刻增加。这种改变量的大小受制于锻炼的强度，疲劳最大的增长量出现在最高强度的锻炼情况下。这种效应是短暂的，随着恢复时间的推移，疲劳感逐渐回落到锻炼前的水平。如果急性运动的时间更长（大于 2 小时），就算是低强度的锻炼也会使疲劳感增加，能量感减少。这种效应受到体适能水平的调节，体适能好的人可以持续进行数小时的低强度锻炼，而不会感到太疲劳。

　　在各个年龄段的男女中都发现了急性运动会带来能量感增加和疲劳症状的改善，尽管有些研究表明规律的锻炼者显示出这种改善更加稳定（Hoffman and Hoffman，2008）。单次运动过后的能量感增加及疲劳感改善，在各种病症（如抑郁、多发性硬化和肥胖）患者中同样存在（Bartholomew，Morrison and Ciccolo，2005）。一些研究检验了单次运动对疲劳的影响，疲劳的操作性定义为客观警戒任务表现的改变。这些研究预期在低到中等强度锻炼后警觉改善及大强度锻炼后警觉下降，但结果并不一致（Lambourne and Tomporowski，2010）。

　　少数研究对比了单次急性运动与其他可能影响能量感和疲劳感的经历间的效果差异。其中一项研究表明，10 分钟的午后散步比吃一块糖更能提高能量感（Thayer，1987）。

> 　　为了获得快速的能量增长，你可以散步、听音乐、喝能量饮料、参与社交或者小憩一会儿。尽管这些可能都有帮助，但还需要更多的研究来探讨这些疲劳管理方式对人们的短期及长期影响。

　　至少 70 项随机对照实验检验了运动锻炼对久坐少动人群能量与疲劳症状的影响。对这些实验的分析发现，相对于不活跃的控制组受试者，那些每周进行 2～5 天，持续 6～20 周锻炼的受试者疲劳感减少。在 70 项研究中 94％ 的锻炼组受试者在锻炼和疲劳症状改善中获益。0.37 个标准差的总平均效应（the overall average effect）表明，改善是有意义的（Puetz，O'Connor and Dishman，2006）。在医疗机构、工作场所及以基于家庭的有监督的锻炼项目中（supervised exercise programs），研究结果也报告了能量感和疲劳感的改善。

　　产生能量提升与疲劳改善所需的理想的锻炼剂量仍不确定。解决这个问题的最佳证据来自一项为期 6 个月的随机对照实验，受试者包括 430 名久坐不动、超重和肥胖的绝经妇女（Martin et al.，2009）。实验发现，在进行有氧运动训练［每周 3～4 次跑步机或半卧自行车（semirecumbent cycling）］的低强度训练［50％ 有氧能力（aerobic capacity）］之后，即每周每千克体重消耗 4、8 或 12 千卡的锻炼后，能量感有提升。这些身体活动量几乎接近美国国家卫生研究院建议量的 50％、100％ 和 150％。这些结果显示，高或低剂量的低强度锻炼能产生能量感的增加。这些发现的总结呈现在图 9-4 中。

　　超过 3/4 的实验调查了规律性锻炼对能量与疲劳症状的影响，涉及散步、骑行以及跑步等锻炼方式，但是最大的改善发生在力量训练研究中。目前至少有 10 项研究结果支持了以下结论，即力量训练单独与能量感和疲劳改善存在相关（O'Connor，Herring and Caravalho，2010）。

　　这些随机对照实验大部分都涉及了疾病患者。对所有参与研究的病人而言，锻炼均在一定

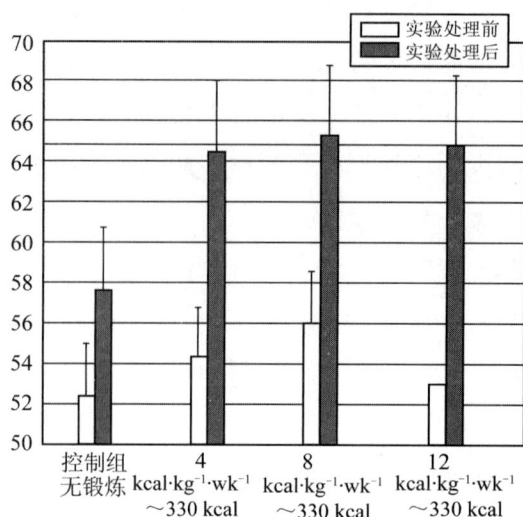

图 9-4　探讨 464 名平均年龄为 57 岁的久坐不动、超重和肥胖的绝经后妇女，以 3 种身体活动剂量中任一种，进行持续 6 个月每周训练 3～4 次的锻炼对能量感的影响（SF-36 活力分数）的一项随机对照实验结果。　图中横线表示的是美国 55～64 岁妇女 SF-36 活力量表的常模分数

改编自 Martin et al.，2009。

程度上改善了疲劳。精神疾病和心脏病患者的疲劳获得了最大程度的改善。研究者们更多关注于探明哪种规律性锻炼能提高癌症（尤其是前列腺癌或乳腺癌）病人的生活质量。其中一项对乳腺癌患者的调查结果见图 9-5。这些研究主要涉及中等强度、有监督指导的有氧锻炼，每次约 45 分钟，每周 3 天，持续 12 周。一项研究综合阐述了两类研究，即 43 项正在接受治疗的癌症患者的研究和 27 项癌症康复者的研究，发现锻炼减轻了患者们癌症相关的疲劳，分别降低了 0.32 和 0.38 个标准差（Puetz and Herring，2012）。这些改善程度与药物或心理疗法对治疗癌症患者的疲劳改善程度相近。

> 多年前，癌症患者被告知卧床静养有助于身体康复。而现在，这个"热门"（hot）研究领域积累的证据表明，对于乳腺癌患者、前列腺患者及癌症康复者而言，在他们治疗前、中、后进行低到中等强度的锻炼可以提高他们的生活质量，包括提升其能量感。

如果规律性锻炼可提高能量感，那么遭受疲劳的人们离开沙发就是最好的选择，这是合乎逻辑的推断。对最初报告有持续性疲劳而未见其他疾病的久坐不动成年人的研究表明，经过 6 周低到中等强度的锻炼之后，他们提升了约 20% 的能量感。在上述实验（Puetz, Flowers and O'Connor，2008）中，疲劳症状的改善幅度大于能量症状的提升，并且对疲劳改善的感知（3 周内）早于对能量提升的感知（最早发生在第 6 周）。

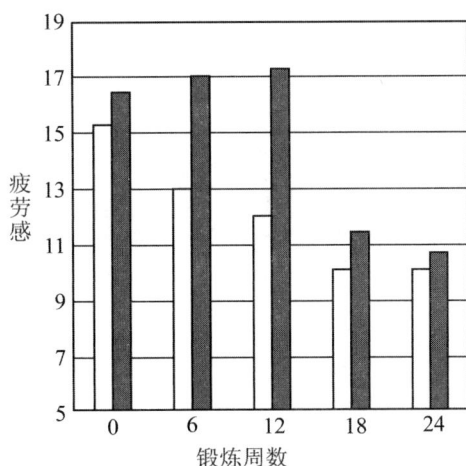

图 9-5　乳腺癌康复者随机被分成两组，一组在进行基线测量之后立即开始为期 12 周

的锻炼(0～20 周，用白色柱状表示，$n=29$)，另一组在基线测量之后等待 12 周，

然后在第 12～24 周进行锻炼(用阴影柱状表示，$n=29$)

改编自 Milne et al.，2008。

慢性疲劳综合征(CFS)及相关并发症(如纤维性肌痛)的患者，与健康的成年人相比，他们身体活动不足，而这会导致其体适能水平的下降。许多 CFS 患者避免参加锻炼，因为他们认为锻炼会加剧他们的病症。一些专家猜测，慢性疲劳在某种程度上是因身体活动不足引起的心理生物学后果而传播的。随机对照实验显示 12 周低到中等强度的锻炼改善了 CFS 患者的疲劳症状。在迄今为止最大型的实验中，研究发现受试者对锻炼的不良反应率很低，并且比例与常规医疗护理相近(White et al.，2011)。约 30％的 CFS 患者在参与了为期一年渐进强度的运动锻炼后均能从疾病中康复。锻炼对于那些 CFS 并发纤维性肌痛的患者来说尤其困难，研究也显示仅对患有 CFS 病症的患者而言，锻炼更需要努力而且更痛苦(Cook et al.，2006)。

锻炼比其他治疗慢性疲劳的疗法更受欢迎。与药物治疗相比，人们一般首选非药理学途径(如认知行为疗法和锻炼)治疗疲劳，这是因为精神振奋药物(如安非他命、哌甲酯和莫达非尼)的潜在副作用更大。顾名思义，认知行为疗法关注于：①教授患者从认知的角度评价自身境况以更好地应对疲劳；②让患者避免可导致疲劳的适应不良行为(如长期在夜间饮用咖啡和持续性经历睡眠不佳)。尽管并没有对锻炼和认知行为疗法进行频繁的比较，但一项大型研究(Donta et al.，2003)对比两者发现，锻炼对疲劳的改善大大优于认知行为疗法，而且锻炼和认知行为疗法的整合未见优势。这项研究的结果见图 9-6。

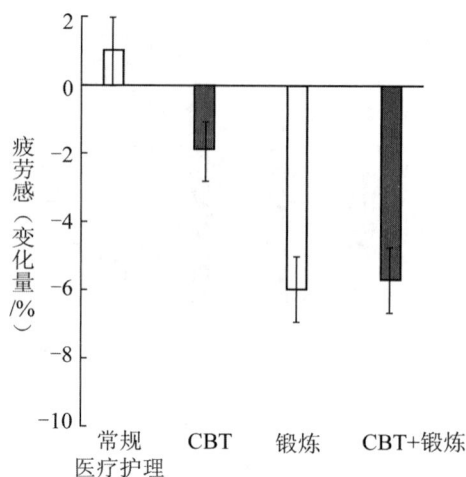

图 9-6　12 周的有氧锻炼(n＝265)(每次 60 分钟，每周 3 次)，常规医疗护理(n＝270)，认知行为疗法(CBT)(n＝286)以及锻炼与 CBT 联合法(n＝266)对疲劳症状的影响。 受试者是患有海湾战争综合征(Gulf War illness)的美国退伍军人

数据来源： Donta et al.， 2003。

身体锻炼影响能量与疲劳的机制

　　从某种程度上来说，我们对锻炼对能量与疲劳感的影响的生理机制知之甚少，因为针对该目的的研究较为匮乏。减少身体活动或锻炼后能量与疲劳感的改变，似乎与外周的生理变化(如体脂的减少或有氧体适能的提高)无关。这是合乎逻辑的，因为疲劳症状是由大脑神经回路产生的，(这些大脑神经回路)不太可能受其他因素的影响，如导致体适能增强的心血管(如血容量的增加)和新陈代谢(如骨骼肌线粒体的增多)的适应。一个更符合逻辑、更贴近生物学机制的解释是，大脑改变的同时伴随着能量与疲劳症状的改变。

　　现在，考查锻炼对大脑活动影响的主要测量手段是脑电图。法国一项研究(Grego et al.，2004)要求训练有素的骑行者以中等强度骑行了 3 小时。在运动的前、后，分别使用两种不同的声音诱发电位，在声音刺激出现的 300 ms 后即刻测量 P300。相比于锻炼前的静息状态，在锻炼期间 P300 的振幅变大。已有前人的研究表明，P300 的振幅与注意资源的数量有关，所以对这种结果的解释之一是，影响注意力与能量的生物回路都受到了锻炼的影响。

　　另有研究探讨了能量和疲劳症状与 EEG 的关系(Petruzzello，Hall and Ekkekakis，2001；Woo et al.，2009)。其中一项研究考查了一个持续 6 周的锻炼项目，受试者是在开始这个项目之前已有疲劳增加的成年人，在第 1 周、第 3 周和第 6 周分别进行 20 分钟的低强度或中等强度的骑行后进行测量，以检验能量与疲劳的短暂变化是否与 EEG 有关(Dishman and Thom et al.，2010)。结果发现，疲劳症状在第 3 周和第 6 周的单次急性低强度运动后有所改善。能量感在每个测试周的低强度和中等强度的单次急性运动后均有改善。急性运动对改善能量感的一半影响受在脑后部测得的 θ 频带内的 EEG 变化中介(θ 频带的脑电活动频率为 4～7 Hz，也就是脑波每秒重复出现 4～7 次)。

　　这些结果支持了锻炼诱发的能量症状改善是具有生物学基础的观点。此类研究使我们更通透地理解锻炼引起能量与疲劳变化背后的大脑生理基础,有利于确定或排除其他假设(如曾认为这些症状的改善都是因为存在安慰剂效应,是由于对锻炼的心理效益抱有强烈期望的人报告了存在偏差的内容)。

　　有几种在现有锻炼研究中鲜少使用的方法(如功能性神经影像和精神药理学研究)提出了锻炼如何影响疲劳症状的貌似合理的生物学机制。几项功能性神经影像研究通过比较疲劳人群与正常人群在安静状态下完成心理疲劳任务(警戒任务)和非疲劳任务(手指敲击),检验了血流量与疲劳之间的关系(Cook et al.,2007)。目前,最好的神经影像学证据表明,在扣带回、小脑、基底神经节以及大脑顶叶等区域,能量感和疲劳表现与血流量之间存在密切相关(Genova,Wylie and DeLuca,2011)。虽然并非大脑所有区域的血流量变化都与低强度或中等强度的锻炼有关,但是在这些锻炼强度下,在扣带回和小脑(以运动中的猪为受试者)以及岛叶皮层、前额皮层上都报告有局部血流量增加的情况(Rooks et al.,2010)。

　　研究型精神病学家(research psychiatrists)采用了不一样的视角来理解疲劳。他们给患者提供精神药物,并检测药物对包括能量与疲劳在内的多种心境和症状的影响。以人类受试者采用精神药理学方法的研究表明,一些大脑神经递质系统是导致能量与疲劳症状的重要的生物学因素(Stahl,2002)。哌甲酯(利他林)可以提高大脑多巴胺(DA)的水平,它与能量感的增强有关。提高大脑去甲肾上腺素(NE)水平,或者同时提高 DA 和 NE 水平的药物,如氟西汀(百忧解)、舍曲林(左洛复)和丁氨苯丙酮(安非他酮缓释片),可以减缓疲劳,提升能量(Demyttenaere,De Fruyt and Stahl,2005)。提高中枢组胺水平的药物,如莫达非尼[不夜神(Provigil)],可以提高能量感;而抑制组胺反应的药物,如第一代抗组胺剂(如美吡拉敏,一种可以穿越血脑屏障的药),则会引起疲劳。

　　因为 DA,NE 还有中枢组胺系统的轴突几乎遍布了大脑的所有角落,所以精神药理学方法暗示,大量的脑区或者大脑回路可能与能量和疲劳有着潜在的关联。我们可以推测,从 DA,NE 和组胺系统神经元胞体的突起,再到更高级的脑区(如背外侧前额叶皮层),都被认为与伴随疲劳出现的认知表现(如执行功能和警戒任务)下降有关。另外还可推测,突起包括伏隔核会影响参与锻炼的一般动机(general motivation)和特殊动机(specific motivation)(Salamone et al.,2007)。连接到下丘脑的突起可以影响很多释放因子,最终影响激素(如皮质醇),它或可通过神经系统直接影响大脑神经的回路(因为大脑神经组织中存在皮质醇受体),又或者间接通过影响免疫系统的方式产生影响。例如,皮质醇会影响被认为是导致疲劳的潜在因子的促炎性细胞因子(proinflammatory cytokines)[如肿瘤坏死因子-α(TNF-α)和某些白细胞介素(IL-1,IL-6,IL-8)]。**细胞因子**(cytokines)是细胞信号分子的总称,它们存在于机体的大部分细胞中,并且可以作用于大脑神经组织并导致神经化学和神经内分泌的改变。规律性锻炼可以通过降低大脑促炎性细胞因子水平进而减轻疲劳症状,这种说法看起来似乎很合理,但缺乏充足的证据(Cotman,Berchtold and Christie,2007)。

总 结

能量与疲劳至关重要，因为它们影响着意外事故、学习、生活质量及工作效率。即使这些症状受种种因素影响，但总的来说，流行病学和实验方面的证据都表明身体活动和能量感与疲劳感之间存在着一致性联系。相比于规律活动的个体，身体不活跃的个体倾向于报告更严重的疲劳症状和低能量。单次低到中等强度的锻炼就能提高能量感。对于健康人群、持续疲劳的人群以及患有各种疾病（包括慢性疲劳综合征）的患者，低到中等强度的锻炼可以提高能量感并改善疲劳感。在低强度锻炼水平下，人们按照健康推荐活动量的 $50\%\sim150\%$ 进行运动，便可带来能量与疲劳的改善。高强度或长时间（或两者皆有）的运动训练，如耐力运动项目，会产生强烈的、持久的疲劳感和低能量感。人们对身体活动改变能量与疲劳的生物学机制知之甚少，但其中很可能涉及多种神经递质系统、大脑回路与细胞信号分子之间复杂的交互作用。

第 10 章

睡 眠

人类生命的 1/3 在睡眠中度过，因此了解改善睡眠质量的方法成为一个重要的研究领域。多数人认为经历一整天繁重的体力劳动后他们会睡得很好。这种看法似乎在引导人们相信锻炼可以促成良好的夜间睡眠。虽然锻炼是一种可以改善睡眠的习惯，并得到美国国家睡眠基金会 (National Sleep Foundation) 的推荐 (见下表：改善睡眠的建议)，但令人诧异的是，人们对于锻炼与睡眠障碍的关系几乎未进行过**实证研究** (empirical research)。本章将提供什么是睡眠，睡眠如何测量，睡眠影响因素等有关方面的信息。我们回顾了有关睡眠与锻炼的研究，并提出了锻炼影响睡眠的可能机制。

改善睡眠的建议

首要建议是保持规律的作息时间，包括周末。

睡前 3～4 小时避免摄入咖啡因、尼古丁等刺激物。

临近睡眠时间时应避免酒精摄入。虽然酒精可加快入睡，但会扰乱后半夜的睡眠。

保持卧室黑暗、安静，既不太热，也不太冷。

临近睡眠时间时应避免暴饮暴食。

养成规律的、放松的睡前习惯。

床仅供睡眠，不要躺在床上看电视。

避免白天小睡。

经常参与体育锻炼。

改编自 National Sleep Foundation。

睡眠障碍

睡眠质量差会影响健康,许多疾病和慢性病(如心脏病和糖尿病)与睡眠质量差有关。在约70种睡眠障碍中,研究最多的是失眠症和阻塞性睡眠呼吸暂停(呼吸中断)。失眠症是指感觉到睡眠不足(数量少或质量差),由情绪困扰引起,并能导致情绪困扰,也会影响白天功能(National Institutes of Health,2010)。几种失眠症可以同时发生。

失眠症类型包括临睡失眠(入睡困难)和两种睡眠维持障碍(易醒或整夜不能入睡和早醒再睡困难)。急性失眠症持续1～3晚,短期失眠症持续3晚～1个月,长期失眠症持续1个月以上。急性失眠症通常由情绪或身体不适引起,如不能治愈会发展成慢性失眠症。失眠症是影响健康状况的首要障碍(最少见的形式),抑或是影响其他健康状况(最常见的形式)的继发障碍(共病)。与利用多导睡眠图客观诊断睡眠模式相比,失眠人群通常低估他们的睡眠能力(National Institutes of Health,2010)。

睡眠障碍的流行及影响

虽然仅约15%被诊断为失眠症,但约1/3的美国民众报告有睡眠问题。睡眠维持障碍比入睡障碍引发的失眠更为普遍。2009年美国国家睡眠基金会发起了一项睡眠民意测验,民众最普遍的睡眠问题是夜间易醒和睡眠质量差(睡后感觉未恢复)。

美国国家共病重复调查发现,12个月内睡眠问题发病率为16.4%～25%不等,表现为入睡困难或维持睡眠困难,早上早醒,睡后未恢复(nonrestorative sleep)。约36%的人报告至少存在一种睡眠问题(Roth et al.,2006)。他们被诊断为与社会角色障碍相关的焦虑症、情绪障碍和物质(依赖)障碍的可能性高达3～4倍,尤其是那些说自己睡后未恢复的人。在世界范围内,近75%的失眠症患者存在保持睡眠或早醒的问题,而约60%的失眠症患者称存在入睡困难。大约一半人说睡眠质量差(如未得到休息)。

> 失眠风险因素包括女性(尤其是处在更年期);年龄的增加,尤其是45～54岁和85岁以上;轮班工作,会打乱昼夜作息节律。
>
> 改编自 Rosekind and Gregory,2010。

与未患失眠症的人比,失眠症患者看急诊和就诊次数更多,在检验科检查次数更多,服用处方药更多。因此失眠直接或间接导致医疗成本提高。失眠给日常生活带来消极影响,包括影响工作效率、工作场所安全和公共安全(Rosekind and Gregory,2010)。1995年美国全年治疗失眠的直接医疗支出估计高达139亿美元(Chilcott and Shapiro,1996)。

一项有关住院病人(inpatient)、门诊病人(outpatient)、药店和急诊服务医疗保险索赔的回溯性观察研究发现，18～64 岁的患者进行 6 个月失眠治疗的直接花费为每人 924 美元，65 岁及以上年龄每人平均花费 1 143 美元(2003 年)(Ozminkowski，Wang and Walsh，2007)。

> 在美国，失眠症患者在确诊前 6 个月内直接和间接医疗支出为 1 200 美元，高于其他疾病患者。

在遭受失眠困扰的人当中，只有 5%～20% 的人会寻求初级护理医师的帮助；在这些人中约半数人会拿到药物处方，通常为催眠性的或抗焦虑的苯二氮䓬类药物(benzodiazepine)。许多未寻求治疗的人会购买非处方类助睡眠产品，或使用咖啡因克服由睡眠差引起的白天瞌睡，或使用酒精帮助夜晚入睡。从长远看，这会使睡眠问题更糟(Kripke et al.，1998)。

所谓天然助睡眠产品的效用尚未得到确认，且可能威胁健康。例如，褪黑素曾被推举为"神奇"的助睡眠药物，但它促进睡眠的证据有限。对老年人来说，他们的睡眠问题通常可归于生理节律周期提前(早睡和早醒)，夜晚服用褪黑素因使生理节律周期进一步提前，会加重其睡眠问题。褪黑素的副作用包括恶心、做噩梦和头痛，这会抵消其潜在益处(Guardiola-Lemaitre，1977)。作为睡眠助剂的天然褪黑素有若干局限，如易被身体代谢。其类似物如雷美替胺(ramelteon)用作睡眠助剂，被证实比天然褪黑素更为有效。

失眠的药物治疗有自助治疗(如非处方类助眠剂和含酒精饮料)、"天然"疗法(如缬草、甘菊和圣约翰草)。含有抗组胺(antihistamines)[苯海拉明(diphenhydramine)或羟嗪(hydroxyzine)]成分的非处方类助眠剂虽被广泛使用，但也存在包括损害认知功能、日后残余效应在内的副作用。治疗失眠最常见的处方药有苯二氮䓬类(benzodiazepine)和非苯二氮䓬类安眠药、雷美替胺(ramelteon)以及一些抗抑郁类药，特别是血清素类药物(Rosekind and Gregory，2010)。

治疗失眠的常用药

苯二氮䓬类

达尔曼(Dalman)[氟西泮(flurazepam)]

多勒尔(Doral)、多尔马琳(Dormalin)[夸西泮(quazepam)]

海乐神(Halcion)[三唑仑(triazolam)]

舒乐安定(ProSom)，忧虑定(Eurodin)[艾司唑仑(estazolam)]

瑞斯特罗(Restoril)[替马西泮(temazepam)]

非苯二氮䓬类安眠药

安必恩(Ambien)，爱聊娃(Edluar)[唑吡坦(zolpidem)]

塞普乐科(Sepracor)[艾司佐匹克隆(eszopiclone)]

索纳塔(Sonata)[扎来普隆(zeloplon)]

三环抗抑郁剂

依拉维(Elavil)[阿密替林(amitriptyline)]

神宁健(Sinequan)[多虑平(doxepin)]

单胺氧化酶抑制剂

氯哌三唑酮(Desyrel)[曲唑酮(trazodone)]

四环类抗抑郁剂

瑞美隆(Remeron)，Avanza，米氮平[Zispin(mirtazapine)]

褪黑素受体激动剂

雷美替胺(Rozerem)[拉米替隆(ramelteon)]

理解了有效治疗失眠的药物的作用可帮助指导体育锻炼改善失眠人群睡眠的机理研究。苯二氮䓬类药是 γ-氨基丁酸 A(γ-aminobutyric acid A，$GABA_A$)受体激动剂，是治疗短期失眠的首选药物，特别是用来减少入睡时间(睡眠潜伏期)和夜里醒来的次数。然而不提倡长期服用，因为该药物会破坏记忆力并导致反弹性嗜睡。非苯二氮䓬类安眠药与苯二氮䓬类药有相似的安眠效果，但前者有较少的副作用。两类药物都易产生依赖。雷美替胺是一种褪黑素受体激动剂，治疗临睡失眠，尤其治疗针对轮班工作和时差引起的生理节律的破坏。一些抗抑郁类处方药也用来治疗失眠，因为这些药具有镇静作用。曲唑酮(trazodone)和米氮平(mirtazapine)作为血清素受体激动剂或作为抗组胺剂使人镇静(Rosekind and Gregory，2010)。失眠人群也可用 5-羟色胺 2(5-HT2)血清素受体拮抗剂[如利坦色林(ritanserin)]促进深度睡眠和改善睡眠质量(Monti，2010)。

睡眠研究简史

1913 年，法国科学家亨利·皮埃隆(Henri Pieron)写了《睡眠的生理问题》(*Le Probleme Physiologique du Sommeil*)，这是从生理学角度描述睡眠的第一本著作。被称为美国睡眠研究之父的纳撒尼尔·克莱特曼(Nathaniel Kleitman)博士，于 20 世纪 20 年代在芝加哥大学开始有关睡眠规律、觉醒及生理节律方面的研究工作。克莱特曼做了睡眠剥夺的影响等一系列有深远影响的研究。1953 年，他和他的一个学生尤金·阿瑟林斯基(Eugene Aserinsky)博士，发现了快速眼动(rapid eye movement，REM)睡眠。

> 对睡眠的研究始于 20 世纪 20 年代，快速眼动睡眠确定于 20 世纪 50 年代初，但睡眠研究仍在发展中。

克莱特曼的另一名学生威廉姆斯·C. 德蒙特(Williams C. Dement)博士，在 1955 年描述了夜间睡眠的"循环"性质，并在 1957 年和 1958 年确立了快速眼动睡眠与做梦之间的关系。现在仅在美国就有超过 1 800 个得到官方认可的睡眠障碍中心和实验室开展睡眠障碍的识别与治疗工作(Epstein and Valentine，2010)。在这种历史背景下，目前有关锻炼对睡眠影响的研究还处在发展初期(Youngstedt，1997，2000)。

定义：什么是睡眠

睡眠是一种可逆转的无意识状态，其特点是几乎不动且对外界刺激的反应减少。对于所有哺乳动物的睡眠，人们均认为慢波睡眠阶段大脑代谢的降低可使大脑得到休息。尽管对于为何做梦存在争议，但人们认为做梦发生在**快速眼动睡眠**[(rapid eye movement，REM)sleep]阶段。快速眼动睡眠很重要，因为快速眼动睡眠被剥夺后，人们会出现反弹现象，即在随后快速眼动睡眠阶段会花费比正常情况更多的时间。整夜的睡眠剥夺对认知机能和情绪产生着显著的影响，但对与身体锻炼有关的能力几乎没有影响。多夜睡眠剥夺会引起知觉扭曲和幻觉。

> 虽然普通大众最熟悉的是快速眼动睡眠，其间会出现梦境，但睡眠阶段是根据伴随睡眠出现的神经、生理和行为模式来划分的。

睡眠与暂停身体和脑的活动不同。睡眠包括不同的阶段，各阶段拥有其相应的神经、生理和行为模式。研究者基于多导睡眠图的研究把睡眠分为快速眼动期和 4 个非快速眼动阶段，非快速眼动阶段睡眠逐步加深。阶段 3 和阶段 4 构成**慢波睡眠**(slow-wave sleep，SWS)，此时人们很难被唤醒。夜间睡眠约 75% 为非快速眼动阶段(5% 为阶段 1，50% 为阶段 2，20% 为阶段 3 和阶段 4)。在睡眠期间，大脑皮层活动的波动为一连续体，从同步、低频、高振幅的活动到不同步、高频、低振幅的活动(见图 10-1)。这一连续体可由 δ 波(0.5～3 Hz)、θ 波(3.5～7.5 Hz)、α 波(8～12 Hz)和 β 波(13～30 Hz)的活动(每秒一个波是 1 Hz)来划分不同阶段。**α 波**(alpha wave)通常被解释为放松清醒状态。

睡眠过程由有睡意进入阶段 1，以 θ 波为标志，通常持续 1～7 分钟。阶段 2 随后出现，以 θ 波、睡眠锭(sleep spindles)(12～14 Hz 的短时间突现)和 K 复合波(突升的波峰)为标志。睡眠锭从阶段 1 至阶段 4 每分钟出现数次，而 K 复合波仅出现在阶段 2。接着出现阶段 3，特点为 δ 波活动。阶段 4 的标志为 δ 波活动增强，即深度睡眠。但人再次进入阶段 3 和阶段 2 时，睡眠逐渐变浅，之后是快速眼动期。快速眼动睡眠一般在阶段 4 持续 80 分钟后开始。快速眼动睡眠期会出现 β 波活动、快速眼动，而骨骼肌几乎不动。

位于脑干脑桥区的神经元激活快速眼动睡眠，并抑制脊髓神经元，导致骨骼肌暂时麻痹(见图 10-2)。在脑桥区域，脑桥嘴侧/尾侧网状核(reticularis pontis oralis/caudalis，RPO/RPC)是产生快速眼动睡眠最重要的位置(见图 10-3)。负责快速眼动睡眠的许多神经元都以乙酰胆碱为神经递质。中缝背核(dorsal raphe)(血清素)和蓝斑(locus coeruleus)(去甲肾上腺素)神经元协助终止快速眼动睡眠。基底前脑(basal forebrain)对启动非快速眼动睡眠十分关键。有

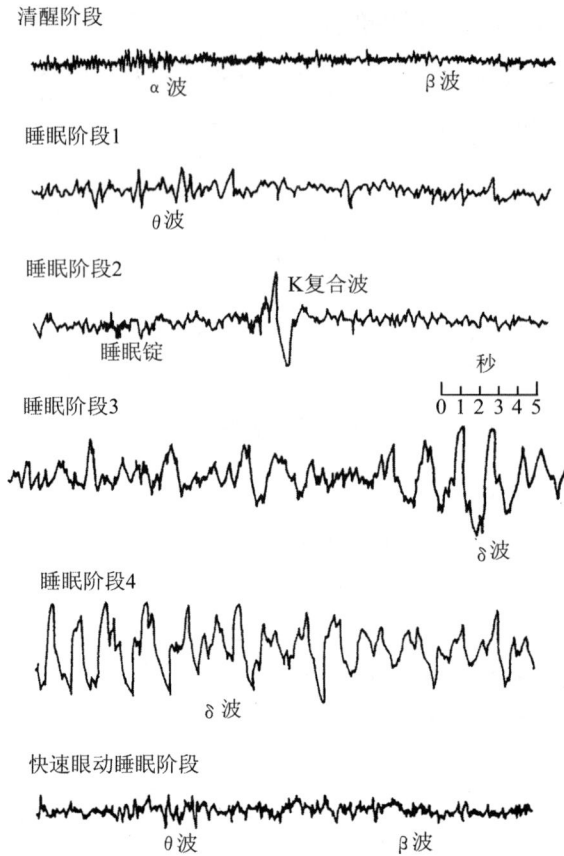

图 10-1　不同睡眠阶段脑电的波动

引自 J. A. Horne，*Why we sleep*：*The functions of sleep in humans and other mammals*，Oxford，UK：Oxford University Press，1998，© by James Horne。

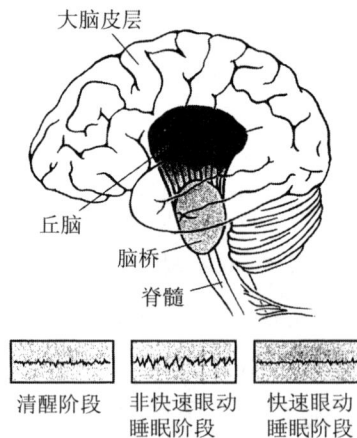

图 10-2　脑桥神经元诱发快速眼动睡眠并抑制脊神经元的活动

资料基于 Siegel，2000。

人认为，投射到基底前脑的下丘脑前部视前区（preoptic area of the anterior hypothalamus）内对温度敏感的神经元，对慢波睡眠的控制至关重要。

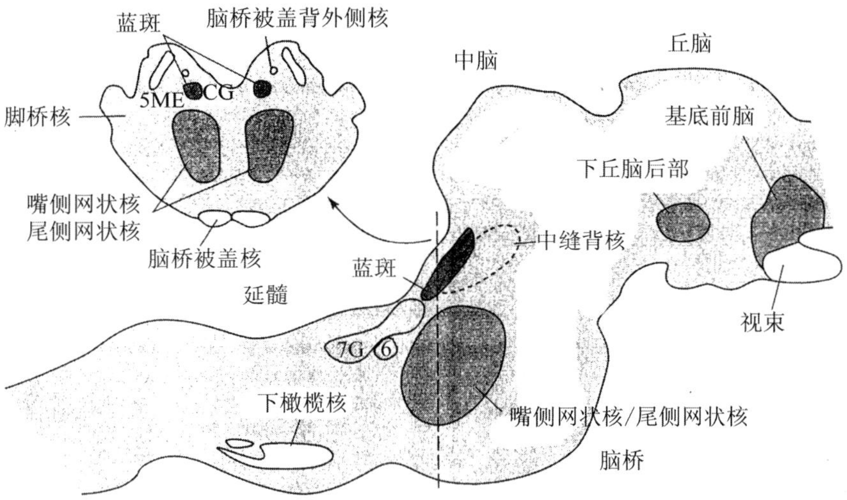

图 10-3　产生快速眼动睡眠最重要的位置是脑桥嘴侧/尾侧网状核

引自 E. R. Kandel，J. H. Schwartz and T. M. Jessell，*Principles of neural science*，3rd ed.，New York: Elsevier，1991. © The McGroaw-Hill Companies。

　　在 8 小时的夜间睡眠中，无临床障碍的睡眠者会经历 4～5 个睡眠周期。每个周期持续约 90 分钟，包括 20～30 分钟的快速眼动睡眠。整个夜晚各睡眠阶段的时间长度是变化的。睡眠周期由脑干的中枢控制，它们位于延髓。慢波睡眠似乎由基底前脑控制，主要出现在夜晚睡眠的前 1/3 时间。快速眼动睡眠主要出现在夜晚睡眠的后 1/3 时间，由脑桥释放的乙酰胆碱来启动。蓝斑和中缝核（raphe nucleus）的活动在快速眼动睡眠阶段受到抑制。

睡眠的成分

可以借助在下列阶段中所花时间来描述睡眠：

阶段 1

阶段 2

阶段 3 和 4（阶段 3 和阶段 4 联合构成慢波睡眠）

快速眼动睡眠（REM）

快速眼动睡眠潜伏期

入睡后的觉醒状态（WASO）

入睡潜伏期（SOL）

总睡眠时间（TST）

　　失眠症在 84 种睡眠障碍中最为常见，界定为睡眠受破坏所带来的主观烦恼（subjective complaint）。失眠症的特征是入睡困难或维持睡眠困难，或两者兼有。它是一种症状，本质上并不是一种障碍。下表对锻炼起效的常见失眠症类型进行了界定。

锻炼起效的常见失眠症类型

入睡型失眠症(入睡延迟综合征):相对于预期入睡时间,主要睡眠时段被延迟。延迟导致入睡失眠症状或难以在预期时间醒来。

心理生理型失眠症:躯体化紧张(焦虑转为躯体症状)和习得性失眠并存,会导致失眠的烦恼,以及伴随出现的醒后的(身心)机能下降。

暂时型失眠症(睡眠调整障碍):表现为暂时性睡眠障碍,与急性应激、冲突或环境改变引发的情绪激动相关。

周期型失眠症(非 24 小时睡眠—觉醒综合征):由慢性的(持续长时间)、稳定的模式构成,包括每天出现的 1~2 小时的入睡延迟和多次醒来。

催眠—依赖型失眠症(催眠—依赖型睡眠障碍):特点是失眠和嗜睡,通常与催眠药物的耐受和停用有关。

兴奋—依赖型睡眠障碍:特点是由服用中枢兴奋药以及断药后产生的觉醒的改变所致的睡眠减少或睡眠抑制。

酒精—依赖型失眠症(酒精—依赖型睡眠障碍):特点是借助酒精的催眠效果,持续摄入酒精以辅助睡眠。

睡眠的测量

个体就睡眠困扰向医生求助或寻求治疗,通常是在药物治疗后,决定是否继续接受治疗要依赖其对睡眠改善的主观评定。因此,睡眠质量和数量通常用问卷评估。然而,睡眠的自我评价通常不准确。例如,有睡眠障碍的病人会不断夸大他们的睡眠不足,治疗时要经常向病人证实他们的这种夸大(的做法)。与此相反,睡眠呼吸暂停的病人(睡眠中呼吸暂停)往往意识不到他们的睡眠问题。睡眠的客观测量法可以提供有关睡眠量和睡眠阶段更准确的信息,这对于理解控制睡眠的生理机制来说是必要的。

可以借助运动传感器[**腕动计**(actigraphy)]探测身体运动尤其是腕部活动来评估睡眠。腕动计可以确认一个人是处于睡眠还是觉醒状态,其准确率高达 95%。尽管在进行人数众多的研究时,使用这种方法进行长期监测方便实用,却不如使用**多导睡眠图**(polysomnography)准确。该仪器综合使用脑电图记录下的脑电波活动,肌电图记录下的眼睛和下颌的骨骼肌活动探测快速眼动睡眠,安置在胸、腹部的应变传感器(strain gauge sensors)记录呼吸运动,安置在腿部的电极记录腿部活动,以此确认睡眠阶段(见图 10-4)。

> 睡眠质量与数量的自我评估通常不甚准确，无法提供脑电与快速眼动睡眠方面的信息，这些要由脑电图、肌电图和其他客观方法来测量。

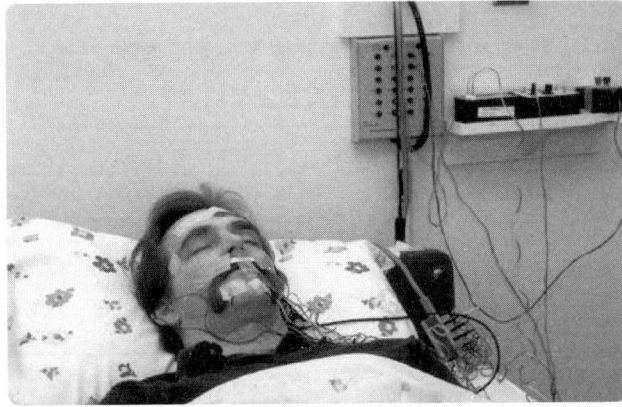

图 10-4　利用多导睡眠图测量睡眠的各个阶段

锻炼与睡眠的关系研究

有关睡眠与锻炼的大量研究一直依赖于睡眠、锻炼情况的自我报告，这限制了这些研究的价值。少数研究使用了更为客观的睡眠测量方法，尽管研究还很有限，但为锻炼对睡眠的影响提供了更有效的证据。《2008 美国人身体活动指南》的科学顾问委员会总结锻炼改善睡眠仅存在中等程度的证据（Physical Activity Guidelines Advisory Committee，2008）。实验研究的证据表明：使用多导睡眠图客观测量发现，经过一次身体锻炼仍可小幅改善睡眠良好者的睡眠状况；横向观察研究发现，那些报告自己积极锻炼的个体的睡眠状况要好于那些报告未积极锻炼者。身体活动同高质量睡眠之间的正相关证据来自几项随机对照实验中睡眠质量改善的自我评价，有些得到多导睡眠图提供的证据证实，即测试那些称自己有睡眠问题或已被诊断为患失眠症的个体在身体锻炼后睡眠的改善情况。

一次急性运动的影响

一项涉及 401 个被试的元分析，对出自 38 个研究中的 211 个效应分析表明，急性运动并不能改变入睡时间，也不会改变夜里醒来的次数（Youngstedt，O'Connor and Dishman，1997）。平均而言，锻炼改变的是总睡眠时间（增加 10 分钟）、慢波睡眠（增加 4 分钟）、睡眠开始后快速眼动睡眠潜伏期（增加 13 分钟）、快速眼动睡眠（减少 7 分钟）（见表 10-1）。效果量为 0.2～0.5 个标准差，统计上为小到中等程度的效果量，但相当于每一阶段几分钟的睡眠，处在每晚睡眠时间正常变化的范围内。被试为睡眠良好者，所以这样的效果低估了锻炼对有睡眠障碍人群的潜在功效。

与先前的研究结果相反，该元分析发现与高热负荷（heat load）相关的锻炼并未使慢波睡眠增至平均锻炼效果之上，但高热负荷与入睡后醒来次数的增加存在相关。持续时间较长的锻炼（约2小时）与总睡眠时间的延长及快速眼动睡眠时间的减少存在相关，但这对通常锻炼20～50分钟的多数人而言几乎没有实际意义。

表10-1　急性运动对睡眠的显著影响

（38项研究数据的定量综合）

变量	效果量
慢波睡眠	0.19（4.2分钟）
REM	−0.49（7.4分钟）
REM开始	0.52（13.1分钟）
TST	0.42（9.9分钟）

注：REM＝快速眼动；TST＝总睡眠时间。
数据来源：Youngstedt，O'Connor and Dishman，1997。

> 一次锻炼可以显著增加睡眠时间及减少快速眼动睡眠，但总睡眠时间有意义的增长需要持续时间较长的锻炼（至少1小时）。

急性运动对慢波睡眠微不足道的影响与锻炼可促进慢波睡眠的设想恰恰相反。况且，我们不甚清楚锻炼对慢波睡眠的影响是否意味着睡眠的改善。例如，药物治疗与锻炼均可增加慢波睡眠，但人们并未报告这些干预可以改善睡眠或减少白天瞌睡状况的出现（Landolt et al.，1998；Youngstedt，Kripke and Elliott，1999）。

在一项研究中，48名中年失眠症患者（38女和10男）被随机分配到控制组、中等强度和高强度有氧运动组或中等强度抗阻训练组（Passos et al.，2010）。睡眠情况由多导睡眠图和睡眠日记评估。在中等强度有氧运动后，睡眠潜伏期下降了55%，总醒来时间减少30%，而总睡眠时间增加18%，睡眠效率提高13%。睡眠日记也表明总睡眠时间提高了25%，睡眠潜伏期下降了39%，自评焦虑下降了15%。

基于人群的观察研究

流行病学观察研究已报告了身体活动和良好睡眠的关系，这些研究是基于人群的问卷调查，但几乎没有研究检验过锻炼对睡眠障碍人群的长期效应（Youngstedt and Kline，2006）。一项对居住在芬兰坦佩雷市（Tampere）的近1 200名中年男性和中年女性（年龄为36～50岁）的调查（Urponen et al.，1988），要求他们先对锻炼情况进行排序，依据重要性来列举他们认为最有效地促进或帮助他们更快入睡，或者令他们感到睡眠质量更佳的3种练习（practices）、习惯（habits）或活动（actions）。

随机选取居住在亚利桑那州（Arizona）图森市（Tucson）的女性（n＝403）和男性（n＝319）的另一项调查显示，与惯于久坐的人相比，说自己积极锻炼（尽管这些人当中有些甚至1周只锻炼 1 次)的人更少报告存在睡眠问题或白天瞌睡(Sherrill，Kotchou，Quan，1998)(见图 10-5)。

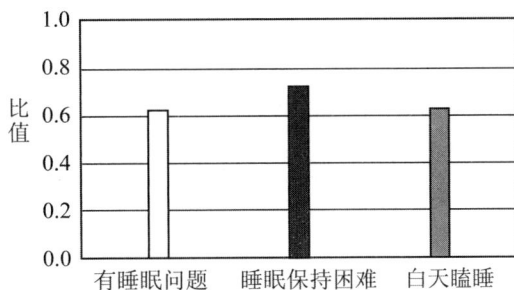

图 10-5 锻炼与白天瞌睡相关的流行病学证据

数据来源： Sherrill，Kotchou and Quan，1998。

在积极运动与不运动个体间进行的有关睡眠的流行病学比较无法确立因果关系的方向。一个同样看似合理的假设是，那些睡眠好的人白天较少疲倦，因此更愿意进行规律锻炼(O'Connor and Youngstedt，1995)。此外，积极进行身体活动的个体可能拥有其他有助于睡眠的健康习惯，如限制酒精和烟草的摄入，以及接受更长时间的日光照射，这些均促进睡眠。针对锻炼后睡眠质量更好的逸闻性报告的另一种可能解释是，时间宽裕时人们更可能去参加锻炼；由于他们已经较少感受到其他重要事项带来的压力，所以锻炼的那些日子，睡眠会更好(Driver and Taylor，2000)。

> 流行病学研究显示，锻炼与较好的睡眠质量相关，但这些结果很可能归因于其他的相关因素，如人格或拥有其他有助于睡眠的健康习惯。

个体如果在参与研究前就相信锻炼有助睡眠，那么他们会带着获益的期待参与研究，这些锻炼研究中得到的有关睡眠的主观评价可能是无效的。锻炼有助于睡眠，(这种信念)很可能源自民间智慧，但也完全可被科学证实。根据这一信念，睡眠的价值在于保存或恢复能量，身体疲劳与昏昏欲睡含义相同。

在 1995—2008 年公开发表的 13 个横断研究中有 11 个研究表明(图 10-6)，参与更多身体运动的成年人与较少参与身体运动和惯于久坐的人相比，有较低比率(平均比值比＝0.73；95％置信区间：0.66～0.81)的睡眠不足或睡眠被打乱现象(Physical Activity Guidelines Advisory Committee，2008)。至少有两个基于总体人群的横断研究也发现，不考虑身体质量指数(睡眠呼吸暂停的一种风险因素)，每周锻炼 3 小时及以上的男性和女性患睡眠呼吸暂停(由多导睡眠图测试)的概率更低(Peppard and Young，2004；Quan et al.，2007)。

这些研究所报告的支持证据来自美国、日本、芬兰、瑞典、土耳其、澳大利亚的中年人和老年人。然而，这些可用证据并不足以说明身体锻炼对睡眠的影响是否会因性别、年龄、睡眠障碍类型或其他疾病等因素而不同，这些因素尚待深入研究。一项对居住在新奥尔良(New Orleans)的 1 000 名非洲裔美国老年人的横断研究表明，对睡眠问题的抱怨次数与锻炼频率呈负相关(Bazargan，1996)。

第一作者	出版年	样本数N
Surken	2005	409
Ohida	2001	31260
Kravitz	2003	11222
Phillips	2000	1803
Kawamoto	2004	1270
Nasermoadeli	2004	6914
Hublin-males	2001	5665
Ohayon	2004	8091
Kim	2000	3030
Akerstedt	2002	5720
Hublin-females	2001	6758
Sherrill	1998	722
Morgan	2003	1042

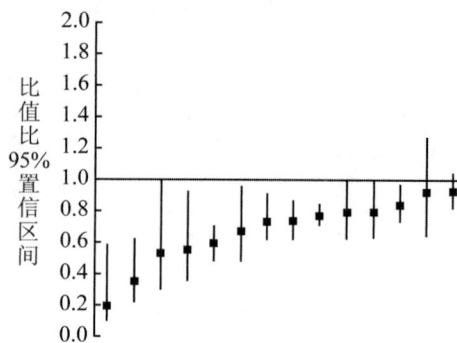

图 10-6 对身体活动和睡眠不安或不足的自我评价的人群横断研究的比值比

数据来源：Physical Activity Guidelines Advisory Committee，2008。

也有证据表明，老年人在中年期高水平的规律性身体活动和良好体适能的保持似乎可以保护他们免受偶发的失眠困扰(出现新的睡眠问题)(Morgan，2003)。

诺丁汉地区身体活动和老化的纵向研究

研究者第一次面谈英国的一群老年人是在 1985 年($n=1042$)，之后是在 1989 年($n=690$)和 1993 年($n=410$)(Morgan，2003)。面谈时要求他们评价闲暇时经常进行的身体活动(要求每分钟至少消耗 2 000 卡，至少维持 3 分钟，至少每周都做，已持续 6 周或更长时间)，自我报告睡眠问题(包括入睡时间和总睡眠时间)。这里的失眠病例是指经常(often)或始终(all the time)说自己有睡眠问题的人。1985 年有慢性失眠 221 例，1985—1993 年有 119 个偶发性失眠病例(incident cases)。校正了年龄、性别和健康状况后，与 20% 身体活动最积极的人群比，1995 年在最不活跃的 20% 的人中有 2 倍的慢性失眠发病率(比值比为 2.2)，在随后的 4~8 年里偶发性失眠的发病率增至 5 倍(比值比为 5.2)(Morgan，2003)。

有氧运动中心的纵向研究

来自有氧运动中心纵向研究中的 7 368 名男性和 1 155 名女性经过 4 次心肺功能门诊评估，每次间隔 2~3 年客观测量累积的身体活动量，这些人在第一次就诊时均无睡眠疾病(Dishman，Sui and Church et al.，2013)。之后的 3 次就诊，报告偶发性失眠的男性 784 人，女性 207 人。校正就诊时的年龄、第一次就诊时的 BMI 和体适能，校正 51~55 岁男性和 53~56 岁女性跑台耐力(treadmill endurance)每分钟的下降幅度(大约 1/2 代谢当量引起的心肺功能下降)，并且校正了烟酒摄入、疾病、焦虑和抑郁后，偶发性失眠的比率大约增长了 1%。

运动训练

一些研究显示，积极参与运动或身体健康的个体会有更长的慢波睡眠和总睡眠时间。因为比较是横断进行的（在某一时间点），无法证明睡眠的改善是由锻炼而非组间其他差异（如健康习惯或人格）引起的；研究者也未对睡眠较好的个体更愿意进行锻炼这种可能性给出解释。

尽管早期实验研究显示，终止规律性锻炼会导致睡眠紊乱（Baekeland，1970），但多数有关慢性运动对睡眠影响的研究一直局限于关注睡眠良好者。尽管如此，我们还是可以看到在锻炼干预后睡眠时间出现半个至近一个标准差的改善：较短的入睡潜伏期，较少的快速眼动睡眠，以及更长的总睡眠时间（见表 10-2）。

表 10-2   慢性运动影响最大的睡眠变量

变量	效果量（标准差）
TST	0.94
REM	−0.57
开始入睡	0.45
慢波睡眠	0.43

注：结果源自对 12 个以睡眠良好者为受试者的元分析。
TST＝总睡眠时间；REM＝快速眼动睡眠。
数据来源：Kubitz et al.，1996。

随机对照实验

对于客观测量的睡眠较差人群的锻炼长期效应的研究并不多见。然而，把身体活动用作睡眠健康计划的组成部分（sleep hygiene program）（结构性锻炼和户外阳光照射，努力让居民白天不睡觉，制订入睡常规，努力减少夜间居民家中卧室的噪声和灯光）的随机实验结果（Alessi et al.，2005；Martin et al.，2007），以及与护理患有呼吸暂停的居民和住院病人（Yamamoto et al.，2007）的准实验研究（Ouslander et al.，2006），部分支持了锻炼的长期效应。

对存在睡眠困扰的老年人开展的随机对照研究得到了令人鼓舞的研究结果。在一项针对老年抑郁病人进行的研究中（平均年龄约 70 岁），辛格、克莱门茨和菲亚特罗恩（Singh，Clements and Fiatarone，1997）发现，与健康教育训练组相比，重量训练组在训练 10 周后自我报告睡眠质量显著改善（n＝15）（每周训练 3 次）（见图 10-7）。

金及其同事（King et al.，1997）在斯坦福大学进行的随机对照实验也发现规律性锻炼会使那些有中度睡眠问题的中年和老年人自我报告睡眠质量得以提高（见图 10-8）。

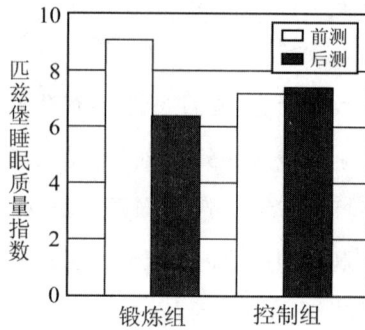

图 10-7　32 名抑郁症老年人（平均年龄为 71 岁）被随机分配至控制组和重量训练组

（每周训练 3 次，持续 10 周）。高于 5 分表示睡眠存在问题，较低分数表示更好的睡眠。

数据引自 Sigh，Clements and Fiatarone，1997。

斯坦福大学的研究

睡眠质量自我评定由匹兹堡睡眠质量指数（pittsburgh sleep quality index，PSQI）和睡眠日记评估，采用该方法评估了 43 名身体健康、久坐少动的年龄为 50～76 岁的男性和女性，被试报告存在中度睡眠困扰（King et al.，1997）。基于社区人群的（community-based）中等强度的身体锻炼（主要是每周 4 次 30 分钟低强度的有氧运动或轻快步行，达到 60％～75％的有氧能力）持续 16 周，同控制组（wait-list control group）报告的变化相比，锻炼组受试者在 PSQI 中报告的睡眠整体得分得到提高，同时提高了睡眠质量，减少了入睡潜伏期，增加了睡眠持续时间（见图 10-8）。

图 10-8 还显示了另一个实验的结果，66 名 55 岁及以上年龄的久坐少动的成年人，他们抱怨遭受轻微至中度睡眠问题，随机分配到持续 12 个月的中等强度耐力训练组（$n=36$）或健康教

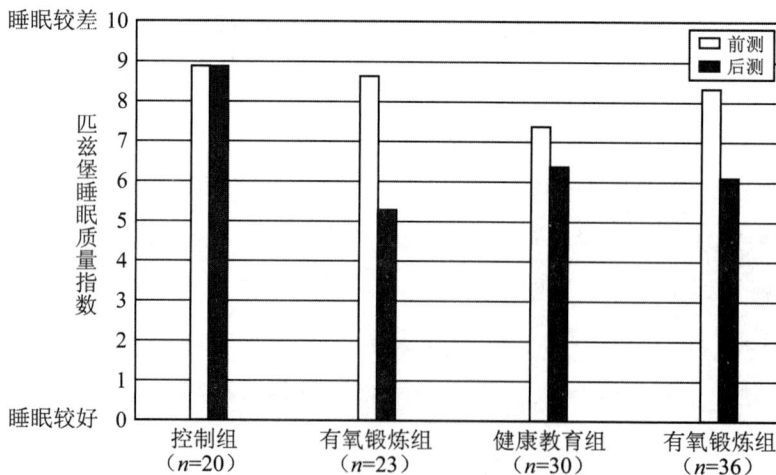

图 10-8　存在中等程度睡眠问题的老年人完成持续 16 周、每周 4 次的 30～40 分钟的有氧锻炼。控制组保持其正常的活动水平。

数据来源：King et al，2008；King et al，1997。

育控制组($n=30$)(King et al.，2008)。训练组受试者在 PSQI 中报告睡眠紊乱、入睡所花时间均有改善，且感觉早上醒后更加轻松。与控制组相比，实验组受试者在自我评定入睡所花时间上存在低于半个标准差的变异(Buman et al.，2011a)。他们在家中的睡眠情况也通过多导睡眠图的睡眠记录客观测量睡眠周期。12 个月后，与控制组相比，训练组受试者阶段 1 睡眠用时更短，阶段 2 睡眠用时更多，在前 1/3 睡眠持续时间中醒的次数也更少(King et al.，2008)。

在一个类似实验中，100 名年龄为 49～82 岁的久坐少动的女性，他们患有痴呆，由家人照料，被随机分到基于家庭的、电话监督的持续 12 个月的中等强度身体锻炼组(每周 4 次 30～40 分钟轻快步行，达到 60％～75％的有氧能力)或注意控制(营养教育)组(King et al.，2002)。锻炼组受试者在 PSQI 中报告睡眠质量得到改善，而营养教育组的女性报告睡眠质量未改善。

一项针对久坐少动老年人的研究中，强调中等强度的休闲体育活动(如垒球、舞蹈、自卫术、游泳、田径)，每周 1 小时共持续 15 周，伴随而来的是自我评价的睡眠总时间有了小幅提高(de Jong et al.，2006)。而其他力度较小的锻炼形式，如慢走或瑜伽，在睡眠自评中报告了小幅的或统计不显著的缩减(Elavsky and McAuley，2007；Gary and Lee，2007；Yurtkuran Alp and Dilek，2007)。

吉尔米诺及其同事(Guilleminault et al.，1995)为慢性运动可改善睡眠提供了其他令人信服的证据。30 名(平均年龄为 44 岁)患有心理生理性失眠症的受试者，被随机分配至接受 4 周不同实验处理的 3 个组别中：①睡眠卫生教育组；②睡眠卫生教育和锻炼组(每天走 45 分钟)；③睡眠卫生教育和光照射组(每天接受 1 小时 3000 勒克斯的照射)。每周在实验处理前后均对睡眠进行评价。睡眠卫生教育使总睡眠时间减少了 3 分钟，锻炼使总睡眠时间增加了 17 分钟。然而，令人印象最深的研究结果是光照外加锻炼使总睡眠时间增加了近 1 小时。

> 有证据表明运动训练对存在睡眠困扰的个体有积极影响。

失眠症患者

有研究介绍了锻炼对睡眠较差(通过多导睡眠图测量)人群的长期影响。参与该随机对照实验的被试为 16 名女性和 1 名男性，年龄在 55 岁及以上，这些人久坐少动，且诊断患有至少 3 个月的原发性失眠(Reid et al.，2010)。对睡眠卫生保健(如有关促进睡眠行为的教育和咨询)加 16 周有氧身体活动(散步、固定自行车骑行或在跑步机上跑步，每次 30～40 分钟，每周 4 次，75％最大心率)与每隔 1 周开展睡眠卫生保健(无身体活动)组进行比较，身体活动组被试提高了对总体睡眠质量、睡眠潜伏期、睡眠持续时间、白天功能异常和睡眠效率(匹兹堡睡眠质量指数)的评价。同干预开始前比较，身体活动组被试减少了抑郁症状和白天瞌睡情况，提高了能量感。

绝经女性

住在西雅图的超重或肥胖的久坐女性，年龄在 50～75 岁，未采用激素替换疗法，被随机分配到持续 12 个月的两个锻炼组。一组($n=87$)进行每周 5 天，每次 45 分钟(有监督、在家锻炼)中等强度锻炼；另一组($n=86$)进行有监督的每周 1 次持续 1 小时的低强度伸展和放松练习(Tworoger et al.，2003)。伸展练习组和有氧运动组在睡眠质量自我报告中均有类似提高。然而，忽略 BMI 或待在户外的时间变化，在 12 个月的干预期间，与最大摄氧量维持不变或下降的人相比，最大摄氧量增加超过 10％的女性更少出现睡眠质量差、睡眠持续时间短或使用助眠药物的问题。

在早上锻炼的女性中，与每周锻炼时间少于 180 分钟的人相比，每周至少锻炼 225 分钟的人报告有入睡困难的可能性下降 70％(比值比为 0.3)。相反，与那些锻炼少于 180 分钟的人相比，每周傍晚锻炼至少达 225 分钟的人报告存在入睡困难的可能性增加 3 倍(比值比为 3.3)。然而，该差异可能由以下原因引起：锻炼时间是自己选的，且大部分傍晚锻炼者为就业者，而大部分早上锻炼者为已退休或不工作的人。

睡眠和锻炼研究的问题

一些个体特征和锻炼因素可能会影响锻炼是否以及在何种程度上对睡眠产生作用。健康水平可能是影响锻炼对睡眠作用效果的一个因素。看似合理的是，对于身体健康或积极运动的人们而言，锻炼可改善睡眠；对于健康状况不佳或不爱活动的人而言，锻炼则可能令其紧张并妨碍睡眠。然而，实验证据显示，体适能不会调节急性运动对睡眠的影响效果(Youngstedt，O'Connor and Dishman，1997)。这一证据与一些调查结果相同，表明对于久坐少动的人口中的大多数而言，锻炼可改善其睡眠(Youngstedt and Cline，2006)。

锻炼引起的体温升高作为一种机制与一种睡眠假设相一致。下丘脑前部在调节散热和睡眠方面起重要作用。一个流行的假设是，当下丘脑的散热机制被体温升高激活时，睡眠会得到改善，尤其增加了慢波睡眠(McGinty and Szymusiak，1990)。一些让受试者浸入热水的研究凭借慢波睡眠的增加支持了这一假设(Horne and Staff，1983)(见图 10-9)。

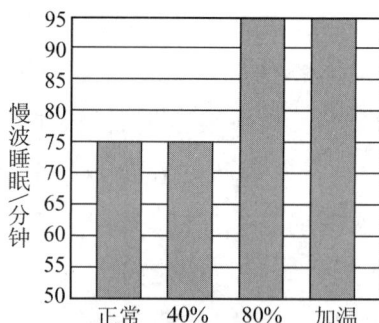

图 10-9　体温升高与睡眠：浸入热水增加的慢波睡眠比例与 80％有氧能力锻炼的效果相当

数据来源：Horne and Staff，1983。

一项以无临床障碍的健康女性为受试者的研究显示，锻炼后慢波睡眠的增加依赖于锻炼过

程中的体温升高。当体温被动升至与大强度锻炼获得的效果相近时，慢波睡眠会得到改善
（Horne and Staff，1983）（见图 10-9 和图 10-10）。霍恩和摩尔（Horne and Moore，1985）的研究
表明，伴随锻炼出现的慢波睡眠的改善可因体温下降而逆转。此后，睡眠研究者和专业人士普
遍接受了锻炼因体温升高而有助于睡眠的假说。然而，霍恩和摩尔研究的一个局限是未在入睡
时和睡眠过程中测量体温。而且，锻炼是在睡前约 6 小时进行的，显然有充足的时间让体温回
归到基线水平。元分析结果表明，热负荷对睡眠不存在积极的调节效果，这进一步反驳了生热
假说（thermogenic hypothesis）（Youngstedt，O'Connor and Dishman，1997）。

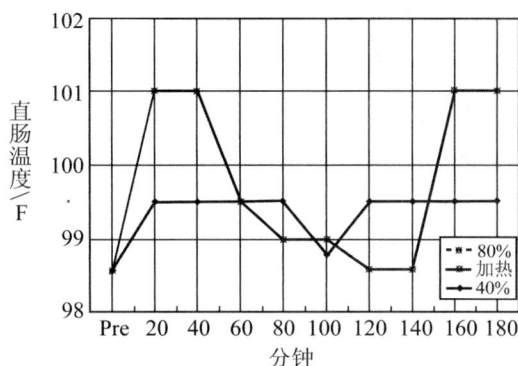

图 10-10　大强度锻炼（80％有氧能力）条件与被动加热产生相同的体温，
由此可以测试睡眠是否受到锻炼带来的体温升高的影响。

资料来源：Horne and Staff，1983。

　　体温随锻炼强度成比例地升高，所以大强度锻炼应该最有助于睡眠。普通人群中仅有约 10％
的人进行强有力的日常锻炼，所以基于体温假说，应该可以预期锻炼对多数人的睡眠没有帮助。
然而，正如证据表明的那样，如果小强度锻炼有益于睡眠，那么多数人仍可借助锻炼改进睡眠
（Youngstedt，O'Connor and Dishman，1997）。

　　经检验与睡眠有关的锻炼行为特征是锻炼的持续时间以及睡前多长时间进行锻炼。源自睡
眠研究的累积证据显示，当锻炼时间超过 1 小时，整体睡眠时间会显著增加（Youngstedt，
O'Connor and Dishman，1997）。这一观察结果会使人对锻炼的实际效用产生质疑。多数人不可
能每天锻炼 1 小时，而研究发现这是可靠改进睡眠所必需的。

　　公众和专业人士的一个普遍看法是，临睡前较大强度的锻炼会扰乱睡眠。许多研究与此观
点相反。奥康纳、布鲁斯和杨吉斯特（O'Connor，Breus and Youngstedt，1998）发现睡前 30～
90 分钟以 60％有氧运动能力的强度锻炼 1 小时对睡眠不会产生破坏性影响。而且，杨吉斯特和
同事（Youngstedt et al.，2000）发现睡前 30 分钟以 70％有氧能力竭力蹬车 1 小时对睡眠没有影
响。米里玛奇和同事（Myllymöki et al.，2011）发现睡前 2 小时完成直至力竭的腿部蹬车锻炼对
睡眠质量没有影响。此外，一项对芬兰成年人（$n=1\,190$）进行的基于人群的随机抽样调查显示，
晚间（8 点后）进行剧烈运动的多数人报告锻炼对睡眠有积极影响（Vuori et al.，1988）。对于许
多人来说，夜间锻炼更加实际，所以，"晚间锻炼会干扰睡眠"这类未经证实的主张就可能成为

白天找不到时间锻炼的人开展锻炼的虚假障碍（false barrier）。

> 对于多数人而言，临睡前运动不会干扰其睡眠。

锻炼影响睡眠的机制

　　理解锻炼如何影响睡眠不仅对临床应用十分重要，还可以揭示睡眠功能方面的重要信息。然而，关于锻炼有助睡眠的机制问题仍未解决。先前讨论的体温升高是一种无可靠（证据）支持（equivocal support）的机制。其他可能但尚未得到证实的解释包括身体复原、能量保存、腺苷（adenosine）、褪黑激素分泌的增加，这有助于调节睡眠节律。这部分将介绍已了解的有关灯光照射、抗焦虑和抗抑郁药的作用、睡眠阶段的节律性转换以及生物化学效应等方面的相关机制。间接证据表明，急性运动与女性褪黑激素的产生之间存在正相关关系（Knight et al.，2005），并能引起睡眠阶段的节律性转换（Van Reeth et al.，1994），包括褪黑激素节律的周期性延迟（Barger et al.，2004），影响腺苷代谢（Benington，Kodali and Heller，1995），激活有助于降低焦虑和抑郁感的假想脑神经回路（Youngstedt，2005）。

灯光照射效应

　　自然环境中较弱的光照水平与抑郁和睡眠困扰存在显著相关，光照疗法可有效减轻多种类型的抑郁，并可改善睡眠。普通成年人每天接受约 20 分钟的光照（光线超过 2 500 勒克斯）（Espiritu et al.，1994），但依地区和季节的不同每天也可接受平均超过 2 小时的光照（Cole et al.，1995）。中午在室外（在 10 000 勒克斯的光照下锻炼 1 小时）进行锻炼的人可接受 10 倍于平均水平的光照，尤其是在冬天。有关急性运动的研究并未提供锻炼期间或全天光照方面的信息。关于锻炼的实验证据与传闻报道之间的差异可由这样的事实来解释，即多数研究都是在实验室中进行的，而多数人在室外进行锻炼已成为其日常生活的组成部分，室外的光照强度可能是正常室内照明的 1 000 倍。尽管光照在锻炼对睡眠的影响方面未起到调节作用，但光照可能会加大锻炼对睡眠的促进作用。已有报告显示了锻炼和光照在减轻抑郁上的叠加效果（Golden et al.，2005）。

抗焦虑和抗抑郁效应

　　焦虑会扰乱睡眠，在某些情况下锻炼降低焦虑（的效果）可以持续几个小时（见第 6 章）。因此，锻炼可以通过减缓焦虑而改善睡眠似乎是合理的。一项探讨此种机制的研究（Youngstedt et al.，2000）并未得出结论。与久坐少动的控制组相比，参加锻炼的人在锻炼后 20 分钟焦虑水平显著降低，而两组人在锻炼后 4～6 小时入睡时的焦虑水平没有差异，而且睡眠与入睡时焦虑水平无关。规律锻炼也具有抗抑郁的效果，因此可通过减轻包括睡眠扰乱在内的抑郁症状间接改善睡眠(Singh，Clements and Fiatarone，1997)。

> 锻炼影响睡眠的潜在机制包括：户外锻炼时日照的间接影响，焦虑、抑郁的减弱，睡眠节律移相效应，以及锻炼引起的生化方面的影响。

睡眠节律移相效应

如果一个人的昼夜节律点(主要调节睡眠与觉醒)与睡眠—觉醒的时间安排不同步，睡眠就会受到干扰。例如，轮班工作(工作和睡眠时间不固定)或乘飞机跨越几个时区旅行。约 1/3 的 60 岁或年龄更大的人经历着有碍睡眠的慢性节律失调及其他老化引发睡眠模式改变的潜在机制，如睡眠呼吸暂停及睡眠期间周期性的肢体活动。校正睡眠节律可显著改善老年人的睡眠。现有证据显示，锻炼可以引发显著的节律移相效应，与对光照的反应相类似(Buxton et al.，2003)。

生化效应

在锻炼过程中，肌肉和组织液中的腺苷(Adenosine)会增加，当能量与氧处于较低水平时，会促使血管扩张(Radegran and Hellsten，2000)。腺苷也被认为在睡眠调节中扮演着重要角色(Porkka-Heiskanen et al.，1997)。杨吉斯特、克里普克和埃利奥特(Youngstedt，Kripke and Elliott，1999)发现，与摄入阻断腺苷神经传导的咖啡因组相比，服用安慰剂组受试者在锻炼后慢波睡眠会增加 3 倍。

总　结

急性运动使睡眠良好者中等程度延迟启动快速眼动睡眠，快速眼动睡眠时间小幅下降，慢波睡眠和总睡眠时间小幅增加。并且，约 12 个观察研究已表明，与不经常运动的人群比，积极参与身体活动的人群睡眠困扰的发生率下降 25%。失眠人群和抱怨存在睡眠问题的人参与的少数几个随机对照实验表明，锻炼对改善睡眠有积极效果和较大效果量(超过 1 个标准差)，包括改善睡眠较差个体的症状，提高睡眠质量的自我评价，以及用多导睡眠图客观测量的睡眠周期的小幅改变。

尽管积极锻炼的人倾向认为自己睡眠更好，但这些大量的观察研究采用横断设计，缺乏测量身体活动的准确时间控制。然而，至少有一项前瞻队列研究发现，与最积极活动的人比，最少活动的成年人在 4～8 年后偶发性失眠症的风险高出 2 倍。观察研究已表明身体活动和更好的睡眠之间存在剂量依赖的关系，但采用低等强度到中等强度身体锻炼的随机对照实验却没有完全验证锻炼的剂量效应。一项随机对照实验和一项前瞻队列研究报告了中年期较低的睡眠干扰与心肺适能的增强存在正相关，或与心肺适能的下降存在负相关。然而，提高睡眠所需要的身体活动最小量依然未知。

　　有关锻炼影响睡眠的研究的最大局限是始终关注睡眠良好者。针对无临床睡眠障碍的睡眠良好人群进行的少量研究显示；慢性运动的作用包括小到中等程度的慢波睡眠和总睡眠时间的增加，入睡时间、入睡后觉醒次数和快速眼动睡眠的减少。而在有睡眠问题的个体身上可能会观察到更大的效果（Youngstedt，O'Connor and Dishman，1997；Youngstedt，2000）。最近才有研究似乎证实了急性运动和运动训练能改善（由多导睡眠图检测）诊断患有某种睡眠障碍人群的睡眠状况。直到有更多针对存在睡眠困扰或实验诱导出睡眠困扰的个体开展的研究出现，我们才能够理解锻炼改善睡眠的可能性。我们仍尚未完全理解锻炼对患有失眠症或其他睡眠障碍者的潜在益处。然而，我们越来越相信锻炼扰乱睡眠的风险是很小的。目前尚无证据显示，休闲时间中等至剧烈的身体活动，包括可引发延迟性肌肉疼痛的锻炼（Breus，O'Connor and Ragan，2000），会损害多数人的睡眠。

第 11 章
锻炼与疼痛

运动会造成种种疼痛体验。一名 8 岁男孩从游乐场设施上摔了下来导致锁骨受伤而疼痛；一名中学生游泳者在 100 米自由泳中胳膊受伤而感到疼痛；一名中年男子在慢跑时胸部感到疼痛；一位 75 岁的老奶奶在花园里劳动之后的两天出现肌肉延迟性酸痛和僵硬。尽管以上这些疼痛均由身体活动引起，但急性运动和慢性运动可以降低个体的疼痛感。本章首先梳理疼痛的定义、疼痛的测量、慢性疼痛的范围及影响、疼痛的神经生理基础，然后分析急性运动和慢性运动对疼痛的影响，包括其对由慢性糖尿病引起的偏头痛、腰痛、神经性疼痛患者的潜在效用。

疼痛的定义

亚里士多德的观点对科学有着深远的影响。他提出的五种器官学说被人们铭记，它们分别是味觉、触觉、视觉、嗅觉和听觉。亚里士多德认为疼痛仅仅是一种情感，是个体对疼痛感受器充分关注后的情绪体验（Dallenbach，1939）。

如今专家们达成的共识是，将**疼痛**（pain）看作一种主观感知。国际疼痛研究协会（International Association for the Study of Pain，IASP）（Task Force on Taxonomy，1994）将"疼痛"定义为"与实际或潜在的身体组织受损相关的不愉快的感觉和情绪体验，或是对这种受损的描述"（pp. 210-213）。该定义有意回避将"疼痛"定义为由于刺激而引发的损伤。

尽管疼痛常常起因于身体组织的损伤，但疼痛的强度与身体损伤的程度不完全一致。疼痛有时由心理原因引起，如人们为了逃避工作，或为骗取药物、经济赔偿等而夸大自己的疼痛感。一项针对 33 000 多个法律案件的调查研究估计，有 29％的个人伤害、30％的残疾、8％的医疗案例存在装病或夸大症状的现象（Mittenberg et al.，2002）。此外，个体生物因素也可能导致疼痛强度报告与身体伤害程度之间不存在强关联。一个明显的例子是，有少数人天生对疼痛不敏感，他们由于缺乏传递组织损伤信息的钠离子通道的功能基因(Cox et al.，2006)，所以对各种形式身体损伤造成的疼痛不够敏感，在童年早期尤为明显。他们没有能力将一个很严重的损伤识别为一个不愉快的刺激，这严重阻碍他们学习如何避免危险伤害的能力发展。

　　大部分情况下，即使是在临床中"真实存在"的疼痛现象，其心理与生理过程的变化共同作用导致组织损伤程度和疼痛强度评级之间不存在强关联。明确的例子是，患者向心脏病医生反映胸痛，但检查发现他们的冠状动脉是健康的(Kaski，2004)；有些人虽然背部并无疼痛感，但采用核磁共振检查后发现其脊柱在客观上存在异常(Jensen et al.，1994)；还有一些有心理障碍(如纤维肌痛)的人群报告他们全身感到疼痛，但这种疼痛其实并无明显的身体原因(Abele et al.，2007)。

　　对疼痛进行探讨、研究和治疗需要考虑个体遭受疼痛的持续时间。许多研究者发现，将疼痛分为急性疼痛(acute pain)和慢性疼痛(chronic pain)更加实用。尽管**慢性疼痛**的概念还未被人们广泛接受，但研究者普遍认为该术语指的是疼痛持续时间超过了组织愈合所需要的典型时长。慢性疼痛通常是由慢性疾病引起的，如骨关节炎或癌症，且疼痛的持续时间超过三个月。如果疼痛时间少于三个月我们称为急性疼痛。**急性疼痛**通常由单一损伤(trauma)引起，如外科手术、运动创伤(sport injury)，或潜在组织损伤的生理变化，如在锻炼过程中因为心肌缺血而引发的胸部疼痛。

疼痛的测量

　　由于疼痛是一种主观感知，所以人们经常采用自我报告的方式对其进行测量。最常测量的三个方面是位置、强度和情感。

　　疼痛定位图(pain location drawings)用于记录疼痛的感觉分布(见图 11-1)。该方法向患者呈现身体或身体部位(如膝盖)的轮廓，并要求他们用阴影来描述身体的疼痛区域。阴影区域的数量通常与产生疼痛的程度有关，如止痛剂的使用以及身体不活动的时间。

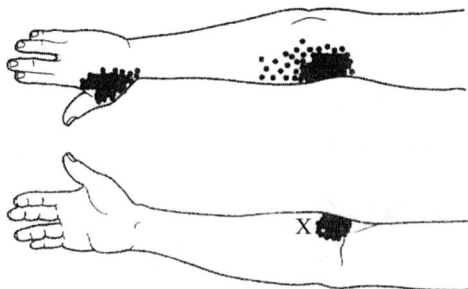

图 11-1　网球肘的疼痛定位

　　0~10 的等级评分，是测量疼痛强度可靠、有效且通常使用的方法。用它来指导患者：0

代表"无疼痛"，10 代表"难以想象的巨大疼痛"（见图 11-2）。这些语言定位对于建立疼痛强度的全域十分重要。将语言定位改为"没有一点儿不愉快"和"难以想象的巨大不愉快"，可对疼痛情感进行测量。评估疼痛强度和疼痛情感十分有用，因为这两个方面的神经生物学基础不同，而且疼痛治疗对两者的影响也不同。"视觉模拟量表"（Visual Analog Scales，VAS）通常包括一条10 厘米长的水平线，其左右两端分别为"无疼痛"和"难以想象的巨大疼痛"的语言定位，与前面所述类似（见图 11-3）。患者根据自己经历的疼痛强度在相应的水平线上做一个标记。大量研究证据表明，对于疼痛强度和疼痛情感的测量，这两个量表的信度和效度均较好（Turk and Melzack，2001）。

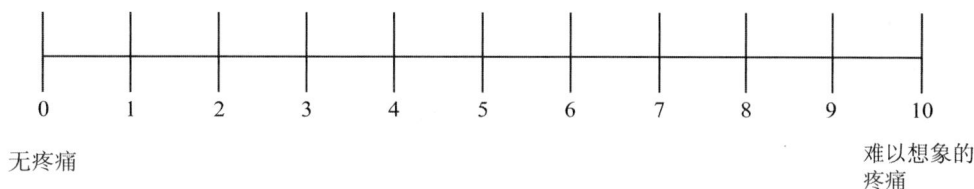

图 11-2   0～10 级疼痛量表

图 11-3   视觉模拟量表（共 10 厘米，从左起以 0～100 毫米计量）

疼痛也可以采用其他几种方法进行测量。采用个体能够觉察到的疼痛的最小刺激量来评估痛阈（pain threshold），而疼痛耐受性（pain tolerance）则是个体所愿意忍受的疼痛的最大刺激量。在研究中测量的疼痛耐受性实际上是伪耐受性，因为将人们暴露在最大疼痛刺激之下是不道德的。例如，在研究高机械压力引发疼痛的情境下，人们不可能给受试者提供很强的机械压力，因为这可能会使他们骨折。

与单维疼痛强度的测量方法相比，对疼痛的多维测量将获得更多有价值的信息。对疼痛最基本的多维测量便是对疼痛强度和疼痛情感均进行量化。还有一些人探询疼痛的其他方面，如疼痛的性质（如是撕裂般的痛还是火烧般的痛），疼痛在多大程度上影响日常生活中的活动，以及疼痛强度如何随时间而发生变化（如疼痛的强度是早晨更大还是夜晚更大）。

根据个体行为，如跛行、保护身体某部位以防撞击，或是诸如愁眉苦脸的面部表情，也可以推测到疼痛的发生。当患者和治疗师之间存在语言沟通障碍时，对行为的观察就变得特别有用[如婴儿、非母语者（non-native speakers）、无意识或有认知缺陷（cognitive deficits）的人]。有经验的临床医生会细心观察患者是否有疼痛的表现。

慢性疼痛的范围及影响

慢性疼痛在美国的流行率很高，估计有30%以上，影响着美国1亿多人。其中女性慢性疼痛流行率(34%)高于男性(27%)。在成年人中，65岁以上的居民慢性疼痛患病率最高(38%)，18～24岁的居民慢性疼痛患病率最低(12%)。慢性疼痛比引发疼痛的刺激持续的时间更长久，且疼痛强度随时间增加。关节炎、腰痛、偏头痛是最常见的几种慢性疼痛(Johannes et al.，2010；Manchikanti et al.，2009)。大多数有关节炎和腰痛的患者日常感受到的是中等强度的疼痛，却有1/3的患者将疼痛描述得很严重(Johannes et al.，2010)。高收入国家(如瑞典、美国)的背部疼痛比率比低收入国家(如尼日利亚)高2～4倍。在一个国家中，城区的背疼流行率要高于农村地区(Volinn，1997)。分娩也是慢性疼痛的重要来源。医学研究所估计，18%的剖宫产女性和10%的顺产女性在一年后会出现疼痛(Institute of Medicine，2011)。根据手术类型，高达50%的外科手术患者会出现慢性疼痛。

慢性疼痛会带来明显的经济和健康后果。2001年，美国约有800万疼痛患者在约3 800家疼痛诊所和个体护理店接受护理。每年由于慢性疼痛造成工作低效而带来的经济损失超过600亿美元(Stewart et al.，2003)。美国每年会开出3亿多张止痛药处方，总花费超过了500亿美元(Gatchel and Okifuji，2006)。绝大部分(高达87%)患有一种慢性疼痛的人遭受着第二种医疗情境(共病)，包括其他类型的疼痛或身体状况(如哮喘、高血压)或心理状况(如焦虑、抑郁)(Von Korff et al.，2005)。与那些没有疼痛的人相比，慢性疼痛患者的生活质量明显下降(Jensen，Chodroff and Dworkin，2007)，包括注意力和工作记忆的中断(Dick and Rashiq，2007)，睡眠质量差(Smith and Haythornthwaite，2004)，残疾率增加(Jamison，2010)，社会和婚姻问题(Flor，Turk and Scholz，1987)，就业能力下降等(Breivik et al.，2006)。此外，慢性疼痛患者的自杀风险较高。有两项调查结果显示，约5%的慢性肌骨痛患者企图自杀。

疼痛的神经生物学基础

疼痛被认为是由中枢神经系统特定回路的激活引发的。在没有组织损伤的情况下，疼痛也会出现。例如，一些受试者观看有人受伤的电影短片，然后让他们报告短暂的疼痛，结果显示涉及疼痛的脑区得到了激活(Osborn and Derbyshire，2010)。激活的脑区参与了疼痛的过程，即使在没有组织损伤的其他情境下伴随疼痛的情感也会出现。的确存在遭受慢性疼痛但没有医学原因的案例，如肌纤维疼痛综合征患者(Derbyshire，Whalley and Oakley，2009)、想象疼痛或在催眠状态下诱发疼痛的人群(Derbyshire et al.，2004)。这些观察结果强调了这样的观点：疼痛是由大脑神经系统的激活导致的，可以不受组织损伤的影响。

> 运动可以引起和治疗疼痛，因为运动可以影响疼痛背后的神经系统的活动。

疼痛通常是由组织损伤或预示损伤的组织变化引起的。这些组织变化的生理结果激活了负责对损伤性刺激进行反应的特定感受器，即**痛觉感受器**（nociceptors）。痛觉感受器接着传递情境的信息，经感觉传入神经到达脊髓。在脊髓内，一些上行神经束接收到来自感觉传入神经的输入。这些长的**投射神经元**（projection neurons）把信息传递到大脑的皮层下脑区（如丘脑）或大脑皮层内的其他区域。脊髓内大量的神经连接可以抑制或者放大经脊髓传到大脑的疼痛信号的幅度。大脑中的神经回路也可以修正疼痛。例如，先前损伤和疼痛的记忆可以放大疼痛，然而对疼痛治疗成功或成功应对策略的记忆又可以减弱疼痛。并且，大脑的神经会下行到脊髓，它们可以抑制或者放大要传递给大脑的疼痛激活的幅度。

急性（或慢性）运动可以增强或减弱疼痛，通过持续性地（紧急性地）增强或减弱脑内神经回路的激活。运动也可以影响疼痛，通过快速或慢速地改变痛觉感受器、感觉传入、脊髓投射神经元或大脑的下行神经元和脊髓投射神经元突触的功能。目前鲜有实验研究试图去理解运动改变疼痛的生物学机制。

痛觉感受器和感觉传入

这一部分介绍肌肉疼痛的神经机制，因为运动需要骨骼肌的激活，并且运动训练在大多数情况下可以改善涉及骨骼肌疼痛的医疗条件。机械性压力与生物化学药剂是骨骼肌疼痛的主要原因。

痛觉感受器是肌肉感受器的一种，可以对**有害刺激**（noxious stimuli）做出反应。它们通常是直径很小、无髓鞘（被认为是Ⅳ型或 C 型纤维）或轻薄髓鞘（Ⅲ型或 A-δ 型）纤维。大多数的肌肉痛觉感受器是Ⅳ型。高强度的机械压力，如体重为 250 磅（约 113.4 千克）的美式足球队后卫球员以全速冲撞一个跑卫的大腿，激活了Ⅲ型和Ⅳ型的高阈限机械性（HTM）感受器。大约 60% 的高阈限机械感受器对伤害性压力做出反应。这些痛觉感受器中有一些似乎被高强度的运动激活，高强度运动产生了高肌内压（Cook et al.，1997）。

化学物质敏化和激活了Ⅳ型多模态痛觉感受器。多模态痛觉感受器对疼痛性高温和疼痛性低温以及许多可以激活痛觉传入的化学刺激做出反应。这些化学刺激包括腺苷、三磷酸腺苷（ATP）、缓激肽、辣椒素、谷氨酸盐、组胺、氢离子（H^+）、白细胞介素、白三烯、神经生长因子、一氧化氮、**前列腺素**（prostaglandins）、5-羟色胺和 P 物质（Mense，2009）。这些疼痛（产生疼痛）的化学刺激通常作用于神经细胞表面的受体。这会导致离子通道打开，允许阳离子（negative cations），如钠离子（Na^+）和钾离子（K^+）进入细胞内并增强痛觉传入神经的活动。在中度至高强度运动期间，肌肉损伤和炎症或是心脏或骨骼肌缺血会导致这些化学物质在肌肉内的浓度增加。基于实验条件下操纵个体的致痛物质（algesics），对骨骼肌和心肌疼痛最重要的是增加氢离子、缓激肽、三磷酸腺苷及 ATP 的任何副产物和腺苷等化学刺激（Birdsong et al.，

2010；Mense，2009)。

在真实世界中，这些化学刺激综合起作用。基因突变可能会引发例外。例如，**麦卡德尔综合征**(McArdle's syndrome)患者出现基因突变，会导致体内肌肉酶(称为肌磷酸化酶)缺乏，从而阻止他们在运动中使用肌糖原。基因突变的一个后果是这些人在运动期间乳酸不会增加。如果乳酸是引起运动中肌肉疼痛的一个原因，那么这些患者应该会少一些疼痛。然而，这些患者具有强烈的肌肉疼痛的特点，在运动后可以持续数小时(Paterson et al.，1990)。显然，与大众的常识相反，乳酸不是运动中肌肉疼痛的一个原因。

其他化学物质也会抑制IV型痛觉感受器。例如，内源性阿片样物质和大麻素结合痛觉传入神经，抑制它们的活性。内源性阿片样物质(内啡肽、脑啡肽、强啡肽和内源性吗啡肽)是肽类物质，与外源性麻醉剂(如海洛因和吗啡)具有相似的生物化学属性。内源性大麻素[花生四烯酸乙醇胺(anandamide)、2-花生四烯酰甘油(2-arachidonoylglycerol)]是脂类物质，与大麻中活性物质相同的受体结合在一起。中度至高强度运动明显增加外周的内源性阿片样物质和大麻素的水平，它们可用于抑制痛觉传入神经的激活(Dishman and O'Connor，2009；Sparling et al.，2003)。

脊髓的加工过程

痛觉传入神经的突触主要位于脊髓后角。痛觉信息通过投射神经元传递到大脑，投射神经元构成了几个主要的神经束，包括脊髓丘脑束、脊髓网状束和脊髓中脑束。脊髓丘脑束传递信息至广大脑区，包括网状结构、中脑导水管周围灰质、下丘脑、杏仁核、腹侧和外侧丘脑，形成细胞突触，将其轴突投射到广大的大脑高级皮层区，包括脑岛和躯体感觉皮层区。脊髓网状束神经元在内侧丘脑突触形成前投射在延髓和脑桥的网状结构上。最终，神经元通过此路径与大脑中负责疼痛的关键脑区(包括蓝斑的参与)建立了突触连接。脊髓中脑束投射到大脑的广大区域，特别重要的是信号传到中脑导水管周围灰质。中脑导水管周围灰质中的细胞体的轴突投射到了一些边缘系统，包括杏仁核和前扣带回皮层。可能的关键点是，由于痛觉信息至关重要，所以由多条平行的上行通路将信息传向大脑皮层和皮层下区域，可以有效地协调行为反应(Price，2000)。

中枢神经系统的加工过程

在大脑内，疼痛是在广泛分布的神经元网络中进行加工的。这些神经网络在不同的脑区建立了许多连接。这些脑区对痛觉刺激带来的威胁做出整合反应。例如，信息传递到大脑中的特定区域涉及以下过程：

定向、唤醒、恐惧和警惕(例如，在这个过程中发生活动的脑区包括大脑中的网状结构、蓝斑、中脑导水管周围的灰质、下丘脑和杏仁核)。

编码疼痛的强度[如在初级和次级躯体皮层感觉区(SI，SII)；通过 fMRI 监测到这些区域的激活与疼痛强度存在高相关(Coghill et al.，1999)]。

　　出现疼痛(如在前扣带皮层、眶额皮层)(Bantick et al.，2002)。

　　对疼痛的认知评价(如额叶、顶叶和岛叶皮层)(Kong et al.，2006)。

　　建立对疼痛的记忆(如海马)(Khanna and Sinclair，1989)。

　　对疼痛产生恰当的情感和行为反应(如前扣带回、下丘脑、杏仁核、脑岛)(Price，2000)。例如，疼痛不愉快的面部表情会激发他人的助人行为。

疼痛调节

　　疼痛可以被脊髓内的神经活动调节。携带疼痛信息经由脊髓传递给大脑的投射神经元的激活可以增强或减弱，其通过与投射神经元建立突触的神经元来实现。

　　来自皮肤的携带非伤害性信息的感觉传入神经汇聚在脊髓背角，投射神经元的突触或与投射神经元建立突触的小型中间神经元，能够调节投射神经元的激活。这些非疼痛性传入神经比痛觉传入神经更大、更快，它们携带着有关轻微触压、振动、温暖、寒冷、肌肉伸展和肌肉力量等方面的信息。神经解剖学为疼痛的治疗提供了基础，通过增强非疼痛性传入的活性来减弱疼痛，如采用经皮电刺激神经疗法治疗慢性肌肉骨骼疼痛(Johnson and Martinson，2007)。

　　运动增强了感觉传入神经感受器的激活，感受器探测到非有害性压力、肌肉拉伸，肌肉压力可以调节肌肉疼痛的强度。例如，转速为 100 rpm(rpm 为每分钟转数)、产生 250 W 功率的骑行，相比转速为 60 rpm、功率相当的骑行而言，肌肉拉伸感受器得到更大的激活。结果，这样的运动就会觉察到较少的疼痛。这就是为什么专业骑手的节奏保持在 90～110 rpm，大多数业余骑手节奏要慢得多的原因。

　　投射神经元的激活也可以被脊髓内其他神经元的活动调节。脊髓内成千上万个中间神经元与投射神经元建立突触连接，依赖于被释放的神经递质，可以激活(如谷氨酸、P 物质、一氧化氮、降钙素基因相关肽)或抑制(伽马氨基丁酸、脑啡肽、内啡肽、5-羟色胺、去甲肾上腺素)投射神经元。

　　大脑中的神经元下行到脊髓，通过减弱上行痛觉传递的激活可以减轻疼痛。中脑导管周围灰质的激活是下行疼痛调节系统的关键因素。如图 11-4 所示，中脑导水管周围灰质接受的传入神经信号不仅来自上行投射神经元，还来自杏仁核、下丘脑和前额叶、额叶、岛叶与躯体感觉皮层区的输入。中脑导水管周围灰质的激活通过对延髓头端腹内侧区(rostral ventromedial medulla，RVM)和背外侧脑桥被盖区(dorsolateral pontine tegmental，DLPT)的投射抑制了上行**痛觉系统**。RVM 和 DLPT 的细胞体将它们的轴突投射到脊髓背角，那里可以激活抑制性中间神经元从而直接或间接地抑制上行痛觉信息的传递。

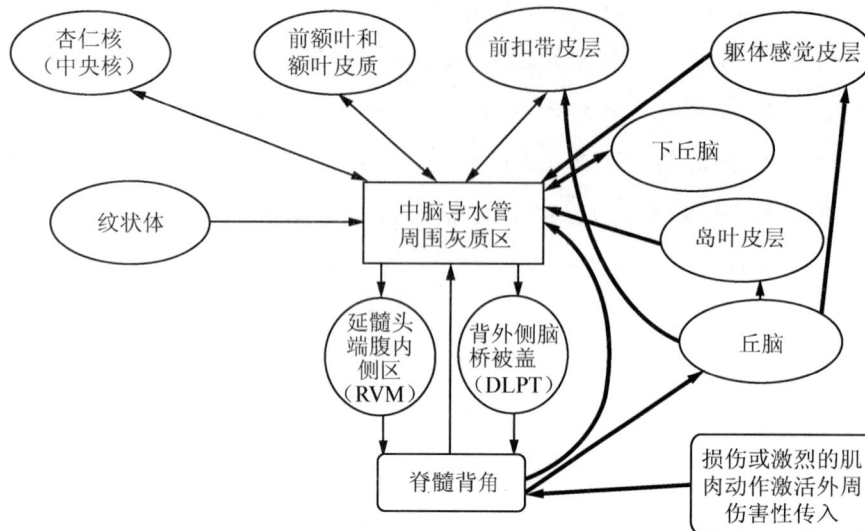

图 11-4　疼痛调节中的关键传入神经和阿片类物质路径。　损伤或剧烈的运动激活传入通路（粗线），形成一个关于疼痛的复杂网络。　在该网络中，包括疼痛的感知和情感两个方面，可通过阿片类物质依赖系统调节疼痛感，中脑导水管周围灰质在其中起核心作用。　中脑导水管周围灰质整合了来自多个脑区的信息，经投射到 RVM 和 DLPT 调节痛觉。　这些区域将脊髓背角的痛觉中继神经元作为目标。　阿片类受体出现在外周传入神经和疼痛调节系统的所有方面

转载自 R. K. Dishman and P. J. O'Connor, "Lessons in exercise neurobiology: The case of en-dorphins," *Mental Health and Physical Activity*，1998，2(1)，pp. 4-9，with permission from Elsevier；Dishman et al.，1998。

　　下行疼痛调节系统被认为可以解释各种各样的痛觉缺失，包括在外伤性损伤后数小时内报告很少或没有疼痛的运动员和士兵等普遍案例（Beecher，1956）。急性运动和慢性运动通过影响下行疼痛控制系统的一个或多个方面似乎可以减少急性疼痛和慢性疼痛。目前几乎没有直接证据表明这种情况是否属实。

急性运动中与运动后的疼痛

　　竞争性运动引起的疼痛损伤非常普遍。如果无运动损伤，许多运动测试是不会出现疼痛的，但从事高强度运动或具有特定医疗情境的人，如关节炎或心脏病患者，往往会经历疼痛。本节将介绍急性运动引起疼痛的重要内容。

运动损伤

　　每年约 5% 的娱乐活跃分子在参与体育活动时受伤。这种流行率随年龄增加而减少，可能是因为随着年龄的增大人们参与体育活动也随之减少。研究人员获取了 100 所具有全国代表性的美国高中生的损伤数据，在 2005—2006 学年，他们估计有 144 万人受伤（Rechel，Yard and Comstock，2008）。对美国大学体育协会（the National Collegiate Athletic Association，NCAA）的运动员发生的超过 18.2 万次的损伤和超过 100 万的损伤暴露进行调查，结果表明在竞争性和

有身体接触的运动中(如足球和摔跤)存在最高的受伤风险。综合所有的运动项目,下肢的受伤率最高(超过 50％的损伤),踝关节扭伤最为普遍。之前受过伤的人群在运动中的受伤率尤其高,这一点适用于所有运动项目,男性比女性有更高的受伤率(Hootman,Dick and Agel,2007)。与人们参与运动和娱乐性身体活动引起的损伤有关的疼痛和残疾,给个人和公共健康造成了巨大负担(Finch and Cassell,2006)。

运动中的骨骼肌疼痛

健康人群在进行低强度锻炼时是无疼痛感觉的。在进行多种类型中等、高强度运动,包括爬山或跑步、骑自行车、游泳、举重、从事园艺和庭院工作以及跳健美操等后,运动强度降低或停止运动时,骨骼肌肉会出现疼痛。这种短暂的、自然出现的疼痛与运动能力相关的运动强度有关(Cook et al.,1997)。对于骑自行车运动,大腿肌肉疼痛阈限出现在约 50％的峰值输出功率,当增加到最大运动强度时,达到高强度的疼痛。这种运动引起的局部肌肉疼痛强度有助于确定运动强度处方,适用于竞技运动员和患外周动脉疾病的人群(O'Connor and Cook,2001)。

肌肉疼痛评价和运动强度之间的关系似乎受绝对运动强度的调节。例如,当以 70％的峰值输出功率骑自行车时,男性比女性报告出现更高强度的大腿肌肉疼痛。男性的疼痛感更强很可能是因为在 70％的输出功率时他们有更高的绝对输出功率,其平均峰值输出功率比女性高(Cook et al,1998)。一位男性和一位女性在以 70％的峰值输出功率骑行时,他们的峰值输出功率分别为 300 W 和 200 W,他们在骑车时的绝对工作负荷也不同,分别为 210 W 和 140 W。

在运动期间,调节骨骼肌疼痛的其他变量还不完全清楚。运动持续的时间很重要。大多数人以缓慢的速度跑马拉松。然而,一项对 1 227 名马拉松跑步者的调查发现,超过 99％的人报告在跑马拉松过程中感到疼痛[在 13 英里(约 20.9 千米)时 28％的人报告疼痛],并且平均疼痛的强度被描述为"强烈的",疼痛的主要位置在腿部。遭受慢性肌肉疼痛的人们,如参与美国海湾战争的退伍军人,相比健康人群的控制组,在运动中报告更高的肌肉疼痛强度(Cook,Stegner and Ellingson,2010)。对忍耐疼痛具有高自我效能感的女性在运动中报告了较低的疼痛强度(Motl,Gliottoni and Scott,2007)。相比没有家族高血压病史的人,有家族高血压病史的非洲裔美国女性大学生在骑自行车的过程中报告了更低的大腿肌肉疼痛强度。众所周知,与正常人相比,患有高血压或有高血压家族史的人对几种类型的痛觉刺激是不敏感的(Cook et al.,2004)。

在进行中高强度锻炼时,骨骼肌肉疼痛的不愉快感影响人们选择锻炼的强度似乎有道理,但很少有研究探索这种可能性。有人认为,高强度局部骨骼肌疼痛可以抑制中枢运动驱力并降低充分激活肌肉的能力,从而导致过早的肌肉疲劳,降低运动表现(Ciubotariu,Arendt-Nielsen and Graven-Nielsen,2007)。因此,开展减少运动期间肌肉疼痛的实验并不令人惊讶。大多数研究发现运动期间肌肉疼痛并没有减少,包括在服用可待因(Cook,O'Connor and Ray,

2000)、阿司匹林(Cook et al，1997)、对乙酰氨基酚(Mauger，Jones and Williams，2010)、姜(Black and O'Connor，2008)、槲皮素(Ganio et al.，2010)等之后，以及暴露在明亮的光线下旨在影响大脑血清素系统(O'Brien and O'Connor，2000)的方式同样不起作用。然而，在中等强度和高强度运动期间，有一种饮食操纵似乎减少了骨骼肌疼痛，即每千克体重服用3～10毫克的咖啡因(O'Connor et al.，2004；Motl，O'Connor and Dishman，2003)(见图11-5)。咖啡因还延缓了心脏病患者在运动期间缺血性心肌疼痛的发作(Piters et al.，1985)。

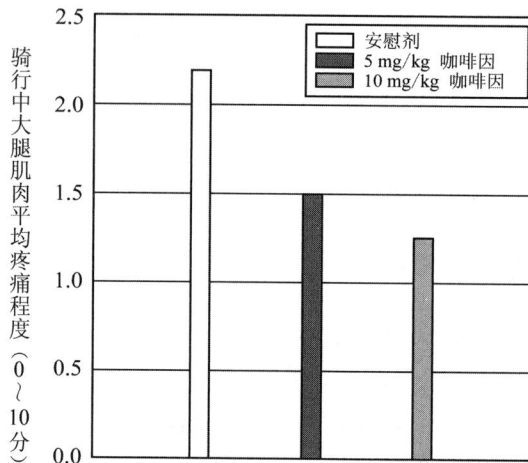

图 11-5　以最大有氧能力的 60% 骑行时，与安慰剂相比，每千克体重服用 5 毫克或 10 毫克的咖啡因后降低了大腿肌肉疼痛

改编自 Motl et al.，2006。

　　人们避免疼痛是由于疼痛使人感到不愉快。然而，运动员有时却将疼痛视为一件好事，正所谓"没有疼痛，就没有收获"。参与身体直接对抗类运动项目的运动员(contact athletes)要承受很高的疼痛负荷，运动相关疼痛常由非重大外伤性损伤引起，如美式足球运动员和竞争性耐力运动员，他们经常将自己置于运动引起的骨骼肌疼痛的情境中。显而易见，疼痛未必是运动表现的障碍。乐于在运动中体验疼痛的竞技运动员和娱乐活跃分子不同于那些以多种方式来摆脱这种疼痛的人，但原因还未充分确定。几乎没有实证研究能够厘清运动中的疼痛是否是选择和维持规律性运动的有意义的障碍。

运动期间的心绞痛

　　心绞痛(angina)作为冠状动脉疾病最常见的症状，是一种临床上的综合征，典型症状为疼痛通常出现在胸骨后面，并且有时也出现在胸部、下颌、肩膀、后背或者胳膊上。由于冠状动脉痉挛或者梗死会导致心肌缺氧，通常引发心绞痛。疲劳或者情绪压抑会引起心绞痛，并且可以采用硝酸甘油进行缓解。心绞痛出现在由运动引起的心脏负担增加时(可以通过心率与血压乘积进行计算：心率×收缩压)，称为稳定型心绞痛。不稳定型心绞痛在最近的几周出现，发生在休息阶段，具有逐渐增强的模式(在后续发作时，疼痛强度、持续时间、发生频率不断增加)。

英国中年男性心绞痛的流行率估计在 7% 左右(Shaper et al.，1984)。各个国家心绞痛的流行率有很大的不同(如波兰为 9.7%～13%，印度和瑞士为 4% 以下)。在全球范围内，女性患心绞痛的风险比男性高出约 20%，而美国的性别差异高于这一平均水平(风险高出约 40%)(Hemingway et al.，2008)。大约有 1/3 的稳定型心绞痛患者每周至少有一次发病的经历(Beltrame et al.，2009)。

关注心绞痛之所以重要是因为它是心脏病唯一的最佳预测因子。稳定型心绞痛患者在两年内不良事件的发生率高于 20%(Lloyd-Jones et al.，2009)。伴有心绞痛的冠状动脉疾病患者与那些没有心绞痛的患者相比，会有更糟糕的结果。例如，一项运动负荷测验的结果发现，有心绞痛且有电生理证据的心脏病患者(S-T 段降低)和仅 S-T 段降低的患者相比，前者 7 年间冠状动脉事件(死亡、心脏病发作)的发生率是后者的 2 倍(Detry et al.，1985)。

心绞痛的治疗方法包括：阿司匹林和抗心绞痛药物疗法、降低血压的 β 受体阻滞剂、戒烟、降胆固醇药物、节食和糖尿病治疗以及教育与锻炼(Gibbons et al.，1999)，锻炼只是其中之一。与对照组中无心脏病或心绞痛患者相比，在其他人口统计学属性和医疗水平相当的情况下，稳定型心绞痛患者表现出更少的体力活动，降低了运动表现和生活质量(Gardner et al.，2011)。因此，这些患者是采取运动干预治疗的主要候选人。

早期研究表明，运动干预能够改善症状，是由于次最大工作负荷中心率和收缩压降低了(Clausen and Trap-Jensen，1976)。更多的研究表明，在运动过程中，冠状动脉的内皮依赖性血管舒张功能的改善有助于显著减少心肌缺血和相关的心绞痛阈值(Hambrecht et al.，2004)。在一些患者中，即使进行了最大运动量的训练，也未引起心绞痛(Williams et al.，2006)。尽管运动训练有助于减少心绞痛，但其效应不会在短期内显现。

除运动训练之外，其他方法还包括冠状动脉搭桥术和经皮冠状动脉内支架置入术，或经皮冠状动脉介入治疗术(percutaneous coronary intervention，PCI)。针对稳定性心绞痛患者，经皮冠状动脉介入治疗术与为期一年的运动相比，前者能更迅速地减少心绞痛，而由于减少重复住院和血管重建的次数，相对保守的运动训练治疗会导致较高的无事件生存率(event-free survival)和运动能力，并且成本较低(Hambrecht et al.，2004)。

降低疼痛性刺激的敏感性

与休息状态相比，在中度至高强度的运动中，需要一个更强的疼痛性刺激才能让个体感觉到疼痛。一项研究发现以 200 W(中等强度)和 300 W(高强度)功率骑车时，刺激牙髓达到疼痛需要更强的电流，而不是 100 W 时的情况(低强度)(Kemppainen et al.，1985)。在运动过程中对疼痛性刺激敏感性的降低，或许可以提高我们进行痛苦的高强度运动的能力。

实验反复证明了人们在运动后对疼痛性刺激的敏感性会降低。这种运动引起**痛觉减退**(hypoalgesia)的效应在健康男性进行高强度、动态、大肌肉运动后稳定存在，如在跑步或骑自行车运动后，短时间内对肌肉的疼痛进行评估(Koltyn，2002)。这种效应在其他类型的刺激情境中(包括伤害性的压力和热量)也被发现。该效应在短时(1.5～5 分钟)、低强度(<50%最大随意收缩)等长收缩运动中也有报告(Umeda et al.，2010)。该效应在运动后持续长达 60 分钟，但持久运动诱发的痛觉减退的一致性没有得到完全验证。运动诱发痛觉减退的原因目前还不确定，但是有可能高强度运动本身是会令人感到疼痛的。一种类型的疼痛可以抑制另一种疼痛，这被称为条件性疼痛调节机制。最近有证据表明，运动可以通过条件性疼痛调节机制来引起痛觉减退。相反的效应(运动引发的痛觉过敏)出现在患有慢性肌肉骨骼疼痛的人群中，如纤维肌痛患者(Kosek，Ekholm and Hansson，1996)。同理，患有慢性疼痛的海湾战争退伍军人在完成 30 分钟的较高强度运动后，相比于无疼痛老兵，前者认为运动更疼痛，并对热疼痛刺激报告了更高强度的疼痛(Cook，Stegner and Ellingson，2010)。

迟发性骨骼肌损伤

在临床医学中，当大量肌肉因运动而受伤时，被称为疲劳性**横纹肌溶解**(rhabdomyolysis)[横纹肌的英文单词是"rhabdo"，即"striped"(有条纹的)与"myo"(肌肉)的结合；横纹肌溶解的英文单词是"rhabdomyolysis"，即"rhabdo"(横纹肌)与"lysis"(溶解)的结合，表示"breakdown"(崩溃)]。有些人不习惯做高强度离心肌肉运动，这是引起他们肌肉与结缔组织损伤的主要原因。由肌肉拉伸而产生力量的时候会引发离心动作。例如，用手臂降低重量需要前上臂肌肉(肱二头肌)拉伸来产生抵抗重量的力量。在有损伤的高强度离心动作中人们几乎感受不到疼痛，但随后损伤的肌肉产生力量的能力会降低。肌肉疼痛的出现会延迟约 24 小时，并且通常会持续几天，这是因为疼痛是一种局部骨骼肌炎症的结果(Smith，1991)。炎症涉及：①从扩张毛细血管的肌肉细胞中释放物质；②白细胞与细胞壁的黏附；③白细胞迁移进入细胞；④最终修复组织。黏附和迁移阶段需要时间延迟了疼痛的发作。刺激疼痛的物质如缓激肽和前列腺素，从血源性肥大细胞和肌肉细胞中释放出来。这个过程也会导致肌肉细胞的扩张，增加对痛觉感受器的压力。在离心运动肌肉损伤后，移动或按压受伤的骨骼肌会引起疼痛。似乎没有流行病学的研究来记载这种类型疼痛的流行率，但坊间证据显示，一生中的流行率接近 100%。肾功能衰竭和死亡是在离心运动引起广泛骨骼肌损伤后，由于肌肉蛋白，如肌红蛋白，被释放到血液中引起的(Sayers et al.，1999)。大量的治疗方法经过检验可以用来减少离心运动引起的疼痛，并在一些非甾体抗炎药(nonsteroidal anti-inflammatory drugs，NSAIDs)中观察到一些微小的、短暂的改善，有一些天然产物与非甾体抗炎药、咖啡因有相似的功效(见图 11-6)。渐进式运动训练可以减轻延迟性肌肉损伤和疼痛，但这在许多现实情境中是不切实际的。在大多数情况下，迟发性肌肉损伤是低到中等的强度，采用自我照顾行为可以有效管理，不需要医护人员协助。

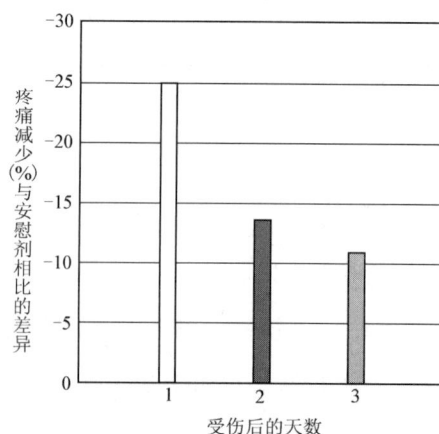

图 11-6 与安慰剂相比，在一次新型离心运动后连续 8 天服用 2 克生姜胶囊则手臂肌肉疼痛减少 25%

数据来源：Black et al.，2010。

运动训练的作用

青少年和成年早期的运动训练可导致其在以后的生活中出现慢性疼痛。流行病学证据显示，早期从事竞技运动的队员与非运动员相比，关节和脊椎出现更多的退行性变化。然而，这些不良后果通常会被更优的肌肉功能和体适能抵消，这或许也跟参与体育运动有关（Kujala et al.，2003）。

本部分内容介绍运动训练对疼痛的影响。未遭受疼痛医学条件的中年人经常也会有轻微的疼痛。运动训练对其会有帮助吗？研究者针对这一问题开展了一项研究，采用 6 个月的随机对照实验。受试者为 430 名久坐少动、超重和肥胖的绝经妇女。相对于非运动控制组，身体疼痛评分与基线水平上的性别、年龄常模保持一致，未发现每周每千克体重消耗 4 千卡、8 千卡或者 12 千卡的有氧运动训练可以改善疼痛。上述体育活动量相当于美国国家卫生研究院推荐水平的 50％，100％和 150％。该研究证实，当人们经历很少的疼痛症状时，运动训练对改善疼痛几乎没有作用（Martin et al.，2009）。有证据表明，当孕妇和其他人在应对疼痛医疗条件时，运动训练能够改善他们的疼痛，如本节剩下部分内容所述。

怀 孕

有规律的锻炼通过减少分娩时间可以缓解分娩时的疼痛。第一项研究发现，怀孕之前进行规律性锻炼的女性与不锻炼的女性相比，产程约少八小时。第二项研究发现，在怀孕期间坚持锻炼与在孕期后的前三个月停止锻炼的女性相比，第一产程约少两小时。第三项研究发现，在 40 位自然分娩的妇女中，分娩前一个月的有氧代谢能力与分娩时限呈负相关（Kardel et al.，2009）。第四项研究发现，参加产前瑜伽训练的女性相对于控制组，在妊娠期 38～40 周时报告更少的怀孕不适感（Sun et al.，2010）。然而，研究文献是混杂的，有相同数量的其他研究未发现体力活动水平和分娩时长呈显著相关（Penttinen and Erkkola，1997）。

锻炼或许还可以降低分娩疼痛的强度。一项研究测试了 36 名在第 2 孕期和第 3 孕期（second and third trimesters）完成规律性自行车运动的女性和不运动的控制组。在分娩过程中，对疼痛进行评估，抽取血液，并评估应激的其他指标包括 β-内啡肽和皮质醇等。与对照组相比，怀孕期间运动的女性血浆中 β-内啡肽升高。这种差异在整个分娩过程中都存在，这表明运动的女性在分娩过程中疼痛的强度更低（Varrassi，Bazzano and Edwards，1989）。

> 对于大多数女性而言，孩子的出生是一个欢乐的时刻。然而，分娩期间的疼痛是很强烈的，对于一些女性来说，分娩会导致慢性疼痛。

关节炎

在美国，关节炎是引发残疾的最常见病因。关节炎是一种失调状态，涉及各种关节炎症。

骨关节炎和类风湿性关节炎是最常见的类型。**骨关节炎**(osteoarthritis)是一种可以影响身体任何关节的退行性关节疾病，在髋、膝和脊柱中尤为常见。在25~74岁的美国人中，约12%的人被临床确诊为骨关节炎(Lawrence et al.，2008)。**类风湿性关节炎**(rheumatoid arthritis)影响了约1%的美国人群，常见于腕和手指关节。疼痛和僵硬是关节炎的症状，因此，大多数患者减少他们的身体活动，身体越来越虚弱，体适能也变差(Mancuso et al.，2007)。

对于类风湿性关节炎患者来说，陆上和水中的有氧运动以及力量训练似乎是安全的。目前没有强有力的研究证据支持或反对手部运动在治疗类风湿性关节炎中的价值(Wessel，2004)。至少有15个随机对照实验考查了全身运动训练对类风湿性关节炎患者的影响(Stenström and Minor，2003)。在15个实验中有10个实验的结果出现了疼痛，10个实验中仅有两个实验出现了疼痛改善的效果。现有证据表明，运动训练对类风湿性关节炎患者是有帮助的。运动训练可以改善身体力量和体适能，但是未能稳定地改善疼痛(Guy，2008；Ottawa Panel Members et al.，2004)。

据估计，在美国25岁以上的人群中有超过2 500万的人患有骨关节炎。女性比男性更容易患关节炎，尤其是膝关节炎。没有确凿的证据支持有规律的锻炼会增加患骨关节炎的风险(Felson et al.，2007)。非甾体抗炎药，如布洛芬，是治疗此病的主要药物，然而，这些患者进行髋关节或膝关节置换手术也很普遍。

骨关节炎的非药物治疗(如运动)得到了广泛关注。不进行肌肉特定范围移动的运动训练对于治疗骨关节炎似乎是无效的。一些随机实验的定量综述表明，所有类型的运动训练均可以减少膝关节和髋关节炎的疼痛(Fransen，McConnell and Bell，2002；Van Baar et al.，1999)。这些分析表明，在运动训练后疼痛降低的幅度达到中等程度，在0.33~0.50个标准差。水上运动或陆上运动，尤其是包括力量训练的运动，可以实现对疼痛中等程度的改善(Fransen et al.，2010；Hernández-Molina et al.，2008)。把运动与减肥相结合或许是一种特别有效的治疗方法。在一项研究中将运动和减重10磅(约4.5 kg)相结合，相对于有关营养、运动、关节炎知识的教育而言，运动可以减轻膝关节炎患者的疼痛并改善其生理功能，但只采用减重的方法无法达到此效果(Messier et al.，2004)。有足够强的证据表明，运动被一些专家组[包括美国风湿病学会(American College of Rheumatology)和美国卫生与公众服务部推荐为一种骨关节炎的治疗方法。

腰 痛

20~45岁的人最有可能患上腰痛。在美国，腰痛是第二大导致残疾的病因[Centers for Disease Control and Prevention (CDC)，2001b]。由于腰痛患者经常会失去工作，每年的损失估计100美元~2 000亿美元。少数急性腰痛患者发展为慢性腰痛，但是慢性腰痛的流行率也在不断增加。对于慢性腰痛患者，昂贵的治疗，如脊髓注射、手术和镇痛药，是非常普遍的(Freburger et al.，2009)。如果运动训练有效，它将是一个很有吸引力的替代疗法。

几项大型的随机实验和超过36个实验的系统定量综述揭示，对于慢性腰痛患者来说，运动训练比普通的护理在减少疼痛和改善生理功能方面更有效(Hayden，van Tulder and

Tomlinson，2005；Liddle，Baxter and Gracey，2004）。对疼痛作用的平均效果量具有临床意义并且达到中等程度，在 100 点的疼痛强度量表上介于 6～20 点。几种运动，包括拉伸、瑜伽、水上运动及学习，如何更好地控制腰肌运动的效果已得到很好的证明（Macedo et al.，2009；Sherman et al.，2011；Waller，Lambeck and Daly，2009）（见图 11-7）。力量训练减轻疼痛的效果还无法从大量研究中得到证实，因为力量训练通常作为多维康复计划的一个组成部分进行研究。美国疼痛学会和美国内科医师学会得出结论，已经有充足的证据表明，运动在治疗慢性腰痛中具有中等程度的疗效（Chou and Huffman，2007）。

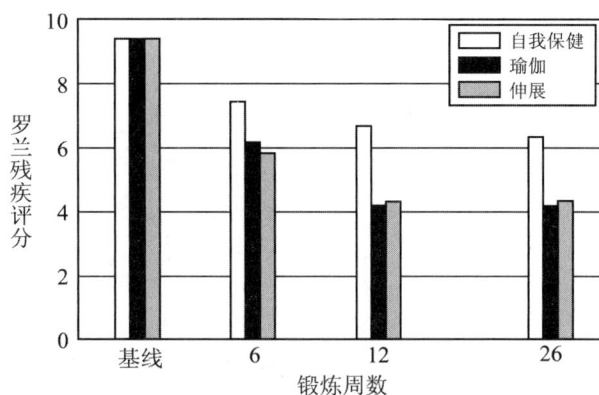

图 11-7   随机实验结果显示，罗兰残疾评分的均数变化，对慢性腰痛患者的腰痛症状进行多维度评估，包括 12
周前中后的瑜伽运动（n＝92）或传统拉伸运动（n＝91），以及自我保健治疗（阅读关于腰痛的书籍）（n＝
45），结果发现瑜伽和拉伸运动对慢性腰痛症状的改善要优于自我保健

数据来源： Sherman et al.，2011。

偏头痛

运动训练通常被推荐用于偏头痛患者的治疗。约 700 名芬兰青少年受试者的横断研究表明，积极参加各种运动的受试者，更少患头疼（Kujala，Taimela and Viljanen，1999）。仅有数量有限的、方法论上比较弱的实验探讨运动是否是一种有效治疗偏头痛的方法（Busch and Gaul，2008）。一些随机实验为运动训练减少偏头痛发作的次数提供了强有力的证据（Dittrich et al.，2008；John et al.，2007；Narin et al.，2003；Varkey et al.，2011）。一项研究比较了放松运动训练和药物治疗这两种公认的治疗偏头痛的方法的预防作用（Varkey et al.，2011）。偏头痛患者（n＝91）被随机分配到 3 个月的运动组（每周 3 次，每次 40 分钟），放松组（包括控制呼吸和压力管理技术）或药物治疗组［**托吡酯**（topiramate）每天达到 200 毫克］。结果发现，相对于放松和药物治疗，运动在减少偏头痛次数方面同样有效。一项小型、时长 6 周的研究发现，当运动训练（每次 45 分钟）与放松（每次 15 分钟）相结合时，偏头痛的疼痛强度会减弱（Dietrich et al.，2008）。

外周动脉疾病

在美国和欧洲，有 2 500 多万成年人患外周动脉疾病（peripheral artery disease，PAD）（Diehm et al.，2004）。外周动脉疾病通常由动脉粥样硬化阻塞引起，并且在下肢动脉患病中最常见。大多数外周动脉疾病患者的年龄超过 55 岁，在美国大约 20％的患者报告出现间歇性跛行（McGrae McDermott，Mehta and Greenland，1999）。**跛行**（claudication）是指通常在行走时一侧或双侧小腿出现疼痛，通过休息可以缓解。

戒烟、改善血流量或降低胆固醇的药物治疗以及步行运动训练可以实现对跛行的改善（Hankey，Norman and Eikelboom，2006）。对 1 200 位外周动脉疾病患者参加的 22 项随机实验进行的分析表明，最大步行能力和步行距离在步行训练后提高了 150％～200％（Watson，Ellis and Leng，2008）。运动持续时间大于 30 分钟、每周 3 次并且至少坚持 6 个月，步行训练应接近小腿肌肉疼痛的最大耐受程度，此时跛行改善的效果最好（Leng，Fowler and Ernst，2000）。外周动脉疾病患者的行走行为与在行走时感受到的疼痛强度无关，但依赖于心理变量，如锻炼意向（Galea and Bray，2007）。定期监控的步行训练比提高血流量的药物治疗在提高最大步行距离方面更有效。在运动训练后步行的改善同样提高了身体功能和生活质量（Milani and Lavie，2007）。

神经性疼痛

神经性疼痛（neuropathic pain）是神经系统损伤而导致的一种不良疼痛（Woolf and Mannion，1999）。带状疱疹（herpes zoster，shingles）患者、人体免疫缺陷病毒感染者、多发性硬化症（multiple sclerosis，MS）患者、中风患者以及外伤患者通常遭受神经性疼痛，这给他们的生活质量造成负面影响（Jensen，Chodroff and Dworkin，2007）。

最常见的神经性疼痛通常由糖尿病引发。慢性高血糖损害神经，尤其是足部的神经，会导致感知觉和疼痛神经的缺失，以及对有害刺激的敏感性增加（痛觉过敏），对正常感觉不到疼痛的刺激感到疼痛，即**异常性疼痛**（allodynia）。在美国有 300 多万人患有糖尿病痛觉神经病变（Schmader，2002），60％的患者由于糖尿病并发症被截去下肢（Narayan et al.，2006）。有些药物，如阿片类镇痛药，经常用于治疗神经性疼痛（Dworkin et al.，2003）。

很少有人知道规律性锻炼对减少神经性疼痛是否有积极作用。一项随机实验检验了运动训练对于糖尿病神经病变发展的影响（Balducci et al.，2006）。受试者（$n=31$）在跑步机上完成每周 4 小时、有监控的健步走，并坚持 4 年，与对照组的 47 名受试者相比，这些受试者发展为神经病变的比例更少（17％与 30％）。这些运动同样提升了神经传导速度，可以作为神经功能更健康的标志。另一项关于 2 型糖尿病患者的实验发现，12 周太极拳运动可以改善空腹血糖水平，并加快神经传导速度（Hung et al.，2009）。这些结果得到其他啮齿类动物相关研究的积极结果的支持。在糖尿病大鼠或神经损伤大鼠身上进行的研究发现，运动训练可以降低大鼠对轻微压力和伤害性热刺激的痛觉过敏的行为迹象（Kuphal，Fibuch and Taylor，2007；Shankarappa，

Piedras-Rentería and Stubbs，2011；Stagg et al.，2011）。

对于多发性硬化症患者的疼痛，横断研究发现，经常运动的多发性硬化症患者感受到更少的疼痛(Motl，Snook and Schapiro，2008)。横断研究数据的其他分析认为，在 MS 患者中，疼痛、疲劳、抑郁是一种症候群，并且身体活动行为与这些症候群呈中度负相关(Motl and McAuley.，2009)。有一项独立的分析认为，运动可以影响诸如疲劳、社会支持和自我效能感等心理社会变量，这些变量的变化可以改善 MS 患者的疼痛(Motl and McAuley，2009)。对 MS 患者进行运动训练的随机实验很少(Motl and Gosney，2008)，且大多数研究并未测量疼痛。对疼痛进行测量的实验得出了混杂的结果，有的认为运动训练可以有效缓解疼痛(如 Stuifbergen et al.，2003)，另外一些则认为运动训练并没有优势(如 Romberg，Virtanen and Ruutiainen，2005)。

纤维肌痛

纤维肌痛(fibromyalgia)是影响美国约 2% 人群的一种临床失调疾病。相对于男性(0.5%)，该疾病在女性(3.4%)身上更普遍(Wolfe et al.，1995)。纤维肌痛的特点是慢性的弥散性疼痛(影响两侧身体腰部上下的位置)、疲劳、睡眠失调，并在 18 个压痛点上有超过 10 个点对压力感到疼痛加剧。它们通常有并发症，尤其会伴随慢性疲劳综合征、抑郁、焦虑、头痛和类风湿性关节炎(Weir et al.，2006)。纤维肌痛患者的身体活动往往在减少，身体机能在下降。超过 60% 的患者报告爬一层楼梯、步行半英里(约 0.8 千米)或举重 10 磅(约 4.5 公斤)有困难，身体机能较差的患者报告有更高的疼痛强度(Jones et al.，2008)。

在欧洲和北美洲至少进行了 28 项随机对照实验，这些实验对超过 1 600 例纤维肌痛患者(95% 以上为女性)进行有氧运动训练对疼痛影响的研究。与对照组相比，6～24 周有氧运动训练稳定地改善纤维肌痛患者对压痛点的疼痛感(Kelley，2011)和其他疼痛维度(Hauser，2010；Ramel et al.，2009)。据专家判断，平均效果在临床上具有意义，且有统计学意义上的显著效果，具有中等的效果量。美国疼痛学会强烈推荐纤维肌痛患者采用有氧运动、认知行为疗法、抗抑郁药物治疗(阿米替林)以及多种疗法相结合进行治疗(Hauser，Thieme and Turk，2010)。有趣的是，在一项针对纤维肌痛患者的大型互联网调查中，当询问他们认为管理他们失调的方法中哪些最有效时，结果发现，流行的治疗方法(休息、热刺激、抗抑郁药和安眠药)通常都不是最有效的(Bennett and Jones et al.，2007)。

手术疼痛

运动训练经常被推荐作为手术(如冠状动脉搭桥术、腰背椎间盘突出术、髋关节和膝关节置换术)后的康复疗法。心脏康复项目会招募大量的术后患者，他们身体疼痛的得分在稳步降低，且该项目对于大多数心理抑郁患者的效果更佳(Artham，Lavie and Milani，2008)。关于运动训练有助于减弱术后腰痛，少部分研究发现了混杂的结果。对 8 项控制较好的实验(包括 635 名做过背部手术的患者)进行分析，与没有运动的控制组相比，实验组通过运动训练减轻更大程度背部疼痛的证据并不确凿(Rushton et al.，2011)。几乎没有研究来检验运动训练对接受膝关节或髋关节置换术后的相关康复训练或康复时疼痛的作用。未控制的研究表明，在选择膝关节手术后，运动患者的疼痛会改善，但目前还不清楚此效果是否可以归因于运动(Frost，Lamb and Robertson，2002)。一项随机实验检验在膝关节手术前，为期4周的运动和2周教育项目的作用，结果表明，运动组($n=65$)与非运动组($n=66$)在术后长达12月的时间内疼痛并无差异(Beaupre et al.，2004)。有证据表明，疼痛是人们拒绝在髋关节外科手术后进行运动处方治疗的原因(Unlu et al.，2007)。

癌　症

在癌症治疗期间，疼痛是常见的症状，在癌症患者中还未见到疼痛流行率低于14%的相关研究报告(Goudas et al.，2005)。大多数癌症患者愿意开始一个运动项目，但坚持下来的只有50%左右(Maddocks，Mockett and Wilcock，2009)。未进行控制的纵向研究表明，在被确诊为乳腺癌之后，增加身体活动量的患者的疼痛得到改善(Kendall et al.，2005)，但也有一项随机对照实验发现疼痛并未得到改善(Segal et al.，2001)。没有充足的证据表明，运动可以改善乳腺癌和其他癌症幸存者的疼痛(Schmitz et al.，2005)。

一项研究检测了运动对肩部疼痛的作用，发现了明显的效果，肩部疼痛是头颈部癌症术后的一个常见症状。52名头颈部癌症幸存者被随机分配到12周的力量训练组或普通护理运动组。普通护理运动组进行的运动包括拉伸、姿态运动，以及使用质量轻且低阻力的弹力带。力量训练组包括5~8个运动项目，从最大力量的25%开始，并逐步增加到70%。坚持力量训练和普通护理项目的人数分别为95%和87%。结果表明，力量训练项目显著减少肩部疼痛和身体残疾(McNeely et al.，2008)。

海湾战争综合征

从战争中归来的军事人员慢性疼痛的患病率很高。大部分慢性疼痛可以解释为外伤性组织损伤，但也有一定数量的症状无法识别病因。最常见的症状是疲劳、抑郁、肌肉骨骼疼痛。

一项较大规模的随机实验($n=1\,087$)比较了3种12周的实验治疗(运动训练、认知行为治疗，以及运动训练和认知行为治疗相结合)与常规护理的效果。相对于常规护理，实验性治疗未表现出优势。这项实验似乎低估了运动的潜在有用性，原因在于每周只要求一次有监控的运动，运动的坚持性比较差。因此，尽管该实验规模很大，但得出运动训练无助于减轻战争退伍军人疼痛的结论还为时过早(Donta et al.，2003)。

有缓解疼痛的最佳运动刺激吗?

迄今为止，很少有研究检验运动训练构成要素的作用(模式、每周运动频率、运动持续时间与强度组合、每天的次数)，如果有的话，哪种运动类型对疼痛的缓解最有效。大约90%的研究已经检验了步行、慢跑和自行车运动对疼痛的作用。对于所有类型的慢性病患者，尽管目前研究并未发现缓解疼痛最有效的运动方式，但研究证据也认为包括瑜伽和力量训练在内的所有运动模式均可以缓解疼痛。一项针对运动对风湿性疾病（主要是关节炎和纤维肌痛）影响研究的元分析发现，疼痛的作用并不受运动训练模式的调节（Kelley，Kelley，Hootman and Jones，2011）。这一结果似乎并不是由于每个运动类型的研究数量不足使然。例如，腰疼、骨关节炎和纤维肌痛患者的力量训练对疼痛影响的研究分别至少有 5 个（Kankaanp et al.，1999；Mosely，2002；O'Connor，Herring and Caravalho，2010；Rittweger et al.，2002）、4 个（Bircan et al.，2008；Jones et al.，2002；Kingsley et al.，2005；Valkeinen et al.，2004）和 8 个（O'Connor，Herring and Caravalho，2010）随机对照实验。瑜伽运动与对照组相比，10 个随机实验中有 9 个发现实验组在做完瑜伽后疼痛得到明显缓解（Posadzki et al.，2011）。

总　结

　　运动和疼痛通常相互依存，参加运动和锻炼经常会导致急性损伤和疼痛，对于一些人来说，这些损伤会导致慢性疼痛。在进行中度至高强度运动时，参与运动的骨骼肌会出现疼痛。对于一些人来说，这种类型的疼痛可能会抑制最佳的运动表现。心脏病患者在运动时的胸痛很常见，这为患者和治疗者提供了比较有用的信息。新型离心运动会引起延迟的短暂性肌肉疼痛。这种类型的伤害往往是温和的，但当它在严重时是可以致命的。

　　运动也可用于治疗各种类型的疼痛症状。运动训练有利于减轻疼痛的最有力证据来自对腰痛、骨关节炎、外周动脉疾病和纤维肌痛患者的研究。少数研究也认为，运动训练可以缓解孕妇、偏头痛患者、由糖尿病和多发性硬化症引起神经性疼痛患者的疼痛。

第 12 章

自 尊

锻炼通过多种社会及心理生物机制影响心理健康。然而，无论改变是如何发生的，锻炼对自我的态度、信念和感受的效果至少是部分外显的。锻炼对改变自我感知具有巨大的潜力，而且，有关人们为何锻炼的大量事实证据也包括关于锻炼改善自我观念和自尊的报告。但是，将自尊提升直接归因于锻炼的独立效应的实验证据仍非常有限。

本章将描述人们如何感受自己与身体活动水平之间的关系，首先介绍自我观念和自尊的模型及理论，为理解锻炼行为与自我感知之间的关系奠定基础，进而详细介绍身体自我观念和自尊的测量，以阐明在界定及测量有关自我的**态度**（attitudes）和**信念**（beliefs）时存在的一些问题。如何界定及测量与锻炼有关的自尊已经影响到该领域研究的范围及质量。本章回顾了探讨自我感知与锻炼行为之间关系的文献，总结我们已知的结论，并阐明研究锻炼与自尊关系的一些内在问题。

> 积极的自尊是良好的心理健康的核心指标之一，并与生活适应具有重要的关系。

积极与消极自尊的影响

积极的自我评价能够提升心境状态，并对健康行为起支持作用；而消极的自尊会导致消沉的心境状态和不适宜的行为。

①高自尊与独立性、领导力、适应能力及应对压力的韧性有关（Wylie，1989）；

②低自尊与抑郁、焦虑和恐惧有关（Baumeister，1993）；

③青少年时期的低自尊会增加成年期出现适应问题和身心健康较差的风险（Trzesniewski et al.，2006）；

④自尊可能通过影响对压力的评价及其导致的生理反应，进而调节应激与疾病之间的关系(Rector and Roger，1997)。

自我系统

自我是一个包括多个构念的复杂系统，理论家将其组织成一个指导性和组织性的自我，以及一个组成行动的自我的属性和特征的组合体(Harter，1996)。指导性自我将行动的自我组织到一个连贯的结构中，社会心理学家通常将该结构称为自我观念，临床心理学家和精神病学家将其称为同一性(Fox，2000)。**自我观念**(self-concept)是一个对意识中有关自我的感知加以组织的结构，是一个多维度的结构，包括多个子成分及子领域，如学业自我、社会自我、精神自我和身体自我。自我观念是心理健康的关键因素。对于理解世界而言，一个稳定且一致的自我框架是必须的。

单维的核心同一性概念已被扩展为在直觉上更有吸引力和实践价值的多维自我模型(如Marsh，1997；Shavelson，Hubner and Stanton，1976)。图 12-1 给出了一个多维层次模型的实例。该模型将自我观念想象成一个金字塔，塔尖是整体自我观念，下一层级是概括的构念。随着层级下移，构念越来越具体，最具有情境特异性的自我感知位于底部。更高层次的构念依赖于更低层次的成分。例如，我们如何从社会性方面定义自己，取决于我们与家人、同事和朋友的关系。具体成分的改变(如与兄弟姐妹的沟通)会影响到更概括的构念，并影响整体自我观念。在该模型中，自尊是个人评价的结果，评价的是在高度重视且认为重要的构念上我们做得如何。

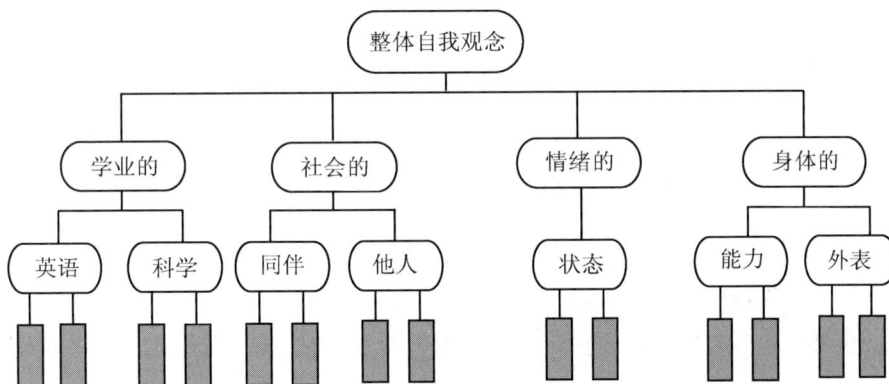

图 12-1　自我的多维层次模型，从顶点(整体自我观念)到底部，越来越具体

源自 R. J. Shavelson，J. J. Hubner and G. C. Stanton，"Self-concept：Validation of construct interpretations," *Review of Educational Research*，1976，46(3)，pp. 407-441，Copyright © 1976。

自我图式(self-schemata)是一个认知结构，代表了人们对自己及其特征的了解。有理论家认为，自我图式指导着人们提取、选择及组织与自己有关的信息。肯泽尔斯基(Kendzierski，1994)将自我图式的概念应用于锻炼，提出将人划分为三种类型：锻炼图式、非锻炼图式及无图式。锻炼图式将他们描述为锻炼者，并认为身体自我的构念对他们的自我形象是重要的。非锻炼图式具有一个不锻炼的自我图式。无图式可能有不规律的活动，但是身体活跃对于他们的自我形象而言，并不重要。相较于无图式，锻炼图式最可能有坚持锻炼意向，并且在日常锻炼中，更容易使锻炼者克服退出的想法。经历是图式建立的一个部分，然而锻炼图式的建立，依赖却不局限于经历的事件或行为，包括锻炼经验。

"建立一个人内在的能力是提升自尊，以及克服不如他人的感受的途径……，在男孩和女孩中，一个好的发泄方法就是体育和游戏，在体育和游戏中，他们能够学习到如何成功地表现及获得真正的乐趣。成就感建立自信，自信有助于克服自信缺乏和自卑。"(Rathbone et al.，1932)

——约瑟芬·兰沃思·拉思博恩(Josephine Langworthy Rathbone)，1932 年，他是 1954 年成立的美国运动医学学会的创始人之一。

自尊(self-esteem)通常被理解为个体喜欢自己或认为自己有价值的程度，而且，从直观上看，积极的自尊与良好的心理健康之间存在联系。在社会科学中，自尊是一个假设的构念，是对自我观念的评价且包括与评价相关的感受。它是基于自己的个人价值系统和标准，对自身在特定领域中表现得如何进行的概括性判断。因此，自尊可以被量化为对自己多种属性的评价总和。用于描述自尊的其他术语有自我价值感(self-worth)、自我关注(self-regard)、自我尊重(self-respect)和自我接纳(self-acceptance)(Blascovich and Tomaka，1991)。

自尊最初被假定为一个整体结构，但是，其概念已经扩展为一个更多维的结构。自尊的不同侧面(如对身体能力的判断)对整体自尊的贡献程度，与该属性对自我感知的重要程度一致(见图 12-2)。因此，为了理解自尊，我们必须考虑主流文化及个体对该文化价值观和理想的内化程度。例如，如果该文化的理想包括瘦的体型，那么高体脂率的个体将有低的身体自尊，且程度与他重视身体自我观念及接受文化理想的程度一致。如果主流文化更看重家庭及社会关系，而非外表和身体自我观念的其他成分，那么，身体尺寸对自尊的影响则较小。

虽然某些研究者区分自我观念和自尊，但其他研究者(如 Sonstroem，1998)将自我观念的不同方面视为整体自尊的组成部分。这一整合基于的理念是：我们不能在没有评价和情感反应时描述自我。例如，在锻炼和自尊模型中(Sonstroem and Morgan，1989)，整体自尊的一个领域为身体自我价值感。身体自我价值感受到几个子领域中的身体能力及自我接受程度的影响，如力量和有氧耐力。身体能力即我们认为自己能做什么，与自我观念类似。自我接受程度是我们对自己能做什么的态度，提示了我们对自己能力水平的满意程度。这一满意程度代表了整体自尊的一个成分。

> 自我观念是对我们是谁的客观描述。自尊是对我们是谁的态度。

自尊与主观幸福感有明显的联系，但它也指导行为。自尊的这一动机特性通过对自我提升的追求进而指导行为。**自我提升假说**(self-enhancement hypothesis)的前提是，人们通常做那些

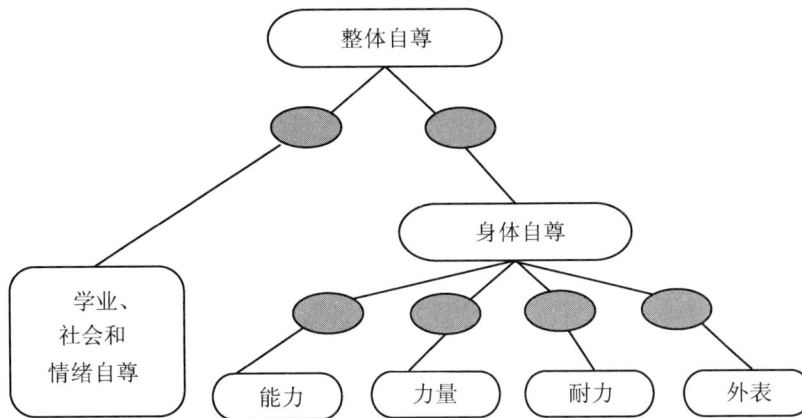

图 12-2　在形成自尊时，不同的人看重自己不同的方面

Reprinted, by permission, from K. Fox and C. B. Corbin, "The physical self-perception profile: Development and Preliminary validation," *Journal of Sport & Exercise Psychology*, 1989, 11(4), pp. 408-430.

他们期望能够引发积极能力感及尊重的事情（Biddle，1997）。他们遵照对自己的感知而行动，并实施他们认为能够引发成功及自我提升的行为。因此，提升或保持自我观念的积极评价的需要影响着行为的选择。在该模型中，自我效能是一个有用的概念，因为如果个体相信自己会成功且认为成功能够提升他们的自我感知，那么他就更可能实施这种行为。该模型可用于预测未来的行为。例如，一个人对游泳有高的自我效能，而对轮滑不那么自信的话，他更可能相约去游泳池而非溜冰场。

自尊的理论及模型

桑切佐姆和摩根（Sonstroem and Morgan，1989）建立了锻炼与自尊模型，模型整合了身体自我观念和自尊，以解释锻炼如何改变整体自尊，该模型被扩展为包括身体自我价值感（Sonstroem，Harlow and Josephs，1994）。该模型是一个多维层次结构，整体自我观念/自尊位于顶端，心理社会感知从一般到具体依次向下推进。特定的身体标准，如跑 1 千米所用的时间，与特定的锻炼自我效能相互影响，后者是身体状况子领域的一个成分。具体行为对身体产生的积极效果（如耐力提高、体脂率下降）导致了自我效能的提升，而自我效能被认为在身体改变和子领域自我感知对整体自我感知的影响中起中介作用。有证据表明，自我效能对整体自尊的效果独立于身体活动的效益，并以子领域自尊和身体自我价值感为中介，对整体自尊产生影响（McAuley et al.，2005）。身体自我价值感被认为在身体状况自我观念和自我效能对自尊的影响中起中介作用。该模型在自我的高层次构念与实际行为之间建立了认知联结。

> 自我观念是多维且有层次的，自我感知在不同层次可能不同。

麦考利、米哈尔科和贝恩（McAuley，Mihalko and Bane，1997）对久坐少动的中年人（41 名男性和 42 名女性），进行了为期 20 周的干预研究，以检验该模型。他们发现，整体自尊、身体自我价值感和身体状况都有显著的提升。在控制了身体自我价值感后，整体自尊则没有改变，这一结果支持了锻炼与自尊模型。艾拉夫斯基（Elavsky，2010）将该模型应用于 143 名中年女性，进行为期两年的研究。结果发现，与身体状况及身体吸引力相关的自我感知在身体活动、自我效能和身体密度指数对身体自我价值感与整体自尊改变的影响中起中介作用。与身体吸引力相关的自我感知也和身体自我价值感及整体自尊显著相关。在大学生中，抗阻运动训练也以层级的形式提升了身体自我价值感和自尊（Moore et al.，2011）。

福克斯和科尔宾（Fox and Corbin，1989）建立了身体自我观念轮廓图（见图 12-3），并由此提出了一个身体自我的概念模型。该模型除了包括运动能力、吸引力、身体状况及力量外，也包括身体自我价值感。由于对自我观念的感知受个体对特定领域重视程度的影响，因此，福克斯和科尔宾（Fox and Corbin）强调了身体能力与重要性之间的关系，并强调了对重要性的测量（主观重要性轮廓）（Fox，1990）。

个体认为他们自己是谁，影响着他们的自尊，并指导他们的行为。他们通过自我图式加工信息并做出决策，以便使自己的行为及其结果与目标和有关自我的个人理论相一致（Fox，1997）。因此，在自我观念的建立及保持中，自我是一个活跃的因素，而且自尊体现了成功的程度。除保持一致性外，自我也指引着那些有助于提升自我的行为。根据自我提升假设，能力感、价值感及被爱的需要引导那些提升自我的具体行为。人们为感受与他人的联结及自我决定感，而采取行动。福克斯（Fox，1997）提出了几种自我提升的策略（见表 12-1）。

表 12-1　自我提升的策略

行为策略	实例
选择更有可能成功并产生积极情感的行为。	乔治在大学的划船队划船，因此他决定买 1 个皮艇并参加几个循环赛。
以获取最大限度的社会赞许及支持的方式行动。	乔治给同班的新手一些建议，这些建议是他从划船队学来的。要下课时，他们安装皮艇并互相帮助。
退出可能导致失败、错失成功及产生消极情感的活动。	轮滑课的小伙子们在周日组织了一次在自行车道上的滚轴溜冰，但乔治退出了。在高中时，他几次学习轮滑都失败了，他不想在新朋友们面前出丑。
心理策略	实例
削弱那些没有获得成功和积极情感的活动的重要程度。	乔治认为在自行车道上玩滚轴溜冰对其他骑车或跑步的人是危险的。
塑造某些特征以表现自我观念的最好方面。	乔治认为，在教练繁忙时，他帮着做些事情，帮助整个划艇队运行得更加顺畅。他认为，他们进步更快，且能够从他的知识和技能中获益更多。
在自我观念受到威胁时，致力于自我肯定及自我证实。	轮滑课的一些小伙子拒绝了乔治的建议并无视他的意见，并且说"这与划船不同"。乔治获得了一本有关皮艇的书，确认了皮艇与轮滑的技能有相通之处。他对请求他帮助的同学们格外关注。

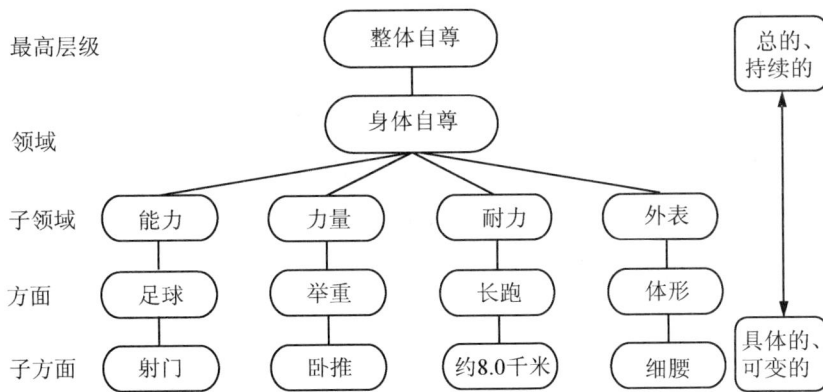

图 12-3　身体自我的结构

基于 Fox，1990。

> 自尊受人口统计学特征、身体、感觉输入、心理社会动力特征及社会和文化环境的影响。

自尊的影响因素

人口统计学特征，如性别和年龄，都影响着自我观念。大量研究发现，在各年龄段中，男性的自我观念和自尊得分均比女性更高。在成年阶段，随年龄的增长，自我观念基本稳定。赫希和林肯（Hirsch and Lykken，1993）针对 678 对同卵双生子和 547 对异卵双生子（年龄为 27～86 岁），研究了自我观念的影响因素。结果表明，自我观念在成年早期形成，反映出强烈的遗传影响。总体而言，自尊与自我观念发展的轨迹类似。奥思、特雷西尼奥斯基和鲁宾斯（Orth，Trzesniewski and Robins，2010）研究了 25～104 岁的 3 617 位成年人，在 16 年中对他们的自尊进行了 4 次评估。结果发现，自尊在成年早期到成年中期逐步提升，在 60 岁以后发展到高峰，在老年阶段下降，这可能是因为社会经济地位和健康状况的改变。

许多具有可塑性的身体、心理及社会变量都有助于对自我观念的评价。身体结构及功能的改变影响自我感知。青春期、怀孕、减肥或增重、受伤、更年期、疾病及衰老，都是改变身体自我并影响自我感知的实例。身体改变影响自尊的途径之一，是调节感觉输入对自我评价的作用。在举重课上，从受伤中恢复的某人体验到的肌肉紧张，从汽车中出来的一位老年妇女感到的肌肉僵硬，都是感知觉导致消极身体自尊的实例。

身体为个人和世界间的交互提供了实体性的媒介，并影响自尊。外表是交流的手段，也是身份和性能力的体现。对身体自我的判断影响着整体自尊，但是，在自我的其他成分发展尚不完善或高度重视身体状况（如从疾病或受伤中恢复过来）时，自尊中身体自我的重要程度高于其他成分。相比于其他年龄阶段，在儿童阶段，锻炼对自尊具有更强有力的影响，其原因之一可能在于儿童尚缺少复杂的自我意识。锻炼也可以通过改善身体功能，进而改善慢性病患者（如心血管疾病和乳腺癌患者）的自我感知。

在 20 世纪的社会中，身体对自我同一性及自尊具有重要的作用，而且这种重要的作用可能会持续。斯帕克斯（Sparks，1997）探讨了"社会建构的身体"这一概念，意指基于"身体本体及身体美观"来建构身体这一论点（p. 87）。医疗技术的进步使整形及重塑身体特征成为可能。整形外科手术和大量的增进身体机能的辅助手段扩展了外表与身体机能可能的极限。媒体及产品宣传提升了人们对外表的控制感。身体被重新定义为健康、成功及财富的象征。身体自我已经成了社会流行语。

将身体视为可塑的，这一观点能够提升个体的自制及对自身健康的责任感。但是，当个体采纳了有关体形及尺寸的不切实际的主流文化理想，并据此判断自己的外表时，尤其是当考虑到吸引力感受与身体自我价值感的典型的相关系数高于 0.7 时（Fox，1997），他将身体视为可塑，对自尊则可能具有消极影响。当个体能力与重要程度之间矛盾时，自尊会受到威胁。例如，当身体意象被认为非常重要，但个体为了与理想意象保持一致而做出必要改变的能力很低时，根据认知失调模型，采纳不切实际的理想会导致较差的自我观念，即使此时从其他方面评价，也都有好的成就。马什（Marsh，1999）在一项研究中检验了该模型。在该研究中，793 名高中生从肥胖到骨感这一连续体上选择可变化的 12 个侧面轮廓，来表示他们实际的、未来的及可能的身体意象。马什的发现支持了认知失调模型，因为对苗条的理想身体意象渴求的增加，会对自我观念具有显著的消极作用。在美国和其他工业化社会中宣传女性对身体的不切实际的理想，导致了各年龄段女性较低的身体自尊，就不足为奇了。

> 自尊受身体特征以及自我感知与主流文化理想间交互作用的影响。

心理动力特征也影响身体自尊。例如，德西和瑞安（Deci and Ryan，1980）的源于认知评价理论的自我决定理论（Deci et al.，1991），提出了有别于真正自尊的状态性自尊和自我决定感，以理解自尊是如何被影响的。行为的动机以一个连续体的形式存在，从无动机，经过 4 个外在动机水平，最终变成一个真正的动机。状态性自尊是因为达到了外在标准，个人对强化不能控制且行动也并非自我决定的。真正的自尊是因为达到了个人的自定标准且行为受内在调节。真正或内在的动机被整合到自我同一性中，自尊通过掌握和自我决定得以提升，而自我决定又提升了独立感和自信心。建立自我同一性的任务包括将自我与环境及他人分离，发现个人因果律、测试环境并从他人的反应中了解自我（Sonstroem，1998）。从自我决定理论的核心观点出发，成功解决该任务被认为是对行为的内在调节。

自我观念的建立部分源于自我内在标准的建立。通过评价个人的行为（掌握、提高的程度、目标完成及客观表现），内在标准得以建立。然而，自我观念的建立也离不开社会环境，社会及文化价值对其具有重要影响。核心同一性通过自我与社会交互得以建立（"社会建构的自我"）（Sparks，1997），这一观点强调了，在对变化的角色和社会期许做出反应时，仍保持连贯的自我同一性是一个挑战。

跨文化研究揭示了社会在界定"什么是可接受的"这一方面所具有的力量。例如，对身体尺寸及外形的判断与文化理想相匹配：体重较重且社会经济较低的非洲裔美国妇女并没有消极的身体意象，而体重较重的白人妇女则追求瘦的、苗条的理想身材（Davis，1997）。性别也影响有关理想身材的文化信念。国家青少年健康纵向调查（National Longitudinal Study of Adolescent Health）第二轮共测量了 13 000 名 16 岁青少年的自尊、BMI 及对体重的主观感知（Perrin et al.，2010）。25％的体重正常女孩和 8％的体重正常男孩认为自己超重。对超重的错误感知同样具有种族差异：黑人男性发生比率最低，而亚裔女性发生比率最高。对所有 BMI 的白人女孩、前 20％ BMI 的白人男孩及前 60％的亚裔女孩而言，低自尊与超重错误感知的比率相关；而在所有体重类别的黑人及亚裔男孩中，低自尊与对超重的错误感知没有关系。

社会及文化因素经由个体将外在标准应用于自身，进而影响自我观念的建立及评价。外在标准包括参考评价和社会比较（Sonstreom，1998）。**参照性评价**（referred appraisal）指我们如何思考重要他人对我们的感受。从这个角度上说，自我观念的建立源于我们对重要他人认为我们是什么样的人所进行的评价。大多数人都熟悉自我实现的预言，该预言已经在学校和运动领域无数次地被证明，即当教师和教练对某些学生抱有高期望时，这些学生在结束时也会达到期望。外在标准也通过社会比较影响自我观念的形成，社会比较包括观察他人并将自己与他人比较。一位有 4 个孩子的中年母亲可能会承认，她有能力带她 3 岁的孩子白天去游乐场（基于客观表现的内在标准），但当她将自己与在体育馆举重的朋友相比时，她可能不认为自己的身体足够强壮（基于社会比较的外在标准）。

用于社会比较的背景及同辈团体会对自我评价产生重要的影响。例如，一个认为自己在当地小镇体育馆是最强壮的业余举重者，可能发现他不如在洛杉矶体育馆锻炼的大部分人强壮。马什及其同事（Marsh et al.，1997）的一项研究支持了"大鱼小池"效应，该研究调查了 1 514 名优秀的高中运动员及非运动员学生的身体自我观念。与预期一致，精英群体的身体自我观念优于非精英群体。然而，在身体自我观念的几个变量上，来自体育高中的非运动员学生，由于其比较的团体是精英运动员，其得分低于来自非体育高中的普通学生（非运动员）。自我感知同样是动态变化的，原因在于，对成功或失败的反应会导致个体用于评价自己的标准发生变化。例如，一名刚赢得公路赛的长跑运动员可能不再与业余新手比较，相反，他可能会改变自己的参照团体和自我感知。

福克斯（Fox，1997）总结了低自尊个体的特点。例如，低自尊的个体通常缺乏较清晰的自我意识，且对自己的认识不足。因此，他们对可能威胁到自尊的外界线索和事件更敏感。他们自我观念的组成成分较为简单且数量较少，因此，在自我观念受到威胁时，能够自我肯定的机会较少。他们的能力感与给这些能力赋予的重要程度之间也存在不匹配的情况。例如，一个低自尊的个体最初可能通过身体吸引力对自己进行定义，并且基于广告宣传的昂贵的锻炼装备和营养补剂来界定理想的情况是什么。她可能没有意识到，她结实的体形给予她现实的限制。她在改变身体方面不断失败，导致其在获得她重视的苗条的肌肉型身材方面的效能感较低，低自尊一直持续。

社会心理因素对自尊的贡献

能力感

自我认可

对力量的感知

自我接纳

自我价值感

源于 Fox，1997。

自尊的测量

由于并不存在能够用于验证测量效度的客观标准，因此，自尊本质上是为了解决测量问题而提出的构念。相反，研究者必须使用**聚合效度**（convergent validation）检验（与已有的测量类似变量及构念的量表之间有较强的关系）、**区分效度**（divergent validation）检验（与测量其他不相似的构念的量表之间没有关系），或者评价量表的表面效度（量表条目与被测量的构念的可接受的定义保持一致）。

> 自尊和自我观念均为多维构念，所以除非测量工具也是多维的，否则难以测量。

有关自我的变量的测量

第 2 章已经较深入地探讨了如何测量心理学构念，该章提到的问题及策略也适用于建立测量自我感知的工具。例如，工具必须基于有关自我的理论，在构建量表条目时，需考虑测量的目标人群。福克斯（Fox，1998）提出了建立自我感知量表的其他问题，如条目形式的明确性。

由于对人群总体的身体活动及运动经验范围缺乏了解，因此，确定分量表的具体层次变得复杂。这就像让从未拿过球拍的人评价他们在网球方面的自信，这会很困难。有研究者通过条目的措辞来解决这个问题，以便应答者可以利用他们自己的参考项目来判断其在不同的运动和锻炼领域的能力。而且，研究者也将专门的量表应用于特定的人群。例如，测量与一般技能相关的能力感的条目，如敏捷性，就允许应答者自己提出参考框架，如网球或足球。然而，在确定参加网球俱乐部的男性和女性的差异时，则可能会使用包括具体评价网球能力的条目的量表。

确定自我感知量表的信度，取决于对该构念稳定程度的理论视角。整体自尊被许多研究者认为是类特质的，因此应有较好的重测信度。越接近层次模型底部的构念（如力量自尊），越容易改变。因此，不同施测中量表分数的差异，可能源于真实的改变，也可能源于混淆了测量工具在测量跨时间稳定性方面的能力。研究者在建立身体活动的测量工具时，也存在确定问卷跨时间稳定性的困惑（见第 13 章相关因素）。

当代有关自我观念和自尊的模型都是多维层次结构的。因此，基于这些模型建立的量表需经过作为整体及作为独立组成部分的量表效度验证。外部构念效度包括将该量表与已有工具一同施测，并评价其与其他量表的相关程度。马什（Marsh，1997）提出了网络间效度这一外部效度验证方法。他根据理论推得的变量间关系的逻辑形式，将自我观念的测量与其他构念相比较。根据理论预期，该变量应该与一些量表显著相关，而与其他量表无关。基于沙沃森、哈布纳和斯坦顿（Shavelson，Hubner and Stanton，1976）的多维层次模型建立的自我观念测量工具，应包括独立的多维度成分（如学业的、社会的、身体的、情感的及精神的），这些成分之间不相关。每个成分还包括具体的子成分（身体成分包括表现和外表），每个子成分也可以包括更具体的子领域（功能包括力量、耐力、协调性及灵活性等）。因素分析和多特质—多方法分析都是确定自我观念测量工具网络内效度的统计方法（Marsh，1997），具体介绍见第 2 章。

作为一个构念的自尊

自尊是一个定量的理论构念。例如，作为对自我或人格中不同典型属性的评价的总和（Blascovich and Tomaka，1991）。

自我感知的测量工具

为理解先前讨论过的身体活动与自我观念及自尊之间的关系，必须有具备良好信效度的测量自我感知的工具。自 20 世纪 50 年代开始，研究者发展了几种与身体活动有关的自我感知测量工具。下面将对这些测量工具予以描述。早期的身体自我观念领域的研究集中在评价身体意象及其与整体自尊之间的关系（Marsh，1997）。因此，考虑到身体意象对自尊及锻炼动机的重要性及其历史地位，我们从身体意象的测量工具开始介绍。

身体意象

研究者使用多种方法测量身体意象，包括变形技术、剪影及照片评定、对计算机生成的体形及身体尺寸的主观感知，以及纸笔问卷（见图 12-4），迄今有超过 50 种可用的测量方法（Thompson，2004）。最早用于测量身体意象的量表之一是西科德（Secord）和朱拉德（Jourard）

在 1953 年编制的"身体关注量表"(Body Cathexis Scale)。身体关注被定义为个体对自己身体不同部分及功能的满意或不满意程度(Secord and Jourard，1953)。应答者在 5 点量表上对 46 个身体部分及功能进行评价，评价等级从"有强烈的感受并希望能够做一些改变"到"认为自己是幸运的"，然后将得分求和。身体意象的分数是基于情感而非感知的。"身体关注量表"的局限之一是它将身体意象作为单维结构进行评价(如将所有反应分数求和来获得总分)。1984 年，弗兰茨奥(Franzoi)和希尔兹(Shields)在身体关注量表的基础上编制了"身体自尊量表"(Body Esteem Scale)。修订后的量表包括 32 个条目，测量 3 个针对不同性别的因素。对于男性而言，分量表包括身体吸引力、上肢力量及身体状况。针对女性的分量表则测量性吸引力、体重关注及身体状况。

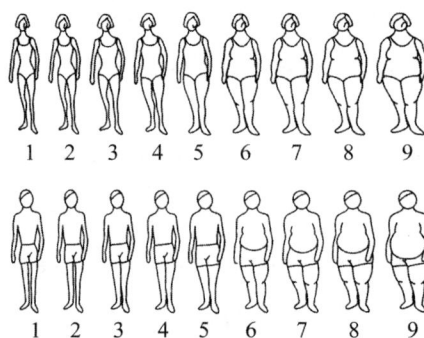

图 12-4　通过请应答者圈出上面哪个体形最像自己，来评价个体对身体尺寸的感知

虽然身体意象的测量可以是单维的也可以是多维的，但我们普遍认为，身体意象是一个多维的心理构念。尽管身体意象被定义为几个成分，但在文献中，有两个构念是一致的，即对身体的评价，以及对身体满意的表达(Rowe，Benson and Baumgartner，1999)。例如，"身体领域满意感量表"(Body Area Satisfaction Scale，BASS)就是一个评价身体意象的标准化工具，它是"多维身体自我关系问卷——外表量表"(Multidimensional Body-Self Relations Questionnaires-Appearance Scales，MBSRQ-AS)的一个部分(Cash，2000)。MBSRQ-AS 包括 34 个条目，除身体领域满意感外，还包括外表评价、外表指向、超重偏见及体重的自我分类等分量表。也有一些为特殊人群建立的身体意象量表，如"身体意象及关系量表"(Body Image and Relationships Scale)(Hormes et al.，2008)。该量表评价乳腺癌治疗后人们对外表、健康、力量、性感、关系及社会功能的态度改变。

自我观念

早期建立量表的研究主要受到自我观念单维概念的影响。与建立身体关注量表类似，早期研究将几个条目的分数相加以获得单一的整体自我观念的得分。该方法假设，代表自我不同方面的条目的权重相等，如学业和身体自我观念。这种概念框架(如身体关注量表)限制了身体自我的针对性的测量量表的建立，这种情况持续到 20 世纪 70 年代末和 20 世纪 80 年代初，直到多维度模型(Shavelson，Hubner and Stanton，1976)及"身体自我剖面图"(如 Harter，1982)的出现。层次模型的纳入，为量表发展的研究、检验假设，以及在具体领域评价自我观念的分量表提供了一个组织框架。

"田纳西身体自我观念量表"(Tennessee Self-Concept Scale)(Fitts，1965；Roid and Fitts，1994)是第一个多维的自我观念量表。在该量表中，自我观念包括一般因素和特殊因素。该量表可以分别给出个体身体自我、道德—伦理自我、个人自我、家庭自我和社会自我等领域的分数。每个领域都可以计算 3 个分数，即认同(如对身体自我的描述)、自我满意感(对身体自我形象的满意程度)及行为(身体活动的参与情况)(Blascovich and Tomaka，1991)。虽然该量表测量自我观念，但很多研究也普遍将该量表作为自尊的测量工具(Blascovich and Tomaka，1991)。

为了在儿童群体中检验沙沃森、哈布纳和斯坦顿(Shavelson，Hubner and Stanton，1976)的模型，研究者编制了"自我描述问卷"(Self-Description Questionnaires，SDQ)(Marsh，Smith and Barnes，1983)。该问卷基于自我的多维层次结构。它可以测量对自我的一般感知、更具体的方面或领域自我观念及各领域中更具体的技能和能力。两个领域即学业领域和非学业领域。非学业领域包括身体能力、外表、与同伴的关系及与父母的关系。马什(Marsh)建立了该问卷的其他两个版本，分别适用于青少年(SDQ-Ⅱ)(Marsh，Parker and Barnes)及青年或成年人(SDQ-Ⅲ)(Marsh and O'Neill，1984)。

身体自我观念

接下来介绍两个基于自我观念层次模型建立的多维身体自我观念量表。新近建立的量表已经开始应用计算机及多元统计技术，这些技术的应用能够提高身体自我观念评价工具的质量。

20 世纪 80 年代末，福克斯和科尔宾(Fox and Corbin，1989)基于哈特(Harter，1985，1986)以及沙沃森、哈布纳和斯坦顿(Shavelson，Hubner and Stanton，1976)的模型，建立了"身体自我感知剖面图"(Physical Self-Perception Profile，PSPP)，用于测量身体自我观念。研究者阐述了大量先前的研究，并就身体自我的重要成分对大学生进行了访谈，由此建立了量表的内容效度。"身体自我感知剖面图"包括 5 个分量表(见身体自我感知剖面图分量表)。每个分量表都包括了可以反映以下 3 个方面的条目，即对结果的感知(完成程度/充分性)、对过程的感知(获得/保持)和自信程度(自我呈现)。该量表还包括一个整体身体自我价值感分量表，并选择了结构化转换的形式作为量表条目的形式，此举是为了减少社会赞许性反应，但也可能产生混淆。作为身体自我感知剖面图的补充，研究者编制了"重要性感知剖面图"(Perceived Importance Profile，PIP)，以测量就更普遍的自我价值感而言，个体赋予每个子领域的重要程度。然而，对支持重要性感知在身体自我观念和自尊模型中所具有的价值的证据，并不一致(Fox，1998；Marsh，1997)。

研究者在瑞典、土耳其及英国的大学生样本中，利用验证性因素分析检验了该量表修订版(PSPP-R)的因素效度(Lindwall，Asci and Hagger，2011)，支持了包括 4 个相关因素的一阶模型，这 4 个因素分别为运动能力、身体状况、身体吸引力和力量。同样，二阶因素模型也得到了支持，4 个一阶因素隶属于 1 个总体因素，即身体自我价值感。

身体自我感知剖面图分量表

运动能力

身体状况

身体吸引力

力量

身体素质

引自 Fox and Corbin，1989。

"身体自我描述问卷"（Physical Self-Description Questionnaire，PSDQ）是以马什、沙沃森的自我观念层次模型（Marsh，1990）为基础编制的。应答者需在 6 点（真—假）反应量表上对 70 个描述进行评价，根据反应可以得到 11 个量表分数（见"身体自我描述问卷"）。该量表效度检验的过程可作为社会科学量表编制的示范：使用体适能 14 个领域的效标建立了效标关联效度（Marsh，1993）；利用现有的测量工具建立了聚合—区分效度，作为构念效度的证据（Marsh et al.，1994）；而且在为期两年内对 4 个年龄组的人群测量了 4 次 PSDQ，检验了量表的不变性（Marsh，1998）。

为比较自我观念不同的人群（如种族或伦理）的身体自我观念是否存在有意义的差异，测量工具需要具有测量等值性。在一项研究中，研究者在 12 年级的美国黑人（$n = 658$）和白人（$n = 479$）青少年女性样本中，检验了 PSDQ 的因素效度和不变性（Dishman，Hales and Almeida et al.，2006）。该研究通过计算 PSDQ 各分量表分数与外部效标（身体活动、体适能、BMI 和运动参与）的相关程度，验证了构想效度。假设的 11 因素模型总体拟合指标良好且在两个人群中等价。与外部效标相关的模式支持了聚合—区分效度，被作为构念效度的证据。结果表明，可以在 12 年级的白人女生和黑人女生之间，对 PSDQ 分数进行有意义的比较；而且，可以通过 PSQD 分数之间的差异，获得在身体自我观念具体方面是否存在差异的有效推论。尽管黑人女孩的身体活动水平、体育活动参与程度及体适能均较低且 BMI 较高，但其与白人女孩具有相似的自尊水平、积极的身体自我观念及对外表的感知。

"自我描述问卷"精简版（PSPQ-S）由原始的 70 个条目减少到 40 个条目，但仍保留 11 个相关因素。PSDQ-S 在多个样本中进行了交叉效度验证，包括 708 名澳大利亚青少年、349 名澳大利亚青少年精英运动员、395 名以色列大学生和 760 名澳大利亚老年人（Marsh，Martin and Jackson，2010）。

身体自我描述问卷

普遍的分量表

　　身体自我观念

　　整体自尊

身体自我观念分量表

　　肥胖

　　力量

　　活动

　　耐力/适能

　　运动能力

　　协调性

　　健康

　　外表

　　灵活性

　　自尊

自　尊

　　自尊最初被认为是一个整体的结构。"罗森伯格自尊量表"(Rosenberg Self-Esteem Scale) (Rosenberg，1965)是使用最多的自尊量表且已成为后续编制自尊量表的标准。该量表为整体单维结构，包括 10 个条目，具有高的内部一致性及重测信度。库珀史密斯的"自尊量表"(Self-Esteem Inventory，SEI)(Coopersmith，1967)同样是一个被广泛应用于测量自尊的单维测量工具。尽管该问卷的修订版(SEI B 版)(Coopersmith，1975)被认为是对积极自我关注的单维测量，但后续的分析却发现了不同的因素结构，这提示了量表具有多维度的特点，但尚未确定该量表稳定的多维结构(Blascovich and Tomaka，1991)。

　　受沙沃森、哈布纳以及斯坦顿(Shavelson，Hubner and Stanton，1976)的影响，自尊的概念已经扩展成为一个更具多维层次的结构，即自尊的不同方面对更加整体的自尊具有贡献。例如，你对自己跑 1 千米能力的判断会影响自己对身体能力的尊重。"贾妮斯领域缺乏感量表" (Janis-Field Feelings of Inadequacy Scale，FIS)(Janis and Field，1959)后来被研究者作为多维层次结构使用(Fleming and Courtney，1984；Fleming and Watts，1980)。该量表的 5 个因素对整体自尊均具有贡献，这 5 个因素分别为社会自信、学业能力、情绪稳定、外表及能力。

　　"身体评价及吸引力量表"(Physical Estimation and Attraction Scales，PEAS)(Sonstroem，

1978)包括两个整体成分，分别定义为评价(身体能力的自我感知)及吸引力(身体活动中审慎的兴趣)。PEAS 基于锻炼与自尊模型(Exercise and Self-Esteem Model)(Sonstroem and Morgan，1989)的先行者，测量评价及吸引力，这两者在身体能力、身体活动与自尊之间的关系中起中介作用。虽然 PEAS 的使用已经减少，但它是超越单维测量的早期尝试的实例，也是将工具建立与模型建构结合的一个实例。

整体自尊比较稳定，因此，在锻炼领域的研究中，将整体自尊的数值作为结果变量存在局限，其原因在于难以发现整体自尊因身体活动而发生的有意义改变。尽管研究者坚持使用整体量表来测量锻炼干预后的改变，但整体量表可能仍缺乏必要的敏感性。将目标放在对非常具体的属性进行评价，是解决这一问题的途径之一，且这一途径也得到了自尊的多维层次模型的支持。

层次模型要求研究者在编制时解决两个问题(Marsh，1998)。其一，条目应为切题的，亦即条目对于研究者感兴趣的测量而言是合适的。例如，对于参加 5 千米公路跑而言，"我能够搬起 2 倍于我体重东西"与"我能够锻炼很长时间而不气喘"相比较，前者的预测作用不及后者。其二，条目与测量构念的具体层次相同。"我是健康的"并不能用于评价力量子领域的自我观念，而"我是强壮的"则可以。在力量训练计划的实施过程中，追踪身体意象及关系量表的力量子量表分数的变化，就是测量的具体层次与干预一致的实例。相较于通过该量表测得的整体分数而言，研究者更可能探测到具体的相关分量表分数的改变。

锻炼与自尊

相较于探讨锻炼及其他心理变量关系的研究(如抑郁及应激反应)，探讨锻炼与自尊的研究并没有那么广泛。总体而言，有关锻炼对整体自尊效果的证据大部分是积极的，但并不一致(Fox，2000；McAuley，1994)。研究结果不一致可能反映了研究设计及测量的局限，此外，也反映了自尊在本质上是类特质的，这导致其较难因锻炼干预而改变。尽管越来越多的证据指出，作为锻炼参与的结果，自尊发生了变化，然而，这些研究缺乏对有关变量的控制，如感知的任务要求、反应歪曲及对自尊改变的预期等(Sonstreom，1998)。

下一部分将讨论有关自尊与锻炼之间关系的研究，包括对元分析及综述的总结，相关及纵向研究实例，以及对特殊人群研究的讨论。

元分析及综述

与解决锻炼与心理健康其他领域关系的文献相比，只有非常少的研究综述涉及锻炼与自尊或自我观念关系。格鲁伯(Gruber，1986)总结了探讨身体活动与儿童自尊发展之间关系的干预研究的文献。他检索到 84 篇干预研究，并对其中列举出了充分数据的 27 篇研究进行了元分析。平均效果量(effect size，ES)为 0.41，支持了锻炼对自尊具有积极效果的假设。小学儿童整体自尊的发展受到参与有指导的游戏或体育课(或两者都有)的影响，低自尊及来自特殊人群的儿童通过参与运动获得的整体自尊收益更大(见图 12-5)。锻炼对残疾儿童的自尊效果最大，效果量为 0.57。参与有氧健身活动的效益(效果量为 0.89)明显高于参与创造活动(效果量为 0.29)、竞技运动(效果量为 0.40)及技能学习活动(效果量为 0.32)。然而并没有给出这些差异的置信区间，而且这些差异通常是基于少数几项研究获得的，也许并不能反映效果之间的真实差异。

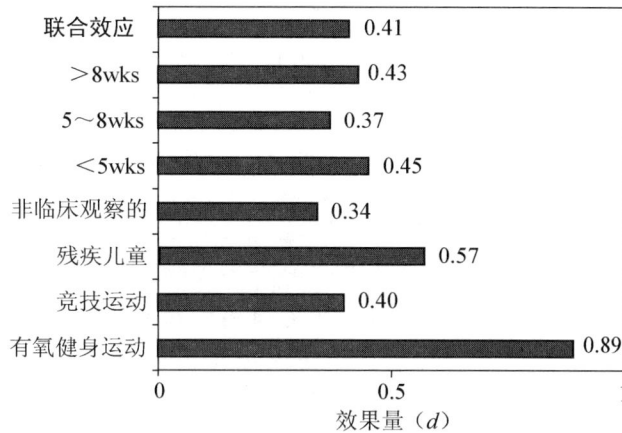

图 12-5　对 27 项涉及儿童的纵向研究的元分析。　训练持续时间没有效应，

残疾儿童能够从有氧运动中获得更大的收益

数据基于 Gruber，1986。

但该元分析的结果也不应被视为对儿童参与体育活动提升自尊的不利证据。在格鲁伯(Gruber)的元分析中，几乎所有研究都使用了对自尊的整体测量，这可能不足以评估具体的身体自我评价方面的改变。有的研究包括了测量自尊的具体子成分的量表，如运动相关自尊(如 Anshel，Muller and Owens，1986)，该量表已经发现了源于运动参与的自尊提升。而后一项有关身体活动与心理健康研究的元分析，检索了 5 项横断研究和 2 项前瞻性研究，涉及 3～18 岁的 14 823 名年轻人，但只有两项研究为随机对照实验，涉及 50 名年轻人(Strong et al.，2005)。表 12-2 列出了在非控制及控制实验中，锻炼对自我观念子成分的效果。

表 12-2　锻炼对青少年自我观念及自尊的作用

结果	效应(K)	效果(标准差)	95％置信区间
** 自尊	29	0.51	0.31，0.71
运动能力	5	0.77	−0.10，1.64
* 社会自我观念	9	0.25	0.007，0.484
学业自我观念	6	0.27	−0.36，0.90
* $p < 0.05$ ** $p < 0.01$			

后续的一项元分析纳入了 8 篇随机分组但控制较弱的实验，这些实验主要探讨了有氧锻炼

或运动训练对儿童和青少年的效果，元分析发现了中等的效果量（SD＝0.49，IC：0.16～0.81）（Ekeland et al.，2004）。然而，少数孤立的研究并不能提供不同类型的锻炼或情境具有改变性作用的信息。

里瑞格（Lirgg，1991）对35项研究进行了元分析，以探讨性别在完成不同身体活动的自信方面所具有的效果量。结果发现，除在一项男性化（关注力量的、竞争性的）或性别中性任务上，在几乎其他所有任务上，男性的自信显著高于女性。在一项利用女性化（有表现力的、优雅的）任务的研究中，女性的自信程度显著高于男性。任务情境的竞争程度并不影响性别差异的程度。

福克斯（Fox，2000）进行了一项定性的研究综述，该综述包括37项随机对照及42项非随机对照的锻炼干预研究，并且均测量了锻炼对自尊和身体自我感知的效果。对这些研究的描述阐明了在建立结构化的文献综述时遇到的困难。结果变量是种类众多的构念，但只能使用少数的测量工具进行测量。仅有少数新近研究基于理论模型，并使用了具有良好的心理测量学指标的量表测量多维身体自我观念。总体而言，即使考虑到研究的稀缺及薄弱，其结论仍是积极的。几乎80％的研究表明，在锻炼后，身体自我价值感及其他方面的身体自我感知发生了显著变化，但只有一半的研究发现了自尊的积极变化。尽管锻炼对男性和女性都有积极效果，但对于初始自尊较低的群体，效果更大。有氧运动及力量训练都对自尊有积极的影响，但一些研究表明，力量训练的短期效果更大。其后的一项元分析包括了50项研究，大部分均为小样本随机对照实验，结果表明，在成年人中自尊提升的平均效果量约为0.25个标准差（Spence，McGannon and Poon，2005）。

> 锻炼与自尊间的正相关已被支持，但是，对于初始自尊低的群体，自尊的收益更大。

相比于参与那些难以保证成功及成就感的竞技运动，在参加健身训练后，人们的身体自尊改善更明显（Spence，McGannon and Poon，2005）。与身体活动情境和研究结果聚焦于技能学习相比，当体适能因锻炼得到改善时，成年人（Spence et al.，2005）和青少年（Strong et al.，2005）的自尊均能得到更多的提升。然而，已使用的研究设计尚未阐明与身体活动、锻炼及健身有关的特征所具有的社会背景的重要性。因此，我们尚不能明确自尊的提升是源于锻炼本身，还是源于锻炼情境中社会背景的某些方面，包括人们对效益的期望（Desharnais et al.，1993）。可以预期的是，在初始自尊水平较低或整体自我观念中更加重视身体属性的群体将获得最大的自尊收益。

相关关系的证据

身体自我观念受到身体活动水平的影响，终生与整体自尊呈稳定的中等程度的相关（Fox，2000），但与身体自尊相关更高（见图12-6）。因此，相关关系的证据提示，参与身体活动和锻炼通过影响身体自我观念，进而对身体自尊产生有意义的影响。

	相关	
	整体自尊	身体自尊
身体自尊	0.62	
运动能力	0.32	0.49
状况	0.33	0.65
外表	0.48	0.72
力量	0.24	0.43

图 12-6　与整体自尊相比，对外表及身体功能的评价与身体自尊相关更强

（样本包括 1 191 名大学男生和女生）

数据来源：Fox and Corbin，1989。

> 与整体自我感知相比，锻炼对身体自我观念及自尊具有更强有力的影响。

纵向研究

有研究证明，个体参与有氧训练或力量训练课程后，其自我观念和自尊发生了积极的变化。一项探讨锻炼干预对身体意象影响的元分析也表明，锻炼干预对身体意象具有积极的影响（Campbell and Hausenblas，2009），且与锻炼形式无关。相关关系的研究也提供了强有力的证据，即与整体自尊相比，身体自我价值感及其他方面的身体自我感知的变化更为显著（Fox，2000；Sonstroem，1998）。

在 1986 年格鲁伯（Gruber）的元分析后，对儿童的研究大多继续发现，锻炼对自尊具有积极的效果（如 Boyd and Hrycaiko，1997），同时发现这种效果在 3 岁的儿童中同样存在（Alpert et al.，1990）。然而，并非所有有关儿童锻炼与自尊的研究都发现了显著的效果。费根鲍姆（Faigenbaum）及其同事（1997 年）在对 15 名 7～12 岁的儿童进行为期 8 周的力量训练后，尽管发现了身体力量有显著提高，但并未发现自我观念或自我效能的变化。另一项研究对 3～5 年级的 67 名儿童实施了为期 13 周的有氧训练课程，也未发现锻炼对身体自我感知的显著效果（Walters and Martin，2000）。这两项研究的讨论中都提到，自我感知测量的天花板效应导致了研究未能出现显著的结果。基线的高分数为锻炼后的改善留出的空间较小。青少年的自尊与 BMI 呈负相关，因此，超重儿童群体可能更容易被检测到身体活动的效益。例如，古德菲尔德（Goldfield）及其同事（2007 年）在 30 名超重及肥胖儿童中发现，为期 8 周的干预后，身体状况、身体满意感及整体身体自我价值感均得到显著改善，并促进了身体活动，减少了久坐少动行为，但 BMI 并没有显著的变化。

女性，尤其是白人女性的自尊与身体自尊密切相关（Calhoun，1999）。女性患饮食失调的风险更大，而且女性身体意象的突然下降或逐渐扭曲及其对自尊产生的消极影响，可能有助于女性对锻炼对身体自我感知的潜在效益产生兴趣。有证据表明，规律锻炼对女性的身体自尊具

有积极的影响。波德比斯基茨、范拉尔特和布鲁尔（Bartlewski，Van Raalte and Brewer，1996）考查了有氧锻炼对女大学生身体意象关注的影响。结果发现，参与有氧课的女大学生身体自尊显著提升，体形焦虑显著降低，但作为对照的学业课组，从学期初到学期末，并未出现相似的变化。麦考利（McAuley）及其同事（1995年）的一项针对老年妇女的研究，也发现了锻炼对身体感知的积极影响。中老年女性的横断样本中，普遍存在躯体焦虑，但参加为期20周的有氧锻炼课程降低了中年女性的躯体焦虑，而且她们的体适能也有所改善。

多种锻炼形式均能够提升中年女性的自尊，如走路（Palmer，1995）、力量训练（Brown and Harrison，1986）、力量及有氧训练结合（Caruso and Gill，1992），以及瑜伽（Elavsky，2010）等。研究表明，在力量训练课程后，大学生的身体自我观念有显著的改善（Van Vorst，Buckworth and Mattern，2002）。此外，在将力量训练与游泳与无锻炼的控制组相比时，结论仍然成立（Stein and Motta，1992）。

对中老年男性及女性的研究也发现，自我感知伴随身体活动发生变化。例如，麦考利、米哈尔科和贝恩（McAuley，Mihalko and Bane，1997）在对久坐少动的中年人进行为期20周的健走训练后，测量了领域自尊和整体自尊水平的变化。参与者的整体自尊、身体自我价值感及身体状况均表现出显著的提升。有证据表明，在有氧训练课程结束后，自我感知的改变仍能保持。欧浦登内肯、德勒克吕泽和博恩（Opdenacker，Delecluse and Boen，2009）在对186名老年人进行11个月的干预后及结束后1年，评估了他们的整体自尊、身体自我感知、自我效能、BMI、有氧能力及身体活动（加速度计及自陈报告）的变化。参与者被随机分配到控制组、生活方式组及两个有组织的锻炼组。干预结束后，与控制组相比，两个锻炼组在身体状况及运动能力的主观感受上，改善更为明显；而且，生活方式组的身体吸引力和身体自我价值感提升得更多。在1年后的随访中，生活方式组的身体吸引力的提升仍保持显著，同时伴随着整体自尊分数的显著提高。有组织的锻炼组的身体状况及运动能力的主观感受的提升仍保持显著，而且，从前测到随访，相比于控制组，锻炼组的身体吸引力仍有显著的提高。

特殊人群

对于初始自尊较低的群体，锻炼能够产生最大的效益（见图12-7）（McAuley，1994）。由此可见，经历过自尊受到威胁的群体能够从身体自我观念的改善中获益。现在，我们考查那些在特殊人群中探讨锻炼与自尊的研究。这些特殊人群包括孕期妇女、有发育残疾的群体、癌症群体及有其他状况的群体。

锻炼对孕期或产后妇女的自尊有特殊的益处，其影响主要通过身体意象、改善耐力及其他身体方面的适应性。已有研究证据表明，锻炼有助于经前综合征和痛经的缓解。这是因为，与久坐少动的妇女相比，活跃的妇女在经期的心境状态更好（Mutrie，1997）。锻炼同样有助于保持或提高更年期妇女的自尊，尽管针对该领域的研究还非常少。

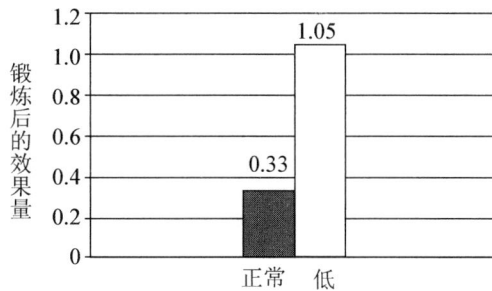

图 12-7　在低自尊群体中，锻炼后，自尊看起来提升得最显著。 独立的两个为期 8

周的有氧训练后自尊的改变（效果量）如图所示

正常数据源于 Wilfley and Kunce，1986；　低数据源自 Ossip-Klein et al.，1989。

　　已有研究也充分表明，锻炼引起的生理方面的适应性改变显著地改善了老年妇女的日常活动（American College of Sports Medicine，2009）。越来越多的证据支持了规律性锻炼产生的心理效益，如抑郁症状的减轻、个人控制感及自我效能的提升。例如，将身体活动作为老年人社区健康活动计划（Community Healthy Activities Model Program for Seniors，CHAMPS）的一部分，低收入老年人通过参加身体活动提高了自尊，那些在为期 6 个月的干预结束后采取和保持身体活动的老年人，其焦虑、抑郁及总体幸福感分数均得到了改善（Stewart et al.，1997）。

　　锻炼和体育活动对儿童、青少年及具有发展障碍的成年人的自尊和其他心理变量具有积极的效果（Bartlo and Klein，2011）。对于这些群体而言，参与锻炼或体育活动与适应不良行为的减少及健康状况、自尊和社会能力的改善密切相关。与同龄的、智商相仿的、未参加世界特殊奥林匹克运动会的群体相比，参加世界特殊奥林匹克促进了较高的社会竞争力和更积极的自我感知（Dykens and Cohen，1996）。身体或心理残疾的群体能够从锻炼中获益（如自尊的提升），但还需要进行控制严密的实验研究，以确定特定的残疾群体为获得特定效益的最佳方案（Rimmer et al.，2010）。施密茨（Schmitz）及其同事（2010 年）综合阐述了锻炼对癌症生存者有影响的文献发现，锻炼对其身体和功能满意感有一致的积极效果，同时对心理功能也具有积极作用，如改善了乳腺癌生存者的自尊。

　　身体自我影响整体自我的发展，但是，身体活动的影响及程度，以及自尊伴随身体变化而发生的变化，取决于多种因素，如个体对身体自我观念的重视程度及初始的自我感知。是否能发现锻炼对自我感知的效果依赖于测量工具的质量、样本及在观测过程中测量锻炼类型及锻炼水平的能力。如果考虑对自尊及自我观念概念的解释，那么，如果研究使用了测量整体自尊的工具，如"田纳西自我观念量表"及"罗森伯格自尊量表"，未发现锻炼的效果，就不足为奇了。在许多探讨锻炼对自我观念和自尊影响的研究中，研究设计的局限性之一是参与者自行选择不同的锻炼类型。控制型的研究设计及使用基于自我观念多维层次结构模型的可靠测量工具，无疑将对我们已知的锻炼对不同群体自尊的影响，做出有意义的贡献。

　　大体而言，对人群总体进行的观测研究并未包括对自尊和社会支持的测量，因此我们无法确定两者是否混淆或对身体活跃群体与较低的抑郁症状发生率之间的关系产生中介作用。而且，大部分随机对照实验，既没有检验锻炼后的抑郁减轻是否以自尊提升为中介（Motl et al.，2005），也没有设置适宜的对照组，以确定锻炼后的抑郁减轻是否与社会支持无关。此类认知和社会因素值得后续研究探讨，尤其是自尊。自尊是心理健康及行为的重要标志，且抑郁通常与低自尊有关。由于身体意象与整体自我观念有关，因此，对重视身体属性超过自我观念其他方面的群体而言，身体意象或身体技能的改善均能够对整体自尊的改善做出贡献（Sonstroem，1998），并可能减少抑郁的主要风险和次要风险。

相关关系的证据提示，身体活动及运动参与通过对自我观念产生积极影响，进而减少女性青少年的抑郁风险。身体活动及运动参与对女性青少年的自我观念产生积极影响，自我观念的改善能够提升自尊，其作用独立于体适能、BMI、对运动能力的主观感知、身体肥胖及外表（Dishman，Hales and Pfeiffer et al.，2006）。一项横断调查研究了 1 250 名 12 年级的女生，考查了身体活动及运动参与与抑郁症状之间的关系。结果发现，整体身体自我观念与自尊之间存在高度的正相关，而自尊与抑郁症状之间存在中等程度的负相关。身体活动及运动参与与整体身体自我观念之间呈现间接的正向关系且这一关系独立于客观测量的有氧体适能及身体肥胖（见图 12-8）。

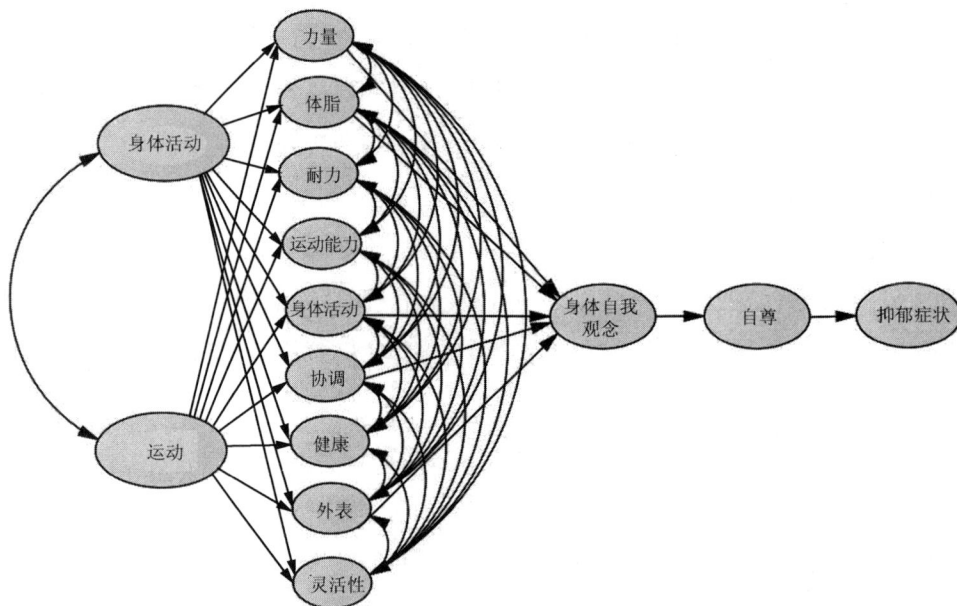

图 12-8　在女性青少年中，身体自我观念及自尊对身体活动水平
与抑郁症状之间的横断关系中起中介作用

Adapted, by permission, from R. K. Dishman et al., "Physical self-concept and self-esteem mediate cross-sectional relations of physical activity and sport participation with depression symptoms among adolescent girls," *Health Psychology*, 2006, 25(3), pp. 396-407.

尽管不能从横断关系中推得因果性的中介关系，但使用结构方程建模，可以使我们同时评估变量之间的关系，检验组间差异，将备择的直接效应模型与假设的中介模型比较。结果发现，如果身体自我观念的成分发生变化，将对整体身体自我观念、自尊及抑郁症状产生最强的影响。身体活动干预除了包括一般的身体活动外，也针对力量和协调性等方面。而且，无论身体活动最初是否有效地改善了抑郁症状，外表自我观念(外观和体脂肪)似乎都对女性青少年的身体自我观念和自尊的建立具有重要的作用。纵向研究表明，身体自我观念存在自然变化的过程(Cole et al.，2001；Marsh and Yeung，1998)，但是研究似乎对该过程的发生机制并没有相关的阐述，或者这一过程和其他与自我观念普遍联系的变量之间是如何联系的。要理解身体活动、运动参与、身体自我观念、自尊及抑郁症状之间是如何联系的，其关键在于弄清这些变量是如何随其他变量的变化而变化的，无论是随时间发生变化，还是作为干预的结果。

锻炼影响自尊的机制

已有大量研究探讨了锻炼改善焦虑和抑郁的机制问题，一些证据支持了锻炼产生的生理及心理效应。但仅有很少的研究探讨了锻炼是如何改变自尊的。自尊具有相对稳定的特点，尤其在成年人中，这使得发现自尊的改变更加困难。而且，自尊的测量工具缺少临床标准，阻碍了对自尊实际变化量的鉴别。尽管成年人在有氧或力量训练后，确实能够感受到体适能的变化且这一变化为自我评价奠定了具体且坚实的基础，但成年人在有氧训练或力量训练后，自我观念的变化通常不与体适能变量的变化密切相关(见图 12-9)。因此，我们并不容易联想到自我观念变化的生理机制。

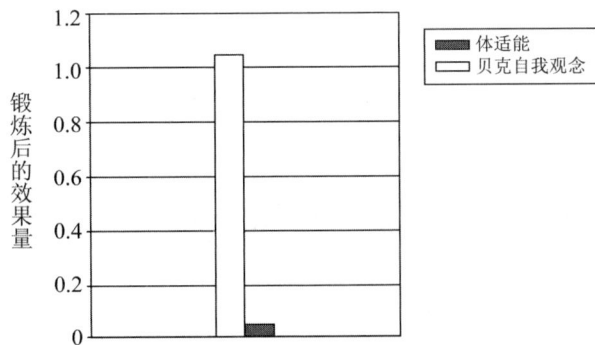

图 12-9　自尊的变化并不一定取决于体适能的变化。40 名中度抑郁的女大学生经过锻炼后，自尊提高了 1.05 个标准差(效果量)，而体适能(使用亚极量运动测试进行评价)在 8 周的跑步训练后并没有改变

数据来源：Ossip-Klein et al.，1989。

受到可能存在的中介因素(如群体动力、情境因素、锻炼历史、人格特征、自我效能及健康状况等)的影响，确定这一机制比较复杂，但已经涉及了几个基于心理的机制。

> 锻炼对自尊的积极影响可能源于心理社会机制而非生物机制。

与社会影响及个体预期相关的因素可能会人为地影响个体对自尊的评价。德斯哈内斯

(Desharnais)及其同事(1993年)从一个相对较新的视角逐渐接近了机制问题。他们假设，在锻炼计划中，有动机的个体将获得心理效益，这仅仅是因为他们预期自己会获得收益。换句话说，研究者给予了强的**安慰剂效应**(placebo effect)。在这项研究中，男性和女性被随机分配到实验或控制的锻炼组中。两组参与者接受同样的训练且体适能均有改善。但是，在开始和整个训练过程中，研究者始终告诉实验组的参与者，该训练课程是为了提升身心幸福感而设计的。研究者使用"罗森伯格自尊量表"测量自尊。实验组的自尊分数显著提高，而控制组则未见提升。这一结果支持了研究假设，即在锻炼改善自尊时存在安慰剂效应(见图12-10)。这项研究令人感兴趣的另一原因是，在整体自尊方面存在显著差异。

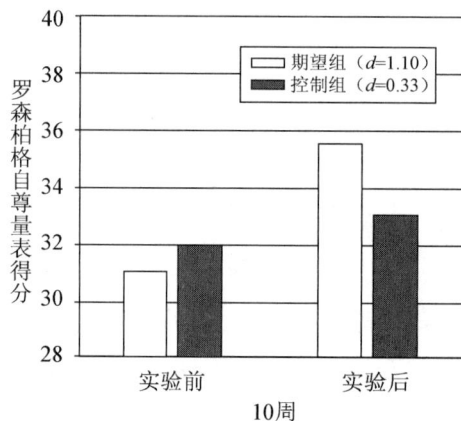

图12-10　一组(期望组)参与者被告知"训练将改善他们的主观幸福感"，而控制组(控制)参与者并未明确告知该预期。10周训练后，自尊的提升表明了安慰剂效应

数据来源：Desharnais et al.，1993。

• 锻炼后影响自我观念及自尊的心理社会因素

- 锻炼导致的对能力及外表的主观感知改善
- 对身体的自主感及控制感的提升
- 自我接纳意识的改善

- 幸福感
- 通过在某一群体或社会情境中锻炼、接触社会，提升归属感及重要感

何谓安慰剂？

在研究中，给予控制组的任何一种处理均为安慰剂，本意是其没有效应，并与要检验的处理相比较。在治疗中，安慰剂是一种有意使用的治疗手段，以产生非特定的、心理或心理生理的效果。基于的假设是对治疗组没有采用特殊的治疗。

身体意象扭曲与锻炼

除有关身体活动及锻炼对身体自尊产生积极影响的证据外，有临床研究的证据也表明，一些身体高度活跃的人，也会受到与扭曲的身体意象有关的精神困扰（Davis，2000）。这引起了健康专业人士的关注，即锻炼可能带来有关饮食失调、物质滥用及其他社会适应问题的精神病理方面的风险。虽然尚缺乏有关的流行病学及控制良好的临床实验，但要确定这些障碍的流行率，以及锻炼在多大程度上是导致这些障碍发生的独立的因果性风险因素，必须进行实验验证。然而，重要的是承认锻炼可能带来的风险，而且，这些主题值得临床实践给予关注，同样也值得进行科学研究。

饮食失调

一项临床研究的结果发现（Yates，Leehey and Shisslak，1983），过度锻炼者，尤其是跑步者，表现出与神经性厌食症类似的症状，即一般性家族史、相似的社会经济阶层及压力、对食物的偏见和骨感，以及压抑愤怒的人格特质、禁欲主义、忽视药物风险、内向和完美主义等。尽管对于关注体重的女性而言，锻炼被倡导为替代节食的健康的手段，但对于那些有家族史或具有冒险性人格的群体而言，我们必须关注锻炼导致厌食或贪食的可能性。

尽管确实有厌食症或贪食症的人是强迫性锻炼者，但控制型研究（Blumenthal，Rose and Chang，1985；Dishman，1985）的证据表明，锻炼与神经性厌食症存在本质上的差异。事实上，个案报告描述了将心理治疗与跑步相结合，可作为治疗厌食症的有效手段。尽管厌食者经常借助过度运动来提升节食的作用，但与努力投入锻炼的群体相比，其体适能（最大耗氧量峰值）非常低（Einerson，Ward and Hanson，1988），而且两组之间的应激激素分布存在差异。厌食者通常在心理病理标准测验上分数升高，而具有跑步习惯的人在同样的测验上，分数处于正常范围且表现出具有积极心理健康的心境轮廓（Blumenthal，Rose and Chang，1985）。表 12-3 列出了厌食者和女运动员的共性及差异。

一些关于芭蕾舞演员、体操运动员及摔跤运动员的小样本研究发现，这些群体的饮食问题发生率高于预期。但是，尚未确定这些群体的饮食问题的持续时间，而且，对于竞技运动而言，这些行为是否代表了目标适应性行为，而非临床或心理病理性行为（Dishman，1985），这一问题尚待确定。运动员厌食已被作为神经性厌食的一个子临床症候群（Sundgot-Borgen，1994），而且，在一个超过 500 名挪威女性运动员的样本中，21％的人被判定为具有饮食失调的风险（Sundgot-Borgen and Torstveit，2004）。但是，关于饮食失调的流行性，运动和锻炼对其具有的独立及因果性的风险，尚缺乏基于控制型流行病学和临床研究的结论。在多数情况下，运动员的饮食行为并不能提示其神经性厌食或贪食（O'Connor and Smith，1999）。

表 12-3　厌食与女运动员的比较

共同性特征	
追求时尚的饮食	
控制卡路里的摄取	
避免食用特定的碳水化合物	
低体重	
静息心动过缓及低血压	
身体活动增加	
闭经或月经过少	
贫血(现在可能有,也可能没有)	

区别性特征	
运动员	厌食者
有目的的训练	无目的的身体活动
锻炼的容忍性提高	训练表现不良或恶化
肌肉发育良好	肌肉发育不良
准确的身体意象	有缺陷的身体意象(如认为自己过重)
体脂水平在正常范围内	低于正常范围的体脂水平
	如果滥用泻药或(和)利尿剂,则会出现生化异常

基于 McSherry,1984。

肌肉嗜瘾症

哈佛大学的研究者提出了一种类型的躯体变形障碍,并将其作为强迫性—成瘾性下的一类,且与 DSM-IV 的失调有关(Phillips et al.,2010)。他们使用**肌肉嗜瘾症**(muscle dysmorphia)这一术语描述这样一种情况,即男性和女性对自己的肌肉强壮有一种病态的关注(Phillips,O'Sullivan and Pope,1997)。个案研究表明,肌肉嗜瘾症与严重的主观痛苦、社会及职业功能受损、促蛋白合成类固醇和其他物质的滥用之间存在相关(Gruber and Pope,2000;Pope et al.,1997)。

他们后续进行的有关肌肉嗜瘾症的调查,检验了这一假设,即西方社会的男性希望拥有比现在具有的或感知到的更苗条且更有肌肉的身体(Pope et al.,2000)。他们分别测量了澳大利亚($n=54$)、法国($n=65$)和美国($n=81$)的男大学生的身高、体重和体脂。接着,让男生们选择认为能够代表自己以下几方面的图片化的身体意象:①他们的身体;②他们希望自己拥有的身体;③这个年龄的平均身体;④他们相信女性喜欢的男人身体。将实际的脂肪和肌肉与选择的 4 张图片相比较。尽管实际身体脂肪量和选择图片的脂肪量之间存在中等程度的差异,但来自 3 个国家的男生选择的理想身体平均比自己多 28 磅(约 12.7 千克)的肌肉。即使女性声称她们喜欢正常的男性身体,他们估计的女性满意的男性身体比自身仍多 30 多磅(约 13.6 公斤)的体重。研究者推测,男性理想身体意象与实际肌肉之间存在的差异,能够帮助解释肌肉嗜瘾症和一些促蛋白合成类固醇的滥用问题。

躯体嗜瘾性障碍的诊断标准

关注假想的外表缺陷。即使身体出现非常小的异常，也会引起格外的关注。

该关注导致了临床重度抑郁，或在社会、职业及其他重要领域的机能受损。

该关注难以用其他心理障碍进行解释（如神经性厌食症对体形及身体尺寸的不满意感）。

Reprinted, by permission, from American Psychiatric Association, *Diagnostic and Statistical Manual of Mental Disorders*, 4th ed., Washington, DC: American Psychiatric Association, 1994, p.468.

另一项研究比较了两组男性在心理及行为变量上的差异，其中 24 人有肌肉嗜瘾症，另 30 人的对照组是从波士顿地区体育馆招募来的无临床障碍的举重者（Olivardia，Pope and Hudson，2000）。在身体不满意感、风险性进食态度、促蛋白合成类固醇的使用、DSM-IV 心境在生活中持续的时间、焦虑及进食障碍等方面，肌肉嗜瘾症男性的得分更高。这些人也通常会报告，他们体验到羞愧、尴尬及在工作或社会情境中的功能受损。麦克法兰和卡明斯基（McFarland and Kaminski，2009）调查了 304 名男大学生发现，与正常大学生相比，具有肌肉嗜瘾症的男大学生与强迫性、成瘾性症状、敌意和偏执意念有关，此外，也与进食较多、使用减肥药以及将催吐作为体重管理的方式有关。类似地，在 75 名从波士顿地区招募的女性健身者中，研究也报告了几例肌肉嗜瘾症的个案（Gruber and Pope，2000）。在肌肉嗜瘾障碍的男性和女性中，较差的身体社会功能可能持续很长时间（Phillips，Quinn and Stout，2008）。

锻炼成瘾

与饮食障碍和肌肉嗜瘾症不同的另一类个案是对锻炼的强迫性投入或锻炼依赖的报告。摩根（Morgan，1979b）描写了 8 个跑步成瘾的案例，将其定义为对跑步的投入优先于工作、家庭、社会关系和医疗建议。类似的案例被称为积极的成瘾、跑步者贪婪、体适能狂热者、运动员性神经症、跑步强迫及锻炼依赖（Dishman，1985；Sacks and Sachs，1981）。目前的研究对成瘾性锻炼的起因、诊断效度或其对心理健康的影响，还知之甚少。但是，有研究者已经开始考查其与物质滥用是否具有相似的生理特点，如心血管及皮质醇反应性变慢（Heaney，Ginty，Carroll and Phillips，2011）。

尽管对于大多数人而言，锻炼效益超越了成瘾的风险，然而，当个体无法或不愿中断或减少锻炼，或者即使在急诊、度假或面临其他社会责任时，也不愿采用其他形式替代喜欢的锻炼形式时，就可能会出现情绪或社会适应问题。几项揭示习惯性跑步者精神病理的研究提示，对锻炼作用及体适能(同样可以发生在生活的其他领域)的过度重视，反映了已经存在不平衡及不安全的自我观念的倾向(Davis，2000；Dishman，1985)。也有证据表明，强迫性锻炼是饮食失调的从属状况(如 Zmijewski and Howard，2003)。

基于 DSM-IV 物质依赖诊断标准的锻炼成瘾诊断标准

出现临床意义的严重损害或苦恼，表现出以下 3 种或以上情况。

1. 耐药(锻炼)程度：定义为需要提高锻炼量以获得渴望的效益，或继续使用同样的锻炼量，但效益减弱。

2. 戒断：表现为典型的锻炼戒断症状或者为避免戒断症状采用相同(或非常接近)的锻炼量。

3. 意向作用：经常比预计锻炼的量更大或锻炼时间更长。

4. 缺乏控制感：对中断或控制锻炼，有持续的愿望或无效的努力。

5. 时间：为了能够锻炼，花大量的时间进行必需的活动。

6. 其他行为减少：因为锻炼，减少或放弃社会活动、职业或娱乐活动。

7. 可持续性：即使知道锻炼导致或恶化了持续性的或周期性的生理及心理问题，也仍继续锻炼。

Reprinted, by permission, from H. A Hausenblas and D. Symons Downs, "How much is too much? The Development and validation of exercise dependence scale," *Psychology & Health*, 2002, 17(4), pp. 387-404.

总 结

自尊在社会科学及日常生活中是一个重要的概念。它由个人信仰及源于主流文化和选择的亚文化而内化的价值观综合决定，包括对自我观念不同方面的评价。大部分人都同意，积极的自尊与良好的心理健康有关，因此，将锻炼与身体自我观念的改善联系在一起，而且更好的自尊也为采取和保持身体活跃的生活方式提供了另一个理由。但是，很显然，事情不会那么简单。

本章探讨了自尊和自我观念是如何联系的，也描述了有关锻炼如何影响我们自我感知的模型。身体自我，包括客观的身体及个体如何重视及评价身体。身体自我是自尊的一个重要成分且在西方社会中非常重要。因此，锻炼引起的身体结构、功能和身体自我观念的变化，对自我价值感产生重要影响。根据自我提升理论，人们会选择那些更容易成功而非更容易失败的活动，且有充分的证据表明行为能够影响自尊。例如，在成功地完成一个困难的任务后(如掌握的体验)，个体会对自我做出更积极的评价。

总体而言，锻炼对那些初始自尊最低的群体会产生最大的自尊收益。身体活动或锻炼的效果是特定的。例如，它们影响对身体表现能力的感知，但不影响学业自尊。对自我观念和自尊进行精细的测量是非常关键的，研究通过使用自我的多维层次结构模型以实现敏感测量的目的，这有助于评估和解释锻炼对不同人群的自我随时间变化产生的效果。直观地看，身体意象影响自尊，在高度重视外表的社会中尤其如此。身体意象是一个构念，我们在探讨锻炼与自尊之间的关系时，应对其进行测量。

最后，过度参与锻炼及对体适能或体形的过度关注，会给心理健康及社会适应带来风险，意识到这一问题同样非常重要。诸如厌食型运动者、肌肉嗜瘾症和锻炼成瘾等，尚未被作为与身体意象扭曲有关的疾病进行诊断。然而，它们出现在临床研究及科学文献中，这说明了它们的测量、流行率、健康后果及与锻炼循证研究的关系。

第三编　身体活动行为心理

第三编集中探讨锻炼的心理效益和身体活动的增加水平。鉴于改善心境的证据以及公众关于"锻炼对我们有益"的观点，在市场经济发达的国家，较低的休闲体育活动参与比率让人费解。促进休闲时间身体活动持续增加的干预也呈现出适度而令人鼓舞的效果(Conn，Hafdahl and Mehr，2011；Dishman and Buckworth，1996b)。很明显，通过促进身体活动来增进身体健康和心理健康还有相当大的困难。就像锻炼心理学其他正受关注的问题一样，这也不是新问题。罗伯特·杰弗里斯·罗伯茨(Robert Jeffries Roberts)，19世纪80年代后期身体教育的领导者，曾在马萨诸塞州斯普林菲尔德的年轻人基督教组织中说过："当我教授杂技、体操、田径等方面缓慢、沉重、新奇而且更先进的操作时，我注意到在开始的第一年，我会有一个较大的成员群体，但是他们很快就会离开。"(Leonard，1919)

本编将会探讨锻炼行为的动态过程，这一过程与解决不活动和不能坚持的问题相关。接下来的三章将会呈现为什么人们在休闲时间参与或不参与规律性身体活动。这几章将会提供影响锻炼坚持性和锻炼活动生活风格的因素的证据(见第13章)、行为改变的理论(见第14章)和增强行为适应性和坚持性的干预(见第15章)。最后一章是关于主观努力感(见第16章)的，这一章将会使我们认识锻炼是一种具有内在生理社会特征的行为的观点。这种来自身体活动的即时的生理感知决定我们如何思考关于运动的身份，而且这种感知会影响后续的行为选择。

确定身体活动行为和锻炼之间关系的描述性研究有助于界定群体、探索变量之间的关系趋势，激发未来的研究。但是，对于解释和预测行为、提出变量之间的关系假设以及完善干预方案来说，理论模型的应用是必须的。在大多数情况下，提高身体活动的干预研究难以验证干预改变了身体活动的理论中介变量(Rhodes and Pfaeffli，2010)。但这也可能是理论未能充分应用于研究的结果，或者是行为结果和心理社会变量的测量问题。接下来的章节将会对我们所知道的锻炼行为进行总结。他们也对锻炼和身体活动的决定因素的研究、关于理论应用于实践的研究、关于改变身体活动行为的干预研究以及关于主观努力感的研究做出评价。

第13章
锻炼和身体活动的相关因素

大量研究已经识别了那些提高或降低人们采取或保持运动生活方式可能性的因素。这些研究大多采用横断研究或前瞻性研究。少有控制研究对假定的决定性因素变量进行实验操控，而且有可能是多变量交互作用导致了锻炼行为的采取或保持。身体活动行为的决定因素或动机需要通过中介分析来确定，正如在第2章和第15章中所讨论和说明的，少有研究检验中介作用。尽管在本章和文献中你有时会看到决定性因素，但本章将关注的相关关系或变量是指那些已经建立可验证的联系或预测性关系，而不是因果关系的变量。

了解锻炼和身体活动的相关具有几个应用价值。理论指导研究，但是从精心设计的研究中的证据可以支持或驳斥具体理论在锻炼行为中的应用。正如第14章所示，许多行为理论已经被应用于锻炼促进，而且在描述和预测身体活动行为方面取得了不同的效果。因此，确定身体活动行为的相关因素可以促进应用于锻炼研究和干预的理论模型的修正和改善。比如，身体锻炼行为与感知的锻炼社会压力（如主观规范）之间没有一致性的关联。这个微弱的关系给合理行为理论应用到身体活动中提出了一个挑战，因为主观规范（如规范性信念）是该理论提出的理解和预测行为的重要变量之一。另外，在久坐人群、对开始规律锻炼感兴趣的人群、锻炼新手以及保持定期锻炼的人群中，其锻炼自我效能（如对能成功参与特定行为的能力的信心）具有一致性的显著差异。锻炼自我效能、身体活动水平以及锻炼动机之间的关系会加强包括自我效能感的结果或过程模型的应用。

确定锻炼和身体活动的相关因素还可以帮助我们识别消极人群，指导资源配置以促进高危群体的锻炼采取和坚持。在美国，城市化的程度与身体活动的水平是相关的。最高的身体不活动比率出现在南部的农村。鉴于性别（女性）和收入是已经确定的身体不活动的决定因素，因此旨在干预生活在南部城市中心以外低收入女性的项目的经费将会得到保障。

确定影响行为变化的可塑因素可以指引人们在干预时关注这些因素，提高干预的有效性。

与身体活动稳定联系的可塑性因素包括动机、社会支持、自我效能、感知的障碍（perceived barriers）、感知的收益（perceived benefits）、活动的乐趣、变化的过程、锻炼的动机以及较低的锻炼强度。干预研究中应该测量这些类型的变量以了解它们的变化是否会导致行为的变化，而不是花费时间和金钱在那些与身体活动没有一致性或关系微弱的变量上，如锻炼知识。

最后，扩展对影响特定人群身体活动的特征的理解可以发展出个性化的干预方案，以满足特定人群的需要，从而提高维持这种行为改变的可能性。尽管有些变量，如自我效能、动机、感知的障碍在不同群体中都会发生作用，但是特定相关因素的作用可能会随着子群体的不同而发生变化。比如，相比于男性，社会支持更能影响女性的锻炼行为，而且，对于锻炼的社会支持类型（如来自家庭或朋友）的作用会随性别的不同而发生变化。对那些与锻炼采取、早期坚持和对相关的具体因素的确定，影响着在长期干预中不同时间段策略的选择和使用。

研究锻炼相关因素的意义

对相关因素的确定可以促进更优化的理论模型的构思和应用。

可以区分不积极活动的人群，对用于促进锻炼采取和坚持的资源进行更恰当的分配。

发现影响行为改变的可塑的变量，更有针对性地对这些变量进行更有效的干预。

对影响特定人群锻炼采取和坚持的决定性因素的识别，可以促进个体化干预策略的形成。

相关因素的分类

社会认知理论提供了将那些已经被研究的与身体活动水平相关的诸多变量组织起来的实用框架。社会认知理论的一个有用的方面在于，它是一个动态的交互作用结构，可以将决定因素归入个人特征、环境和目标行为。在本章中，锻炼和身体活动的相关因素将被归为三种类型进行描述：个体过去与现在的特征、过去和现在的环境，以及锻炼和身体活动。表 13-1 对相关因素与身体活动的关系进行了总结。

表 13-1　与成年人身体活动相关的因素

相关因素	在监控项目下与活动的关系	与一般性的身体活动之间的关系
人口学和生物学因素		
年龄	00	——
蓝领工作	——	—
受教育水平	+	++
性别		++

相关因素	在监控项目下与活动的关系	与一般性的身体活动之间的关系
人口学和生物学因素		
遗传因素		＋＋
心脏疾病的高风险	0	－
外伤史		＋
收入/社会经济状况		＋＋
超重/肥胖	0	－－
种族/种族划分（非白人）	－－	
心理因素		
态度	0	00
感知的锻炼障碍	－	－－
享受运动	＋	＋＋
结果期望的价值（期望收益）	＋	＋＋
健康控制点	0	0
锻炼意图	＋	＋＋
健康和锻炼的知识	0	00
感知缺乏时间	－－	－
感知健康		＋＋
身体形象不佳		－
情绪障碍	－	－－
规范信念	0	00
自我效能	＋＋	＋＋
自我激励	＋＋	＋＋
锻炼的自我图式（锻炼者的自我印象）	＋＋	
改变阶段	＋＋	＋＋
压力		0
运动结果的价值		0
行为特征和技能		
儿童/青少年时期的锻炼历史		＋
成年时期的锻炼历史	＋＋	＋＋
饮食习惯（质量）	00	＋＋
过去锻炼项目	＋＋	＋
变化过程		＋
学校体育	0	00
应对障碍的技能		＋
吸烟	－－	－
体育传媒的使用		＋
决策平衡单	＋	＋

续表

相关因素	在监控项目下与活动的关系	与一般性的身体活动之间的关系
社会和文化因素		
班级大小	—	
锻炼榜样		0
群体凝聚力	+	
过去家庭的影响		0
医生的影响		++
来自朋友/同伴的社会支持	+	++
来自配偶/家庭的社会支持	++	++
来自职员/教师的社会支持	+	
物理环境因素		
器械的便利性：实际的	+	+
器械的便利性：感知的	+	+
天气/季节	—	——
项目成本	0	0
日常生活中的干扰	—	
家庭装备	+	+
美丽的景色		+
对其他人运动的长期观察		+
足够的照明		+
拥挤的交通		0
地区高犯罪率		0
丘陵地形		+
邻里的安全		+
人行道		0
设施满意度		+
无人看管的狗		0
养狗		++
城市区位		—
身体活动特征		
强度	——	—
主观努力感	——	——

注：　　　　　　　　　　　"＋＋"表示有反复的资料证明与身体活动有正相关。
　　"＋"表示与身体活动有微弱的或混合证据的正相关。
　　"00"表示有反复的资料证明与身体活动不相关。
　　"0"表示与身体活动有微弱的或混合证据的不相关。
　　"——"表示有反复的资料证明与身体活动有负相关。
　　"—"表示与身体活动有微弱的或混合证据的负相关。
　　空格表示无可靠的证据。

摘自 Dishman，Sallis and Orenstein，1985；Trost et al.，2002。

　　识别个体内在的相关因素具有实际意义，因为它们让我们可以识别出那些对于身体活动的干预响应或拒绝的人群。比如，吸烟和低收入是久坐习惯的典型标志，是强化久坐行为的环境。识别环境因素可以洞察锻炼采取和保持的真实与感知的障碍。在环境的水平上强调相关因素还可以显示出，除个体和小群体之外，实施干预方案的必要性，包括在社区和国家水平上的设施和政策规划。更多的研究者在评价构建的环境对行为的影响，如有些研究者开始开展研究，研究邻里道路布局（如社区结构）对居民步行模式的影响（见图 13-1）。身体活动自身的因素（如强度和模式）对采取和保持有重要影响。比如，一个惯于久坐的人更有可能加入行走项目而不是高强度的有氧舞蹈班；而且在低到中强度的身体活动中的坚持性要高于在高强度的活动中的坚持性（Dishman and Buckworth，1996b；Perri et al.，2002）。另外，在身体活动和锻炼行为水平上的决定因素以及有无监督项目上的参与程度都有所不同（Dishman，Sallis and Orenstein，1985）。

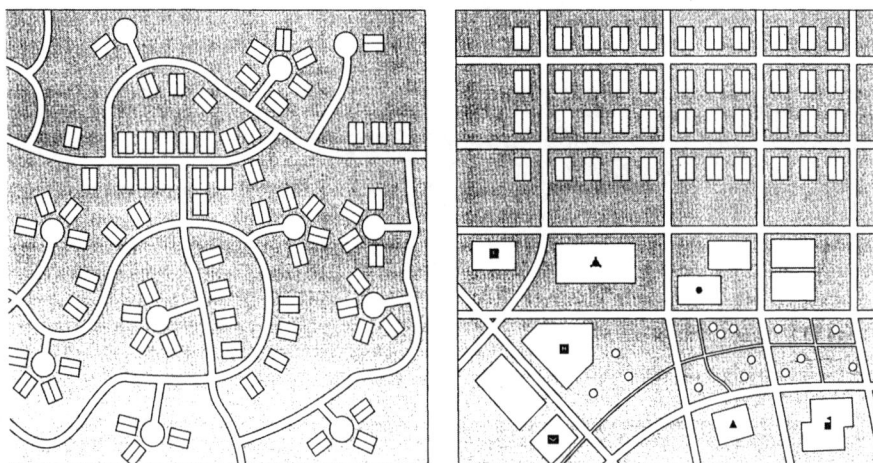

图 13-1　研究者致力于评价建筑环境的元素如何影响身体活动的模式

　　没有一个单独的变量可以解释和预测身体活动与锻炼行为。具体相关因素的重要性必须在其他个体的、环境的和行为因素的背景下，从交互决定的角度进行考虑。**交互决定论**（reciprocal determinism）是社会认知理论的一部分，可以为研究相关因素提供实际思路。交互决定论描述了两个或更多因素之间的相互影响（见图 13-2）。因此，身体活动的相关因素不是孤立的变量，它们相互作用影响行为，而且这种变量之间的相互作用模式会随着时间而发生变化；决定因素的类型和其影响作用随着行为的过程（如锻炼采取、早期坚持、长期保持）以及个体的发展阶段而发生变化。

> 没有一个单独的变量可以解释和预测身体活动与锻炼行为。

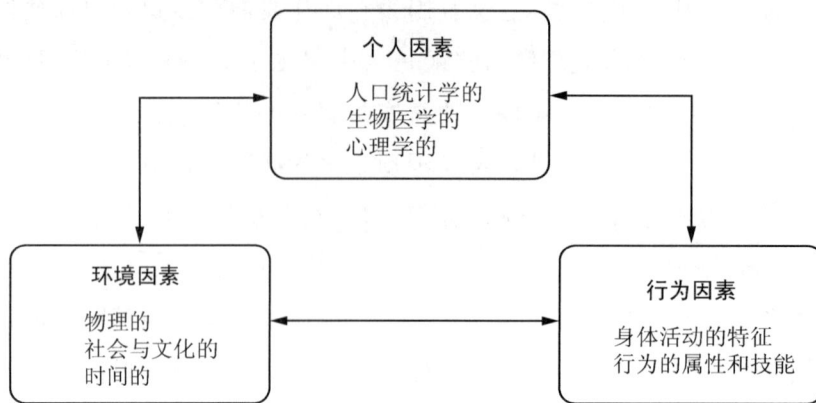

图 13-2　锻炼行为的相关因素

锻炼历史和环境之间交互作用的实例

当天气好时，一位正好开始锻炼的女性不管是否是一个人，可能都会去散步，但是当天气冷时，有朋友一起时才会去散步。当规律的锻炼已经成为确定的行为时，外在的支持就会变得不再那么重要，不管天气如何，出去散步也不再依赖于是否有他人的陪伴。

个体特征

影响决定和行为的重要因素存在或起源于个体自身。许多个体变量（如决策技能或锻炼效益和障碍的感知）都是行为改变干预的目标。与身体活动水平相关的个体的其他特征难以控制（如年龄和性别），但是在进行锻炼促进项目和干预的设计时，必须识别和考虑这些因素。在相关因素研究中，个体特征被归入人口统计学变量和生理因素，其他因素还包括心理、认知与情绪因素以及行为特征和技能。

人口统计学变量和生理因素

与身体活动有一致性关系的人口统计学变量有年龄、性别、种族、受教育水平、收入和职业。男性比女性可能更活跃，锻炼和身体活动水平在性别上的差异在不同种族中都获得了一致性结论。男孩中较高水平的身体活动可能与动作技能的差异化发展、身体结构的差异，以及对于运动和身体活动的性别角色社会化相关（Kohl and Hobbs，1998）。在青春期和成年期，身体活动水平的性别差异会根据锻炼模式和身体活动强度的不同而变化。

有研究对来自美国 2003—2004 年国家健康访谈调查的 6 岁至 70 岁以上群体的加速度计数据进行了分析，确定了身体活动模式的性别、年龄变化（Troiano et al.，2008）。在 60～69 岁年龄段，男性和女性的身体活动数量相类似，其他组别的男性的身体活动数量都高于女性。随着年龄的增长，身体活动数量的降低，尤其是从儿童时期到青少年时期。当加速度计数据被划分为中度到高强度的活动时，6～11 岁的男生花费大部分时间在高强度的活动上（每天 10～16 分钟），而成年人每天花费在这种强度上的时间不足两分钟。16 岁以下的儿童每天在中度到高强度的活动上的时间多于 1 小时，但对 16～19 岁的男孩和女孩来说，则分别减少到 33 分钟和 20 分钟。从这一点来说，活动量将保持相对稳定，直到 50～59 岁年龄组开始下降。根据加速度计数据的活动分钟数，6～11 岁的 48.9％的男孩和 34.7％的女孩可以达到公共健康推荐的身体活动水平。对于 12～15 岁的青少年来说，这个比例是较低的（男孩为 11.9％，女孩为 3.4％）。

　　一项对有关运动次数的统计发现，美国只有 3.8％的男性和 3.2％的女性达到建议的运动量。这些估计与基于自我报告的锻炼和身体活动调查截然不同（见图 13-3 和图 13-4）。导致这种差异的因素可能是在自我报告时对强度和持续性的高估，加速度计数据收集的时间周期不能用来确定惯常活动或者参与者的活动没有被加速度计记录，尽管在较低自我报告的活动（如游泳）中已经削弱了后一种解释。

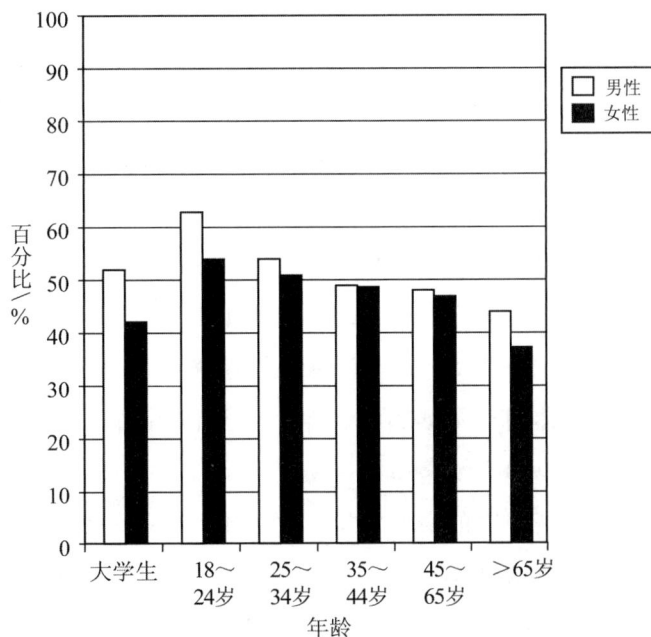

图 13-3　不同年龄段男性和女性建议参与身体活动的水平

数据来源：Risk Factor Surveillance，2008；College Health Behavior Survey，2010。

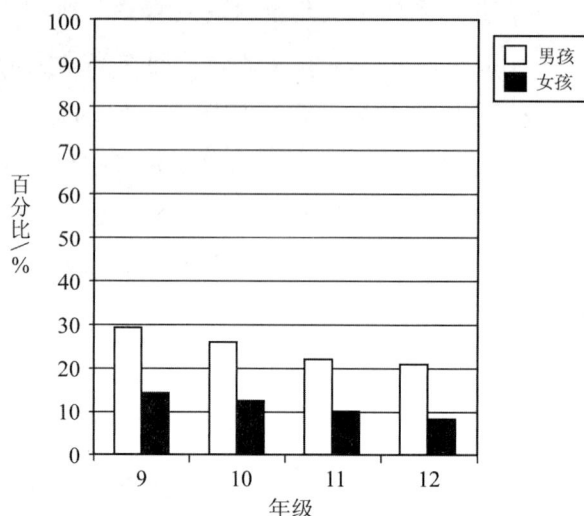

图 13-4　自我报告参与每天 60 分钟身体活动：青少年男女孩。

数据来源：　Youth Risk Behavior Surveillance System，2009。

　　总之，尽管年龄对于中等强度的活动没有太大影响，但随着年龄的增长，身体活动的总体参与程度会减少。中年时期（30～64 岁）表现出较低程度的大强度规律性活动和力量性活动，但是其活动模式直到退休都保持相对稳定，而在生命的最后阶段有一定的提高（Caspersen，Pereira and Curran，2000）。当然，在身体活动水平上表现出年龄与其他因素的交互作用时，如对于身体活动和退休的追踪分析发现，当一个人从久坐的工作中退休后，其身体活动会增加，但是从一个体力活动工作退休后，其身体活力则会降低（Chung et al.，2009）。

　　身体活动的水平随年龄增长而下降，但是开始降低的年龄以及降低的模式还不清楚（Stone et al.，1998）。然而，来自 2003—2004 年国家健康与营养监测调查的加速度计数据表明，11 岁以后，那些达到中等强度身体活动标准的青少年，其身体活动表现出明显的下降，这种趋势体现在各个民族和人种中（见图 13-5）（Whitt-Glover et al.，2009）。来自 1999—2007 年的青少年危险行为调查表明，中度和高强度的身体活动、学校日常体育活动的参与以及体育课的身体活动并没有随着时间的变化而降低（Lowry et al.，2009）。9～12 年级的青少年会出现总体上身体活动的下降，但是随着时间的推移，11 年级的学生会出现身体活动的剧增，尽管他们的水平仍低于该群体 2010 年健康人群的目标。

　　有几个研究考查了较小年龄群体的身体活动的决定因素。萨利斯、普罗哈斯卡和泰勒（Sallis，Prochaska and Taylor，2000）回顾了 1970—1999 年发表的 108 篇研究，这些研究考查了儿童（3～12 岁）和青少年（13～18 岁）身体活动的决定因素。对于儿童来说，身体活动与性别（男性）、健康饮食、身体活动的偏爱、活跃的动机、先前的身体活动、接近项目或器械的便利性以及花费在户外的时间有正相关。研究也发现了身体活动与锻炼的普遍障碍有负相关。与青少年期身体活动呈正相关的变量是性别（男性）、种族（欧裔美国人）、成就定向、动机、感知的能力、社区体育活动、感觉寻求、兄弟姐妹的身体活动参与、先前的身体活动、父母支持、其

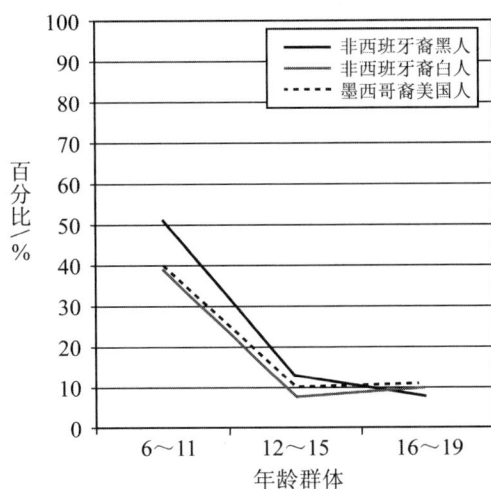

图 13-5 基于加速计数据得出的达到推荐的中等强度身体活动的估计普及率不够好

数据来源: White-Glover et al., 2009; NHANES, 2003—2004。

他重要他人的支持以及锻炼的机会。对于青少年来说，与身体活动呈负相关的有年龄、抑郁以及放学后和周末的久坐。

另有一些综述表明，对于儿童和青少年来说，锻炼自我效能是身体活动水平的一个重要因素[如 Sallis and Owen，1999；U. S. Department of Health and Human Services（USDHHS），2010；Van Der Horst et al.，2007]。父母参与体育活动的水平和其子女的活动水平也有混合的关系。一般来说，这种关系在女性身上更为明显，但是对于青少年没有那么显著（Kohl and Hobbs，1998）。对于青少年来说，同伴压力是比家庭支持更重要的社会决定因素。尽管对少年（Sallis et al.，1992）和大学生来说（Wallace et al.，2000），家庭支持对于女性更为重要，而同伴支持对于男性更为重要。对于儿童和青少年来说，与身体活动呈正相关的环境因素包括人行道、有一个目的地或步行到一个特定的地方、接近公共交通、低交通密度、接近邻里或学校游戏区或娱乐设备（USDHHS，2010）。

就种族影响而言，各个年龄段的非西班牙裔的白人一般都比其他种族群体更为活跃。来自2007 年青少年危险行为调查的数据表明，非西班牙裔的白人学生（66.3%）比西班牙裔（63.2%）和非裔美国人（57.8%）更有可能参与高强度的身体活动（Lowry et al.，2009）。种族的影响对于中等强度的活动也表现出类似的特点。与非西班牙裔白人相比（27.6%），非裔美国人（23.1%）和西班牙（23.0%）少年较少参加中等强度的身体活动。

尽管锻炼和种族之间有关系，但并不能表明这种关联独立于社会阶层。克雷斯波（Crespo）及其同事（2000 年）分析了白种人、非裔美国人和墨西哥裔美国人的身体不活动和社会阶层指标（如受教育水平、家庭收入、职业、就业情况、贫困和婚姻状况）的关系，完成了1988—1994 年的第三次全国健康和营养调查研究报告。他们发现，在每一个社会阶层中，女性和少数民族都比白人男性表现出更高水平的休闲时间不活动行为。对于少年来说，有一些基于种族和民族的相关的不同证据。在黑人群体中自我报告的看电视、娱乐和父母鼓励与身体活动行为的关系远高于其他群体，非西班牙裔白人的自我效能与身体活动密切相关（Whitt-Glover et al.，2009）。

收入是社会经济地位（socioeconomic status，SES）的组成部分。对于不同性别和不同种族、民族来说，收入都与久坐的生活方式呈显著负相关（USDHHS，1996）。比如，贫困的非裔美国男性久坐的比例是高收入的非裔美国男性的 3 倍。在儿童和青少年群体中，社会经济地位与身体活动也呈显著正相关。对于儿童和青少年来说，高的社会经济地位意味着不管在学校内还是在学校外，他们都更有可能接触身体活动项目。接近设施和参与活动的交通情况影响活动参与的便利性，并且表明一种重要的来自父母和其他能够影响锻炼参与的有责任感的成人的直接支持。

评估身体活动的及时变化与所谓决定因素变化的纵向人口研究，能够为锻炼采取和坚持过程中特异性个人变量的作用提供强有力的证据。受教育水平和收入与身体活动呈显著正相关，而且在前瞻性研究中已经发现它们与身体活动的提高有关。比如，那些在高中时有类似有氧能力的个体如果成为公务员、白领工作者或学生，那 8 年之后他们的有氧能力会显著高于那些成为蓝领或失业的人（Anderson，1996）。年龄（反向）、自我效能和邻里环境可以预测久坐男性对高强度身体活动的采取，而受教育程度、自我效能、朋友支持和家庭支持可以预测久坐女性对高强度身体活动的采取（Sallis et al.，1992）。

其他前瞻性研究表明，成年人身体活动的降低与社会孤立、较低的受教育水平、较低的收入、蓝领职业、婚姻状况（未婚）、抑郁、较低的生活满意度和无法很好感知健康状况（less-than-excellent perceived health）有关（Kaplan et al.，1996；Schmitz，French and Jeffery，1997）。职业的影响很难被识别，因为大多数对比职业和身体活动的研究是横断研究，这受到活动季节差异的影响（如园林绿化、建筑物）。另外，职业要求的可变性是很大的，尤其是对于那些可能已机械化的蓝领工作而言。

多种因素与难以坚持结构化的锻炼项目有关（Franklin，1988）。个人因素包括吸烟、蓝领职业、低自尊、低动机、超重或肥胖、抑郁、焦虑和毅力不足。导致退出的项目特征包括过度消费、时间/地点不恰当、锻炼形式单一、锻炼群体性差、缺乏积极的反馈或强化以及不称职的领导。其他与不能坚持锻炼相关的因素有：时间不充裕、缺少配偶的支持、恶劣的天气、在农村居住、过多的差旅、受伤、医疗问题和工作变化或变动，等等。

> 年龄、种族、受教育水平、收入、职业和生理是影响锻炼行为和身体活动水平的个体特征。

大多数关于身体活动的决定因素的研究集中于认知、社会和环境变量。然而，内在的生理因素也可能显著影响身体活动的水平。罗兰（Rowland，1998）提出了能够调整日常身体活动数量的解剖生理实体一说，就如同控制诸如饥饿和温度调节的行为生理过程的大脑中枢。身体活动的生物调节是调节能量平衡的相互作用机制之一，同时配合以静息代谢率的形式进行能量摄入和消耗工作。

遗传影响身体活动行为的证据已经在同卵（monozygotic，MZ）双生子和异卵（dizygotic，DZ）双生子的研究中得到部分验证。斯塔布等人（Stubbe et al.，2006）回顾了年龄在 19～40 岁的 85 198 名同卵双生子和异卵双生子的锻炼参与的基因组项目。尽管研究中几个国家的比例范围在 27％～70％，但得出的锻炼参与的平均遗传率为 62％。尽管一般环境因素仅对挪威男性有重要影响，但来自独特的环境因素对锻炼的贡献足以引起所有国家的关注。遗传因素可能也会涉及自发活动水平的变异，而且有证据显示在低年龄段遗传作用更强（Lightfoot，2011）。关于体育参与、每天身体活动和静息代谢率的遗传决定因素的文献显示，遗传决定因素对每日身体活动个体组间差异具有小到中等程度的影响；研究者将遗传影响的变化范围归因于不同的方法和设计。遗传因素对锻炼坚持性的影响有待于进一步检验。

运动训练的生理适应也有遗传的成分。有证据表明，在运动训练方面有高、中和无应答基因型。威尔莫尔等人（Wilmore et al.，1997）描述了关于有氧能力、血浆脂蛋白、胰岛素反应、骨骼肌酶活性和脂肪组织代谢的训练的个体反应，其预训练数值范围从低至 0，到高至 50％～100％。即使考虑了年龄、性别和先前锻炼经验的影响，在对运动训练响应的变化水平和比率上的变异仍然是显著的。进一步的研究需要探讨应答基因型（genotype）对与锻炼坚持性相关的心理变量的影响，如自我效能、自我激励。

其他生理学变量能够对行为产生关键影响，也与心理结构有重要的交互作用。比如，身体的不适与自我报告的身体活动有显著负相关，那些认为自己身体不好的人更难以采取和坚持锻炼计划。

基因还是环境（或两者兼有之）？

如果同卵双生子的身体活动水平比异卵双生子的身体活动水平更相似（因为同卵双生子拥有相同的基因，而异卵双生子只有一半基因相同），那么，身体活动水平必受一项遗传因素的影响。如果同卵双生子和异卵双生子之间的身体活动水平相似，那么双胞胎之间共享的环境因素就可以解释身体活动的变异，且这种差异与基因无关。因为同卵双生子分享同样的环境和同样的基因，因此同卵双生子之间的不那么完美的相关（如低于 1.0）表明，双生子之间没有共享的独特的环境经验可以解释身体活动的变异。

心理、认知和情绪因素

态度、信念和价值观等是研究者已经研究的对身体活动行为有潜在影响的认知变量。**自我效能**（self-efficacy）与身体活动有稳定的关系，这一关系几乎在所有的研究中都得到证实。自我效能是个体关于自己能够成功完成特定行为的信念。自我效能类似于信心的水平，是基于对能力的评价而产生的。自我效能是班杜拉社会认知理论的核心，被认为是人类行为最强大的决定因素。自我效能来自如下因素：①实际的成功；②观看他人成功；③言语劝说；④应对能力的情绪或感知迹象（如身体变得强壮后主观用力感降低）（Bandura，1997）。

由定义可知，自我效能针对特定的任务和情境。比如，一个业余游泳者自信地认为自己能够在一个 50 米的室内游泳馆中游 1 英里（约 1.61 千米）（高自我效能），但是对于自己的滑水能力则没有信心（低自我效能）。因此，自我效能的测量越具体越能更好地预测行为。自我效能也有不同的类型，如任务（对在不到 25 分钟的时间内能够跑 5 千米的能力的信心）和障碍（对在期末考试前一周锻炼的能力的信心），随时间的推移对锻炼有不同程度的影响（Ashford，Edmunds and Frence，2010；Blanchard et al.，2007）。当然，当目标或动机不存在的时候，自我效能不是影响行为的主要因素。因此，当没有理由去尝试时，坚信自己能完成某件事并不重要。

对不同群体的追踪研究表明，随着个体从既定的久坐生活方式转向长期保持规律的锻炼，锻炼自我效能会提高，而且自我效能的水平可以预测后续的身体活动。锻炼自我效能既是锻炼的决定因素也是锻炼的结果（见图 13-6）（McAuley and Blissmer，2000）。自我效能影响活动的选择、付出努力的多少以及坚持的程度。有关锻炼和自我效能的研究支持了自我效能在锻炼采取以及锻炼项目早期阶段的重要作用，这或许在保持阶段也很重要，而这依赖于自我效能（如克服障碍或腾出时间去锻炼的自我效能）（Blanchard et al.，2007）和身体活动（如高强度锻炼的保持）（Sallis et al.，1986）的类型。运动训练后锻炼自我效能的巨大提高已经在多群体中得到验证，如感染 HIV-1 的男性（人类免疫缺陷病毒 1）（Lox，McAuley and Tucker，1995）和老年人（McAuley，Lox and Duncan，1993）。此外，有关研究已经设计了通过提高锻炼自我效能而影响行为改变的干预（Ashford，Edmunds and French，2010）。

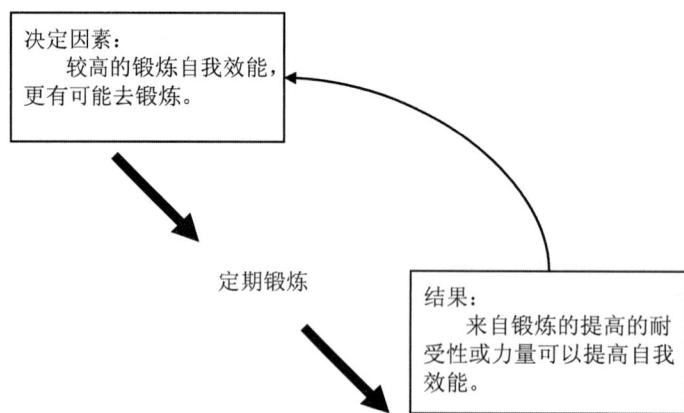

图 13-6　锻炼自我效能是身体活动的决定因素和结果

> 与锻炼有最稳定关系的认知变量是自我效能。

　　另外一个与身体活动和锻炼有关的有理论基础的认知变量是**行为意向**（behavioral intention）。这是基于计划行为理论提出自主行为的关键的近端决定因素。行为意向可以提供动机的指向，如个体会投入多大的努力于一个特定的活动中，尽管意向必须要保持在一段时间内以维持行为，并达到行为的目标。大多数探讨意向对锻炼影响的研究发现意向和全面身体活动的密切相关。戈丁（Godin，1994）分析了有关锻炼和意向的 12 个研究，结果表明，行为意向和锻炼之间的相关在 0.19～0.82，平均为 0.55。

　　自我激励（self-motivation）是坚持长期追求行为目标的一般倾向，与有监控的和一般的身体活动呈显著正相关。成功的有耐力的运动员在自我激励上一贯得分较高，自我激励可以识别在多种情境中的坚持者和退出者，这些情境包括成人健身计划、心脏康复、商业中心、公司健身计划和大学校园计划（Daly et al.，2002；Knapp，1988；Sonstroem，1988）。自我激励与青春期男孩（Biddle et al.，1996）和女孩的（Motl et al.，2002）身体活动、中老年人锻炼坚持（André and Dishman，2012）以及慢性阻塞性肺疾病患者（O'Shea，Taylor and Paratz，2007）初始锻炼的坚持相关。

　　动机被界定为发起、指向、强化和坚持一个特定的目标导向行为的内在动力，是身体活动的另一个心理因素。在身体活动的不同水平上，研究发现了两种一般类型的动机。锻炼的初始动机与外在动机（关注行为的后果，如体重减轻）相关，但是随着时间的推移，坚持则主要受内在动机（行为本身的乐趣，如享受）影响（Rodgers et al.，2010）。比如，在 220 名高校健康学生的样本中，锻炼的内在动机在变化的保持阶段是高的，而在熟虑阶段是最低的（Buckworth et al.，2007）。10 周之后，那些保持身体活动的学生的内在动机高于外在动机，而那些持续不活动群体的内在动机随着时间的推移而降低。

　　其他与监控的和整体的身体活动有显著正相关的认知变量有锻炼乐趣（Motl et al.，2001）、收益期待（Dishman et al.，2002；Motl et al.，2000）、自我图式（如把自己看作锻炼者，详见第 12 章）和变化的锻炼阶段。比如，对于非裔美国男性达到中等或高强度的身体活动建议和非裔美国女性达到力量训练建议来说，锻炼乐趣是独立预测变量（Bopp et al.，2006）。锻炼阶段的变化是基于当前及先前锻炼行为与想要成为和保持身体活动的动机准备的一种分类。锻炼阶段与监控的和整体的身体活动有显著正相关，而且几个研究都发现能够显著预测有规律的锻炼的采取和保持。

　　感知的锻炼障碍与受监督的和整体的身体活动有显著负相关。缺乏时间与参加监督项目的负相关高于与整体身体活动之间的相关。感知时间的缺乏也是退出监督的临床及社区锻炼计划以及不活跃生活方式的主要的和最普遍的借口。然而，报告缺乏时间或许反映了人们对身体活动缺乏兴趣或投入，更确切地说，没有足够时间锻炼的说法更容易被社会接受。因此，缺乏时间可能是一项决定因素，一个感知的决定因素，反映了较差的行为技能，如较差的时间管理，可能是一种对缺乏主动性动机的合理化。

　　在 2 912 名美国中年和老年女性中，缺乏时间和照顾家庭是最常见的身体活动障碍（King et al.，2000）。另外一些经常报告的障碍是缺乏精力、太累或者是没有安全的锻炼场所。当对不同的种族和民族的数据进行分析时发现，与久坐习惯相关的障碍各不同。比如，对于西班牙裔的女性来说，太累与不积极的身体活动显著相关，但在其他种族群体中则并非如此。照顾家庭仅在非裔美国女性中与不积极的身体活动相关。这项研究的一些结果并未反映我们认为会支持或阻碍身体活动的因素，如对于非裔美国女性而言，参与身体活动和无人照看的狗之间存在密切联系。这一发现表明，外出散步或在院子里工作就是为了有更多的机会方便在附近照看狗，这也是有更多机会外出的标志性事件。另一个是测量少数民族女性的身体活动的传统测量工具的有效性问题。无论如何，这些结果提供了重要的信息，阐明了进行额外研究以澄清在特定群体中障碍与身体活动之间关系的必要性。

　　几个与身体活动和锻炼存在微弱关系的心理学变量是态度、毅力、心理健康和较差的身体意象。尽管很多研究表明，锻炼与人格变量有微弱的关系，但仍有证据表明锻炼行为与神经质有显著负相关，而与外向性有显著正相关（如 Courneya and Hellsten，1998）。几个研究也报告了尽责性与锻炼之间的关系。研究表明，受监督的或整体的身体活动与健康控制源、规范性信念、应激、疾病易感性/疾病严重程度、锻炼结果的价值以及健康和锻炼知识之间没有一致性关系。

　　知识本身不足以改变行为，但是很明确，关于身体活动收益以及变得更为活跃的方式的信息可能是激励个体考虑采取规律锻炼的一个因素。比如，一项针对哥伦比亚特区及毗邻的 48 个州的 2 002 个美国人家庭的随机电话调查发现，不管年龄、种族或民族以及受教育水平如何，94％的被访者了解传统的身体运动有益于身体健康，但是只有 68％～71％的被访者意识到具体的锻炼指导和身体活动生活方式对健康有益（Morrow et al.，2004）。知识与身体活动的关系不足以产生健康获益。

行为属性和技能

　　成年时期的活动历史和过去参加的锻炼项目与受监督的和整体的身体活动呈正相关。饮食习惯（积极的）、变化过程（交互模型，见第 14 章）和吸烟（消极）与监督项目的参与都有相关。也有证据表明，身体活动与决策平衡（如权衡成本和锻炼收益）、应对障碍的技能和 A 型行为模式之间存在关系。儿童青少年时期的锻炼历史、饮酒史、学校体育活动参与经验和体育媒体使用与受监督的或整体的身体活动之间存在复杂联系。越来越多的证据表明，年轻时的活跃程度可以预测在以后生活中的身体活动水平。比如，分别在 14 岁和 31 岁完成了"身体活动状况调查问卷"的 7 794 名参与者的数据表明，放学后参与体育活动的频率和以后较高水平的身体活动相关（Tammelin et al.，2003）。其他追踪研究发现，青少年时期活跃的个体在成年后依旧会保持相对活跃的状态（如 Huotari et al.，2011）。然而，儿童和少年时期身体活动和运动与成人时期身体活动水平之间缺乏一致性的关系，有必要考查那些更有可能养成持久生活方式的少年时期身体活动的特点。在许多公立学校中体育教育的模式都是基于教授和培养体育或活动技能的，并将其带入成年时期，但是在学校体育中竞争的本性可能掩盖这种哲学的执行，混淆长期的效果。

> 缺乏时间是不参加锻炼和退出锻炼计划最常用的理由。

研究者还调查了身体活动水平与其他健康行为，如饮食习惯和吸烟之间的关系。帕特（Pate，1996）等人在 1990 年通过青少年危险行为调查探讨了身体活动和其他健康行为之间的关系。来自超过 11 000 名年龄在 12～18 岁的青少年的数据表明，很少参加或者不参加身体活动与吸烟、吸食大麻、饮食习惯不好、看电视、不系安全带以及较低的学业表现感知有关。身体活动的水平与可卡因使用、性行为、身体攻击或自我感知的体重无关。斯特普托和他的同事（Steptoe et al.，1997）评价了在欧洲 21 个国家中 18～30 岁的 7 302 名男性和 9 181 名女性的身体活动的普及与在过去两周内的健康习惯。从整个样本来看，身体不活动与吸烟、不理想的睡眠时间、不想减肥、较低的社会支持及抑郁之间有显著相关。在这一群体中，知识不是身体活动的决定因素，但是也有证据表明，知识对于身体活动的健康收益的信念有积极影响。身体活动与饮酒之间的关系不一致。

就身体活动而言，需要消耗较少能量的行为（如久坐少动）已经被关注。观看电视的时间与身体活动水平没有一致关系，但是可以作为久坐人群活动的指标。看电视只是几个媒体或屏幕活动之一，又如使用电脑只需要消耗最少的能量，观看电视或许不能成为身体不活动的典型行为。比如，研究者对美国 1 484 名青少年进行的研究发现看电视的时间与其他久坐行为呈显著负相关（Biddle，Gorely and Marshall，2009），在另外一个包含 450 名青少年的研究中，对于活动和不活动的男孩和女孩来说，一周内看电视的时间相差无几，但是工作日较多的电脑使用可以预测身体活动的较高水平（Santos，Gomes and Mota，2005）。高水平的身体活动与较低水平的久坐行为并没有必然关系，我们需要排除需要较少能量消耗的不同类型的身体活动的作用。

看电视和其他久坐行为通常被看作身体活动连续体的一部分，其能量代谢当量的值在 1～1.5MET（Owen et al.，2000）。迪茨（Dietz，1996）、欧文等人（Owen et al.，2000）和其他研究者已经提出久坐行为和身体活动行为之间独立又相互作用的关系，久坐行为被认为是具有独特决定因素和健康后果的行为的特定行为类型（Owen，Healy，Matthews and Dunstan，2010）。久坐和锻炼太少是不同的，两者都会带来与锻炼水平无关的消极的健康后果。鉴于很多研究已经表明，降低久坐行为的干预对于提高身体活动水平是有效的，因此，识别久坐行为的决定因素可能具有实际的意义（如 Epstein et al.，1997）。

环境决定因素

锻炼生理学家已经由于只关注身体而忽视心理受到指责，心理学家被控告关注心理而无视身体。锻炼心理学家应该整合两个学科的力量来考虑完整的人，但是我们需要采取另外一步，研究人与环境的交互作用（即使是最坚定的自行车骑行者，也不会在暴风雪中取出自行车）。社会认知理论的一个优势在于将环境因素纳入行为影响的模型。锻炼行为和身体活动的环境决定因素可以被划分为人文环境和自然环境。

人文环境

人文环境会通过塑造规范、提供或阻止机会和资源以及提供行为榜样对行为产生重要的影响。比如，对6个欧洲国家3 342名成年人的横断研究表明，社会环境是身体活动的最强大的独立的预测变量(Stahl et al.，2001)。社会支持包括来自朋友、家人及其他人的陪伴、鼓励、帮助或信息，来自社区的有形的援助或服务，来自专家的建议、意见和信息。社会支持在频率、耐久性和强度方面的变化(Courneya and McAuley，1995；McNeill，Kreuter and Subramanian，2006)。以社会支持和促进为形式的社会影响通常与身体活动有显著正相关，而与社会孤立则有负相关。

在一项社会影响和锻炼的元分析中，卡伦、豪森布拉斯和麦克(Carron，Hausenblas and Mack，1996)考查了社会影响变量对锻炼行为、认知和情感（满意度和态度）的单独影响。整体的效果量从较低到中等，但是在家庭和重要他人对于锻炼态度的支持，以及家庭支持和任务凝聚性对于锻炼行为的影响上，其作用在0.62～0.69。在横断研究和前瞻性研究中，来自家庭和朋友的社会支持与身体活动有一致的相关，在锻炼班级中群体凝聚力的提高导致锻炼坚持性的提高(Estabrooks，2000)。来自配偶的支持也与锻炼参与有可靠的相关，与配偶没有参加的已婚个体相比，那些与配偶同时加入健身中心的人有更好的锻炼坚持性。

在儿童青少年群体中，社会支持与身体活动有一致性相关。对于30项横断研究的元分析发现，社会支持与儿童青少年身体活动水平（75%采用父母或儿童自我报告）之间存在正向但较低的相关($r=\sim0.10\sim0.20$)，其中包括父母鼓励($r=0.21$)、榜样（如父母参与身体活动）($r=0.10$)、工具性行为（如提供交通或购买运动装备）($r=0.17$)(Pugliese and Tinsley，2007)。然而，少有证据证明提高家庭参与以促进儿童身体活动的干预方法的有效性(O'Connor，Jago and Baranowski，2009)。

社会互动和社会影响对男性和女性的锻炼的影响似乎有所不同。比如，对于女性来说，感知到获得充分的引导和价值确定可以预测结构化的锻炼计划的坚持性，但是社会规定不能预测男性的锻炼坚持性(Duncan，Duncan and McAuley，1993)。一项对903名大学生的追踪研究结果表明，初始时对身体活动的较低社会支持与较低水平的身体活动相关，这一结果仅在女性中存在(Molloy et al.，2010)。针对高校学生的研究表明，来自家庭的对锻炼的社会支持与女性身体的活动水平相关，但来自朋友的支持对男性锻炼的影响更为重要(Wallace et al.，2000)。

在锻炼的思考、采取和保持阶段，锻炼的社会支持和性别的关系可能会有所不同。对于健康中年人的横断研究表明，相对于不活跃的男性来说，不活跃的女性感知到活跃的感知期待和遵从期待的动机更大（Troped and Saunders，1998）。那些接纳或保持锻炼的男性和女性在遵守的动机上是类似的。因此，锻炼的社会支持对于处于锻炼采取早期阶段的女性有更为重要的作用，因此，在将那些久坐女性作为目标制订干预方案时应该考虑这一点。

> 社会支持与身体活动相关，但是性别对此会有影响。

　　一般来说，参与受监督的锻炼项目和班级大小与来自同事/指导者的社会支持有微弱的关系。锻炼的模式或过去家庭的影响与锻炼或身体活动之间没有一致性的关系。然而，一些动物对人类参与身体活动的影响却非常显著（Epping，2011）。研究指出，养狗和身体活动水平之间有一致性关系。柯恩等人（King et al.，2000）对 2 912 名不同种族的中、老年女性的研究发现，身体活动和无人看管的狗有正相关。研究者推测，花费更多的时间在室外可以观察到更多的狗或许可以解释这一结果。但是养狗和更多身体活动尤其是散步之间的相关是明确的。

　　对澳大利亚昆士兰 1 215 名居民的研究发现，休闲散步与受访者半径 0.8 千米内注册的狗的数量相关（Duncan and Mummery，2005）。对加利福尼亚圣地亚哥的 984 名狗的主人的研究发现，这些人更有可能达到身体活动的运动指标。布朗和罗德（Brown and Rhodes，2006）发现，在 351 名加拿大成人的样本中，狗的主人每周走路时间（300 分钟）显著高于不养狗的主人（168 分钟）。他们还发现，对于狗的健康与幸福的责任感和义务感可以调节遛狗行为。狗对于儿童的身体活动也有促进作用。在 2 065 名 9~10 岁样本中，那些家里有狗的儿童的加速度计测量的活动数量和每天行走步数显著高于家里没有狗的儿童（Owen et al.，2010）。

自然环境

　　气候或季节是仅有的和整体的身体活动水平有强大且一致性关系的自然物理环境特征。在儿童和青少年群体中，冬天的活动水平最低，夏天最高。对于学前儿童的观察研究表明，户外时间是与身体活动相关的最好变量之一（Kohl and Hobbs，1998；Sallis and Owen，1999）。对于 380 名 10~12 岁儿童的研究发现，较冷月份的户外活动时间与客观测量的身体活动相关（Cleland et al.，2008）。成年人冬季在户外的身体活动机会也会减少，这会影响身体活动的生理指标。有研究比较了秋季和春季锻炼班级，比较了其之后 6 个月的有氧能力。结果发现，在冬季之后（秋季班）的水平显著低于夏季之后的（春季班）（Buckworth，2001）。另外，在夏季重新测量的有氧能力显著提高。然而，那些在同样的测量阶段参加了力量训练课程的学生在力量上并没有表现出季节的差异。这就表明，季节对力量训练的影响远没有对有氧运动的影响大。

　　中断日常程序对于监督项目的参与有微弱的消极影响，项目花费和家庭锻炼设备与有监督的或整体的身体活动没有一致性的关系。锻炼器械的易接近性会影响参与，尽管其中的关系非常复杂。接近性可以从环境（如地理）、经济和安全（如因为空气污染和高犯罪率，在纽约有些社区跑步是危险的）方面进行考虑。然而，接近性还会受到感知的影响。当用客观的方法（如距离）测量器械的可接近性时，接近性通常与有监督的和整体的身体活动的采取和保持都有关。

然而，感知的接近性只是与有监督项目的参与相关。

> 季节和天气与身体活动水平有显著的、一致的关系。

雷纳、科尔曼和爱泼斯坦（Raynor，Coleman and Epstein，1998）考查了 34 名久坐成人男性的易接近性和替代品的加强价值之间的交互作用。易接近性是根据接近身体活动和久坐替代品的实际距离进行界定的。研究比较了在 4 种条件下参与者用于久坐和身体活动的时间比例，参与者大约有 20 分钟的时间可用于锻炼，在 4 种条件下锻炼替代品和久坐替代品的易接近性有所不同（见图 13-7）。当锻炼替代品很近（在同一房间）且久坐替代品较远时（5 分钟的路程），参与者能够有最多的时间用于锻炼（20 分钟）。不管锻炼替代品的易接近性如何，如果久坐替代品距离较近，则参与者平均锻炼的时间少于 1 分钟。当两个替代品都不容易接近时，参与者有 42% 的时间用于运动。研究者得出结论，如果身体活动替代品是更为便利的，而久坐替代品是更为不便利的，那久坐的成年男性可能会有更多的身体活动。

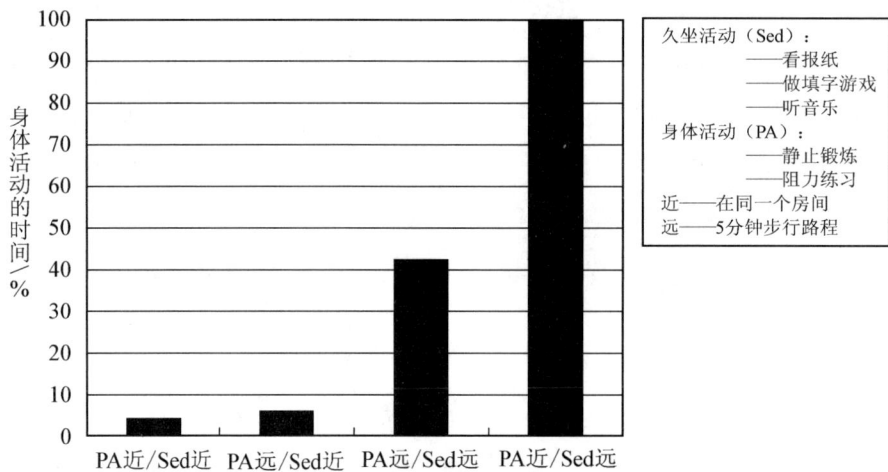

图 13-7　参与身体活动是易接近性和行为选择的一个功能

基于 Raynor and Coleman，1998。

自然环境和人工环境对身体活动水平的影响随年龄变化而有所不同。对于 150 项关注儿童青少年身体活动环境变量的研究的系统半定量评价发现，家庭和学校环境变量与儿童身体活动之间有显著相关。影响 3～12 岁儿童身体活动水平的因素包括父亲身体活动程度、户外活动时间、关于身体活动的学校规定。对于 13～18 岁的青少年来说，最重要的影响包括来自重要他人的支持、母亲的受教育水平、家庭收入和非课业学校出勤率（nonvocational school attendance）（Ferreira et al.，2007）。低犯罪率是在 13～18 岁青少年群体中与高身体活动水平相关的社区环境特征。然而，总的来说，497 项关于儿童的研究中仅有 176 项（35%）、620 项关于青少年的研究中仅有 215 项（35%）研究的统计对照结果显著，而且大多数研究并不是因为样本太少而无法检测出显著的效果。另外，大多数研究采用了环境特征和身体活动的自我评定与横断设计。

对于 47 项针对成年人的关于社会环境和物理环境因素与身体活动研究得出结论，身体活动设备的可接近性与高强度的身体活动之间表现出令人信服的关系，路径的连通性与积极通勤相关(Wendel-Vos et al.，2007)。其他有可能但是不一致的相关是身体活动与娱乐设施的可利用性、可接近性和方便性。没有证据表明男性和女性之间存在差异。在对环境进行客观测量的研究中，129 项研究中只有 33 项(26%)表现出环境特征(通常是身体活动机会的接近性或方便性)和身体活动水平之间的正相关。研究也发现了 10 个反向关系。

在 47 项发表的研究中只有 3 项研究使用纵向追踪方法探讨身体活动的环境决定因素，其中只有一项使用了客观测量方法，结果表明没有关系。然而，至少一项实验研究建议干预可以克服感知的散步环境障碍。3 组不活跃的成年人(年龄为 30~65 岁，85% 的女性)分别完成了为期 3 个月的随机对照实验中的一种条件：向个人发送自助健步走计划的邮件(102 人)、自助健步走加计步器(105 人)、控制组(107 人)。根据基线测量、社会支持、自我效能、改变行为意向和社会人口学变量调整。在感知散步环境不愉快的人群中，自主健步走计划加计步器的人较控制组更有可能增加总的散步时间，并进行定期的步行(OR＝5.85；95% CI：2.60~12.2)(Merom et al.，2009)。

对于儿童、青少年和成年人来说，物理环境的某些特征与身体活动之间有一致的关系，但针对老年人的 31 项研究的文献综述发现环境和身体活动没有一致性关系(Van Cauwenberg et al.，2011)。只有 3 项前瞻性研究对于推测因果关系是必要的。对于老年人研究的另外一些不足是没能强调活动的具体类型以及同时发生的具体的环境特征，而且缺少对真实的和感知的环境的评价。

建筑环境的特征有以下 3 种主要的测量方式：①通过电话访问或问卷获得人们的感知；②评分员观察(如街道审核)；③与地理信息系统(Geographic Information System，GIS)相关的档案数据(如户口普查资料)(Brownson et al.，2009)。地理信息系统整合了数据库技术制图和统计分析技术来测量、控制、分析和建构地理位置的数据。地理信息系统提供了来自其他地理数据的地理编码的客观编码方法(如利用纬度和经度寻找地理坐标)。其他来自卫星全球定位系统的数据测量可以用于理解建筑环境和身体活动，包括人们的居住地和社区(如与街道路段和邮政编码相关的街道地址)、街道的连通性(如旅游线路选择的数量和方向性)、离学校的距离、身体活动设施以及各种身体活动的其他地点(如公园和小径)。

对建筑环境的全面测量至关重要，因为物理环境(包括人口密度、步行环境，关于零售、服务和社区设施的社区组成)影响通勤行为和偶然发生的身体活动(见图 13-1)。比如，对 449 名 60 岁及以上的澳大利亚人的研究表明，与身体活动显著相关的环境因素是寻找安全的步行小径和获得当地的设施(Booth et al.，2000)。由于步行的目的不同，环境的影响可能有所不同。塞伦斯和汉迪(Saelens and Handy，2008)回顾了关于建筑环境特征以及步行交通与休闲散步的特征的文献综述和研究。接近目的地表现出一致性相关，但是密度和混合用地对步行比锻炼散步更为重要。

在美国，城市化的程度和地理区域是与休闲时间身体活动水平相关的环境特征(见图 13-8)。来自 2001 年危险行为因素监控调查的数据表明，中部地区的大都市(14.6%)和西部地区的

(11.2%；Reis et al.，2004)身体不活动率最低，农村的身体不活动最高(24.1%)，尤其是在美国南部(17.4%)。当控制了年龄、性别、受教育水平和家庭收入时，城市化水平和身体不活动之间的反向关系是相对稳定的。当具体看农村居民的身体活动和环境因素的关系时，令人愉悦的美学感受、小径、没有犯罪、公园和可以步行到达的目的地都对身体活动有积极的影响(Frost et al.，2010)。

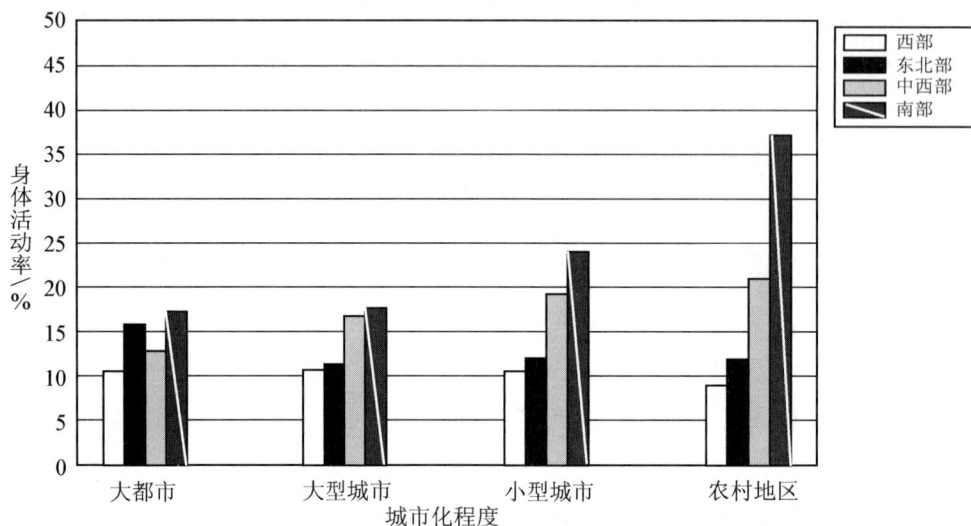

图13-8　美国不同地理区域和不同城市化水平的非职业性休闲时间身体活动：2001 BRFSS

数据来源：Reis et al.，2004。

身体活动特征

锻炼特征(如模式、强度、时间和频率)是身体活动的可能性决定因素。一项最近对27个随机锻炼实验的坚持性的元分析表明，规定频率($d=0.08$)、强度($d=0.02$)、持续性($d=0.05$)和活动模式(d为0.03～0.10)的作用很小或微不足道(Rhodes et al.，2009)。然而，大多数研究只控制了一个锻炼身体接触特征，对于坚持性的界定也不相同(如监控阶段的参与、规定强度范围的心率保持、完成规定强度的锻炼、根据个人记录的每周频率)。只有少数实验以是否退出作为坚持的指标，这一指标过去35年里已经得到认同。一个实验报告了85%的参与率，但是42%的参与者已经退出。实际上，仅报告退出率的研究已经被从综述中排除。半数的实验持续时间低于6个月，而6个月常被作为阶段锻炼项目坚持的标准时间。退出率平均为18%(2 829名参与者中有522名)，从一个基于个体日记报告的以家庭为基础的项目的0到大概6个月和2年时间实验的30%～40%。只有25%的实验因为退出的人数调整了他们对坚持的测量。最后，很多实验积极使用行为矫正的方法提高总体的坚持性，因此，混淆了关于身体活动特征是否可以改善坚持率的结果。

另外一项针对融入组织日常生活(尤其是学校和工作场所)的短时间身体活动(如低于10分钟)的研究综述得出结论，研究结果对于促进身体活动可行的持续性增长是适合的和有利的，这类身体活动对于久坐少动的人群具有更多的吸引力（Barr-Anderson et al.，2011）。然而，在所评价的 40 项研究中，只有 5 项在学校的研究和 2 项在工作场所的研究是将身体活动的测量作为因变量的随机控制实验。在 5 项实验中只有一项持续了 3 年的实验（另外的研究持续了 5～20 个月）和 2 项持续了 10～12 周的工作场所的实验报告了身体活动的显著增加。

> 相比较高强度的活动，较低强度和中等强度的活动有更好的坚持性。

　　锻炼模式也是影响坚持性的一个因素，但是可能与个体自身的因素（如年龄、性别、技能、锻炼享受和接近）存在交互作用。比如，将 116 名老年女性随机分配，进行 6 个月的监督游泳或步行，随后进行 6 个月的无监督运动，其坚持性是相似的（Cox et al.，2010）。那些被随机分配到传统阻力训练组的被试一致地减少了规定的训练量，而 32 名被分配至循环训练的超重和肥胖的男性与女性，完成了超过规定的运动量（King et al.，2010）。

　　通常来看，锻炼强度与锻炼项目的采取和坚持呈反比关系（Perri et al.，2002；Pollock et al.，1991；Sallis et al.，1986），但是在评价这些关系时，应该考虑个人变量。比如，与过去 6 个月进行中等强度运动训练的个体相比，那些过去有高水平运动的最初久坐的成年人对于高强度的活动有更好坚持性（Anton et al.，2005）。在为期 1 年随机对照实验中，尽管被分配至低锻炼强度和较高锻炼强度的中年人有相似的坚持性（King et al.，1991），但是在 1 年中，每个组选择的强度都趋于中等。基于优选强度的运动处方是提高锻炼项目坚持性的一个值得研究的战略。

　　大量研究评估了人们对于不同强度急性健身运动的生理反应和心理反应，包括优先选择的和自我选择的，但只有一项干预研究比较了规定组和优选组的锻炼计划的坚持性。43 名有抑郁症状的女性被随机分配进行他们优选体力水平的或者是按照国家指导方针 30 分钟的有监督的锻炼，每周 3 次共持续 4 周（Callaghan，Khalil and Morres，2009）。两组退出率相近（66％与50％）。另外，优选组的抑郁得分显著降低，而规定组则没有降低。尽管优选组有更好的效果，但他们在每个阶段也受到了 15～20 分钟的动机支持，而规定组则接受了相同时间的健康生活方式教育。对坚持性和心理结果的影响不能仅归因于优选强度的锻炼。

　　受伤对锻炼坚持和放弃规律性身体锻炼有较强的影响，在身体活动和骨伤之间存在一个良好的剂量—反应关系（Macera et al.，1989）。来自高强度、大剂量的锻炼的受伤会终止锻炼计划，但是参与者对受伤的主观反应可以影响参与者在受伤期间选取其他替代性活动的可能性。

　　身体活动的特征影响锻炼行为，但是调节不同强度和模式的锻炼活动的采取和保持的因素可能是不同的。然而，少有研究考查不同类型锻炼模式（如散步与力量训练）的采取和坚持的决定因素的差异。

研究中的问题

　　超过 400 篇已经发表的研究身体活动决定因素的文章（如 Sallis and Owen，1999；Trost et al.，

2002)给出哪些因素与锻炼计划和身体活动总体水平相关或不相关的启示。几个变量(如年龄和收入)已经被确定与身体活动有一致性的关系。然而，身体活动行为是复杂的和动态的，因此，没有哪个变量可以单独可靠地描述和预测身体活动水平也就不足为奇。实际上，更不足为奇的是，因人群的差异，变量也可能会不一样，而且，在行为发展的自然历史中以及作为发展阶段的函数，变量影响的水平以及具体的关键因素也会发生变化。比如，许多身体活动的相关因素对于儿童和青少年是相似的(如自我效能)，但是很多个人的、社会的和环境的影响是不同的(Sallis，Prochaska and Taylor，2000)。

对不确定的决定因素的精确测量是身体活动研究中的首要问题。一些人口统计学变量(如性别和年龄)的测量，具有跨研究的相当高的一致性。几个工具可以被用来测量同一个心理构念。例如，有两个关于乐趣对于锻炼保持的影响的研究得到了相反的结果，因为他们使用了不同的工具测量乐趣。测量环境因素(如真实的和感知的)的不同方式会混淆比较研究结果的能力。

因为使用多种工具测量同一心理构念，以及一些心理变量的特殊性，关于锻炼和假设的决定因素之间关系的结论是复杂的。比如，研究普遍认为锻炼自我效能是锻炼的决定因素，但是整体的锻炼自我效能测量可能不能描述出自我效能和锻炼之间的真实关系。从定义来看，自我效能具有情境特异性，自我效能的测量应该根据研究设计和假设而具体化。具体的自我效能量表，如障碍、应对、抗复发、任务和抽出时间锻炼身体，都有助于梳理自我效能和锻炼采取、坚持、复发、恢复之间的关系。对于学习了阻力训练程序的个体来说，抗复发的自我效能可能比任务相关自我效能与锻炼的相关较少，然而在横断研究中，抽出时间锻炼的自我效能对于身体活动水平的判别更加有效。基于上述讨论，一般性自我效能的测量可能不如特殊的锻炼自我效能的测量敏感。

> 相关研究在身体活动的测量上没有达成共识，潜在身体锻炼决定因素被多种工具进行测量。

因为身体活动缺乏一致的界定和评估标准，关于锻炼相关因素的研究也受到限制。对身体活动方面准确测量的有相当大的挑战，这可能会影响我们识别锻炼相关因素的能力(见第2章)。对于那些不规律锻炼的人来说，身体活动的自我报告不够准确。中等强度到低强度的活动容易被忘记且难以测量，因此难以发现控制锻炼采取和坚持这些类型身体活动的因素。另外，难以获得儿童身体活动水平的准确估计，而且儿童如何参与活动是一个更为复杂的问题。在一天之中，儿童可能有很多短暂的(低于1分钟)高强度的锻炼，这使得难以量化活动量和能量消耗。

总　结

锻炼和身体活动的决定因素是那些已经表明与活动水平有一致性相关的变量。研究者已经证明年龄、性别、受教育水平、收入、动机、自我效能、感知的障碍、乐趣、自我图式、缺乏时间、运动史、社会支持和季节都是与身体活动和锻炼有一致性关系的变量。然而，锻炼决定因素之间复杂多重的交互关系会随着时间而改变。梳理清楚这些不一致并非易事，但是识别那些与身体活动水平以及定期锻炼的采取和坚持有显著关系的因素是一项有实践意义的有价值的工作。理解与久坐生活方式、较低的锻炼采取及坚持相关的个人因素和环境因素可以帮助我们识别计划可以指向的高危群体。识别那些与锻炼采取和坚持有显著且一致性关系的可修改变量可能将干预的方向集中于多层次水平，包括结构化环境的改变。然而，目前几乎没有关注儿童、年长者、身体残疾者以及少数民族和少数群体的研究。而且，对影响男性和女性锻炼行为的变量的直接比较是有限的，对锻炼模式的具体研究也如此。在这一领域中，在评价和设计研究时，必须考虑身体活动和所谓决定因素的测量问题。

第*14*章

行为改变的理论

几个世纪以来，哲学家以及心理学家都试图理解人们为何如此行事。在组织人们及他们周围世界的信息，以解释及预测人类行为方面，他们已经进行了许多尝试。然而，有众多的个体及情境变量交互影响着行为且交互的模式随时间的变化而变化。理论的运用有助于简化并组织这些复杂且丰富的信息。

锻炼心理学运用社会学、心理学及生物学文献中的一些理论，解释及预测身体活动的心理健康效益，并且运用多种不同的理论，解释及预测采取和保持活跃的生活方式。在第 15 章身体活动行为变化的干预中，你将发现，为达到相同的目标，应用不同的理论视角将如何产生不同的干预处理，以及如何对影响结果的因素进行不同的解释。本章聚焦指导锻炼心理学研究的主要理论。我们将讨论基本定义、核心概念及应用这些理论的实例。

理论是模型的一种（见表 14-1）。模型是用于整合大量信息的概括及简化的表示。模型通过在特定情境中界定大量变量中哪些变量需要关注，哪些变量可以忽略，以指导我们的思想及实践。模型帮助我们解释和预测周围的世界。模型允许我们用相似的形式阐释信息。即使是电脑新手也知道电脑屏幕上的打印机小图标可用来控制打印机。打印机的图标是一个图像模型（iconic models）。**图像模型**是二维或三维的模型，看起来跟它所代表的物体一样，只是更小或更大。**模拟模型**（analogue models），如图和地图，使用一系列属性，运用转换规则来代表思想或事件中的一系列真实属性［如 1 英尺＝1.5 英里（约 2.4 千米）］。概念化模型是包含一系列概念的因果关系图，这些概念被认为或者与某个研究问题有关，或者是某种干预的焦点。概念化模型体现着理论或经验证据，可以包括在多个水平上概念化的多个理论中的成分。有时也包括已有理论中未包括的成分（如人格），但这些成分体现了经验性证据及专业人员的经验。

理论（theories）是符号化的模型（见表 14-1），用来指导研究的设计、实施及解释。理论阐述了在一定程度上已被证明的现象背后的原理。人类行为理论为解释及预测行为提供了有关行为的假设，并明确说明了关键变量间的关系。理论使得我们能够超越经验来预测将会发生什么，并允许我们超越已知的信息。例如，行为主义的理论在预测行为频率时，强调目标行为的前因与结果。如果我们知道杰夫（Jeff）喜欢与玛丽（Mary）在一起消磨时间，我们就可以预测，如果他和经常锻炼的玛丽在一起跑步的话，将会跑得更远。

表 14-1　模型的类型

模型的类型	描述
图像的	二维或三维模型，看起来与其代表的实物相似，但是更大或更小。实例包括照片和雕塑。
模拟的	在二维或三维模型中，使用一系列属性，利用转换规则来表示思想或事件中的一系列属性。例如，可以用图表示 12 周有氧课程的出勤情况，其中 x 轴表示以周为单位的时间，y 轴表示每周出勤人数的百分比。
概念的	对构念及它们之间的关系进行形象化或具体化的表示，以表征具体的假设、背景、关系、问题及主题。实例包括对理论的表征（见图 14-3），以及组织和整合信息的框架（见图 2-1）。
符号的	用本质上无意义的符号来代表思想、事件及事物，符号与代表物之间完全不相似。实例包括脚本和数学模型。理论是指导研究的设计、实施和阐释的语言或数学模型。图 12-3 的锻炼与自尊模型已被几项研究检验。
混合的	表示大量且复杂信息的模型的组合。实例包括网站或书籍，也可查看《2008 美国人身体活动指南》。

　　行为改变理论是表示人类行为的模型。多年以来，人们已经建立了几个理论，以整理影响人们做什么以及人们为什么这么做的所有因素。这些理论代表了不同的**存在论**（ontology）假设（关于事物是由什么构成的）和不同的**宇宙论**（cosmology）假设（关于事物是如何组织和如何变化的）。例如，行为主义基于现实本质的唯物主义（materialistic）视角，该视角将意识简化为神经系统的运转及生物化学的和电的过程。行为主义通过因果关系的线性连接对行为进行描述，刺激和反应通过学习被联结起来。认知心理学起源于唯心论（idealism），在唯心论中，现实被看作思想的表征或体现。我们做什么，我们如何感受，以及事物如何影响我们，都受到已习得的思想、情感、行动及背景之间关系的影响。因此，理论影响我们接受的思想和我们采取的行动。它使我们能够以逻辑的、一致的方式解释并整合信息。理论也激发了研究，以支持或反驳它们看待行为的方式。

> 理论是用于解释及预测的原理及假设，行为改变理论是关于人类行为的模型。

行为主义理论

　　20 世纪前半叶，约翰·B. 华生（John B. Watson，1919）出版了《行为主义者眼中的心理学》（*Psychology From the Standpoint of a Behaviorist*），他宣称，心理学应是行为而非思想的科学。继华生之后，斯金纳（B. F. Skinner）在 1938 年，出版了他的第一部重要著作《有机体的行为》(*The Behavior of Organisms*)。斯金纳及其同事在接下来的40年中，进行了大量严格控制的实验室实验，以探索影响学习的可观测因素。他们建立了基于实证的行为准则，包括环境决定因素的核心作用。行为主义，也称学习理论，其前提假设即心理学是有关行为的，对行为的真实解释无须考虑心理状态，因为后者无法直接观察也不能被独立测量。人格被视为个体对外部世界的可观测的反应的总和。

人们将行为主义作为理论基础，包括聚焦于**自变量**(independent variables)(原因、刺激)与**因变量**(dependent variables)(结果、反应)间的数量关系。关键变量及预测集中在刺激、反应和结果间的关系。如前所述，行为主义强调寻找前因后果间的线性关系，在线性关系中，刺激和反应通过学习被联结起来。其实证研究假设，因遇到客体和事件而产生客观的知识，这些研究为接近对行为的解释和预测奠定了基础。对所有人而言，改变或学习被认为以同样的方式运行。

> 行为主义用来解释及预测行为的关键变量是行为的可观测的原因及结果。

经典性条件反射(classical conditioning)和**操作性条件反射**(operant conditioning)为通过联结性学习理解和改变行为提供了框架。经典性条件反射需要通过学习将两个刺激联系起来，这基于伊万·巴甫洛夫(Ivan Pavlov)的工作，他的思想对行为主义的建立具有重要的影响。将一个能够引发反射性反应的无条件(或强化)刺激(unconditioned stimulus)与中性刺激配对呈现。你可能熟悉这样一个例子，即将能够引起狗分泌唾液的食物，与铃声配对呈现。最终，即使没有食物，铃声也会引起狗分泌唾液。铃声已经变成了一个**条件刺激**(conditioned stimulus)且会一直引起狗的唾液分泌(现在是一个条件反射)，除非伴随铃声再没有食物出现。此时，唾液反应会减少，直至完全消失，这个过程被称为消退。

行为主义

刺激　→　学习　→　反应　→　结果

操作性条件反射将一个强化性或惩罚性事件与自发的反应匹配，以改变反应的频率。此时，反应者学习将一个反应与其结果联系起来。为提高反应频率，在出现另一个刺激，并出现特定反应时，需给予强化刺激(reinforcing stimulus)(如奖励)。小白鼠在按压杠杆时，得到一个食物小球，也即当自发行为出现时，也就是当按压杠杆发生时，它会得到一个强化(食物)。最终，在出现其他刺激时，或者在本例中当小白鼠遇到杠杆时，反应(操作行为)也可能出现。**辨别刺激**(discriminative stimulus)或提示，是一种有关行为结果本质的环境线索。比萨饼上冒泡的奶酪(辨别刺激)暗示，现在是吃比萨饼(行为)导致嘴被烫(行为结果)的最佳时机。

显然，当将行为主义作为理论框架时，刺激和强化事件是理解和预测行为的核心变量。为解释行为，需要识别具体行为之前［**前因**（antecedents）、刺激、线索］及之后［**结果**（consequences）、**强化**（reinforcement）、奖赏、惩罚］的事件或环境。用以解释行为的结果应该或具体或象征性地直接与该行为有关。结果的改变会增加或减少行为发生的频率。例如，慢跑后感到放松和心境良好将会增加该行为的频率。对于慢跑，现在的条件刺激不再导致强化（例如，天气热使跑步有压力）；如果该结果继续令人不快，那么，该行为将发生得越来越少，并最终消失。

前因与结果

具体的前因：小狗在你带它出去散步前，一直在叫。

具体的结果：在剧烈锻炼后感到疲劳。

象征性的前因：获得参加一节免费有氧课程的优惠券。

象征性的结果：获得一个锻炼课程的证书。

行为主义有助于对影响采取和保持锻炼的前因及结果进行概念化的分类（见表 14-2）。**潜伏期**（latency），即刺激与反应之间经过的时间，可用于识别前因及结果是**近端的**（proximal）（在时间上与目标行为接近）还是**远端的**（distal）（发生远早于或晚于目标行为）。例如，注意到游泳池将在两周后关闭，是游泳池关闭期间参加有氧课程或慢跑的一个远端原因。慢跑者在起床时发现天气晴朗且凉爽，是其在当天早晨跑步的近端原因。在加练了两组力量练习后上课迟到，是该锻炼单元的近端结果。减肥或保持体重是规律锻炼的远端结果。

表 14-2　预测及影响锻炼行为的原因及结果的类型

类型	实例
环境的	天气、经济状况、媒体、空气质量、便利程度、安全、时间
社会的	榜样（媒体上或面对面的）、朋友、家庭
认知的	思想、态度、信念、价值观、情感、自我效能、自我观念、动机
生理的	健康、体适能、能力
个人的	锻炼史、健康史、教育、收入、人格、特质
感知的	疲劳、疼痛、活力

许多关于锻炼坚持性的早期研究都基于行为主义，而且都使用强化控制和刺激控制来促进身体活动。行为模式被认为可以通过提示或强化得以保持。因此，锻炼行为被认为是可改变的（获得或保持），可以通过改变前因、行为本身（技能发展与塑造）和行为结果（奖赏与强化）加以改变。例如，有研究报告使用了临时性的契约，即个体在达到训练频率及持续时间的预设标准后，将获得特定的奖励，但较少或不关注认知过程、情感及动机。

认知行为主义

　　唐纳德·梅肯鲍姆(Donald Meichenbaum)作为心理治疗中"认知革命"的奠基人之一，其早期工作为扩展行为改变以囊括认知奠定了基础，因此，也为认知行为主义的建立奠定了基础。在一项研究中，研究者训练一、二年级的强迫症儿童，通过第一遍公开的、进而隐蔽的自言自语，来提升其自我控制，以达到改变的目的(Meichenbaum and Goodman，1971)。后续在临床病人群体中的研究也提示，传统的行为改变策略辅以自我指导的训练，能够产生更好的、更持续的效果(Meichenbaum and Cameron，1994)。由此可见，在矫正不良行为时，个体对自己说了什么，相比于行为引起的环境结果更为重要。

　　认知行为主义(cognitive behaviorism)是另一种理论视角，有一些理论假设与行为主义相同。刺激和反应是解释行为的核心，但其与行为主义的重要差异在于，认知行为主义将认知界定为关键的中介变量。当行为主义主张物质是唯一的实在，需通过物理科学理解这种实在时，认知行为主义则基于交互的二元视角。反过来，该视角基于的假设为：我们是由物质和非物质现象组成的(二元论)。非物质现象包括感觉、知觉、思想及感受，它们与物质自我共同作用并影响物质自我。

　　大量的功能失调或适应不良行为都源于错误的认知和信念，后者通过它们引起的情绪反应进而影响行为，通过行之有效的信念和认知技能、学习或顿悟能够重构、增强或取代错误观念。简言之，认知调节行为，而认知可以改变。因此，改变行为的关键是改变观念。基于该模型的一个常用策略即**认知重构法**(cognitive restructuring)，通过引发消极情绪反应，如无用感("我从来不能坚持一个锻炼计划")来识别哪些认知限制了积极行为发生的可能。重新建构有关无用感的陈述，使其变得更加现实，更具有支持改变的潜能("迄今，我未能坚持规律的锻炼")。一些源于认知行为主义的策略，如自我监控和目标设置，经常被用在锻炼行为改变的干预中(见第 15 章)。

> 认知行为主义认为，认知决定行为，而认知可以改变。

社会认知理论

　　社会认知理论(social cognitive theory)由社会学习理论演变而来，后者主张大多数行为是通过社会互动习得的。社会认知理论主要通过阿尔伯特·班杜拉(Albert Bandura)的工作在 20 世纪 80 年代中期正式形式。与班杜拉同时代的沃尔特·米歇尔(Walter Mischel)，强调认知和情境变量在理解人的行为中的作用且主张个人内部认知对行为有重要的影响。班杜拉在个人内部认知的基础上建构了自己的思想，并将他的研究工作扩展到观察学习和自我调节方面。班杜拉的《思想与行为的社会基础：一种社会认知理论》(*Social Foundations of Thoughts and Action*：*A Social Cognitive Theory*)(1986)阐述了该理论的概念框架。

社会认知理论在社会互动和行为的背景中，使用认知来解释人的行动、动机及情绪。表 14-3 列出了社会认知理论的重要概念。社会认知理论的基本假设是行为来源于认知活动，是有目的的行动且由个体直接控制，也就是说，个体有能力进行自我反思(self-reflection)和自我调节(self-regulation)。**自我反思**指用符号表示未来，从而预期及计划未来的能力。个体预期将要发生的某件事，变成了当前的心理图景，并且能够激发行为。因此，对未来事件符号化的预期，控制和调节着行为。

表 14-3 社会认知理论中的关键变量

变量	解释
结果期待	结果是发生在外界的预期，对自己而言，是行为的结果。效益(渴望的结果)和代价(不渴望的结果)能够产生多种影响，这取决于它们与行为的关系(近端或远端的)及个人主观的弱点。
结果价值	结果具有不同程度的强化价值或激励价值，可以是个体希望获得或避免的某种事件。
意向	意向是实施某行为的准备状态的强度。
自我效能期望	自我效能是一种认知。它是一种信念，即相信自己具备成功实施能够产生某种已知结果的具体行为的能力。

社会认知理论的另一个假设是自我调节过程对绝大部分环境因素的影响起中介作用。支持**自我调节**的认知机制(如个体如何修正自己的行为)包括个人的目标设置、效能期望、结果期待和结果价值。对未来进行表征和概念化的能力有助于指导目标的建立，而设定目标所依据的标准是，获得何种目标能够引发积极的自我评价。设定的目标反映了个体重视和渴望的结果，并指出了实际行为与目标行为之间的差距。二者间的差距提供了负反馈，这种负反馈促成了行动的方向和强度，以减少两者间的不一致程度。例如，乔(Joe)相信 5 千米公路赛(目标行为)能证明他是一个好的跑步者且他看重好的跑步者这一自我观念。但是，乔(Joe)只能不间歇地跑 3 千米(实际行为)。他想跑多远和他能跑多远间的差距有助于指导他的训练计划。因此，目标通过提供方向和动机，支持了自我调节。

社会认知理论的假设

1. 个体具备符号化的能力。

2. 行为是有目的的或是由目标指引的，而且受事先计划的影响。这取决于符号化的能力。

3. 个体是自省的，他们能够分析和评价自己的思想和经验。

4. 个体具备自我调节的能力。他们能够改变自己的行为和环境；他们为自己的行为采取个人的标准，并使用这些标准指导行为和激励自己。

5. 环境事件、内在的个人因素（认知、情感和生理事件）与行为是相互影响的（三角循环）。

自我效能是个体相信自己具备在特定情境下成功完成特定行为的能力的程度，该行为的结果是已知的。自我效能是一种习得的信念，通过经验和模仿发展而来。它包括 3 个领域，即能力、概括程度及水平。能力指对克服一般障碍从事某行为的能力感（我能在午饭时抽时间去散步吗？）。概括程度指将该行为推广至其他类似行为的能力（如果我能打网球，我也能够玩壁球吗？）。水平指成功完成行为的程度（如果我能与朋友跑 3 千米，我能参加 5 千米赛吗？我能为了参加 10 千米赛而训练，并参赛吗？）。班杜拉的自我效能理论，进一步发展了自我效能在行为改变中的重要作用。

> 社会认知理论认为，行为是社会学习的结果，个人特质、环境和行为本身交互影响着行为。

结果期待（outcome expectation）是对某个特定行为将导致某个必然结果的感知。结果是个体预期发生在自己身上和外界情境中的，是某行为的结果。效益（渴望的结果）和代价（不希望的结果）对行为产生的影响，取决于一系列的因素。例如，它们对于行为而言，是近端的还是远端的。例如，如果苏（Sue）每周 5 天在结束工作后散步 1 小时，她相信她将减重（远端的渴望的结果），但她陪伴家人的时间将减少（近端的不希望的结果）。

结果价值（outcome value）指结果的激发价值或强化价值。价值部分取决于该结果对个体幸福感和自尊的影响程度。因此，结果可能是个体想得到或想避免的，而且，价值的强度会影响努力的程度和坚持性。例如，布拉德（Brad）在秋季刚进入一所新高中，他的同学已经练了几年的举重，于是布拉德开始在每天放学后都进行力量练习。增加肌肉力量和尺寸对于他而言非常重要，因为他想与他的新朋友更相似并与他们和睦相处。

社会认知理论的核心假设是，个体也影响环境且这种影响是双向的（如交互决定论）。它主张，行为改变是通过个体、环境及行为本身多方面的交互作用发生的。这种动态的相互作用，被称为**三元交互性**（triadic reciprocality），在第 13 章中被用以架构身体活动相关因素间的关系。锻炼的相关因素被划分到 3 个范畴中：个体、环境及行为，但检验它们之间动态交互的研究还很有限。

三元交互性（实例）

某位年轻女性参加剧烈强度锻炼的可能性取决于：她期望从锻炼中获得的效益，她对该结果的重视程度（个体变量），是否有安全的锻炼场所，同伴影响（环境变量），锻炼的强度及类型(行为特征)。有一个安全的场所玩篮球,对于知道自己需要体育奖学金上大学的人而言,会影响其对效益的感知,但是,某同伴对其运球方式的嘲笑,会影响其对效益/代价关系的感知,或影响其训练的强度,或两者兼而有之。

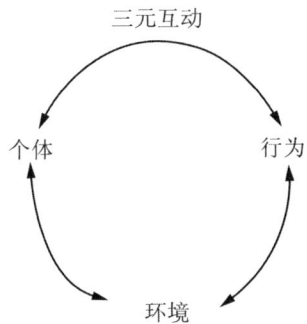

假设:环境事件与内在的个人因素(认知、情绪和生理因素)以及行为是相互影响的。

班杜拉的自我效能理论

班杜拉的自我效能理论是一个基于能力的理论,已经被广泛应用于健康成年人(Ashford, Edmunds and French,2010)、儿童和青少年(Lubans, Foster, and Biddle,2008)、老年人(Netz et al.,2005)及临床疾病人群(Artinian et al.,2010)的锻炼行为中。该理论的一个假设是,所有行为改变的首要中介变量都是被称为自我效能的认知机制,在社会认知理论以及行为改变的转换理论模型中,自我效能被认为是重要的变量。根据班杜拉的自我效能理论,效能期望、结果期待及结果价值是三个决定行为的基本认知中介过程(见决定行为的认知中介过程)。采取及保持行为取决于:预期自己具备在特定情境中成功实施特定目标行为的技能和能力,对结果的预期,以及赋予这些结果的价值。

自我效能感越高,设定的目标越高,而且个体在追求目标的过程中坚持性越好。在对目前的锻炼或体适能水平不满意的群体中,那些选择了具有挑战性的目标,并确信可以达到这个目标(具有高自我效能感)的个体,可以推测其具有更强的坚持锻炼的动机(Dzewaltowski,1994)。经常失败但具有高自我效能感的人,将失败归因于努力不够,而且更可能继续坚持。低自我效能感的人可能将失败归因于能力低,并且更可能放弃。

决定行为的认知中介过程

效能期望:个体对具备为获得某结果实施必须行为的能力的信念和预期。自我效能针对某个情境和行为,但可以推广至其他类似的情境或行为需求中。对健美操锻炼的高自我效能感会增加个体参加有氧课程的可能性,但不可能概化到开始力量训练的信心。

结果预期：对某行为导致特定效果或结果的可能性的估计。期望的结果可以是外在的（切实的）也可以是内在的（自我欣赏或自我满意感）。预期的结果与特定行为的效能相关。例如，一个人可能相信游泳是达到整体健康的最佳方式之一，却对定期做大量游泳运动以改善健康的信心较低。

结果价值：期望结果所具有的强化价值或动机价值。如果高度重视健康的改善，则遵守健康计划的努力及坚持程度优于不重视时。

自我效能期望借由以下因素建立：成功表现（如掌握的经验）、替代经验（如模仿或观察他人）、言语说服（如鼓励或积极的反馈）及对生理/心理唤醒的解释（如焦虑、主观努力感）。成功表现对效能期望的影响最大。当个体完成了困难的或先前恐惧的任务时，自我效能提升。借由个体经验，技能得以发展和改善，而且，应对机制得以建立。替代经验是个体通过观察事件或他人而获得的经验。观察与自己相似的个体通过努力获得成功并得到奖赏，能够增加个体对特定行为的效能。言语说服可采用自我谈话或重要他人鼓励的形式。在任务完成过程中的高生理唤醒可能会恶化表现并降低效能期望。基于自我效能理论的行为改变策略聚焦于操纵效能信息的来源，以提高锻炼自我效能。

自我效能期望（实例）

在健康检查中，迈特（Matt）比他的目标体重多了 10 磅（约 4.5 千克）。该信息推动他去寻找达到目标体重的策略。自我效能期望决定他对目标的选择、策略、努力程度、坚持性，以及对自己表现水平的情感反应。如果迈特自信能够将健走纳入他的日程中，但在坚持节食时总会遇到问题，那么他更可能通过锻炼而非改变饮食习惯来控制体重，除非他关于节食的预期有所改变。采取某种行为因自发的反应而产生，个人目标或标准与对个人成就的理解之间的差距激发了自发的反应。

计划行为理论

菲什拜因（Fishbein）和阿耶兹（Ajzen）基于合理行动理论（theory of reasoned action，TRA），建立了计划行为理论（theory of planned behavior，TPB），用以解释和预测在特定情境中的社会行为（如 Ajzen and Fishbein，1974）。一个基本假设是，基于有关行为及其结果（他们预期的及对结果赋予的价值）的信息和信念，人们对自己的行为做出合理决策。信念和态度受个人因素及环境因素的影响，如人格、教育、先前行为及文化因素。但预测行为最重要的因素是实施或不实施某行为的意向或准备状态(见图 14-1)。

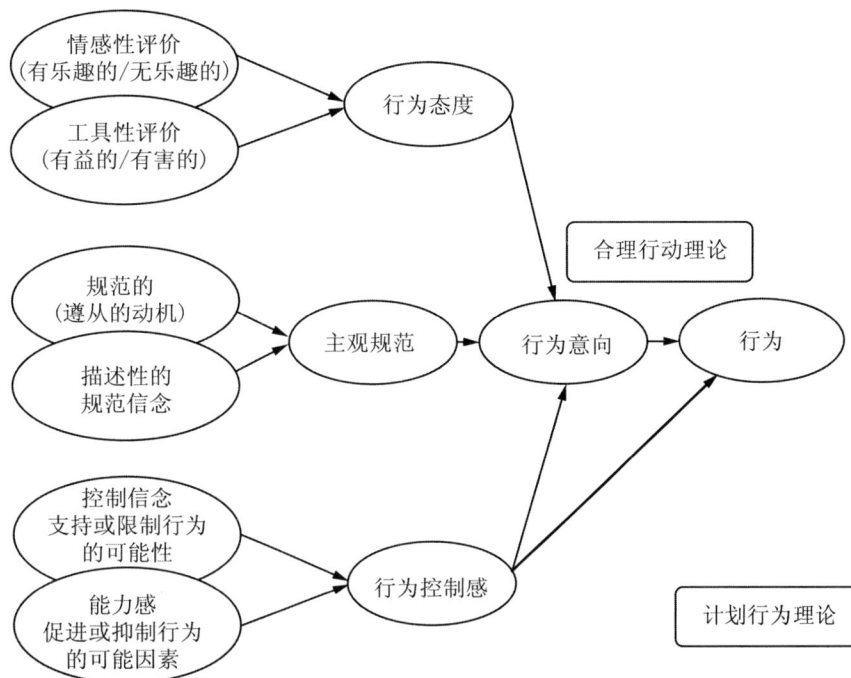

图 14-1　合理行动理论和计划行为理论

　　意向(intention)是个体对自己从事某特定行为的可能性的估计。意向是行为态度、有关行为的主观规范,以及**行为控制感**(perceived behavioral control)的函数。行为态度是对于实施某行为产生的结果的信念,以及结果评价(代价—效益分析)的函数。对于一种行为,人们可以有多个信念,以及对与每个信念相关的结果的评价,也即对实施某行为的总评价。例如,吉姆(Jim)可能相信锻炼有助于降低胆固醇,但保持规律的锻炼将占用他写论文的时间。主观规范(对从事某种行为的社会压力的感知)包括对他人如何看待该行为的感知[吉姆最好的朋友鲍勃(Bob)喜欢三项全能的比赛]及个人遵从他人期望的动机(鲍勃想让吉姆周末与他一起骑行,吉姆也愿意花时间与鲍勃一起)。行为控制感是对某个行为多么容易或多么困难的感知,这一感知基于对障碍和资源进行的评价。行为控制感不仅直接影响目标行为,也以意向为中介影响行为。

　　有超过 200 项已发表的锻炼领域的研究使用了 TPB 模型,而且,已经一致地发现了意向与身体活动水平之间、锻炼意向与行为控制感之间,以及锻炼意向与态度之间存在的强相关(Rhodes and Nigg,2011)。行为控制感直接影响行为(见图14-2),从这个意义上说,行为控制感包括了实际行为的影响,如实施该行为的必备技能、机会和资源(如 Rhodes and Courneya,2003)。然而,主观规范与锻炼意向之间的关系较弱(Fishbein,2008;Rhodes and Nigg,2011)。此外,该模型虽然给出了信念和态度的静态轮廓,但不能解释认知随时间发生的变化。

　　将 TPB 模型应用于锻炼行为研究,典型的做法包括对研究的行为、背景及目标进行特定的测量(如 Hausenblas,Carron and Mack,1997;Kimiecik,1992)。菲什拜因(Fishbein,2008)

强调，在特定时间点，根据在特定情境中指向目标的行动来界定目标行为是非常重要的。这对帮助个体依从清晰的锻炼计划或测量意向和行为，都是有价值的。例如，一个测量锻炼意向的量表包括这样的陈述"我打算在接下来的两周内每天做力量练习"，在从 1（非常不同意）到 7（非常同意）的 7 点量表上打分。考虑到锻炼行为和情境的多样性，测量的特异性是 TPB 模型的主要优势。

自我决定理论

在历史上，研究者定量地考查动机，但在 20 世纪 80 年代，爱德华·德西（Edward Deci）和理查德·瑞恩（Richard Ryan）提出，动机的类型和性质对预测行为更为重要。他们建立了人类动机的自我决定理论（self-determination theory，SDT）。SDT 是一个广泛的理论，探讨了人格发展、自我调节、心理需要、生活目标和愿望、能量和活力、无意识过程、文化与动机之间的关系，以及社会环境对动机、情感、行为和幸福感的影响（Deci and Ryan，2008）。构成 SDT 的 4 个子成分分别为：基本需要理论、认知评价理论、有机整合理论，以及因果指向理论（见 Ryan and Decide，2002）。

> 自我决定理论假设，人们被激发从事某种行为，以满足 3 种基本心理需要，而且动机的自我调节程度在一个连续体上变化。

SDT 的核心假设之一是，自主、能力及关系是 3 种基本心理需要。这些需要被满足或阻滞的程度构成了个体动机差异的基础。因此，锻炼心理学家能够根据心理需要的满足来分析行为策略或环境因素。例如，你选择每次独自跑步能够满足自主需要，但与一个好朋友参加跑步挑战计划能够满足能力和关系需要。如果你能创设通过锻炼满足这些基本需要的情境，那么动机将会增强，而且你更可能坚持锻炼。事实上，在几项基于 SDT 的身体活动干预中，使用的策略包括促进对锻炼习惯的控制感，提供掌握的经验以及提升社会支持（见第 15 章）。

根据行为的目标或原因，可以将动机划分为内在动机（如为了乐趣而锻炼）或外在动机（如为了获得奖励或避免独立于行为的消极结果）。总体而言，锻炼的目的越内在，越可能保持锻炼行为。通常，因外部原因（如减重）而进行的锻炼在外部目标达成时，将会中断，这是因为锻炼只是达到目标的一种手段。SDT 基于自主程度，从自主动机（内在的）到控制动机（外部的），拓展了动机的思想（Deci and Ryan，2008）（见图 14-2）。

自主动机通过基本需要的持续满足得以建立，包括对自己行动的选择或自我认可。自主动机是自我决定的最高水平，而且与内在动机相关。内部动机的基础是认为行为有价值或享受行为，对应的则是，做出某行为是因为自我施加的压力或希望获得与行为本身分离的奖励（外部动机）。更为外在的调节方式包括行为的外部或内摄调节，即行为源于外部奖励或惩罚，或源于内部压力［例如，马克（Mark）骑车去上课，是因为虽然他真的愿意开车，但他认为这种方式

低 ↑   无动机：见无目的的跑步
         外部调节：为取悦配偶跑步
              *行为的目的是为了获得奖励或避免惩罚
         内摄调节：为避免内疚而跑步
              *行动的内化原因
              *自我施加的压力
自我决定 认同调节：为健康而选择跑步
              *自我决定的
              *高度重视的，而且即使不愉快也会去做
         整合调节：跑步因为"我是一个跑步者"
              *自我决定的
              *行为被整合到自我的组织结构中
高 ↓   内在的：为乐趣而跑

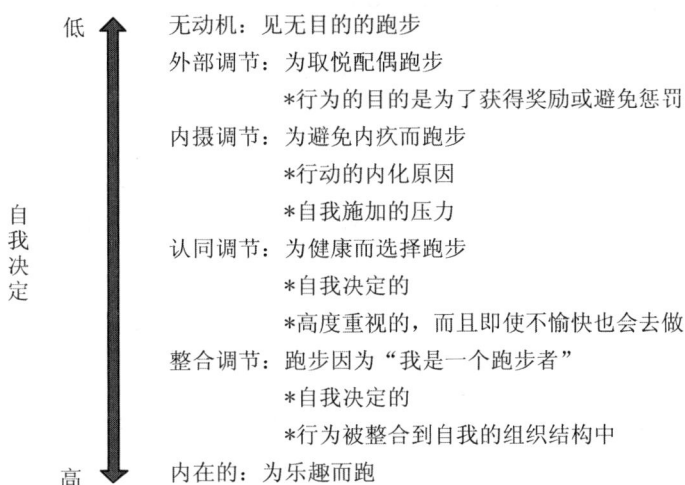

图 14-2 自我决定的连续体

比短距离开车对环境更有益]。动机的外部调节能够促进状态性的自尊，获得赞许的动机及避免负罪感和羞愧感。例如，玛丽（Mary）锻炼仅仅是因为她希望减重，而且当她执行周锻炼计划时，感觉很好。如果她错过了一次，她会觉得内疚。

总体而言，自主动机导向更好的心理健康及更长期的坚持动机行为（Deci and Ryan，2008）。有研究表明，对锻炼行为更为内部的调节与幸福感相关。横断研究发现，不同类型的动机与不同水平的锻炼行为相关，即相比于有更多外部调节倾向的人，有锻炼内部动机的人，锻炼得更多（如 Edmunds，Ntoumanis and Duda，2006）。而且，纵向研究也指出，锻炼水平与内部动机的变化一致（Rodgers et al.，2010）。研究者也考查了目标内容（是什么）及动机（为什么），并发现更为内部的目标内容与锻炼坚持有关（Wilson，Mack and Grattan，2008）。无论如何，同时考虑目标内容和动机是重要的，这是因为：如某人为保持健康（内部目标）且出于负疚感而锻炼（内摄调节）；而另一个人为了减重（外部目标）而走路，因为他享受走路（内在调节）。第 15 章涉及了SDT 在干预中的应用，如使用提升自主、能力及关系的策略。

有研究者开始研究锻炼中动机调节的发展形式及过程，这对 SDT 的发展及应用非常重要。罗杰斯（Rodgers）及其同事（2010）考查了测量动机调节（外部的、内摄的、认同的及内部动机）（见图 14-2）与锻炼之间关系的 6 项研究的结果。2 项是对报告规律锻炼的成年人的横断研究（样本分别为 202 人和 1 054 人），4 项是持续 10~24 周的干预研究（样本为 38~160 人）。尽管在干预结束时，参与者的锻炼动机更为自主，但与横断样本中的规律锻炼者相比，不同类型的自我调节水平仍然较低。更具控制性的调节（外部的）在干预后并没有改变很多。然而，认同调节比内在动机改变得更快，这提示对于许多人而言，锻炼可能在本质上是愉快的，它也可以是被重视的。因此，研究者猜测，自我调节的动机的实质性改变可能发生在锻炼计划的早期，但是这些锻炼者即使在 6 个月的锻炼后，仍然无法达到规律锻炼者的水平。罗杰斯及其同事（2010）指出，在 6 个月的规律锻炼后，保持行为的自我决定形式的动机仍没有发展完善，这也质疑了在一些研究或理论（如后续描述的转换理论模型）中将 6 个月作为里程碑的做法。

阶段理论

在行为改变理论的发展早期，预测行为的通用范式是以顺序、稳定及平衡为基础。因果理论，如行为主义源于机械论的视角。在机械论中，事件以固定的顺序被连接为因果关系的形式。这一观点也即行为改变所必需的成分及其交互作用不能被它们之间的关系或历史所修正，且改变是可预期和可控的。

受场论（field theory）的影响，有关改变的概念已被拓宽到包括这样一个前提，即事件是它们嵌入的所有条件的性质和组织的函数。迄今，大多数理论都将行为改变定义为一个受大量变量以线性模式影响的事件。根据人们在多个预测变量上的得分，将他们置于改变可能性的连续体上。新近的模型受量子理论、非线性热力学及混沌理论的影响，关注在解释改变时，效应的非稳定性、多样性、多维度及程度、非线性关系及暂时性所具有的贡献。有关时间维度的更新的概念，也已被纳入一些新近且更具前途的行为改变的阶段模型中。

> 行为的阶段模型反映了行为改变的动态及非线性的过程。

阶段理论（stage theories）将个体划分到有限的几个类别或阶段中。处于相同阶段的个体在特定的特征上彼此相似（如身体活动的水平），处于不同阶段的个体在这些特征上表现出实质性的差异。阶段理论也可以包括有关人们在特定阶段停留多久，以及从一个阶段到另一个阶段变化顺序的参数。通常，人们在准备好进入阶段 B 之前，需要在阶段 A 花费一定的时间或完成特定的任务。但是，健康行为改变的阶段之间的转变并非必需的或渐进的。对于许多人而言，行为改变并非遵循有序且可预测的模式。有时，试图改变健康行为的人会一直处于一个阶段，或在阶段间不按顺序循环，或进步的速度不同。阶段模型允许前进、后退、循环或停止，这为描述复发和再次采取提供了背景。

除不规律前进的概念外，阶段理论还界定了改变的障碍，这些障碍对处于特定阶段的所有人都是相似的且对进入下一个阶段而言至关重要。因为每个阶段的障碍不同，而且只有完成特定任务才能进入下一阶段，因此，阶段模型提供了针对特定阶段的干预。例如，施瓦策尔（Schwarzer，1992）的健康行动过程理论，区分了健康行为改变的动机（决策）和意志（行动）阶段。在动机阶段，人们基于自我效能、风险感知及行动的利弊权衡，形成行动意向。帮助人们决定开始规律锻炼的策略包括提升任务自我效能、认识静坐少动的风险、明晰活跃生活方式的益处。在意志阶段中，提出何时、何地及如何行动的行动计划（例如，晚饭后去体育场绕场地走 30 分钟）对促进目标行为的启动是必须的，而应对计划则包括识别阻碍行为实施的风险情境及发展适当的应对反应［例如，如果晚上有 PTA（家长教师委员会）会议的话，提前 45 分钟起床并在早餐前走路］。

　　行为变化的转换理论模型（transtheoretical model of behavior change，TTM），也称变化的阶段模型，是一个关于动机性行为改变的通用模型，它将时间成分作为描述及预测行为的一个关键因素（见表 14-4）。20 世纪 70 年代末，普罗查斯卡（Prochaska）和迪克莱蒙特（DiClemente）观察那些未借助专业干预的戒烟者，发现这些自我改变者在试图减少或消除这一有害健康的行为时，经历了特定的阶段。20 世纪 70 年代末至 20 世纪 80 年代初，普罗查斯卡（Prochaska）和迪克莱蒙特（DiClemente），基于该研究及对 18 个心理治疗指导系统进行的转换理论分析，创立了转换理论疗法（见 Prochaska，1979；Prochaska and Diclemente，1982，1983）。基于转换理论疗法的原则及机制，他们构建了行为变化的转换理论模型。

表 14-4　通过行为变化的特定阶段描述规律锻炼的采取及保持过程

阶段	锻炼意向	锻炼
前意向	无	无
意向	有（6 个月内）	无
准备	有（30 天内）	不规律，少于标准量*
行动	有	规律，大于标准量，短于 6 个月
保持	有	规律，大于标准量，长于 6 个月

注：* 表示通常每周 3 次及以上，每次 20 分钟以上，中等强度。

阶段理论：　行为变化的阶段及可能模式

行为变化的阶段

A：不从事目标行为

B：不从事目标行为，但有从事该行为的强烈意向

C：刚刚采取目标行为

D：已经参与目标行为

改变的可能模式的实例

渐进型顺序：A→B→C→D

退步型：A→B→C→B→A

循环型：A→B→A→B→A

　　转换理论模型将采取和保持健康行为视为一个过程，这一过程经历了一系列由行为和动机所界定的阶段（见图 14-3）。尽管发展该模型的初衷是描述成瘾行为，但该模型已经扩展至包括采取预防性的健康行为及使用医疗服务等在内的多个方面。迪仕曼（Dishman）在 1982 年，桑切佐姆（Sonstroem）在 1988 年，以及萨利斯（Sallis）和霍维尔（Hovell）在 1990 年，都提出了包括阶段的锻炼行为动态模型的概念。20 世纪 90 年代初，马库斯（Marcus）及其他研究者将转换理

论模型应用于锻炼行为(如 Marcus et al.，1992，Marcus and Simkin，1993)。自此，已有 100 多篇研究将转换理论模型应用于锻炼及身体活动领域。

转换理论模型包括 3 个层次：变化阶段、影响行为变化的假设性构念，以及行为变化的水平。有关锻炼的文献并没有提到行为变化的水平，锻炼领域应用或检验转换理论模型的许多研究，仅使用了该模型的第一个层次，即变化阶段。阶段是改变发生的时空维度。实证分析研究已经确定了 5 个独立的阶段，这些阶段是相对稳定的但也可以变化。使用 6 个月这一典型的时限来界定阶段，其前提假设是，6 个月几乎是人们能够预期做出改变的最远的未来时间点。第 6 个阶段，即结束，代表在这一节点上，对保持行为变化的能力有 100% 的自信且没有退回到先前阶段的风险。然而，最后阶段通常不用于锻炼研究，而且似乎更适合对某种非健康行为的戒除。

人们对锻炼变化阶段的数量和描述有所不同。例如，一些研究者并不将开始锻炼意向的时间框架(如 30 天内)作为准备阶段的划分标准；另一些研究者则将准备阶段划分为两个阶段。他们的特点是都有一些锻炼，区别在于是否有采取规律锻炼的意向。美国疾病控制和预防中心及美国运动医学学会推荐的日常身体活动量的科学研究及干预已经开始应用于身体活动的变化阶段。

转换理论模型的第二个层次是影响行为变化的 3 个假设的构念，即克服障碍的自我效能，该构念源自社会认知理论(见本章先前的讨论)；**决策平衡**(decisional balance)，即对目标行为利弊的评价；**变化过程**(processes of change)，即为了改变行为所使用的策略。有研究检验了锻炼阶段及锻炼自我效能，总体而言，在较早的阶段(如前意向)，自我效能最低，在相邻的下一个阶段，自我效能更高，在保持阶段，自我效能最高。有纵向研究证据表明，当个体从已形成的静坐少动的生活方式转变到保持规律锻炼时，锻炼自我效能提高(Dishman，Vandenberg，Motl and Nigg，2010；Marcus et al.，1994；Plotnikoff et al.，2001)。然而，这些数据并不能告诉我们，个体变得更加活跃是因为具备了更高的自我效能，还是他们具有较高的自我效能，因为以往在锻炼中获得了成功，这就使他们的经历成为他们目前行为的真正的决定因素。

锻炼阶段(实例)

- 前意向阶段：个体处于不活跃的状态，而且没有开始锻炼的意向。他们没有认真考虑过在接下来的 6 个月内改变锻炼水平，或者他们否认有改变的需要。

- 意向阶段：个体仍然处于不活跃的状态，但是他们打算在未来 6 个月内开始规律锻炼。

- 准备阶段：个体的活动水平低于标准水平（典型的界定是每周至少 3 次，每次 20 分钟及以上），但是该个体打算在近期（未来 30 天内）变得更活跃。

- 行动阶段：个体采取达到标准的规律锻炼不足 6 个月。在该阶段，行为变化的动机及投入充足且效益感知大于代价感知。然而，这是最不稳定的一个阶段。处于行动阶段的人复发风险最大。

- 保持阶段：个体规律锻炼已经超过 6 个月。与其他阶段相比，锻炼行为已更好地形成且复发风险较低。

决策平衡是转换理论模型中被认为影响锻炼行为的另一个构念。贾尼斯和曼（Janis and Mann，1977）的决策理论认为，对自我及重要他人的代价及利益的感知，对行为改变具有重要影响。有充分的证据表明，对于锻炼而言，两个构念（利益和代价）已经足够。锻炼利弊与锻炼阶段间关系的典型表现是：随着向下一个阶段转变，利益增加，而代价减少。大部分有关锻炼的证据也提示，在意向或准备阶段，利益和代价间可能发生转换，这与其他一些健康行为一致。

变化过程是与阶段变化相关的策略，可以划分为认知的/经验的和行为的。认知的/经验的过程被界定为人们基于自己的行动或经验，收集有关信息的一系列过程。自我重评是认知过程的一个实例，在此过程中，人们在不活跃这一方面重新评价自己的价值。行为的过程是借由环境事件和行为产生信息的过程，如刺激控制和强化控制。

在 TTM 中，诱惑是一个适用于戒断行为的因素。诱惑代表了在具有挑战性的情境中实施不健康行为（如吸烟）的强烈渴望且随着阶段的发展而减少（Prochaska and Velicer，1997）。尽管其在锻炼领域的应用没有其他 TTM 构念那么频繁，但不锻炼的诱惑和情感成分与其他竞争性需求有关。但是，在为期两年的重复测量中，情感和竞争性需要与身体活动水平呈现弱相关（如 Dishman，Vandenberg，Motl and Nigg，2010）。

变化的水平这一维度是问题行为发生的背景。这些水平包括症状的/情境的、适应不良的认知，目前的人际冲突、家庭/系统冲突以及个人内部冲突。尽管其未被一般的研究所应用，但识别问题的水平却可应用于指导干预。例如，对于想开始力量练习，但没有可去的健身中心的人而言，改变的水平将是情境性的。对她而言，相比于关注她的认知，制订家庭锻炼计划更为有效。

尽管作为锻炼行为的改变模型，TTM 具有吸引力，而且也被应用于一些干预研究中，但正如班杜拉（Bandura）在 1997 年指出的，转换理论模型的阶段和过程是否适用于理解锻炼行为的改变，还存在不确定性。要时刻牢记，应将行为改变的理论视为暂时性的、可改变的、可完善的并最终被取代的。因此，学者们继续检验转换理论模型对锻炼行为的适用性。

纵向研究支持了早期横断研究的结果，即当人们试图提高或保持其身体活动水平时，他们似乎确实使用了认知的/经验的及行为的策略。在一项随机对照实验中，变化过程的认知和行为均能预测 12 个月后的身体活动情况，但在 6 个月时测量的变化过程则不能预测 12 个月时测量的身体活动的采取或保持(Williams，Dunsiger，Ciccolo et al.，2008)。

在一项包括住在夏威夷的多种族的 500 名成年人的队列研究中，参与者每隔 6 个月被测量一次，在两年中共测量了 3 次或以上。结果发现，在为期两年的观察中，保持或达到"健康人 2010"(Healthy People，2010)推荐的身体活动量的群体，更可能在自我效能、变化的经验及行为过程上保持高分(Dishman，Vandenberg，Motl and Nigg，2010)。然而，阶段对预测身体活动的变化没有作用(Dishman，Thom and Rooks et al.，2009)。相比于未达到标准的人群而言，在使用阶段划分达到标准的人群时，更可能出错。对于每次都稳定地达到标准的人群而言，预测 6 个月后转换的正确概率高于 50%；而对于介于达到和未达到标准之间的人群而言，预测转换的正确率仅为 25%，低于随机猜测水平。

有少数研究检验了转换理论模型的假设，即与所在阶段匹配的干预比，未匹配的干预更有效，但研究结果并不一致。例如，在 16 周的身体活动干预后，阶段匹配干预组比不匹配干预组和控制组更为成功，但并不比标准照顾组(Blissmer and McAuley，2002)和控制组更有效。

应用于锻炼和身体活动的其他理论

此前回顾的理论均为锻炼行为领域著名的模型，但还有一些应用于锻炼的其他模型，也已经取得了不同程度的成功。

健康信念模型

健康信念模型(the health belief model)由罗森斯托克(Rosenstock)和其他研究者在 20 世纪 50 年代建立，用以解释人们对免疫及肺结核筛查依从性较差的问题。健康信念模型在个体的决策层面解释健康行为，个体的决策是采取或戒除与疾病风险及控制有关的行为。该模型关注个人患病的风险程度，以及行为改变对减少风险的有效程度的主观感知。采取行动的可能性受行动线索(内部或外部的)、人口统计学及社会文化变量的影响。采取健康行为的准备状态取决于动机、对不改变导致的患病风险的评价，以及对考虑中的行为减少风险的主观感知。修正性因素包括人口统计学变量、结构因素(成本与复杂程度)、态度、相互作用因素(患者及医疗卫生服务者之间)，以及促成因素(社会压力与以往经验)。社会支持及自我效能也被纳入模型中，以期增加模型的预测效用。

健康信念模型似乎更适用于预防性的健康行为及对医疗建议的依从性，当其应用于锻炼行为时，则没有那么好的效果。也就是说，它实质上是一个预防疾病的模型。事实上，有研究也指出，主观易感性与锻炼坚持呈负相关。一些人可能并不认为身体活动和锻炼是健康行为。除改善健康外，人们也为了社会交往、乐趣、掌握技能、竞争而锻炼，而且锻炼动机也可以改变。

健康信念模型：影响锻炼行为的信念

对因缺乏活动而容易出现健康问题(如冠心病、肥胖)的主观感知。

对健康问题影响生活质量的主观感知(感知的严重性程度)。

相信采取活跃的生活方式是有益的。

锻炼收益超过锻炼成本的程度(对代价—收益比的主观感知)。

社会生态模型

社会生态模型(social ecological models)源于当代社会心理学之父库尔特·勒温(Kurt Lewin)的奠基性研究，他的场论(1935 年)正式提出了人的行为是个人及环境的函数。"场"包括了个人及他的动态心理环境(如感知)，而且行为被认为是取决于当前的场而非过去或未来的环境。其后的学者们拓展了环境的本质，以及个人、行为与环境之间的关系(Sallis, Owen and Fisher, 2008)。例如，1968 年，罗杰·巴克(Roger Barker)提出了"行为背景"的思想，包括行为发生的社会及物理情境。20 世纪 70 年代末和 20 世纪 80 年代初，鲁道夫·穆斯(Rudolf Moos)和尤里·布朗芬布伦纳(Urie Bronfenbrenner)将环境因素及其影响进行分类，以解释行为，他们关注了自然的和建构的环境、组织的情境、社会文化特征及社会氛围(如 Moos, 1979)，以及系统的不同层面：微观的(在家庭和工作团体中的交互)、中观的(如家庭与学校工作环境)、宏观的(经济、文化、政治)环境(如 Bronfenbrenner, 1979)。

> 生态一词起源于希腊文"oikos"(家庭)和"logos"(知识)。1866 年，该术语由厄恩斯特·海克尔(Ernst Haekel)首先使用，用以描述"有机体与环境之间关系的综合性的科学"。

> 勒温的公式是社会生态模型的基础：
> $$B = \rightarrow (P, E)$$
> 其中，B＝行为，P＝个人，E＝环境。

生态模型与本章中讨论的其他理论截然不同，其他理论聚焦于个人(如态度、信念、认知、行为技巧和经验)以及更为局限的社会影响，诸如家庭和朋友。社会生态模型除了考虑自然和建构的环境外，也关注更广泛的社会、组织、文化及政策，以解释行为并指导干预。该模型的假设之一：人及其行为与环境之间的相互依赖，可以在多个影响层面上影响行为的采取和保持。因此，当设计行为改变的干预时，个人内在的、人际间的、社会的、环境的及组织的资源都应考虑在内，而且在分析干预效果时，需应用多层次模型（见第 2 章）。社会生态模型常用的另一个假设是，跨层面或层面间的效果相互影响，在分析的每个层面，已确定的具体资源都可能成为杠杆的支点，对行为产生更重要的影响（见图 14-3）。根据萨里斯、欧文和费舍尔（Sallis，Owen and Fisher，2008）的观点，生态学视角的基本原则包括：①影响行为的因素是多个层面的；②不同层面间的影响相互作用；③多层面的干预更有效；④对特定行为的模型是最有效的。

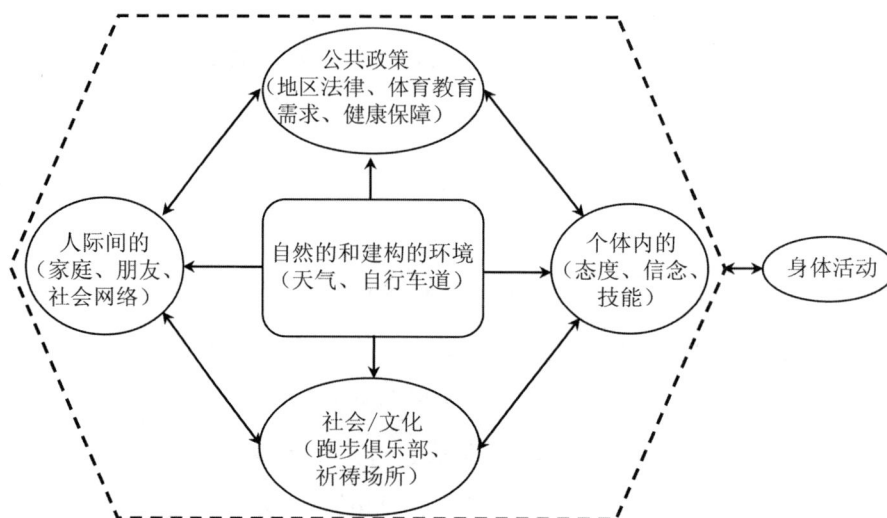

图 14-3　社会生态成分间的交互作用

弗勒里和李（Fleury and Lee，2006）从社会生态视角，对 23 项探讨非洲裔美国妇女身体活动相关因素的研究进行了描述性综述，该综述阐明了该模型关注的影响因素的范围，将结果组织到个人内在、人际间的、社会的和环境的以及组织的影响等类别中。低动机（如感到缺乏意志力、低自我效能）是阻碍身体活动的最重要的个人内部因素。个人内部中等程度的相关因素包括行动力（锻炼引起的疲劳、认为锻炼是艰苦的、健康考虑，以及并发症）、社会经济地位及教育。研究也发现，工作与身体活动间关系较弱。人际因素对于非洲裔美国妇女非常重要，尤其是通过鼓励获得的社会支持、与家人和朋友在一起的机会，此外，也包括工具性支持（如辅助看护），以便有自由的时间更加活跃。观察到他人是活跃的（社会规范的反映）以及参加有组织的宗教活动，也与更多的身体活动稳定相关。阻碍身体活动的社会及环境因素包括缺乏安全的锻炼场所，缺少文化特定的身体活动，缺少人行道和路灯等。整合了领导技能及资源的社区组织与身体活动的增加有关。尽管鲜有研究探讨组织和政策资源的作用，但弗勒里和李（2006）发现，非洲裔美国妇女认为，强有力的社区组织与同伴关系对促进身体活动同样重要。

复发预防模型

本章讨论的大部分理论都可以应用于采取及保持行为改变。**复发预防**（relapse prevention）

模型起源于社会学习理论，关注自愿的自我控制努力的保持及长期行为改变的循环本质。应用该模型的目的是帮助那些尝试改变自己行为的人有效地应对情境的诱惑，那些情境可能诱惑他们重蹈旧的、不希望的行为模式。马拉特和戈登（Marlatt and Gordon，1985）最早建立了该模型，以促进对高频率但不受欢迎的行为（成瘾行为）保持节制。如何保持行为改变在以个体应对复发的认知及行为能力为背景描述。

复发始于**高风险情境**（high-risk situation），即一个挑战个体对坚持渴望的健康行为的信心的情境。对于锻炼而言，高风险情境包括无聊、天气不好、消极心境、社会情境和没有时间。充分的应对反应能够提升自我效能且减少复发的可能性。不充分的应对或无应对降低自我效能，且可能对退出希望的健康行为将会发生什么产生积极的预期（例如，"如果我今天不去体育馆，我就可以去看足球比赛"）。达到目标行为的标准越严苛，则偏离目标行为越可能被视为退出。例如，如果锻炼"规则"是周六下午 1 点 15 分在体育馆里锻炼 35 分钟，那么，去参加比赛被视为退出（一次完全错过训练），但推迟 10 分钟开始也被视为一次退出。对退出的感知可能会引起破堤效应（abstinence violation effect），如对于锻炼而言，坚持偏离后的效应。该效应的特征之一是认知不协调的经历，即想法或感受与行为不一致。例如，退出行为（错过了一堂训练课，或没有遵守特定的严苛的锻炼计划）与锻炼行为处于掌控之中的自我观念不匹配。另一个破堤效应的认知成分是全或无的思想，如将自己界定为或成功的或失败的，这也会增加心理应激的风险（见第 4 章）。破堤的情感成分包括失败感、自责、自尊降低，罪恶感和控制感丧失，可能会进入复发阶段。

"应该"超越了"想要"，这种生活方式的不平衡也使个体更容易复发。舍弃想做的事情，而花时间做应该做的事情，这样的人会感到被剥夺，而且放任或自我满足的渴望会提高。例如，从上次体检发现血压高后，比尔（Bill）每个周末都锻炼。因为他的锻炼课程，他已经错过了几次钓鱼。而且，当他的朋友们谈论他们多快乐时，他感到失落，并有意忽略他们的谈话。对不再坚持行为改变的积极预期使复发更有吸引力。如果比尔这个周末不去锻炼，他就能够试试他的新钓竿，并与他的朋友们一起去海边了。

> 高风险的情境及严苛的规则增加了复发的风险。

从理论上讲，考虑到约 50% 开始规律锻炼的人在锻炼开始的 6 个月内复发且大多数在最初的 3 个月内复发。因此，对于锻炼坚持而言，复发预防模型看起来是有用的。然而，该模型是针对戒除高频率不希望的行为而建立的，而在锻炼中，目标是保持低频率的期望行为，这需要大量反复的努力。我们可以很明显地发现某人从戒烟中复发，但很难明确从规律锻炼中退出何时会转变为复发。有研究者将复发界定为在一周内不锻炼，但是对于锻炼者本人而言，识别自己的复发或者在复发前预先处理是非常困难的。

对于锻炼而言，有计划的复发可能并不是一个有效的复发预防训练的成分，即个体在控制条件下短期自发地回到不希望的行为，在控制条件下短期内不活动。总体而言，有计划的复发对行为的获得而言，可能并不是一个好的策略，尤其是在行为改变的早期阶段（Marcus and Stanton，1993）。

锻炼也会应用其他的复发预防策略，如识别高风险情境，并针对其进行计划，以及建立灵活的目标（规则），并取得了一定的成效。在一项研究中，对59名平均锻炼5年的规律锻炼者，在3个月内测量了严重的高风险情境、在复发预防模型中与退出有关的成分，以及锻炼效果（Stetson et al.，2005）。在整个测量期间，高风险情境的平均数为3.5；最常见的是天气不好、当天时间不合适、一个人、消极心境及身体疲劳。尽管存在高风险情境，但锻炼与积极的认知策略有关，如任务导向的问题解决和积极评价，但未见将社会支持作为应对策略的报告。在对高风险情境做出反应时，女性错过一次锻炼课程的可能性是男性的2倍，但这可能反映了女性更倾向于报告退出。尽管依赖回顾式回忆存在一定的局限，但该研究提示，高风险情境并非必然导致退出和复发，而锻炼者如何应对具有挑战性的情境对促进坚持具有重要作用。

习惯理论

习惯被定义为一种目标导向的行为，经过不断地重复已转变为自动化。因此，实施习惯行为既不是有意识的，也无须决策，而个体在决策中，至少会考虑一个其他的行动方向。根据习惯理论（habit theory），习惯就是个体很容易经常做的事（Ronis，Yates and Kirscht，1989）。习惯理论认为，情境线索使自动化的认知过程运转，因此，并不需要有意识的思考。情境的一致性有助于习惯的形成，因此，众多生动一致的线索有助于行为改变的保持。习惯理论的另一个假设是，越简单、越分立的行为，越容易形成习惯，越容易被环境线索激发。因此，可以仔细观察锻炼常规中的不同成分，而且可将这些成分视为潜在的习惯。例如，穿上跑步服在晚上出去，结束工作后去体育馆，或在中午停止工作与朋友一起散步，这些都是由自动化的认知过程控制的候选行为。

亚兹、帕鲁森和萨尔玛（Aarts，Paulussen and Schaalma，1997）构建了身体锻炼及习惯形成的模型，以描述锻炼习惯形成的过程。该模型包括了以上讨论的习惯形成的几个成分。身体活动习惯的建立开始于最初有意识的决策过程，在该过程中，个体基于对赞许程度、社会压力及行为控制的主观感知来评价锻炼需要。积极的评价引发意向及实际的锻炼行为。如果行为的结果令人满意，那么锻炼行为是否再次出现则取决于在类似情境下是否有实施行为的机会。随着时间的推移，意识决策过程变得不那么复杂。随着行为被重复，先于锻炼的情境特征将自动激活行为。锻炼变成一种不需要周密思考的习惯。终身锻炼习惯的养成取决于对一些障碍的克服，如缺少积极的即时结果及在类似情境中重复相同行为的难度（工作时间的变化或社会限制，打破了锻炼规律），这些障碍都阻碍了重复过程，而重复过程对习惯形成非常重要。

"自我报告的习惯索引"（the Self-Report Habit Index）（Verplanken and Orbell，2003）被用于测量习惯的强度（对重复和自动化的主观感受），而且有研究发现，锻炼强度习惯与锻炼水平相关。例如，罗兹、德布鲁因和马西森(Rhodes，de Bruijn and Matheson，2010)以153名大学生为研究参与者，在计划行为理论框架中，检验了锻炼强度习惯对身体活动的预测作用。结果发现，在意向以外，习惯能解释身体活动7%的变异。但是，即使与意向共同作用，强的锻炼习惯也无法保证某人是活跃的(如de Bruijn，2011)。

身体活动保持模型

身体活动保持模型(physical activity maintenance model，PAM)由尼格、博雷利、马多克和迪什曼(Nigg，Borrelli，Maddock and Dishman，2008)建立，该模型假设，采取行为与保持行为的预测因素不同。模型纳入了触发身体活动复发的因素，整合了对于保持而言重要的个人及环境变量，并将身体活动保持视为一个动态过程，由此加深了我们对锻炼行为的理解。该模型是多层次模型，不仅考虑了个体内部因素，也考虑了社会环境、社区结构等因素。类似于社会生态模型，它构建了一个环境与个人间相互作用的模型(见图14-4)。

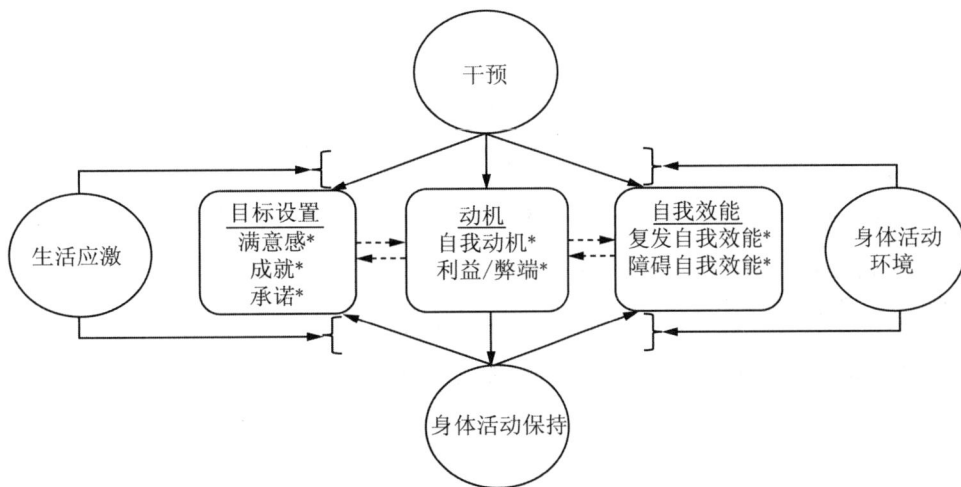

图14-4　身体活动保持模型

Reprinted，by permission，from C. R. Nigg et al.，"A theory of physical activity maintenance," *Applied Psychology*，2008，57(4)，pp. 544-560.

PAM模型的中介变量包括目标设置、自我效能和动机。目标设置通过投入和成就发生作用，影响着努力的方向、控制及保持。目标设置是通过目标达成而建立掌握经验的一种机制且影响自我效能。障碍和复发自我效能与该模型的关系最密切，在该模型中，自我效能被认为通过动机和目标设置直接和间接地影响行为。该模型从内部视角考虑动机，即自我激励，也就是一种坚持的倾向，这种坚持与对特定情境的信念及对保持规律身体活动利弊的外部预期无关。在该模型中，目标设置、自我效能和动机是相互联系的，构成了一个整体且相互影响。例如，在漫长炎热的夏天，坚持跑步的动机可能会引起对原目标的修正，而达到新目标能够提高坚持锻炼的自我效能。

PAM模型考虑了环境和生活应激对中介变量的情境性影响。这些情境性影响可以是由感受、认知和动机筛选出的机会及效用且受到现有条件的调节。该模型的一个重要贡献在于：将生活应激作为一个重要的情境性成分纳入模型中，以解释身体活动的模式，特别是将其作为复发的一个触发性事件。生活应激影响行为保持，原因在于，应激减少了个体资源或将个体资源从身体活动上转移，偏离了目标设置，增加了消极情感、抑郁和焦虑；因此，导致了身体活动动机下降。此外，慢性应激会损害免疫系统，导致疲劳感增加和身体虚弱。

锻炼行为理论应用中的问题

正如没有单一的因素可以决定锻炼及身体活动，似乎也没有某种单一的理论能够充分描述和预测锻炼行为。对于人类行为而言，以上提到的理论都是合理的，而且那些已经被与锻炼相关因素的研究所揭示的锻炼行为的相关变量也包括在模型中。锻炼心理领域最普遍的 3 个理论包括：社会认知理论或自我效能理论、计划行为理论和转换理论模型（Biddle and Fuchs，2009；Rhodes and Nigg，2011）。自我决定理论和社会生态取向的应用频率也很高，在欧洲，健康行动过程模型（HAPA；Schwarzer，2008）则扮演着突出的角色。然而，大部分理论并未完整地应用于锻炼，尚需要更多的实证研究检验特定理论对锻炼行为的适用性，并且明确地探讨锻炼保持（如身体活动保持模型）。

在 1998 年的一项有关锻炼行为改变干预的研究综述中，巴拉诺夫斯基、安德森和卡马克（Baranowski，Anderson and Carmack，1998）指出，尽管干预应通过中介变量起作用，但目前用以选择中介变量的理论通常无法解释目标结果的大部分变异。他们建议，使用更为基础的行为及社会科学研究以理解身体活动行为，这些研究包括对理论构念的检验。如果能够达到这一倡议，将有助于厘清个人的、环境的和行为的变量及其关系在预测及解释身体活动模式中的作用。

越来越多的研究者正在接受这一挑战，即并没有充足的文献来判断那些解释及预测身体活动的单一理论的准确性。这些研究者应该考虑在第 2 章中提到的研究问题，如对心理社会构念的测量。身体活动行为的理论检验受制于横断或短期（如 2 周）的前瞻性研究设计。时间顺序对检验理论构念至关重要，并且需要使用实验或自然的纵向研究。检验理论构念及其相关关系则需要使用多元统计技术。上述观点可被整合进尼格和帕格斯顿（Nigg and Paxton，2008）提出的身体活动行为研究的应用理论的标准中（见表 14-5），他们也呼吁建立相应的指导原则，如关于报告行为干预理论基础的 CONSORT 声明（见第 15 章）。

表 14-5　身体活动行为研究恰当应用理论的标准

1. 明确理论
2. 完整地描述理论
3. 将理论包含的所有成分转化到干预中
4. 实施干预的所有成分
5. 评估理论的所有成分
6. 保证理论变量和结果一致
7. 保证忠实于干预计划
8. 恰当评估结果的改变

改自 Nigg and Paxton，2008。

　　当然，锻炼行为研究的设计、实施及解释必须基于理论。除本章介绍的理论外，还有其他许多有关人类行为的理论，可用于理解和预测锻炼行为。选择理论需由相关证据指导，这些证据包括该理论对锻炼独有特征的适用程度及理论构念与锻炼行为间的关系。有研究者通过建立针对锻炼的理论以解决该问题（如 Aarts，Paulussen and Schaalma，1997；Nigg，2008），其他研究者则提倡整合跨多个领域的理论，包括社会的、行为的及生物医学的（Epstein，1998），或在现有理论中加入具有针对性的成分，以提高对身体活动变异的解释比例。

总　结

　　行为主义将行为改变视为前因后果，以及它们的线索及强化强度变化的结果。认知行为主义认为个人内部因素是行为改变的关键因素，将基于社会学习的理论应用于锻炼行为，包括将锻炼及身体活动描述为意志行动，受意识决策的影响，且在不同程度上强调自我效能、态度、信念、动机和意向的作用。尽管态度模型普遍对锻炼行为的解释比例不超过 35%，但这些模型最早关注了决策这一行为改变的倾向性因素。促进因素（可接近性、可用资源、环境因素）和强化因素（奖励和诱因）提升了对采取和保持锻炼的解释比例，应在包括生物学成分的综合的锻炼行为模型中予以考虑。

　　心理社会的、生理的及环境的因素都随时间而变化，因此对锻炼行为的影响是动态的。锻炼行为模型包括时空维度，如阶段和复发预防模型，扩展了人们对如何发生改变的理解且对提升干预的有效性具有实践价值。尽管存在对建立新理论的呼吁，但我们基于已有研究，已经建立了充足的文献主体，这些研究恰当地应用了理论，并在行为改变的策略和方法中应用了理论的中介变量。

第 *15* 章
改变身体活动行为的干预

任何曾试图改变健康行为的人都知道，即使像每天多喝一点儿水这样的事情也不容易做到，尽管我们知道这样做是有益的，而且真的这样做了之后也确实对身体有好处。锻炼对我们有益，而且定期锻炼会让我们感觉更好，但这也绝非易事。若没有干预，50％的人会在参与一项活动后 6 个月内终止活动。本章旨在描述促使人们开始并坚持定期锻炼的模型和策略，介绍在各种人群中实施的干预措施。我们也希望深入了解为什么不能成功地保持人们身体的活跃程度。

锻炼干预概述

锻炼行为改变研究的主要目标是使久坐或不定期活动的人们采取规律锻炼的习惯，或提高身体活动生活方式的水平，并使定期锻炼的人继续保持良好的习惯。确定改变什么及使用哪些策略是基于指导干预的过程模型。过程模型定义了应该做什么、何时以及在何种条件下产生具体的结果。过程模型来自命题模型或理论，如在第 14 章讨论过的行为主义。比如，如果干预的理论基础是行为主义，那关于行为变化发生的假设就是基于前因、后果和目标行为之间的关系。来自行为主义的过程模型将涉及刺激控制(改变前因)和强化控制(改变结果)的策略，目标将根据反应率的变化(锻炼频率的提高或保持)来界定。以理论为基础的目标变量的选择应该基于锻炼行为资料记载的中介因素，这也是学习身体活动相关因素的另一个原因。另外一个考虑因素是目标人群，可以决定干预设计和策略的类型及制约因素。

> 锻炼干预的目标是提高采取及保持身体活跃生活方式的人们的数量。

在考虑采取和保持身体活跃生活方式时，我们需要时刻记住以下几点。

第一，身体活动水平的改变不同于其他大多数健康行为的改变。身体活动的目标是采取和保持积极的健康行为，而不是放弃或终止一个负面的健康行为，如吸烟。

第二，身体活动是独特的，因为它是一种基于生物学的行为，伴随着生理和心理的前因后果的交互作用。比如，疲劳是在一次锻炼之后可能的生理后果，可以从认知的角度被解释为缺乏能力，导致低自我效能。疾病会导致疲劳，从而降低身体活动的动机。

第三，请记住，身体活动是一个复杂的行为。在遛狗、参加有氧运动课、带领家人去公园之前，人们都经过一系列的认知、行为和社会事件，包括多种决定和行动。其中有些活动，如带家人去公园、参加周六健身的活动包含诸多事件。然而走楼梯而不是乘自动扶梯可能仅包括注意到促进身体活动和走楼梯的信号。决定和随后的行动会受到个人特征、生理反应和适应、社会因素以及环境条件的影响。

第四，如锻炼阶段和坚持模型的应用所示（见第 14 章），锻炼是一个动态的行为。诸多因素会影响采取、早期坚持、长期保持以及一段时间中断之后的锻炼恢复。最后一点关注身体活动的目标质量和数量。方案的类型应该与锻炼计划的目标以及目标人群的资源和动机相匹配。每周游泳 5 次，每次 1 小时有助于减肥，但是接近泳池以及花费如此多的时间用来锻炼的意愿对于采取和坚持是必要的。

为了获得期望的结果，以及检验旨在提高身体活动水平，或增进身体或心理健康的干预的有效性，最大限度地坚持锻炼是极其重要的。我们需要参与者遵循计划，完成所有的评估，这样我们能够了解干预对结果变量的影响，以及中介结果的干预措施的各个方面。另外，临床实验报告统一标准（CONSORT）指导原则（见第 2 章）指出，所有参与者的数据都应该包括在内，无论坚持情况如何，提高研究人员重视坚持的动机，以便他们可以收集尽可能多的实际数据，尽可能少地进行缺失数据的填补。

以锻炼为目标行为的特征

目标是采取和坚持积极的健康行为。

锻炼是以生物学为基础的行为。

锻炼前经过一系列的需要多种决定和行动的心理的、行为的和社会的事件。

不同的因素组合调节采取、早期坚持、长期维持和恢复运动。

锻炼的质量和数量会随着目的的不同而变化。

干预的背景

这一部分会从个体特征（如目标群体）、干预的设置以及干预水平来描述改变身体活动行为的干预背景。在选择干预时，应考虑目标群体的特征，如年龄、生活条件和收入。比如，增加超重中学生身体活动的计划与增加采取规律锻炼的工厂工人人数的策略大不相同。从高中体育课到城市娱乐设施的环境，呈现出各种各样的资源和限制。干预可以在个体水平、群体水平、社区水平和社会水平实施，这也会影响到策略的选择。人们使用了许多方法来影响身体活动。本章介绍了应用于不同人群的几种干预方案，及其对改变身体活动行为的潜力。最后，我们讨论了锻炼行为改变干预措施的开发和实施中涉及的问题。

> 锻炼干预的综合模型需要考虑目标群体的特征、干预设置和干预水平，以指导计划目标的设定和策略的选择。

个体特征

越来越多的证据表明，不考虑群体的特定要求而采用普遍性的干预时，所取得的效果是有限的。一种干预方案不适用于所有的情况。顾客或目标群体的信息能够使我们选择最好的策略、确定实施策略的最合适的环境以及产生最大效果的干预水平。锻炼阶段、人口统计学变量、认知变量(如知识、态度和信念)以及自我控制技能(如目标设置、自我监控)都是在锻炼干预的建立与实施中应该考虑的一些个体特征。

锻炼阶段的变化

确定行为变化的转换理论模型(TTM)(见第14章)所描述的锻炼变化的阶段是有用的，因为根据个体目前是否活动及开始或保持规律锻炼的意向来选择不同的目标和策略是必要的(见表15-1)。尽管有一些证据表明，基于TTM的当前阶段不能有效预测身体活动的变化(Dishman and Thom et al.，2009)，个体当前和过去的身体活动水平和动机准备(行为意向)对于选择目标与策略是有用的。比如，健康行动过程模型(the health action process approach，HAPA)(Schwarzer et al.，2007；Schwarzer et al.，2008)区分了无意向、意向和行动阶段，并推荐了相应的策略。动机干预可以应用于无意向阶段的个体，而行动计划(如详细说明何时、何处及如何活动并克服预期的行动障碍)适用于有意向或行动阶段的个体。研究者利泊可及其同事(Lippke et al.，2010)在一个基于互联网干预的研究中检验了基于HAPA模型的与阶段相匹配的策略。与对照组相比，那些接受了与阶段相匹配的干预的群体有更多的人开始行动。

表 15-1 锻炼策略、目标和行为改变策略示例

锻炼阶段	目标	策略
前意向阶段	开始考虑改变	提供锻炼在身体健康中的作用的信息 增强实际的和感知的锻炼的个人利益 降低或减轻实际的和感知的关于锻炼的花费与障碍 培养锻炼的个人价值

续表

锻炼阶段	目标	策略
意向阶段	采取规律锻炼	提出对于即将开始的锻炼计划准确的、容易理解的市场营销和媒体宣传 提供增强锻炼自我效能的活动，如掌握经验 评价锻炼的优点和缺点
准备阶段	在一个适当的目标水平采取规律锻炼	进行全面的身体和心理评价（自我监控） 建立切实可行的目标 评价环境和社会中的支持与障碍，并据此消除障碍
行动阶段	养成锻炼习惯	提出行为调整策略，如塑造、刺激控制，强化控制和自我监控 制订和实施克服障碍的计划 规划何时、何地及如何锻炼 制定复发预防的措施
保持阶段	保持终身规律锻炼	重新评估锻炼目标 规划应对危险情境和潜在诱因的方案 日常锻炼多样性

传统的策略对于那些没有准备好改变的人来说是没有意义的。比如，处于前期或无意向阶段的个体可能抵制承认或纠正问题。奥威尔、赛威尼克和文·米尔（Auweele，Rzewnicki and Van Mele，1997）考查了比利时 133 名中年男性和 132 名中年女性锻炼采取的因素。他们发现一个对锻炼冷漠、久坐少动的重要成年人群体，对于他们来说，锻炼与他们无关（占总样本的60％）。这些人不会将锻炼作为他们生活或自我观念的一部分，没有将锻炼视为达到预期目标的手段。他们提出，有些人可能根本就不接受任何干预。

TTM 的阶段常用来在选择干预策略前对参与者进行分类。有意向者意识到问题，能够考虑变化，但是他们还没有做出变化的承诺。就这一点来说，他们感知的花费要多于锻炼的收益。他们要考虑的认知因素包括开始一个锻炼计划的感知障碍、结果期待、结果价值和心理变量（如锻炼自我效能）。锻炼历史可以影响自我效能，因为曾经有锻炼积极经验的个体将会对他再次锻炼的能力更有信心。

处于准备阶段的个体已经开始改变他们的行为。他们打算在短期内开始规律锻炼，或者已经开始锻炼，但低于标准水平。根据能力、价值观、资源和需求设置目标是重要的。完成具有挑战性的目标将会提高掌控感，从而提高锻炼自我效能。

大多数开始锻炼计划的人会在最初的 6 个月退出。因此，个体开始规律锻炼（行动阶段）之后的最初几个月是非常重要的。建立规律锻炼包括投入巨大的时间和精力。根据习惯理论（第14 章），在早期锻炼采取阶段，从事锻炼所必需的大多数行为仍需要有意识地思考和积极决策。根据 HAPA 理论，在早期锻炼采取阶段，行动计划是非常重要的。当锻炼成为一种更为确定的、自动的程序时，如表 15-1 所示的策略可以支持新的行为模式。

对于新手和长期锻炼者来说，保持规律的锻炼是目标。那些规律锻炼超过 6 个月以上的人（保持阶段）复发的危险降低。然而，永久的保持也不能得到保证，如搬家、家庭责任、旅行、医疗事件或其他因素，都可能是导致日常锻炼中断的潜在风险。锻炼行为保持模型（the physical activity maintenance model，PAM）（见第 14 章）考查了支持或阻碍长期锻炼保持的个体心理因素和环境因素。比如，由于 PAM 将压力识别为导致中断的潜在诱因，所以压力管理是促进锻炼坚持的一种技术。

人口统计学变量

人口统计学变量（如年龄、性别、种族和受教育水平）不是改变的目标，然而，人口统计学变量常以调节变量发挥作用。正如第 2 章讲过的，调节变量是影响自变量和因变量之间关系的方向或强度（或两者）的变量。调节变量通常表现出自变量的功能（Baron and Kenny，1986），可以由交互作用表示出来，如使用促进竞争的锻炼干预时，男性比女性表现出更好的坚持性（见图 15-1）。

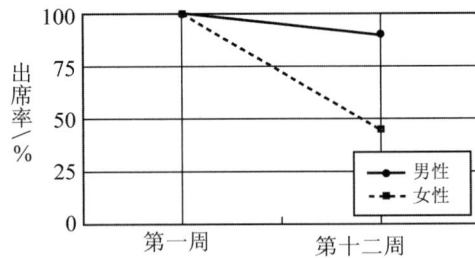

图 15-1　性别调节干预对于参与的影响。图表示的是一个以竞争为基础的锻炼干预手段在开始和结束时锻炼参与的情况

人口统计学特征会影响对于干预措施的接受程度和锻炼行为本身。很明显，干预和材料的呈现必须适合目标群体的受教育水平与发展阶段。对于小学生有吸引力的行为改变策略和身体活动不同于激励大学生的策略与身体活动。人口统计学变量也会产生关于构建干预的重要信息，以使干预对参与者更具吸引力。比如，与年轻人相比，年长者发现为健康与健身的动机而采取和保持活跃的生活方式更为突出。女性比男性更有可能为减肥采取锻炼（如 McAuley et al.，1994），但是这在非裔美国女性中并不适用（见第 12 章）。与男性相比，外表和社会交往对于女性的锻炼计划更为重要。对于男性，竞争性是锻炼的更强烈的动机（Markland and Hardy，1993）。在少数民族人群中调整了有效的干预方式和策略，以适应文化信仰、价值、语言、文化和习惯（Artinian et al.，2010）。

认知特征

识别关于身体活动的态度和信念为设计与实施行为改变策略提供了重要信息。比如，我们无法期望一个认为自己在工作中有足够活动的久坐的中年女性对一个用于工作场所健身操计划的报名表做出反应，但是她有可能准备听在媒体宣传活动中关于像她这种情况身体活动益处的令人信服的信息。知识不足以改变行为，但是很明显，关于身体活动个人收益的相关信息以及关于如何变得活跃的实际建议可以影响态度、信念和期望。

锻炼自我效能通常被当作与锻炼行为相关的因素，根据几个理论模型，锻炼自我效能是行为改变的关键中介变量。自我效能和锻炼采取的关系是相当稳定的，但是自我效能在保持阶段的作用则依赖于自我效能的类型。比如，奥曼和金（Oman and King，1998）以及麦考利和卡伦纳尔等人（McAuley and Courneya，et al.，1994）考查了自我效能和锻炼之间的关系，结果发现了自我效能对锻炼采取有影响的证据，但是没有发现对坚持的影响。然而，加西亚和金（Garcia and King，1991）考查了中年社区样本中自我效能和锻炼坚持性的关系，发现自我效能与 1～6 个月和 7～12 个月之间的坚持性有显著正相关。

应用中介作用分析的干预研究为自我效能在锻炼和身体活动行为中的作用提供了更好的证据。2004 年，迪什曼（Dishman）及其同事评价了活动计划的生活方式教育（Lifestyle Education for Activity Program，LEAP）的效果，这是一个基于学校的全面干预，来自社会认知理论的自我效能及其他变量作为黑人和白人青少年女孩身体活动变化的中介变量。这个多成分干预通过使用体育课与健康教育教学中的课程活动，提高自我效能来克服身体活动障碍和发展行为技能。潜变量结构方程模型显示：①干预对自我效能、目标设置和身体活动有直接作用；②自我效能对于干预对身体活动的影响具有部分中介作用。这项研究提供了第一个来自随机对照实验的证据，即操控自我效能可以提高女青少年的身体活动。

布兰查德等人（Blanchard et al.，2007）也发现障碍自我效能对于锻炼的保持是重要的。他们分析了来自身体活动辅导实验的数据，结果发现，任务与障碍自我效能在干预期间，可以对干预对身体活动的影响产生中介作用。任务自我效能在干预期间的作用更大，之后逐渐消失，而障碍自我效能则在全程都是有效的中介变量。

对于激励人们改变他们的身体活动水平，TTM 理论的认知过程的变化是重要的，但是有证据表明，当人们试图去提高和管理身体活动时，会同时使用认知和行为策略。

> 在建立和调节一个新行为时，认知和行为策略可能都是有效的。

动机是影响干预效果的另一个认知变量。根据界定的不同，动机对于行为具有不同的作用。根据目标定向理论，动机对自我和任务定向的人具有不同的影响（Duda and Nicholls，1992）。**自我定向**（task orientation）是指以战胜或超越他人为定向的动机，而**任务定向**（ego orientation）是以坚持掌握任务为定向的动机。任务定向的个体不会以其他人的行为（成功者和失败者）为参照点，而以过去的表现为参照点。这种个人的目标即自我提高，然而，动机定向在一定程度上是动态变化的。比如，乔可能开始一个 5 千米公路赛的目的是达到个人最佳成绩，但是当 4 千米之后，他发现自己与最快的跑步者距离很近时，他开始转向自我定向。此时，他的动机就转向了赢得比赛。许多研究表明，男性比女性更多采取自我定向，因此更有可能参加提供与他人竞争机会的身体活动。

自我激励(self-motivation)是一种坚持长期追求行为目标的普遍化倾向,并在保持行为变化时能与自我效能感和目标设定相互作用。那些较低自我激励的人可能在有规律的锻炼采取和保持阶段需要更多的支持。动机也可以被当作从无动机到内在动机的连续体(见第 14 章自我决定理论的讨论)。有证据表明,在锻炼计划开始之初,锻炼动机更多是外在的,但是随着时间的推移,就会变成更内在的。一些研究甚至发现,在一个计划早期对锻炼的外在奖赏或激励会阻碍锻炼内在动机的发展(如 Frederick and Ryan,1995)。

干预的环境

干预可能发生的环境包括家庭、医疗设施、学校、工作场所和社区。根据目标群体的不同,不同环境体现出对身体活动不同的真实的和感知到的障碍与支持。

> 根据目标群体和目标的不同,干预环境体现了身体活动的不同具体支持和障碍。

以家庭为基础的锻炼计划

以家庭为基础的锻炼计划可以为那些受家庭责任、经济、位置、健康或交通限制的人提供便利。以家庭为基础的锻炼计划应该包括自我管理策略的初步介绍以及适当的运动处方,尤其是对于刚刚开始锻炼的人,因为大部分的干预措施是无监督的。以家庭为基础的计划可能缺少团体课程中的锻炼支持,但是来自提供者的定期邮件、电话沟通以及通过网络和移动技术的联系可以提供一些社会支持与反馈。

有研究者比较了以家庭为基础的计划和传统锻炼实施计划的坚持率,发现以家庭为基础的计划具有积极的结果(如 Ferrier et al.,2011)。以家庭为基础的计划的优势包括隐私性、参与者和提供者的低成本以及干预个性化的机会,如选择锻炼的时间和活动类型。更多促进运动的现代随机临床实验,使用家庭模型使监督和无监督的运动结合在一起(Courneya,2010)。比如,参与者在独立锻炼前,会单独或以群组的方式进行会面获得关于锻炼和坚持的行为支持(如目标设置、障碍识别和管理)的指导。在很多随机临床实验中,随着干预时间的增长和长期追踪随访的纳入,更多的策略诸如初期监督指导,对保持和坚持锻炼是必须的。更多的辅助行为,如电话、邮件或网络随访,可以促进长期的坚持性(Müller-Riemenschneider et al.,2008)。

卫生保健设施

卫生保健设施是在促进锻炼上有很大潜力的环境因素,尤其是对于女性来说,她们比男性更有可能看医生。这一情境下的锻炼促进已经被"运动是良药"(Exercise is Medicine,EIM)的运动所倡导。"运动是良药"的运动目标是使锻炼成为医疗保健的一个标准部分(见第 1 章)。时间限制、医学院缺少关于锻炼行为的训练以及预防服务补偿的缺乏,限制了锻炼促进项目在医院、社区诊所和私人诊所的实施，然而来自 EIM 的专业人士的支持和材料正在将目标对准其中一些障碍。

基于医师的锻炼评估和咨询项目（Physician-Based Assessment and Counseling for Exercise，PACE）是 20 世纪 90 年代为医疗情境发展起来的项目，其使用阶段匹配材料来解决身体活动干预中的时间受限问题（如 Bolognesi et al.，2006；Calfas et al.，1996）。一般形式为在会见医生之前完成简短的问卷以确定病人的锻炼阶段。病人会得到一个书面的与阶段匹配的包括具体建议的计划，然后由患者和医师审查。一些类型的随访，如健康指导者或其他工作人员的辅助电话，被用来监测进度和回答问题。尽管如此，使用定制材料在患者运动阶段促进运动这一环境中也有不同的结果。布尔、亚姆罗齐克和布兰德斯贝（Bull，Jamrozik and Blanksby，1998）考查了来自医生的口头建议结合标准或与阶段匹配的支持锻炼书面材料，以及久坐的病人在到诊所看病之后的 1 个月、6 个月和 12 个月的效果。与没有收到材料或建议的对照组相比，不管是哪种类型的干预，得到干预的病人在 1 个月和 6 个月之后是活跃的。另外，柯克等人（Kirk et al.，2009）对 2 型糖尿病患者实施了与阶段相匹配的干预（面对面且书面的），结果发现，无论当面或以书面形式接受标准护理或初步阶段匹配的身体活动咨询，在 6～12 个月内身体活动没有变化。然而，对于基线计数低于每天 5 000 步的子群体的分析发现，当面指导群体的身体活动显著增加，书面组没有变化，标准护理组降低。这一结果提醒我们，考虑额外因素（如身体活动基线水平），可以调节干预的效果。

学　校

学校是发展健康行为的关键场所。美国超过 70% 的州要求学校遵循国家或州体育标准或指南（Lee et al.，2007）。因此，学校的体育教育干预有提高大量青年人的身体活动水平的潜力（Kahn et al.，2002）。

2011 年，美国疾病控制和预防中心的青少年与学校健康部（Division of Adolescent and School Health，DASH）发布了《促进健康饮食和身体活动的学校健康指南》（*School Health Guidelines to Promote Healthy Eating and Physical Activity*）。9 条指导方针在多个层面上强调和探讨了与策略相关的政策及计划。这些指导方针是及时的，因为大多数体育教育课程不会教授提高课外活动或毕业后保持锻炼的相关认知或行为技能。另外，有些学校职员将身体活动当作惩罚。就全国而言，32.2% 的学校允许在体育课上使用跑步和做俯卧撑惩罚学生的不良行为，而仅有 8.9% 的学校不鼓励这样做（Lee et al.，2007）。当采用随机设计和广泛的干预措施，且测量有效可靠时，一些证据表明全面的以学校为基础的健康促进计划有中等的作用（Stone et al.，1998）。儿童青少年心血管健康实验（the child and adolescent trial for cardiovascular health，CATCH）是一个针对三、四、五年级儿童的多中心随机社区实验的实例（Luepker et al.，1996），旨在产生饮食和身体活动行为的变化。该干预基于社会认知理论和组织变化，在课堂上实施，与家庭合作，通过学校的政策变化将学校随机分为实验组（56 所学校）和控制组

（40 所学校）。CATCH 项目提高了参与者在课堂内的中高强度的身体活动，以及课堂外的高强度的身体活动，而且这种变化持续到干预后 3 年。

研究者克林姆勒等人（Kriemler et al.，2011）系统地对 2007—2010 年发表的关于学校干预措施和 11 项随机临床实验和 9 项对照实验的 4 项近期的综述进行了系统的总结。他们发现了以学校为基础的干预有益于身体活动的良好证据。不管是在校内还是在校外，学校干预对于提高身体活动都是有益的。另外，在 4 项报告主观测量身体活动的研究中，有 3 项显示出总体身体活动的增加，使用多成分干预策略是最一致的积极策略。

大多数在学校实施的干预研究都以高年级小学生为对象，少有研究关注高中生。很不幸，有一个令人不安的全国趋势：随着年级的增长，必修体育课减少。1991 年，42％的美国高中学生每天参加体育活动课程，但是到 2011 年，这一比例总体降至 31.5％，从九年级（41.3％）到十二年级（24.2％）有显著性下降[Centers for Disease Control and Prevention（CDC），2012]。数据表明，在校外的体育活动没有出现补偿性增长。另外，在体育课上，儿童大多数时间是久坐的。

因为学生在青春期体育活动急速下降，应该考虑增加更多的提供休闲活动和社区娱乐活动的机会。学校进行干预的其他方向可以包括旨在终身体育活动所需要的行为技能课程、身体活动与其他学业课程的整合（如在数学课上让学生计算靶心率区或在英语课上写关于锻炼乐趣的文章）、非竞争性的包容性的课外娱乐节目和包括父母参与的项目。涉及成功策略的项目有中学生身体活动与营养干预（middle school physical activity and nutrition，M-SPAN）（Sallis et al.，2003），以及针对六年级和八年级女孩的两个项目：青春期女孩活动实验（trial of activity in adolescent girls，TAAG）（Webber et al.，2008）和跨越式实验（LEAP）（Pate et al.，2007）。

高校体育教育对于与不活动相关的疾病的初级预防具有重要作用（Sparling，2003）。根据美国大学健康协会的数据，2010 年，美国高等院校 52.3％的男性和 43.6％的女性达到了身体活动标准。这些不尽如人意的比率与大学生的生活方式相关，包括长时间久坐，如坐在教室阅读和学习，以及做基于计算机的工作。大学时形成且强化的久坐活动模式在毕业后会持续，在大学和青年期建立的健康行为模式形成了未来的习惯，这是难以改变的（Nelson et al.，2008）。考虑到一些大学生已经存在的心脏病风险因素，在大学期间以及大学毕业后保持久坐的生活方式对健康有消极影响（Sparling，Snow and Beavers，1999），尤其是对于那些不活跃的群体（Sacheck，Kuder and Economos，2000）大学生占人口的大部分。根据美国人口普查结果，在 2012 年，1 970 万的学生注册成为大学生（U.S. Census Bureau，2012）；在 2010 年，大概 68.1％的高中生毕业进入大学（Division of Labor Force Statistics，2011）。

关于大学毕业生的研究表明，基于概念的体育教育项目和更多的必修体育教育时间可以促使他们对锻炼有更为积极的态度，他们也报告了更多的身体活动（Brynteson and Adams，1993）。此外，根据这些研究，大学必修体育教育与更好的健康知识相关，大学生对锻炼、饮食和吸烟更为积极的态度，以及他们在毕业后仍坚持锻炼（Pearman et al.，1997）。在 2000 年，

33％接受调查的美国大学要求为大学生提供基于概念的健康和健身类课程（Hensley，2000），到 2009 年，这一比例上升到 44％（Kulinna et al.，2009）。随着校园规划中"运动是良药"的推广，这一趋势可能会增强。

工作场所

工作场所是对于那些每周 40 小时（或多或少）受限的人群锻炼干预的另外一个环境。项目在设施便利性、提供的活动、目标群体、员工成本和激励方面有很大的不同。一般来说，工作场所的健身项目取得了不确定的成功。现场健身设施对于某些人是方便的，但是对于以下这些人会成为障碍，如工作时间和预定计划相冲突的人、那些依靠别人交通工具回家的人或者那些不想花更多时间在工作场所的人。工作场所项目涉及的问题包括为员工健身计划提供一个良好的成本效益比、选择目标和目标受众、确定将健康计划制度化的方法以维持企业文化变革、实施奖励和激励并留住参与者。

一项针对 1972—1997 年发表的 26 篇研究进行的元分析发现，工作场所干预对于提高身体活动水平有小的效果量（0.25 个标准差）（Dishman et al.，1998）。近期一个对于工作场所项目对身体活动影响的元分析也发现了类似的小的效果量（0.21 个标准差；95％CI：0.11～0.31）。尽管泰勒、康纳和劳顿（Taylor，Connor and Lawton，2011）等人在他们的工作场所项目的元分析中也发现了小的效果量（0.21 个标准差；95％CI：0.17～0.26），但更明确地使用理论的干预在提高身体活动方面更有效（0.34 个标准差；95％CI：0.23～0.45）。

两项基于工作场所的研究表明了政策和环境手段对于提高身体活动的作用，它们是洛杉矶起飞（Los Angeles Lift-Off）（Yancey et al.，2004）和为改善而行动（move to improve）（Dishman et al.，2009）。洛杉矶起飞是一个身体活动促进项目，是在洛杉矶卫生服务部门的工作场所的工作时间内，将 10 分钟的锻炼整合到定期举行的会议和活动中。这项研究的独特性在于环境改变程度最小以及关注缺医少药的人群。结果表明，超过 90％的与会者参加了锻炼。

为改善而行动是一个多场所的群组随机对照实验，针对一个大型零售公司的 16 个工作场所的员工，增加中到高强度的身体活动的为期 12 周的干预。研究聚焦工作环境特点以及员工动机，设定使用个人和团体目标。在对照组中，达到 2010 年健康人群建议定期参与中度或高强度身体活动标准的参与者的比例保持在近 25％，而在干预场所中，该比例提高到 51％。

社　区

社区中身体活动干预环境是多样化的（如礼拜场所、私人和非营利健身中心以及城市或乡村康乐部门），干预的形式也从健身课到大众媒体宣传而发生变化。在礼拜场所的项目可以是搁置信仰（使用设施的非宗教的项目）或基于信仰的（整合宗教信仰与健康促进的项目），这两种形式都可以提供开始锻炼的动机，以及社会支持和鼓励。对于许多少数群体来说，礼拜的场所是社区的支柱，可以通过提供积极的榜样、同伴引导锻炼课程、教会渠道锻炼信息来促进锻炼。

营利和非营利的健身中心，如基督教青年会、男孩女孩俱乐部和体育社团都是锻炼促进与健身项目的传统场所。设施全面、营业时间灵活、开展入门课程以及较低的消费或赠送的儿童照料服务都为更多的人提高了便利性。

许多市、县康乐部门都有社区娱乐中心。大概80％的人口使用市政设施，使用公园计划和服务的规模较小但也不容忽视（Goddey et al.，2005）。这些身体活动计划的有效性有赖于许多因素，如安全性、隐私性、营业时间、交通和儿童照料的情况。

整个社区已经进行了多次多社区干预。这些活动是大范围、高强度、高知名度的节目，且常使用电视、广播、报纸和其他媒体以提高节目的知名度，传播有针对性或阶段性的健康信息，并加强行为改变。这种策略常使用多成分、多部门和多场所的干预。斯坦福五城市项目（Stanford Five-City Project）（Young et al.，1996）和轮椅行走干预（Wheeling Walks intervention）（Reger et al.，2002）都是全社区有效运作的例子。

社区组织之间的合作可以提高运动促进计划的有效性。比如，美国国家娱乐和公园协会与国家心肺血液研究中心在心脏公园项目上合作，其目标是促进公园中的身体活动，减少慢性病的发生。积极的社区环境（active community environments，ACEs）是另外一个在社区水平上鼓励环境和政策干预以增加身体活动、改善公共健康的很好的例子。ACEs是一个由国家疾病和预防控制中心发起的社区干预活动，旨在促进步行、骑自行车、开发无障碍娱乐设施。目标如下：①鼓励建立适宜行人和骑自行车的运动环境；②推广积极的交通方式，如步行和骑自行车；③传播关于该项目的信息。然而，以社区为基础的增加身体活动的多成分干预研究已经得出不一致结果。一个2011年发表的摘要探讨了这些干预研究的不足，认为这些类型的干预不能有效提高身体活动的总体水平（Baker et al.，2011）。

虚拟环境

互联网基础设施和可访问性的进步已经支持更多的利用技术来部分或全部地使用移动与无线技术并应用在虚拟环境中提供干预。79％的美国成年人使用互联网，其中83％的人使用它寻找健康或医疗信息（Pew Internet and American Life Project，2011b）。全世界有超过50亿的无线用户［Barak，Klein and Proudfoot，2009；World Health Organization（WHO），2011］。2009年8月刊《行为医学年鉴》（Annals of Behavioral Medicine）重点突出介绍了在虚拟环境中的干预措施，该刊致力于刊载互联网干预的文章。以前限于台式计算机和笔记本电脑［如电子健康（e-health）］的基于计算机的健康促进干预已经随着移动技术的进展［如移动医疗（mHealth）］和相应的高渗透而发展。在美国，无线用户的数量从2005年12月的2.079亿增长到2010年12月的3.029亿，同比增长了96％（活跃无线用户除以美国领土人口的百分比）（Blumberg and Luke，2011）。

描述这种虚拟干预的术语包括移动健康、电子健康、基于网络的干预和远程保健。世界卫生组织将移动健康定义为电子健康的一个组成部分，由移动设备（如移动电话和病人监控装置）支持。基于网络的干预可以是教育干预，如自我指导、他人支持或两者的结合（Barak，Klein and Proudfoot，2009）。这种介质有明显的优势，如时效性、易接近性和方便性，以及定制个性化信息的能力。

使用移动技术的干预具有在目标行为的背景下更频繁地与人们互动的优势（Riley et al.，2011），可以通过语音、文本、移动设备上的应用程序或移动网络传送。因此，可以根据实时的心理、行为、环境条件定制个性化的和状态性的干预方案。比如，参与者可以记录一个锻炼过程，在手持移动设备上回答关于他们状态的简要问题，并通过无线连接获得实时反馈。

健康服务实例

健康呼叫中心

移动远程医疗

预约提醒

社区动员和健康促进

移动患者记录

病患监护

健康调查和信息收集

健康监测

健康意识的提高

决策支持系统

基于 WHO，2011。

干预的水平

干预可以在每个环境中的不同水平上开展，有一对一的项目（如 PACE 项目）和针对小群体的项目（如力量训练班和步行俱乐部）。干预也可以在更广泛的范围内应用：社区层次［如 EIM，所有儿童一起运动（All Children Exercise Simultaneously，ACES）］，通过立法支持增加身体活动（如要求建设自行车道），或通过联邦健康促进机构在全国范围内实施。2006 年，来自政府、非政府、私营企业以及致力于身体活动的非营利组织的美国人和美国公共卫生部门开始制订《国家身体活动计划》（National Physical Activity Plan，NPAP），这是一套旨在提高所有美国人身体活动的全面政策、计划和措施。该项目于 2010 年启动，包括通过运动、交通和宣传，促进学校、工作场所和公园的身体活动的全面多层次的策略。

就持续时间而言，项目可以从一次性事件到跨越几年的广泛干预，再到持续进行，如

NPAP 和 EIM。以社区为基础的支持当地慈善机构的娱乐性跑步或散步可能每年一次，但是对于那些首先想要帮助该组织的人而言，这可以是一个机会，让他们开始考虑锻炼本身。多长时间的干预可以提高锻炼的坚持性还没有确定。对锻炼阶段变化的研究表明，那些已经定期锻炼超过 6 个月的人群再次不锻炼的风险较低。然而，来自锻炼干预元分析的结果表明，坚持锻炼与干预持续周数或后续阶段的长短没有关系(Dishman and Buckworth，1996b)。很多锻炼干预随机临床实验持续一年到两年时间(Courneya et al.，2010)，但是通常随着干预和随访时间的增加，参与者退出增加，身体活动水平下降。

人们在社区或社会水平层面上进行更多持续干预的兴趣正在不断增长，这类干预需要环境工程、社会活动和立法以支持积极的生活方式(如 NPAP)。地方政府和卫生机构可以利用设备齐全的建筑物与合格的工作人员，开发安全、便利的锻炼设施；可以通过改进照明、修建步行和自行车道等措施，确保健步、慢跑和自行车的安全性。改造环境以利于身体活动是"活动的社区环境"(active community environments initiative)的一个目标。"活动的社区环境"是美国卫生与公众服务部和疾病控制与预防中心的一个项目，是 NPAP 的目标范围之一。这些努力包括与国家公园服务机构的"河流、小径和保护援助计划"合作，促进人口密集区的公园和娱乐区的发展，以及与公共和私人机构合作推动"全国及国际步行上学日"的确立。

多维的视角对于在环境层面上理解身体活动行为和指导干预的发展是必要的。萨利斯和欧文(Sallis and Owen，1999)提出了一个生态模型，使用"行为环境"(behavioral setting)来解释和预测其对身体活动的影响。行为环境包括自身因素、社会环境因素和物理环境因素(见表 15-2)。这个框架可用于确定人们更有可能进行身体活动的行为环境，并确定在哪里实施更有效的干预措施。比如，自行车道、市中心走廊、有吸引力的可见楼梯是环境建设的多个方面，应该可以在城市环境中促进身体活动的增加。

表 15-2 影响身体活动的行为情境因素

因素	分类	实例
自我的	人口统计学的 生物的 认知的和情感的 行为的	年龄、身份、自我效能、自我调节技能
社会环境的	支持性行为 社会氛围 文化 对活跃和不活跃的激励政策 支配与活动和不活动有关的资源与基础设施的政策	朋友或家庭的休闲习惯、工作场所的健身、商城步行小组
物理环境的	自然的 天气 地理	相对的湿度和温度、山坡等级

续表

因素	分类	实例
物理环境的	建造的 城市或郊区 建筑 交通 娱乐和休闲	人口密度、道路维修、路灯社区预算、环境介绍、高中体育教学要求

改编自 Sallis and Owen，1999。

使用生态模型扩大了我们识别身体活动障碍的能力，这些障碍也在不同层次上进行界定（见表15-3）。个人障碍可以是心理的，如低的锻炼自我效能感或感觉时间不够；或身体的，如旧伤或疲劳。障碍还可以是人际间的，如同伴可能为久坐行为提供支持和鼓励。环境障碍是自然的（如恶劣的天气）和人造的（缺少靠近锻炼设施的交通、不安全的社区环境）。提倡苗条并将其与健康联系起来的文化形成了锻炼的又一个障碍。这一模型引入时间维度强调生活变迁（如毕业、结婚、生育或离婚）对已经确立的锻炼习惯的影响，以及身体活动机会的季节性变化。

表 15-3　身体活动的障碍

因素	实例
自我的	非锻炼者自我图式、低锻炼忍耐性、时间管理能力差、时间不够、低收入
社会环境的	久坐的同伴群体、不安全的邻里环境、不重视身体活动的文化
物理环境的 （自然的和建造的）	长时间的高温和高湿度、城市拥堵、缺少公园

社区预防服务工作队关于使用选定的干预措施增加身体活动行为和改善身体适能的建议

增强身体活动的信息途径

全社区的活动：这是一种大规模、高度可见、多组织的运动，使用多种途径，如电视、广播、报纸、电影、广告牌和邮件等形式，将信息传递给大众。该途径是强有力证据支持的建议。

增强身体活动的行为和社会途径

个人采取的健康行为改变的计划：这些计划是针对个人的具体兴趣或改变身体活动习惯的准备情况而制订的。教授诸如目标设定、建立社会支持、自我奖赏、问题解决和复发预防等行为技能，帮助人们学会将身体活动纳入日常生活中。该途径是强有力证据支持的建议。

以学校为基础的体育教育（School-based physical education，PE）：这种方法旨在修改学校课程和政策，以提高学生在体育课上中度到剧烈活动的时间。学校可以通过增加体育课时间或在体育课上提高学生的活动水平来完成上述目标。该途径是强有力证据支持的建议。

社区中的社会支持干预：该方法的目标是通过创造或加强社会网络提高身体活动水平，具体如锻炼伙伴、锻炼契约和健步行走组。该途径是强有力证据支持的建议。

增强身体活动的环境和政策途径

创建或改善身体活动场所的接触以及信息宣传：具体如建立健步或自行车道，使人们有可能使用社区中心或工作场所的锻炼设施。信息宣传包括提供设备培训、研讨会、咨询、风险筛查和健康论坛与研讨会。该途径是强有力证据支持的建议。

决策点提示鼓励使用楼梯：电梯和自动扶梯处设置标志，鼓励人们转而使用楼梯。该途径是有充分证据支持的建议。

社区规模城市设计土地使用政策和做法：具体包括城市设计者、建筑师、工程师、开发商和公共卫生专家努力改变几平方英里(1 平方英里≈2.59 平方千米)或更多，以支持身体活动。该途径是有充分证据支持的建议。

街道规模的城市设计和土地使用政策：如城市的设计者、建筑师、工程师、开发商和公共卫生专家努力改变小块地理区域的物理环境，一般限于几个街区，以支持身体活动。该途径是有充足证据支持的建议。

转载自 CDC, "Recommendations and reports, increasing physical activity: A report on recommendations of the Task Force on Community Preventive Services,"*Morbidity and Mortality weekly Report*, 2001, RR 18, pp. 1-16。

有利于身体活动的社区特征

人行道

路边自行车设施

安全方便的街道

多用途的路径和小道

公园

康乐设施

公共设施，如学校可提供的娱乐服务

混合用途发展和连接的街道网格(让家、工作场所、学校和商店都离得近，步行或骑自行车就可到达)

具体干预策略

帮助个人、团体和社区成为并保持规律活动的方法途径已经在各种人群中得到广泛研究，并且获得了各种各样可使用的策略。决定哪些策略对哪些人最好用，可以通过健康促进组织的推荐而获得。比如，社区预防工作服务队是一个独立的、由 15 名成员组成的非政府组织，包括一名由疾病预防与控制中心主任任命的主席。《社区预防服务指南》（Guide to Community Preventive Services）（通常称为《社区指南》）是一个为公共卫生决策者提供建议的定期报告，这些建议针对社区和健康管理系统使用的健康促进与疾病、伤病、残疾、过早死亡预防的基于全人口的干预。工作队审查和评估了提高身体活动的社区干预的质量和有效性的证据（Kahn et al.，2002），并为干预措施提出了一些建议。

也可以从定性和定量的综述中得到对有效策略的深入了解。为了确定干预对提高锻炼坚持的有效程度，以及中介及调节干预效果的因素，两个间隔 15 年的元分析都发现行为矫正策略具有最强劲的影响（Conn，Hafdahl and Mehr，2011；Dishman and Buckworth，1996b）。一项针对 1997 年 1 月至 2007 年 5 月发表的 74 项关于饮食或身体活动干预的综述，为了提供促进身体活动和饮食改变的基于证据的有关建议，这些改变的目的都是减少成人心血管病的危险因素（Artinian et al.，2010）。目标设置、自我监控、干预结束后的随访、反馈和强化、自我效能感提高、单独或小组实施的动机性访谈被认为是有效的策略，教授支持行为改变的行为技能也是值得推荐的。

回顾 18 项通过饮食和运动来减轻体重的基于理论的干预措施发现，自我效能感是最频繁使用的目标变量，提供社会比较的机会是最常见策略（Bélanger-Gravel et al.，2010）。提供指导和教授自我监控也是常使用的方法。其他常用的策略有激励性的练习、识别障碍、促使意向形成。当结合使用上述策略时，这些对超重和肥胖者的后测与追踪的身体活动产生显著的组间差异。再有，促进身体活动和减肥的最有效的单一策略是行为改变，但是主要是在短期内，长期效应是不确定的。

对于发表于 1998—2008 年的非临床成人群体中的 22 个基于理论的身体活动干预的综述表明，半数干预没有表现出对身体活动的作用（Rhodes and Pfaeffli，2010）。其余的研究报告了干预对于假定的中介变量有影响，但是只有 6 个研究检验了中介作用。研究者得出结论，自我调节的构念可能对于身体活动变化最有效，自我效能感和效果期望的构念是微不足道的，但这只是从有限的研究中得出的结论。

大量的策略被用于促进规律身体活动的采取和保持，但是相似的术语并不总是代表相似的技术，这可以解释早期报告中关于策略有效性的一些混合的结果。本节提供了一些在提高锻炼采取和坚持的实践与研究中使用的策略的总体性描述。健康教育、运动处方、行为与认知行为管理和动机性访谈已被用于各种情境中。在日常生活中，技术的使用成倍增加，同样，技术已经被整合到行为改变干预中。与阶段相匹配的干预已经运用于社区和医疗情境中，可以提高锻炼计划的成功性。预防复发的训练在培养锻炼坚持性方面是重要的。环境措施正在发挥更重要的作用，因为我们认识到情境和社会因素对行为改变与维持的影响。

健康教育

作为**健康教育**(health education)的干预措施通常将锻炼作为疾病预防或健康促进行为，并将认知变量的改变作为目标。采用健康教育方法的项目对于锻炼坚持几乎没有影响(Dishman and Buckworth，1996b)。然而，这些计划可以增加对锻炼的认识，影响人们对锻炼的态度和信念，从而帮助不活跃的个体考虑开始一个锻炼计划。他们也能够提供关于锻炼课和项目的具体信息，这些信息对于锻炼新手是有用的。应用于锻炼的健康教育实例包括健康检查和健康风险评估、大众传媒媒体宣传与营销策略。

健康检查和健康风险评估

根据社会认知理论，当实际的与期望的行为或特征之间出现差异时，个体就会制订目标。通过记录个体与健康标准有关的体适能特征，健康筛查和健康风险评估可以使信息个性化，增强人们变得更加积极的动机。但是，使用健康风险评估和体适能测试信息作为干预的控制研究表明，这些几乎对于行为没有影响或影响很小。态度和意向可能受到影响，但行为不会。一般来说，提高知识的项目可能产生短期效果，但不会导致持久的变化。

大众传媒

大众传媒可以通过引入新观念、强化旧信息以保持行为改变，促进对现有项目的关注，以及提供以社区为基础的干预措施来促进健康行为的改变(Flora，Maibach and Maccoby，1989)。媒体宣传活动的目标根据个体行为和改变的准备状态而变化。一场针对处于意向阶段个体的媒体宣传应该吸引人们的注意，激励他们去思考变得更为积极。对于那些已经开始考虑参加活动项目的人来说，期望的结果就是通过增加行为改变的个人相关性，减少锻炼的感知障碍激励他们采取行动。在促进锻炼采取上，大众传媒可能是最有用的。对于那些已经开始锻炼的人来说，媒体宣传的作用是降低的。如果能够运用来自社会市场领域的概念，如整合消费者的行为模式，考虑到目标群体的属性来开发和传播干预材料，那么可以期望大众传媒干预能够发挥更好的效果。

与特定社区规划有关的大众传媒宣传在影响身体活动水平上尤其有效。以 VERB 运动为例，该运动针对 2 729 名美国社区青少年(9～13 岁的年轻人)，借助大众传媒的努力、互联网链接以及旨在增加和保持身体活动的社区活动与计划(Berkowitz，Huhman and Nolin，2008)。该示范性的非实验干预的特点包括使用多种媒体、细分信息和社区项目的链接(Berkowitz，Huhman and Nolin，2008)。一年以后，74% 被调查的儿童意识到 VERB 运动，与没有意识到该运动的儿童相比，这些儿童的子群体(9～10 岁女孩，父母没有接受高中教育，来自人口稠密的城市地区)每周参与更多的自由身体活动。与没有意识到运动的 9～10 岁儿童相比，意识到 VERB 运动的 9～10 岁儿童平均每周多参加 34% 的自由时间身体活动(Huhman et al.，2005)。

运动处方

运动处方(exercise prescriptions)被用于提高锻炼采取和坚持，但是当被作为单独的策略时是无效的。锻炼的强度和方案的结构是一些久坐人群的障碍，他们不愿意变得活跃可能是因为误认为传统的处方是他们唯一的选择(Pate and Pratt et al.，1995)。在 20 世纪 90 年代初，已经考查了来自大规模身体活动和有氧健身研究的证据表明，健康收益可以从活动和体适能的最小增幅中收益。这些结果和锻炼坚持的低普及性刺激了人们对于传统运动处方的重新考虑，并促使人们于 1995 年重新修改了推荐，即在一周大多数日子里进行 8～10 分钟的较短时间的中等强度的锻炼，累积 30 分钟及以上。美国运动医学学会对于身体活动水平的标准也做了进一步修订(见表 15-4)，保留了身体活动累计的灵活性，并提供达到推荐的不同强度水平的选择。美国心脏协会和 ACSM 的建议与 2008 年美国卫生与公众服务部发布的指南是一致的，而且包括了针对儿童青少年的修改(如每天身体活动累计大于 60 分钟)和老年人的修订(如使用相对强度确定努力水平)，也提供了对于特殊群体(如学前儿童和怀孕女性)的建议。

表 15-4　美国运动医学学会对成年人的运动处方推荐

年份	强度(最大摄氧量，VO$_2$max)	持续时间(分钟)	频率(天/周)	关键点
1990	50～85	20～60	3～5	强调发展和保持健康，体成分；肌肉力量和耐力的推荐标准
1991	40～85	15～60	3～5	包含提高健康而不会对体适能有重大影响的活动
1995*	中等	30 或更多，每次至少 8 分钟	几乎每天	强调中等身体活动的身体收益的重要性
2008**	剧烈	20	3	中等和剧烈的有氧活动等量混合的选择
	或者			
	中等	30	5	
	与			
	力量训练		2	8～10 次练习，每次 8～12 次重复，覆盖所有主要肌肉群

注：* 美国疾病控制和预防中心和美国运动医学学会建议
　　** 美国心脏协会和美国运动医学学会建议
　　数据来源：Pate et al.，1995。

身体活动生活方式特征

时间：累计至少 30 分钟

频率：一周的大多数日子

强度：至少是中等

模式：休闲的、职业的或家务的

计划的或非计划的

自我选择的活动

改编自 A. L. Dunn, R. E. Andersen and S. M. Jakicic, "Lifestyle Physical activity intervention. History, short-and long-term effects, and recommendations," American Journal of Preventive Medicine, 1998, 15(4), pp. 98-412, with permission form Elsevier。

身体活动的生活方式已经成为几个干预的目标。亚基契奇等人(Jakicic et al., 1999)首先比较了多个短时间锻炼累积到目标持续时间和一次锻炼达到期望时间对体重、坚持性和体适能的影响。那些超重的女性被随机分到每周的 5 天：①连续阶段的渐进方案；②每天在方便时间多次 10 分钟的锻炼；③使用家庭锻炼设备(如电动跑步机)进行多次 10 分钟锻炼。在为期 18 个月的干预中，三个组的体适能和休闲时间身体活动都提高了，与没有使用锻炼设备的多次短回合组相比，拥有家庭锻炼设备的多次短回合组在坚持性上下降更少。

在项目活动中，迪尔等人(Dunn et al., 1997, 1999)通过比较以小组为基础的生活方式身体活动项目(1995 年由 CDC/ACSM 推荐)与传统结构的锻炼项目，增加了生活方式身体活动的支持。研究在 235 名男性和女性久坐人群中考查了两个 6 个月的干预计划对于改变心血管疾病风险的效果。24 个月之后，两组的有氧能力都显著高于基线水平。两组在血压和身体脂肪百分比上都有显著降低，两组的大多数被试都达到了 1995 年 CDC/ACSM 的标准。

这些研究与其他以身体活动生活方式为目标的研究支持了生活方式对于改变身体活动和降低健康危害的有效性[见生活方式干预对降低心血管疾病的综述(Dunn，2009)]。有效性研究表明，生活方式身体活动干预可以通过多种方法，如亲自、电话和以网络为基础在医疗诊所、工作场所、社区和家庭使用各种方法。这些提高和保持身体活动水平的生活方式的途径为更少倾向于参加结构化的锻炼项目的久坐人群增加了选择。基于生活方式的身体活动途径的灵活性可能降低对于参与的感知障碍，如时间和努力，使普通人在心理上更容易接受规律的身体活动。如果推广传统的处方，久坐和超重的女性可能不会考虑规律锻炼，但是可能会考虑积极生活方式的建议，尤其是她已经在某种程度上开始行动。

然而，我们需要谨记在心，生活方式推荐不是解决所有健康问题的办法。比如，体重减轻需要通过能量消耗大于能量摄入，而且有证据表明，身体活动计划包括有氧运动和力量训练。

然而，也有对促进减重的生活方式的支持，即使用身体活动替代较不活跃的行为，如走路代替开车，走楼梯代替坐电梯。这些行为有助于增加热量消耗，与结构化的锻炼相比，超重和肥胖的人更容易将它们纳入日常生活中。

> 运动处方必须基于个体的能力和目标。

行为管理

行为管理（behavioral management）方法包括通常适用于个人和小团体的广泛战略。刺激控制、强化控制和后效契约都基于行为主义。这些策略都是根植于行为改变的传统和认知行为改变疗法，通常以锻炼行为的先行线索和结果为目标。先行线索和结果直接相关，或具体地（一个朋友请你去直排轮滑，或在最大跑步机实验后有剧烈的肌肉痉挛），或象征性地（高中保龄球奖杯或你完成一个游泳比赛的画面）与目标行为相关。先行线索和结果也应该根据它们与目标行为在时间上的联系进行考虑，也就是说，近端（时间上接近）或远端（发生在很久之前或之后）。

> 行为矫正包括提高锻炼坚持性的最好的一种跟踪记录，重点目标是关键的先行线索和有意义的结果。

刺激控制

刺激控制（stimulus control）包括操控先行条件或线索，这些条件和线索能够促进行为或参与行为的决定（看到一个星期下雨的天气预报是决定户外跑步替代物的线索）。先行线索可以是认知的（在社区里一个新的健身设施上阅读传单）、生理的（因一整天的学习而感到僵硬）或外部的（嘴上带着皮带的狗接近你）。刺激控制可以包括目标行为的加强线索和最大程度减少竞争行为的线索。竞争行为是那些阻碍参与目标行为的活动。吃汉堡包和看电视是社区慢跑的阻碍行为。当你回家后保持电脑关机，可以减少与下午的慢跑竞争的久坐行为的线索。当不断地与目标行为相联系，如每天在同一时间同一地点锻炼，锻炼的线索会加强。环境刺激（如海报、电话、短信和粘贴提示）可以作为促进锻炼的线索。刺激控制常被用作干预的一部分，以补充并促进个体使用其他策略（如接收短信提醒自我监控当天的锻炼）。

刺激控制经常用于个人和小组，但可以在社区层面应用。决策点信息提示可以在各种情境中使用，鼓励人们去走路而不是开车，走楼梯而不是坐电梯。布劳内耳、斯顿卡德和阿尔鲍姆（Brownell，Stunkard and Albaum，1980）的一个经典研究成功地使用决策点线索来提高身体活动，布莱米（Blamey）、穆特尔（Mutrie）和艾奇逊（Aitchison）在 1995 年进行了验证。一个鼓励人们爬楼梯的海报可以贴在公共建筑的自动扶梯和楼梯旁边。在两个研究中，在干预期间，相比张贴前和结束张贴后，更多的人使用楼梯。

两个行为管理策略		
策略	界定	实例
刺激控制	调整目标行为的先行条件或线索	可粘便笺、可见位置的运动器械、社会支持、电话提示、广告牌、广播电视广告
强化控制	在目标行为期间或之后修改期望的条件或事件，以增加奖励可能发生的行为的频率	口头表扬、T恤、证书

强化控制

锻炼的动机依赖于预期的未来收益(结果期望)。然而，如果期望的结果离行为越远，它作为动机的作用就会越弱。为支持行为，应该提供更多及时的奖励。**强化控制**(reinforcement control)通过在行为过程中或之后提供积极的事件(积极强化)或消除消极的事件(消极强化)从而提高目标行为的频率(见表15-5)。锻炼的消极强化的例子有在康复计划期间心理压力的降低及损伤恢复的改善。然而，积极强化更多地用于锻炼。积极的强化或奖励可以是内在的(行为的直接结果，通常是情感的或认知的)或外在的(对行为的具体强化)。内在奖励可以是满足感、成就、乐趣、增强自尊心或肌肉松弛感。外在奖励有证书、T恤、优惠券和个人重要的事情(如足球门票)。

表 15-5　强化和惩罚

类型	目标	积极	消极
强化	增强目标行为的频率	增加积极的事件： 每次行走课之后，在健身房成就板上记录下行走的里程数	消除消极事件： 慢跑后进行拉伸以减轻肌肉紧张
惩罚	降低目标行为的频率	增加消极的事件： 长时间走路后肌肉痉挛	消除积极的事件： 晚上的游泳课会错过和家人共进晚餐

强化可以包括在目标行为过程中或之后提供奖励，或将一个不太喜欢的行为与一个更喜欢的行为代替配对(如后效强化)。后效契约的一个例子是设立一个锻炼计划，即让个体在观看他喜欢的肥皂剧之前必须完成日常的有氧活动。

将锻炼与内在奖励和外在奖励结合非常重要，尤其是在计划的早期。第14章讨论的自我决定理论指出，帮助人们发展培养坚持性的内在动机比以外在奖励为主更好。

在锻炼采取的早期阶段，强化至关重要。因为一个人越长时间不活跃，锻炼行为本身成为强化的时间就会越长。对于新手来说，锻炼的及时反馈可能是疼痛和疲劳，这可能是惩罚。及时的、积极的奖励，如表扬和鼓励，可以与此对抗。强化控制也可以被应用于改变支持或保持久坐生活方式的突发事件或结果。鼓励不活跃的活动后果有疲劳、肌肉酸痛、时间焦虑、感知的来自更健康他人的负面关注以及关于身体或表现的羞耻或尴尬。克服这些后果的方法是制订适当的运动处方以降低感知的身体紧张，为开始锻炼者和不太适合的人提供单独的锻炼课程。

后效契约

后效契约（contingency contracts）（或称行为合同）使用强化策略奖励一个特定的行为。契约的组成部分包括对成功的客观测量，达到或不能达到双方商定的目标的具体后果，时间框架以及至少另外一个人的参与。书面契约有几个好处：个体参与制订行为改变的计划；预期行为的书写概要作为随时间推移的参考；契约的条款是获得奖励或逃避惩罚（punishment）的诱因；参与者和另一个人做出具体改变的正式的承诺。行为契约的样例见图 15-2。

行为契约

目标

和我的男朋友一起参加情人节 10 千米跑。

行为目标（为了达到目标我将必须去做的事情）

不间断地跑完 10 千米。

时间框架

从 10 月 1 日到 2 月 13 日。

为了达到目标，我将（达到目标所必需的具体行为）

1. 在接下来的 4 周，每周 5 天时间至少 20 分钟慢跑。

2. 每个周末一天在跑道上跑步。

如果我（插入感兴趣的活动）

在接下来的一个月每周至少跑 5 天。

然后（插入奖励）

我将会买一双新的跑鞋。

目标支持活动

1. 和我的男朋友在周末的一天一起训练。

2. 在我的跑鞋上贴上情人节 10 千米跑的宣传标志。

3. 在我的记事本上记录进展。

障碍及对策

1. 雨天：我将会到健身房在健身机上运动或参加健身课。

2. 期末考试：我将会有 10～15 分钟的时间在图书馆的楼梯上慢跑。

3. 12 月在家的假期：我会带着父母的狗进行至少两次长距离散步/跑步。

这个合同将会在多长时间被评价一次（加入时间表）

4 周

日期：＿＿＿＿＿＿＿＿＿＿＿

签名：＿＿＿＿＿＿＿＿＿＿　　　签名：＿＿＿＿＿＿＿＿＿＿

图 15-2　行为契约的实例，也被认为是后效契约

认知行为矫正技术

认知行为矫正（cognitive behavioral modification）技术建立在认知行为理论和社会认知理论的基础上。这些发起和维持行为改变的策略关注个体，并且包括决策制订、自我监控、目标设置、自我效能提高和预防复发训练，也是备受推崇的自我调节策略。该技术整合了强化控制和

刺激控制的一些特征，但是干预的目标是假设对于行为有中介作用的认知变量。基于认知策略的目标是教给参与者认知和行为技能，这对控制那些促进和加强行为的条件是必须的。该目标强调在变化过程中的当事人参与。比如，自我强化包括参与者建立自己的奖励以及能够获得奖励的必需的目标行为的具体水平的标准。我们接下来要讨论的策略以及自我强化和后效契约，都属于认知行为方法。

> 认知行为矫正的核心是个体自身，目标是教授认知技能和行为技能，以促使个体能够调整促进和强化行为的条件。

决策平衡

源于跨理论模型的决策制订或决策平衡，是一种行为改变的策略，参与者写下所有预期的行为改变带来的短期结果和长期结果。通过这个过程，人们开始关注新行为的益处，获得帮助以寻找办法避免或应对预期的消极结果。对于考虑采取锻炼的人而言，评价锻炼的代价和收益是一个非常重要的策略，因为感知的锻炼代价或弊端可能超过感知的收益。这个策略可以用来指出个体可能还没有考虑的锻炼收益。决策制订对识别行为改变的潜在障碍，进而处理这些障碍是有效的。比如，一个计划每天上午 6 点钟锻炼的人可能还没有考虑他的早起会如何影响晚班工作的配偶。

自我监控

自我监控（self-monitoring）策略通常用于戒烟和其他健康行为改变计划，以识别目标健康行为的线索和结果。对成功和不成功的目标行为尝试之前与之后的想法、感觉、情境的各方面进行记录及回顾。当参与者更高频率、更细致、更临近地监控被监控的行为时，自我监控对行为影响的有效性会增加。自我监控是收集个人行为模式信息的一种实用途径，这些行为模式可以用于识别锻炼线索和障碍，自我监控与减肥群体的成功的锻炼坚持和保持有关。确定抑制和促进锻炼的内在与外在的线索，锻炼的结果可以根据其强化特征来评估。来自自我监控的信息还有助于识别一个人锻炼计划时间表中的最好时机以及任何必要的调整，如为了在工作后锻炼而晚一小时吃晚饭。自我监控对于那些曾经在过去活跃的人尤其有效，可以作为一个策略识别那些导致他们退出规律锻炼的因素。电子笔记本与日历、计算机程序、图和表格都能够用来记录每天或每周的进展。用于自我监控的电子设备（如移动电话）为促进行为提供了机会。健身专家对行为记录的定期评估可以提供有意义的积极反馈，帮助人们监测目标。

目标设置

许多以认知为基础的理论的基本假设是动机受到有意识的目标的调节。**目标设置**（goal setting）是支持锻炼行为改变的有效策略，目标设置在提高身体活动行为上通常是有效的

(Shilts，Horowitz and Townsend，2004；Shilts，Townsend and Dishman，2013)。回忆一下：当真实和期望的行为或特征出现差异的时候，我们设定目标，并且承认需要改变。目标设置的功能在于提供方向、决定需要花费的努力水平、培养坚持性和支持寻找达到目标的策略。

为了保证目标是现实的和能够达到的，个体必须进行全面的心理评估与生理评估。比如，那些想减少约 4.8 千米慢跑时间的人应该知道他目前行走约 4.8 千米所需要的时间。锻炼测试可以为设计一个安全和个人化的锻炼计划提供基线的体适能信息，从而不至于导致惩罚性的锻炼后果(如肌肉疼痛或损伤)，更可能是符合个人特定目标的常规类型。当参与者将他的结果与健康规范或之前的结果进行比较时，测验结果具有激励作用。重复的测试可以提供评价和修改目标的反馈。

心理社会评定可以提供关于态度、信念、期望和阻碍或支持目标达成的过去经验的有价值的信息。回顾以往的改变尝试，人们可以发现哪些有效、哪些无效，以降低重复过去错误的可能性。识别心理障碍，如低锻炼自我效能，有助于塑造能够满足整个人在其社会环境中的需求的目标。

在运动领域中大量的关于目标设置的研究指出了可以提高表现的目标的特征(如 Kyllo and Landers，1995)。其中一些也可以提高锻炼行为。与个体的能力、价值、资源和需要相一致的灵活的、具体的目标比一般的、不具体的目标更为有效。短期和长期的目标的结合比只有长期的目标会更好，这是因为自我效能是随着掌握经验而提高的，最初的目标应该是有挑战的但为了能培养信心也应该是现实的。

锻炼行为目标实例

一般的	具体可测量的行为
更健康	在下一次分级锻炼测试中，我能将跑的时间提高 10%
规律锻炼	这一周行走 4~5 天，每天 20~30 分钟
更强壮	到 6 月 5 号，卧推自己身体重量的 125%

好的目标设置的特征

合理的

现实的

不依靠其他人

具体的

可测量的

有挑战的

时间框架

灵活的

有意义的

有激励作用的

短期的和长期的

包括即时和具体的反馈

考虑社会和物理环境

关注生理因素(如健康、体适能)

自我效能的增强

自我效能是锻炼坚持性的最稳定的心理社会的决定因素,是几个理论的关键变量(如社会认知理论)。对能力的信念会影响行为、情感和认知。新行为的获得、在一个任务上花费的努力、尽管困难但坚持的时间、情感的反应和思维模式都会受到自我效能的影响。4 个信息来源与自我效能相关(如掌握经验、替代经验、语言劝说和生理或情绪状态)(见表 15-6),因此在干预中关注它们是有意义的。几个研究已经实施了专门设计的通过提高锻炼自我效能来促进行为改变的干预。

①掌握经验是提高自我效能最有力的方法。那些成功达到挑战标准的个体获取和细化了技能,发展了应对技能,从而能够培养他们对完成重复或相似任务的能力的自信心(自我效能的一般性维度)。一种促进掌握一项具有挑战性的任务的方法是将任务划分为可控的部分,把它们按照逻辑顺序由易到难排列。那些参与高级健身班的新手可能会被快的节奏、复杂的步调打击,而那些进入初级班的人可以一次学习一个步骤,以增强他们学习更为复杂的模式的信心。

表 15-6　自我效能信息的来源

来源	锻炼实例
掌握成就	第一次游 0.50 英里(约 0.80 千米),增加力量训练质量,上完高尔夫课程后一杆入洞,成功地学会一个新的舞步。
社会榜样	残疾人参加世界特殊奥林匹克运动会,青少年女孩观看美国女足比赛,一个退休的体育老师在公园里带领来自老年中心的小群体散步。
言语说服	你的慢跑伙伴告诉你,你比以前速度更快;你的配偶告诉你运动在塑造你的外表上是有回报的;你的健身协调员评价你在卧推中的良好表现。
对生理状态的解释	在爬上一座陡峭的山之后还能说话;被提醒在大热天锻炼后的大量出汗是如何让你的身体冷却下来的;识别肌肉紧张感是如何与重量增加和重复次数相联系的。

> 增强自我效能的最有力的方式是掌握经验。

②社会榜样可以采用掌握榜样或应对榜样的形式。在这两种情况下，如果榜样与参与者是更为接近的，模仿会更为有效（如一个年老的女性观看和她同年龄段的女性成功地举重）。掌握模仿意味着观看某人成功地完成任务；应对模仿是某人在一个任务上有困难，但是最终能够成功完成。后一种策略在示范与任务和目标群体相关的有效的问题解决策略时是有用的。提高自我效能的锻炼干预上使用掌握模仿，如让参与者观看有相类似特征的人在各种水平上参与锻炼的录像。

③言语说服能够通过来自重要或强大的他人的鼓励和支持提高自我效能。言语说服使用关于锻炼行为的及时的和具体的反馈，可以被看作积极强化的一种形式。如果反馈来自可信的资源，是具体的和有意义的，则更有效。当一个心脏病康复病人走出病区，一个学生志愿者告诉他，"今天你做得很好"，远不如当他走下跑步机时，康复指导者告诉他，"祝贺你，你今天多走了 0.50 英里（约 0.80 千米）"有效。来自自我监控的信息可用于教授自我说服。围绕锻炼的消极的自我谈话是可以被识别的["我不能走超过 2 英里（约 3.22 千米）"]，而且可以被重新加工以鼓励关于锻炼的积极的认知方式（"6 个月之前我不能绕这个街区走一圈，我正取得稳定的进步"）。

④对生理和情绪反应的解释可能阻碍自我效能。比如，在测试前感到焦虑，而且将这种情绪反应解释为没有做好准备的信号。新手锻炼者通常会有些焦虑或不舒服地看待锻炼的正常生理反应（如呼吸和心率增加、出汗、肌肉感觉）。干预通过告知参与者对于锻炼的正常生理反应和解释这些反应的方法强调自我效能的这种成分。

预防复发

第 14 章包括关于将预防复发作为行为模型的讨论。作为干预的复发预防最初是在那些降低或消除非期望的高频行为的个体中实施的，如吸烟。锻炼行为是一个低频的健康促进/提高行为。然而，在锻炼坚持性上应用预防复发的某些成分被证明在一定程度上是成功的。几个研究已经检验了锻炼的预防复发模型，而且发现当这个模型被作为广泛认知行为改变计划的一部分时可以提高坚持性。

预防复发干预的基本形式包括识别高危情境和发展有效的应对策略。高危情境是那些挑战个体保持期望的行为改变的自信心的环境。保持规律锻炼的高危情境是一些与锻炼不相容的事件或情境，如饮食、饮酒、过度工作或吸烟。其他一些锻炼复发的先例有疲劳、没时间、懒惰、假期、坏天气、时间不方便、独自一人、消极心情、身体累和生病（Simkin and Gross，1994；Stetson et al.，2005）。

> 锻炼复发的高危情境有疲劳、没时间、懒惰、假期和生病。

　　纳普(Knapp，1998)详细描述了预防复发在锻炼中的应用。首先，参与者要了解复发的过程。然后，参与者要识别出对于他们自身来说高危的情境。自我监控是获得这些信息的有效方法。在识别高危情境的基础上，参与者获得技能训练以提高应对反应。策略包括果断性训练、时间管理和压力管理训练；寻找情感和工具性支持的引导；积极重评、积极自我谈话和问题解决的训练。来自不锻炼的积极结果期待(如当错过健身课时观看喜欢的电视节目)会提高复发的危险，因此，来自不锻炼带来的积极结果期待需要被识别和处理(如录下电视节目，并作为参加健身课之后的奖赏观看)。参与者通过为锻炼预留时间与备选的模式和地点，学会为防止下滑做出计划(如果游泳池是关闭的，那就在跑步机上跑步)，如果天气预报报道有雪而使晚上的行走难以完成，那健身磁带可以为完成任务提供可选择的途径。

　　灵活的目标(每周3~4次行走或做健身操)可以降低潜在的复发危险，而且可以防止那些提高复发风险的全或无的思维。缺席一次锻炼而认为"前功尽弃"的人尤其容易复发。难以达成的僵化目标(我将在每天12:10跑步45分钟)也会让人们容易复发。另一个预防复发的策略是纠正"应该"超过"想要"的不平衡的生活方式。个体可以通过安排有趣的活动并包括锻炼的奖励，而将锻炼重新设定为是期望的、有趣的活动而非强制性的活动。

动机性访谈

　　动机性访谈(motivational interviewing，MI)是一种行为改变技术，由米勒和罗尼克在20世纪80年代发展起来，并作为酒精问题行为治疗的咨询方法。这种技术的基础是共情的人本风格，强调唤起和加强来访者为健康改变自己言语表达的动机。动机谈话训练包括4个方面的知识和技能：①表达同情；②建立差异，帮助来访者认识到价值和问题行为之间的差距；③尊重来访者的抵抗；④支持来访者的自我效能(Rollnick，Miller and Butler，2007)。

　　动机性访谈治疗师帮助来访者鉴别锻炼的利与弊，通过障碍和矛盾改变工作，制订开始和坚持锻炼计划的策略。动机性访谈经常通过30~60分钟一对一的会话实施，之后通过简短电话支持，且可以被修改以适应不同的情境和较短的会话(Rollnick，Miller and Butler，2007)。动机性访谈适用于包括锻炼在内的多种问题，与传统的干预相比，它在增强意向和参与、提高改变的自我效能、以更少的时间促进变化方面显示出潜力(Lundahl et al.，2010)。动机性访谈在提高慢性心力衰竭(Brodie and Inoue，2005)、癌症长期存活者(Bennett et al.，2007)和超重人群(Van Dorsten，2007)的身体活动方面，与标准治疗旗鼓相当。

远程医疗

　　通过网络和移动技术的干预可以提供大量高效、互动、量身定制的可以及时更新的内容。这些干预从半自我指导到完全自我指导。它的好处包括减少传统现场干预的障碍，如行程安排、交通及与其他承诺的冲突，因此可以提高坚持性，降低治疗时间和成本。尽管几乎没有以技术为基础的干预只集中于将身体活动作为结果变量，但效果与传统的方法是相似的(Marcus，

Ciccolo and Sciamanna，2009)。另外，有很好的证据表明主要使用电话的干预可以有效提高人们的身体活动水平(Eakin et al.，2007)。

移动技术有希望作为一种干预方法。瑞利等人(Riley et al.，2011)回顾了使用移动技术的健康行为干预，移动技术被界定为专为个人全天佩戴而设计的计算机设备。他们发现 12 项研究报告了在减肥、饮食和身体活动干预中使用移动技术，其中 4 个使用掌上电脑，其他的使用移动电话，大多是使用文本信息。一些干预是自动调整的，其他的是人工调整的。总体而言，他们发现使用移动干预出现了中等但是显著水平的体重下降及相关的结果。另外，这些技术提供了创新的方法，如在移动手机上提供一种有节奏的音乐以鼓励适宜的步速(Liu et al.，2008)。自动传感器，如民用全球定位系统和加速度计，能够从移动装备中获取可用数据进行测量和干预，而且进度图表、动画、视频和游戏的图形的显示可以提高用户反馈的质量。虚拟的训练计划也可以提供结构、支持和提示，电子社交网络可以将人们和社区的其他锻炼者联系起来。以技术为基础的干预还可以做到及时反馈，根据干预期间收集的数据进行调整，并可在首次出现问题时提供量身定制的响应(Intille et al.，2003)。另外，传统的干预措施通常在输入和干预反应之间存在滞后。

尽管技术为创造性的干预提供了令人振奋的机会，但它在评估干预的保真度方面带来了独特的挑战。相比之下，在面对面的干预中，虽然可以通过指导者(定性)和出勤(定量)评估参与度，但网页浏览频率可能是网页架构的函数。例如，参与者可能不得不从一个页面跳转到另一个页面，这就会虚报门户页面的点击量。另外，基于网络的干预可以从半自我指导到全自我指导，这在评估参与和坚持时需要考虑。网络干预的另一个局限是参与者的大量流失，在一些研究中超过了 50%(Danaher and Seeley，2009)。高速互联网的接入是另外一个问题。只有 2/3 的美国成年人在家有高速宽带连接，城市、高收入、少数群体中这一比例显著更高(Pew Internet and American Life Project，2011a)。

基于环境和政策的干预

心理和行为理论已在组织层面(如社区娱乐中心、基于教会的健身计划、通过学校的扩散战略)，环境层面(如设施规划、自行车道的修建)，社会层面(如家庭干预)和政策层面(如全国体育教育要求)用来大规模地诱导行为变化。高性价比和务实的方便途径(如邮件、电话、电子邮件和网络)已被用于接触大量无法获得或不能接受传统临床干预的人群。

身体活动促进领域的实例包括创建或增强现有的步行和自行车道或锻炼设施，并通过减少障碍来增加现有设施的可及性(如增强安全、提高承受力)。这些努力通常包括员工和参与者的培训、社会支持以及将现有的结构、设施和项目纳入参与者的社区。一个示范性的这一类型的干预，如雷奈格及其同事(Linenger et al.，1991)所述，包括新的基础设施(如自行车道)，获取设施(如延长营业时间，照明和整合路径)，以及在美国海军驻军基地的改进计划(Linenger et al.，1991)。最近的研究表明，从成本角度来看，开发这样的基础设施是合理的(Wang et al.，2004)。

一项新兴战略包括将身体活动置于社区的公共政策议程，强调促进身体活动的指导性，提供组织奖励，解决机构和环境障碍，有效利用媒体(Hoehner et al.，2008)。这项有前景的干预的实例来自戈麦斯、马特斯和卡布雷亚(Gomez，Mateus and Cabrera，2004)所做的工作："移动到波哥大"(Muvete Bogotá)，它是一项基于社区的身体活动干预项目，在哥伦比亚的波哥大实施。

也可以在环境水平上增加学校环境中的身体活动。一项研究采用综合的身体活动测量的方法评估了操场重新设计干预对儿童课间身体活动水平的跨时间影响(Ridgers et al.，2007)。在英格兰一个大城市，坐落在经济萧条区域的15所学校各自收到来自国家体育场地资助的2万英镑(在2003年约3.3万美元)，以鼓励使用多色操场标记重新设计操场环境和物理结构。11所学校作为社会经济匹配控制组。学生们在休息时的身体活动水平使用心率遥测术和加速度计在基线时量化，并在操场重新设计干预6个星期之后和6个月以后再度测量，结果发现该干预的效果对于中等到大强度以及大强度身体活动具有跨时间的统计显著性。

促进身体活动的立法实例

改变环境以鼓励交通中的身体活动。关闭城市中的汽车道，建造方便的自行车道和人行道。

修订建筑法规。使楼梯更容易找到，位于中心位置、吸引人、安全。

为娱乐设施筹集资金。建造更多的安全且对于低活动频率的久坐人群更方便的公园和娱乐中心；为运动和安全提供足够的工作人员。

创造税收奖励。为工作场所有健身项目的公司提供税收奖励。

修改健康保险条例。降低健康行为(如规律身体锻炼)的保险费。

我们为什么不能使人们保持活动状态？ 中介变量和干预的效力

中介变量和干预的有效性

美国2010年健康人群的身体活动和健身目标从基线(1997年)到2008年的评估收效甚微[National Center for Health Statistics(NCHS)，2011]。成人参加规律的中等到大强度身体活动的水平保持在32%，规律的大强度活动从23%上升到24%。非休闲时间活动(40%~36%)、规律肌肉力量训练(18%~22%)和步行的交通方式(17%~21%)表现出令人期望的结果。每个学校更多的青少年日看电视时间低于 2 小时(57％～67％)，更多儿童青少年采用步行交通方式(31％～36％)。然而，对于所有的高中生来说，其必修日常体育课程的比例(5.8％～2.1％)，以及儿童和青少年骑自行车的比例显著降低(2.4％～1.5％)。在过去的 35 年里实施了广泛提高规律锻炼采取和坚持的干预，但同时仍有 50％锻炼的退出率。此外，2010 年健康人群身体活动和健身目标均未达到标准(NCHS，2011)。作为干预的目标，物理的、社会的和政策的环境得到更多的关注，使用技术的多层次干预可能被证明比传统方法更有效。

在锻炼干预的元分析中，我们试图解决这些问题：哪种方案最好？在什么条件下？适合谁？我们发现行为改变策略的效力最强(Dishman and Buckworth，1996b)。在 1960—2007 年发表的成人身体活动干预的元分析中，行为矫正有最显著的效果(Conn，Hafdahl and Mehr，2011)。在 1996 年的元分析中，只有大约 20％的研究报告了干预后的随访，这些研究通常表明，和干预相关的身体活动或体适能的提高在干预结束后随着时间的推移而降低。在 2005 年(Hillsdon，Foster and Thorogood，2005)发表的促进身体活动干预的系统综述(cochrane review)同样发现，只有 19 项研究报告了 6 个月或更长的后续跟踪数据，发现干预对自我报告身体活动和体适能的中等程度的作用。然而，干预特点的异质性和细节不充分限制了得出结论的能力。因此，在发现人们如何采取和保持规律的身体活动方面存在主要问题，接下来我们将讨论。

理论的应用

第 14 章讨论了用于描述和预测身体活动水平的若干理论，但是哪个理论可以为促进行为改变和保持提供最佳干预模型？为了了解人们很难采取和保持规律身体活动的原因，我们需要更加仔细地审视干预是如何发展和实施的。许多干预是在没有理论模型或在只选择理论模型的部分内容的情况下发展的。没有理论框架，变量的选择就没有充分理由，对结果的解释能力就会受限。在回答哪个理论提供了最好的模型时，重要的一步是标准化干预措施在理论中如何操作的报告，并提供关于方法和策略的细节。实际上，马斯等人(Masse et al.，2011)给出过制订行为干预理论基础指南报告的建议，如类似于 CONSORT 关于报告随机对照实验的建议。我们还需要长期的干预研究和重复的追踪评估，以跟踪在基于理论的干预中的坚持和复发的过程。

身体活动干预的文献综述现在关注关于理论和中介作用的分析。比如，贝朗热-格拉维尔等人(Bélanger-Gravel et al.，2010)回顾了 1980—2008 年发表的 18 篇超重人群中以理论为基础的干预对身体活动长期影响的研究。这些研究大多使用传统的行为矫正、社会学习和社会认知理论，在 8 个干预中单独使用一个理论，在 6 个干预中与其他理论一起使用。然而，只有 8 个基于理论的干预规定了哪些理论变量是目标。在研究中使用的，表现后测和后续追踪活动中身体活动组间效应的具体技术包括：提示练习(prompting practice)、障碍识别(barrier identification)和提示意向形成(prompting intention formation)。最有效的干预策略是行为矫正，但主要是短期效应，长期效应并不确定。无论什么群体，随着时间的推移都发现身体活动一致性的增加，很少有研究表明干预效果在追踪中具有优势。与控制组相比，缺乏群体差异可能与大多数干预措施未能改变理论中的中介变量有关。只有一项研究进行了适宜的中介作用分析，并发现自我效能可以中介干预策略对身体活动的影响。

行为改变策略的实施

理想的情况是，锻炼干预应该改变那些根据理论对于结果的变化有作用的变量。检验干预以确保这些关键变量发生实际变化（检验干预的构念效度）变得越来越普遍。这里的一个局限是缺乏对行为改变技术的标准化界定。自我监控、目标设置或其他策略可能都被列入锻炼干预部分，但实施过程不同。通常，文章有篇幅限制从而对干预部分进行了简短的介绍；没有这些细节，就难以忠实地去重复有效干预的措施。因此，识别对于不同干预都有效的具体技术也就会受限。

阿伯汉姆和米基（Abraham and Michie，2008），以及米奇等人（Michie et al.，2008）对 26 种普遍适用的行为改变技术建立了一种与理论相联系的分类法，这些技术与改变行为的关键决定因素相对应。他们对这些技术的选择，部分是基于对旨在增加身体活动和健康饮食的干预的回顾。例如，"提示具体的目标设置"被界定为包括"个体将要做什么的具体计划，包括行为具体频率、强度或持续时间和至少在一种环境中的详述，也就是说什么地点，什么时候，如何做或和谁一起做"（Abraham and Michie，2008）。时间将证明这些界定是否被接受和应用于干预研究中。

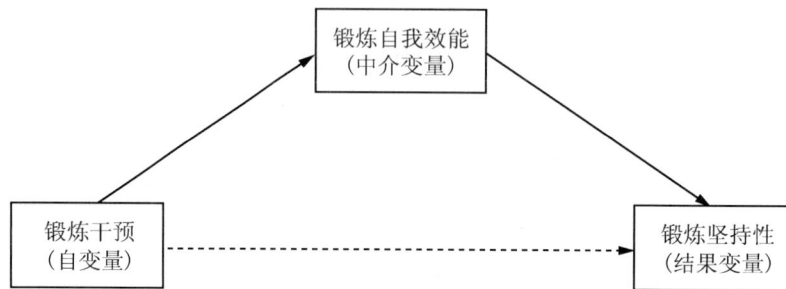

图 15-3　当干预和自我效能以及自我效能和锻炼坚持性之间有显著关系时（实线），自我效能在干预对锻炼坚持的关系中起中介作用。 另外，当去掉自我效能的作用后，干预和锻炼坚持性的关系是不显著的（虚线）

经许可转载自： R. M. Baron and D. A. Kenny， "The moderator-mediator Variable distinction in social Psychological research：Conceptual， strategic， and statistical considerations," *Journal of Personality and Social Psychology*，1986，51，p. 1176。

中介变量的分析

应该设计干预策略，用来改变理论中可疑的中介变量，但下一步，中介作用分析却往往不采用。第 2 章，我们将中介变量（mediator）界定为可以解释自变量和结果变量之间关系的变量。例如，使用班杜拉的自我效能理论提高锻炼坚持性（结果变量）的干预（自变量）旨在提高锻炼自我效能（中介变量）（见图 15-3）。巴伦和肯尼（Baron and Kenny，1986）发表了一篇开创性的文章，区分了行为改变和社会心理结果的中介变量与调节变量。在我们的样例中，使用这一模型时，锻炼自我效能必须达到三个条件才是中介变量。首先，在干预和锻炼自我效能之间必须有显著关系。其次，锻炼自我效能与锻炼坚持性之间必须有显著关系。简言之，干预应该提高自我效能，自我效能的提高应该与更好的坚持性相关。最后，为了支持锻炼自我效能的中介作用，当控制了干预和自我效能之间的关系以及自我效能与坚持性之间的关系后，干预对坚持性的作用应该是不显著的。因此，有证据表明自我效能可以解释干预和结果之间的关系，因为去除它可以减弱或消除干预的作用。

在一项有关改变锻炼自我效能技术的综述和元分析研究中（Ashford，Edmunds and French，2010），被最有效的干预所使用的"反馈和替代经验""劝说""分级掌握"与"障碍识别"在改变自我效能上没有那么有效。如前所述，为了确定自我效能对锻炼行为改变是否具有中介效应，在评估中介效应前，干预必须首先能够改变自我效能和目标行为，然后才能进行中介效应检验。另一项对1966—2009 年所发表的 27 个干预研究的元分析（Williams and French，2011），识别在健康成人中改变身体活动自我效能和身体活动的策略。干预研究中成功改变身体活动和自我效能的策略是"行动计划""强化努力或行为进展"，以及"提供指导"。有趣的是，包括设置分级任务、预防复发的干预与较低的身体活动和自我效能有关。考虑到这篇文献中对干预的描述不够细致是一个不足，这些策略的使用在每个研究中可能都不一样。另外，一些策略在不同的时间点和不同的人群中更有效。比如，干预复发不适用于锻炼常规的建立阶段。

决定哪种理论和策略对于提高锻炼坚持性最好，需要针对干预对理论中介变量的作用和所谓中介变量对行为的作用进行细致的分析。由席尔瓦（Silva）及同事（2011 年）发表的一项研究，就是清晰应用和检验基于理论和干预的范例。他们对 221 名超重女性进行了一年随机对照实验和两年的追踪实验，这些妇女被随机分入基于自我决定理论的干预组和控制组。干预组参加了30 场主题为沟通技能、压力管理、锻炼、饮食和自我保健的会议，侧重增加运动和体重控制的自主调节风格：提供结构和选择方案、支持自主决策、鼓励个人治疗目标、限制外部突发事件与控制措施（如基于结果的奖励或表扬）以及监视外在表现（如行为和体重），研究的目标在于帮助参与者形成在社会框架内的拥有和掌握的感觉。他们发现，保持中等和剧烈的运动，对于中介干预策略在减重上的效应是重要的。在干预结束时测量的自主调节也与两年之后的锻炼相关，这种效果可以由在随后测量的自主调节中完全中介，表明增强的自主动机、锻炼以及长期保持减肥之间在理论上有联系。

总　结

干预必须基于对目标群体的特点、环境的限制，并考虑锻炼参与潜在的个人和环境障碍。现今已有很好的证据表明基于行为矫正的干预策略是有效的。然而，研究对于增加和保持身体活动的干预准则尚无共识，而且在对长期保持规律锻炼的认识方面，还有差距。传统的干预措施没有解决锻炼行为的周期性或动态性问题，在过去 35 年，从结构化的锻炼计划中退出的比例保持在 50％。干预研究侧重于行为改变策略的实施和测量随后改变的身体活动水平。几乎没有研究通过确定干预是否改变了选定的中介变量以及中介变量是否改变了目标行为来考查干预的构念效度。

未来的研究应该检验锻炼行为理论的效度，检验干预的构念效度。为确定什么措施有效以及和谁有关，我们需要对特定群体开展控制性追踪研究，还需要在社会环境和物理环境水平上实施干预，探索技术创新带来的机遇。促进活动增加的环境、提供方便的设施、消除实际与感知的障碍以及身体活动奖赏都可能是采取和长期保持活跃生活方式的先决条件。

第16章
主观努力感

主观努力感(perceived exertion)有时被称作努力感,是指个体在进行身体活动期间对努力的主观判断。它产生的部分原因来自对与肌肉力量生成有关的神经、生理和化学信号所产生的感觉[经传入神经传入中枢神经系统(central nervous system,CNS)]的知觉整合。这样,人们就能够注意到运动强度的增加(如在递增负荷锻炼测试中)。主观努力感也依赖于运动中激活骨骼肌、心脏、呼吸肌和其他器官的中枢运动指令(central motor commands)(从中枢神经系统中经传出神经传出)。通常认为,运动指令的副本(copies)会被发送到中枢神经系统的感觉运动区域以形成对预期运动感觉(expected sensations of movement)的记忆。这可能是在运动感觉受损或缺失的时候,人们获得努力感的主要或唯一途径。这样,即使在麻醉或创伤后丧失部分肢体感觉,人们也能够感觉到在有意识的肌肉收缩时所付出的努力。锻炼过程中出现的外周信号和感觉也会与基于中枢运动指令的预期运动感觉进行比较。通过这种方式,人们可以在不同的意识水平觉察到努力少于或者超过预期。这就允许运动系统对举重时的力量(如当某物比预期重时)或跑步、骑自行车时的步调(如无提示时坡度变陡)进行调节以匹配操作意向。

主观努力感的组成部分

运动指令:从运动系统传入感觉系统的配套副本,提供肌肉用力的预期感觉的记忆。

外周信号:在力量产生过程中,经神经传入感觉系统,提供肌肉用力的感觉结果。

主观努力感是一种**格式塔**(gestalt)——源于德语,翻译成英语后,大意是"一种模式(pattern),一种被分离的整体,或者一个总体。"也就是说,一个人对主观努力感的总体判断代表的不仅仅是其组成部分的简单相加(如锻炼中的具体感觉)(见图16-1)。尽管如此,理解构建整个知觉的具体感觉仍十分重要。这些感觉由生理压力引起，因运动形式及强度的不同而不同，也因个体的体适能或者训练水平而有差异。例如，四肢运动或呼吸时对肌肉收缩力量的觉知以及对温度、汗或其他因素的觉知与剧烈运动时的能量消耗变化成比例。疼痛和不适的感觉虽然与主观努力感不相关，但可以增加一个人在高强度、持续的锻炼中对主观努力感的整体评级。感觉和运动指令对主观努力感的相对重要性可以根据身体活动的形式、强度和持续时间的不同而不同。无论它在不同情境中的确切来源是什么，主观努力感都是一个理解锻炼中各种反应的有效概念，也是一个帮助人们调整锻炼行为的常用工具。

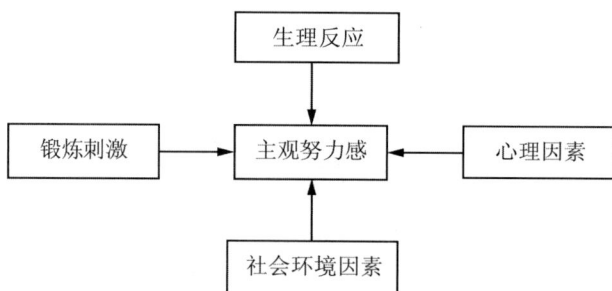

图 16-1　作为一个整体的主观努力感

由于大脑会对感觉信息进行过滤筛选，人格或情绪也会影响主观努力感——通过影响知觉的质或量直接起作用，或者通过影响个体如何向他人报告主观努力感间接起作用。在锻炼情境中，人们如何划分主观努力感的等级会受到外部线索的影响，包括分心物或者"印象整饰"因素，即个体有意识或者无意识地通过提高或降低自己报告给他人的评级以留下良好的印象。

美国运动医学学会高度认可了 50 年来关于主观努力感的研究，并有力地支持将其作为运动测试和运动处方的重要组成部分（ACSM，2009）。相关研究也提示我们，主观努力感是影响人们是否进行身体活动以及努力程度的重要因素。本章回顾了主观努力感的历史，并介绍了以下基本知识：①如何使用心理物理学的方法来测定锻炼期间的主观努力感；②没有经过心理物理学训练的专业人员如何使用实用的评价量表来测量锻炼期间的主观努力感；③除了实际的物理刺激之外，影响主观努力感的还有生理学、心理学和社会环境等因素；④主观努力感在运动试验、运动处方和对锻炼的用力程度的监测中的实际应用。

主观努力感研究简史

19 世纪中晚期，关于"肌肉感觉"（muscle sense）是否存在的争论，普遍存在于生理学家和心理学家之中。苏格兰医生和解剖学家查尔斯·贝尔（Charles Bell）提出，个体对受意志控制的肌肉力量的判断是从肌肉中的感觉神经产生的，而不是运动神经（Bell，1826）。基于贝尔的观点，法国神经学家纪尧姆·迪谢纳（Guillaume Duchenne），首次对运动产生的肌肉感觉和受中枢控制的自主运动的肌肉意识之间的差异进行了区分（Duchenne，1867，参见 Clarac，2008）。

德国神经生理学家赫尔曼·冯·赫尔姆霍茨在 1886 年的论文《光学》中提出力量知觉来自中枢运动指令的基本观点(Southall，1924)。冯·赫尔姆霍茨指出，当手动移动眼睛而不使用眼部肌肉时，人们感觉到他们的视野移动了，而实际上并没有移动。他推断这种情况的发生是因为发送到眼睛肌肉的运动指令的感觉运动传出副本还没有及时更新所预测的眼睛位置。

亨利·巴斯蒂安(Henry Bastian)比较喜欢用动觉(kinesthesia)而不是肌肉感(muscle sense)，因为在运动过程中的一些感觉异常来自肌肉以外的结构，包括肌腱、关节和皮肤(Bastian，1887—1888)。查尔斯·谢林顿(Charles Sherrington)后来从"内部感觉"(来自机体内部的感觉)和"外部感觉"(来自机体外部的感觉)(Sherrington，1906)中区分出了"本体感觉"(肌肉、肌腱和关节产生的感觉)。到 20 世纪初，研究者们普遍认为肌肉感觉既源于中枢(运动指令)，也源于外周(动觉)。

大约 50 年后，德国动物学家埃里克·冯·霍尔斯特(Eric von Holst)(von Holst and Mittelstaedt，1950)和美国神经心理学家罗杰·斯佩里(Roger Sperry)(Sperry，1950)通过使用昆虫、鱼和青蛙来研究肌肉协调功能，为动觉概念提供了基础，包括中央运动指令到感觉中枢[传出副本或配套放电(efference copy，or corollary discharge)]的内部前馈和来自外周感官的外部反馈之间的比较(Crapse and Sommer，2008；Gandevia，1996；McCloskey，1978)。传出副本的观点也意味着传送到肌肉的运动指令也会有一个副本被传送到感觉区域。然而，从运动系统到感觉系统的副本需要在神经系统中的许多层级上进行，产生在精度、准度、力量和时间上有所不同的反射和有意识的动作。配套放电(corollary discharge)的观点是，来自运动系统的信号可以来自运动通路的几乎所有级别，并且可以针对任何级别的感觉加工过程(Crapse and Sommer，2008)。本章后面将更详细地讨论。

1892 年，美国心理学家詹姆斯·麦基恩·卡特尔(James McKeen Cattell)，冯特的学生，也是《科学》杂志的长期出版商，发表了最早的关于主观努力感的研究。研究通过让研究参与者各自使出自己认为 2 倍的标准力量或一半的握力来证明主观努力感的存在(Fullerton and Cattell，1892)。然而，下一个关于主观握力的研究直到 1959 年才出现(Stevens and Mack，1959)，到 20 世纪 60 年代，我们所熟知的主观努力感这一概念方才形成。瑞典心理物理学家贡纳尔·博里(Gunnar Borg)的医生同事们发现：他们的一些病人在进行自行车锻炼时，常常抱怨自己已经丧失了完成这项活动的能力，而实际上他们却具有正常的运动能力足以完成这些运动。这使博里对人们在体力活动中的感知觉产生了浓厚的兴趣，他意识到这些病人可能低估了自己的实际能力和体适能水平。随后，博里博士开发了第一份用于测量主观努力感的评级量表，这促进了主观努力感在科学研究和应用领域的发展(Borg，1962)。

"在站立、步行和跑步中，给身体提供动力的自发性力量都是由肌肉状态的感觉引导的，没有这种感觉，我们不能调节它们的行为……运动神经似乎不太可能成为肌肉与大脑交流的手段。"

——Charles Bell，1826：167-168

> 瑞典心理物理学家博里设计了第一份用于测量主观努力感的等级评定量表，并创造出"主观努力感等级"(RPE)这一专业术语。

主观努力感是对数量而非质量的知觉。个体对某个物理刺激的量化判断可能会受到自身知觉的干扰，这些观察首先由心理物理学家在 20 世纪的前半期描述并总结为似律性假说(lawlike postulates)。但是众所周知，个体对物理刺激强度的主观判断并不随着刺激的线性增长而呈线性变化。确定主观努力感随着运动强度或持续时间增加而增长的模式，对于给大众开运动处方、进行运动监控有着重要意义。通常运动专业人士会给自己的客户适度锻炼的建议，而这些建议仅仅是以线性增长的对运动的生理反应或适应为依据的。如果个体感知到的运动量不是线性增长，换句话说人们感知的运动量比用身体紧张(strain)的生理指标显示的高或者低，那么他们的舒适感、体适能或者健康感可能会受到影响。

> 个体对物理刺激强度的主观判断并不随着刺激的线性增长而呈线性变化。确定主观努力感随着运动强度或持续时间增加而增长的模式，对于开具运动处方、进行运动监控有着重要意义。

知觉的类型

物理刺激的感知可以通过质量或数量来判断。根据早期的哈佛心理物理学家史蒂文森和加兰特的研究，光的色调或光谱以及声音的音高等存在于一个质的连续体(metathetic continuum)中，其中"辨别力就像是基于生理层面上的替代机制一样"，相比之下，诸如光的明度或声音的响度存在于量的连续体(prothetic continuum)中，其中"辨别力似乎是基于生理层面上的累加机制"。(Stevens and Galanter, 1957)

心理物理学与主观努力感

心理物理学(psychophysics)领域的研究人员主要研究对物理刺激的心理判断。这些判断以感觉(感觉神经纤维受到刺激产生兴奋的被动过程)和知觉(对感觉信息进行认知加工的主动过程)为基础。心理物理学研究采用操纵物理刺激的同时测量心理反应的标准化方法。正如这些方法已经用于测量对特定物理刺激的感知(如光的明度、声音的响度，以及速度、长度或时间的流逝)，它们也可以用于测量锻炼中的主观努力感。

感觉是感觉神经受到刺激或接收信号产生兴奋的过程，而知觉是对感觉信息进行认知加工的过程。主观努力感是对运动时的知觉进行等级评定。

经典心理物理法

经典心理物理学中常见的三种方法是极限法、调整法和恒定刺激法。**极限法**（method of limits）是将刺激按大小顺序以相等间距变化，以渐增系列和渐减系列交替呈现，让被试报告知觉的较低或较高的阈限。较低的阈限被称作刺激阈，表示个体刚能察觉到的最小刺激强度，在此阈限以下的刺激强度不能被感知。较高的阈限被称作最大阈，表示个体能觉察到的最大刺激强度，在此阈限以上的刺激强度不能被感知。

调整法（method of adjustment）是对两个刺激是否相同做出判断。做法是呈现一个标准刺激，让被试调节比较刺激，直到他感知到与标准刺激的强度相等。**恒定刺激法**（method of constant stimuli）也是呈现一个标准刺激和一个比较刺激，让被试判断比较刺激是否可以觉察到并且/或者它是否与标准刺激不同。比较刺激有 50% 的概率被感知到与标准刺激不同，这时两者的差异被称为**最小可觉差**（just noticeable differences，j. n. d）。最小可觉差是指在某刺激强度下所能感受到的最小变化量。

最小可觉差是指在某刺激强度下所能感受到的最小变化量。

研究者在 1960 年发明了**信号检测论**（signal detection theory，SDT）（Green and Swets，1974），与经典心理物理学理论不同的是，它强调个体报告信号强度变化的可能性取决于两个相互作用的因素：**辨别力**（perceptual sensitivity added）（d'），它反映了个体辨别信号强度变化的能力；**似然比**（bias）（β）或反应标准，它是基于诸如过去经验、教育与预期成本和收益的决策标准。当信号检测论应用于由雷达工程师在第二次世界大战期间开发的用以侦查敌人的**接受者操作特征**（receiver operating characteristic，ROC）分析时，便提供了一种评估正确决策（真阳性和真阴性）和错判（假阳性）之间平衡的方法，量化了知觉加工和偏见在人们决策中的作用。这类似于在第 2 章中描述的检测敏感性、特异性和预测值。

ROC 曲线是随着反应辨别阈指标（d'）变化（如低于或高于 50%），经二分（是—否）分类系统后获得的敏感度或真阳性率及对应假阳性率（1-特异度）所绘制的曲线图。曲线下区域（area under curve，AUC）是随机呈现的阳性结果（如锻炼强度的增加）被判断为高于随机呈现的阴性结果（如强度降低或无变化）的概率。最小可觉差的概率应该大于等于 50%。因为在给定的 ROC 曲线上的每个点都使用相同的辨别力指标，所以 ROC 曲线不仅可以量化人们对标准运动强度的判断，也可以量化人的判断是如何受特定条件影响的（如室内或室外，单独或有其他人在场，或不同的温度）。例如，在本章的后面，我们将看到，当受到异性成员询问时，人们倾向于降低主观努力感。他们的主观努力感实际上没有改变，但是他们提供真实评价的意愿可能由于社会交换(social exchange)而改变了。

对于各种类型的动态锻炼的最小可觉差并没有使用信号检测理论进行检验，但自行车运动的早期研究表明，健康的人可以感觉到在至少 150 千克力米/分钟或约 25 瓦做功下产生的随机变化(Morgan，1973；Skinner et al.，1973)。长时间运动中的最小可觉差是未知的(如Dishman et al.，1994)，但是与运动员在训练和比赛时对节奏的掌控具有潜在的相关性，也可能与非运动员日常生活活动水平和在休闲锻炼时的优先努力度具有潜在的相关性。

经典心理物理学致力于将物理刺激分级，以判断刺激的物理增长和感觉到的增长之间的关系，并获得不同人群的平均值。对声音大小或光线亮度的判断就是很好的例子。窃窃私语在安静的房间里很容易被听到，但是在喧闹的人群中就听不到了。夜晚在后视镜中看到车前灯的灯光，会导致暂时性的失明，但是白天却不这么明显，这使得人们很容易忘记关闭车前灯。数学定律可以更加精确地描述类似的感知现象，这有助于人们理解主观努力感的变化。

共同的经验使得心理物理学中的数学定律更易于理解。比如，当声压级或扩音器产生的功率以线性方式增加时，人们对声音感觉的增长并不是线性的，而通常是以声音强度的对数式增长的。比如，一个 200 瓦的立体声听起来并不是 100 瓦声音的 2 倍，而 100 瓦的立体声听起来也不是 50 瓦声音的 2 倍。

德国生理学家恩斯特·海因里希·韦伯(Ernst Heinrich Weber)首次提出用来描述人们对物理刺激知觉增长的数学方程式。在 1834 年的《触觉论》[De Tactu (About Touch)]中，韦伯报告了他的发现：感觉存在上下阈限，并且他根据一系列关于重量、温觉和压觉的理论研究，提出了被大家广泛认可的最小可觉差的概念。他认为，最小可觉差是一种刺激量级变化的比率，而不是一个绝对的数值。例如，相对于举起 50 磅(约 22.7 千克)而言，要在举起 100 磅(约 45千克)时增加更多的重量才能让人注意到重量的变化。韦伯定律表明刺激物量的变化对于产生最小可觉差十分必要，最小可觉差依照物理刺激(S)的量极以常数(k)线性增长。例如，在功率车运动中，当刺激为 100 瓦时，最小可觉差为 10 瓦，此时 k 为 0.10(10/100)；当刺激为 200 瓦时，最小可觉差则为 20 瓦，即 200×0.10；而当刺激变为 300 瓦时，最小可觉差则相应地变为30 瓦。因此，根据韦伯定律，人们对逐步增加的锻炼强度的感受不明显是因为每个最小可觉差的绝对值也会增加。

然而，韦伯定律与人们在锻炼中的典型经验并不完全一致：在中等强度时，主观努力感的确按照比例随锻炼强度的增加而增加；但是，在人们接近运动极限的时候，随着功率输出的不断增大，最小可觉差相应变小，这样强度的增加将更容易被注意到。

首先发现韦伯定律并不适用于所有类型的感知觉的科学家是在莱比锡大学跟随韦伯学习解剖学的古斯塔夫·费希纳(Gustav Fechner)。费希纳以把韦伯的理论通过公式化的数学定律来分析刺激和感知的关系而著称。随后费希纳在自己的研究中测试了该定律，包括对距离、光线(他曾因连续盯着太阳而暂时性失明)和举起的重量的感知测试。1860 年，费希纳在他的《心理物理学纲要》中提出了修正的费希纳-韦伯定律。

费希纳-韦伯定律指出，最小可觉差随刺激强度的增加呈对数增长，即费希纳认为随着刺激强度的线性增加，最小可觉差会以比线性增长速度更快的速度增加，不是以韦伯提出的常数，而是以对数（如以 10 为底的对数）形式增加。依照费希纳-韦伯的理论，最小可觉差随锻炼剧烈程度的增加呈正加速增长。

因此，根据费希纳-韦伯定律，锻炼时的主观努力感呈负加速增长。当运动强度增加至接近力竭时，主观努力感将达到最大值并趋于平缓。然而，费希纳-韦伯定律仍与人们在运动强度增加时主观努力感的体验不完全一致。

主观努力感的心理物理学定律

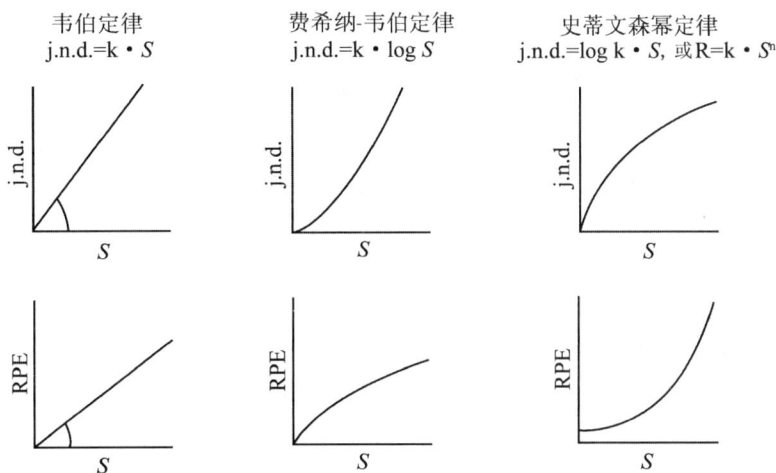

现代心理物理学理论

20 世纪 50 年代，哈佛大学的心理物理学家史蒂文森（S. S. Stevens）提出了幂定律，取代了费希纳-韦伯定律（Stevens，1957）。费希纳认为"相等的感觉增加量与相等的刺激增加量成比例"，而史蒂文森幂定律却假定"相等的刺激比例产生相等的感觉比例"。从具体计算来说，史蒂文森幂定律的数学表达式为知觉或反应（R）的大小与常数（k）乘刺激量（S）的幂指数（n）成正比。

通过在坐标轴上按此公式绘制曲线可确定幂函数的指数 n：将刺激量和知觉到的大小经过常用对数 $\log_{10}$ 的转换，以转换过的刺激量为 x 轴，转换过的知觉量为 y 轴，然后经过对数坐标轴内所有的点绘制一条最优拟合直线（或者通过统计软件进行计算），这条直线的斜率就是幂函数的指数 n。如果指数为 1.0，函数所描述的刺激与知觉的关系为线性；如果指数小于 1.0，函数呈负加速增长；如果指数大于 1.0，函数则呈正加速增长。图 16-2 呈现了不同的幂函数。

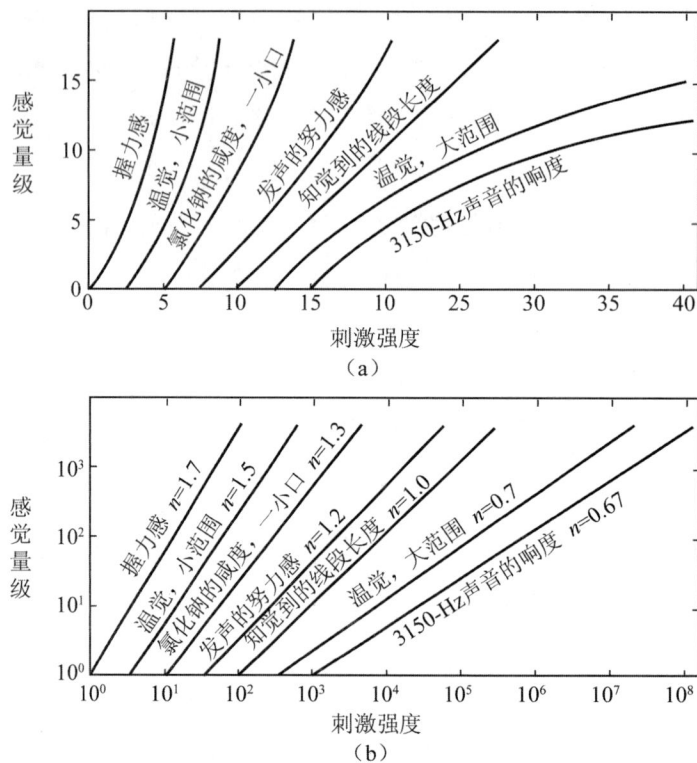

图 16-2　史蒂文森幂函数的原始数据图(a)和双对数坐标图(b)

翻印自 S. S. Stevens，"On the psychophysical law," *The Psychological Review*，1957，64(3)，pp. 153-181。

对数函数还是幂函数？

理解对数函数和幂函数在心理物理学中的应用，对理解主观努力感起着重要作用。听觉量表给我们提供了一个很好的例子：对声音的感知可以通过分贝（dB）量表来衡量，每增加 10 dB 代表人们感知到的声音增加 2 倍。在分贝量表中，几乎听不到的声音被定义为 0 dB，最大的可以忍受且不造成耳部刺痛的声音被定义为 120 dB。然而，研究人员在测试新的量表时断定，与韦伯最初提出的定律不同，人们对声音的感知并不随着声音刺激而呈固定比例变化，而是更加贴近声音最小可觉差的对数形式。

随后史蒂文森质疑，他认为上述听觉的增长模式之所以是最小可觉差的对数形式，其原因是科学家沿用了经典心理物理学的测量方法，而极限法、调整法和恒定刺激法仅仅是以间接方式估算人们所感受到的声音的增长。但是，史蒂文森却运用了更加直接的测量方法，如让人们判断某个声音与一个标准音的比例关系（如听到的声音是标准音的一倍或一半）。他认为对声音的感知并不是费希纳所阐述的是刺激最小可觉差的对数形式，而是刺激的幂函数形式。上述听觉的增长曲线表示 3000 Hz 音调响度的增加与声压级的增加构成一个幂函数，指数为 0.67。因此，人们能感知的声音强度的增长呈负加速曲线形式。

史蒂文森幂定律在心理物理学领域有着重要的影响，因为它可以解释许多不同类型的感觉和知觉之间的关系，如光线的明度、声音的响度、电击的疼痛感、线段的长度知觉、在紧握时肌肉的收缩感。

> 史蒂文森幂定律可以解释许多不同类型的感觉和知觉之间的关系，这些关系都表明知觉随着刺激强度的增长以幂函数方式增长，或正加速，或负加速。

知觉量表法

通常我们使用量表对物理刺激的主观判断进行测量，用其来描述或区分知觉的种类或数量。评估知觉的 4 种量表是称名量表、顺序量表、等距量表和等比量表。称名量表仅仅是简单地将物体或事件进行命名，因此，这种量表提供的信息最少。顺序量表不仅对物体或事件进行命名，还将它们排序，所以顺序量表可以提供一个粗略的等级顺序，但是它并不能明确等级之间的具体差距。等距量表在命名和排序的基础上还可以提供等级间差距的量化信息，如华氏温标。在华氏温度计中，20.25 ℉ 与 10.25 ℉ 的差距和 10.25 ℉ 与 0.25 ℉ 的差距相等。但是 0.25 ℉ 并不是华氏温标的绝对零度，所以 20.25 ℉ 的温暖感也不是 10.25 ℉ 的近似 2 倍。等比量表包含的信息量最丰富，由于具有绝对零点，等比量表在命名、排序、定量差距的基础上还允许进行比例的测量。开氏温标是一个很好的例子，此温标在 1848 年由英国物理学家威廉·汤普森（William Thompson）爵士和苏格兰拉格斯的巴伦·开尔文（Baron Kelvin）男爵提出，具有绝对零度，所以 300 ˚K 温度是 150 ˚K 温度的 2 倍。

测量量表的类型

量表名称	作用	举例
称名量表	分类或分组	社会保险号（美）
顺序量表	排列等级	名次排列（第 1 名，第 2 名，第 3 名）
等距量表	显示距离	华氏温标（10℉ 与 20℉）
等比量表	显示比例	开氏温标（150˚K 与 300˚K）

在心理物理学上，最常用的两种比例量表法（ratio scaling methods）是量值估计（magnitude estimation）和量值再生（magnitude production）。量值估计是给被试呈现一个标准刺激（被称为一个模数），如 10 kg 的质量，让被试根据自己对质量或力的知觉给此质量规定一个数值，可以为任何数值。接下来，不同的质量以随机的方式呈现，要求被试根据标准刺激的数值给其他质量刺激产生的感觉进行赋值。这个过程被称为自由量值的估计过程，因为个体可以随意地选择数值对模数进行赋值。在某些情况下由实验者决定模数的值，随后实验参与者可以根据模数选

择任意数值对他们的知觉进行等级划分。

量值再生与量值估计的程序相似，不同的地方在于量值再生法先给被试一个感觉的具体数值，然后让被试根据此值调整刺激，生成与给定数值相等的感觉量。不论是量值估计还是量值再生，二者都包括一个过程即比例设定(ratio setting)。比如，被试会被要求判断呈现的刺激为先前刺激的一半或两倍还是其他比例。

> 在心理物理学中，常用的等级评定法要求人们按照某种刺激量的比例进行估计或再生一个反应。

幂定律与锻炼

在握力和功率车锻炼任务中使用比例法进行实验，结果发现随着运动强度的增加，主观努力感的增长规律更符合史蒂文森幂定律，而不是费希纳-韦伯定律。在多数情况下，描述运动强度与 RPE 值关系的幂指数为 1.5～1.7。这意味着随着运动强度的增加，主观努力感以正加速的形式增长，或者说，在强度小的时候，主观努力感增长得比较慢，而在强度大的时候，主观努力感增长得比较快。

人与人之间的比较

经典心理物理学旨在对比人们对不同刺激的感知，而不是比较对同一刺激不同人的感知差异。事实上，不同人之间的差异通常被当作感知系统里的误差或噪声。博里针对主观努力感修改了史蒂文森的幂定律，加入了知觉噪声(a)和刺激阈(b)两项。这两项提供了关于主观努力感刺激—反应曲线图的起点，如图 16-3 所示。知觉噪声是一个人在安静休息状态下的主观努力感，而刺激阈为在安静状态以上刚能觉察到的功率(work rate)。这两项的加入使得影响个体在安静状态下主观努力感的变量(如肌肉酸痛或疲劳)得到校正。

博里对史蒂文森幂定律的修正

$$R = a + c(S - b)^n$$

博里的全距法则

利用比例量表法能够得到大多数知觉的真实增长函数。但是，它们的局限在于并没有一种通用的标准来比较两个人的知觉水平的差异。比例量表法可以确定某一刺激的主观感受是另一个的

2 倍，却不能知道这个主观感受的绝对值是多少。比例量表法允许个体选择他自己的起始点以便进行随后的比较。由于人们的起始点是以个人的知觉为基础的，因此知觉的结果必将不同，所以无法比较两个人知觉的不同水平或绝对量度。例如，一个人选择的代表其知觉的数值（如 1～10），会与其他人选择的数字有所不同（如 100～1 000），这样就不能将前者的 10 看作后者 100 的 1/10。

博里意识到比例量表法的缺陷，于是设计出一种类别评定量表，这种量表更像是等距量表，可以对主观努力感进行标准化比较。基于博里的全距法则，RPE 量表可以用来比较不同人或组之间反应的差异（Borg，1961）。

博里的全距法则假设：大部分人具有相似的身体活动经历，并保留着过去身体活动的记忆，因此，"不费力"与"最费力"对不同的人来说有着相同的意义。根据全距法则，两个不同的人对于强度为 50％ 最大用力感的感受是相等的，虽然对于每个人来说此强度代表的实际数值可能并不一致。在图 16-3 中，对于两个不同的人，在两个函数曲线上代表 50％ 最大用力感强度 R_{max} 都一致对应着约为其本人最大刺激 S_{max}（由交点向横轴的垂线）的 85％。尽管第二个人的 S_{max} 更高一些，但两者的 R_{max} 相等。

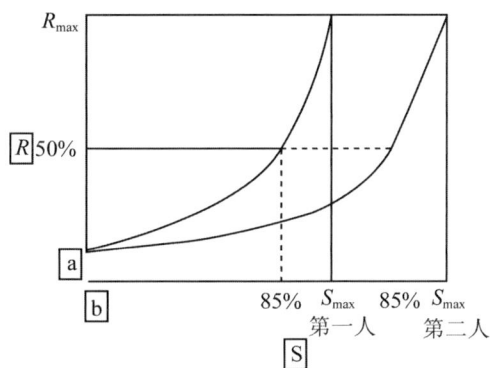

图 16-3 博里的全距法则

注： 此图绘制了两个不同最大力量（S_{max}）的人，反应的强度 R（这里为感知到的肌肉力量）与刺激强度 S（举起的重量）的函数关系。 R_{max} 代表与 S_{max} 对应的主观强度，并且全距法则假定所有人的 R_{max} 均一致。 系数 a 代表知觉噪声（在没有 S 时的 R 值），系数 b 代表刺激阈。 代表 50％ R_{max} 的直线与两条曲线相交后在横轴上的值均约为 S_{max} 的 85％（垂直的虚线标注）。 尽管第二个人的 S_{max} 更高一些。

博里的全距法则

有着相似身体活动经验的人们会有相同的努力体验的感知范围，虽然他们可以忍受的生理负荷范围（如由较低或较高身体活动能力、力量，或者最大有氧能力所决定）可能会大不相同。个体的最大主观努力感提供了一个通用的参照点，允许在代表知觉全距相同比例的各强度上对人们进行比较。

语义量化

博里划分等级方法的另一个假设是，人们用来描述不同等级用力感的形容词会传递出一种量化的意义，而通常大部分人很容易理解这种量化的意义。该假设可以通过语义量化的方法证明，这种方法是根据词语传递出的量化信息对这些词语进行平均赋值。所以，根据博里的研究，当把主观努力感进行等距分级排列时，轻松和费力之间的差异在数值上与11和15的差异一致。因此，对文字描述或标定进行选择和排序是为了帮助人们理解该等级量表的知觉意义。

根据博里的全距法则，运动时的RPE应该随着摄氧量成正比例变化，其大小不应表达为L/min的绝对值，而应为相对值，即最大摄氧量的百分比（$\%\dot{V}O_2\max$）。一个检验博里假设效度的方法就是将RPE与另外一种身体活动中反映相对代谢应变（relative metabolic strain）的测量方法进行比较。实际上，在大多数情况下关于主观努力感的较一致的发现是，用来表示运动强度的最大摄氧量百分比与RPE成线性相关。

> 在有氧运动中，主观努力感与代表运动强度的最大摄氧量百分比成正相关。增长以幂函数方式增长，或正加速，或负加速。

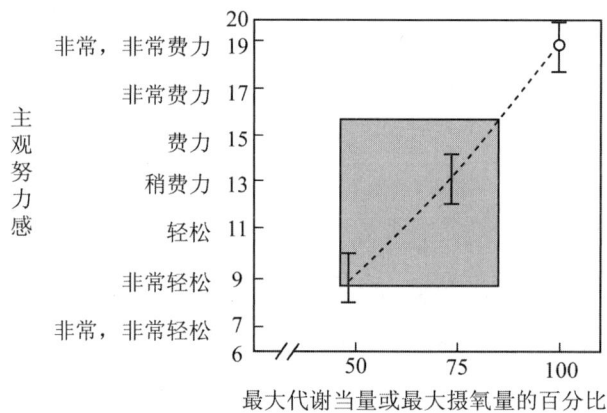

图16-4　运动中RPE的分类与最大摄氧量百分比或最大代谢当量百分比有关

经许可引自Borg，1998。

图16-4显示，10～16的RPE值近似为有氧能力45%～85%的运动强度。RPE与最大摄氧量百分比的线性关系似乎与史蒂文森幂定律并不一致，即刺激强度的幂指数要大于1，而幂定律认为"相等的刺激比例产生相等的感觉比例"。如果是这样的话，RPE怎么可能与最大摄氧量的百分比、最大输出功率的百分比或最大力量的百分比呈线性关系呢？我们将在后文中提到，一个可能的解释就是幂定律并不能精确地解释主观努力感的增长，这可能是因为主观努力感是几种感觉的复合体，而不仅仅是一种感觉。

另一种解释是，博里的15级6—20 RPE量表，和其他的类别量表一样，如匹兹堡大学开发的0—10 OMNI图量表（OMNI pictorial scales），用于评估举重时的主观努力感（Robertson et

al.，2005)、骑车(Robertson et al.，2000)和儿童跑步中的疲劳评级(Robertson et al.，2006；
Utter et al.，2002)。这些量表虽然允许对处于不同主观努力感水平的人们进行比较，却不能恰
如其分地呈现真实主观努力感的变化。例如，OMNI 量表通过图片的形式把线性增长的数字与
代表主观努力感的形容词联系在一起(例如，越来越大的哑铃，或者在陡坡上跑步或骑自行
车)。因为有图片，儿童可以容易地猜到随着锻炼的进程应给予更高的数字。

　　15 级博里 RPE 量表，是从 6 开始计数直到 20。由于该量表是类别量表，没有绝对零点；
它存在一个人为的"地板"，在低运动强度时，人们对接近最小可觉差的值可能并不敏感。同
时，该量表还存在一个数值为 20 的上限，或者说"天花板"，如果一个人对 RPE 的判断随着运
动强度的增加而增加(这在递增负荷运动试验中颇为普遍)，那么这个上限就很有可能比他实际
的运动上限更容易到达。自该点起，个体被迫报告的数值均为 20，尽管锻炼的强度和主观努力
感有可能超过之前给定的 20。这种在大多数类别量表中常见的效应被称为天花板效应(ceiling
effect)。

　　博里使用比例设定和语义量化的方法设计出另外一种带有比例性质的评级量表——具有 10
项条目的类别—比例 CR-10(the category-ratio 10-item) 量表。该量表不会受到天花板效应的影
响，因为它具有比例性质，即该量表有绝对零点同时不存在上限。CR-10 量表的数值为 0～10，
同时还包括一个用来评估临近最大评级 10 的主观努力感的最大值。例如，如果个体感觉肌肉
收缩的力量比 10 的等级还要强 20%，那么个体可以报告等级为 12；如果感觉到的等级是 10 的
1.5 倍，那么他的等级就为 15。最终决定使用 6—20 还是 CR-10 的等级量表取决于测量 RPE 的
研究目的和实际用途，我们将在后面的生理相关因素、运动实验(exercise testing)及处方的部
分继续讨论上述问题。如何恰当地使用此类量表十分重要，可参考其他文章(Borg，1988)。

　　博里的 CR-10 RPE 量表具有比例性质，并且在小强度和大强度运动的情形下估计主观
努力感时比原始的 6—20 的类别—等距量表有优势。

　　对主观努力感的评级可以是全身性的(有时称为整体 RPE)，也可以是对身体的不同部位分
别进行的评估(Pandolf，1982)。局部的或是分化的 RPE 通常是对身体具体的某个部位或区域，
如胸、腿或是胳膊的用力感进行评级。使用整体和/或局部的 RPE 由众多因素决定，包括锻炼
的类型、个体的健康状况，或者特殊的研究目的。例如，人们在骑行锻炼中获得腿部的主观努
力感很重要，同时，获得整体的 RPE 也很重要。如果一个病人患有慢性阻塞性肺病，了解影响
RPE 的呼吸问题很重要，因此我们有必要获得其在运动中胸部或呼吸时的努力感。

主观努力感的信号

　　1830 年，英国生理学家贝尔建议将"肌肉感觉"列为第六感觉，与视觉、听觉、嗅觉、味
觉、触觉并行存在。他认为由于身体姿势的变化和移动，某种特殊的外周传入神经会被激活。

但是，他的观点并不被大众认可，相反，当时得到包括心理学之父冯特在内的很多人支持的主流观点是"神经支配感觉"，即神经冲动从运动神经元传出到肌肉是产生肌肉感觉的原因，无须考虑外周感觉器官。这种观点一直持续到 19 世纪后期，并在过去几年对于努力感生物学基础的辩论中重新出现（Amann and Dempsey，2011；Marcora，2009a，2009b，2011；Meeusen et al.，2009）。

肌肉感觉

查尔斯·斯科特·谢灵顿（Charles Scott Sherrington）爵士，系 19 世纪英国的神经科学专家，曾经创造出"突触"这个术语，他认为不论是肌肉感觉的中枢学说还是外周学说都应该从两方面来阐述：产生于被动动作的感觉和产生于主动动作的感觉。他把肌肉感觉定义为"所有来自运动器官及其附属的感觉反应"。

个体的主观努力感及量化评价感觉的能力取决于发送到大脑躯体感觉区的中枢命令和对来自全身的各种信号引发的不同感觉的知觉整合。与传统的 5～10 种感觉不同，主观努力感并没有专门的感觉器官，而是对来自不同器官的多种信号的整合，或者完形。所有这些信号都源自生理信号，因为它们都会引起兴奋性或抑制性的突触后电位，这与史蒂文森和加兰特（Stevens & Galanter，1957）提出的修复感（prothetic sense）的定义一致。尽管如此，源自中枢神经系统以外的信号仍被普遍界定为主观努力感的生理中介因素。由中枢神经系统产生的信号，如那些可以激活负责调节人格、注意和过去经历（或回忆）等大脑区域的信号，则被定义为主观努力感的心理中介因素。

感觉神经系统

锻炼时，生理反应如何为感觉提供信号，以及这些感觉如何被过滤而后整合形成主观努力感，最终取决于感觉神经系统如何加工这些反应。神经纤维根据它们是有髓鞘的（A 类和 B 类）还是无髓鞘的（C 类）命名。A 类神经纤维根据传导速度进一步分成 α、β、γ 和 δ 组。A 类纤维支配骨骼肌（梭外肌纤维和梭内肌纤维）。A 类（δ）感觉纤维传递触摸、压力、疼痛和温度的感觉；B 类运动纤维支配自主神经系统的器官，C 类感觉纤维也传导疼痛和温度的感觉。感觉神经也根据其功能命名为 Ia、Ib、Ⅱ、Ⅲ 和 Ⅳ 型传入神经纤维，这是在本章中使用的命名法。

感觉神经将来自外周受体的信息传递到脊髓，在那里它们与向大脑发送上行神经束的感觉神经元发生突触联系，并最终终止于第三、第一和第二（布罗德曼 3，1，2 区）躯体感觉区（如图 16-5 所示）肌肉纤维的位置和收缩的速度由 Ⅰ 型传入神经纤维传输。骨骼肌和呼吸肌的用力及拉伸、肌腱的拉伸、关节的位置和压力信息由 Ⅱ 型传入神经纤维通过脊髓的脊柱—内侧丘系传导，同时也传送与新陈代谢相关的信号。对疼痛和温度的感觉由另外一类传入纤维输送，被称为前外侧系统，位于脊髓中。有害化学刺激产生的感觉信号，如乳酸盐和/或氢离子，则是由Ⅲ型和Ⅳ型的传入纤维通过前外侧系统进行传输。图 16-6 呈现了脊髓中内侧丘系和前外侧系的感觉神经束。

神经分类
A(α)：最大、最快，涉及运动和知觉 A(β)：次大，涉及运动和知觉 A(γ)：次大，仅涉及运动 A(δ)：次大，仅涉及知觉 B：比 A 纤维小，仅涉及运动 C：最小，涉及运动和知觉

分类		感觉类型
A(α)	=	Ⅰa
A(β)	=	Ⅰb
A(γ)	=	Ⅱ
A(δ)	=	Ⅲ
C	=	Ⅳ

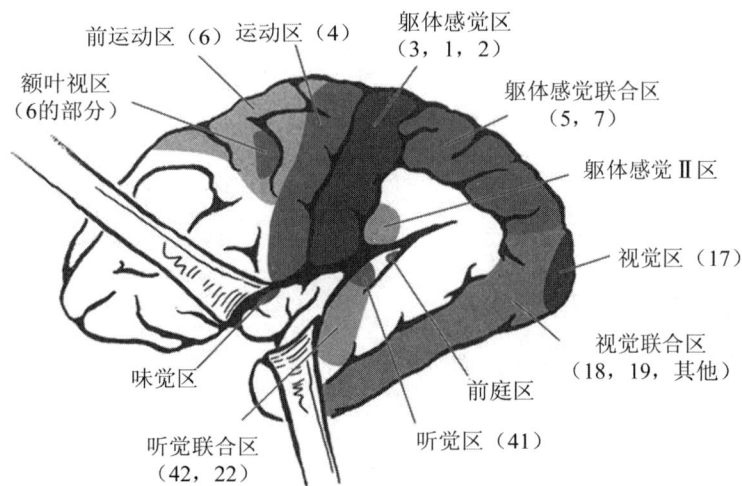

图 16-5　人类大脑的布罗德曼分区

经许可翻印自 J. Nolte, *The human brain: An introduction to its functional anatomy*, 4th ed., 1999, p. 232, with permission from Elsevier。

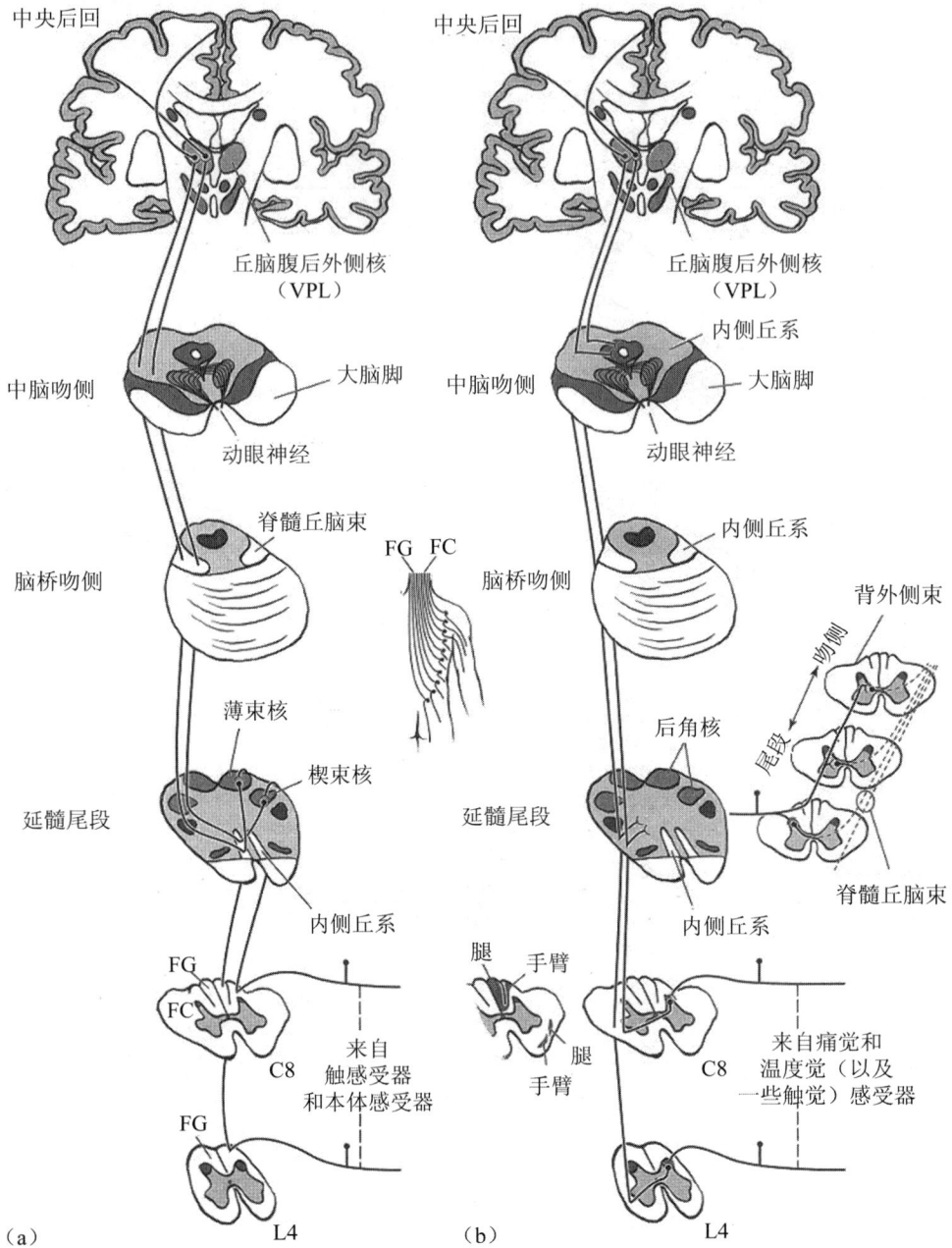

图 16-6　感觉神经内侧丘系通路（a）和前外侧通路（b）

经许可翻印自 J. Nolte, *The human brain: An introduction to its functional anatomy*, 4th ed., 1999, p. 236, with permission of Elsevier。

灰　质

蝴蝶形灰质由细胞体或细胞核组成，并且围绕着中枢脑脊髓管（central cerebrospinal canal）（见图 16-7）。背角（后脊柱）包含处理来自躯体感觉器官（包括骨骼肌）的神经传入的感觉神经元。周围的白质由感觉细胞的轴突组成，并通过背角将感觉信息传递到大脑。中间柱和侧角包括支配内脏与骨盆中的器官的自主神经元。腹角(前脊柱)由支配骨骼肌的运动神经元组成。

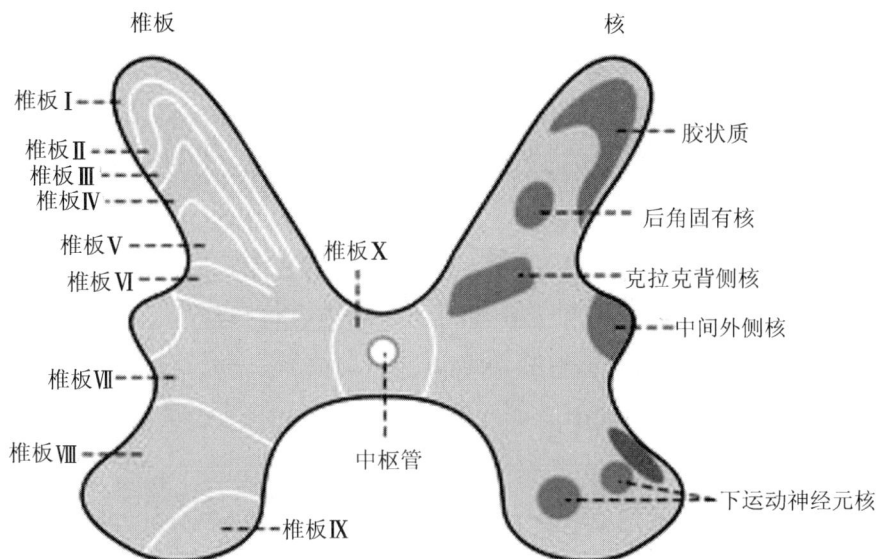

图 16-7　脊髓核和椎板

　　脊髓神经元是根据椎板(laminae)组织和核(nuclei)组织来分组的。基于瑞典神经科学家布罗尔·雷克塞德(Bror Rexed)在 20 世纪 50 年代的发现,脊髓中的椎板或层是根据它们的细胞大小、形状(细胞结构)和功能来定义的。从椎板 I 到椎板 IV 处理外耳感觉并且包含背角。椎板 V 和椎板 VI 主要处理传递到中脑与小脑的本体感觉。从椎板 IV 到椎板 VII 还可以传递疼痛、温度、光线或轻微触摸的感觉。椎板 VII 是通往中脑的肌梭与小脑之间的中继。内脏运动神经元位于椎板 VII 并支配自主神经节中的神经元。前角中的 VIII 和 IX 层由 α、β、γ 运动神经元组成,并且为骨骼肌运动神经的启动和调节提供最终路径。椎板 X 包围着中枢管,并包含神经胶质和跨越脊髓中线到中枢管的灰质。脊髓内细胞柱的主要核组织是边缘区、胶状质、后角固有核、克拉克背侧核、中间外侧核和下运动神经元核。

　　边缘区核(marginal zone nucleus)是在背角尖端的一处柱状细胞薄层。其轴突通向脊髓丘脑侧束,它将疼痛和温度信号传递到间脑区域。

　　胶状质(substantia gelatinosa)处于背角的顶部。它主要由节间的柱状细胞组成,在椎板 IV 至椎板 VII 处的突触通过前部和侧部的脊髓丘脑束将疼痛、温度和光触媒信号传递到脑。

　　后角固有核(nucleus proprius)是灰质后角中主要的感觉核,它的位置邻近胶状质下方。后角固有核与克拉克背侧核一起在精细感觉和本体感受方面发挥作用。它由椎板 III、椎板 IV 和椎板 V 组成,并接受背根神经节的神经传入。其轴突通过脊髓丘脑束把表层触觉、本体感觉、疼痛、温度的感觉传递到丘脑和下丘脑,并通过腹侧脊髓小脑神经将本体感觉传递到小脑。

　　克拉克背侧核(dorsal nucleus of Clarke)是位于背角的中间部分的细胞柱,主要在下胸椎和上腰椎中。这些细胞的轴突联结到外侧索并形成用来传递无意识的本体感受,从肌梭和高尔基肌腱器官到小脑的背侧(后)脊髓小脑束。

中间外侧核（intermediolateral nucleus）位于脊髓节段的背角和腹侧角之间的中间区域，包含交感节前神经元，位于胸部至中腰脊柱，并从内脏器官接收感官信息。它还将轴突延伸到提供交感节前纤维的腹侧神经根。中脑细胞柱含有节前副交感神经元。

下运动神经元核（lower motor neuron nuclei）位于脊髓的腹角。它们主要由运动神经核组成，其包括至梭外肌的 α 运动神经元与至梭内肌的 β 和 γ 运动神经元。

白　质

围绕灰质的大脑白质包含有髓鞘和无髓鞘的神经纤维，将神经信号向上或向下传导至脊髓（见图 16-8）。根据结构（索或纤维束）或者功能（束或者通路），大脑白质内的轴突纤维主要有四种聚集方式，索是指在脊髓某个区域中大量聚集的纤维（如后索）。索里面少量聚集的纤维群有着不同的源头，而这也是纤维束（如固有束）的一个特征。束是指起点、终点、路径一致且具有相似功能的一组神经纤维（如从大脑皮质到脊髓的皮质脊髓束以及从脊髓到丘脑的脊髓丘脑束）。

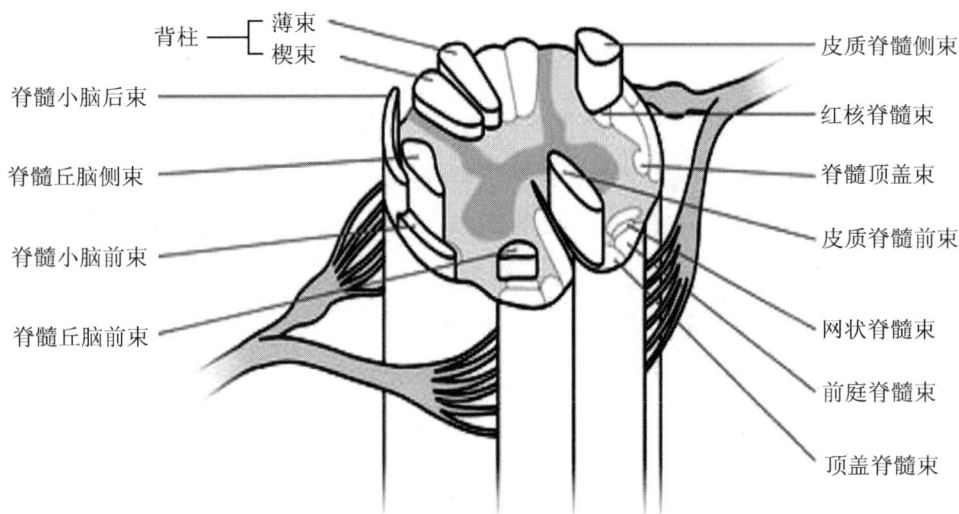

图 16-8　背侧上行感觉柱

通路包括功能性神经回路中的核和束（如背根神经节中的细胞体，经脊髓和神经根的轴突、脊髓中的突触、白质连合的上层神经元的突起，通过脊髓丘脑束上行至丘脑）。白质连合就是穿过脊髓前中部至灰质连合（椎板 X）的神经纤维束。这一区域的 A(δ) 纤维和 C 纤维通过脊髓丘脑束传递痛感，而皮质脊髓前束中的纤维负责传导从主要运动皮质中发出的运动信号。

来自皮肤、关节和骨骼肌的信息通过位于背根神经节上的感觉细胞传输到脊髓，然后通过内侧丘系统背柱中的楔束（上半身）或薄束（下半身）传递到大脑。这些纤维携带的信息与触觉、同时施加压力时的两点辨别、振动、位置、运动感觉和本体感觉有关（见图 16-9）。在前侧柱（或侧索）中，脊髓丘脑侧束传递来自躯体及内脏受体的疼痛、温度及触觉等信息。在更外侧的区域，脊髓小脑侧束及背束将下肢肌肉和关节中的无意识本体感觉信息传送到小脑（见图 16-9）。在腹侧柱中主要有 4 个神经束：①脊髓丘脑前束，传递疼痛、温度及触觉到脑干和间脑；②脊髓橄榄束，将高尔基腱器官中的信息传送到小脑；③脊髓网状束；④脊髓顶盖束（见图 16-10）。

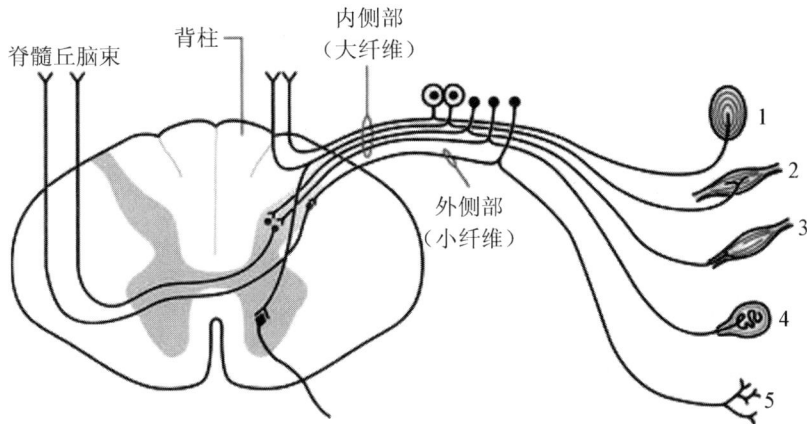

图 16-9　来自皮肤、关节和骨骼肌的背根神经节：①帕西尼氏小体（皮肤压力和振动变化的机械性刺激感受器）；②肌梭（肌肉长度）；③高尔基腱器官（力）；④被囊的神经末梢［如精细触觉梅斯纳（Meissner）和默克尔（Merkel）的机械刺激感受器］；⑤游离神经末梢（温度、疼痛和触觉）

经允许引自 S. Waxman，*Clinical neuroanatomy*，26th ed.，New York：McGraw-Hill，2009，47. © The McGraw-Hill Companies。

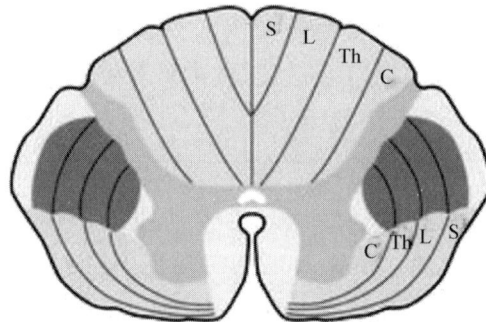

图 16-10　背柱、侧柱和腹侧柱的感觉束

注：S 是骶骨的；L 是腰椎的；Th 是胸部的；C 是子宫颈的。

上行的背侧柱、内侧丘和前外侧系统将感觉神经传导到位于大脑皮质下的几个区域。传入纤维可到达基底神经节和小脑，这些区域涉及运动模式起止（如步行）和精细运动控制。同时，信号被更远地传送到丘脑，并最终到达初级感觉皮层。图 16-11 用"矮人"（little man）来表现大脑皮质中占比例较小的骨骼肌与占比例较大的头部、手和脚。这些感觉信号的正常整合会在锻炼代谢上升产生应激时调节生理系统的平衡，并且还会为主观努力感和主观疲劳感提供生理基础。

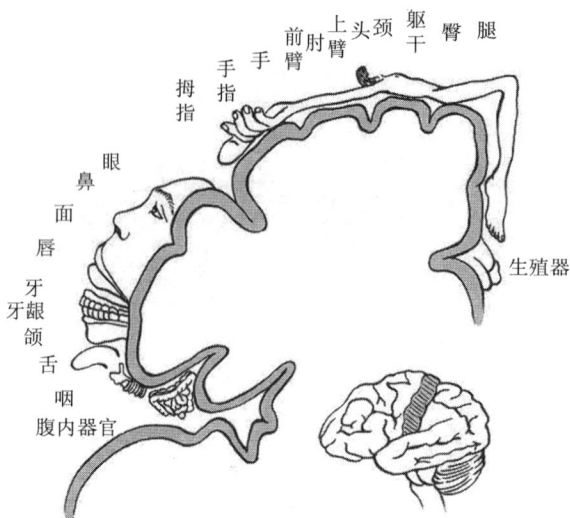

图 16-11　感觉神经系统的"矮人"示意图

注：　"矮人"通常用来展示通过电刺激大脑感觉皮质所投射出的人体各部分。 这个扭曲的"矮人"表明人体各部分在大脑皮质投射区的大小是该部位需要控制的精密程度成比例，而不是与其实际大小有关。

经许可引自 The Brain： A Scientific American Book by Scientific American © 1979 by Scientific American. Used with the permission of W. H. Freeman and Company。

> 虽然心率（HR）随着运动强度的增加而增加，但是大多数人在运动时并不会像急促的呼吸和肌肉力量那样可以察觉得到。因此，心率只是身体紧张（strain）的指数，并不是主观努力的信号或感觉。

由于 RPE 随着运动负荷或功率（work rate）的增加而增加，任何随着运动量增加而出现的生理反应都可能与 RPE 有关。因此，重要的是将在锻炼中可以感知到的影响 RPE 的生理反应信号与运动中单纯与 RPE 有关的生理应激指数区分开。心率就是一种指数，虽然心率随着运动强度呈线性增加，但是多数人在锻炼时察觉不到。因此，心率只是身体紧张的指数，并不是主观努力的信号或感觉。下列问题可以帮助我们分辨出哪些生理反应可以作为 RPE 的中介变量。

这个因素是否是影响主观努力感的可靠的生物学因素？

这个因素和主观努力感的关系是否在任何条件下都成立？

这个因素是否可以被个体直接感觉到？

生理中介因素

主观努力感的生理中介因素从来源上可分为呼吸—代谢和外周两类信号。呼吸—代谢信号是一组生理反应，在锻炼中影响呼吸的频率和深度（如已知的 V_E 或者每分通气量）及相对代谢应变（relative metabolic strain）[如摄氧量峰值百分比（percentage of $\dot{V}O_2$ peak）]。外周信号包括来自工作肌群对力的感觉，或关节和肌腱对压力或力的感觉，以及在高强度运动（如摄氧量峰值的 50% 以上的强度）或者重复举起重物时，来自血液中有害化学物质（如氢离子）产生的感觉。

在运动强度较低时，RPE 由局部因素，如肌力决定；但在运动强度增加的时候，核心因素包括与血乳酸及通气过度有关的感觉，起到了更加重要的作用（见表 16-1）。通常 RPE 都与摄氧量峰值百分比保持一致，不论何种运动形式及强度。然而，如果在实验控制的条件下，保持输出功率或摄氧量峰值百分比不变，每分通气量、血乳酸浓度、血液 pH 值与血糖值会干扰摄氧量峰值百分比和 RPE 之间的关系。

表 16-1 RPE 评级的相关生理指标

等级	表现	代谢强度（%$\dot{V}O_2$peak）	VE	呼吸—代谢（%$\dot{V}O_2$peak）	外周
				相对贡献	
I	动作意识	<50	有限	成比例	占优
II	耐受不适	50～70	中等	成比例	占优
III	回避痛苦	>70	显著	成比例	占优

注：在低（等级 I）、中（等级 II）、高（等级 III）三种代谢率下，主观努力感的呼吸—代谢和外周信号增效关系模型。

呼吸代谢相关因素与主观努力感的中介因素

心率、血压、摄氧量和通气量是反映运动强度增加时的呼吸代谢变量，它们随着主观努力感的改变而变化。然而，只有通气量符合作为主观努力感的感觉中介变量（sensory mediator）的标准。

心率和血压

在递增负荷的运动中，心率通常随着运动强度的增加而线性增长，RPE 也是如此，因此心率与 RPE 存在相关关系一点儿也不奇怪。但这并不是由心率引起的 RPE 的增加，而是心率的增加可以增强血液循环来满足运动肌肉对能量越来越高的需求。RPE 与心率的这种关系是支持 RPE 能有效评价主观努力感的早期证据。为了与心率的典型范围（从安静到精疲力竭）一致，博里将 15 级量表的数值范围定为 6～20，如此将 RPE 乘以 10 就可粗略估计心率（Borg，1970，1982）。但是，心率与 RPE 的这种关系只存在于控制严格的环境以及在运动强度增加的几分钟之内。在其他许多长时间持续运动的情况下，心率和 RPE 的这种关系就不存在了。在估计心率时，必须要加上一个 20～30 次/分钟的常数值。例如，

$$HR = RPE \times 10 + 20 \sim 30$$

运动中的血压（blood pressure，BP）与主观努力感并不存在高相关。其中，收缩压（systolic blood pressure，SBP）随着运动强度的增加而上升，但不是线性关系；而舒张压则在运动中保持稳定或者稍微下降。这些反应的最后结果就是平均动脉压（mean arterial pressure，MAP）适

度增加。既然平均动脉压在运动中不会发生可感知的变化，那么平均动脉压就不应被视作主观努力感的中介变量。然而，心率和血压的乘积(如收缩压×心率)可以很好地估计在运动中心脏的需氧量，这个乘积虽然与 RPE 没有关系，但与心肌缺血以及心脏病患者的胸痛等级有关。

心率或血压不太可能成为主观努力感的中介因素。在某些情况下，如热应激(thermal stress)或者服用改变心率的心脏病药物[如普萘洛尔(propanolol)，一种作用于心脏的 β-肾上腺素受体阻断剂]，主观努力感与心率的关系就会消失。并且，情绪状态也会影响心率；人类和猴子都能学习运用生物反馈的方法在低强度运动时降低心率。此外，在恒定强度的长时间运动中，尽管心率和血压会保持基本不变(Jackson et al.，1981)，但 RPE 会随着运动时间的增加而增加。而且，大部分人在运动的时候并不能很准确地意识到心率或者血压的变化。

摄氧量($\dot{V}O_2$)

在相对运动强度(摄氧量峰值的百分比，$\%\dot{V}O_2\,peak$)下进行锻炼时，耗氧量的增加很多时候都与主观努力感高度相关。然而，正如心率、RPE 与摄氧量峰值百分比的关系在运动中也会发生改变。运动中当相对运动强度保持不变时，操纵其他因素(如环境温度或血乳酸水平)可以改变 RPE。并且，在既定的摄氧量峰值百分比强度下的 RPE 在运动训练后会变低，所以其他生理的或者心理的因素肯定也是主观努力感的重要影响因素。此外，人们同样也不能直接感受到摄氧量。因为 RPE 和摄氧量的关系会受到干扰，并且人们不能实际感受到摄氧量，所以，摄氧量峰值百分比很可能只是主观努力感的一个指数，而不是一个觉知主观努力感的感觉信号。

通气量

在低强度运动中，与呼吸有关的指标似乎并不能影响主观努力感。但是在更费力运动的时候，人们能感觉到呼吸的频率和主观努力感也在增加，并且随着锻炼强度的增加，那些感觉对主观努力感产生越来越重要的影响(Killian，1987)。在患哮喘或者其他慢性阻塞性肺病的病人中，对呼吸困难(breathlessness)的评级是对整体 RPE 贡献最大的因素(Yorio et al.，1992)。和整体呼吸频率一样，吸气肌的用力感或者拉伸感也对主观努力感有影响。

当通过改变空气中氧气或者二氧化碳的含量来调控通气量时，RPE 同时随着通气量的增加和减少而变化，即使实际上的运动强度并没有发生变化。看起来人们好像并不能直接意识到消耗的氧气量或者呼出的二氧化碳量。但是，运动中的氧气通气当量(ventilatory equivalent for oxygen)($\dot{V}E/\dot{V}O_2$)和摄氧量峰值百分比提供了有关即时代谢应变的很好的指数。

通气阈，即剧烈锻炼时以指数形式增长的通气量增长最明显的那一点，其对应的 RPE 值通常在 12～14 的范围间，这在博里 6～20 分级量表中接近于"稍费力"这一级别(Hill et al.，1987)。有证据表明，在高强度运动中，大脑会动员更多的骨骼肌纤维来产生更大的力量，同时也会激发更深的呼吸来满足增加的代谢需求。另外，在高强度训练中乳酸的增加也会促进通气量的增加。

外周相关因素与主观努力感的中介因素

运动强度增加时，外周反应（peripheral responses）与心脑血管—代谢反应（cardiovascular-metabolic response）相比，前者对主观努力感的贡献更多。有证据表明，在递增负荷运动中，RPE 受到以下因素的调节：血液中乳酸堆积（借此影响痛觉和通气量）、肌肉动员与收缩的增强以及皮肤温度的升高。虽然儿茶酚胺和应激激素的释放与运动负荷的增加也存在相关，但是这些物质的变化与 RPE 之间似乎并不存在因果关系。图 16-12 描述了当输出功率增加时，不同生理反应（心率和乳酸）与主观努力感之间的关系。

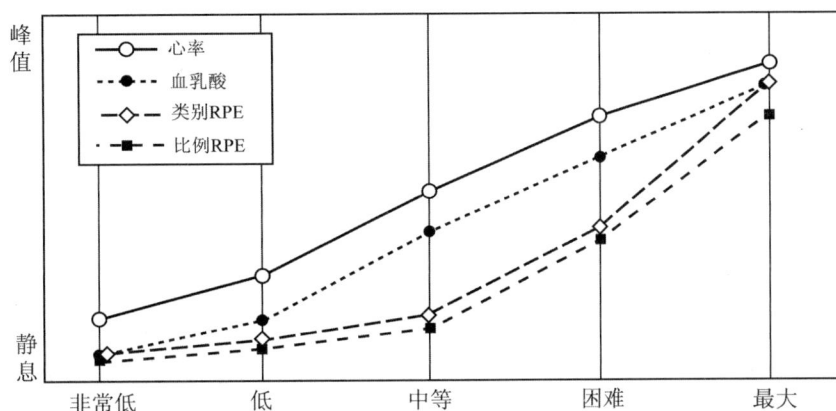

图 16-12 递增负荷的运动中主观努力感和生理反应之间的线性和曲线关系

血乳酸

在高强度运动中，当肌肉对氧的需要超过了肌肉中氧化酶利用氧的能力时，骨骼肌和血液中的乳酸浓度就会增加。这种无氧代谢不断增加的主要副产物就是乳酸过剩。博里似乎首先意识到：运动中血乳酸的浓度和使用比例设定法测定的主观努力感一样呈指数式增长（Borg，1962）。后来的研究表明，在高强度渐增负荷运动中，肌肉和血液中乳酸的增加模式与使用早期博里的 0～10 类别—比例量表测得的 RPE 几乎一致（Noble et al.，1983）。但是使用博里的 6～20 分类量表测得的 RPE 与乳酸累积的一致性却不那么好，这是因为 RPE 呈直线增长，而乳酸呈曲线增长。

乳酸堆积伴随着氢离子的增加，从而使血液的 PH 降低。尽管乳酸可能不是衡量主观努力感的一个信号，但它至少影响了两种对主观努力感有贡献的生理变化，第一个是疼痛，第二个是通气。

痛觉神经（nociceptive nerves）（传导疼痛信号的神经）对氢离子浓度的增加很敏感，因此乳酸形成会被知觉为痛苦，同时这种痛苦感又会增强主观努力感（Kostka & Cafarelli，1982；Robertson et al.，1986）。然而，乳酸在运动性疼痛中的确切作用仍不为人所知，因为其他可能促成痛觉的有害化学物质（如 P 物质或前列腺素类物质），以及止痛类化学物质（如 β-内啡肽），在运动强度大于摄氧量峰值 50％的时候在血液中的含量均会增加。在高骑行强度（325W）下，通过阿片受体拮抗剂芬太尼阻断Ⅲ型和Ⅳ型感觉纤维可使肢体不适减少 13％，此时远高于血乳酸阈值，而在低强度（150W）下却没有此效应（Amann et al.，2010）。在渐增式最大握力活动期间，前臂肌肉运动的努力等级不受阿片样物质拮抗剂纳曲酮或阿片类药物前体镇痛剂可待因的影响（Cook，O'Connor and Ray，2000）。

在小强度至中等强度的运动中，血液中的碳酸氢盐可以缓冲乳酸引起的酸中毒。形成的碳酸在肺部被分解为水和二氧化碳，随呼吸呼出，并由此增加呼吸量，以与生成的二氧化碳成比例。而在大强度的运动中，过量的二氧化碳会刺激脑的呼吸中枢，以增加通气的次数。在强度非常高的运动中，由于血乳酸蓄积的起始点或乳酸阈（在这一点上，血液中乳酸含量的指数增长最明显）在时间点上与通气阈几乎吻合，也发生在相同的摄氧量峰值百分比情况下，因此，当采用博里的 6～20 分级量表时，在递增负荷运动（graded incremented exercise）中 12～14 的 RPE 等级通常出现在乳酸阈附近（DeMello et al.，1987），而当乳酸阈通过健康人群使用递增速度运动（speed incremented exercise）获得时，RPE 评级较低（Boutcher et al.，1989），这也就不足为奇了。

温度调节

核心体温（core body temperature，Tc）在锻炼中随着能量消耗的增加而升高，与最大做功能力（maximal working capacity）的百分比成比例。因此，像心率一样，核心体温也是一个相对的代谢应变（metabolic strain）指数。较高的空气温度和湿度会使身体的散热负担加重，在这种条件下进行持续时间较久（如 30 分钟或以上）的运动，核心体温会增加得更快，因为此时身体向空气中辐射的热量以及汗液的蒸发减少了。在这样较为恶劣的条件下，RPE 也会增加。然而有实验在室温、正常湿度和运动强度不变的条件下对核心体温进行操控，结果未能显示核心体温是 RPE 的一个独立信号（Robertson and Noble，1997）。

另一方面，皮肤温度可以被认为是一种独特的感觉（与核心体温相比），在高温潮湿的条件下有助于形成主观努力感。尽管人们能感受皮肤温度的变化，但是当空气温度保持恒定时，运动中的汗液蒸发可保持或降低皮肤温度，因为皮肤表面的水在蒸发时会带走一些热量，与空气的对流也会带走一些热量。然而，皮肤表面的毛细血管的扩张可能会导致对皮下热度的感觉，此感觉独立于皮肤表面温度。

儿茶酚胺与应激激素

肾上腺素和去甲肾上腺素（见第 3 章）是由肾上腺髓质释放的儿茶酚胺类物质，是交感神经系统在高强度锻炼下的应激产物。它们充当神经递质或激素，刺激心肌细胞的收缩，其收缩或舒张为骨骼肌供给血管。与乳酸的生成相似，儿茶酚胺物质随运动强度的增加呈幂指数形式增加，去甲肾上腺素和乳酸增加在前，而肾上腺素增加在后且在较高强度时出现。同样与乳酸相似的是，在高强度渐增负荷运动中，血液中儿茶酚胺的增加与使用博里的 0～10 类别—比例量表测得的 RPE 一致(Skrinar，Ingram and Pandolf，1983)。

　　大部分增加的去甲肾上腺素来自运动中支配心脏和为骨骼肌供给血管的神经，其作用就是加快血液循环。肾上腺素的分泌则更多地与高强度运动中的能量代谢和情绪应激有关。儿茶酚胺在维持血糖水平、调节肌糖原、控制情绪反应中的作用可能是其影响 RPE 的潜在机制。然而，像血乳酸一样，儿茶酚胺可能是代表代谢应变的一个好指数，而不是 RPE 的一个好信号。

　　在运动强度超过摄氧量峰值 60% 时，垂体前叶会向血液分泌促肾上腺皮质激素和 β-内啡肽，分泌量与相对强度的增加呈线性关系。促肾上腺皮质激素的作用在于应激时刺激肾上腺皮质释放皮质醇以帮助葡萄糖代谢。β-内啡肽的作用主要是在代谢增加时帮助儿茶酚胺调节循环、呼吸和控制温度，在某些情况下还帮助儿茶酚胺起到镇痛(疼痛减少)的作用。在自行车运动中，阻断腿部Ⅲ型和Ⅳ型感觉神经通路的药物可以破坏促肾上腺皮质激素和 β-内啡肽的分泌，但这并不会削弱个体产生动力的能力(the ability to generate power)，也不会降低儿茶酚胺水平或 RPE(Kjaer et al.，1989)。因此，促肾上腺皮质激素和 β-内啡肽不太可能直接影响主观努力感。反而更可能的是，在运动中这些物质的增加源自与高主观努力感有关的应激反应。

肌肉的动员与收缩

　　运动时，来自肌肉收缩的神经生理信号会经过一种前馈—反馈(feedforward-feedback)机制的加工(见图 16-13)。前馈机制在动作(传出)指令同时传递给用力的肌肉和大脑的感觉皮层时发生，而反馈机制则在与张力、速度和位置有关的感觉(传入)信息传递给感觉皮层时起作用，这些感觉信息来自肌肉中的外周感受器(肌梭、高尔基腱器官和伤害感受器)。这些传导通路的整合实现了对作为主观用力或努力感为基础的生理信号的复杂加工(Cafarelli and Bigland-Ritchie，1979)。

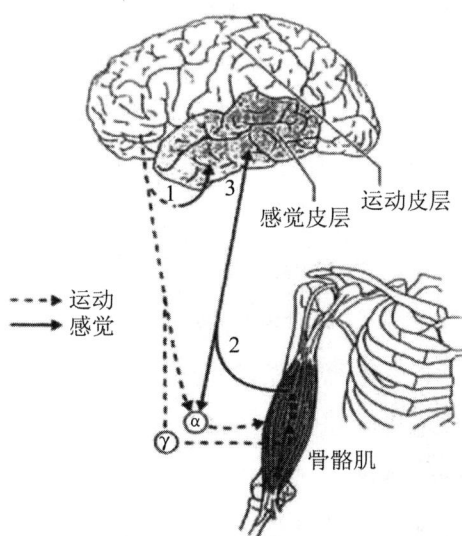

图 16-13　前馈—反馈机制

基于 Caffarelli，1982。

肌纤维类型可能也会对主观努力感有所调节。慢肌纤维和快肌纤维传输的信号具体有怎样的区别，我们尚不清楚。在锻炼中产生的乳酸与快肌纤维成正比，这提示那些拥有较多快肌纤维的人将会有更大罹患代谢性酸中毒症的可能，这可能会影响无髓鞘纤维中的酸敏感离子通道。并且正如前文提到的，有证据显示，大脑传送前馈动作命令到达呼吸中枢以增加通气次数，与此同时，大脑也向骨骼肌肉发出动作命令以增大力量。

使用箭毒（一种可以阻断乙酰胆碱化学信号在神经肌突触传递的药物）麻痹部分肌肉的实验表明，为了动员更多肌纤维，随着大脑的中枢运动命令的增加，RPE也呈正比增长（Gandevia，1982）。其他研究通过大腿髌韧带（Cafarelli & Kostka，1981）或手臂屈肌腱（Jones & Hunter，1985）的机械振动，测试来自肌肉的反馈对用力感的影响。当人们试着使振动肢体与对侧不振动肢体产生相同的用力感时，振动肢体的用力明显较低。因此，振动肌肉让人们体验到的用力比实际用力要小。对这些结果的一个解释是来自肌肉，特别是来自肌梭（Cafarelli & Kostka，1981）或高尔基腱器官（Jones & Hunter，1985）的感觉的增加会导致主观努力感增加，研究者推测可能是在借由肌电图反映的振动过程中中枢指令没有增加。类似地，当腿部伸展时没有髌韧带振动与有振动的主观努力感相同时，其所用的次最大力要低（Ogoh et al.，2002）。在握力运动中，运动感觉皮层脑血流量增加的脑成像不受参与运动的手臂的肌腱振动或局部缺血的影响。因此，它不依赖于来自肌梭或代谢敏感性神经纤维（metabolically sensitive nerve fibers）的神经传入（Williamson et al.，1996）。然而，不排除Ib或Ⅲ型机械刺激感受器的参与。

中枢指令

中枢指令的观点不能完全解释人们如何能够判断施加给他们的运动强度的意外变化，而这是主观努力感的一个最典型的特征（Borg，1962；Morgan，1981；Skinner et al.，1973）。然而，锻炼期间使用麻醉药物的实验似乎表明人们可以意识到自主肌肉收缩期力的增加，而不需要单独依赖肢体运动的外周感觉。此外，感知和运动控制异常的患者的临床病例（Frith，Blakemore and Wolpert，2000）也佐证了中枢运动指令的感觉运动记忆的观点。

在一项早期研究中，在使用药物丁哌卡因对无髓鞘Ⅲ型和Ⅳ型感觉纤维进行阻断后，持久且负载恒定的骑行运动期间的主观努力感变得更高（评价为费力而不是稍费力），尽管通气不受影响，且血液中应激激素促肾上腺皮质激素和β-内啡肽的水平未受破坏（Kjaer et al.，1989）。在麻醉期间，大腿肌肉力量降低了20%，血液乳酸水平则翻了一番（4毫摩尔与2毫摩尔），结果似乎表明较高的努力感和运动指令的增加调动了更多的糖酵解肌纤维。然而，由于本体感觉不受丁哌卡因影响，所以研究并不排除肌肉力量增长的感觉会导致更高的主观努力感。

布朗-塞卡综合征患者的脊髓一侧受损伤或存在障碍，会导致麻痹和单侧本体感觉丧失以及对侧的疼痛与温度感觉丧失。这种类型的脊髓半侧损害会对3种主要神经系统造成损伤：①损伤皮质脊髓束主要的上运动神经元通路，导致运动功能丧失；②内侧丘系—背柱（薄束和楔束）两者之一或两者损伤，导致振动感、位置感和精细触感丧失；③前外侧脊髓丘脑束损伤，导致疼痛和温度觉丧失。

　　因为布朗-塞卡综合征患者通常身体一侧有疼痛和温度感觉减弱但其运动功能正常，另一侧运动功能减退（包括本体感觉丧失），而疼痛和温度感觉正常，所以可以为测量中央指令和外部感觉信号对主观努力感的影响提供临床模型。在一项研究中，患者的腿运动功能完好但感觉减弱，使其产生 2 分钟的自动静态收缩，结果是博里 6～20 评分量表中 RPE 的平均值为 15。当通过电流刺激肌肉产生相同的自发肌肉力量时，即使腿部具有完好的感觉功能，其努力感觉的等级也要低得多（小于 10）。此外，在有运动障碍的腿部产生 2 分钟相等的力量时，即使使用的平均力量减少 1/3，主观努力感等级也相对较高（RPE 17）（Winchester，Williamson and Mitchell，2000）。结果似乎支持了中央指令在产生主观努力感上的首要作用。然而，布朗-塞卡综合征的临床表现是疼痛和温度感觉的丧失，因此本研究并不排除患者在运动期间其感觉受损的腿部仍保留了一定的肌肉张力感，而这可能有助于他们对主观努力感的评价。

　　在其他极端情况下，有某些疾病史的人没有运动的意识或者有着错误的肌肉感觉记忆。患有异己手综合征的患者（patients who show the anarchic or alien hand sign）说他们无法控制某侧的不自觉书写或抓握胳膊和手，就像肢体有自己的思想一样（Marchetti and Della Salla，1998）。然而，异己手综合征与对侧辅助运动皮层的损伤有关（Goldberg et al.，1981），与运动皮层不同，这一部位在准备运动期而不是产生肌肉力量的过程中被激活。

　　那些经历幻肢的截肢者通常表示仍然能感觉到四肢，有些则声称能"移动"幻肢。如果肢体在截肢前就瘫痪了，患者会表示说尽管他们努力了，但幻肢仍然瘫痪，无法移动（Ramachandran and Hirstein，1998）。这一现象与脑中躯体感觉区的记忆一致，也与运动指令的配套传出副本（a corollary efference copy of a motor command）有关。外部感觉丧失但运动输出系统完好的患者，不能保持恒定水平的肌肉收缩或不经过视觉反馈就自动矫正运动（Rothwell et al.，1982）。类似的问题可能在大脑躯体感觉区损伤时发生［如顶叶下（the infra-parietal lobe）］，这会让病人失去大脑损伤区对侧的肢体感觉（Jeannerod，Michel and Prablanc，1986）。总体而言，有外周感觉缺陷的患者其肌肉用力感及随后的主动运动会受到损害。他们判断提重的能力受损表明，其异常的用力感觉至少部分是由于肌肉收缩时大纤维（Ⅰ型和Ⅱ型）感觉的丧失造成的（Sanes and Shadmehr，1995）。

　　感觉和运动指令对主观努力感的相对重要性可能会根据身体活动的方式、强度、持续时间的不同而有所不同。例如，力量的产生需要动员运动神经元，而这依赖于中枢指令的记忆。然而，在缺乏用力大小的外部信息的情况下，为维持这一力量而做出的努力取决于身体紧张感。当人们在缺乏用力大小的外部信息（如视力）的情况下去维持不变的力量（如在握手期间）时，由于肌腱或肌肉出现疲劳（如代谢化学副产物对肌肉收缩的损伤），实际产生的力量会逐渐减弱。然而，这个人对力量的感觉保持不变。力量是由运动指令决定的，对力的感知与运动指令的副本相匹配。一个人没有办法发现预期和实际的力量之间的差异。相比之下，在不缺乏用力大小的外部信息的情况下，需要不断增强力量，并伴随着主观努力感的增加。

　　以上几条证据表明，伴随中枢运动指令的主观努力感可以独立于躯体感觉进入中枢神经系统。在药物（箭毒）诱发的局部麻痹中，没有肌肉感受器的传入反馈或工作负荷不变，一个人需要更加努力地进行运动，此时主观努力感等级也更高。当实际工作负荷没有改变时，人们会由于催眠暗示误认为主观努力感提高了。在稳定、动态的正常锻炼（如长时间的骑行）情况下，即使工作负荷不变化，主观努力感也会随着时间的推移而上升。显然，如果依靠感官反馈来控制运动，日常生活就不可能像现在这样了。在错误的运动指令被纠正前，因为要等待感觉反馈和知觉，所以每迈出一步或抓拿东西都会变得犹豫不决。需要一个适应性运动系统来克服这一困境，将运动指令的副本发送到大脑的感觉区域，也可能发送至脊髓，于是就产生了预期的运动感觉结果（Christensen et al.，2007；Frith，Blakemore and Wolpert，2000）。在过去几年中，人类的脑成像研究支持了这个长期为人们所接受的观点。在健康感觉神经的缺血实验（因使用血压袖带而变得麻木）中，fMRI成像显示当人们故意移动脚踝时，初级躯体感觉皮层（连同前运动皮层、岛叶皮层和顶叶内皮层）依然活跃（Christensen et al.，2007）。这一发现支持了这样一种观点，即运动知觉不仅仅取决于运动感觉，而且至少在一定程度上取决于对受感觉运动前馈网络影响的自主运动的感觉结果的预期。

　　与主观努力感只取决于中枢指令这一观点相矛盾的是，动用最大肌肉力量的运动所造成的力竭，也即当主观努力感达到最高时，其部分原因是出于脊髓运动神经元活性的降低。这是由于中枢运动驱动（central motor drive）减少了对来自疲劳肌肉的肌梭、肌腱、器官以及疲劳肌肉的Ⅲ型和Ⅳ型传入神经到大脑躯体感觉区的神经传入的响应（Butler，Taylor and Gandevia，2003；Gandevia，2001）。运动期间在脊柱中使用利多卡因麻醉剂的做法可以支持这一观点：运动过程中对肌肉的躯体感觉反馈的抑制可以影响在大强度耐力运动期间中枢运动驱动（central motor drive）的意识或潜意识（或两者都有）成分（Amann et al.，2008）。

　　运动指令或努力的配套副本（Corollaries）存在于中枢神经系统的若干层面上，以维持身体活动中运动、感觉、心血管、呼吸、激素、代谢和体温的调节功能。从中枢系统到某一特定方式的运动所需的器官系统的神经传入会随着肌肉骨骼系统适应身体活动的量或方式的变化而改变（Duchateau and Enoka，2002）。因此，主观努力感的变化是对以增加体适能为目的而反复进行的身体活动的响应，这种变化是为执行相同外部任务而改变中枢驱动的必然结果，或直接源于前意识水平上发生的推论配套发送的改变（altered corollary outflow），或间接由于对中枢驱动所产生的生理反应的感觉的改变。

心理和社会文化影响

　　虽然主观努力感在很大程度上受到提供或影响基本感觉信号的中央指令和生理反应的影响，但是心理和社会文化因素也会从以下方面对主观努力感起作用：①在中枢神经系统层面对感觉进行过滤；②影响对各种感觉或整合的知觉进行评估；③影响行为表现的评级（向他人报告主观努力感的行为）。目前很少有研究能够清楚地解释心理和社会文化因素是如何影响 RPE 的。尽管如此，鉴于我们目前对心理学理论和知觉的理解，一些结果似乎是合理的。

> 心理和社会文化因素可以通过影响神经系统对感觉信息的加工过程、对知觉的评估过程以及向他人报告 RPE 的过程来影响主观努力感。

高估—低估

传统心理物理学家对感觉比较感兴趣，即比较各种物理刺激下感觉的增长函数。也许因为这些科学家是数学、物理学或生理学专业出身，他们认为人们对相同刺激的判断差异是由于错误或"知觉噪声"引起的。相比之下，研究人与人之间差异（如研究人格）的心理学家认为心理物理判断的差异其实可以用心理变量来解释。实际上，大多数人格理论都包括人们如何调节刺激强度这一要素。

20 世纪 60 年代，哈佛医学心理学家亚西纳·佩特里（Asenath Petrie）让人们判断拇指和食指之间木条的宽度变化，以便测量她所称的动觉图形后效（kinesthetic figural aftereffect）。她的研究表明，当对大小做出判断时，一些人总是高估心理物理刺激的影响，而另一些人则会低估这一影响。她分别称其为习惯性高估者（augmenters）和习惯性低估者（reducers），并提出，习惯性高估者之所以在观察中对疼痛的忍耐力较低，是因为他们的神经系统天生敏感。相反，习惯性低估者则天生不敏感，因此他们也更能忍受和疼痛相关的感觉。

佩特里的研究结果与先前俄罗斯著名心理学家巴甫洛夫、英国心理学家汉斯·艾森克（Hans Eysenck）的研究一致。巴甫洛夫提出了一种叫兴奋型（strength of excitement，SE）的气质特质，指的是在高强度刺激下还能有效运行而不会表现出情绪紊乱的能力。艾森克后来发展出两组特质，外向—内向和情绪稳定性—神经质，与巴甫洛夫的兴奋型这一特征相同，艾森克的理论也将神经系统与行为联系在一起。外向、稳定的人对刺激强度的预测比内向、神经质的人的预测要低。这些研究的逻辑延伸为：在运动强度相同的情况下，感觉低估者或外向、情绪稳定的人同感觉高估者或内向、神经质的人相比较少感到费力。匹兹堡大学的鲍勃·罗伯特森（Bob Robertson）在 20 世纪 70 年代对感觉低估者进行的调查（Robertson et al.，1977）和威斯康星大学威廉·摩根（William P. Morgan）对人格和情绪（Morgan，1973）的研究表明以上情况确实会发生。

人格和情绪

摩根发现，在焦虑、神经质或抑郁（或综合三者）自评量表中得分较高的人比得分较低的人，在对主观努力感进行评级时会犯更多的错误。并且，拥有较高躯体知觉（在应激情境中对身体感觉的觉察）的人相比有较低躯体知觉的人会报告更高的 RPE 值。与内向的个体相比，外向的个体在同样运动强度下会感觉付出的努力较少，且偏外向的个体可能更愿意在较高的强度下进行运动。其他影响主观努力感的心理学变量还包括注意类型（在运动中关注或是不关注身体感觉）、控制点（人们觉得是否可控制自己和环境）、自我效能感（对体力活动中个人能力的高度自信）（Morgan，1981）。

催眠暗示

摩根及其同事还发现，尽管实际的功率没有发生改变，想象的功率的变化也会影响 RPE（Morgan et al.，1973）。在给予运动强度增大的催眠暗示之后，实验参与者会报告更高的 RPE 值，而实际上他们在这段时间内一直在进行输出功率为 100W 的自行车运动。看起来他们并没有假装，因为他们的心率和通气量也随之增加。想象的运动强度显然刺激了大脑，来自脑部的中枢命令传递到自主神经系统，增加了心跳和呼吸的频率，就好像运动中的新陈代谢真的增加了一样。

舒适感、疲劳感与主观努力感

多数主观努力感研究关注运动强度的增加和减少，强度范围很广，但每种运动强度的持续时间却较短（如 1～5 分钟）。这是用来研究人们如何判断运动强度的好方法，但是它并不能完全模拟真实的锻炼，因为人们通常会用 20～60 分钟进行几乎同一强度的运动。一般经验告诉我们，主观努力感在实际运动强度并不改变的时候，倾向于随着时间的延长而增长。当要求一个人保持相同的力量或做功时，其主观努力感会随时间而增长。相反，如果要求一个人保持相同的努力程度，此人的用力或做功就会减少，因为随着时间的推移，他会觉得工作更加费力。耶鲁的研究人员观察到，在骑行运动时，输出功率从 100 W 增至 200 W，其间所需时间从 15 秒增加到 5 分钟，主观努力感幂函数指数会翻倍（Cafarelli，Cain and Stevens，1977）。因此，疲劳感可能是影响主观努力感的另一因素。

> 在实际运动强度不改变的情况下，主观努力感倾向于随着时间的延长而增长。因此，疲劳感可能会影响主观努力感。

20 世纪 70 年代，密歇根州立大学研究知觉的心理学家 S. 霍华德·巴特利（S. Howard Bartley）对产生疲劳感的主观因素有着浓厚的兴趣。他对体内平衡知觉系统（homeostatic perceptual system）和舒适知觉系统（comfort perceptual system）做了重要区分：体内平衡知觉系统（由负责调节生理系统平衡或和谐、保持细胞机能的内部感受器组成）和舒适知觉系统（由对疼痛、温度、运动、位置、触觉的意识组成，包括一些体内平衡信号）。在部分借鉴巴特利思想的基础上，一些军事生理学家（Weiser，Kinsman and Stamper，1973）要求年轻人用自己约 60% 的有氧能力进行功率自行车骑行，直到累得无法继续。平均骑行时间约为 36 分钟。实验者的主观评价主要描述了三种相关反应：①整体疲劳感（如精疲力竭、疲乏、身心疲惫）；②腿部疲劳感（如腿软无力、小腿抽筋）并伴有心肺症状（如呼吸短促、心跳加速）亚成分；③任务的厌恶感(如大汗淋漓、不舒服、宁愿退出)(见图 16-14)。这些发现是首次提出长时间锻炼中的主观努力感可能具有舒适和体内平衡两个维度，这些维度可能会影响主观努力感以及优先努力度，即某人有动机去忍受的努力水平(Borg，1962)。

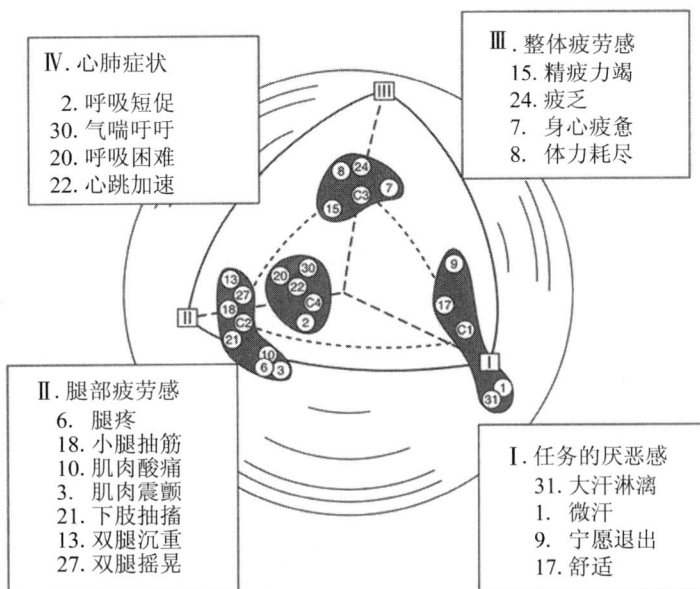

图 16-14　骑行结束时四种反应集群的球形分析图

经许可引自：P. C. Weiser, R. A. Kinsman and D. A. Stamper，1973，"Task-specific symptomatology changes resulting from prolonged submaximal bicycle riding," *Medicine and Science in Sports and Exercise*，1973，5(2)，p. 83。

费尔·威瑟(Phil Weiser)及其同事自 40 年前进行早期研究以来，关于运动的舒适感和动机这样的重要问题一直被人们忽视。最近对不同运动强度的主观反应的测量(Ekkekakis et al.，2011；Marcora，2009b)没有使用早期研究中用到的心理物理法，所以在运动强度增加或长时间运动中的不适感、愉快感和任务厌恶感的增加及决定因素和它们与主观努力感的关系方面仍然未知。

主观的疲劳感似乎包括两种成分，平衡的或整体的、心肺和肌肉感觉与舒适成分。

A 型行为

20 世纪 70 年代，自从提出 A 型行为模式(type A behavior pattern，TABP)有可能成为心脏病的一个危险因素以来，证据显示 A 型行为的人总是强迫自己在尽量短的时间内完成尽可能多的任务，以至于他们会习惯性压抑自己的疼痛感和疲劳感。他们可能会忽略胸口的疼痛或者延迟寻求治疗的时间。也有一种担忧，认为 A 型行为的人有可能在锻炼中过度用力，而过后又会低估主观努力感。尽管并没有很充分的证据支持这个论断，但是如今这个看法仍旧未变。发现 A 型行为模式与 RPE 或者自评疲劳感之间存在相关的研究，在测量 A 型行为模式或运动强度方面做得比较糟糕。这些研究或者没有控制相对摄氧量或者明确训练史以保证 A 型行为和 B 型行为的研究参与者具有类似的体适能水平，或者未使用有效的测量主观努力感的方法，或者采用自我报告的方法而不是结构式访谈的方法测量 A 型行为模式，而这种结构式访谈才是衡量 A 型行为模式的黄金标准(Dishman et al.，1991)。最近的研究改进了研究方法，在标准运动测试中使用结构式访谈区分 A 型性格和 B 型性格，结果发现 A 型性格和 B 型性格的参与者在 RPE 上并不存在显著差异(Dishman and Graham et al.，2001)。仍然有可能存在 A 型行为模式的人在参加竞争性身体活动时会过度用力或抑制主观努力感，但这并没有被科学研究证实。

环境和主观努力感

社会、文化以及环境的因素也会影响主观努力感，但是对此类影响的理解并不充分(Acevedo et al.，1999；Boutcher et al.，1988；Hardy，Hall and Presholdt，1986；Rejeski，1981)。人们对身体活动的态度是由他们的文化背景塑造的，这些态度可能会影响一个人在锻炼过程中对努力程度的评价，特别是在强度相对固定的长时间锻炼当中。一个觉得运动是愉快的人可能和一个认为运动是痛苦无聊的人有着不同的主观努力感。运动时的环境同样也会影响对努力程度的评级。例如，锻炼者的 RPE 可能会受到量表施测的主试(scale administrator)特征的影响，如性别、行为举止或吸引力等。个体对某种特定锻炼模式的偏爱是影响主观努力感的又一潜在因素。如果一个人认为某项运动是令人讨厌的(令人厌恶的任务)，这个人可能会认为这项运动比同强度的其他运动更费力。心理学因素的影响可能处于意识或者潜意识的水平，而此时人们可能会意识到也可能意识不到这些因素对 RPE 值的影响。因此，量表施测的主试必须知晓潜在的心理和社会文化因素可能对主观努力感产生的影响，并且应该努力创造一种中立的环境来促进参与者准确作答。此外，主试还应该强调测试作答没有对错之分，参与者只需要做出真实反应即可。

虽然心理和社会文化因素有可能影响主观努力感和 RPE，但是并没有充足的研究证据。人格特质和情绪对 RPE 的影响在早期研究中也未得到证实。另外，此类研究多依赖于相关的而非实验性的证据且基于绝对功率，没有控制不同体适能或不同锻炼经历的人的生理应激水平。因此，尽管看起来比较重要，但心理和社会文化因素对主观努力感的作用仍属未知。

主观努力感： 最终的共同路径

中枢运动指令和身体活动中的感觉是如何经过过滤、评估形成 RPE 的？疲劳感(或主观努力感)的层次模型如图 16-15 所示，该模型提出自行车训练中的生理反应(生理基础)的感觉加工分四个层次。离散症状(discrete symptoms)层级是指由生理反应而产生的特殊的感觉。在下属层级(subordinate level)中，离散症状组成集群，分别代表由不同方式(模式)的锻炼所产生的不同症状。在一般层级(ordinate level)中，这些集群组合成此种锻炼类型的一个主要症状(骑行疲劳感)。任务厌恶感和动机集群也在这一层级出现。最后一个层级是上位层级(superordinate level),它代表不同症状的整合以形成一个对疲劳感的综合评价。

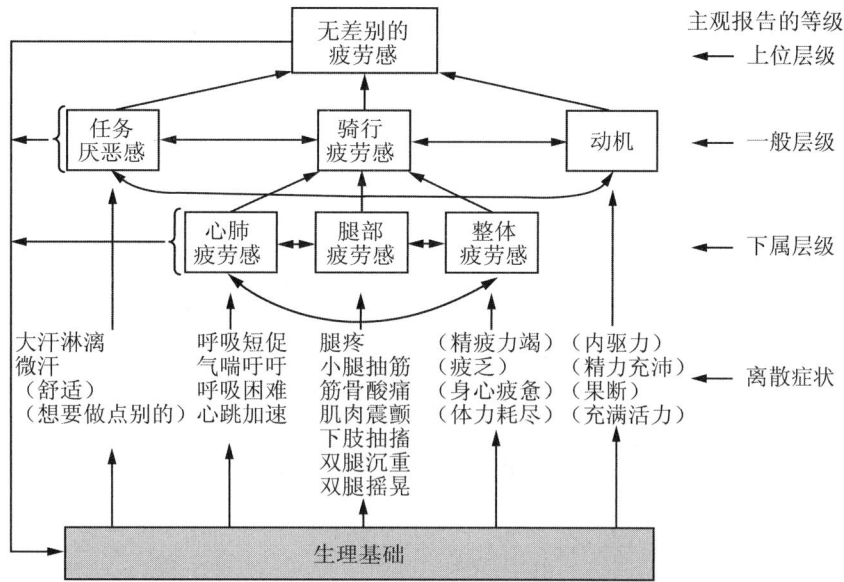

图 16-15 运动时主观症状的金字塔模型

经许可翻印自 P. C. Weiser and D. A. Stamper, Psychophysiological interactions leading to increased effort, leg fatigue, and respiratory distress during prolonged strenuous bicycle riding. In Physical work and effort, edited by G. A. Borg(New York: Pergamon Press), 1977, pp. 401-416. Adapted from Pandolf, K. B., R. L. Burse and R. F. Goldman. Differentiated ratings of perceived exertion during physical conditioning of older individuals using leg-weight loading. *Perceptual and Motor Skills*, 1975, 40, pp. 563-574。

图 16-16 呈现了一个类似的模型来帮助人们理解 RPE。在这个模型中,对运动刺激的感知因人而异,而个体差异正是影响一个人对运动发出中枢指令及对运动做出生理反应的重要因素。例如,一个拥有良好体适能且具备熟练动作技能的人和一个没有运动经历且缺乏运动技能

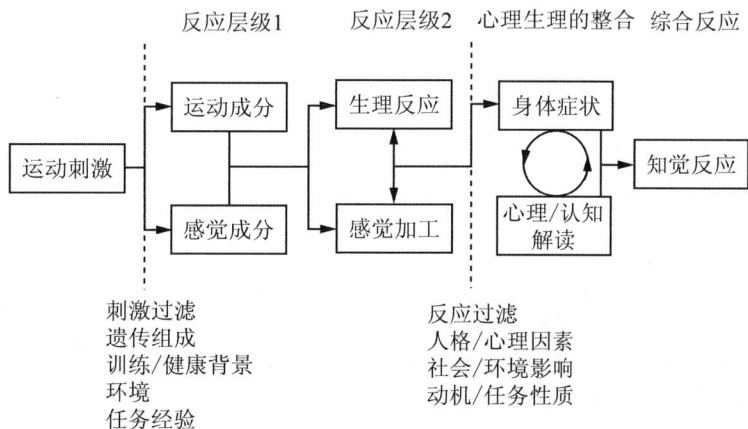

图 16-16 主观努力感的整合模型

经许可引自 Pandolf, K. B., R. L. Burse and R. F. Goldman. Differentiated ratings of perceived exertion during physical conditioning of older individuals using leg-weight loading. *Perceptual and Motor Skills*, 1975, 40, pp. 563-574。

的人，他们在面对同样的运动任务时会产生不同的反应。反应层级 1 指的是激活运动刺激特有的传入路径和传出路径。反应层级 2 是感觉皮层对离散的生理反应（摄氧量增加、氢离子增加）进行加工，这些感觉又在潜意识层面被过滤以产生能够被个体意识到的生理症状（如呼吸的变化、出汗等）。根据每个个体独特的心理特点和认知特点，经过有意识地对预期努力和身体症状进行解读，从而产生整体的知觉反应。

主观努力感评级在实践中的应用

使用博里的 RPE 量表对主观努力感进行评级，在实践中主要应用于运动试验、制订运动处方以及在预防与康复医学和锻炼领域中对人们的进步情况进行监测。大部分 10 岁以上的人很容易理解主观努力感的概念（Bar-Or，2001），约有九成的成年人可以在多数不同类型的锻炼中给出准确的 RPE 值（ACSM，2000）。RPE 评估具有高效、廉价和易于管理的特点。然而，对于个体来说，得到正确的指导十分重要。有些人可能仅仅关注单独的生理、心理或者环境刺激，而没有客观全面地评估自己的主观努力感。因此，人们在对主观努力感进行评级之前必须先弄清楚量表的指导语，尤其是量表的起始点和结束点究竟意味着多大程度的主观努力感。以最近的最大用力作为标准是最好的，但是大多数人会依照先前的经历来回忆或者想象最大用力时的感觉。

运动试验

主观努力感的评级可以用于评估抗阻训练中对肌肉力量的感知，但 RPE 往往是通过临床或研究背景下的递增运动负荷试验（graded exercise test，GXT）来实现的。递增运动负荷试验通过渐进增加运动负荷来判定一个人最大的运动能力（通常不是次最大耐力），运动时间通常要持续 8～20 min。专业的递增运动负荷试验过程是，参与者在有坡度和/或速度递增的跑台上走或跑，或者在输出功率可增加的功率自行车上骑行，同时进行 12 导的心电图测量、采血以及连续耗氧采样。递增运动负荷试验的结果可以从简单的现场实验来估计，如完成标准距离走、跑或者游泳所用的时间。递增运动负荷试验用于评估单位时间内摄氧量峰值（$VO_2 peak$），这是衡量心肺耐力的最常用标准，或者更常见的是一个人能够在递增运动负荷试验中坚持多长时间。

在递增运动负荷试验中，主观努力感的运用由测试方案、接受测试的人群以及运动情境来决定。在临床背景下，递增运动负荷试验通常用于辅助病理学的诊断或者监测治疗的进展情况。尽管递增运动负荷试验主要用来评估体力有限的病人的运动耐量和综合身体机能，但也可以用来衡量病人完成日常工作的能力，或者树立病人可以安全进行运动的信心。在研究背景下，递增运动负荷试验主要用于判定摄氧量峰值、评价干预效果以及评估运动的生理反应。在锻炼背景下，递增运动负荷试验主要用来筛选参与者、衡量训练效果和预测运动能力。

在运动试验中，RPE 的运用有几种特殊目的。第一，它提供了一个衡量主观紧张（subjective strain）的指数，因此 RPE 可以用来协助主试对研究参与者在递增运动负荷试验中的进步进行判断，同时它也可以给主试提供一个信号——研究参与者的实验临近结束。对于老年人和病患，当他们使用 6—20 量表报告的 RPE 值为 15～17 时，我们会建议他准备结束此次最大负荷的递增运动负荷试验。使用 RPE 监测那些可能对运动没有正常生理反应的人来说尤为重要（如心脏病或肺病患者）。但是，主观努力感对心脏缺血并不敏感，心率、心律、血压和胸痛仍是心脏病患者在运动时的主要症状。对于服用治疗剂量的减慢心率药物（如 β-阻断剂）的患者来说，只要心率储备从递增运动负荷试验中的安静心率和最高心率计算而来，那么其主观努力感和最大心率百分比（％HRmax）依然存在着密切关系。

> 对于年长者和心脏病或肺病患者，他们使用博里的 6—20 量表报告的 RPE 值在 15～17 时，就意味着主试应该着手结束此次递增运动负荷试验。但是主观努力感对心脏缺血并不敏感，心率、心律、血压和胸痛仍是心脏病患者在运动时的主要症状。

第二，在运动实验中，RPE 作为反映最大运动强度的主观指标。接近 RPE 量表顶端的数值可以很好地显示一个人所付出的最大努力。第三，预先设定好的 RPE 值可以用来监测在运动训练中输出功率的变化。例如，通过一段时间的训练后，我们可以把 RPE 为 15 时的摄氧量峰值的百分比与未训练前进行比较。训练后，大多数人可以进行更高强度的运动，却不会认为运动更难了。第四，在运动实验中运用 RPE 可以协助监测那些有健康问题的人群，这些问题也许会降低个体对运动的忍耐度或者会使个体处于血液循环问题的危险之中。第五，RPE 可以用于发现那些必须通过高强度训练以保持竞争性的运动员们是否面临过度训练的风险。

进行运动实验的主试们应该谨记有些因素可能会影响知觉反应。伴随小肌肉群的激活，绝对工作负荷下的 RPE 值要高于大肌肉群激活时的 RPE 值。例如，尽管在既定的摄氧量峰值百分比下的 RPE 值应该相近，但在既定的运动负荷或代谢当量下的跑台运动的 RPE 值比骑行功率自行车运动要低。当运动强度是用最大强度骑行功率自行车运动的摄氧量峰值的百分比来表示时，手摇曲柄（arm cranking）运动的 RPE 更高，但当运动强度用手摇曲柄运动摄氧量峰值的百分比来表示时，两项运动的 RPE 却相近（Ekblom and Goldbarg，1971）。此外，在性别之间、老龄人口中、怀孕期间以及月经周期的不同阶段，也有可能出现一些小但可能很重要的差异。恶劣的环境条件（如高温和潮湿的环境）也会影响 RPE。

运动处方和监测

运动处方包含四个方面：方式（模式）、强度、持续时间（时间）和频率（每周锻炼的次数）。其中，与 RPE 最直接相关的是强度，但持续时间也会影响 RPE。基于递增运动负荷试验的结果可以制定某一强度的运动处方。美国运动医学学会和美国心脏协会的运动处方指南推荐，健康的个体应每周运动 3～5 天，每天 20～60 分钟，强度为摄氧量峰值的 45%～85%（ACSM，2000）（见表 16-2 和表 16-3）。直接测量摄氧量耗时长、昂贵且烦琐，因此锻炼强度通常采用下述某种方法估计摄氧量峰值：心率、代谢当量（METs）和/或 RPE（见表 16-3）。

表 16-2　健康成人的运动处方指南中推荐使用的效果好的主观努力感评级（RPE）和心率指标

锻炼后对强度进行测定		运动处方
心率	RPE	
＜HRmax 的 70%	11	增加运动强度、持续时间或者两者都增加。
HRmax 的 70%～80%	12～14	刚好。每月增加一次强度，通常每 1/4 英里（约 0.40 千米）减少 5 秒。每周增加一次持续时间，通常每次增加 1/4 英里。
HRmax 的 85%～90%	15	当心。时刻关注心率，确保个体在指定速度下锻炼。
＞HRmax 的 90%	＞15	降低运动强度、持续时间或者两者都降低。确保个体在新（慢）速度下锻炼。

注：RPE 表示主观努力感的评级；HRmax 表示最大心率。

经许可翻印自 E. J. Burke and M. L. Collins, "Using perceived exertion for the prescription of exercise in healthy adults," In Clinical sports medicine, edited by Robert Cantu (Lexington, MA：Callamore Press), 1984, 10. By permission from Robert Cantu。

表 16-3　基于持续 60 分钟身体活动的身体活动强度分类

强度	耐力活动							抗阻活动
	相对强度			健康成年人（不同年龄段）的绝对强度（METs）				相对强度[*]
	摄氧量储备（VO$_2$R）（%）心率储备（%）	最大心率（%）	RPE[+]	青年（20～39 岁）	中年（40～64 岁）	老年（65～79 岁）	高龄（80 岁以上）	最大自主收缩（%）
很轻松	＜20	＜35	＜10	＜2.4	＜2.0	＜1.6	1.0	＜30
轻松	20～39	35～54	10～11	2.4～4.7	2.0～3.9	1.6～3.1	1.1～1.9	30～49
适中	40～59	55～69	12～13	4.8～7.1	4.0～5.9	3.2～4.7	2.0～2.9	50～69
费力	60～84	70～89	14～16	7.2～10.1	6.0～8.4	4.8～6.7	3.0～4.25	70～84
很费力	85	90	17～19	10.2	8.5	8.5	4.25	85
最大[*]	100	100	20	12.0	10.0	10.0	5.0	100

注：[*] 基于 50 岁以下人群的 8～12 次重复测量，50 岁以上人群的 10～15 次重复测量的结果。

[+] 博里 6—20 主观努力感评级量表（Borg，1982）。

[*] 最大值是健康成人最大运动强度的平均值。绝对强度（MET）值近似为男性的平均值，女性的平均值大约比男性低 1～2METs；VO$_2$R 表示摄氧量储备（oxygen uptake reserve）。

经允许翻译自 M. L. Pollock et al, "The recommended quantity and quality of exercise for developing and maintaining cardiorespiratory and muscular fitness, and flexibility in healthy adults," *Medicine and Science in Sports and Exercise*, 1998, 30, p. 978. Copyright American College of Sports Medicine. Adapted from U. S. Department of Health and Human Services：Physical activity and health：A report of the Surgeon General, 1996.

心　率

由于心率和摄氧量存在线性关系，我们习惯上用最大心率百分比或者心率储备的百分比来描述运动强度。为此，通常我们认为最大心率的 60%～90% 与最大摄氧量或者心率储备的 50%～85% 相同。

心率储备

心率储备可以通过最大心率减安静心率计算得到，同时这个值还可通过卡式公式（the Karvonen Formula）用于计算训练中的目标心率范围，如［（最大心率－安静心率）×0.60］＋安静心率＝60% 的训练心率。

然而，位于得克萨斯州休斯敦市的美国国家航空航天局约翰逊航天中心（NASA's Johnson Space Center）进行的一项大型研究却显示并非如此。对该中心男女职员的测量结果表明，心率储备 50%～60% 的运动强度比使用摄氧量峰值百分比要低估 5～10 个百分点；而心率储备 80%～85% 的运动强度比使用摄氧量峰值百分比又高估了 4～8 个百分点（Weir and Jackson，1992）。因此，对于大多数人来说，在小强度和大强度的运动中，心率储备百分比（% HR reserve）并不是一个代表相对运动强度的精确指标。若将摄氧量峰值百分比调整为安静摄氧量（摄氧量峰值储备），如同心率储备百分比一样，则可纠正这种不匹配并在摄氧量峰值百分比储备（%$\dot{V}O_2$peak reserve）和最大心率百分比储备之间产生一种线性关系。但是这样的调整在很多锻炼场景中并不实际且现在大部分运动处方的制订仍未将其考虑在内。

使用心率来开处方或者监控运动强度还存在着其他问题。比如，最大心率通常是依据个体的年龄估计得来的，并没有进行实际的测量。即使将年龄、运动情况和运动类型等影响心率的因素都计算在内，真实最大心率的标准差仍约为每分钟 11 次（beats per minute，bpm）。因此，当最大心率不是通过真实测量而是经估计得来时，成年人口中大于或小于真正最大心率 11 bpm 的错误约占 30%。因此，有些人面对依年龄预测出的心率范围会抱怨运动强度太容易或者太困难也就不足为奇。所以，RPE 可以与心率一起使用以提供更加准确的运动强度范围。

心率的辅助工具——主观努力感的评级

根据博里的早期研究，运动生理学家提出一个模型：RPE×10＝HR，但是临床观察发现，当 RPE 值为 11～16 且 HR 为 130～160 bpm 时，该模型需要加入一个 20～30 bpm 的校正系数（RPE×10＋20 至 30 bpm＝HR）

代谢当量

美国运动医学学会的运动处方指南推荐,每人每周最理想的能量消耗为 2 000 kcal,其中通过运动消耗的能量至少为 1 000 千卡。某个活动消耗的能量可以通过以下公式计算得出:

$$热量(kcal/min)＝代谢当量(METs)×3.5×体重(kg)/200$$

能量消耗的代谢当量值由不同的身体活动决定,大多数运动生理的教科书都包括列有不同身体活动所需要代谢能量的表格。运动处方强度以能量消耗为基础,同时也会因个体差异而可能出现错误。一个人的锻炼情况和技术水平可以影响其运动时的代谢值。例如,游同样的距离,一个没什么技术的游泳者会比有经验的游泳运动员多消耗一些能量,后者更懂得如何节省能量。此外,在一个锻炼时段内运动强度也会不同。因此,在按运动处方进行锻炼时,依据能量消耗来使用 RPE 可以帮助个体保持合适的运动强度。

主观努力感评级的精确性

主观努力感等级达到 12～16 时的运动强度与步行或慢跑时推荐的最大代谢当量(静息代谢率的倍数)的 45%～85% 或者心率储备的 45%～85% 的运动强度相一致。然而,有 1/3 的成人在首次进行递增运动负荷试验时其 RPE 的结果会超出这个范围(Whaley et al.,1997)。通常,开具锻炼强度的处方以递增运动负荷试验的结果为基础。在递增运动负荷试验中,参与者从始至终使用量值估计法估计 RPE,这些估计值随后会与运动强度最大值的百分比相匹配。如果 RPE 是在锻炼情境下使用,参与者会被要求使用量值再生法进行评级。使用这种估计—再生法(estimation-production method)的一个问题是,在递增运动负荷试验中得到的 RPE 通常与一个稳定却短暂(如 2 min)的状态相关。随后参与者将进入递增运动负荷试验的另一个阶段,这段时间同样短暂(如 8～20 min)。正常情况下,运动在相同的强度下可保持更长的时间。因此,在使用 RPE 进行评级时,将由递增运动负荷试验得到的运动强度与实际锻炼中的强度匹配起来有一定的困难。这使得预期的训练范围和实际的训练范围之间的误差变大,所以在可能的情况下实施再生—再生方案(production-production protocol)是十分重要的。

再生—再生方案要求参与者报告与递增运动负荷试验中所需运动强度(如基础代谢率)相关的 RPE。随着锻炼时间的变化,测验的主试应实时根据 RPE 监控基础代谢率;如果这个代谢率不在所需范围内,应该要求参与者提供一个新的合适的 RPE。重复进行该过程,直到基础代谢率与 RPE 很好地匹配。通常 3 次测验在分开的几天时间内完成,这对减少用 RPE 表示运动强度所出现的误差来说已经足够(Dishman et al.,1987)。

人们通常也希望,如果任务是模式内的(intramodal)(在量值估计和量值再生中采用相同的运动模式,如骑车—骑车),而不是模式间的(intermodal)(在量值估计和量值再生中采用不同的运动模式,如骑车—跑步),那么运动强度的数值再生法应该更加准确。研究表明,在进行递增运动负荷的跑台测试时，在模式内使用数值再生得到的代表运动强度的 RPE，其与测得的心率、摄氧量和通气量的强度的误差均在可接受的范围内。在功率自行车或跑台的任务中由 RPE 估计得到的误差在心率上是 10%～15%；在输出功率上的平均误差是 10 W～50 W；在摄氧量上则少于 5%，尽管对个人来说这个误差值可能高达 20%（Dunbar et al.，1992）。目前尚不清楚在递增负荷的跑台任务或递增负荷的自行车任务中最小可觉差的具体数值，但是有报告称它们大约是 20 W。由跑台 RPE 得出的运动强度所对应的心率、乳酸和速度与野外慢跑是一样的，但 RPE 低 2 个单位。

训练状态对主观努力感评级的影响

身体训练的水平会影响主观努力感。通常体适能提高的指标是，与训练前相比，在相同的运动强度下，他可以以更快的速度完成任务（如更高的绝对摄氧量）。通气阈和乳酸阈，作为体适能的生理指标，对于未经过训练的人群来说出现在功率相对低（摄氧量峰值的 50%～60%）时，而对于经过训练的人来说则出现在功率相对较高（摄氧量峰值的 65%～80%）时。在增强训练后，参与者的通气阈和乳酸阈附近的 RPE 在博里的 6—20 量表中仍保持在 12～15，对应的主观类别为"稍费力"和"费力"，尽管事实上其实际的摄氧量峰值百分比和绝对做功水平更高（Demello et al.，1987；Hill et al.，1987）。因此，RPE 对锻炼来说是一个准确的指标（Boutcher et al.，1989；Seip et al.，1991）。

幂定律和博里的"主观努力感评级量表"

在使用类别 RPE（如博里的 6—20RPE 量表）开设运动处方时存在一个潜在的问题，即当使用比例—设定法，如用量值估计法或博里的 CR-10 量表进行测量时，主观努力感呈曲线增长。当选择博里的 RPE 量表是由于 RPE 与运动强度呈线性关系时，该量表的使用尤为成问题。然而，在美国运动医学学会推荐的摄氧量峰值的 45%～85% 的运动中，RPE 和摄氧量峰值百分比或功率输出呈线性关系（见表 16-17）。但是，例外发生在高强度的步行锻炼中，此时幂指数大概为 3。因此，在多数情况下，如果运动处于中等强度（如摄氧量峰值的 45%～85%），个体应该使用 6—20 量表，此时的 RPE 与运动强度之间大致为线性关系。也就是说，如果一个人可以感知到 RPE 从 12 增加至 13，也应该相似地可以感知到 RPE 从 15 增加至 16，这会使得运动强度与 RPE 呈线性关系。然而，如果运动模式从步行改为跑步，那么使用再生—再生方法的新的学习经验可用于新的运动模式。但是运动模式的其他改变（如从跑步变为骑车）则不需要新的学习，因为在实际运用 RPE 量表时，这些模式的幂指数足够接近。

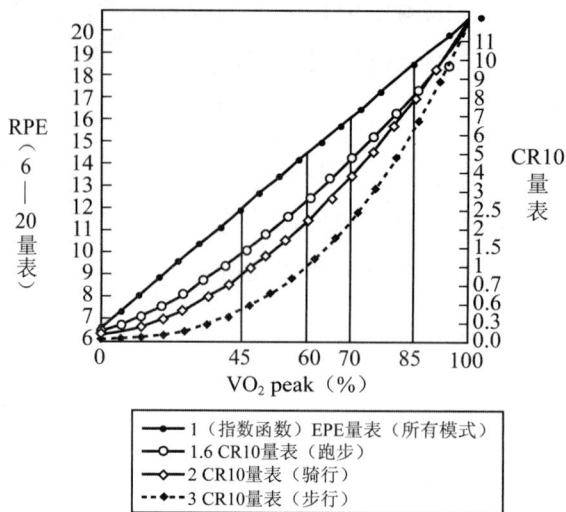

图 16-17　涉及不同运动强度和类型的主观努力感评级量表

由如下作者提供：J. B. Crabbe，the Exercise Psychology Laboratory，The University of Georgia。

主观力量感的临床产物

康复医学和理疗常要求病患产生与最大主观努力感相对应的肌肉力量。临床诊断和治疗通常以病人所生成的力量为基础。心理物理学的研究表明人们有能力准确生成该力量。当代第一个关于主观努力感的研究，通过量值估计和量值再生的方法建立了握力的主观力量感指数函数，幂指数范围为 1.7~2.0(Stevens and Mark，1959)。在早期研究中关于力量生成的研究很少，但是诸如拇对掌、紧握、下肢功率自行车运动或手摇曲柄运动的研究都证实了主观力量感以指数形式增长，指数范围为 1.4~1.7(见 Borg，1982)。这些研究表明，肌肉力量增强的感知以指数形式增长，与史蒂文森的幂次定律相辅相成。

博里的全距法则提出，不同人对最大强度的主观努力感大致相同，因此可以预测进行相同抗阻训练的人们应该能够生成他们想象中最大力量的相等比例的力量。研究表明，主观努力感百分数的增长与拇指随意对掌、膝关节静态和动态伸展、仰卧推举锻炼中的肩关节水平内收的最大力量百分数的增长呈线性关系。此外，在双对数坐标图中，感知的相对力量与真实的相对力量曲线的指数逼近 1.0。因此，在进行肩关节水平内收时感知到的用力百分比与处于最大自主力量的 25%~75% 和 10%~90% 的范围内的真实用力成正比(Jackson and Dishman，2000；Jackson，Dishman and Martin，2002；Jackson et al.，2006)。虽然人们真实用力与预期用力存在线性关系，但是有些人却会产生较大的误差。这就意味着，大多数病患能在可接受水平上生成次最大力量，但是有些人却不行。那些高估了预期努力的病人可能会在康复训练中体会较大的挫折感，而那些低估了预期努力的病人则可能会降低他们的康复速度，延长康复时间。

优先努力度

依据优先努力度开具运动处方这一理念对于促进大众的体力活动开展有着重要影响(Borg,
1962)。**优先努力度**(preferred exertion)是指个体在锻炼时有动机去忍受的努力水平。优先努力
度是指当个体可以自主控制"锻炼节奏"时，他选择的运动强度的等级。针对优先努力度的研究
不多，但是关于男性的报告指出，他们喜欢的运动强度约为摄氧量峰值的 60%，也就是说在
RPE 量表中 13±2 的等级，或者说以"稍费力"的强度进行骑行运动。而训练有素的跑者则喜欢
更高的运动强度，大约在摄氧量峰值的 75%，RPE 量表的 9~12 级(见综述 Dishman，1994)。
因此，似乎大多数人们偏好在这样一个强度范围内运动，即处于血液乳酸浓度开始快速变化和
开始过度通气的阈限附近。对大多数个体而言，这种强度的运动足以用来增强其心肺功能。

如果允许个体在偏好的强度下运动，而不是在过易或过难的强度下，他们可能更愿意继续
参与该项运动。身体高紧张(strain)程度的运动可能会增加骨骼肌系统和骨科方面损伤的风险，
人们可能会因此减少运动量。如果一个不经常参加锻炼的人选择了或者被指定了一个相对于他
们自身的生理反应来说需要很多努力的运动强度，他们对继续参加该项运动的兴趣可能会因此
而有所降低。相反，有些个体可能会偏爱比根据心率推荐的强度更大的运动强度(King et al.，
1991)。如果让人们按自己的节奏运动，可以增加在运动时的舒适感和享受感。然而，目前我
们尚不明确的是，在人群中有多少比例的人会选择一个对健康几乎没什么促进作用的较低运动
强度(如低于个人能力的 45%~50%)，或者有多少有心血管疾病风险的人却选择了一个危险的
较高运动强度。

运动性症状

比起那些能够提高 RPE 的准确估计和制订运动强度的证据，我们对其他可以用来规定和
监控运动强度的主观反应的有效性还了解甚少(Bayle et al.，1990；Ekkekakis et al.，2011)。
尽管除 RPE(2009)之外，美国运动医学学会推荐使用"自我报告量表"对心绞痛、间歇性跛行疼
痛和呼吸困难进行测量，而且自我报告量表在运动应激测试中也很常见，但是对运动中和运动
后疼痛的测量及研究在锻炼心理学中还是一个新兴的领域(Borg，1998；Cook and Koltyn，
2000；O'Connor and Cook，1999)。

总　结

贡纳尔·博里第一个使用类别评级量表，且该量表可有效比较不同个体的主观努力感。该
量表基于博格全距法则的假说，即所有的健康人群对主观努力感的判断都有一个相同的认知范
围。当使用等比量表的方法进行评估时，主观努力感随着运动强度的增加，以正加速函数的形
式增长。主观努力感代表一种完形，是一系列中枢指令的融合，外加来自工作中肌肉和有毒化

学物质刺激释放出的感觉信号，以及与呼吸功和运动中代谢应变有关的呼吸系统与代谢信号。此外，心理学因素（如记忆和注意焦点）与生理信号，以及来自外部环境的信息发生交互作用。只有在大脑将所有的信号整合之后，对运动的知觉才会产生，并且大脑会提供一个表征整体主观用力感的认知标签。最后，在运动测试及运动处方中，RPE量表可以作为一种有效的监测运动强度的辅助工具来使用。

词汇表

5-羟基吲哚乙酸（5-HIAA）：血清素（5-HT）的主要代谢分解产物（代谢物）。

绝对强度（absolute intensity）：所有人同样都可以用一个值表示的工作水平。例如，以每小时6英里（约9.66千米）的速度跑步。

加速度计（accelerometer）：通过使用传感器记录身体在一个或多个平面上的加速度的机械装置。

乙酰胆碱（acetylcholine）：位于胆碱能突触的神经递质类物质，会导致心脏抑制、血管扩张、胃肠蠕动，以及其他副交感神经的效应；它还在运动神经元和骨骼肌之间以兴奋的方式起作用。

腕动计（actigraphy）：在一个平面上对运动、加速度、减速度的测量工具。

积极的应对（active coping）：对主观上可控制的应激所做的反应，这种反应影响着通过身心努力所产生的结果。

急性运动（acute exercise）：一次单一时段的运动；通常短暂，但可持续4小时或更长的时间（如一次马拉松跑）。

急性疼痛（acute pain）：持续不到三个月的疼痛。

腺苷（adenosine）：一种在反应和新陈代谢调节中起重要作用的嘌呤核苷，它除了抑制去甲肾上腺素从交感神经末端的释放，减少脂肪组织对去甲肾上腺素的敏感性之外，还对睡眠调节起着重要的作用。

坚持（adherence）：忠实地遵守作为谈判协议的一部分而建立起来的某一行为标准，或个体在一项锻炼计划中的持续性。

肾上腺皮质（adrenal cortex）：靠近肾脏的，肾上腺腺体的外周覆盖物。它分泌糖皮质激素、盐皮质激素和性激素。

肾上腺髓质（adrenal medulla）：肾上腺腺体的内核。它分泌肾上腺素、去甲肾上腺素和脑啡肽。

肾上腺素（adrenaline）：参见肾上腺素（epinephrine）。

肾上腺素能的（adrenergic）：与使用肾上腺素

作为神经递质的自主神经系统或中枢神经系统的细胞和纤维有关的。

促肾上腺皮质激素(adrenocorticotropic hormone (ACTH)): 从脑垂体的前叶(垂体前叶)释放出的一种激素;控制肾上腺皮质激素的生产与释放。

有氧体适能(aerobic fitness): 心肺系统吸收和利用氧气的能力;大肌肉群在中等强度下执行活动的能力,这种能力允许身体使用氧气来产生能量,而且可以维持几分钟以上。

情感(affect): 对一种感觉状态赋予的某种价值的有意识的表达;其一般种类包括感觉、情绪和心境,用以与认知和行为区别。

传入(神经)(afferent): 将神经冲动从感觉器官带到中枢神经系统的一种神经轴突。

致痛物质(algesics): 激活伤害感受器并能引起疼痛的内源性物质。

异常性疼痛(allodynia): 由通常不会引起疼痛的刺激引起的疼痛(例如,当晒伤后淋浴时水冲击你的肩膀时的疼痛)。

应变平衡/应变稳态(allostasis): 通过变化获得稳定性的能力;也就是说,对体内动态平衡破坏的适应。

非稳态负荷/适应负荷(allostatic load): 应激的生理反应的一种长时效应,它包括自主神经系统、下丘脑—垂体—肾上腺(HPA)轴,以及新陈代谢、心血管和免疫系统的激活。

α波(alpha wave): 8~12 Hz 范围内的脑波活动,一般被描述为放松的觉醒状态。

杏仁核(amygdala): 位于边缘系统的一组神经核;参与在社会情境中适当行为的控制、情绪记忆,并产生愤怒和恐惧。

镇痛/痛觉缺失(analgesia): 痛觉减少到一个点之后不再显现[参见 hypoalgesia(痛觉减退)]。

类比模型(analogue model): 像地图和图表中一样,使用转换原则,用一组属性来代表一个想法或事件中的一组实际属性。例如,将正常行为或心理机能的研究作为变态行为或心理紊乱研究的代理。

心绞痛(angina): 涉及严重胸痛的一种病理性心脏病。

前因(antecedents): 先于某个目标行为发生的事件,无论是内部的(思想和情感)还是外部的。这些事件可能暂时离行为的发生很近(在近端),也可能发生在行为之前的一段时间(在远端)。

焦虑(anxiety): 对知觉到的威胁所产生的情绪反应。它包括紧张、担忧和神经过敏的感受,不愉快的思想或烦恼,以及生理的变化。

焦虑障碍/焦虑症(anxiety disorder): 精神疾病的一种,其特征是伴随着坐立不安、肌肉紧张、心率加快和呼吸急促而产生的担忧或烦恼。焦虑症包括恐惧症、恐慌症、强迫症,以及泛化性焦虑症。

抗焦虑的(anxiolytic): 具有减少焦虑之效果的。

唤醒(arousal): 从睡眠到极度活化的一种单一维度的生理激活状态。

态度(attitude): 对一个物体、人、事件或想法的评价和反应,包括认知、情感和行为三种成分。

习惯性高估者(augmenters): 在判断大小时一贯高估心理物理刺激的人。

自主神经系统(autonomic nervous system)：外周神经系统的一部分，支配着平滑肌、心肌和腺体；由交感系统、副交感系统和肠系统组成。

基底神经节(basal ganglia)：端脑的一部分，包括纹状体及与之关联的细胞组，如底丘脑核与黑质。

行为意向(behavioral intention)：要去做或去完成的一个目标；意向是程度的考虑（如我有90％的可能性去做某事）而不是二分的考虑（我将做或不做某事）。

行为管理(behavioral management)：通过刺激控制、强化控制、契约及其他基于行为主义和认知行为主义的策略来使行为发生改变的干预手段。

行为神经科学和比较心理学(behavioral neuroscience and comparative psychology)：涉及知觉与学习、神经科学、认知心理学，以及比较心理学研究的心理学分支；运用神经事件进行脑和行为的研究。

行为主义(behaviorism)：在学习理论范围之外发展出来的心理学分支。它通过描述可观察的刺激、反应以及结果之间的联系作为理解行为的基础，人格与心理状态在预测和描述行为时不起作用。

信念(beliefs)：期待、确信和主张。

β-内啡肽(β-endorphin)：由脑垂体前叶分泌的内生阿片肽，与促肾上腺皮质类激素一起，对应激进行反应。

偏差(bias)：在实验设计和调查技术中，结果由于错误而系统性地偏离正确值；研究者未期望的影响结果（因变量）的任何因素效应。在知觉方面，偏差或反应标准是以诸如过去经验、指导，以及预期成本和收益等因素为基础的决策规则。

生物心理学(biological psychology)：应用自然科学方法，如生理学、内分泌学、药理学和分子生物学来研究大脑与行为的心理学分支。

疾病的生物—心理—社会模型(biopsy-chosocial model of disease)：由乔治·安吉尔(George Engel)于1977年提出的一种疾病模型。该模型提出健康和疾病的多重因素，强调生物学、心理学和社会学因素的交互作用。

双极量表(bipolar scale)：在单一的连续体上，形成两个极性对立面概念的一种测量工具，如精力与疲劳[参见多维量表(multidimensional scale)、单极量表(unipolar scale)]。

脑源性神经营养因子(brain-derived neurotrophic factor, BDNF)：支持现有神经元存活，并促进新神经元和突触生长与分化的神经营养蛋白。

脑可塑性或资源(brain plasticity/resources)：可互换的术语，常用于描述人们学会如何适应环境条件和环境的挑战。

脑干(brainstem)：脊髓至颅腔的连续上行扩展；由延髓、脑桥以及小脑（后脑）和中脑组成。

坎农-巴德理论(Cannon-Bard theory)：不考虑情绪的类型而描述共同的生理反应的情绪理论。它包括交感神经的激活是为身体做好逃跑或战斗的准备。当面对一种刺激时，由大脑来决定适当的反应，并且相应的情绪和生理激活同时发生。

病例对照设计(case-control design)：一种回顾性研究设计，将健康人作为对照组与病人（"病例"）通常在环境、年龄、性别和种族上相匹配，比较两组之间过去暴露于一种疾病的潜在危险因素。

儿茶酚胺(catecholamines)：一类含有一个单胺组(单胺)的神经突触递质。包括多巴胺、去甲肾上腺素和肾上腺素。

小脑(cerebellum)：在肌肉活动期间协调随意运动并调节其所涉速度、力量和其他相关因素的脑区。它负责在动作神经冲动传递到肌肉之前组织这些神经冲动。

慢性运动(chronic exercise)：在一段时间内相当有规律地重复进行的一组运动。这种运动训练或规律锻炼是通过活动类型、强度、每次持续时间、每周练习次数以及时间段(如周数、月数)来定义的。

慢性疲劳综合征(chronic fatigue syndrome)：一种使人衰弱且复杂的原因不明的疾病。其特点是深度疲劳却无法通过睡眠改善且可能随着身体或心理的活动而加重。

慢性疼痛(chronic pain)：持续或超过三个月的疼痛。

经典性条件反射(classical conditioning)：行为矫正的一种形式，即一种反射性反应的刺激(非条件性刺激)与一种中性刺激反复匹配，直到这个中性刺激(现在是条件刺激)在非条件性刺激不在时能引起反应。

跛行(claudication)：来自拉丁语，它指在行走期间小腿的疼痛。

认知(cognition)：反映一个人的知识或意识的任何过程的一般术语，包括知觉、记忆、判断和推理。

认知行为矫正(cognitive behavior modification)：运用学习理论的原理来改变与某个打算改变的行为相关的认知和活动。

认知行为主义(cognitive behaviorism)：以交互二元论为基础的人类行为理论。该理论将行为视为认知的结果，而认知的改变被视为行为的决定因素。

认知重构法(cognitive restructuring)：以认知行为主义为基础的行为改变策略。该策略是用积极的想法或者能够加强行为转变过程的想法来修改或替代消极的或错误的想法。

依从(compliance)：按照一个事先指定的行为标准行事，该行为标准常常与即刻和短时的旨在减轻症状的健康忠告有关，如服用一个特定的养生药物。强制服从的感觉。

计算机断层扫描(CAT扫描，CT扫描)(computerized axial tomogram, CAT scan, CT scan)：一种使用X射线吸收法来检查人脑结构的方法。

条件刺激(conditioned stimulus)：一种先前的中性刺激，它经过与一种非条件刺激反复配对后，现在可以在非条件刺激不在时引起目标条件反应。

混杂变量(confounder)：一种额外因素，它既非暴露产生的结果，也非某种实验的调节。混杂变量对研究结果施加影响，致使研究的效应扭曲。混杂变量是研究结果的决定因素或相关因素，并且在暴露和非暴露的个体中不均衡地分布，它使我们难以或不可能解释其他变量之间的关系。

结果(consequence)：继某一目标行为之后发生的抽象或具体的事件；有时可距行为很近，有时距行为很远；它可以是强化性的，故而增加目标行为发生的频率；也可以是惩罚性的，故而减少目标行为发生的频率。

构念(construct)：人们开发(构建)的一种抽象

的想法，用来描述现象之间的关系或用于其他研究目的。它在理论上存在但不可直接观察。

后效契约（contingency contract）：一种行为改变策略，它是一个人与另一个人形成一个契约，列举出履行或不履行目标行为应获奖罚的情况。

对照组/控制组（control group）：在实验研究中，出于对比的需要而不经历研究者感兴趣的实验处理的组别。

聚合效度（convergent validity）：通过事先假定是测量同一变量的测验或工具之间测量结果的重合来指明的效度。与同时效度有关，同时效度是通过一种工具与测量同一构念，并假定有效的另一种工具之间的相关来指明的效度。

纹状体（corpus striatum）：由苍白球和纹状体组成的基底神经节的一部分，可进一步划分为尾状核和壳核。

相关变量（correlates）：建立了可复制的关系，或预测关系的变量。

促肾上腺皮质素释放激素（corticotrophin-releasing hormone，CRH）：下丘脑前部室旁核的小细胞区域所释放的激素；控制着促肾上腺皮质激素释放的昼夜节律。

皮质醇（cortisol）：一种类固醇激素，是肾上腺皮质分泌的主要的糖皮质激素；在与心境障碍有关的应激反应和中枢神经失调中起主要作用；同时与刺激糖原的形成与储存，以及血糖的维持有关。

宇宙论（cosmology）：将物质的宇宙视为时空现象的总和的研究。

颅神经（cranial nerves）：与大脑直接相连的十二对感觉和运动神经。

横断设计（cross-sectional design）：研究设计的一种，在这种设计中，数据都是从一个单一的时间点上收集的，参与者是按照预测源变量（自变量）和结果变量（因变量）来分类的。

跨应激源适应假说（cross-stressor adaptation hypothesis）：认为对重复性运动应激的生理适应，将导致对心理应激的生理反应的适应的观点。

细胞因子（cytokines）：调节免疫系统反应的细胞信号分子。

决策平衡（decisional balance）：行为变化的跨理论模型（变化阶段模型）的三种成分之一。该成分可能影响行为的变化，对目标行为的赞同观点或主观利益与反对观点或主观成本之间的差异。

因变量（dependent variable）：研究中的一种变量，它的值是由自变量（预测源）来预测的，或者"依赖"于另一个变量。或称为结果变量。

损耗假说（depletion hypothesis）：参见单胺损耗假说（monoamine depletion hypothesis）。

间脑（diencephalon）：前脑的后部，主要结构是丘脑和下丘脑。

学科（discipline）：知识或教学的一个分支。

辨别刺激（discriminative stimulus）：在操作性条件反射中与强化刺激相配对的刺激。它提供某个反应的结果信息。

远端的（distal）：暂时远离目标行为的一个结果或事件。

注意分散假说（distraction hypothesis）：对锻炼的心理学效益的一种解释。认为在锻炼中可以从烦扰或者日常的应激源中"暂停"。

昼夜的（diurnal）：每24小时重复一次的模式。

离散效度（divergent validity）：一个测量的效度，它是通过与另一个不应当有联系的测量之间缺乏联系来指明的。离散效度与聚合效度相对。

多巴胺（dopamine）：维持生命所必需的胺和神经递质，它是去甲肾上腺素和肾上腺素的母体。

背外侧前额叶皮层/背外侧前额叶皮质（dorsolateral prefrontal cortex）：与目标选择、计划、排列顺序、语言和空间工作记忆、自我监控，以及自我意识相关联的前额叶区域。

减量调节（down-regulation）：药理或生理活性物质在反复给药之后，对该物质耐受性的发展，或者对该物质含量过高的反应。其特征通常是，起初这种物质的受体亲和力下降，后来受体的数量减少。

二元论（dualism）：一种哲学观，认为世界包含（或可分为）两种基本存在，如精神和物质，该观点认为精神和肉体各自在没有交换的情况下单独活动。

失调（dysregulation）：自我调节的破坏。

情绪不良（dysthymia）：重性抑郁症的温和、慢性形式。

生态学效度（ecological validity）：外部效度的一种，是指在一个实验中所做的测量概化到非实验室条件下有多好；或者是从一个群体中得到的研究结果概化到另一个群体中有多好。

效果量（effect size）：对一种关系的关联度或者强度的测量；接受了研究处理的平均水平的被试与没有接受处理的平均水平的被试在研究结果中的差异；广义地说，效果量是指对一种关系的关联度或强度的任何测量，通常被视为实际显著性的指标。

效力（effectiveness）：一种干预或方法在别的环境下起作用的能力，或者可在实验室环境之外实际应用的能力。它也指生态学效度的水平。

传出（神经）（efferent）：指将中枢神经系统的神经冲动携带到肌肉和腺体的神经轴突。

效能（efficacy）：一种干预或方法去做想做的事情的能力。

自我定向（ego orientation）：动机的一种取向。这种取向通过将个人表现与他人的表现进行比较，或者根据某一外部标准来决定自己是否成功。

脑电图（electroencephalography，EEG）：使用放置在头皮上的大电极，以标准化模式对大脑的总体电活动进行的记录。

肌电图（electromyography，EMG）：对肌肉收缩的总体电活动进行的记录。

电生理学（electrophysiology）：测量大脑内神经活动的技术；电极定位在大脑皮层或脑神经元的特定区域内，记录行为中或对应激进行反应时的电位。

情绪（emotion）：一种强烈的心理状态，主观而不是通过有意识的努力产生，并伴随与自主神经系统激活有关的生理变化；对消极感受或积极感受的短暂反应。

实证研究（empirical research）：可通过观察或实验予以验证的以数据为基础的研究。

内源性大麻素（endocannabinoids）：结合大麻素受体的内源性生理配体。它调节大麻的精神作用效果，包括焦虑和疼痛的减轻、情绪的升高，以及短时记忆的损害。

内分泌（endocrine）：向身体内部分泌激素和其他生化产物的腺体。

内源性的(endogenous)：在身体内部生产的。

内啡肽(endorphin)：可作为神经递质、神经调节素和激素的内源性阿片样肽。

内啡肽假说(endorphin hypothesis)：一种观点，认为与锻炼有关的心境提升是由于锻炼期间所分泌的内啡肽的活动所致的。

能量症状(energy symptoms)：具有完成精神或身体活动能力的主观感觉。

脑啡肽(enkephalin)：三种内源性阿片类物质之一，是一种化合物，发挥类似阿片的作用，如降低疼痛的敏感性。

肠系统(enteric system)：对肠进行调节的自主神经系统的分支之一。

流行病学(epidemiology)：研究人口总体健康相关状态与事件的分布和决定因素，并应用这种研究来控制健康问题的学科。

肾上腺素(epinephrine, Epi)：肾上腺髓质分泌的起激素作用的化合物，也有神经递质的作用；神经节后的肾上腺素能介质，起着类交感神经的作用。这些都对应激反应起重要作用。

执行功能(executive function)：决策、目标规划和注意控制的核心过程。

锻炼(exercise)：身体活动(physical activity)的下位概念，它包括以增进或保持体适能或健康的一种或多种成分为目的，有计划、有结构并重复进行的身体运动。

锻炼采取(exercise adoption)：开始从事有规律、有目标、有结构身体活动的行为和认知成分。它包括一定程度的心理承诺。

锻炼保持(exercise maintenance)：在特定时间段内(通常至少六个月)保持规律性锻炼的计划。

运动处方(exercise prescription)：为实现特定目标而对特定的锻炼模式、强度、每次持续时间及每周锻炼次数所做的建议。

锻炼心理学(exercise psychology)：对锻炼以及身体活动环境中的心理生物学、行为学和社会学因素进行研究的跨学科领域。

实验设计(experimental design)：计划和实施一项实验的艺术。在实验中，研究者对研究发生的条件和自变量有一定的控制。

表面效度(face validity)：逻辑或概念效度。它是根据专家意见使测量工具看起来有意义的程度。

因素分析(因子分析)(factor analysis)：用于决定一个测验的结构是否看起来与它声称所要测量的东西相一致的统计学分析；检查几个变量的变异模式，看数量很多的变量是否可以组合成为概念上或统计上有关系的"因素"的分析。

疲劳(fatigue)：完成心理或身体活动的能力减弱的主观感受。

感受/感觉(feeling)：可被公开的或隐蔽的主观体验。

感觉状态(feeling state)：身体感觉、认知评估、实际或潜在的工具性反应，或这些反应的联合。

纤维肌痛(fibromyalgia)：一种慢性病症，其特征是局部区域广泛的肌肉骨骼疼痛、疲劳和压痛。

场论(field theory)：库尔特·勒温(Kurt Lewin)提出的关于人格的后弗洛伊德理论，主张行为是由个人及其所处的环境决定的。该理论重视同龄人的相互关系和相互联系。

额叶(frontal lobe)：大脑的一部分，它从皮层和皮层下区域接收多个信息输入，并以统一的、目标导向行为的方式整合信息。

功能性磁共振成像(functional MRI，fMRI)： 应用磁共振原理来确定大脑活性的方法，目的是找出大脑的哪些部位被不同类型的身体感觉或运动活动所激活。

促生长激素神经肽/甘丙肽(galanin)： 氨基酸肽神经递质，它超极化去甲肾上腺素能神经元并抑制蓝斑在活体外的燃烧。

皮肤电反应(galvanic skin response)： 由自主神经激活而产生的皮肤电阻的变化，或者相反传导性的变化；它通过将两个电极放在皮肤上，记录两者之间组织的皮肤电导或电阻的变化进行测量。

γ-氨基丁酸(γ-aminobutyric acid，GABA)： 神经系统中的主要抑制性递质。

神经节[ganglion (复数：ganglia)]： 位于外周神经系统的神经细胞体的集合。

一般适应症候群(general adaptation syndrome，GAS)： 汉斯·谢耶(Hans Selye)的理论，认为许多疾病属于"适应性疾病"，它是由于对环境应激源的不充足的、过分的或者缺乏调节的反应而发生的；同样，通过那些可提升对心身疾病和神经官能疾病阻抗力的体验，可使一般适应症候群向有利的方向改变。

广泛性焦虑障碍（泛焦虑症）(generalized anxiety disorder，GAD)： 以对多种利害关系的过分或病态担忧为特征的精神障碍、被夸张的警戒，以及一些应激或焦虑的躯体症状，如肌肉紧张。

基因型(genotype)： 一个有机体的所有遗传信息的总和。

格式塔/完形(gestalt)： 众多元素的配置或模式统一得如同一个整体，以至于它的属性无法从各部分的简单相加来获得，总体大于部分之和。

糖皮质激素(glucocorticoid)： 影响糖代谢的一类激素；它由肾上腺皮质释放(如在应激反应时)。

盐/谷氨酸[glutamate/glutamic acid]： 一种氨基酸，是一种小分子、快速起效的神经递质，是中枢神经系统中主要的兴奋性递质。

目标设置(goal setting)： 为达到所渴望的结果而制订特定计划的过程。

晕轮效应(halo effect)： 当研究者基于其他已知特征将某些特征归因于受试者在时发生的效应，它导致研究者方面的偏见(实验者期待效应)。

霍桑效应(Hawthorne effect)： 在一个研究中，人们只是因为自己被研究而发生改变的倾向。

健康教育(health education)： 以与促进健康有关的目标行为的医学模型为基础的方案和策略，或者是教育计划与大众传媒活动。

健康心理学(health psychology)： 心理学的分支领域，致力于理解心理对健康和疾病的影响、健康和疾病造成的心理学后果，以及健康政策和健康干预的影响。

心率变异性(heart rate variability)： 用心搏周期中连续性的 R 波之间时间间隔的标准差来描述的变异性；它提供通过自主神经系统调节心率的指标。

大脑半球非对称性(hemispheric asymmetry)： 左右两侧大脑半球神经环路的差异。

高风险情境(high-risk situation)： 任何对个人有能力保持一个积极的健康行为或戒除一个不

健康行为的信心提出挑战的情境。

海马（hippocampus）：边缘系统的一部分，被认为在学习和记忆中起重要作用。

内稳态/体内环境平衡/内环境平衡（homeostasis）：有机体或细胞通过调整自身的生理过程来保持内部平衡的能力或倾向，或者内部环境保持不变的倾向。

同源模型（homologous model）：符合预测效度和同构性标准的疾病的动物模型，并且具有与人类疾病相同的病因。

痛觉减退（hypoalgesia）：疼痛减轻，但疼痛仍然存在［参见镇痛（analgesia）］。

下丘脑—垂体—肾上腺轴（HPA 轴）（hypothalamic-pituitary-adrenal axis，HPA axis）：下丘脑、脑垂体，以及肾上腺皮质。

下丘脑（hypothalamus）：间脑的一部分，控制植物性功能、调节激素平衡，并在情绪行为中起重要作用。

图像模型（iconic model）：二维或三维模型，看起来与它所代表的事物相似，但更大或更小些。示例包括图片、雕塑、全息影像和虚拟现实。

唯心论（idealism）：一种哲学理论，主张客观现实就是真实的知觉，并且它是由观念组成的，或者现实的本质在于意识的争论。

免疫细胞化学（immunocytochemistry）：用免疫学的方法对细胞成分的研究，如荧光抗体的使用。

原位技术（in situ）：是指一种在细胞或者有机体内的原始、自然环境下，检验其内部过程的技术。

原位杂交组织化学（in situ hybridization histochemistry）：使用标记的、互补单链 DNA 在固定于其在组织中的天然位置的细胞中检测信使 RNA 的稳态水平的技术。

在活体外（in vitro）：在"玻璃杯中"发生，通常是关于在体外进行的生物学测试，就像在实验室的碟子中一样。

在活体内（in vivo）：在活着的肉体里面，通常使用完整的、活的受试者来完成测试。

发生率（incidence）：疾病或病症的新病例数除在指定时间内暴露的人数。

自变量（independent variable）：受研究者操纵的变量，研究者认为它会在另一个变量（因变量）上产生效果；或者可用来解释或预测另一个变量的值的变量。

吲哚胺（indolamines）：包括 5-羟色胺和褪黑激素的一类生物胺。

强度（intensity）：在锻炼期间完成的工作量，用一个绝对量（如瓦特数），或与最大能力的关系（如最大有氧能力的 70%），或用努力感（如伯格量表中主观用力感等级为 13）来表示。

意向（intention）：见行为意向（behavioral intention）。

同构模型（isomorphic model）：引起与人类疾病相同特征的疾病的动物模型，动物疾病在使用临床上对人类有用的药物后减轻；所产生的特征可能与人类疾病的病因学或发展过程不同。

詹姆斯-兰格理论（James-Lange theory）：主张情绪是对不同生理反应所做的评价的结果的理论；不同的情绪有不同的生理反应群，而对这些反应的知觉导致了相应的情绪。因此，情绪发生时的身体反应是情绪反应的来源。

最小可觉差(just noticeable difference, j. n. d.)：产生知觉所需要的刺激强度变化的最小量。

潜伏期(latency)：从一个刺激的实施到产生反应之间的时长。

配(位)体(ligand)：与另一个通常是更大的分子捆绑在一起的分子。例如，一种激素或神经递质与一个受体捆绑在一起。

利克特量表法(Likert scaling)：问卷格式的一种，即给应答者提出一些陈述，让他们在不同的限定词之间进行选择，对每个陈述进行反应；这些限定词由两个极端反应(如"强烈赞同"和"强烈反对")围绕着一个中性点固定；通过这种选择指出自己与这个陈述的关系；这是社会科学中使用最为广泛的态度量。

边缘系统(limbic system)：位于大脑半球内侧壁边缘附近的脑神经核的异质阵列，这些神经核相互支配，包括海马、杏仁核和穹隆回。它影响内分泌系统以及情绪和学习。

蓝斑(locus coeruleus, LC)：位于脑桥内，产生去甲肾上腺素的主要神经核。它对抑制其在大脑投射区域的自发放电起主要作用。

核磁共振成像(magnetic resonance imaging, MRI)：用无线电波和强磁场对活体大脑的详细结构进行测量的方法。

脑磁图(magnetoencephalography, MEG)：用于测量大脑中磁场的一种非侵入性方法，这些磁场由与头皮形成切线的细胞内的电流产生，与脑沟的活性(sulcal activations)相一致。脑磁图直接提供诱发和自发神经活动的动力学信息，以及神经活动的来源在大脑中的位置信息。

量值估计(magnitude estimation)：向某人呈现一个标准刺激(模数)，如 10 磅(约 4.5 千克)的质量，要求他用任意数字标志自己的感觉(如分量或力量)；然后要求这个人参照对这个模数的评定，用随机次序呈现不同刺激(如质量)的评定分值。

量值再生(magnitude production)：向某人呈现一个标准刺激(模数)，要求他制作或选择一个与该刺激的特定量值成比例(如两倍的分量)的刺激。

重性抑郁症/重度抑郁症(major depression)：两种主要的心境障碍之一[另一种是躁郁症(manic-depressive disorder)]，其特征是心情压抑或失去乐趣，以及其他行为和心理症状。

躁郁症(manic-depressive disorder)：两种主要的心境障碍之一[另一种是重性抑郁症(major depression)]，其特征是抑郁的周期与心境升高的周期相互交替，并伴有相应的行为。

掌握假说(mastery hypothesis)：一种对心境、自我效能和自尊心提升的原因的解释，认为成功地完成了一项重要的任务，如锻炼的积极结果是心境、自我效能和自尊心提升的基础。

唯物主义(materialism)：认为物质对象是唯一的现实的哲学理论，而思想和感情可以通过物质与物理现象的状态、变化得到解释。

最大有氧能力(maximal aerobic capacity)：身体能够吸收和使用的最大氧气量。

麦卡德尔综合征(McArdle's syndrome)：先天性疾病，阻止人在运动期间使用肌糖原，并增加运动期间的肌肉疼痛。

中介作用(mediation)：一个自变量影响结果变量的机制；中介作用的量是通过间接效应来测量的，它等于当撤除中介变量的贡献时自变量对结果的影响的减少量。

中介变量(mediator)：将另一变量(预测源)的效应传递给结果的变量。

延髓（medulla）：脑干的一部分，标志着从脊髓到脑干的过渡；它包含运动神经和感觉神经；其上部的脊侧表面形成第四脑室的基底。

忧郁症（melancholia）：重度抑郁发作的严重形式。主要特征是对愉悦活动的愉悦感或兴趣普遍丧失，在早晨、清晨觉醒时更糟的黯淡情绪，精神运动阻滞或躁动、体重减轻，以及极度的内疚感。

褪黑激素（melatonin）：在真正的昼夜节律中由松果腺释放的一种激素。它参与睡眠觉醒周期。

心理测时法（mental chronometry）：使用响应时间的测量来分离心理过程的方法。

信使核糖核酸（messenger ribonucleic acid，mRNA）：信使或模板 RNA；RNA 通过转录产生，这种转录反映了遗传活性的 DNA 确切的核苷顺序；mRNA 将生成特殊蛋白质的编码从核 DNA 携带到核糖体，在细胞质中按照 mRNA 指定的氨基酸顺序制造蛋白质。

元分析（meta-analysis）：汇总对一个共同问题的一系列研究的效果的定量程序。

代谢当量（metabolic equivalent，MET）：能量消耗的卡路里数除静息能量消耗的卡路里数所得的比率，也通过体型来测量或估计。一个 MET 为 3.5 毫升/（千克·分钟）。

元认知（metacognition）：控制问题解决所需的思维过程的高阶思维。

调整法（method of adjustment）：一种实验技术，是将一个标准、强度可以客观测量的刺激，与一个可调节的比较刺激一起呈现给被试，令其调节这个刺激，直到感觉该刺激与标准刺激的强度相同。

恒定刺激法（method of constant stimuli）：呈现一个标准刺激和一个比较刺激，要求确定这个比较刺激能否感觉到并且/或者它是否与标准刺激等同。

极限法（method of limits）：用来为知觉确定上阈和下阈的技术；依照一个强度范围的序列，以升序和降序呈现刺激，记录对刺激量值的判断。

3-甲氧基-4-羟苯基乙二醇（3-methoxy-4-hydroxyphenylglycol，MHPG）：尿液中分泌的去甲肾上腺素的主要代谢分解产物（代谢物）。

微量透析（microdialysis）：通过透析决定一个物质在细胞外含量的方法，该方法是用一种只对一些分子具有渗透作用的人工膜来分离不同大小的分子。

中脑（midbrain）：形成脑干的顶部，并包括网状结构、黑质和红核。

模型（model）：对生命和无生命系统的某些领域的概括的、简化的表征；模型应是暂时的，而且可以改变、改进并最终被代替。

调节作用（moderation）：当调节变量为特定值时，可弱化、放大或逆转因果效应。

调节变量（moderator）：影响另外两个变量之间关系的变量。它影响着一种干预或中介变量影响结果的方式。

一元论（monism）：一种哲学观点，认为物质和非物质属于同一基本现象，只是表现不同。精神只能作为肉体的功能而存在。

单胺损耗假说（monoamine depletion hypothesis）：一种理论，认为抑郁是由中枢肾上腺素受体中去甲肾上腺素的缺乏引起的，并且（或者）是由 5-羟色胺的缺乏引起的，而躁狂症源自去甲肾上腺素的过量。

单胺失调假说（monoamine dysregulation hypothesis）：一种理论，认为抑郁是去甲肾上腺素和 5-羟色胺系统的自我调节能力受到破坏，以及神经中枢（诸如前额皮质、杏仁核、海马和室周灰质）过度刺激的结果。多数观点认为失调的位置在蓝斑（LC）。

心境（mood）：伴随着有意识或无意识的乐趣或痛苦预期的情感状态。心境可持续不到一分钟，也可以持续数天。

动机性反应扭曲（motivated response distortion）：参见社会赞许性反应（social desirability responding）。

多维量表（multidimensional scale）：可同时测量几个构念的测量工具［另见双极量表（bipolar scale）和单极量表（unipolar scale）］。

肌肉嗜瘾症（muscle dysmorphia）：对肌肉发达的病态关注，男性女性都有；可与身体畸形恐惧症（体像障碍）相关。

肌肉感觉（muscle sense）：由于姿势和位移的变化引起的肌肉与相关结构的感觉。

负反馈（negative feedback）：抑制初始输入的活动的结果。

新皮层/新皮质（neocortex）：大脑皮层相对最近进化的部分，由六层脑细胞组成，其特点是组织的精细折叠。

神经生物学（neurobiology）：研究脑的生物学过程的学科，研究领域包括神经系统的解剖学、生理学和病理学。

神经源性储备假说（neurogenic reserve hypothesis）：假设锻炼导致脑中神经系统的串联性变化，以及海马齿状回中神经元数量的增加。

神经影像（neuroimaging）：使用诸如 X 光和计算机技术测量脑活性的方法（如计算机断层扫描技术、核磁共振）。

神经肽 Y（neuropeptide Y，NPY）：氨基酸肽，抑制蓝斑在体外的放电，对蓝斑神经元提供抑制性反馈。

神经递质（neurotransmitter）：由突触前细胞激发后释放，并穿过突触来刺激、抑制或改变突触后细胞的任何化学物质。它是神经元之间通信的基础。

痛觉/伤害性感受（nociception）：对伤害性刺激进行编码的神经过程。

疼痛感受器/伤害感受器（nociceptor）：外周躯体感觉神经系统的高阈值感受器，能够传导并编码伤害性刺激。

去甲肾上腺素能的（noradrenergic）：与使用去甲肾上腺素作为神经递质的自主神经系统或中枢神经系统的细胞或纤维有关的。

去甲肾上腺素（norepinephrine，NE）：神经递质的一种，也称降肾上腺素，是神经节后的肾上腺素调节器。它也产生于肾上腺髓质以及蓝斑的中央。其首要效应是兴奋性。

有害刺激（noxious stimulus）：损害或威胁损伤正常组织的刺激。

神经核（nucleus）（复数：nuclei）：位于脑中的神经细胞体的集合。

强迫症（obsessive-compulsive disorder，OCD）：反复、固执的不必要的想法、思想或冲动，或者实施一个个体无法自主抑制的不必要的行动的冲动；典型表现为重复行为或仪式，以减轻焦虑。

存在论/本体论（ontology）：涉及存在的本质的哲学分支。

操作性条件反射(operant conditioning)：行为矫正的一种类型，即一个强化性或者惩罚性的事件与一个自愿的行为配对，以改变该行为发生的频率。其目的是改变反应的等级。

眶额皮层/眶额皮质(orbitofrontal cortex)：与不适当反应的抑制相关的额叶区域，与判断奖励的可能性、评估风险有关。

正交的(orthogonal)：彼此无关联或者不相关的变量。

骨关节炎(osteoarthritis)：可以影响体内任何关节的退行性关节疾病，但在髋、膝和脊柱中尤为常见。

结果期待(outcome expectation)：对于一个事件或者参加一个特定的行为所产生的结果的预期。

结果价值(outcome value)：一个所期待的结果的强化或诱因价值，可以是个体想要获得或者避免的东西。

疼痛(pain)：与实际或潜在组织损伤相关的不愉快的感觉和情绪体验，或者关于这种损伤的描述。

惊恐障碍/恐慌症(panic disorder)：重复发作的强烈恐惧，突然发作且无明显的原因。主要症状包括心悸、呼吸窘迫、刺痛感，以及对死亡的恐惧。

副交感神经系统(parasympathetic nervous system)：自主神经系统的三个部分之一，产生于脑神经和脊索的骶骨部分，主要参与节能。

行为控制感(perceived behavioral control)：人们相信自己能够对特定的结果产生影响的程度，程度可由没有控制到完全控制。

主观努力感(perceived exertion)：身体活动期间对压力和努力的主观判断，对量的知觉多于对质的感觉。

辨别力(perceptual sensitivity)：个体辨别信号强度变化的能力。

现象学(phenomenology)：对个人主观体验的表达的研究，主要关心的是对体验的描述。

恐怖障碍/恐惧症(phobia)：对外部环境或对象的一种强迫性的、持续的、不现实的畏惧，这种畏惧与实际的威胁和危险不成比例。

身体活动/体力活动(physical activity)：由骨骼肌产生，导致能量消耗的任何身体运动。

身体适能/体适能(physical fitness)：适应生活中现实的和潜在的身体挑战的能力；或是人所具备或达到的与总体健康、执行日常任务和身体活动有关的一组属性。其组成部分包括心肺适能、身体成分、柔韧性、敏捷性、肌肉力量和耐力，以及代谢变量(如糖耐量)。

安慰剂(placebo)：在实验研究中对控制组所做的意味着无效果的一种处理，用来与被检测的实验处理或自变量进行比较。

安慰剂效应(placebo effect)：不能归因于治疗的变化；相反，这些变化是由于被试者的错误信念。即他们接受了有效治疗而引起的。

多导睡眠图/多导睡眠描记法(polysomnography)：对睡眠阶段的多重生理指标的同时性测量，如脑电图、呼吸、以及肌肉和下颚运动，以探测快速眼动。

脑桥(pons)：卷绕于小脑基底的一部分脑干，包含在脑中产生去甲肾上腺素的主要神经核)：蓝斑。

正电子发射断层扫描(positron emission tomography，PET)：使用放射性化学物质来测量活体大脑的动态活动的方法。该方法是探测放射性的葡萄糖或其他代谢物发出的正电子。

创伤后应激障碍(posttraumatic stress disorder): 遭遇极度创伤后一个月内出现的焦虑和行为障碍。

预测性设计(predictive design): 意在使用一个或多个其他变量的值来解释一个变量的值(如疾病)的研究设计。该设计先将无疾病受试者根据其对怀疑影响疾病发生的变量的暴露而分组,然后随时间评估以确定暴露和未暴露组中的疾病发生情况。

预测模型(predictive model): 一种包含特定征兆或行为的动物模型。这种征兆或行为能够被人所共知的对人类有临床功效的药物加以可靠地改变。

优先努力度(preferred exertion): 某人有动机去忍受的努力水平。

流行率(患病率)(prevalence): 某一时刻某种疾病或病情的现有病例数除总人口数。流行率用于测量疾病的社会负担,并为执行医疗服务做计划。

变化过程(processes of change): 解释行为变化的转换理论模型中的三种成分之一。它包含用于改变思想、情感、行为或其关系的10种隐蔽的或外显的活动。

投射神经元(projection neurons): 细胞体在脊髓中向大脑发送轴突的神经元。

阿片-促黑素细胞皮质素原(proopiomelanocorticotropin,POMC): 主要在垂体前叶发现的前体肽。通过这种前体肽产生内源性阿片样物质β-内啡肽和促肾上腺皮质激素(ACTH)。

前列腺素(prostaglandin): 存在于许多组织中的生理活性物质,具有诸如扩张血管、收缩血管、刺激肠内或支气管平滑肌、刺激子宫,以及拮抗影响脂代谢的激素的作用。

近端的(proximal): 暂时接近目标行为的结果或事件。

心理学(psychology): 研究和应用人类与其他动物在其与环境的交互作用中的行为和心理过程规律的学科。心理学研究的范围包括感知觉过程、思维、学习、认知、情绪与动机、人格、变态行为、人际关系及其与环境的交互作用等。

心理测量(psychometrics): 关于心理变量的心理学理论和测量。它包括为了测量心理变量所进行的定量测验的设计、实施和解释。

心理物理学(psychophysics): 通过标准化的方法操作物理刺激并测量对刺激的知觉反应,来研究人对物理刺激的心理学判断(感觉与知觉)的学科。它是对人们对其物理环境所做判断的测量。

惩罚(punishment): 降低行为频率的特定行为的后果。

随机对照实验/随机对照试验(randomized controlled trial,RCT): 用大样本来检验在流行病学研究或小实验室实验中发现的变量之间的联系的研究。它包括代表性人群、治疗组和对照组,并将它们与可能影响结果的一些特征相匹配。

中缝核(raphe nuclei): 生产血清素(5-羟色胺)的主要神经核,位于脑干的中心线。

快速眼动睡眠[rapid eye movement (REM) sleep]: 睡眠周期的一部分,其特征表现为做梦、快速眼动和警觉的脑电图模式。它在一夜睡眠的最后三分之一时段占优势。

接受者操作特征(receiver operating characteristic,

ROC）：一种评估正确决策（真阳性和真阴性）和错判（假阳性）之间的平衡的方法。

受体（receptor）：一种有结构的蛋白质分子，通常位于细胞的表面或在细胞质内，与特定的因素（如某种激素或神经递质）相结合。因子与受体的交互作用导致细胞功能的某种变化。

交互决定论（reciprocal determinism）：社会认知理论关于因果关系的核心概念，所描述的是行为决定因素之间的双向交互影响，是两个或多个变量之间的相互影响关系。

习惯性低估者（reducers）：在做判断时持续低估刺激的人。

参照性评价（referred appraisal）：人们运用于自己的外部标准。该标准以重要他人对自己的认识的相信程度为基础。

强化（reinforcement）：目标行为的后果，通过它增加行为的频率。

强化控制（reinforcement control）：通过操纵目标行为的后果以增加其出现频率的行为改变策略。

强化刺激（reinforcing stimulus）：能够诱发反射性反应的刺激（如烘烤面包的气味可以是诱发唾液分泌的强化刺激）。

复发预防（relapse prevention）：在行为矫正成功之后人们所设计的一系列防止重返不良行为的策略。

相对强度（relative intensity）：通过与最大强度、有氧代谢能力或工作负荷的关系来表示的工作效率。

相对风险（relative risk）：在两个组中疾病发生率的比值。

信度（reliability）：一个测量的特征，包括精度、准确性以及跨时间的稳定性。它使测量免于测量误差或随机误差。

REM 睡眠（REM sleep）：参见快速眼动睡眠 [rapid eye movement（REM）sleep]。

网状结构（reticular formation）：从延髓延伸到丘脑的神经网络，涉及睡眠—觉醒周期和前脑唤醒。

横纹肌溶解（rhabdomyolysis）：由肌肉损伤引起的骨骼肌快速分解。

类风湿性关节炎（rheumatoidarthritis）：引起关节疼痛的自身免疫性疾病，特别是在手指和腕关节。

核糖核酸（ribonucleic acid，RNA）：与细胞的化学活性控制相关联的核酸。

罗森塔尔效应（Rosenthal effect）：也称自我实现的预言效应或者皮格马利翁效应。它是研究参与者希望满足研究者已经传达的关于参与者的属性或能力的期望的倾向。

量表编制（scaling）：按照一定的规则给对象分配一定的数字；或是依照特定的规则将一些对象或者陈述分配到一个反应量表（数字）之中；或是通过将一些题目组合成一个逻辑顺序来创建量表。

沙赫特的情绪理论（Schachter's theory of emotion）：该理论提出情绪是非特异性觉醒的生理激活与认知解释相互作用的结果；对情境的认知解释（评价）和自主反应的强度导致了某个特定情绪的主观体验。

自我观念/自我概念（self-concept）：在意识觉知的范围内，一个人对自己的属性和品质的知觉的组织结构。

自我效能/自我效能感（self-efficacy）：人对自

己实施某种行为以产生已知结果的能力的知觉；或者是对自己开始和坚持一种行为的个人控制权的期待。

自我提升假说(self-enhancement hypothesis)：这种观点认为，人是在对自己是否能够增强胜任感和自尊这一期望进行了评估的基础上，才做出行为选择的。

自尊(self-esteem)：人对自我观念的评价以及与此评价相关的感受。

自我监控(self-monitoring)：个体对试图从事或避免的目标行为的前因、后果和特征所做的评估活动。

自我激励(self-motivation)：唤起、指导和整合一个人的行为的内部因素；或是使人们将自己的表现的评价内化，然后寻求达到这些标准的一种激励状态；或是一种坚持情境性强化的独立性的行为倾向。

自我反思(self-reflection)：使人们能够预见和计划未来的事件与行动的符号化能力。

自我调节(self-regulation)：人们改变自己行为的各种方式，它假设行为是在个体的直接控制之下且行为由"成就将引起积极的自我评价"这一内化标准加以引导。

自我图式(self-schemata)：自我的认知结构和个人属性，用来引导个体选择、检索和储存关于自我的信息。

敏感性(sensitivity)：一个测验能够探测某种疾病或属性的能力。如果疾病或病情出现，那么具有高度敏感性的测验是不会遗漏的。

血清素(serotonin)：也称5-羟色胺，吲哚胺类突触递质的一种，由中缝核制造或分泌，是神经增益的一般性抑制物。

信号检测论(signal detection theory，SDT)：主张一个人报告信号强度变化的可能性，源于两个相互作用的因素，即感知灵敏度(区分信号强度变化的能力)，以及偏差或响应的标准。该标准是一个决策规则，它以诸如过去经验、指导语，以及预期成本和收益等因素为基础。

慢波睡眠(slow-wave sleep，SWS)：第3睡眠阶段和第4睡眠阶段的结合，以δ波为特征。这是人们最难醒来的阶段，发生在夜间睡眠的约20％的时段，并在夜间睡眠的首个1/3时段占主导地位。

社会认知理论(social cognitive theory)：人类行为的理论，由社会学习理论发展而来。该理论认为行为是社会认知的函数，其关键概念是三元交互性。

社会赞许反应(social desirability responding)：人们按照与自己认为符合社会期望的形象的方式做出反应的倾向。

社会心理学(social psychology)：关于不同的社会环境对个体产生影响的心理学子学科，包括态度测量和改变的研究、团体动力学、社会学习与人格、社会认知、攻击，以及自我知觉。

特异性(specificity)：一个测验的鉴别能力。具有高特异性的测验不会在疾病或情况不出现时做出错误的指证。

脊髓(spinal cord)：中枢神经系统的一部分，包含控制反射功能的神经回路。它将感觉信息从外周传向大脑，并将运动信号传递给外周神经。

脊神经(spinal nerves)：31对感觉和运动通路，以规则间隔连接脊髓。它们将感觉信息从外周传至脊髓，并将动作神经冲动从脊髓传递到肌肉。

状态焦虑（state anxiety）： 对一个有意识或无意识的威胁所做的瞬间反应。其躯体症状和认知症状包括心率增高、肌肉紧张和内脏活动；还有短暂的控制感缺乏、低自信心，以及不确定性的感受。

刺激控制（stimulus control）： 通过改变行为的前因来改变一个目标行为出现的频率的策略。

张力（strain）： 物体在压力作用下内部出现的变形、扭曲或紧绷。

应激/压力（stress）： 负荷冲击物质实体的方式，或是一种生理系统的不平衡状态，它激活生理反应和行为反应来恢复平衡或取得动态平衡。

应激源（stressor）： 作用于生物系统的压力，导致应激、不平衡，或体内平衡的破坏。

纹状体（striatum）： 侧脑室周围的脑区，包括尾状核和壳核。纹状体（striatum）和苍白球（globus pallidus）形成了纹状体（corpus striatum）。

上矢状窦（superior sagittal sinus）： 位于硬脑膜后部的六条静脉通道之一，将血液从前大脑半球排入颈内静脉。

交感神经髓质系统（sympathetic medullary system）： 由交感神经系统和肾上腺髓质组成的系统，其活动与应激反应相联系。

交感神经系统（sympathetic nervous system）： 自主神经系统的三个部分之一，起自脊髓的胸腰部，主要参与需要能量消耗的活动。

任务定向（task orientation）： 动机取向的一种。这种定向是依据个人对知识技能的掌握以及自我完善来看待成功的。

端脑（telencephalon）： 前脑的一部分，其主要结构是新皮层、基底神经节以及边缘系统。

气质（temperament）： 人格的核心成分大体稳定，它易使不同的人产生不同程度的情绪应答性和变化的心境。

丘脑（thalamus）： 位于间脑内的脑结构，由许多感觉接力神经核组成，这些神经核与大脑皮层的许多区域具有双向联系。

理论（theory）： 对某些已观察到的现象的基本原理的简明陈述，已在一定程度上得到验证，并用于解释和预测；或是一个用于指导研究的设计、实施和结果解释的符号模型。

产热假说（thermogenic hypothesis）： 将与锻炼相关的心境改善归因于体温升高的观点。

甲状腺刺激激素（thyroid-stimulating hormone）： 由下丘脑前区分泌的激素，引起垂体前叶释放促甲状腺激素，进而刺激甲状腺分泌甲状腺素。

托吡酯（topiramate）： 一种抗癫痫药，也用于治疗偏头痛。

特质（trait）： 以特有的心境状态对一个内部事件或外部事件做出反应的倾向。特质具有跨时间的相对稳定性，但特质的改变也是可能的。

特质焦虑（trait anxiety）： 慢性的广泛性焦虑，它使某人易于将事件评估为有威胁的事件。

转录（transcription）： 遗传密码信息从一种核酸向另一种核酸的传递；或者 mRNA（信使核糖核酸）形成与 DNA 链互补的碱基的过程。

短暂性脑血流量假说（transient hypofrontality hypothesis）： 锻炼时脑血流量在未直接参与动作控制的脑区内向下调节的假说。

翻译（translation）： 由信使 RNA（mRNA）控制的过程，通过这一过程，氨基酸结合在一起形成一个蛋白质分子。这一合成的特异性是由mRNA的碱基序列来控制的。

行为变化的转换理论模型/行为变化的跨理论模型（transtheoretical model of behavior change）： 意向行为变化的一种动态模型。该模型以人们的长期行为所经历的阶段和过程为基础。

三元交互性（triadic reciprocality）： 社会认知理论的核心假设，即人、环境以及行为的特征是相互影响的。

无条件刺激（unconditioned stimulus）： 一个自动引起典型的反射性反应的刺激。

单极量表（unipolar scale）： 一种测量工具，它将心理构念概念化为单个维度，被测量事物在该维度上从无到非常高的程度［另见双极量表（bipolar scale）和多维量表（multidimensional scale）］。

腹外侧前额叶皮层/腹外侧前额叶皮质（ventrolateral prefrontal cortex）： 与工作记忆中的信息保持相关联，同时阻止分心的额叶区域。

警戒（警惕性）（vigilance）： 在较长时间内保持注意力和警觉的能力，也称持续性注意。

工作记忆（working memory）： 对复杂任务（诸如学习、语言理解和推理）的必要信息的临时性存储与操纵。

耶克斯-多德森定律（Yerkes-Dodson law）： 描述唤醒和表现之间的倒 U 形关系的定律。

参考文献

Aarts, H., T. Paulussen, and H. Schaalma. 1997. Physical exercise habit: On the conceptualization and formation of habitual health behaviors. *Health Education Research* 12:363-374.

Abeles, A. M., M. H. Pillinger, B. M. Solitar, and M. Abeles. 2007. Narrative review: The pathophysiology of fibromyalgia. *Annals of Internal Medicine* 146(10):726-734.

Abraham, C., and S. Michie. 2008. A taxonomy of behavior change techniques used in interventions. *Health psychology* 27 (3): 379-387.

Abrantes, A. M., D. R. Strong, A. Cohn, et al. 2009. Acute changes in obsessions and compulsions following moderate-intensity aerobic exercise among patients with obsessive-compulsive disorder. *Journal of Anxiety Disorders* 23(7):923-927.

Abu-Omar, K., A. Rutten, and V. Lehtinen. 2004. Mental health and physical activity in the European Union. *Sozial-und Praventivmedizin* 49(5):301-309.

Achrousos, G. P. 1998. Stressors, stress, and neuroendocrine integration of the adaptive response. The 1997 Hans Selye Memorial Lecture. *Annals of the New York Academy of Sciences* 851 (June 30): 311-335.

Adlard, P. A., and C. W. Cotman. 2004. Voluntary exercise protects against stress-induced decreases in brainderived neurotrophic factor protein expression. *Neuroscience* 124(4):985-992.

Ainsworth, B. E., W. L. Haskell, S. D. Herrmann, N. Meckes, D. R. Bassett, Jr., C. Tudor-Locke, J. L. Greer, J. Vezina, M. C. Whitt-Glover, and A. S. Leon. 2011. 2011 Compendium of physical activities: A second update of codes and MET values. *Medicine and Science in Sports and Exercise*. 43(8):1575-81. doi:10. 1249/MSS.

0b013e31821ece12.

Ajzen, I. 1988. *Attitudes, personality and behavior*. Chicago, IL: Dorsey Press.

Ajzen, I. and M. Fishbein. 1974. Factors influencing intentions and the intention-behavior relation. *Human Relations* 27(1):1-15.

Akil, H., C. Owens, H. Gutstein, L. Taylor, E. Curran, and S. Watson. 1998. Endogenous opioids: Overview and current issues. *Drug and Alcohol Dependence* 51(1-2):127-140.

Alder, J., S. Thakker-Varia, D. A. Bangasser, et al. 2003. Brain-derived neurotrophic factor-induced gene expression reveals novel actions of VGF in hippocampal synaptic plasticity. *Journal of Neuroscience* 23(34):10800-10808.

Alessi, C. A., J. L. Martin, A. P. Webber, E. Cynthia Kim, J. O. Harker, and K. R. Josephson. 2005. Randomized, controlled trial of a nonpharmacological intervention to improve abnormal sleep/wake patterns in nursing home residents. *Journal of the American Geriatrics Society* 53(5):803-810.

Alfermann, D. and O. Stoll. 2000. Effects of physical exercise on self-concept and well-being. *International Journal of sport Psychology* 30:47-65.

Allen, M. T., and M. D. Crowell. 1989. Patterns of autonomic response during laboratory stressors. *Psychophysiology* 26:603-614.

Allgulander, C., B. Bandelow, E. Hollander, et al. 2003. WCA recommendations for the long-term treatment of generalized anxiety disorder. *CNS spectrums* 8(8 Suppl. 1):53-61.

Alpert, B., T. M. Field, S. Goldstein, and S. Perry. 1990. Aerobics enhances cardiovascular fitness and agility in preschoolers. *Health Psychology* 9(1):48-56.

Amann, M. , G. M. Blain, L. T. Proctor, J. J. Sebranek, D. F. Pegelow, and J. A. Dempsey. 2010. Group Ⅲ and Ⅳ muscle afferents contribute to ventilatory and cardiovascular response to rhythmic exercise in humans. *Journal of Applied Physiology* 109 (4):966-976.

Amann, M. , and J. A. Dempsey. 2011. Reply to Marcora. *Journal of Applied Philoogy* 110:1500.

Amann, M. , L. T. Proctor, J. J. Sebranek, M. W. Eldridge, D. F. Pegelow, and J. A. Dempsey. 2008. Somatosensory feedback from the limbs exerts inhibitory influences on central neural drive during whole body endurance exercise. *Journal of Applied Physiology* 105(6):1714-1724.

Amann, M. , L. T. Proctor, J. J. Sebranek, D. F. Pegelow, and J. A. Dempsey. 2009. Opioid-mediated muscle afferents inhibit central motor drive and limit peripheral muscle fatigue development in humans. *Journal of Physiology* 587(Pt 1):271-283.

American College Health Association. 2011. American College Health Association—National College Health Assessment Ⅱ: Reference Group Executive Summary. Fall 2010. Linthicum, MD.

American College of Sports Medicine. 2000. *Guidelines for exercise testing and prescription*. 6th ed. Baltimore: Lippincott Williams & Wilkins.

American College of Sports Medicine. 2009. *Guidelines for exercise testing and prescription*. 8th ed. Philadelphia: Wolters Kluwer; Lippincott Williams & Wilkins.

American Psychiatric Association. 1994. *Diagnostic and statistical manual*. 4th ed. Washington, DC: American Psychiatric Assocation.

American Psychiatric Association. 2000. Practice guidelines for the treatment of patients with major depressive disorders(revision). *American Journal of Psychiatry* 157(4 Suppl.):1-45.

Anderson, B. J. , D. P. McCloskey, D. A. Tata, and H. E. Gorby. 2003. Physiological psychology: Biological and behavioral outcomes of exercise. *In Handbook of research methods in experimental psychology*, edited by S. F. Davis. Malden, MA: Blackwell Publishing.

Anderson, B. J. , D. N. Rapp, D. H. Baek, D. P. McCloskey, P. S. Coburn-Litvak, and J. K. Robinson. 2000. Exercise influences spatial learning in the radial arm maze. *Physiologgy & Behavior* 70 (5):425-429.

Anderson, L. B. 1996. Tracking of risk factors for coronary heart disease from adolescence to young adulthood with special emphasis on physical activity and fitness: A longitudinal study. *Danish Medical Bulletin* 43(5):407-418.

Anderson, R. J. , and S. Brice. 2011. The mood-enhancing benefits of exercise: Memory biases augment the effect. *Psychology of Sport and Exercise* 12(2):79-82.

André N. , and Dishman R. K. 2012. Evidence for the construct validity of self-motivation as a correlate of exercise adherence in French older adults. *Journal of Aging and Physical Activity* 20(2): 231-245.

Angevaren, M. , G. Aufdemkampe, H. J. J. Verhaar, A. Aleman, and L. Vanhees. 2008. Physical activity and enhanced fitness to improve cognitive function in older people without known cognitive impairment. *Cochrane Database of Systematic Reviews*. Issue 3. Art. No.: CD005381. doi:10. 1002/14651858. CD005381. pub3.

Annesi, J. J. , and A. C. Whitaker. 2010. Psychological factors associated with weight loss in obese and severely obese women in a behavioral physical activity intervention. *Health Education & Behavior* 37(4):593-606.

Annesi, J. J. , J. L. Unruh, C. N. Marti, S. Gorjala, and G. Tennant. 2011. Effects of the Coach Approach intervention on adherence to exercise in obese women: Assessing mediation of social cognitive theory factors. *Research Quarterly for Exercise and Sport*. 82(1):99-108.

Anshel, M. H. , D. Muller, and V. L. Owens. 1986. Effect of a sports camp experience on the multidimensional self-concepts of boys. *Perceptual & Motor Skills* 63(2, Pt 1):363-366.

Anton, S. D. , M. G. Perri, J. Riley, et al. 2005. Differential predictors of adherence in exercise programs with moderate versus higher levels of intensity and frequency. *Journal of Sport & Exercise Psychology* 27(2):171-187.

Artham, S. M. , C. J. Lavie, and R. v Milani. 2008. Cardiac rehabilitation programs markedly improve high-risk profiles in coronary patients with high psychological distress. *Southern Mectical Journal* 101 (3):262-267. doi:10.1097/SMJ.0b013e318164dfa8.

Artinian, N. T. , G. F. Fletcher, D. Mozaffarian, et al. on behalf of the American Heart Association Prevention Committee of the Council on Cardiovascular Nursing. 2010. Interventions to promote physical activity and dietary lifestyle changes for cardiovascular risk factor reduction in adults: A scientific statement from the American Heart Association. *Circulation* 122 (4):406-441.

Ashford, S. , J. Edmunds, and D. P. French. 2010. What is the best way to change self-efficacy to promote lifestyle and recreational physical activity? A systematic review with meta-analysis. *British Journal of Health Psychology* 15(2):265-288.

Atallah, L. , J. J. Leong, B. Lo, and G. Z. Yang. 2011. Energy expenditure prediction using a miniaturized earworn sensor. *Medicine & Science in Sports & Exercise* 43(7):1369-1377.

Auweele, Y. A. , R. Rzewnicki, and V. Van Mele. 1997. Reasons for not exercising and exercise intentions: A study of middle-aged sedentary adults. *Journal of Sports Sciences* 15:151-165.

Averill, J. R. , G. L. Clore, J. E. LeDoux, J. Panksepp, D. Watson, L. A. Clark, P. Ekman, and R. J. Davidson. 1994. What influences the subjective experience of emotion? *In The nature of emotions: Fundamental questions*. edited by P. Ekman and R. J. Davidson. New York: Oxford University Press.

Babyak, M. , J. A. Blumenthal, S. Herman, et al. 2000. Exercise treatment for major depression: Maintenance of therapeutic benefit at 10 months. *Psychosomatic Medicine* 62(5):633-638.

Backmand, H. M. , J. Kaprio, U. M. Kujala, and S. Sarna. 2009. Physical activity, mood and the functioning of daily living A longitudinal study among former elite athletes and referents in middle and old age. *Archives of Gerontology and Geriatrics* 48(1):1-9.

Baddeley, A. D. 1986. *Working memory*. New York: Oxford.

Baekeland, F. 1970. Exercise deprivation: Sleep and psychological reactions. *Archives of General Psychiatry* 22:365-369.

Bahrke, M. and W. P. Morgan. 1978. Anxiety reduction following exercise and meditation. *Cognitive Therapy & Research* 2(4): 323-333.

Baker, L. D. , L. L. Frank, K. Foster-Schubert, et al. 2010. Effects of aerobic exercise on mild cognitive impairment. *Archives of Neurology* 67(1):71-79.

Baker, P. R. A. , D. P. Francis, J. Soares, A. L. Weightman, and C. Foster. 2011. Community wide interventions for increasing physical activity. *Cochrane Database of Systematic Reviews Issue* 4. Art. No. :CD008366. doi:10. 1002/14651858. CD008366. pub2.

Balducci, S. , G. Iacobellis, L. Parisi, et al. 2006. Exercise training can modify the natural history of diabetic peripheral neuropathy. *Journal of Diabetes and Its Complications* 20(4):216-223. Ball, K. , N. W. Burton, and W. J. Brown. 2009. A prospective study of overweight, physical activity, and depressive symptoms in young women. *Obesity* 17(1):66-71.

Ballenger, J. C. 2001. Overview of different pharmacotherapies for attaining remission in generalized anxiety disorder. *Journal of Clinical Psychiatry* 62(Suppl. 19):11-19.

Baltes, P. B. , U. Staudinger, and U. Lindenberger. 1999. Lifespan psychology: Theory and application to intellectual functioning. *In Annual Review of Psychology*, edited by J. T. Spence, J. M. Darley and D. J. Foss. Palo Alto, CA: Annual Reviews.

Bandura, A. 1977. Self-efficacy: Toward a unifying theory of behavioral change. *Psychological Review* 1984:191-215.

Bandura, A. 1986. *Social foundations of thought and action*. Englewood Cliffs, NJ: Prentice Hall.

Bandura, A. 1997. *Self-efficacy: The exercise of control*. New York: W. H. Freeman and Company.

Bandura, A. 2004. Health promotion by social cognitive means. *Health Education & Behavior* 31(2):143-164.

Bantick, S. J. , R. G. Wise, A. Ploghaus, S. Clare, S. M. Smith, and I. Tracey. 2002. Imaging how attention modulates pain in humans using functional MRI. *Brain* 125(2):310-319.

Bar-Or, O. 2001. Exertional perception in children and adolescents with a disease or disability. *International Journal of sport and Exercise Psychology* 21(2):127-136.

Bar-Sela, A. , Hoff, H. E. , and Faris, E. (trans.-eds.). 1964. *Moses Maimonides' Two Treatises on the Regimen of Health*, Philadelphia: American Philosophical Society 1-50.

Barak, A. , B. Klein, and J. G. Proudfoot. 2009. Defining internet-supported therapeutic interventions. *Annals of Behavioral Medicine* 38(1):4-17.

Baranowski, T. , C. Anderson, and C. Carmack. 1998. Mediating variable framework in physical activity interventions: How are we doing? How might we do better? *American Journal of Preventive Medicine* 15:266-297.

Barger, L. K. , K. P. Wright, Jr. , R. J. Hughes, and C. A. Czeisler. 2004. Daily exercise facilitates phase delays of circadian melatonin rhythm in very dim light. *American Journal of Physiology* 286(6): R1077-R1084.

Barkley, R. A. 1998. *Attention-deficit hyperactivity disorder: A handbook for diagnosis and treatment*. 2nd ed. New York: The Guilford Press.

Barnes, R. T. , S. A. Coombes, N. B. Armstrong, T. J. Higgins, and C. M. Janelle. 2010. Evaluating attentional and affective changes following an acute exercise bout using a modified dot-probe protocol. *Journal of Sports Sciences* 28(10):1065-1076.

Baron, R. M. , and D. A. Kenny. 1986. The moderatormediator variable distinction in social psychological research: Conceptual, strategic, and statistical considerations. *Journal of Personality and Social Psychology* 51:1173-1182.

Barr-Anderson, D. J. , M. AuYoung, M. C. Whitt-Glover, B. A. Glenn, and A. K. Yancey. 2011. Integration of short bouts of physical activity into organizational routine: A systematic review of the literature. *American Journal of Preventive Medicine* 40(1): 76-93.

Barrett, L. F. , and T. D. Wager. 2006. The structure of emotion: Evidence from neuroimaging studies. *Current Directions in Psychological Science* 15:79-85.

Bartholomew, J. B. 1999. The effect of resistance exercise on manipulated preexercise mood states for male exercisers. *Joyrbal of sport & Exercise Psychology*(21):39-51.

Bartholomew, J. B., and D. E. Linder. 1998. State anxiety following resistance exercise: The role of gender and exercise intensity. *Journal of Behavioral Medicine* 21(2):205-219.

Bartholomew, J. B., D. Morrison, and J. T. Ciccolo. 2005. Effects of acute exercise on mood and well-being in patients with major depressive disorder. *Medicine & Science in sports & Exercise* 37(12): 2032-2037.

Bartlett, M. S., J. C. Hager, P. Ekman, and T. J. Sejnowski, 1999. Measuring facial expressions by computer image analysis. *Psychophysiology* 36:253-263.

Bartlewski, P. P., J L. Van Raalte, and B. W. Brewer. 1996. Effects of aerobic exercise on the social physique anxiety and body esteem of female college students. *Women in sport and Physical Activity journal* 5(2):49-61.

Bartlo, P., and P. J. Klein. 2011. Physical activity benefits and needs in adults with intellectual disabilities: Systematic review of the literature. *American Journal on Intellectual and Developmental Disabilities* 116(3):220-232.

Basbaum, A. I., and M. C. Bushnell. 2009. *Science of pain*. San Diego:Academic Press.

Bastian, H. C. 1887-1889. The "muscular sense," its nature and cortical localisation. *Brain* 10:1-137.

Batson, C. D., L. L. Shaw, and K. C. Oleson. 1992. Differentiating affect, mood, and emotion: Toward functionally based conceptual distinctions. *In Emotion: Review of personality and social psychology*, vol. 13, edited by M. S. Clark. Newbury Park, CA: Sage.

Baumeister, R. F. 1993. *Self-esteem: The puzzle of low self-regard*. New York:Plenum Press.

Bayles, C. M., K. F. Metz, R. Robertson, F. L. Gross, J. Cosgrove, and D. McBurney. 1990. Perceptual regulation of prescribed exercise. *Journal of Cardiopulmonary Rehabilitation* 10:25-31.

Bazargan, M. 1996. Self-reported sleep disturbance among African-American elderly: The effects of depression, health status, exercise, and social support. *International Journal of Aging & Human Development* 42(2):143-160.

Beard, J. R., K. Heathcote, R. Brooks, A. Earnest, and B. Kelly. 2007. Predictors of mental disorders and their outcome in a community based cohort. *Social Psychiatry and Psychiatric Epidemiology* 42(8):623-630.

Beaupre, L. A, D. Lier, D. M Davies, and D. B. C Johnston. 2004. The effect of a preoperative exercise and education program on functional recovery, health related quality of life, and health service utilization following primary total knee arthroplasty. *Journal of Rheumatology* 31 (6):1166-1173.

Beecher, H. K. 1956. Relationship of significance of wound to pain experienced, *Journal of the American Medical Association* 161(17): 1609-1613.

Bélanger-Gravel, A., G. Godm, L. A. Vezina-Im, S. Amireault, and P. Poirier. 2010. The effect of theorybased interventions on physical activity participation among overweight/obese individuals: A systematic review. *Obesity Review*. 12(6):430-409. doi:10.1111/j.1467-789X.2010.00729.x.

Bell, C. 1826. On the nervous circle which connects the voluntary muscles with the brain. *Philosophical Transactions of the Royal Society of London* 116:163-173.

Bell, C. 1830. *The nervous system of the human body*. London: Longman.

Beltrame, K. F., A. J. Weekes, C. Morgan, R. Tavella, and J. A. Spertus. 2009. The prevalence of weekly angina among patients with chronic stable angina in primary care practices: The Coronary Artery Disease in General Practice (CADENCE) Study. *Archives of Internal Medicine* 169 (16):1491-1499.

Benington, J. H., S. K. Kodali, and H. C. Heller. 1995. Stimulation of A1 adenosine receptors mimics the electroencephalographic effects of sleep deprivation. *Brain Research* 692 (1-2):79-85.

Bennett, J. A., K. S. Lyons, K. Winters-Stone, L. M. Nail, and J. Scherer. 2007. Motivational interviewing to increase physical activity in long-term cancer survivors: A randomized controlled trial. *Nursing Research* 56(1):18-27.

Bennett, R., J. Jones, D. Turk, I. J. Russell, and L. Matallana. 2007. An internet survey of 2,596 people with fibromyalgia. *BMC Musculoskeletal* Disorders 8 (1):27.

Berchtold, N. C., G. Chinn, M. Chou, J. P. Kesslak, and C, W. Cotman. 2005. Exercise primes a molecular memory for brain-derived neurotrophic factor protein induction in the rat hippocampus. *Neuroscience* 133 (3):853-861.

Berger, B. G. and R. W. Motl. 2000. Exercise and mood: A selective review and synthesis of research employing the profile of mood states. *Journal of Applied sport Psychology* 12:69-92.

Berger, B. G., D. R. Owen, R. W. Motl, and L. Parks. 1998. Relationship between expectancy of psychological benefits and mood alteration in joggers. *International Journal of sport Psychology* 29 (1):1-16.

Berkowitz, J. M., M. Huhman, and M. J. Nolin. 2008. Did augmenting the VERB campaign advertising in select communities have an effect on awareness, attitudes, and physical activity? *American Journal of Preventive Medicine* 34(6 Suppl.): S257-S266.

Bernard, C. L, 1867. *Rapport sur les progres et la marche de la physiologie generale*. Paris:Bailliere.

Berntson, G. G., J. T. Cacioppo, and K. S. Quigley. 1991. Autonomic determinism: The modes of autonomic control, the doctrine of autonomic space, and the laws of autonomic constraint. *Psychological Review* 98(Oct):459-487.

Berntson, G. G., J. T. Cacioppo, and K. S, Quigley. 1993. Cardiac psychophysiology and autonomic space in humans: Empirical perspectives and conceptual implications. *Psychological Bulletin* 114 (2):296-322.

Berridge, K. C., and T. E. Robinson. 1998. What is the role of dopamine in reward: Hedonic impact, reward learning, or incentive salience? Brain Research. *Brain Research Reviews* 28(3): 309-369.

Best, J. R. 2010. Effects of physical activity on children's executive function: Contributions of experimental research on aerobic exercise. *Developmental Review* 30 (4):331-351.

Best, J. R., P. H. Miller, and L. L. Jones. 2009. Executive function after age 5: Changes and correlates. *Developmental Review* 29: 180-200.

Beunen, G., and M. Thomis. 1999. Genetic determinants of sports participation and daily physical activity. *International Journal of Obesity and Related Metabolic Disorders* 23(Suppl. 3):S55-S63.

Biddle, S., D. Akande, N. Armstrong, M. Ashcroft, R. Brooke, and M. Goudas. 1996. The self-motivation inventory modified for children: Evidence on psychometric properties and its use in physical exercise. *International Journal of Sport Psychology*. 27(3): 237-250.

Biddle, S. J. H. 1997. Cognitive theories of motivation and the physical self. In *The physical self: From motivation to well-being*, edited by K. R. Fox. Champaign, IL: Human Kinetics.

Biddle, S. J. H., and R. Fuchs. 2009. Exercise psychology: A view from Europe. *Psychology of Sport and Exercise* 10(4):410-419.

Biddle, S. J., T. Gorely, and S. J. Marshall. 2009. Is television viewing a suitable marker of sedentary behavior in young people? *Annals of Behavioral Medicine* 38(2):147-153.

Biddle, S. J. H., and C. R. Nigg. 2000. Theories of exercise behavior. *International Journal of sport Psychology* 31 (2):290-304.

Binder, D. K., and H. E. Scharfman. 2004. Brain-derived neurotrophic factor. *Growth factors* 22(3):123-131.

Bircan, C., S. Karasel, B. Akgün, O. El, and S. Alper. 2008. Effects of muscle strengthening versus aerobic exercise program in fibromyalgia. *Rheumatology International* 28 (6):527-532.

Birdsong, W. T., L. Fierro, F. G. Williams, et al. 2010. Sensing muscle ischemia: Coincident detection of acid and ATP via interplay of two ion channels. *Neuron* 68(4):739-749.

Bixby, W. R., and M. R. Lochbaum. 2006. Affect responses to acute bouts of aerobic exercise in fit and unfit participants: An examination of opponent-process theory. *Journal of sport Behavior* 29(2):111.

Black, C. D., M. P. Herring, D. J. Hurley, and P. J. O'Connor. 2010. Ginger(Zingiber officinale) reduces muscle pain caused by eccentric exercise. *Journal of Pain* 11 (9):894-903.

Black, C. D., and P. J. O'Connor. 2008. Acute effects of dietary ginger on quadriceps muscle pain during moderate-intensity cycling exercise. *International Journal of Sport Nutrition & Exercise Metabolism* 18(6):653-664.

Blair, S. N., M. Booth, I. Gyarfas, et al. 1996. Development of public policy and physical activity initiatives internationally. *Sports Medicine* 21 (3):157-163.

Blamey, A., N. Mutrie, and T. Aitchison. 1995. Health promotion by encouraged use of stairs. *British Medical Journal* 311:289-290.

Blanchard, C., M. Fortier, S. Sweet, et al. 2007. Explaining physical activity levels from a self-efficacy perspective: The physical activity counseling trial. *Annals of Behavioral Medicine* 34 (3): 323-328.

Blascovich, J., and J. Tomaka. 1991. Measures of selfesteem. *In Measures of personality and social psychological attitudes*, edited by J. P. Robinson, P. R. Shaver, and L. S. Wrightsman. San Diego, CA: Academic Press.

Blissmer, B., and E. McAuley. 2002. Testing the requirements of stages of physical activity among adults: The comparative effectiveness of stage-matched, mismatched, standard care, and control interventions. *Annals of Behavioral Medicine* 24 (3): 181-189.

Blumberg, S. J., and J. V Luke. 2011. *Wireless substiution: Early release of estimates from the National Health Interview Survey, January-June* 2010. National Center for Health Statistics, December 21, 2010.

Blumenthal, J. A., M. A. Babyak, K. A. Moore, et al. 1999. Effects of exercise training on older patients with major depression. *Archives of Internal Medicine* 159(Oct 25):2349-2356.

Blumenthal, J. A., S. Herman, P. Khatri, et al. 2000. Exercise treatment for major depression: Maintenance of therapeutic benefit at 10 months. *Psychosomatic Medicine* 62 (5):633-638.

Blumenthal, J. A., S. Rose, and J. L. Chang. 1985. Anorexia nervosa and exercise. Implications from recent findings. *Sports Medicine* 2 (Jul-Aug):237-247.

Bock, B. C., B. H. Marcus, T. K. King, B. Borrelli, and M. R. Roberts. 1999. Exercise effects on withdrawal and mood among women attempting smoking cessation. *Addictive Behaviors* 24 (3): 399-410.

Boecker, H. , T. Sprenger, M. E. Spilker, et al. 2008. The runner's high: Opioidergic mechanisms in the human brain. *Cerebral Cortex* 18 (11): 2523-2531.

Boecker, H. , A. Othman, S. Mueckter, L. Scheef, M. Pensel, M. Daamen, J. Jankowski, H. H. Schild, T. R. Tölle, and M. Schreckenberger. 2010. Advocating Neuroimaging Studies of Transmitter Release in Human Physical Exercise Challenges Studies. *Open Access Journal of Sports Medicine* 1: 167-175.

Bol, Y. , A. A. Druits, R. M. Hupperts, J. W. Valaeyen, and F. R. Verhey. 2009. The psychology of fatigue in patients with multiple sclerosis: A review. *Journal of Psychosomatic Research* 66 (1): 3-11.

Bollen, K. A. 1989. *Structural equations with latent variables*. New York: Wiley.

Bollen, K. A. , P. J. Curran, and J. Wiley. 2006. *Latent curve models: A structural equation perspective*. Hoboken, NJ: Wiley-Interscience.

Bolognesi, M. , C. R. Nigg, M. Massarini, and S. Lippke. 2006. Reducing obesity indicators through brief physical activity counseling (PACE) in Italian primary care settings. *Annals of Behavioral Medicine* 31(2): 179-185.

Bonnet, M. , M. M. Bradley, P. J. Lang, and J. Requin. 1995. Modulation of spinal reflexes: Arousal, pleasure, action. *Psychophysiology* 32(4): 367-372.

Booth, M. L. , N. Owen, A. Bauman, O. Clavisi, and E. Leslie. 2000. Social-cognitive and perceived environmental influences associated with physical activity in older Australians. *Preventive Medicine* 31: 15-22.

Bopp, M. , S. Wilcox, M. Laken, K. Butler, R. E. Carter, L. McClorin, and A. Yancey. 2006. Factors associated with physical activity among African-American men and women. *American Journal of Preventive Medicine* 30 (4): 340-346.

Borg, G. A. 1961. Interindividual scaling and perception of muscular force. *Kungliga Fysiografiska Sällska pets I Lund Förbandlinger* 12 (31): 117-125.

Borg, G. A. 1962. *Physical performance and perceived exertion*. Vol. XI, *Studia Psychologica et Paedagogica*. *Seris altera*. Lund, Sweden: Gleerup.

Borg, G. A. 1970. Perceived exertion as an indicator of somatic stress. *Scandinavian Journal of Rehabilitative Medicine* 23: 92-98.

Borg, G. A. 1972. The basic "noise constant" in the psychophysical function of perceived exertion. *Reports from the Institute of Applied Psychology*, U. Stockbolm (33).

Borg, G. A. 1982. Psychophysical bases of perceived exertion. *Medicine & Science in sports & Exercise* 14: 377-381.

Borg, G. A. 1998. *Borg's perceived exertion and pain scales*. Champaign, IL: Human Kinetics.

Borg, P. , K. Kukkonen-Harjula, M. Fogelholm, and M. Pasanen. 2002. Effects of walking or resistance training on weight loss maintenance in obese, middleaged men: A randomized trial. *International Journal of Obesity* 26 (5): 676-683.

Borges, G. , M. K. Nock, J. M. Haro Abad, et al. 2010. Twelve-month prevalence of and risk factors for suicide attempts in the World Health Organization World Mental Health Surveys. *Journal of Clinical Psychiatry* 71 (12): 1617-1628.

Borkowski, J. H. , M. Carr, and M. Pressely. 1987. "Spontaneous" strategy use: Perspectives from metacognitive theory. *Intelligence* 11: 61-75.

Bouchard, C. 2011. Overcoming barriers to progress in exercise genomics. *Exercise and Sport Sciences Reviews*. 39(4): 212-217. doi: 10. 1097/JES. 0b013e31822643f6.

Bouchard, C. , and T. Rankinen. 2001. Individual differences in response to regular physical activity. *Medicine & Science in Sports & Exercise* 33 (6 Suppl.): S446-S451; discussion S452-S453.

Bouchard, C. , M. A. Sarzynski, T. K. Rice, et al. 2011. Genomic predictors of the maximal O uptake response to standardized exercise training programs. *Journal of Applied Physiology* 110(5): 1160-1170.

Bouchard, C. , R. Shephard, and T. Stephens. 1994. *Physical activity, fitness, and health: International proceedings and consensus statement*. Champaign, IL: Human Kinetics.

Boutcher, S. H. , L. A. Fleischer-Curtian, and S. D. Gines. 1988. The effects of self-presentation on perceived exertion, *Journal of sport & Exercise Psychology* 10(3): 270-280.

Boutcher, S. H. , F. W. Nugent, P. F. McLaren, and A. L. Weltman. 1998. Heart period variability of trained and untrained men at rest and during mental challenge. *Psychophysiology* 35 (Jan): 16-22.

Boutcher, S. H. , R. L. Seip, R. K. Hetzler, E. F. Pierce, D. Snead, and A. Weltman. 1989. The effects of specificity of training on rating of perceived exertion at the lactate threshold. *European Journal of Applied Physiotogy* 59: 365-369.

Boyd, K. R. , and D. W. Hrycaiko. 1997. The effect of a physical activity intervention package on the self esteem of pre-adolescent and adolescent females. *Adolescence* 32(Fall): 693-708.

Bozdagi, O. , E. Rich, S. Tronel, et al. 2008. The neurotrophin-inducible gene Vgf regulates hippocampal function and behavior through a brain-derived neurotrophic factor-dependent mechanism. *Journal of Neuroscience* 28(39): 9857-9869.

Bozoian, S. , WJ. Rejeski, and E. McAuley. 1994. Self-efficacy influences feeling states associated with acute exercise. *Journal of Sport & Exercise Psychology* 16(3): 326-333.

Bradley, M. M. , and P. J. Lang. 1994. Measuring emotion: The Self-Assessment Manikin and the semantic differential. *Journal of Behavior Therapy and Experimental Psychiatry*. 25 (1):49-59.

Bray, M. S. , J. M. Hagberg, L. Perusse, et al. 2009. The human gene map for performance and health-related fitness phenotypes: The 2006-2007 update. *Medicine & Science in sports & Exercise* 41(1): 35-73.

Breivik, H. , B. Collett, V. Ventafridda, R. Cohen, and D. Gallacher. 2006. Survey of chronic pain in Europe: Prevalence, impact on daily life, and treatment. *European Journal of Pain* 10(4):287-333.

Breslau, J. , S. Aguilar-Gaxiola, K, S. Kendler, M. Su, D. Williams, and R. C. Kessler. 2006. Specifying raceethnic differences in risk for psychiatric disorder in a USA national sample. *Psychological Medicine* 36(1):57-68.

Breus, M. J. and P. J. O'Connor. 1998. Exercise-induced anxiolysis: A test of the "time out" hypothesis in high anxious females. *Medicine & Science in sports & Exercise* 30(7):1107-1112.

Breus, M. J. , P. J. O'Connor, and S. T. Ragan. 2000. Muscle pain induced by novel eccentric exercise does not disturb the sleep of normal young men. *Journal of Pain* 1(1):67-76.

Briones, T. L. 2006. Environment, physical activity, and neurogenesis: Implications for prevention and treatment of Alzheimer's Disease. *Current Alzheimer Research* 3:49-54.

Brisswalter, J. B. , M. Collardeau, and R Arcelin. 2002. Effects of acute physical exercise on cognitive performance. *Sports Medicine* 32:555-566.

Brodie, D. A. , and A. Inoue. 2005. Motivational interviewing to promote physical activity for people with chronic heart failure. *Journal of Advanced Nursing* 50(5):518-527.

Bronfenbrenner, U. 1979. *The Ecology of Human Development*. Cambridge, MA: Harvard University Press.

Broocks, A. , B. Bandelow, G. Pekrun, et al. 1998. Comparison of aerobic exercise, clomipramine, and placebo in the treatment of panic disorder [see comments]. *American Journal of Psychiatry* 155 (May):603-609.

Broocks, A. , T. F. Meyer, B. Bandelow, et al. 1997. Exercise avoidance and impaired endurance capacity in patients with panic disorder. *Neuropsychobiology* 36:182-187.

Brown, R. D. , and J. M. Harrison. 1986. The effects of a strength training program on the strength and selfconcept of two female age groups. *Research Quarterly for Exercise and sport* 57:315-320.

Brown, G. G. , J. E. Perthen, T. T. Liu, and R. B. Buxton. 2007. A primer on functional magnetic resonance imaging. *Neuropsychology Review*. 17 (2):107-25. doi:10.1007/s11065-007-9028-8.

Brown, S G. , and R. E. Rhodes. 2006. Relationships among dog ownership and leisure-time walking in Western Canadian adults. *American Journal of Preventive Medicine* 30(2):131-136.

Brown, W. J. , J. H. Ford, N. W. Burton, A. L. Marshall, and A. J. Dobson. 2005. Prospective study of physical activity and depressive symptoms in middle-aged women. *American Journal of Preventive Medicine* 29(4):265-272.

Brown, W. J. , G. Mishra, C. Lee, and A. Bauman. 2000. Leisure time physical activity in Australian women: Relationship with well being and symptoms. *Research Quarterly for Exercise and Sport* 71 (3):206-216.

Brownell, K. , A. J. Stunkard, and J. Albaum. 1980. Evaluation and modification of exercise patterns in the natural environment. *American Journal of Psychiatry* 136:1540-1545.

Brownson, R. C. , E. A. Baker, R. A. Housemann, L. K. Brennan, and S. J. Bacak. 2001. Environmental and policy determinants of physical activity in the United States. *American Journal of Public Health* 91 (12):1995-2003.

Brownson, R. C. , C. M. Hoehner, K. Day, A. Forsyth, and J. F. Sallis. 2009. Measuring the built environment for physical activity: State of the science. *American Journal of Preventive Medicine* 36 (4):S99-S123; E12.

Bryne, A. and D. G. Bryne. 1993. The effect of exercise on depression, anxiety and other mood states: a review. *Journal of Psychosomatic Research* 17:565-574.

Bryan, R. J. 1990. Cerebral blood flow and energy metabolism during stress. *American Journal of Physiology* Z59 (Aug):H269-H280.

Brynteson, P. , and T. M. I. Adams. 1993. The effects of conceptually based physical education programs on attitudes and exercise habits of college alumni after 2 to 11 years of follow-up. *Research Quarterly for Exercise & Sport* 64:208-212.

Buckworth, J. 2000. Exercise determinants and interventions. *International Journal of Sport Psychology* 31(2):305-320.

Buckworth, J. 2001. Exercise adherence in college students: Issues and preliminary results. *Quest* 53(3):335-345.

Buckworth, J. , R. K. Dishman, and K. J. Cureton. 1994. Effects of aerobic fitness on cardiovascular reactivity and the carotid baroreflex in women with parental hypertension. *Medicine & Science in Sports & Exercise* 26 (Suppl. 5):S198.

Buckworth, J. , R. E. Lee, G. Regan, L. K. Schneider, and C. C. DiClemente. 2007. Decomposing intrinsic and extrinsic motivation for exercise: Application to stages of motivational readiness. *Psychology of sport and Exercise* 8 (4):441-461.

Bulbulian, R. , and B. L. Darabos. 1986. Motor neuron excitability: The Hoffmann reflex following exercise of low and high intensity. *Medicine & Science in sports & Exercise* 18 (Dec):697-702.

Bull,F. C. ,K. Jamrozik,and B. A. Blanksby. 1998. Tailoring advice on exercise: Does it make a difference? *American Journal of Preventive Medicine* 16(3):230-239.

Bullitt,E. , F. N. Rahman,J. K. Smith, et al. 2009. The effect of exercise on the cerebral vasculature of healthy aged subjects as visualized by MR angiography. *American Journal of Neuroradiology* 30 (10):1857-1863.

Buman,M. P. ,E. B. Hekler,D. L. Bliwise,and A. C. King. 2011a. Exercise effects on night-to-night fluctuations in self-rated sleep among older adults with sleep complaints. *Journal of Sleep Research* 20 (1 Pt 1):28-37.

Buman,M. P. ,E. B. Hekler,D. L. Bliwise,and A. C. King. 2011b. Moderators and mediators of exercise-induced objective sleep improvements in midlife and older adults with sleep complaints. *Health Psychology* 30(5):579-587.

Burgess, M. L. , J. M. Davis, T. K. Borg, and J. Buggy. 1991. Intracranial self-stimulation motivates treadmill running in rats. *Journal of Applied Physiology* 71(Oct):1593-1597.

Burghardt,P. R. ,L. J. Fulk,G. A. Hand,and M. A. Wilson. 2004. The effects of chronic treadmill and wheel running on behavior in rats. *Brain Research* 1019(1-2):84-96.

Burke,E. J. and M. L. Collins. 1984. Using perceived exertion for the prescription of exercise in healthy adults. In *Clinical sports medicine*,Lexington,MA:Callamore Press.

Burton,R. 1632. *The anatomy of melancholy*. Oxford:Printed by Ion Lichfield for Henry Cripps.

Busch,V. ,and C. Gaul. 2008. Exercise in migraine therapy:Is there any evidence for efficacy? A critical review. *Headache: The Journal of Head and Face Pain* 48(6):890-899.

Butler,J. E. ,J. L. Taylor, and S. C. Gandevia. 2003. Responses of human motoneurons to corticospinal stimulation during maximal voluntary contractions and ischemia. *Journal of Neuroscience* 23 (32):10224-10230.

Buxton,O. M. ,C. W. Lee, M. L'Hermite-Baleriaux, F. W. Turek, and E. Van Cauter. 2003. Exercise elicits phase shifts and acute alterations of melatonin that vary with circadian phase. *American Journal of Physiology* 284 (3):R714-R724.

Buxton, R. B. 2009. *Introduction to functional magnetic resonance imaging: Principles and techniques*. Cambridge, UK: Cambridge University Press.

Buxton,R. B. ,L. R. Frank,E. C. Wong, B. Siewert, S. Warach,and R. R. Edelman. 1998. A general kinetic model for quantitative perfusion imaging with arterial spin labeling. *Magnetic Resonance in Medicine* 40 (3):383-396.

Cacioppo,J. T. ,G. G. Berntson, J. T. Larsen, K. M. Poehlmann, and T. A. Ito. 2000. The psychophysiology of emotion. In *Handbook of emotions*,edited by M. Lewis,J. M. Haviland-Jones, and L. F. Barrett. New York:Guilford Press.

Cacioppo,J. T. ,D. J. Klein,G. G. Bernsten, and E. Hatfield. 1993. The psychophysiology of emotion. In *Handbook of emotions*,edited by M. Lewis and J. M. Haviland. New York:Guilford Press.

Cacioppo,J. T. , R. E. Petty, M. E. Losch, and H. S. Kim. 1986. Electromyographic activity over facial muscle regions can differentiate the valence and intensity of affective reactions. *Journal of Personality and Social Psychology* 50:260-268.

Cafarelli, E. ,and B. Bigland-Ritchie. 1979. Sensation of static force in muscles of different length. *Experimental Neurology* 65: 511-525.

Cafarelli, E. ,W. S. Cain,and J. C. Stevens. 1977. Effort of dynamic exercise:Influence of load,duration,and task. *Ergonomics* 20(2): 147-158.

Cafarelli,E. ,and C. E. Kostka. 1981. Effect of vibration on static force sensation in man. *Experimental Neurology* 74(2):331-340.

Cain,W. S. ,and J. C. Stevens. 1971. Effort in sustained and phasic handgrip contractions. *American Journal of Psychology* 84:51-65.

Cain, W. S. , and J. C. Stevens. 1973. Constant-effort contractions related to the electromyogram. *Medicine and Science in Sports* 5 (2):121-127.

Calfas,K. J. , B. J. Long,J. F. Sallis, W. Wooten, M. Pratt, and K. Patrick. 1996. A controlled trial of physician counseling to promote the adoption of physical activity. *Preventive Medicine* 25 (3):225-233.

Calfas, K. J. , J. F. Sallis, B. Oldenburg, and M. French. 1997. Mediators of change in physical activity following an intervention in primary care:PACE. *Preventive Medicine* 26:297-304.

Calhoun, L. G. 1999. Gender and ethnic differences in the relationship between body esteem and self-esteem. *Journal of Psychology* 133 (4):357-368.

California Department of Education. 2005. *A study of the relationship between physical fitness and academic achievement in California using 2004 test results*. Sacramento: California Department of Education.

Callaghan,P. ,E. Khalil,and I. Morres. 2009. Pragmatic randomised controlled trial of a preferred intensity exercise programme to improve wellbeing outcomes of women living with depression. University of Nottingham. Nottingham,UK.

Camacho,T. C. ,R. E. Roberts, N. B. Lazarus,G. A. Kaplan,and R. D. Cohen. 1991. Physical activity and depression:Evidence from the Alameda County Study. *American journal of Epidemiology* 134: 220-231.

Camacho-Minano, M. J., N. M. Lavoi, and D. J. Barr-Anderson. 2011. Interventions to promote physical activity among young and adolescent girls: A systematic review. *Health Education Research*. 26 (6):1025-1049. doi:10.1093/her/cyr040.

Campbell, A., and H. A. Hausenblas. 2009. Effects of exercise interventions on body image: A meta-analysis. *Journal of Health Psychology* 14 (6):780-793.

Campbell, D. D., and J. E. Davis. 1939-1940. Report of research and experimentation in exercise and recreational therapy. *American Journal of Psychiatry* 96:915-933.

Campbell, D. T., and D. W. Fiske. 1959. Convergent and discriminant validation by the multitrait-multimethod matrix. *Psychological Bulletin* 56:81-105.

Cannon, W. B. 1929. Organization for physiological homeostasis. *Physiological Review* 9:399-431.

Carlson, J. M., D. Foti, L. R. Mujica-Parodi, E. HarmonJones, and G. Hajcak. 2011. Ventral striatal and medial prefrontal BOLD activation is correlated with reward-related electrocortical activity: A combined ERP and fMRI study. *NeuroImage* 57(4): 1608-1616.

Carlson, N. R. 1998. *Physiology of behavior*. 6th ed. Needham Heights, MA: Allyn and Bacon.

Carlson, N. R. 2010. *Physiology of behavior*. 10th ed. Needham Heights, MA: Allyn and Bacon.

Carlson, S. A., J. E. Fulton, S. M. Lee, et al. 2008. Physical education and academic achievement in elementary school: Data from the Early Childhood Longitudinal study. *American Journal of Public Health* 98(4):721-727.

Carroll, J. B. 1993. *Human cognitive abilities*. Cambridge: Cambridge University Press.

Carron, A. V, H. A. Hausenblas, and D. Mack. 1996. Social influence and exercise: A meta-analysis. *Journal of sport & Exercise Psychology* 18:1-16.

Carskadon, M. A., and W. C. Dement. 1989. Normal human sleep: An overview. In *Principles and practice of sleep medicine*, edited by M. H. Kryger, T. Roth, and W. C. Dement. Philadelphia: Saunders.

Caruso, C. M., and D. L. Gill. 1992. Strengthening physical self-perceptions through exercise. *Journal of Sports Medicine and Physical Fitness* 32:416-427.

Carver, C. S. 2004. Negative affects deriving from the behavioral approach system. *Emotion* 4(1):3-22.

Carver, C. S., and J. Connor-Smith. 2010. Personality and coping. *Annual Review of Psychology* 61:679-704.

Carver, C. S., and E. Harmon-Jones. 2009a. Anger is an approach-related affect: Evidence and implications. *Psychological Bulletin* 135 (2):183-204.

Carver, C. S., and E. Harmon-Jones. 2009b. Anger and approach: Reply to Watson (2009) and to Tomarken and Zald (2009). *Psychological Bulletin* 135(2):215-217.

Carver, C. S., H. J. Scheier, C. J. Miller, and D. Fulford. 2009. Optimism. In *Oxford handbook of positive psychology*, edited by C. R. Snyder and S. J. Lopez. New York: Oxford University Press.

Carver, C. S., and T. L. White. 1994. Behavioral inhibition, behavioral activation, and affective responses to impending reward and punishment: The BIS/BAS Scales. *Journal of Personality and Social Psychology* 67(2):319-333.

Casey, B. J., A. Galvan, and T. A. Hare. 2005. Changes in cerebral functional organization during cognitive development. *Current opinion in Neurobiology* 15(2):239-244.

Cash, T. F. 2000. *Multidimensional Body-Self Relations Questionnaire: MBSRQ user's manual*. Norfolk, VA: Old Dominion University.

Casper, R. C. 1993. Exercise and Mood. *World Review of Nutrition and Dietetics* (71):115-143.

Caspersen, C. J. 1989. Physical activity epidemiology: concepts, methods, and applications to exercise science. *Exercise and sport Sciences Reviews* 17:423-473.

Caspersen, C. J., M. A. Pereira, and K. M. Curran. 2000. Changes in Physical Activity Patterns in the United States, by Sex and Cross-Sectional Age. *Medicine and Science in sports and Exercise* 32, 9: 1601-1609.

Caspersen, C. J., K. E. Powell, and G. M. Christenson. 1985. Physical activity, exercise, and physical fitness: Definitions and distinctions for health-related research. *Public Health Reports* 100: 126-131.

Castro, C., J. F. Sallis, S. A. Hickmann, R. E. Lee, and A. H. Chen. 1999. A prospective study of psychosocial correlates of physical activity for ethnic minority women. *Psychology & Health* 14(2): 277-293.

Centers for Disease Control and Prevention. 2001. Increasing physical activity: A report on recommendations of the Task Force on Community Preventive Services. *Morbidity and Mortality Weekly Reports* 50(No. RR-18):7-12.

Centers for Disease Control and Prevention (CDC). 2001a. Physical activity trend—United States, 1990-1998. *Morbidity and Mortality Weekly Reports* 50:166-169.

Centers for Disease Control and Prevention (CDC). 2001b. Prevalence of disabilities and associated health conditions among adults—United States, 1999. *Journal of the American Medical Association* 285(12):1571.

Centers for Disease Control and Prevention (CDC). 2005. Public health strategies for preventing and controlling overweight and obesity in school and worksite settings: A report on recommendations of the task force on community preventative services. *CDC Recommendations and Reports*, October 7, 2005/54 (RR10).

Centers for Disease Control and Prevention (CDC). 2010a. Web-based Injury Statistics Query and Reporting System (WISQARS) [Online]. National Center for Injury Prevention and Control, CDC(producer).

Centers for Disease Control and Prevention (CDC). 2012. Youth Risk Behavior Surveillance—United States, 2011. Surveillance Summaries, June 8. *Morbidity and Mortality Weekly Report* 61(No. SS-4).

Chaddock, L., M. B. Pontifex, C. H. Hillman, and A. F. Kramer. 2011. A review of the relation of aerobic fitness and physical activity to brain structure and function in children. *Journal of the International Neuropsychological Society* 7 (6): 975-85. doi: 10. 1017/S1355617711000567.

Challenges and a call for action. *Psychology of Sport and Exercise* 12: 1-6.

Chaouloff, F. 1997. Effects of acute physical exercise on central serotonergic systems. *Medicine & Science in sports & Exercise* 29 (Jan): 58-62.

Charney, D. S., S. W. Woods, W. K. Goodman, and G. R. Heninger. 1987. Serotonin function in anxiety. II. Effects of the serotonin agonist MCPP in panic disorder patients and healthy subjects. *Psychopharmacology* 92: 14-24.

Charney, D. S., S. W. Woods, J. H. Krystal, L. M. Nagy, and G. R. Heninger. 1992. Noradrenergic neuronal dysregulation in panic disorder: The effects of intravenous yohimbine and clonidine in panic disorder patients. *Acta Psychiatrica Scandinavica* 86 (Oct): 273-282.

Chida, Y., and A. Steptoe. 2009. The association of anger and hostility with future coronary heart disease: A meta-analytic review of prospective evidence. *Journal of the American College of Cardiology* 53(11): 936-946.

Chilcott, L. A., and C. M. Shapiro. 1996. The socioeconomic impact of insomnia. An overview. *Pharmaco Economics* 10 (Suppl. 1): 1-14.

Chodzko-Zajko, W. J., and K. A. Moore. 1994. Physical fitness and cognitive functiorung in aging. *In Exercise and sport science reviews*, edited by J. O. Holloszy. Baltimore, PA: Williams & Wilkins.

Chodzko-Zajko, W. J., D. N. Proctor, M. A. F. Singh, C. T. Minson, C. R. Nigg, G. J. Salem, and J. S. Skinner. Exercise and Physical Activity for Older Adults. *Medicine & Science in sports & Exercise* 41, 7 (2009): 1510-30 doi: 10. 249/MSS. 0b013e3181a0c95c.

Chomitz, V. R., M. M. Slinning, R. J. McGowan, S. E. Mitchell, G. F. Dawson, and K. A. Hacker. 2009. Is there a relationship between physical fitness and academic achievement? Positive results from public school children in the Northeastern United States. *Journal of School Health* 79(1): 30-37.

Chou, R., and L. Hoyt Huffman. 2007. Nonpharmacologic therapies for acute and chronic low back pain: A review of the evidence for an American Pain Society/American College of Physicians clinical practice guideline. *Annals of Internal Medicine* 147 (7): 492-504.

Chouinard, G. 2004. Issues in the clinical use of benzodiazepines: Potency, withdrawal, and rebound. *Journal of Clinical Psychiatry* 65(Suppl. 5): 7-12.

Christensen, M. S., J. Lundbye-Jensen, S. S. Geertsen, T. H. Petersen, O. B. Paulson, and J. B. Nielsen. 2007. Premotor cortex modulates somatosensory cortex during voluntary movements without proprioceptive feedback. *Nature Neuroscience* 10 (4): 417-419.

Chronicle of Higher Education. 2000. Information bank. Available from www. chronicle. com.

Chrousos, G. P., and P. W. Gold. 1998. A healthy body in a healthy mind—and vice versa—the damaging power of "uncontrollable" stress [editorial; comment]. *Journal of Clinical Endocrinology and Metabolism* 83(June): 1842-1845.

Chung, S., M. E. Domino, S. C. Stearns, and B. M. Popkin. 2009. Retirement and physical activity: Analyses by occupation and wealth. *American Journal of Preventive Medicine* 36(5): 422-428.

Churchill, J. D., R. Galvez, S. Colcombe, R. A. Swain, A. F. Kramer, and W. T. Greenough. 2002. Exercise, experience and the aging brain. *Neurobiology of Aging* 23(5): 941-955.

Ciubotariu, A., L. Arendt-Nielsen, and T. Graven-Nielsen. 2007. Localized muscle pain causes prolonged recovery after fatiguing isometric contractions. *Experimental Brain Research* 181 (1): 147-158.

Clarac, F. 2008. Some historical reflections on the neural control of locomotion. *Brain Research Reviews* 57(1): 13-21.

Clark, P. J., T. K. Bhattacharya, D. S. Miller, and J. S. Rhodes. 2011. Induction of c-Fos, Zif268, and Arc from acute bouts of voluntary wheel running in new and pre-existing adult mouse hippocampal granule neurons. *Neuroscience* 184: 16-27.

Clausen, J. P., and J. Trap-Jensen. 1976. Heart rate and arterial blood pressure during exercise in patients with angina pectoris. Effects of training and of nitroglycerin. *Circulation* 53(3): 436-442.

Clausen, R. P., K. B. Hansen, P. Cali, et al. 2004. The respective Nhydroxypyrazole analogues of the classical glutamate receptor ligands ibotenic acid and(RS)-2-amino-2-(3-hydroxy-5-methyl-4-isoxazolyl)acetic acid. *European Journal of Pharmacology* 499(1-2): 35-44.

Cleland, V. , D. Crawford, L. A. Baur, C. Hume, A. Timperio, and J. Salmon. 2008. A prospective examination of children's time spent outdoors, objectively measured physical activity and overweight. *International Journal of Obesity* 32(11):1685-1693.

Cloninger, C. R. 2005. Character strengths and virtues: A handbook and classification. *American Journal of Psychiatry* 162 (4):820-821.

Clore, G. L. , N. Schwarz, and M. Conway. 1994. Affective causes and consequences of social information processing. In *Handbook of social cognition*, *Vol.1: Basic processes*; *Vol.2: Applications*, edited by R. S. Wyer, Jr. , and T. K. Srull. 2nd ed. Hillsdale, NJ: Lawrence Erlbaum.

Clutter, W. , D. Bier, S. Shah, and P. E. Cryer. 1980. Epinephrine: Plasma metabolic clearance rates and physiologic thresholds for metabolic and hemodynamic actions in man. *Journal of Clinical Investigation* 66:94-101.

Coats, A. J. S. 1992. Heart rate variability and physical training. *In Blood pressure and heart rate variability*, edited by M. Di Rienzo. Amsterdam, Netherlands: IOS Press.

Cockerill, I. M. , and M. E. Riddington. 1996. Exercise dependence and associated disorders: A review. *Counseling Psychology Quarterly* 9(2):119-129.

Coghill, R. C. , C. N. Sang, J. M. Maisog, and M. J. Iadarola. 1999. Pain intensity processing within the human brain: A bilateral, distributed mechanism. *Journal of Neurophysiology* 82 (4): 1934-1943.

Cohen, M. S. , and S. Y. Bookheimer. 1994. Localization of brain function using magnetic resonance imaging. *Trends in Neurosciences* 17 (Jul):268-277.

Colabianchi, N. , M. Dowda, K. A. Pfeiffer, D. E. Porter, M. J. Almeida, and R. R. Pate. 2007. Towards an understanding of salient neighborhood boundaries: Adolescent reports of an easy walking distance and convenient driving distance. *International Journal of Behavioral Nutrition and Physical Activity* 4:66.

Colcombe, S. J. , K. I. Erickson, P. Scalf, et al. 2006. Aerobic exercise training increases brain volume in aging humans. *Journal of Gerontology: Medical Sciences* 61A(11):1166-1170.

Colcombe, S. J. , and A. F Kramer. 2003. Fitness effects on the cognitive function of older adults: A meta-analytic study. *Psychological Science* 14:125-130.

Colcombe, S. J. , A. F. Kramer, K. I. Erickson, et al. 2004. Cardiovascular fitness, cortical plasticity, and aging. *Proceedings of*

the *National Academy of Science* 101(9):3316-3321.

Cole, D. A. , S. E. Maxwell, J. M. Martin, et al. 2001. The development of multiple domains of child and adolescent self-concept: A cohort sequential longitudinal design. *Child Development* 72(6):1723-1746.

Cole, R. J. , D. F. Kripke, J. Wisbey, et al. 1995. Seasonal variation in human illumination exposure at two different latitudes. *Journal of Biological Rhythms* 10(4):324-334.

Colombe, S. J. , A. F Kramer, K. I. Erickson, et al. 2004. Cardiovascular fitness, cortical plasticity, and aging. *Proceedings of the National Academy of Science*. 101:3316-3321.

Conn, V. S. , A. R. Hafdahl, and L. M. Brown. 2009. Meta-analysis of quality-of-life outcomes from physical activity interventions. *Nursing Research* 58(3):175-183.

Conn, V. S. , A. R. Hafdahl, P. S. Cooper, L. M. Brown, and S. L. Lusk. 2009. Meta-analysis of workplace physical activity interventions. *American Journal of Preventive Medicine* 37 (4):330-339.

Conn, V. S. , A. R. Hafdahl, and D. R. Mehr. 2011. Interventions to increase physical activity among healthy adults: A meta-analysis of outcomes. *American Journal of Public Health* 101(4):751-758.

Connor-Smith, J. K. , and C. Flachsbart. 2007. Relations between personality and coping: A meta-analysis. *Journal of Personality and Social Psychology* 93(6):1080-1107.

Cook, D. B. , E. M. Jackson, P. J. O'Connor, and R. K. Dishman. 2004. Muscle pain during exercise in normotensive African American women: Effect of parental hypertension history. *Journal of Pain* 5(2):111-118.

Cook, D. B. , and K. F. Koltyn. 2000. Pain and exercise. *International Journal of sport Psychology* 31(2):256-277.

Cook, D. B. , P. R. Nagelkirk, A. Poluri, J. Mores, and B. H. Natelson. 2006. The influence of aerobic fitness and fibromyalgia on cardiorespiratory and perceptual responses to exercise in patients with chronic fatigue syndrome. *Arthritis and Rheumatism* 54(10): 3351-3362.

Cook, D. B. , P. J. O'Connor, S. A. Eubanks, J. C. Smith, and M. Lee. 1997. Naturally occurring muscle pain during exercise: Assessment and experimental evidence. *Medicine & Science in Sport & Exercise* 29(8):999-1012.

Cook, D. B. , P. J. O'Connor, G. Lange, and J. Steffener. 2007. Functional neuroimaging correlates of mental fatigue induced by cognition among chronic fatigue syndrome patients and controls. *NeuroImage* 36(1):108-122.

Cook, D. B. , P. J. O'Connor, S. E. Oliver, and Y. Lee. 1998. Sex differences in naturally occurring leg muscle pain and exertion during maximal cycle ergometry. *International Journal of Neuroscience*

95 (3-4):183-202.

Cook, D. B., P. J. O'Connor, and C. A. Ray. 2000. Muscle pain perception and sympathetic nerve activity to exercise during opioid modulation. *American Journal of Physiology*, 279 (5): R1565-R1573.

Cook, D. B., A. J. Stegner, and L. D. Ellingson. 2010. Exercise alters pain sensitivity in Gulf War veterans with chronic musculoskeletal pain. *Journal of Pain* 11(8):764-772.

Coopersmith, S. 1967. *The antecedents of self-esteem*. San Francisco: Freeman.

Coopersmith, S. 1975. *Coopersmith Self Esteem Inventory, technical manual*. Palo Alto, CA: Consulting Psychologists Press.

Costa, P. T., and R. R. McCrae. 1985. *The NEO Personality Inventory: Manual, Form S and Form R*. Odessa, FL: Psychological Assessment Resources.

Cotman, C. W., N. C. Berchtold, and L. A. Christie. 2007. Exercise builds brain health: Key roles of growth factor cascades and inflammation. *Trends in Neurosciences* 30(9):464-472.

Courneya, K. S. 2010. Efficacy, effectiveness, and behavior change trials in exercise research. *International Journal of Behavioral Nutrition and Physical Activity* 7:81.

Courneya, K. S., and C. M. Friedenreich. 1999. Physical exercise and quality of life following cancer diagnosis: A literature review. *Annals of Behavioral Medicine* 21(Spring):171-179.

Courneya, K. S., and L. M. Hellsten. 1998. Personality correlates of exercise behavior, motives, barriers, and preferences: An application of the five-factor model. *Personality and Individual Differences* 24(5):625-633.

Courneya, K. S., and E. McAuley. 1995. Cognitive mediators of the social influence-exercise adherence relationship: A test of the Theory of Planned Behavior. *Journal of Behavioral Medicine* 18 (5):499-515.

Cox, J. J., F. Reimann, A. K. Nicholas, et al. 2006. An SCN9A channelopathy causes congenital inability to experience pain. *Nature* 444(7121):894-898.

Cox, K. L., V Burke, L. J. Beilin, and I. B. Puddey. 2010. A comparison of the effects of swimming and walking on body weight, fat distribution, lipids, glucose, and insulin in older women: The Sedentary Women Exercise Adherence Trial 2 (Report). *Metabolism* 59(11):1562-1573.

Crabbe, J. B., and R. K. Dishman. 2001. Exercise and brain electrocortical activity: A quantitative synthesis. *Medicine and Science in Sports and Exercise*. 32(suppl. 5):S43, S38.

Crabbe, J. B., and R. K. Dishman. 2004. Brain electrocortical activity during and after exercise: A quantitative synthesis. *Psychophysiology* 41

(4):563-574.

Crabbe, J. B., J. C. Smith, and R. K. Dishman. 2007. Emotional & electroencephalographic responses during affective picture viewing after exercise. *Physiology & Behavior* 90(2-3):394-404.

Craft, L. L., and D. M. Landers. 1998. The effect of exercise on clinical depression and depression resulting from mental illness: A meta-analysis. *Journal of Sport and Exercise Psychology* 20:339-357.

Crapse, T. B., and M. A. Sommer. 2008. Corollary discharge across the animal kingdom. *Nature reviews. Neuroscience* 9(8):587-600.

Crespo, C. J., E. Smit, R. E. Andersen, O. Carter-Pokras, and B. E. Ainsworth. 2000. Race/ethnicity, social class and their relation to physical inactivity during leisure time: Results from the third National Health and Nutrition Examination Survey, 1988-1994. *American Journal of Preventive Medicine* 18(1):46-53.

Crews, D. J., and D. M. Landers. 1987. A meta-analytic review of aerobic fitness and reactivity to psychosocial stressors. *Medicine & Science in Sports & Exercise* 19(Suppl. 5):S114-S120.

Crocker, P. R. E. 1997. A confirmatory factor analysis of the Positive Affect Negative Affect Schedule(PANAS) with a youth sport sample. *Journal of sport & Exercise Psychology* 19(1):91-97.

Cronbach, LJ., and P. E. Meehl. 1955. Construct validity in psychological tests. *Psychological Bulletin* 52:281-302.

Cuijpers, P., A. van Straten, P. van Oppen, and G. Andersson. 2008a. Are psychological and pharmacologic interventions equally effective in the treatment of adult depressive disorders? A meta-analysis of comparative studies. *Journal of Clinical Psychiatry* 69 (11):1675-1685; quiz 1839-1841.

Cuijpers, P., A. Van Straten, L. Warmerdam, and N. Smits. 2008b. Characteristics of effective psychological treatments of depression: A metaregression analysis. *Psychotherapy Research* 18(2):225-236.

Cuthbert, B. N., M. M. Bradley, and P. J. Lang. 1996. Probing picture perception: Activation and emotion. *Psychophysiology* 33 (2):103-111.

Cuthbert, B. N., H. T. Schupp, M. Bradley, M. McManis, and P. J. Lang. 1998. Probing affective pictures: Attended startle and tone probes. *Psychophysiology* 35(May):344-347.

Cutt, H., B. Giles-Corti, M. Knuiman, and V. Burke. 2007. Dog ownership, health and physical activity: A critical review of the literature. *Health & Place* 13(1):261-272.

Dalgas, U., E. Stenager, J. Jakobsen, et al. 2010. Fatigue, mood and quality of life improve in MS patients after progressive resistance training. *Multiple Sclerosis* 16(4):480-490.

Dallenbach, K. M. 1939. Pain: History and present status. *American Journal of Psychology* 52(3):331-347.

Daly, J., A. P. Sindone, D. R. Thompson, K. Hancock, E. Chang, and

P. Davidson. 2002. Barriers to participation in and adherence to cardiac rehabilitation programs: A critical literature review. *Progress in Cardiovascular Nursing* 17(1):8-17.

Damasio, H., T. Grabowski, R. Frank, A. M. Galaburda, and A. R. Damasio. 1994. The return of Phineas Gage: Clues about the brain from the skull of a famous patient [published erratum appears in Science 1994 Aug 26: 265 (5176):1159]. *Science* 264(May 20): 1102-1105.

Danaher, B. G., and J. R. Seeley. 2009. Methodological issues in research on web-based behavioral interventions. *Annals of Behavioral Medicine* 38(1):28-39.

Darwin, C. 1872. *The expression of the emotions in man and animals*. London: Murray.

Davidson, R. J. 1992. Anterior cerebral asymmetry and the nature of emotion. *Brain and Cognition* 20:125-151.

Davidson, R. J. 1998a. Affective style and affective disorders: Perspectives from affective neuroscience. *Cognition & Emotion* 12 (3):307-330.

Davidson, R. J. 1998b. Anterior electrophysiological asymmetries, emotion, and depression: Conceptual and methodological conundrums. *Psychophysiology* 35(5):607-614.

Davidson, R. J. 2000. Cognitive neuroscience needs affective neuroscience(and vice versa). *Brain and Cognition*. 42(1):89-92. doi:10.1006/brcg.1999.1170.

Davidson, R. J., P. Ekman, C. D. Saron, J. A. Senulius, and W. V. Friesen. 1990. Approach-withdrawal and cerebral asymmetry: Emotional expression and brain physiology I. *Journal of Personality and Social Psychology* 58:330-341.

Davidson, R. J., and W. Irwin. 1999. The functional neuroanatomy of emotion and affective style. *Trends in Cognitive Sciences* 3 (1): 11-21.

Davis, C. 1997. Body image, exercise, and eating disorders. In The physical self: *From motivation to wellbeing*, edited by K. R. Fox. Champaign, IL: Human Kinetics.

Davis, C. 2000. Exercise abuse. *International Journal of Sport Psychology* 31:278-289.

Davis, C., and K. R. Fox. 1993. Excessive exercise and weight preoccupation in women. *Addictive Behaviors* 18:201-211.

Davis, C. L., P. D. Tomporowski, J. E. McDowell, et al. 2011. Exercise improves executive function and achievement and alters brain activation in overweight children: A randomized, controlled trial. *Health Psychology* 30(1):91-98.

Davis, H. P., M. R. Rosenzweig, L. A. Becker, and K. J. Sather. 1988. Biological psychology's relationships to psychology and neuroscience. *American Psychologist* 43:359-371.

Davis, M. 1997. The neurophysiological basis of acoustic startle modulation: Research on fear motivation and sensory gating. In *Attention and orienting*: *Sensory and motivational processes*, edited by P. J. Lang, R. F. Simons, and M. Balaban. Mahwah, NJ: Erlbaum.

Davis, M., W. A. Falls, S. Campeau, and M. Kim. 1993. Fear-potentiated startle: A neural and pharmacological analysis. *Behavioural Brain Research* 58(1-2):175-198.

Dawson, D., Y. I. Noy, M. Harma, T. Akerstedt, and G. Belenky. 2011. Modelling fatigue and the use of fatigue models in work settings. *Accident*: *Analysis and Prevention* 43(2):549-564.

Day, H. E., B. N. Greenwood, S. E. Hammack, et al. 2004. Differential expression of 5HT-1A, alpha 1b adrenergic, CRF-R1, and CRF-R2 receptor mRNA in serotonergic, gamma-aminobutyric acidergic, and catecholaminergic cells of the rat dorsal raphe nucleus. *Journal of Comparative Neurology* 474(3):364-378.

De Bruijn, G.-J. 2011. Exercise habit strength, planning and the theory of planned behaviour: An action control approach. *Psychology of sport and Exercise* 12(2):106-114.

De Jong, J., K. A. Lemmink, A. C. King, M. Huisman, and M. Stevens. 2006. Twelve-month effects of the Groningen active living model (GALM) on physical activity, health and fitness outcomes in sedentary and underactive older adults aged 55-65. *Patient Education and Counseling* 66(2):167-176.

De Moor, M. H., A. L. Beem, J. H. Stubbe, D. I. Boomsma, and E. J. De Geus. 2006. Regular exercise, anxiety, depression and personality: A population-based study. *Preventive Medicine* 42(4):273-279.

De Moor, M. H., D. I. Boomsma, J. H. Stubbe, G. Willemsen, and E. J. de Geus. 2008. Testing causality in the association between regular exercise and symptoms of anxiety and depression. *Archives of General Psychiatry* 65(8):897-905.

De Moor, M. H., Y. J. Liu, D. I. Boomsma, et al. 2009. Genome-wide association study of exercise behavior in Dutch and American adults. *Medicine & Science in Sports & Exercise* 41(10): 1887-1895.

De Moor, M. H., G. Willemsen, I. Rebollo-Mesa, J. H. Stubbe, E. J. De Geus, and D. I. Boomsma. 2011. Exercise participation in adolescents and their parents: Evidence for genetic and generation specific environmental effects. *Behavior Genetics* 41(2):211-222.

De Morree, H. M., and S. M. Marcora. 2010. The face of effort: Frowning muscle activity reflects effort during a physical task. *Biological Psychology* 85(3):377-382.

De Morree, H. M., and S. M. Marcora. 2012. Frowning muscle activity and perception of effort during constant-workload cycling. *European Journal of Applied Physiology* 112(5), 1967-1972.

Deci, E. L., and R. M. Ryan. 1980. The empirical exploration of intrinsic motivational processes. In L. Berkowitz (Ed.), *Advances in experimental social psychology* (pp. 39-80). New York: Academic Press.

Deci, E. L., and R. M. Ryan. 1983. The basis of self-determination: Intrinsic motivation and integrated internalizations. *Academic Psychology Bulletin* 5(1):21-29.

Deci, E. L., and R. M. Ryan. 1985. The general causality orientations scale: Self-determination in personality. *Journal of Research in Personality* 19(2):109-134.

Deci, E. L., and R. M. Ryan. 1991. A motivational approach to self: Integration in personality. In R. Dienstbier (Ed.), *Nebraska symposium on motivation: Perspectives on motivation*, 38 (pp. 237-288). Lincoln, NE: University Of Nebraska Press.

Deci, E. L., and R. M. Ryan. 1994. Promoting self-determined education. *Scandinavian Journal of Educational Research* 38 (1): 3-14.

Deci, E. L., and N. D. Ryan. 2008. Self-determination theory: A macrotheory of human motivation, development and health. *Canadian Psychology* 49(3):182-185.

Deeny, S. P., D. Poeppel, J. B. Zimmerman, et al. 2008a. Exercise, APOE, and working memory: MEG and behavioral evidence for benefit of exercise in epsilon4 carriers. *Biological Psychology* 78 (2):179-187.

DeLuca, J. 2005. *Fatigue as a window to the brain*. Cambridge, MA: The MIT Press.

Demeersman, R. E. 1993. Heart rate variability and aerobic fitness. *American Heart Journal* 125:726-731.

Demello, J. J., K. J. Cureton, R. E. Boineau, and M. M. Singh. 1987. Ratings of perceived exertion at the lactate threshold in trained and untrained men and women. *Medicine & Science in Sports & Exercise* 19(Aug):354-362.

Demyttenaere, K., J. De Fruyt, and S. M. Stahl. 2005. The many faces of fatigue in major depressive disorder. *International Journal of Neuropsychopharmacology* 8(1):93-105.

Derbyshire, S. W. G., M. G. Whalley, and D. A. Oakley. 2009. Fibromyalgia pain and its modulation by hypnotic and non-hypnotic suggestion: An fMRI analysis. *European Journal of Pain* 13(5):542-550.

Derbyshire, S. W. G., M. G. Whalley, V. A. Stenger, and D. A. Oakley. 2004. Cerebral activation during hypnotically induced and imagined pain. *NeuroImage* 23(1):392-401.

Desharnais, R., J. Jobin, C. Cote, L. Levesque, and G. Godin. 1993. Aerobic exercise and the placebo effect: A controlled study. *Psychosomatic Medicine* 55:149-154.

Deslandes, A., H. Moraes, C. Ferreira, et al. 2009. Exercise and mental health: Many reasons to move. *Neuropsychobiology* 59: 191-198.

Detry, J.-M. R., A. Robert, R. J. Luwaert, et al. 1985. Diagnostic value of computerized exercise testing in men without previous myocardial infarction. A multivariate, compartmental and probabilistic approach. *European Heart Journal* 6(3):227-238.

Detterman, D. K. 1986. Human intelligence is a complex system of separate processes. In *What is intelligence? Contemporary viewpoints on its nature and definition*, edited by R. J. Sternberg and D. K. Detterman. Norwood, NJ: Ablex.

DeVries, H. A., and G. M. Adams. 1972. Electromyographic comparisons of single doses of exercise and meprobamate as to effects on muscular relaxation. *American Journal of Physical Medicine* 51:130-141.

DeVries, H. A., C. P. Simard, R. A. Wiswell, E. Heckathorne, and V. Carabetta. 1982. Fusimotor system involvement in the tranquilizer effect of exercise. *American Journal of Physical Medicine* 61(Jun):111-122.

DeVries, H. A., R. A. Wiswell, R. Bulbulian, and T. Moritani. 1981. Tranquilizer effect of exercise. Acute effects of moderate aerobic exercise on spinal reflex activation level. *American Journal of Physical Medicine* 60(Apr):57-66.

Diamond, A. 1991. Guidelines for the study of brain-behavior relationships during development. In *Frontal lobe function and dysfunction*, edited by H. M. E. H. S. Levin, and A. L. Benton. New York: Oxford University Press.

Diamond, A. 2006. Bootstrapping conceptual deduction using physical connection: Rethinking frontal cortex. *Trends in Cognitive Sciences* 10 (5):212-218.

Diamond, A., and K. Lee. 2011. Interventions shown to aid executive function development in children 4 to 12 years old. *Science* 333 (6045):959-964.

Dick, B. D., and S. Rashiq. 2007. Disruption of attention and working memory traces in individuals with chronic pain. *Anesthesia & Analgesia* 104 (5):1223-1229.

Diehm, C., A. Schuster, J. R. Allenberg, et al. 2004. High prevalence of peripheral arterial disease and comorbidity in 6880 primary care patients: Cross-sectional study. *Atherosclerosis* 172 (1): 95-105.

Dietrich, A. 2003. Functional neuroanatomy of altered states of consciousness: The transient hypofrontality hypothesis. *Consciousness and Cognition* 12(2):231-256.

Dietrich, A. 2006. Transient hypofrontality as a mechanism for the psychological effects of exercise. *Psychiatry Research* 145 (1): 79-83.

Dietrich, A., and M. Audiffren. 2011. The reticular-activating hypofrontality (RAH) model of acute exercise. *Neuroscience and Biobehavioral Reviews* 35(6):1305-1325.

Dietrich,A. ,and W. F. McDaniel. 2004. Endocannabinoids and exercise. *British Journal of Sports Medicine* 38(5):536-541.

Dietz,W. H. 1996. The role of lifestyle in health:The epidemiology and consequences of inactivity. *Proceedings of the Nutrition Society* 55:829-840.

Digman,J. M. 1990. Personality structure:Emergence of the five-factor model. *Annual Review of Psychology* 41(1):417-440.

DiLorenzo,T. M. ,E. P. Bargman,R. Stucky-Ropp,G. S. Brassington,P. A. Frensch,and T. LaFontaine. 1999. Long-term effects of aerobic exercise on psychological outcomes. *Preventive Medicine: An International Devoted to Practice & Theory* 28(1):75-85.

Dishman,R. K. 1982. Compliance/adherence in health-related exercise. *Health Psychology* 1(3):237-267.

Dishman,R. K. 1985. Medical Psychology in Exercise and Sport. *Medical Clinics of North America* 69,1:123-143.

Dishman,R. K. 1986. Exercise compliance:A new view for public health. *Physician and Sportsmedicine* 14(5):127-145.

Dishman,R. K. 1992. Physiological and psychological effects of overtraining. edited by K. BrowneII,J. Rodin,and J. Wilmore. *Eating,body weight,and performance in athletes:Disorders of modern society*. Philadelphia:Lea & Febiger.

Dishman,R. K. 1994. Prescribing exercise intensity for healthy adults using perceived exertion. *Medicine & Science in sports & Exercise* 26(9):1087-1094.

Dishman,R. K. 1997. Brain monoamines,exercise,and behavioral stress:Animal models. *Medicine & Science in Sports & Exercise* 29 (Jan):63-74.

Dishman,R. K. 1998. Physical activity and mental health. In *Encyclopedia of mental health*,edited by H. S. Friedman. Vol. 3. San Diego:Academic Press.

Dishman,R. K. 2000. Introduction. *International Journal of Sports Medicine* 31:103-109.

Dishman,R. K. 2008. Gene-physical activity interactions in the etiology of obesity:Behavioral considerations. *Obesity* 16 (Suppl. 3):S60-S65.

Dishman,R. K. ,H. R. Berthoud,F. W. Booth,et al. 2006. Neurobiology of exercise. *Obesity* 14(3):345-356.

Dishman,R.K. ,K. Brownell,and J. Rodin. 1992. Physiological and psychological effects of overtraining. In *Eating,body weight,and performance in athletes:Disorders of modern society*. Philadelphia:Lea & Febiger.

Dishman,R. K. ,and J. Buckworth. 1996a. Adherence to physical activity. In *Physical activity and mental health*,edited by W. P.

Morgan. Washington,DC:Taylor & Francis.

Dishman,R. K. ,and J. Buckworth 1996b. Increasing physical activity:A quantitative synthesis. *Medicine & Science in Sports & Exercise* 28(6):706-719.

Dishman,R. K. ,D. M. DeJoy,M. G. Wilson,and R. J. Vandenberg. 2009. Move to improve:A randomized workplace trial to increase physical activity. *American Journal of Preventive Medicine* 36 (2): 133-141.

Dishman,R. K. ,A. L. Dunn,S. D. Youngstedt,et al. 1996. Increased open field locomotion and decreased striatal GABAA binding after activity wheel running. *Physiology and Behavior* 60(3):699-705.

Dishman,R. K. ,R. P. Farquhar,and K. J. Cureton. 1994. Responses to preferred intensities of exertion in men differing in activity levels. *Medicine & Science in Sports & Exercise* 26(Jun):783-790.

Dishman,R. K. ,R. E. Graham,J. Buckworth,and J. E. White-Welkley. 2001. Perceived exertion during incremental cycling is not influenced by the Type A behavior pattern. *International Journal of Sports Medicine*. 22 (Apr):209-214.

Dishman,R. K. ,R. E. Graham,R. G. Holly,and J. G. Tieman. 1991. Estimates of Type A behavior do not predict perceived exertion during graded exercise. *Medicine & Science in Sports & Exercise* 23 (11):1276-1282.

Dishman,R. K. ,D. P. Hales,M. J. Almeida,K. A. Pfeiffer,M. Dowda,and R. R. Pate. 2006. Factorial validity and invariance of the Physical Self-Description Questionnaire among black and white adolescent girls. *Ethnicity & Disease* 16 (2):551-558.

Dishman,R. K. ,D. P. Hales,K. A. Pfeiffer,et al. 2006. Physical self-concept and self-esteem mediate crosssectional relations of physical activity and sport participation with depression symptoms among adolescent girls. *Health Psychology* 25(3):396-407.

Dishman,R. K. ,and P. V Holmes. 2012. Exercise and opioids: Animal models. In *Functional neuroimaging in exercise and sport sciences*,edited by H. Boecker,C. H. Hillman,L. Scheef,and H. Struder. New York:Springer.

Dishman,R. K. ,S. Hong,J. Soares,et al. 2000. Activitywheel running blunts suppression of splenic natural killer cell cytotoxicity after sympathectomy and footshock. *Physiology & Behavior* 71(3-4):297-304.

Dishman,R. K. ,and E. M. Jackson. 2000. Exercise,fitness,and stress. *International Journal of sport Psychology* 31(2):175-203.

Dishman,R.K. ,E. M. Jackson,and Y. Nakamura. 2002. Influence of fitness and gender on blood pressure responses during active or passive stress. *Psychophysiology* 39(5):568-576.

Dishman,R. K. ,R. W. Motl,R. Saunders,et al. 2002. Factorial invariance and latent mean structure of questionnaires measuring social-cognitive determinants of physical activity among black and white adolescent girls. *Preventive Medicine*. 34(1):100-108.

Dishman, R. K., R. W. Motl, R. Saunders, et al. 2004. Self-efficacy partially mediates the effect of a school-based physical-activity intervention among adolescent girls. *Preventive Medicine* 38: 628-636.

Dishman, R. K., Y. Nakamura, M. E. Garcia, R. W. Thompson, A. L. Dunn, and S. N. Blair. 2000. Heart rate variability, trait anxiety, and perceived stress among physically fit men and women. *International Journal of Psychophysiology* 37 (Aug): 121-133.

Dishman, R. K., Y. Nakamura, E. M. Jackson, and C. A. Ray. 2003. Blood pressure and muscle sympathetic nerve activity during cold pressor stress: Fitness and gender. *Psychophysiology* 40 (3): 370-380.

Dishman, R. K., and P. J. O'Connor. 2009. Lessons in exercise neurobiology: The case of endorphins. *Mental Health and Physical Activity* 2(1):4-9.

Dishman, R. K., B. Oldenburg, H. O'Neal, and R. Shephard. 1998. Worksite physical activity interventions. *American Journal of Preventive Medicine* 15(4):344-361.

Dishman, R. K., R. W. Patton, J. Smith, R. Weinberg, and A. Jackson. 1987. Using perceived exertion to prescribe and monitor exercise training heart rate. *International Journal of Sports Medicine* 8 (June):208-213.

Dishman, R. K., K. J. Renner, J. E. White-Welkley, K. A. Burke, and B. N. Bunnell. 2000. Treadmill exercise training augments brain norepinephrine response to familiar and novel stress, *Brain Research Bulletin*, 52(5):337-342.

Dishman, R. K., K. J. Renner, S. D. Youngstedt, et al. 1997. Activity wheel running reduces escape latency and alters brain monoamine levels after footshock. *Brain Research Bulletin* 42:399-406.

Dishman, R. K., J. F. Sallis, and D. R. Orenstein, 1985, The determinants of physical activity and exercise. *Public Health Reports* 100(2):161.

Dishman, R. K., X. Sui, T. S. Church, G. A. Hand, M. H. Trivedi, and S. N. Blair. 2012. Decline in cardiorespiratory fitness and odds of incident depression. *American Journal of Preventive Medicine*. October issue(number 10).

Dishman, R. K., X. Sui, T. S. Church, S. D, Youngstedt, and S. N. Blair. 2013. *Decline in cardiorespiratory fitness and increased incidence of sleep complaints*. Athens, GA: University of Georgia.

Dishman, R. K., N. J. Thom, T. W. Puetz, P. J. O'Connor, and B. A. Clementz. 2010. Effects of cycling exercise on vigor, fatigue, and electroencephalographic activity among young adults who report

persistent fatigue. *Psychophysiology* 47(6):1066-1074.

Dishman, R. K., N. J. Thom, C. R. Rooks, R. W. Motl, C. Horwath, and C. R. Nigg. 2009. Failure of post-action stages of the transtheoretical model to predict change in regular physical activity: A multiethnic cohort study. *Annals of Behavioral Medicine* 37 (3):280-293.

Dishman, R. K., R. J. Vandenberg, R. W. Motl, and C. R. Nigg. 2010. Using constructs of the transtheoretical model to predict classes of change in regular physical activity: A multi-ethnic longitudinal cohort study. *Annals of Behavioral Medicine* 40(2): 150-163.

Dishman, R. K., J. M. Warren, S. Hong, et al. 2000. Treadmill exercise training blunts suppression of splenic natural killer cell cytolysis after footshock. *Journal of Applied Physiology* 88 (6): 2176-2182.

Dishman, R. K., J. M. Warren, S. D. Youngstedt, et al. 1995. Activity-wheel running attenuates suppression of natural killer cell activity after footshock. *Journal of Applied Physiology* 78 (Apr):1547-1554.

Dishman, R. K., R. A. Washburn, and D. A. Schoeller. 2001. Measurement of physical activity. *Quest* 53:295-309.

Dittrich, S. M., V. Günther, G. Franz, M. Burtscher, B. Holzner, and M. Kopp. 2008. Aerobic exercise with relaxation: Influence on pain and psychological wellbeing in female migraine patients. *Clinical Journal of sport Medicine* 18(4):363-365. doi:10. 1097/ JSM. 0b013e31817efac9.

Division of Labor Force Statistics, 2011. *College enrollment and work acttivity of* 2010 *high school graduates* [News release] U. S. Department of Labor Statistics, April 08, 2011.

Donnelly, J. E., and K. Lambourne. 2011. Classroombased physical activity, cognition, and academic achievement. *Preventive Medicine* 52:S36-S42.

Donta, S. T., D. J. Clauw C. C. Engel, et al. and for the VA Cooperative Study #470 Study Group. 2003. Cognitive behavioral therapy and aerobic exercise for Gulf War veterans' illnesses. *Journal of the American Medical Association* 289(11):1396-1404.

Doyne, E. J., D. J. Ossip-Klein, E. D. Bowman, K. M. Osborn, I. B. McDougall-Wilson, and R. A. Neimeyer. 1987. Running versus weight lifting in the treatment of depression. *Journal of Consulting and Clinical Psychology* 555:748-754.

Drevets, W. C. 1998. Functional neuroimaging studies of depression: The anatomy of melancholia. *Annual Review of Medicine* 49: 341-361.

Driver, S., and A. Ede. 2009. Impact of physical activity on mood after TBI. *Brain Injury* 23(3):203-212.

Drivef, H. S., and S. R. Taylor. 2000. Exercise and sleep. *Sleep Medicine Reviews* 4:387-402.

Dubreucq, S., M. Koehl, D. N. Abrous, G. Marsicano, and F. Chaouloff. 2010. CBl receptor deficiency decreases wheel-runrung activity: Consequences on emotional behaviours and hippocampal neurogenesis. *Experimental Neurology* 224（1）: 106-113.

Duchateau, J., and R. M. Enoka. 2002. Neural adaptations with chronic activity patterns in able-bodied humans. *American Journal of Physical Mecticine & Rebahilition* 81(11 Suppl.):S17-S27.

Duchenne, G. B. 1867. *Physiologie des mouvements démontrée à l'aide de l'expérimentation électrique et de l'observation clinique et applicable à l'étude des paralysies et des deformations* [*Physiology of movements demonstrated with electrical experimentation and with clinical observation and applied to the study of paralysis and deformations*]. Paris: Baillère.

Duda, J. L., and J. G. Nicholls. 1992. Dimensions of achievement motivation in schoolwork and sport. *Journal of Educational Psychology* 84(3):290.

Dunbar, C. C., R. J. Robertson, R. Baun, et al. 1992. The validity of regulating exercise intensity by ratings of perceived exertion. *Medicine & Science in Sports & Exercise* 24(Jan):94-99.

Duncan, M., and K. Mummery. 2005. Psychosocial and environmental factors associated with physical activity among city dwellers in regional Queensland. *Preventive Medicine* 40（4）: 363-372

Duncan, S. C., T. E. Duncan, L. A. Strycker, and N. R. Chaumeton. 2004. A multilevel approach to youth physical activity research. *Exercise and Sport Sciences Reviews* 32(3):95-99.

Duncan, T. E., S. C. Duncan, and E. McAuley. 1993. The role of domain and gender-specifi provisions of social relations in adherence to a prescribed exercise regimen. *Journal of sport and Exercise Psychology* 15(2):220-231.

Dunn, A. L. 2009. The effectiveness of lifestyle physical activity interventions to reduce cardiovascular disease. *American Journal of Lifestyle Medicine* 3(1):11S-18S.

Dunn, A. L., R. E. Andersen, and J. M. Jakicic. 1998. Lifestyle physical activity interventions. History, shortand long-term effects, and recommendations. *American Journal of Preventive Medicine* 15(4):398-412.

Dunn, A. L. and R. K. Dishman. 1991. Exercise and the neurobiology of depression. *Exercise and Sport Sciences Reviews* 19:41-98.

Dunn, A. L., and J. S. Jewell. 2010. The effect of exercise on mental health. *Current sports Medicine Reports* 9(4):202-207.

Dunn, A. L., B. H. Marcus, J. B. Kampert, M. E. Garcia, H. W. Kohl, and S. N. Blair. 1997. Reduction in cardiovascular disease risk factors: Six-month results from Project Active. *Preventive Medicine* 26(6):883-892.

Dunn, A. L., B. H. Marcus, J. B. Kampert, M. E. Garcia, H. W. Kohl, and S. N. Blair. 1999. Comparison of lifestyle and structured interventions to increase physical activity and cardiorespiratory fitness: A randomized trial. *Journal of the American Medical Association* 281(4):327-334.

Dunn, A. L., T. G. Reigle, S. D. Youngstedt, R. B. Armstrong, and R. K. Dishman. 1996. Brain norepinephrine and metabolites after treadmill training and wheel running in rats. *Medicine and Science in sports and Exercise*. 28(2):204-209.

Dunn, A. L., M. H. Trivedi, J. B. Kampert, C. G. Clark, and H. O. Chambliss. 2005. Exercise treatment for depression: Efficacy and dose response. *American Journal of Preventive Medicine* 28(1):1-8.

Dupont, R. L., D. P. Rice, L. S. Miller, S. S. Shiraki, C. R. Rowland, and H. J. Harwood. 1996. Economic cost of anxiety disorders. *Anxiety* 2:167-172.

Durante, R., and B. E. Ainsworth. 1996. The recall of physical activity: Using a cognitive model of the question-answering process. *Medicine & Science in Sports & Exercise* 28(10):1282-1291.

Dustman, R. E., R. Emmerson, and D. Shearer. 1994. Physical activity, age, and cognitive-neuropsychological function. *Journal of Aging and Physical Activity* 2:143-181.

Dworkin, R. H., M. Backonja, M. C. Rowbotham, et al. 2003. Advances in neuropathic pain: Diagnosis, mechanisms, and treatment recommendations. *Arcbives of Neurology* 60（11）: 1524-1534.

Dykens, E. M., and D. J. Cohen. Effects of Special Olympics International on Social Competence in Persons with Mental Retardation. *Journal of the American Academy of Cbild and Adolescent Psychiatry* 35,2(Feb 1996):223-229.

Dzewaltowski, D. A. 1994. Physical activiti determinants: A social cognitive approach. *Medicine and Science in Sports and Exercise*. 26 （11）:1395-1399.

Eakin, E. G., S. P. Lawler, C. Vandelanotte, and N. Owen. 2007. Telephone interventions for physical activity and dietary behavior change: A systematic review. *American Journal of Preventive Medicine* 32(5):419-434.

Edmunds, J., N. Ntoumanis, and J. L. Duda. 2006. Examining exercise dependence symptomatology from a self-determination perspective. *Journal of Health Psychology* 11（6）:887-903.

Eggermont, L., D. Swaab, P. Luiten, and E. Scherder. 2006. Exercise, cognition and Alzheimer's disease: More is not necessarily better. *Neuroscience and Biobehavioral Reviews* 30:

562-575.

Einerson, J., A. Ward, and P. Hanson. 1988. Exercise responses in females with anorexia nervosa. *International journal of Eating Disorders* 7:253-260.

Ekblom, B., and A. N. Goldbarg. 1971. The influence of physical training and other factors on the subjective rating of perceived exertion. *Acta Physiologica Scan dinavica* 83:399-406.

Ekeland, E., F. Heian, K. B. Hagen, J. Abbott, and L. Nordheim. 2004. Exercise to improve self-esteem in children and young people. *Cochrane Database of Systematic Reviews*. 1:CD003683.

Ekkekakis, P., E. E. Hall, and S. J. Petruzzello. 2008. The relationship between exercise intensity and affective responses demystified: To crack the 40-year-old nut, replace the 40-year-old nutcracker! *Annals of Behavioral Medicine* 35(2):136-149.

Ekkekakis, P., G. Parfitt, and S. J. Petruzzello. 2011. The pleasure and displeasure people feel when they exercise at different intensities: Decennial update and progress towards a tripartite rationale for exercise intensity prescription. *Sports Medicine* 41 (8):641-671.

Ekkekakis, P., and S. J. Petruzzello. 1999. Acute aerobic exercise and affect: Current status, problems and prospects regarding dose-response. *Sports Medicine* 28(Nov):337-374.

Ekkekakis, P., and S. J. Petruzzello. 2000. Analysis of the affect measurement conundrum in exercise psychology. *Psychology of sport and Exercise* 1:71-88.

Ekkekakis, P., and S. J. Petruzzello. 2001a. Analysis of the affect measurement conundrum in exercise psychology: II. A conceptual and methodological critique of the Exercise-induced Feeling Inventory. *Psychology of sport and Exercise* 2(1):1-26.

Ekkekakis, P., and S. J. Petruzzello. 2001b. Analysis of the affect measurement conundrum in exercise psychology. III. A conceptual and methodological critique of the Subjective Exercise Experiences Scale. *Psychology of sport and Exercise* 2(4):205-232.

Ekkekakis, P., and S. J. Petruzzello. 2002. Analysis of the affect measurement conundrum in exercise psychology: IV. A conceptual case for the affect circumplex. *Psychology of Sport and Exercise* 3 (1):35-63.

Ekman, P. 1989. The argument and evidence about universals in facial expressions of emotions. In *Handbook of psychophysiology: The biological psychology of emotions and social processes*, edited by H. Wagner and A. Manstead. London: Wiley.

Ekman, P. 1992. Are there basic emotions? *Psychological Review*. 99 (3):550-553.

Ekman, P. 1994. Moods, emotions, and traits. In *The nature of emotion: Fundamental questions*, edited by P. Ekman and R. J. Davidson. New York: Oxford University Press.

Ekman, P., R. J. Davidson, and W. V. Friesen. 1990. The Duchenne smile: Emotional expression and brain physiology II. *Journal of Personality and Social Psychology* 582:342-353.

Ekman, P., and W. V. Friesen. 1971. Constants across cultures in the face and emotion. *Journal of Personality & Social Psychology* 17:124-129.

Ekman, P., and W. V. Friesen. 1976. Measuring facial movement. *Journal of Environmental Psychology and Nonverbal Behavior* 11:56-75.

Ekman, P., W. V. Friesen, and P. Ellsworth. 1972 *Emotion in the human face: Guidelines for research and an integration of findings*. New York: Pergamon Press.

Elavsky, S. 2010. Longitudinal examination of the exercise and self-esteem model in middle-aged women. *Journal of sport & Exercise Psychology* 32:862-880.

Elavsky, S., and E. McAuley. 2007. Lack of perceived sleep improvement after 4-month structured exercise programs. *Menopause* 14 (3 Pt 1):535-540.

Elias, M. F., and A. L. Goodell. 2010. Diet and exercise: Blood pressure and cognition. *Hypertension* 55 (6):1296-1298.

Ellis, A. 1957. Rational psychotherapy and individual psychology. *Journal of Individual Psychology* 13:38-44.

Ellis, A. 2003. Early theories and practices of rational emotive behavior therapy and how they have been augmented and revised during the last three decades. *Journal of Rational-Emotive & Cognitive-Behavior Therapy* 21(3):219-243.

Ellis, A. 2003. Early theories and practices of rational emotive behavior therapy and how they have been augmented and revised during the last three decades. *Journal of Rational-Emotive & Cognitive-Behavior Therapy*, 21(3-4), page 236-237.

Emery, C. F. 1994. Effects of age on physiological and psychological functioning among COPD patients in an exercise program. *Journal of Aging and Health* 6:3-16.

Emery, C. F. 2008. Exercise, chronic obstructive pulmonary disease and cognition. In *Exercise and its mediating effects on cognition*, edited by W. W. Spirduso, L. W. Poon, and W. J. Chodzko-Kajko. Champaign, IL: Human Kinetics.

Emery, C. F., V. J. Honn, D. J. Frid, K. R. Lebowitz, and P. T. Diaz. 2001. Acute effects of exercise on cognition in patients with chronic obstructive pulmonary disease. *American Journal of Respiratory and Critical Care Medicine* 164:1624-1627.

Emery, C. F., N. E. Leatherman, E. J. Burker, and N. R. MacIntyre. 1991. Psychological outcomes of a pulmonary rehabilitation program. *Chest* 100:613-617.

Emery, C. F. , R. L. Schein, E. R. Hauck, and N. R. MacIntyre. 1998. Psychological and cognitive outcomes of a randomized trial of exercise among patients with chronic obstructive pulmonary disease. *Health Psychology* 17(3):232-240.

Emery, C. F. , R. L. Shermer, E. R. Hauck, E. T. Hsiao, and N. R. MacIntyre. 2003. Cognitive and psychological outcomes of exercise in a 1-year follow-up study of patients with chronic obstructive pulmonary disease. *Health Psychology* 22 (6):598-604.

Engel, G. L. 1977. The need for a new medical model: A challenge for biomedicine. *Science* 196 (4286):129-136.

Englund, C. E. , D. H. Ryman, P. Naitoh, and J. A. Hodgdon. 1985. Cognitive performance during successive sustained physical work episodes. *Behavior Research Methods , Instruments & Computers* 17: 75-85.

Epping, J. N. 2011. Dog ownership and dog walking to promote physical activity and health in patients. *Current Sports Medicine Reports* 10(4):224.

Epstein, L. H. 1998. Integrating theoretical approaches to promote physical activity. *American Journal of Preventive Medicine* 15(4): 257-265.

Epstein, L. H. , B, E. Saelens, M. D. Myers, and D. Vito. 1997. Effects of decreasing sedentary behaviors on activity choice in obese children. *Health Psychology* 16:107-113.

Epstein, L. J. , and P. S. Valentine. 2010. Starting a sleep center. *Chest* 137(5):1217-1224.

Erickson, K. I. , S. J. Colcombe, S. Elavsky, et al. 2007. Interactive effects of fitness and hormone treatment on brain health in postmenopausal women. *Neurobiology of Aging* 28 (2):179-185.

Erickson, K. I. , and A. F. Kramer. 2009. Aerobic exercise effects on cognitive and neural plasticity in older adults. *British Journal of sports Medicine* 43 (1):22-24.

Ernst, E. , J. I. Rand, and C. Stevinson. 1998. Complementary therapies for depression: an overview. *Archives Of General Psychiatry* 55 (Nov):1026-1032.

Espiritu, R. C. , D. F. Kripke, S. Ancoli-Israel, et al. 1994. Low illumination by San Diego adults: Association with atypical depressive symptoms. *Biological Psychiatry* 35:403-407.

Estabrooks, P. A. 2000. Sustaining exercise participation through group cohesion. *Exercise and Sport Sciences Reviews* 28 (Apr): 63-67.

Etnier, J. L. , and M. Berry. 2001. Fluid intelligence in an older COPD sample after short-or long-term exercise. *Medicine & Science in sport and Exercise* 33:1620-1628.

Etnier, J. L. , R. Johnston, D. Dagenbach, R. J. Pollard, W. J. Rejeski, and M. Berry. 1999. The relationships among pulmonary function, aerobic fitness, and cognitive functioning in older COPD patients. *Chest* 116:953-960.

Etnier, J. L. , K. S. Matt, D. M. Landers, and S. M. Arent. 2005. Dose-response and mechanical issues in the resistance training and affect relationship. *Journal of Sport and Exercise Psychology* 27(1): 92-110.

Etnier, J. L. , P. M. Nowell, D. M. Landers, and B. A. Sibley. 2006. A meta-regression to examine the relationship between aerobic fitness and cognitive performance. *Brain Research Reviews* 52:119-130.

Etnier, J. L. , W. Salazar, D. M. Landers, S. J. Petruzzello, M. Han, and P. Nowell. 1997. The influence of physical fitness and exercise upon cognitive functioning: A meta-analysis. *Journal of sport and Exercise Psychology* 19:249-277.

Evans, C. J. 1988. The opioid peptides. In *The opiate receptors*, edited by G. W. Pasternak. New York: Humana Press.

Eyler, A. A. , R. C. Brownson, S. J. Bacak, and R. A. Housemann. 2003. The epidemiology of walking for physical activity in the United States. *Medicine & Science in sports & Exercise* 35(9):1529-1536.

Eysenck, H. J. 1990. Biological dimensions of personality. In *Handbook of personality: Theory and research*, edited by L. A. Pervin. New York: Guilford Press.

Faigenbaum, A. , L. D. Zaichkowsky, W. L. Wescott, et al. 1997. Psychological effects of strength training on children. *Journal of sport Behavior* 20(2):164-175.

Farmer, M. E. , B. Z. Locke, E. K. Moscicki, A. L. Dannenberg, D. B. Larson, and L. S. Radloff 1988. Physical activity and depressive symptoms: The NHANES I epidemiologic follow-up study. *American Journal of Epidemiology* 128:1340-1351.

Faulkner, G. E. J. , and A. H. Taylor. 2005. *Exercise, health and mental bealth : Emerging relationshipsh*. New York: Routledge.

Fechner, G. 1966. *Elements of psychophysics* (Trans. Helmut Adler). New York: Holt, Rinehart & Winston. (Original work published 1860).

Felson, D. T. , J. Niu, M. Clancy, B. Sack, P. Aliabadi, and Y. Zhang. 2007. Effect of recreational physical activities on the development of knee osteoarthritis in older adults of different weights: The Framingham Study. *Arthritis Care & Research* 57 (1):6-12.

Fernandez de Molina, A. and R. W. Hunsperger 1962. Organization of the subcortical system governing defense and flight reactions in the cat. *Journal of Physiology*, 160(2):200-213.

Ferrari, M. , L. Mottola, and V. Quaresima. 2004. Principles, techniques, and limitations of near infrared spectroscopy.

Canadian Journal of Applied Physiology [Revue Canadienne de Physiologie Appliquee] 29(4):463-487.

Ferreira,I.,K. van der Horst,W. Wendel-Vos,S. Kremers,F. J. van Lenthe,and J. Brug. 2007. Environmental correlates of physical activity in youth: A review and update. Obesity Reviews 8(2): 129-154.

Ferrier, S., C. M, Blanchard, M. Vallis, and N. Giacomantonio. 2011,Behavioural interventions to increase the physical activity of cardiac patients: A review, European Journal of Cardiovascular Prevention and Rehabilitatiobn 18(1):15-32.

Fichna,J., A. Janecka, J. Costentin, and J. C. Do Rego. 2007. The endomorphin system and its evolving neurophysiological role. Pharmacological Reviews 59(1):88-123.

Fillingim,R. B.,D. L. Roth, and E. W. Cook. 1992. The effects of aerobic exercise on cardiovascular, facial EMG, and self-report responses to emotional imagery. Psychosomatic Medicine 54(1): 109-120.

Finch,C.,and E. Cassell. 2006. The public health impact of injury during sport and active recreation. Journal of Science and Medicine in sport 9(6):490-497.

Finucane,M. M.,Stevens,G. A.,Cowan,M. J.,Danaei,G.,Lin,J. K.,Paciorek,C. J., et al. 2011. National, regional, and global trends in body-mass index since 1980: Systematic analysis of health examination surveys and epidemiological studies with 960 country years and 9. 1 million participants. The Lancet. doi:10. 1016/S0140-6736(10)62037-5.

Fishbein,M. 2008. A reasoned action approach to health promotion. Medical Decision Making 28(6):834-844.

Fitts, W. H. 1965. Tennessee Self-Concept Scale: Manual. Los Angeles:Western Psychological Services.

Flagel,S. B.,J. J. Clark,T. E. Robinson, et al. 2011. A selective role for dopamine in stimulus-reward learning. Nature 469 (7328): 53-57.

Flavell,J. H. 1979. Metacognition and cognitive monitoring:A new area of cognitive-developmental inquiry. American Psychologist 34: 906-911.

Fleming,J. S., and B. E. Courtney. 1984. The dimensionality of self-esteem: II . Hierarchical facet model for revised measurement scales. Journal of Personality & Social Psychology 46(2):404-421.

Fleming,J. S., and W. A. Watts. 1980. The dimensionality of self-esteem:Some results of a college sample. Journal of Personality & Social Psychology 39(5):921-929.

Flemons,W. W.,N. J. Douglas, S. T. Kuna, D. O. Rodenstein,and J. Wheatley. 2004. Access to diagnosis and treatment of patients with suspected sleep apnea. American Journal of Respiratory and Critical Care Medicine 169(6):668-672.

Fleury, J., and S. M. Lee. 2006. The social ecological model and physical activity in African American women. American Journal of Community Psychology 37(1-2):129-140.

Flor,H.,D. C. Turk,and B. O. Scholz. 1987. Impact of chronic pain on the spouse: Marital, emotional and physical consequences. Journal of Psychosomatic Research 31(1):63-71.

Flora,J. A.,E. W. Maibach, and N. Maccoby. 1989. The role of media across four levels of health promotion intervention. Annual Review of Public Health 10:181-201.

Focht, B. C., and K. F. Koltyn. 1999. Influences of resistance exercise of different intensities on state anxiety and blood pressure. Medicine & Science in Sports & Exercise 31(3):456-463.

Folkins,C. H., and W. E. Sime. 1981. Physical fitness training and mental health. American Psychologist 36(4):373-389.

Foley, T. E., B. N. Greenwood, H. E. Day, L. G. Koch, S. L. Britton, and M. Fleshner. 2006. Elevated central monoamine receptor mRNA in rats bred for high endurance capacity: Implications for central fatigue. Behavioural Brain Research 174 (1):132-142.

Folkman,S.,and R. S. Lazarus. 1988. Manual for the ways of coping questionnaire. Palo Alto,CA:Consulting Psychologists Press.

Folkman, S., and J. T. Moskowitz. 2004. Coping: Pitfalls and promise. Annual Review of Psychology 55:745-774.

Forcier, K., L. R. Stroud, G. D. Papandonatos, et al. 2006. Links between physical fitness and cardiovascular reactivity and recovery to psychological stressors:A meta-analysis. Health Psychology 25 (6): 723-739.

Ford, D. H., and H. B. Urban. 1998. Contemporary models of psychotherapy:A comparative analysis. New York:Wiley.

Fordyce, D. E., and R. P. Farrar. 1991a. Enhancement of spatial learning in F344 rats by physical activity and related learning-associated alterations in hippocampal and cortical cholinergic functioning. Behavioural Brain Research 46(2):123-133.

Fordyce,D. E.,and R. P. Farrar. 1991b. Physical activity effects on hippocampal and parietal cortical cholinergic function and spatial learning in F344 rats. Behavioural Brain Research 43(2):115-123.

Fordyce,D. E.,and J. M. Wehner. 1993. Physical activity enhances spatial learning performance with an associated alteration in hippocampal protein kinase C activity in C57BL/6 and DBA/2 ruice. Brain Research 619(1-2):111-119.

Fox,J. H.,S. E. Hammack, and W. A. Falls. 2008. Exercise is associated with reduction in the anxiogenic effect of mCPP on acoustic startle. Behavioral Neuroscience 122(4):943-948.

Fox,K. R. 1990. The Physical Self Perception Profile manual. DeKalb,

IL: Office for Health Promotion, Northern Illinois University.

Fox, K. R. 1997. The physical self and processes in selfesteem development. In *The physical self: From motivation to well-being*, edited by K. R. Fox. Champaign, IL: Human Kinetics.

Fox, K. R. 1997. *The physical self: From motivation to well-being*. Champaign, IL: Human Kinetics.

Fox, K. R. 1998. Advances in the measurement of the physical self. In *Advances in sport and exercise psychology measurement*, edited by J. L. Duda. Morgantown, WV: Fitness Information Technology.

Fox, K. R. 2000. Self-esteem, self-perceptions and exercise. *International Journal of sport Psychology* 31(2): 228-240.

Fox, K. R., and C. B. Corbin. 1989. The Physical Self-perception profile: Development and preliminary validation. *Journal of sport & Exercise Psychology* 11(4): 408-430.

Frankenhaeuser, M. 1971. *Behavior and circulating catecholamines*. Brain Research 31(Aug 20): 241-262.

Franklin, B. A. 1988. Program factors that influence exercise adherence: Practical adherence skills for the clinical staff. In *Exercise adherence*, edited by R. K. Dishman. Champaign, IL: Human Kinetics.

Fransen, M., S. McConnell, and M. Bell. 2002. Therapeutic exercise for people with osteoarthritis of the hip or knee. A systematic review. *Journal of Rheumatology* 29(8): 1737-1745.

Fransen, M., S. McConnell, G. Hernandez-Molina, and S. Reichenbach. 2010. Does land-based exercise reduce pain and disability associated with hip osteoarthritis? A meta-analysis of randomized controlled trials. *Osteoarthritis and Cartilage* 18(5): 613-620.

Franz, S. I., and G. V. Hamilton. 1905. The effects of exercise upon the retardation in conditions of depression. *American Journal of Insanity* 62: 239-256.

Franzoi, S. L., and S. A. Shields. 1984. The Body Esteem Scale: Multidimensional structure and sex differences in a college population. *Journal of Personality Assessment* 48(2): 173-178.

Freburger, J. K., G. M. Holmes, R. P. Agans, et al. 2009. The rising prevalence of chronic low back pain. *Archives of Internal Medicine* 169(3): 251-258.

Frederick, C. M., and R. M. Ryan. 1995. Self-determination in sport: A review using cognitive evaluation theory. *International Journal of Sport Psychology* 26: 5-23.

Freedson, P., H. R. Bowles, R. Troiano, and W. Haskell. 2012. Assessment of physical activity using wearable monitors: Recommendations for monitor calibration and use in the field. *Medicine & Science in sports & Exercise* 44 (1 Suppl. 1): S1-S4. doi: 10. 1249/MSS. 0b013e3182399b7e.

Freeman, M. P., M. Fava, J. Lake, M. H. Trivedi, K. L. Wisner, and D. Mischoulon. 2010. Complementary and alternative medicine in major depressive disorder: The American Psychiatric Association Task Force report. *Journal of Clinical Psychiatry* 71 (6): 669-681.

Fremont, J., and L. W. Craighead. 1987. Aerobic exercise and cognitive therapy in the treatment of dysphoric moods. *Cognitive Therapy and Research* 112: 241-251.

Freud, S. 1959. *The justification from neurasthenia of a particular syndrome: The anxiety neurosis*. Vol. 1, *Collected Papers*. New York: Basic Books.

Fridlund, A. J., and J. T. Cacioppo. 1986. Guidelines for human electromyographic research. *Psychophysiology* 23: 567-589.

Friedman, H. S., and S. Booth-Kewley. 1987. The "disease-prone personality". A meta-analytic view of the construct. *American Psychologist*. 42(6): 539-55.

Frijda, N. H. 1986. *The emotions*. New York: Cambridge University Press.

Frith, C. D., S. J. Blakemore, and D. M. Wolpert. 2000. Abnormalities in the awareness and control of action. *Philosophical Transactions of the Royal Society of London*. Series B, Biological Sciences 355(1404): 1771-1788.

Frost, H., S. E. Lamb, and S. Robertson. 2002. A randomized controlled trial of exercise to improve mobility and function after elective knee arthroplasty. Feasibility, results and methodological difficulties. *Clinical Rehabilitation* 16(2): 200-209.

Frost, S. S., R. T. Goins, R. H. Hunter, et al. 2010. Effects of the built environment on physical activity of adults living in rural settings. *American Journal of Health Promotion* 24 (4): 267-283.

Fullerton, G. S., and J. M. Cattell. 1892. *On the perception of small differences*. Philadelphia: University of Pennsylvania Press.

Fuss, J., and P. Gass. 2010. Endocannabinoids and voluntary activity in mice: Runner's high and long-term consequences in emotional behaviors. *Experimental neurology* 224(1): 103-105.

Galea, M. N., and S. R. Bray. 2007. Determinants of walking exercise among individuals with intermittent claudication: Does pain play a role? *Journal of Cardiopulmonary Rehabilitation and Prevention* 27(2): 107-113. doi: 10. 1097/01. HCR. 0000265045. 36725. 97.

Gandevia, S. C. 1982. The perception of motor commands on effort during muscular paralysis. *Brain* 105: 151-159.

Gandevia, S. C. 1996. Kinesthesia: Roles for afferent signals and motor commands In Handbook of physiology: Sec. 12. *Exercise: Regulation and integratton of multiple systems*, edited by L. B. Rowell and J. T. Shepherd. New York: Oxford University Press.

Gandevia S. C. 2001. Spinal and supraspinal factors in human muscle fatigue. *Physiological Reviews*, 81(4): 1725-1789.

Gandevia, S. C., K. Killian, D. K. McKenzie, et al. 1993. Respiratory sensations, cardiovascular control, kinaesthesia and transcranial stimulation during paralysis in humans. *Journal of Physiology* 470: 85-107.

Ganio, M. S., L. E. Armstrong, E. C. Johnson, et al. 2010. Effect of quercetin supplementation on maximal oxygen uptake in men and women. *Journal of Sports Sciences* 28 (2):201-208.

Garavan, H., J. C. Pendergrass, T. J. Ross, E. A. Stein, and R. C. Risinger. 2001. Amygdala response to both positively and negatively valenced stimuli. *Neuroreport* 12(12):2779-2783.

Garcia, A. W., and A. C. King. 1991. Predicting long-term adherence to aerobic exercise: A comparison of two models. *Journal of sport and Exercise Psychology* 13:394-410.

Gardner, A. W., P. S. Montgomery, R. M. Ritti-dias, and U. Thadani. 2011. Exercise performance, physical activity, and health-related quality of life in participants with stable angina. *Angiology* 62(6):461-466.

Garland, T., S. A. Kelly, J. L. Malisch, et al. 2011. How to run far: Multiple solutions and sex-specific responses to selective breeding for high voluntary activity levels. *Proceedings of the Royal Society B: Biological Sciences* 278(1705):574-581.

Garvin, A. W., K. F. Koltyn, and W. P. Morgan. 1997. Influence of acute physical activity and relaxation on state anxiety and blood lactate in untrained college males. *International Journal of sports Medicine* 18(Aug):470-476.

Gary, R., and S. Y. Lee. 2007. Physical function and quality of life in older women with diastolic heart failure: Effects of a progressive walking program on sleep patterns. *Progress in Cardiovascular Nursing* 22(2):72-80.

Gatchel, R. J., and A. Okifuji. 2006. Evidence-based scientific data documenting the treatment and cost-effectiveness of comprehensive pain programs for chronic nonmalignant pain. *Journal of Pain* 7(11):779-793.

Gauvin, L. and W. J. Rejeski. 1993. The exercise-induced feeling inventory: Development and initial validation. *Journal of sport & Exercise Psychology* 15(4):403-423.

Gauvin, L., W. J. Rejeski, and B. A. Reboussin. 2000. Contributions of acute bouts of vigorous physical activity to explaining diurnal variations in feeling states in active, middle-aged women. *Health Psychology* 19(4):365-375.

Gauvin, L., and J. C. Spence. 1998. Measurement of exercise-induced changes in feeling states, affect, mood, and emotions. In *Advances in sport and exercise psychology measurement*, edited by J. L. Duda. Morgantown, WV: Fitness Information Technology.

Gaynes, B. N., D. Warden, M. H. Trivedi, S. R. Wisniewski, M. Fava, and A. J. Rush. 2009. What did STAR*D teach us? Results from a large-scale, practical, clinical trial for patients with depression. *Psychiatric Services* 60(11):1439-1445.

Geisser, M. E., W. Wang, M. Smuck, L. G. Koch, S. L. Britton, and R. Lydic. 2008. Nociception before and after exercise in rats bred for high and low aerobic capacity. *Neuroscience Letters* 443(1):37-40.

Gelenberg, A. J., M. P. Freeman, J. C. Markowitz, et al. 2010. *Practice guidelines for the treatment of patients with major depressive disorder*. 3rd edition. American Psychiatric Association, 1-152, doi: 10.1176/appi.books.9780890423387.654001.

Genova, H. M., G. R. Wylie, and J. DeLuca. 2011. Neuroimaging of fatigue. In *Brain imaging in behavioral medicine and clinical neuroscience*, edited by R. A. Cohen and L. H. Sweet. New York: Springer.

Georges, F., and G. Aston-Jones. 2001. Potent regulation of midbrain dopamine neurons by the bed nucleus of the stria terminalis. *Journal of Neuroscience* 21(16):RC160.

Gerhard, T., B. Chavez, M. Olfson, and S. Crystal. 2009. National patterns in the outpatient pharmacological management of children and adolescents with autism spectrum disorder. *Journal of Clinical Psychopharmacology* 29(3):307-310.

Gibbons, R. J., K. Chatterjee, J. Daley et al. 1999. ACC/AHA/ACP-ASIM guidelines for the management of patients with chronic stable angina: A report of the American College of Cardiology/American Heart Association Task Force on Practice Guidelines (Committee on Management of Patients With Chronic Stable Angina). *Journal of the American College of Cardiology* 33 (7): 2092-2197.

Gillison, F. B., S. M. Skevington, A. Sato, M. Standage, and S. Evangelidou. 2009. The effects of exercise interventions on quality of life in clinical and healthy populations: A meta-analysis. *Social Science & Medicine* 68(9):1700-1710.

Ginsberg, H. N., and S. C. Woods. 2009. The endocannabinoid system: Potential for reducing cardiometabolic risk. *Obesity* 17(10):1821-1829.

Godbey, G. C., L. L. Caldwell, M. Floyd, and L. L. Payne. 2005. Contributions of leisure studies and recreation and park management research to the active living agenda. *American Journal of Preventive Medicine* 28(2 Suppl. 2):150-158.

Goddard, A. W., and D. S. Charney. 1997. Toward an integrated neurobiology of panic disorder. *Journal of Clinical Psychiatry* 58 (Suppl. 2):4-11.

Goddard, A. W., and D. S. Charney. 1998. SSRIs in the treatment of panic disorder. *Depression and Anxiety* 8(Suppl. 1):114-120.

Godin, G. 1994. Social-cognitive models. In *Advances in exercise adherence*, edited by R. K. Dishman. 2nd ed. Champaign, IL: Human Kinetics.

Gold, P. W., and G. P. Chrousos. 1999. The endocrinology of melancholic and atypical depression: Relation to neurocircuitry and somatic consequences. *Proceedings of the Association of American Physicians* 111(1):22-34.

Goldberg, G., N. H. Mayer, and J. U. Toglia. 1981. Medial frontal cortex infarction and the alien hand sign. *Archives of Neurology* 38 (11):683-686.

Goldberg, L. R. 1981. Language and individual differences: The search for universals in personality lexicons. In *Review of personality and social psychology*, edited by L. Wheeler. Beverly Hills, CA: Sage.

Golden, R. N., B. N. Gaynes, R. D. Ekstrom, et al. 2005. The efficacy of light therapy in the treatment of mood disorders: A review and meta-analysis of the evidence. *American Journal of Psychiatry* 162(4):656-662.

Goldfarb, A. H., and A. Z. Jamurtas. 1997. Beta-endorphin response to exercise. An update. *Sports Medicine* 24:8-16.

Goldfield, G. S., R. Mallory, T. Parker, et al. 2007. Effects of modifying physical activity and sedentary behavior on psychosocial adjustment in overweight/obese children. *Journal of Pediatric Psychology* 32(7):783-793.

Gomez, L. F., J. C. Mateus, and G. Cabrera. 2004. Leisuretime physical activity among women in a neighbourhood in Bogota, Colombia: Prevalence and socio-demographic correlates. *Cadernos de Saude Publica / Ministerio da Saude, Fundacao Oswaldo Cruz, Escola Nacional de Saude Publica* 20 (4):1103-1109.

Gomez-Pinilla, F., S. Vaynman, and Z. Ying. 2008. Brain-derived neurotrophic factor functions as a metabotrophin to mediate the effects of exercise on cognition. *European Jouunal of Neuroscience* 28(11):2278-2287.

Gomez-Pinilla, F., Z. Ying, P. Opazo, R. R. Roy, and V. R. Edgerton. 2001. Differential regulation by exercise of BDNF and NT-3 in rat spinal cord and skeletal muscle. *European Journal of Neuroscience* 13(6):1078-1084.

Goode, K. T., and D. L. Roth. 1993. Factor analysis of cognitions during running: Association with mood change. *Journal of Sport & Exercise Psychology* 15(4):375-389.

Goodwin, R. D. 2003. Association between physical activity and mental disorders among adults in the United States. *Preventive Medicine* 36 (6):698-703.

Gorman, J. M., and L. K. Gorman. 1987. Drug treatment of social phobia. *Journal of Affective Disorders* 13(Sep-Oct):183-192.

Goudas, L. C., R. Bloch, M. Gialeli-Goudas, J. Lau, and D. B. Carr. 2005. The epidemiology of cancer pain. *Cancer Investigation* 23 (2):182-190.

Graham, R. E., A. Zeichner, L. J. Peacock, and R. K. Dish-man. 1996. Bradycardia during baroreflex stimulation and active or passive stressor tasks: Cardiorespiratory fitness and hostility. *Psychophysiology* 33:566-575.

Graven-Nielsen, T., L. Arendt-Nielsen, and S. Mense. 2008. *Fundamentals of musculoskeletal pain*. Seattle: IASP Press.

Gray, H., and W. H. Lewis. 1918. *Anatomy of the Human Body (20th Edition)* Philadelphia: Lea & Febiger. New York: Bartleby. com 2000.

Gray, J. A. 1973. The structure of the emotions and the limbic system. In *Physiology, emotion and psychosomatic illness*, edited by J. Willis. Amsterdam: Elsevier.

Gray, J. A. 1987. *The neuropsychology of anxiety: An enquiry into the functions of the septo-hippocampal system*. Oxford, UK: Clarendon Press.

Gray, J. A. 1994a. Personality dimensions and emotion systems. In *The nature of emotion: Fundamental questions*, edited by P. Ekman and R. J. Davidson. New York: Oxford University Press.

Gray, J. A. 1994b. Three fundamental emotion systems. In *The nature of emotion: Fundamental questions*, edited by P. Ekman and R. J. Davidson. New York: Oxford University Press.

Green, D. M., and J. A. Swets. 1974. *Signal detection theory and psychophysics*. Huntington, NY: Krieger.

Greenberg, P. E., R. C. Kessler, H. G. Birnbaum, et al. 2003. The economic burden of depression in the United States: How did it change between 1990 and 2000? *The Journal of Clinical Psychiatry*. 64 (12):1465-75.

Greenberg, P. E., T. Sisitsky, R. C. Kessler, et al. 1999. The economic burden of anxiety disorders in the 1990s. *Journal of Clinical Psychiatry* 60(Jul):427-435.

Greenberg, P. E., L. E. Stiglin, S. N. Finkelstein, and E. R. Berndt. 1993. Depression: A neglected major illness. *The journal of Clinical Psychiatry* 54(11):419-424.

Greenwald, M. K., E. W. Cook, III, and P. J. Lang. 1989. Affective judgment and psychophysiological response: Dimensional covariation in the evaluation of pictorial stimuli. *Journal of Psychophysiology* 3:51-64.

Greenwood, B. N., P. V Strong, T. E. Foley, and M. Fleshner. 2009. A behavioral analysis of the impact of voluntary physical activity on hippocampus-dependent contextual conditioning. *Hippocampus*. 19 (10):988-1001. doi:10.1002/hipo.20534.

Greenwood, B. N., and M. Fleshner. 2011. Exercise, stress

resistance, and central serotonergic systems. *Exercise and Sport Sciences Reviews* 39(3):140-149.

Greenwood, B. N., T. E. Foley, H. E. Day, et al. 2003. Freewheel running prevents learned helplessness/behavioral depression: Role of dorsal raphe serotonergic neurons. *Journal of Neuroscience* 23 (7):2889-2898.

Greenwood, B. N., T. E. Foley, H. E. W. Day, et al. 2005. Wheel running alters serotonin (5-HT) transporter, 5-HTIA, 5-HTIB, and alphalb-adrenergic receptor mRNA in the rat raphe nuclei. *Biological Psychiatry* 57(5):559-568.

Greenwood, B. N., T. E. Foley, T. V. Le, et al. 2011. Longterm voluntary wheel running is rewarding and produces plasticity in the mesolimbic reward pathway. *Behavioural Brain Research* 217 (2):354-362.

Greenwood, B. N., P. V Strong, L. Brooks, and M. Fleshner. 2008. Anxiety-like behaviors produced by acute fluoxetine administration in male Fischer 344 rats are prevented by prior exercise. *Psychopharmacology* 199(2):209-222.

Greer, T. L., and M. H. Trivedi. 2009. Exercise in the treatment of depression. *Current Psychiatry Reports* 11(6):466-472.

Grego, F., J.-M. Vallier, M. Collardeau, et al. 2004. Effects of long duration exercise on cognitive function, blood glucose, and counterregulatory hormones in male cyclists. *Neuroscience Letters* 362:76-80.

Greist, J. H., M. H. Klein, R. R. Eischens, J. Faris, A. S. Gurman, and W. P. Morgan. 1978. Running through your mind. *Journal of Psychosomatic Research* 22:259-294.

Greist, J. H., M. H. Klein, R. R. Eischens, J. Faris, A. S. Gurman, and W. P. Morgan. 1979. Running as treatment for depression. *Comprehensive Psychiatry* 20(Jan-Feb):41-54.

Gross, P. M., M. L. Marcus, and D. D. Heistad. 1980. Regional distribution of cerebral blood flow during exercise in dogs. *Journal of Applied Physiology* 48(Feb):213-217.

Grosz, H. J., and B. B. Farmer. 1972. Pitts' and McClure's lactate-anxiety study revisited. *British Journal of Psychiatry* 120:415-418.

Gruber, A. J., and H. J. Pope. 2000. Psychiatric and medical effects of anabolic-androgenic steroid use in women. *Psychotherapy and Psychosomatics* 69:19-26.

Gruber, J. J. 1986. Physical activity and self-esteem de velopment in children: A meta-analysis. In *Effects of physical activity on children*. edited by G. A Stull and E. M. Eckert. *The Academy Papers* 19: 330-348.

Guardiola-Lemaitre, B. 1997. Toxicology of melatonin. *Journal of Biological Rhythms* 12:697-706.

Guilleminault, C., A. Clerk, J. Black, M. Labanowski, R. Pelayo, and D. Claman. 1995. Nondrug treatment trials in psychophysiologic insomnia. *Annals of Internat Medicine* 155:838-844.

Gunstad, J., J. T. Kearney, M. B. Spitznagel, et al. 2009. Blood pressure and cognitive function in older adults with cardiovascular disease. *International Journal of Neuroscience* 119:2228-2242.

Guttman, L. 1950. The basis for scalogram analysis. In *Measurement and prediction*, edited by S. A. Stouffer. Princeton, NJ: Princeton University Press.

Guy, P. 2008. The role of physical activity in rheumatoid arthritis. *Physiology & Behavior* 94(2):270-275.

Haeckel, Ernst Heinrich Philipp. August 2011, 2008 [cited August 23, 2011]. www. encyclopedia. com/doc/1G2-2830901809. html.

Hahm, S., T. M. Mizuno, T. J. Wu, et al. 1999. Targeted deletion of the Vgf gene indicates that the encoded secretory peptide precursor plays a novel role in the regulation of energy balance. *Neuron* 23 (3):537-548.

Hall, E. E., P. Ekkekakis, and S. J. Petruzzello. 2002. The affective beneficence of vigorous exercise revisited. *British Journal of Health Psychology* 7(Pt 1):47-66.

Hamaoka, T., K. K. McCully, V. Quaresima, K. Yamamoto, and B. Chance. 2007. Near-infrared spectroscopy/imaging for monitoring muscle oxygenation and oxidative metabolism in healthy and diseased humans. *Journal of Biomedical optics* 12(6):062105. doi: 10. 1117/1. 2805437.

Hambrecht, R., C. Walther, S. Möbius-Winkler, et al. 2004. Percutaneous coronary angioplasty compared with exercise training in patients with stable coronary artery disease. *Circutation* 109(11):1371-1378.

Hamer, M., and Y. Chida. 2009. Physical activity and risk of neurodegenerative disease: A systematic review of prospective evidence. *Psychological Medicine* 39:3-11.

Hamer, M., A. Taylor, and A. Steptoe. 2006. The effect of acute aerobic exerase on stress related blood pressure responses: A systematic review and meta-analysis. *Biological Psychology* 71(2): 183-190.

Hankey, G. J., P. E. Norman, and J. W. Eikelboom. 2006. Medical treatment of peripheral arterial disease. *Journal of the American Medical Association* 295(5):547-553.

Hansen, C. J., L. C. Stevens, and J. R. Coast. 2001. Exercise duration and mood state: How much is enough to feel better? *Health Psychology* 20(4):267-275.

Hardy, C. J., E. G. Hall, and P. H. Presholdt. 1986. The mediational role of social influence in the perception of exertion. *Journal of sport and Exercise Psychology* 8:88-104.

Hardy, C. J. , and W. J. Rejeski. 1989. Not what, but how one feels: The measurement of affect during exercise. *Journal of Sport & Exercise Psychology* 11(3):304-317.

Harlow, H. F. , and J. A. Bromer. 1938. A test apparatus for monkeys. *The Psychological Record* 2:434-436.

Harlow, J. M. 1868. Recovery from the passage of an iron bar through the head. *Publication of the Massachusetts Medical Society*. 2:327-347.

Harmon-Jones, E. , P. A. Gable, and C. K. Peterson. 2010. The role of asymmetric frontal cortical activity in emotion-related phenomena: A review and update. *Biological Psychology* 84(3):451-462.

Harmon-Jones, E. , C. Harmon-Jones, L. Abramson, and C. K. Peterson. 2009. PANAS positive activation is associated with anger. *Emotion* 9(2):183-196.

Harris, A. H. , R. Cronkite, and R. Moos. 2006. Physical activity, exercise coping, and depression in a 10-year cohort study of depressed patients. *Journal of Affective Disorders* 93(1-3):79-85.

Harris, S. S. , C. J. Caspersen, G. H. DeFriese, and E. J. Estes. 1989. Physical activity counseling for healthy adults as a primary preventive intervention in the clinical setting. Report for the U. S. Preventive Services Task Force [published erratum appears in *Journal of the American Medicat Association*, 1989 Oct 20;262(15): 2094][see comments]. *Journal of the American Medical Association* 261(June 23-30):3588-3598.

Harter, S. 1982. The Perceived Competence Scale for Children. *Child Development* 53 (1):87-97.

Harter, S. 1985. Competence as a dimension of self-evaluation: Toward a comprehensive model of self-worth. In *The development of the self*, edited by R. H. Leahy. New York: Academic Press.

Harter, S. 1986. Cognitive-developmental processes in the integration of concepts about emotions and the self. *Social Cognition* 4 (2):119-151.

Harter, S. 1996. Historical roots of contemporary issues involving self-concept. In *Handbook of selfconcept: Developmental, social, and clinical considerations*, edited by B. A. Bracken, 1-37. New York: Wiley.

Hartman, F. A. , K. A. Brownell, and J. E. Lockwood. 1932. Cortin as a general tissue hormone. *American Journal of Physiology* 101:50.

Haskell, W. L. 2012. Physical activity by self-report: A brief history and future issues. *Journal of Physical Activity & Health* 9 (Suppl. 1): S5-10.

Haskell, W. L. , I. M. Lee, R. R. Pate, et al. 2007. Physical activity and public health: Updated recommendation for adults from the American College of Sports Mediane and the American Heart Association. *Circulation* 116:1081-1093.

Hatfield, B. D. , A. H. Goldfarb, G. A. Sforzo, and M. G. Flynn. 1987. Serum beta-endorphin and affective responses to graded exercise in young and elderly men. *Journals of Gerontology*. 42(4): 429-431.

Heart Association. *Medicine & Science in Sports & Exercise*, 39 (8), 1423-1434. doi:10. 1249/mss. 0b013e3180616b27.

Hausenblas, H. A. , A. V Carron, and D. E. Mack. 1997. Application of the theories of reasoned action and planned behavior to exercise behavior: A meta-analysis. *Journal of Sport & Exercise Psychology*. 19(1):36-51.

Hauser, W. 2010. Efficacy of different types of aerobic exercise in fibromyalgia syndrome: A systematic review and meta-analysis of randomised controlled trials. *Arthritis Research & Therapy* 12: R79. doi:10. 1186/ar3002.

Häuser, W. , K. Thieme, and D. C. Turk. 2010. Guidelines on the management of fibromyalgia syndrome: A systematic review. *European Journal of Pain* 14(1):5-10.

Hayden, J. A. , M. W. van Tulder, and G. Tomlinson. 2005. Systematic review: Strategies for using exercise therapy to improve outcomes in chronic low back pain. *Annals of Internal Medicine* 142(9):776-785.

Heaney, J. L. , A. T. Ginty, D. Carroll, and A. C. Phillips. 2011. Preliminary evidence that exercise dependence is associated with blunted cardiac and cortisol reactions to acute psychological stress. *International Journal of Psychophysiology* 79(2):323-329.

Heesch, K. C. , N. W. Burton, and W. J. Brown. 2011. Concurrent and prospective associations between physical activity, walking and mental health in older women. *Journal of Epictemiology and Community Health* 65 (9):807-813.

Heimer, L. , D. S. Zahm, L. Churchill, P. W. Kalivas, and C. Wohltmann, 1991. Specificity in the projection patterns of accumbal core and shell in the rat. *Neuroscience* 41 (1):89-125.

Heisler, L. K. , L. Zhou, P. Bajwa, J. Hsu, and L. H. Tecott. 2007. Serotonin 5-HT (2C) receptors regulate anxiety-like behavior. *Genes, Brain, and Behavior* 6(5):491-496.

Hemingway, H. , C. Langenberg, J. Damant, et al. 2008. Prevalence of angina in women versus men. *Circulation* 117 (12): 1526-1536.

Hensley, L. D. 2000. State of required physical education in colleges and universities. *Research Quarterly for Exercise & sport* 71: A71-A72.

Hergenhahn, B. R. 1992. *An introduction to the history of psychology*. 2nd ed. Belmont, CA: Wadsworth.

Hernández-Molina, G. , S. Reichenbach, B. Zhang, M. La valley, and

D. T. Felson. 2008. Effect of therapeutic exercise for hip osteoarthritis pain: Results of a meta-analysis. *Arthritis Care & Research* 59 (9):1221-1228.

Herring, M. P., and P. J. O'Connor. 2009. The effect of acute resistance exercise on feelings of energy and fatigue. *Journal of sports Sciences* 27 (7):701-709.

Herring, M. P., P. J. O'Connor, and R. K. Dishman. 2010. The effect of exercise training on anxiety symptoms among patients: A systematic review. *Archives of Internal Medicine* 170 (4):321-331.

Herring, M. P., T. W. Puetz, J. O'Connor P, and R. K. Dishman. 2012. Effect of exercise training on depressive symptoms among patients with a chronic illness: A systematic review and meta-analysis of randomized controlled tfials. *Archives of Internal Medicine*. 172 (2): 101-111. doi: 10. 1001/archinternmed. 2011.696.

Herring, M. P., M. L. Jacob, C. Suveg, R. K. Dishman, and PJ. O'Connor. 2012. Feasibility of exercise training for the short-term treatment of generalized anxiety disorder: A randomized controlled trial. *Psychotherapy and Psychosomatics* 81(1):21-28.

Herrmann, L. L., G. M. Goodwin, and K. P. Ebmeier. 2007. The cognitive neuropsychology of depression in the elderly. *Psychological Medicine* 37:1693-1702.

Hertzog, C., A. F. Kramer, R. S. Wilson, and U. Lindenberger. 2009. Enrichment effects on adult cognitive development. *Psychological Science in the Public Interest* 9(1):1-65.

Herva, A., J. Laitinen, J. Miettunen, et al. 2005. Obesity and depression: Results from the longitudinal Northern Finland 1966 Birth Cohort Study. *International Journal of Obesity* 30 (3): 520-527.

Hetta, J., M. Almqvist, H. Agren, G. Hambert, B. Liljenberg, and B. A. Roos. 1985. Prevalence of sleep disturbances and related symptoms in a middle-aged Swedish population. In *Sleep '84*, edited by W. P. Koella, E. Ruther, and H. Schulz. Stuttgart, New York: Gustav Fischer Verlag.

Heyn, P., B. C. Abreu, and K. J. Ottenbacher. 2004. The effects of exercise trairung on elderly persons with cognitive impairment and dementia: A meta-analysis. *Archives of Physical Medicine and Rehabilitation* 85:1694-1704.

Hilgard, E. R. 1989. *Psychology in America: A historicat survey*. New York: Harcourt Brace Jovanovich.

Hill, D. W., K. J. Cureton, S. C. Grisham, and M. A. Collins. 1987. Effect of training on the rating of perceived exertion at the ventilatory threshold. *European Journal of Applied Physiology and Occupational Physiology* 56:206-211.

Hill, M. N., and B. S. McEwen. 2010. Involvement of the endocannabinoid system in the neurobehavioural effects of stress and glucocorticoids, *Progress in Neuro-Psychopharmacology & Biological Psychiatry* 34(5):791-797.

Hillman, C. H., S. M. Buck, J. R. Themanson, M. B. Pontifex, and D. Castelli. 2009. Aerobic fitness and cognitive development: Event-related brain potential and task performance indices of executive control in preadolescent children. *Developmental Psychology* 45(1):114-129.

Hillman, C. H., K. I. Erickson, and A. F Kramer. 2008. Be smart, exercise your heart: Exerase effects on brain and cognition. *Nature Reviews Neuroscience* 9(1):58-65.

Hillman, C. H., M. B. Pontifex, L. B. Raine, D. Castelli, E. E. Hall, and A. F. Kramer. 2009. The effect of acute treadmill walking on cognitive control and academic achievement in preadolescent children. *Neuroscience* 159:1044-1054.

Hillman, C. H., E. M. Snook, and G. Jerome, J. 2003. Acute cardiovascular exercise and executive control function. *International Journal of Psychophysiology* 48:307-314.

Hillsdon, M., C. Foster, and M. Thorogood. 2005. Interventions for promoting physical activity. *Cochrane Database of Systematic Reviews* [Online] (1):CD003180.

Hirsch, B. and D. T. Lykken. 1993. Age and the self-perception of ability: A twin study analysis. *Psychology & Aging* 8(1):72-80.

Hockey, G. R. J. 1997. Compensatory control in the regulation of human performance under stress and high workload: A cognitive-energetical framework. *Biological Psychology* 45:73-93.

Hoehner, C. M., J. Soares, D. Parra Perez, et al. 2008. Physical activity interventions in Latin America: A systematic review. *American Journal of Preventive Medicine* 34 (3):224-233.

Hoffman, B. M., J. A. Blumenthal, M. A. Babyak, et al. 2008. Exercise fails to improve neurocognition in depressed middle-aged and older adults. *Medicine & Science in sports & Exercise* 40 (7): 1344-1352.

Hoffman, M. D., and D. R. Hoffman. 2008. Exercisers achieve greater acute exercise-induced mood enhancement than nonexercisers. *Archives of Physical Medicine and Rehabilitation* 89 (2):358-363.

Holets, V. R., T. Hokfelt, A. Rokaeus, L. Terenius, and M. Goldstein. 1988. Locus coeruleus neurons in the rat containing neuropeptide Y, tyrosine hydroxylase or galanin and their efferent projections to the spinal cord, cerebral cortex and hypothalamus. *Neuroscience* 24 (Mar):893-906.

Hollmann, W., H. G. Fischer, M. K. de, H. Herzog, K. Herzog, and L. E. Feinendegen. 1994. The brain-regional cerebral blood flow, metabolism, and psyche during ergometer exercise. In *Physical activity, fitness and bealth: International proceedings and consensus statement*, edited by C. Bouchard, R. Shephard, and T. Stephens. Champaign, IL: Human Kinetics.

Holmes, P. V. 2003. Rodent models of depression: Reexamining validity without anthropomorphic inference. *Critical Reviews in Neurobiology* 15(2):143-174.

Hootman, J. M., Dick, R., and Agel, J. 2007. Epidemiology of collegiate injuries for 15 sports: Summary and recommendations for injury prevention initiatives. *Journal of Athletic Training* 42 (2):311-319.

Hormes, J. M., L. A. Lytle, C. R. Gross, R. L. Ahmed, A. B. Troxel, and K. H. Schmitz. 2008. The body image and relationships scale: Development and validation of a measure of body image in female breast cancer survivors. *Journal of Clinical Oncology* 26(8): 1269.

Horne, J. A., and V. J. Moore. 1985. Sleep EEG effects of exercise with and without additional body cooling. *Electroencephalography and Clinical Neurophysiology* 60:33-38.

Horne, J. A., and L. H. E. Staff. 1983. Exercise and sleep: Body heating effects. *Sleep* 6:36-46.

Horowitz, A. L. 1995. *MRI physics for radiologists: A visual approach*. 3rd ed. New York: Springer-Verlag.

Hsiao, E. T., and R. E. Thayer. 1998. Exercising for mood regulation: The importance of experience. *Personality & Individual Differences* 24(6):829-836.

Hughes, C. F., C. Uhlmann, and J. W. Pennebaker. 1994. The body's response to processing emotional trauma: Linking verbal text with autononuc activity. *Journal of Personality* 62 (Dec):565-585.

Huhman, M., L. D. Potter, F. L. Wong, S. W. Banspach, J. C. Duke, and C. D. Heitzler. 2005. Effects of a mass media campaign to increase physical activity among children: Year-1 results of the VERB campaign. *Pediatrics* 116(2):e277-284.

Hung, J.-W., C.-W. Liou, P.-W. Wang, et al. 2009. Effect of 12-week tai chi chuan exercise on peripheral nerve modulation in patients with type 2 diabetes mellitus. *Journal of Rehabilitation Medicine* 41 (11):924-929.

Hunsberger, J. G., S. S. Newton, A. H. Bennett, et al. 2007. Antidepressant actions of the exercise-regulated gene VGF. *Nature Medicine* 13 (12):1476-1482.

Huotari, P., H. Nupponen, L. Mikkelsson, L. Laakso, and U. Kujala. 2011. Adolescent physical fitness and activity as predictors of adulthood activity. *Journal of Sports Sciences* 29 (11):1135-1141.

Huppert, T. J., R. D. Hoge, S. G. Diamond, M. A. Franceschini, and D. A. Boas. 2006. A temporal comparison of BOLD, ASL, and NIRS hemodynamic responses to motor stimuli in adult humans. *Neurolmage* 29(2):368-382.

IASP Task Force on Taxonomy. 1994. Part Ⅲ: Pain terms—A current list with definitions and notes on usage. In *Classification of chronic pain*, edited by B. Merskey and N. Bogduk. Seattle: IASP Press.

Institute of Medicine. 2011. *Relieving pain in America: A blueprint for transforming prevention, care, education and research*. Washington, DC: The National Academies Press.

International Human Genome Sequencing Consortium. 2004. Finishing the euchromatic sequence of the human genome. *Nature* 431 (7011):931-945.

Intille, S. S., C. Kukla, R. Farzanfar, and W. Bakr. 2003. Just-in-time technology to encourage incremental, dietary behavior change. *Annual Symposium proceedings/AMIA Symposium*:874.

Irwin, W., R. J. Davidson, M. J. Lowe, B. J. Mock, J. A. Sorenson, and P. A. Turski. 1996. Human amygdala activation detected with echo-planar functional magnetic resonance imaging. *Neuroreport* 711:1765-1769.

Ismail, A. H. 1967. The effects of a well-organized physical education programme on intellectual performance. *Research in Physical Education* 1:31-38.

Jackson, A. S., X. Sui, J. R. Hebert, T. S. Church, and S. N. Blair. 2009. Role of lifestyle and aging on the longitudinal change in cardiorespiratory fitness. *Archive of Internal Medicine*. 169 (19): 1781-7. doi:10.1001/archinternmed.2009.312.

Jackson, A. W., and R. K. Dishman. 2000. Perceived submaximal force production in young men and women. *Medicine & Science in Sports & Exercise* 32:448-451.

Jackson, A. W., R. K. Dishman, and S. B. Martin. 2002. Perceived leg extension and flexion forces of young adult men and women: Comparison to previous findings. *Research Quarterly for Excercise and sport* 73(2):225-228.

Jackson, A., R. K. Dishman, C. S. La, R. Patton, and R. Weinberg. 1981. The heart rate, perceived exertion, and pace of the 1.5 mile run. *Medicine & Science in Sports & Exercise* 13:224-228.

Jackson, A. W., A. W. Ludtke, S. B. Martin, L. P. Koziris, and R. K. Dishman. 2006. Perceived submaximal force production in young adults. *Research Quarterly for Exercise and Sport* 77 (1):50-57.

Jackson, E. M., and R. K. Dishman. 2002. Hemodynamic responses to stress among black women: Fitness and parental hypertension. *Medicine & Science in Sports & Exercise* 34 (7):1097-1104; discussion 1105.

Jackson, E. M., and R. K. Dishman 2006. Cardiorespiratory fitness and laboratory stress: A meta-regression analysis. *Psychophysiology* 43(1): 57-72.

Jakicic, J. M., C. Winters, W. Lang, and R. R. Wing. 1999. Effects of intermittent exercise and use of home exercise equipment on adherence, weight loss, and fitness in overweight women. *Journal of the American Medical Association* 282:1554-1560.

Jams, I. L., and L. Mann. 1977. *Decision making: a psychological analysis of conflict, choice, and commitment*. New York, NY: The Free Press.

James, W. 1884. What is an emotion? *Mind* 9:188-205.

James, W. 1890. *The principles of psychology*. Vol. 2. New York: Holt.

James, W. 1899. *Talks to teachers on psychology: And to students on some of life's ideals*. New York: Holt.

James, W. 1899. Physical training in the educational curriculum. *American Physical Education Review*. Boston: American Association for the Advancement of Physical Education.

Jamison, R. N. 2010. Unraveling the secrets to chronic pain and disability: More than meets the eye. *Journal of Pain* 11 (5): 405-407.

Jams, I. L., and P. B. Field. 1959. Sex differences and factors related to personality. In *Personality and persuasibility*. edited by C. I. Hovland and I. L. Jams. New Haven, CT: Yale University Press.

Janson, C., T. Gislason, W. De Backer, et al. 1995. Insomnia and sleep: Prevalence of sleep disturbances among young adults in three European countries. *Sleep* 18:589-597.

Jeannerod, M., F. Michel, and C. Prablanc. 1986. The control of hand movements in case of hemianaesthesia following a parietal lesion. *Brain* 107:899-920.

Jensen, M. C., M. N. Brant-Zawadzki, N. Obuchowski, M. T. Modic, D. Malkasian, and J. S. Ross. 1994. Magnetic resonance imaging of the lumbar spine in people without back pain. *New England journal of Medicine* 331(2):69-73.

Jensen, M. P., M. J. Chodroff, and R. H. Dworkin. 2007. The impact of neuropathic pain on health-related quality of life. *Neurology* 68 (15):1178-1182.

Jerstad, S. J., K. N. Boutelle, K. K. Ness, and E. Stice. 2010. Prospective reciprocal relations between physical activity and depression in female adolescents. *Journal of Consulting and Clinical Psychology* 78 (2):268-272.

Johannes, C. B., T. Kim Le, X. Zhou, J. A. Johnston, and R. H. Dworkin. 2010. The prevalence of chronic pain in United States adults: Results of an Internet-based survey. *Journal of Pain* 11 (11):1230-1239.

John, P. J., N. Sharma, C. M. Sharma, and A. Kankane. 2007. Effectiveness of yoga therapy in the treatment of migraine without aura: A randomized controlled trial. *Headache: Journal of Head and Face Pain* 47(5):654-661.

Johnson, M., and M. Martinson. 2007. Efficacy of electrical nerve stimulation for chronic musculoskeletal pain: A meta-analysis of randomized controlled trials. *Pain* 130 (1):157-165.

Jonas, B. S., P. Franks, and D. D. Ingram. 1997. Are symptoms of anxiety and depression risk factors for hypertension? Longitudinal evidence from the National Health and Nutrition Examination Survey I Epidemiologic Follow-up Study. *Archives of Family Medicine* 6(Jan-Feb):43-49.

Jónás, I., K. A. Schubert, A. C. Reijne, et al. 2010. Behavioral traits are affected by selective breeding for increased wheel-running behavior in mice. *Behavior Genetics* 40 (4):542-550.

Jones, J., D. N. Rutledge, K. Dupree Jones, L. Matallana, and D. S. Rooks. 2008. Self-assessed physical function levels of women with fibromyalgia: A national survey. *Women's Health Issues* 18 (5): 406-412.

Jones, K. D., C. S. Burckhardt, and J. A. Bennett. 2004. Motivational interviewing may encourage exercise in persons with fibromyalgia by enhancing self efficacy. *Arthritis Care & Research* 51 (5): 864-867.

Jones, K. D., C. S Burckhardt, S. R Clark, R. M Bennett, and K. M Potempa. 2002. A randomized controlled trial of muscle strengthening versus flexibility training in fibromyalgia. *Journal of Rheumatology* 29 (5):1041-1048.

Jones, L. A., and I. W. Hunter. 1985. Effect of muscle tendon vibration on the perception of force. *Experimental Neurology* 87 (1):35-45.

Jonsdottir, I. H. 2000. Special feature for the Olympics: Effects of exercise on the immune system: Neuropeptides and their interaction with exercise and immune function. *Immunology and Cell Biology* 78 (5):562-570.

Jonsdottir, I. H., L. Rodjer, E. Hadzibajramovic, M. Borjesson, and G. Ahlborg, Jr. 2010. A prospective study of leisure-time physical activity and mental health in Swedish health care workers and social insurance officers. *Preventive Medicine* 51 (5):373-377.

Kahn, E. B., L. T. Ramsey, R. C. Brownson, et al. 2002. The effectiveness of interventions to increase physical activity: A systematic review. *American Journal of Preventive Medicine* 22 (May):73-107.

Kahneman, D. 1973. *Attention and effort*. Englewood Cliffs, NJ: Prentice Hall.

Kamijo, K. 2009. Effects of acute exercise on event-related brain potentials. In *Enhancing cognitive functioning and brain plasticity*, edited by W. J. Chodzko-Kajko, A. F. Kramer, and L. W. Poon. Champaign, IL: Human Kinetics.

Kandel, E. R. 1998. A new intellectual framework for psychiatry.

American Journal of Psychiatty. 155:457-469.

Kankaanp,M.,S. Taimela,O. Airaksinen,and O. Hänninen. 1999, The efficacy of active rehabilitation in chronic low back pain: Effect on pain intensity,self experienced disability,and lumbar fatigability. *Spine* 24(10):1034.

Kann,L. et al. 1998. CDC surveillance summaries: Youth Risk Behavior Survey—United States,1997. *Morbidity and Mortality Weekly Reports* 47 (3):1-89.

Kaplan, G. A. , W. J. Strawbridge, R. D. Cohen, and L. R. Hungerford. 1996. Natural history of leisure-time physical activity and its correlates:Associations with mortality from all causes and cardiovascular disease over 28 years. *American Journal of Epidemiology* 144 (8):793-797.

Kardel, K. R. , B. Johansen, N. Voldner, P. Ole Iversen, and T. Henriksen. 2009. Association between aerobic fitness in late pregnancy and duration of labor in nulliparous women. *Acta Obstetricia et Gynecologica Scandinavica* 88 (8):948-952.

Kaski,J. C. 2004. Pathophysiology and management of patients with chest pain and normal coronary arteriograms (cardiac syndrome X). *Circulation* 109 (5):568-572.

Kelley,G. A.,K. S. Kelley,J. M. Hootman,and D. L. Jones. 2011. Effects of community-deliverable exercise on pain and physical function in adults with arthritis and other theumatic diseases: A meta-analysis. *Arthritis Care & Research* 63 (1):79-93.

Kelley, G. A, K. S. Kelley, and D. L. Jones. 2011. Efficacy and effectiveness of exercise on tender points in adults with fibromyalgia:A meta-analysis of random ized controlled trials. *Arthritis Care & Research* 63(1):79-93. doi:10. 1002/acr. 20347.

Kempermann,G. 2008. The neurogenic reserve hypothesis: What is adult hippocampal neurogenesis good for? *Trends in Neuroscience* 31 (4):163-169.

Kemppainen, P. , A. Pertovaara, T. Huopaniemi, G. Johansson, and S.-L. Karonen. 1985. Modification of dental pain and cutaneous thermal sensitivity by physical exercise in man. *Brain Research* 360 (1-2):33-40.

Kendall,A. R. , M. Mahue-Giangreco, C. L. Carpenter, P. A. Ganz, and L. Bernstein. 2005. Influence of exercise activity on quality of life in long-term breast cancer survivors. *Quality of Life Research* 14 (2):361-371.

Kendzierski, D. 1994. Schema theory: An information processing focus. In *Advances in Exercise Adherence* ,edited by R. K. Dishman, Champaign,IL:Human Kinetics.

Kerlinger,F. N. 1973. *Foundations of behavioral research* . 2nd ed. New York:Holt,Rinehart,& Winston.

Kessler,R. C. , P. Berglund, O. Demler, R. Jin, K. R. Merikangas, and E. E. Walters. 2005a. Lifetime prevalence and age-of-onset distributions of DSM-Ⅳ disorders in the National Comorbidity Survey Replication. *Archives of General Psychiatry* 62 (6): 593-602.

Kessler, R. C. , P. Berglund, O. Demler, et al. 2003. The epidenuology of major depressive disorder: Results from the National Comorbidity Survey Replication(NCS-R). *Journal of the American Medical Association* 289 (23):3095-3105.

Kessler,R. C. , W. T. Chiu, O. Demler, K. R. Merikangas, and E. E. Walters. 2005b. Prevalence, severity, and comorbidity of 12-month DSM-Ⅳ disorders in the National Comorbidity Survey Replication. *Archives of General Psychiatry* 62(6):617-627.

Kessler,R. C. ,O. Demler, R. G. Frank, et al. 2005c. Prevalence and treatment of mental disorders,1990 to 2003. *New England Journal of Medicine* 352 (24):2515-2523.

Kessler,R. C. ,K. A. McGonagle, S. Zhao, et al. 1994. Lifetime and 12-month prevalence of DSM-Ⅲ-R psychiatric disorders in the United States:Results from the National Comorbidity Survey. *Archives of General Psychiatry* 51:8-19.

Khanna, S. , and J. G. Sinclair. 1989. Noxious stimuli produce prolonged changes in the CA1 region of the rat hippocampus. *Pain* 39 (3):337-343.

Khatri,P. ,J. A. Blumenthal, M. A. Babyak, et al. 2001. Effects of exercise training on cognitive functioning among depressed older men and women. *Journal of Aging and Physical Activity* 9:43-57.

Killian, K. J. 1987. Limitations of exercise by dyspnea. *Canadian Journal of sport Science* 12 (Suppl. 1):53S-60S.

Kimiecik,J. 1992. Predicting vigorous physical activity of corporate employees:Comparing the theories of reasoned action and planned behavior. *Journal of Sport & Exercise Psychology*. 14 (2):192-206.

King,A. C. ,K. Baumann, P. O'Sullivan, S. Wilcox, and C. Castro. 2002. Effects of moderate-intensity exercise on physiological, behavioral, and emotional responses to family caregiving: A randomized controlled triaI. *Journals of Gerontology. Series A, Biologicat Sciences and Medical Sciences* 57 (1):M26-M36.

King,A. C. ,C. Castro, S. Wilcox, A. A. Eyler, J. F. Sallis, and R. C. Brownson. 2000. Personal and environmental factors associated with physicalinactivity among different racial-ethnic groups of U. S. middle-aged and older-aged women. *Health Psychology* 19 (4): 354-364.

King,A. C. ,W. L. Haskell, C. B. Taylor, H. C. Kraemer, and R. F. DeBusk. 1991. Group-vs home-based exercise training in healthy older men and women. *Journal of the American Medical Association* . 266:1535-1542.

King, A. C. , and J. E. Martin. 1993. Exercise adherence and maintenance. In *Resource manuat for guidelines for exercise testing and prescription*, edited by J. L. Durstine, A. C. King, P. L. Painter, J. L. Roitman, and L. D. Zwiren. Philadelphia: Lea & Febiger.

King, A. C., R. F. Oman, G. S. Brassington, D. L. Bliwise, and W. L. Haskell. 1997. Moderate-intensity exercise and self-rated quality of sleep in older adults: A randomized controlled trial. *Journal of the American Medical Association* 277 (1):32-37.

King, A. C., L. A. Pruitt, S. Woo, et al. 2008. Effects of moderate-intensity exercise on polysomnographic and subjective sleep quality in older adults with mild to moderate sleep complaints. *Journals of Gerontology: Series A: Biological Sciences & Medical Sciences* 63(9):997-1004.

King, A. C, D. Stokols, E. Talen, G. S. Brassington, and R. Killingsworth. 2002. Theoretical approaches to the promotion of physical activity: Forging a transdisciplinary paradigm. *American Journal of Preventive Medicine* 23 (Aug):15-25.

King, A. C., C. B. Taylor, and W. L. Haskell. 1993. Effects of differing intensities and formats of 12 months of exercise training on psychological outcomes in older adults. *Health Psychology* 124:292-300.

King, N., N. Byrne, A. Hunt, and A. Hills. 2010. Comparing exercise prescribed with exercise completed: Effects of gender and mode of exercise. *Journal of sports Sciences* 28 (6):633-640.

Kingsley, J. D., L. B. Panton, T. Toole, P. Sirithienthad, R. Mathis, and V McMillan. 2005. The effects of a 12-week strength-training program on strength and functionality in women with fibromyalgia. *Archives of Physical Medicine and Rehabilitation* 86 (9):1713-1721.

Kirk, A., J. Barnett, G. Leese, and N. Mutrie. 2009. A randomized trial investigating the 12-month changes in physical activity and health outcomes following a physical activity consultation delivered by a person or in written form in type 2 diabetes: Time2Act. *Diabetic Medicine* 26 (3):293-301.

Kirkcaldy, B. D., and R. J. Shephard. 1990. Therapeutic implications of exercise. *International Journal of sport Psychology* 21 (2):165-184.

Kjaer, M., N. H. Secher, F. W. Bach, S. Sheikh, and H. Galbo. 1989. Hormonal and metabolic responses to exercise in humans: Effect of sensory nervous blockade. *American Journal of Physiology* 257 (1 Pt 1):E95-E101.

Klink, M., and S. F. Quan. 1987. Prevalence of reported sleep disturbances in a general adult population and their relationship to obstructive airways diseases. *Chest* 91:540-546.

Knab, A. M., R. S. Bowen, A. T. Hamilton, A. A. Gulledge, and J. T. Lightfoot. 2009. Altered dopaminergic profiles: Implications for the regulation of voluntary physical activity. *Behavioural Brain Research* 204(1):147-152.

Knab, A. M., and J. T. Lightfoot. 2010. Does the difference between physically active and couch potato lie in the dopamine system? *International Journal of Biological Sciences* 6 (2):133-150.

Knapp, D. N. 1988. Behavioral management techniques and exercise promotion. In *Exercise adherence*, edited by R. K. Dishman. Champaign, IL: Human Kinetics.

Knight, J. A., S. Thompson, J. M. Raboud, and B. R. Hoffman. 2005. Light and exercise and melatonin production in women. *American Journal of Epidemiology* 162 (11):1114-1122.

Knox, S., A. Barnes, C. Kiefe, et al. 2006. History of depression, race, and cardiovascular risk in CARDIA. *International Journal of Behavioral Medicine* 13 (1):44-50.

Kobasa, S. C., S. R. Maddi, and S. Kahn. 1982. Hardiness and health: A prospective study. *Journal of Personality and Social Psychology* 42 (1):168-177.

Koch, L. G., and S. L. Britton. 2001. Artificial selection for intrinsic aerobic endurance running capacity in rats. *Physiological Genomics* 5 (1):45-52.

Koch, L. G., and S. L. Britton. 2008. Development of animal models to test the fundamental basis of gene-environment interactions. *Obesity* 16(Suppl. 3):S28-S32.

Kohl, H. W., and W. Hobbs. 1998. Development of physical activity behavior among children and adolescents. *Pediatrics* 101 (Suppl. 5):549-554.

Kollesch, J. 1989. Knidos as the center of early scientific medicine in ancient Greece. *Gesnerus* 46 (1-2):11-28.

Koltyn, K. F. 1997. The thermogenic hypothesis. In *Physical activity and mental health*, edited by W. P. Morgan. Washington, DC: Taylor & Francis.

Koltyn, K. F. 2002. Exercise induced hypoalgesia and intensity of exercise. *Sports Medicine* 32 (8):477-487.

Koltyn, K. F., N. A. Lynch, and D. W. Hill. 1998. Psychological responses to brief exhaustive cycling exercise in the morning and evening. *International Journal of Sport Psychology* 29:145-156.

Koltyn, K. F., and W. P. Morgan. 1992. Influence of underwater exercise on anxiety and body temperature. *Scandinavian Journal of Medicine and Science in Sports* 2:249-253.

Koltyn, K. F., and W. P. Morgan. 1997. Influence of wet suit wear on anxiety responses to underwater exercise. *Undersea & Hyperbaric Medicine* 24(1):23-28.

Koltyn, K. F., H. I. Robins, C. L. Schmitt, J. D. Cohen, and W. P. Morgan. 1992. Changes in mood state following whole-body hyperthermia. *International Journal of Hyperthermia* 8(3):305-307.

Kong,J.,N. S. White, K. K. Kwong, et al. 2006. Using fMRI to dissociate sensory encoding from cognitive evaluation of heat pain intensity. *Human Brain Mapping* 27(9):715-721.

Konorski,J. 1967. *Integrative activity of the brain: An interdisciplinary approach*. Chicago:University of Chicago Press.

Koob, G. F., and M. Le Moal. 1997. Drug abuse: Hedonic homeostatic dysregulation. *Science* 278 (5335):52-58.

Kopp, M., M. Steinlechner, G. Ruedl, L. Ledochowski, G. Rumpold,and A. H. Taylor. 2012. Acute effects of brisk walking on affect and psychological wellbeing in individuals with type 2 diabetes. *Diabetes Research and Clinical Practice*. 25(1):25-29. doi: 10. 1016/j. diabres. 2011.09.017.

Kosek, E. ,J. Ekholm,and P. Hansson. 1996. Modulation of pressure pain thresholds during and following isometric contraction in patients with fibromyalgia and in healthy controls. *Pain* 64 (3): 415-423.

Kostka,C. E. ,and E. Cafarelli. 1982. Effect of pH on sensation and vastus lateralis electromyogram during cycling exerase. *Journal of Applied Physiology* S2:1181-1185.

Kovacs,K. J. 1998. C-Fos as a transcription factor: A stressful (re) view from a functional map. *Neurochemistry International* 33(Oct): 287-297.

Kramer, A. F. ,S. Hahn, E. McAuley, N. J. Cohen, M. T. Banich, and C Harrison, R. 2002. Exercise, aging, and cognition: Healthy body,healthy mind? In *Human factors interventions for the health care of older adults*, edited by W. A. Rogers and A. D. Fisk. Mahwah,NJ:Erlbaum.

Kremers, S. P. J. , and J. Brug. 2008. Habit strength of physical activity and sedentary behavior among children and adolescents. *Pediatric Exercise Science* 20(1):5-17.

Kriemler, S. , U. Meyer, E. Martin, E. M. van Sluijs, L. B. Andersen, and B. W. Martin. 2011. Effect of school-based interventions on physical activity and fitness in children and adolescents:A review of reviews and systematic update. *British Journal of Sports Medicine* 45 (11):923-930.

Kripke, D. F. 2000. Chronic hypnotic use: Deadly risks, doubtful benefit. *Sleep Medicine Reviews*,4 (1):5-20.

Kripke, D. F. , M. R. Klauber, D. L. Wingard, R. L. Fell, J. D. Assmus,and L. Garfinkel. 1998. Mortality hazard associated with prescription hypnotics. *Biological Psychiatry* 43 (9):687-693.

Kriska,A. M. ,and C. Caspersen. 1997. Introduction to a collection of physical activity questionnaires. *Medicine & Science in sports & Exercise* 29(S6):S5-S9.

Krogh,J. ,M. Nordentoft,J. A. Sterne, and D. A. Lawlor. 2011. The effect of exercise in clinically depressed adults:Systematic review

and meta-analysis of randomized controlled trials. *Journal of Clinical Psychiatry* 72(4):529-538.

Krogh, J. , B. Saltin, C. Gluud, and M. Nordentoft. 2009. The DEMO trial: A randomized, parallel-group, observer-blinded clinical trial of strength versus aerobic versus relaxation training for patients with mild to moderate depression. *Journal of Clinical Psychiatry* 70(6):790-800.

Ku,P. W. , K. R. Fox, and L. J. Chen. 2009. Physical activity and depressive symptoms in Taiwanese older adults: A seven-year follow-up study. *Preventive Medicine* 48 (3):250-255.

Kubitz,K. A. , D. M. Landers, S. J. Petruzzello, and M. Han. 1996. The effects of acute and chronic exercise on sleep. A meta-analytic review. *Sports Medicine* 21(4):277-291.

Kubitz,K. A. ,and A. A. Mott. 1996. EEG power spectral densities during and after cycle ergometer exercise. *Research Quarterly for Exercise & Sport* 67:91-96.

Kugler,J. , H. Seelbach, and G. M. Kruskemper. 1994. Effects of rehabilitation exercise programmes on anxiety and depression in coronary patients: A metaanalysis. *British Journal of Clinical Psychology* 33(Pt 3) (Sept):401-410.

Kujala,U. M. , S. Orava, J. Parkkari, J. Kaprio, and S. Sarna. 2003. Sports career-related musculoskeletal injuries: Long-term health effects on former athletes. *Sports Medicine* 33 (12):869-875.

Kujala,U. M. , S. Taimela, and T. Viljanen. 1999. Leisure physical activity and various pain symptoms among adolescents. *British Journal of Sports Medicine* 33(5):325-328.

Kulinna, P. H. , W. W. Warfield, S. Jonaitis, M. Dean, and C. Corbin. 2009. The progression and characteristics of conceptually based fitness/wellness courses at American universities and colleges. *Journal of Amertican College Health* 58 (2):127-131.

Kunst-Wilson,W. R. , and R. B. Zajonc. 1980. Affective discrimination of stimuli that cannot be recognized. *Science* 207 (4430):557-558.

Kuphal, K. E. , E. E. Fibuch, and B. K. Taylor. 2007. Extended swimming exercise reduces inflammatory and peripheral neuropathic pain in rodents. *Journal of Pain* 8 (12):989-997.

Kyllo,L. B. , and D. M. Landers. 1995. Goal setting in sport and exercise:A research synthesis to resolve the controversy. *Journal of Sport and Exercise Psychology* 17:117-137.

LaBar,K. S. , J. C. Gatenby, J. C. Gore, J. E. Ledoux, and E. A. Phelps. 1998. Human amygdala activation during conditioned fear acquisition and extinction: A mixed-trial fMRI study. *Neuron* 205:937-945.

Lamb,K. L. ,and R. G. Eston. 1997. Effort perception in children. *Sports Medicine* 23 (3):139-148.

Lambourne,K. ,and P. D. Tomporowski. 2010. The effect of acute exercise on cognitive task performance: A meta-regression analysis. *Brain Research Reviews* 1341:12-24.

Land, B. B., M. R. Bruchas, S. Schattauer, et al. 2009. Activation of the kappa opioid receptor in the dorsal raphe nucleus mediates the aversive effects of stress and reinstates drug seeking. *Proceedings of the National Academy of Sciences of the United States of America* 106 (45):19168-19173.

Landers, D. M., and S. J. Petruzzello. 1994. Physical activity, fitness, and anxiety. In *Physical activity, fitness, and health: International proceedings and consensus statement*, edited by C. Bouchard, R. Shephard, and J. C. Stevens. Champaign, I1: Human Kinetics.

Landolt, H. P., V. Meier, H. J. Burgess, L. Finelli, F. Cattelin, and A. A. Borbely. 1998. SR 46349B, a selective 5-HT2 receptor antagonist, enhances delta activity and reduces sigma activity in nonREM sleep in humans. *Sleep* 21S:85.

Lang, P. J. 1995. The emotion probe: Studies of motivation and attention. *American Psychologist* 50(5):372-385.

Lang, P. J. 2000. Emotion and motivation: Attention, perception, and action. *Journal of sport & Exercise Psychology* 20:S122-S140.

Lang, P. J., M. M. Bradley, and B. N. Cuthbert. 1998. Emotion, motivation, and anxiety: Brain mechanisms and psychophysiology. *Biological Psychiatry* 44 (Dec 15):1248-1263.

LaPorte, R. E., H. J. Montoye, and C. J. Caspersen. 1985. Assessment of physical activity in epidemiologic research: Problems and prospects. *Public Health Reports* 100 (Mar-Apr):131-146.

Larun, L., L. V. Nordheim, E. Ekeland, K. B. Hagen, and F. Heian. 2006. Exercise in prevention and treatment of anxiety and depression among children and young people. *Cochrane Database of Systematic Reviews* 3:CD004691.

Latimer, A. E., L. R. Brawley, and R. L. Bassett. 2010. A systematic review of three approaches for constructing physical activity messages: What messages work and what improvements are needed? *International Journal of Behavioral Nutrition and Physical Activity* 7:36.

Lautenschlager, N. T., K. L. Cox, L. Flicker, et al. 2008. Effect of physical activity on cognitive function in older adults at risk for Alzheimer Disease. *Journal of the American Medical Association* 300 (9):1027-1037.

Lawlor, D. A., and S. W. Hopker. 2001. The effectiveness of exercise as an intervention in the management of depression: systematic review and meta-regression analysis of randomised controlled trials. *British Medical Journal*. 322 (7289):763-767.

Lawrence, R. C., D. T. Felson, C. G. Helmick, et al. 2008. Estimates of the prevalence of arthritis and other rheumatic conditions in the United States: Part Ⅱ. *Arthritis & Rheumatism* 58(1):26-35.

Layman, E. M. 1960. Contributions of exercise and sports to mental health and social adjustment. In *Science and medicine of exercise and sports*, edited by W. R. Johnson. New York: Harper.

Lazarus, A. A. 2000. Will reason prevail? From classical psychoanalysis to New Age therapy. *American Journal of Psychotherapy* 54 (2): 152-155.

Lazarus, R. S. 1966. *Psychological stress and the coping process*. New York: McGraw-Hill.

Lazarus, R. S. 1991. Emotion theory and psychotherapy. in *Emotion, Psychotherapy, and Change*, edited by J. D. Safran and L. S. Greenberg. New York: Guilford Press.

Lazarus, R. S. 1993. From psychological stress to the emotions: A history of changing outlooks. *Annuual Review of Psychology* 44: 1-21.

Lazarus, R. S. 2003a. Does the positive psychology movement have legs? *Psychological Inquiry*, 14:93-109.

Lazarus, R. S. 2003b. The Lazarus manifesto for positive psychology and psychology in general. *Psychological Inquiry*, 14:173-189.

Lazarus, R. S. 2006. Emotions and interpersonal relationships: Toward a person-centered conceptualization of emotions and coping. *Journal of Personality* 74(1):9-46.

Lazarus, R. S., and S. Folkman. 1984. *Stress, appraisal, and coping*. New York: Springer.

Le Bihan, D. Moderator. 1995. NIH conference: Functional magnetic resonance imaging of the brain.

Leary, T. F. 1957. *Interpersonal diagnosis of personality*: New York: Ronald Press.

LeClerc, D. 1723. *Histoire de la medicine*. Amsterdam: Aux Dépens De La Compagnie.

LeDoux, J. E. 1994. Emotion, memory, and the brain. *Scientific American* (June):50-57.

LeDuc, P. A., J. A. Caldwell, and P. S. Ruyak. 2000. The effects of exerase as a countermeasure for fatigue in sleep-deprived aviators. *Military Psychology* 12(4):249-266.

Lee, S. M., C. R. Burgeson, J. E. Fulton, and C. G. Spain. 2007. Physical education and physical activity: Results from the School Health Policies and Programs Study 2006. *Journal of School Health* 77(8):435-463.

Lee, Y., D. E. Lopez, E. G. Meloni, and M. Davis. 1996. A primary acoustic startle pathway: Obligatory role of cochlear root neurons and the nucleus reticularis pontis caudalis. *Journal of Neuroscience* 16(Jun 1):3775-3789.

Leggio, M. G., L. Mandolesi, F. Federico, et al. 2005. Environmental enrichment promotes improved spatial abilities and enhanced dendritic growth in the rat. *Behavioural Brain Research* 163(1): 78-90.

Lehtinen, V., and M. Joukamaa. 1994. Epidemiology of depression: Prevalence, risk factors and treatment situation. *Acta Psychiatrica Scandinavica* (Suppl.)377:7-10.

Leibenluft, E. 1998. Why are so many women depressed? *Scientific American Presents* 9(2):52-60.

Leng, G. C., B. Fowler, and E. Ernst. 2000. Exercise for intermittent claudication. *Cochrane Database of Systematic Reviews* (2):CD000990.

Leonard, F. E. 1919. Pioneers of modern physical training. New York: Association Press.

Letourneau, C. 1878. *Physiologie des passions*. Paris: C. Reinwald et Cie.

LeUnes, A., and J. Burger. 1998. Bibliography on the Profile of Mood States in sport and exercise psychology research, 1971-1998. *Journal of sport Behavior* 21(1):53-70.

Levi, A., J. D. Eldridge, and B. M. Paterson. 1985. Molecular cloning of a gene sequence regulated by nerve growth factor. *Science* 229(4711):393-395.

Levi, A., G. L. Ferri, E. Watson, R. Possenti, and S. R. Salton. 2004. Processing, distribution, and function of VGF, a neuronal and endocrine peptide precursor. *Cellular and Molecular Neurobiology* 24(4):517-533.

Lewin, K. 1935. *A dynamic theory of personality*. New York: McGraw-Hill.

Lewis, S. J. G., A. Dove, T. W. Robbins, R. A. Barker, and A. M. Owen. 2003. Cognitive impairments in early Parkinson's disease are accompanied by reductions in activity in frontostriatal neural circuitry. *Journal of Neuroscience* 23(15):6351-6356.

Lezak, M. D., D. B. Howieson, and D. W. Loring. 2004. *Neuropsychological assessment*. 4th ed. New York: Oxford University Press.

Li, F., K. J. Fisher, P. Harmer, D. Irbe, R. G. Tearse, and B. S. Weimer. 2004. Tai Chi and self-rated quality of sleep and daytime sleepiness in older adults: A randomized controlled trial. *Journal of the American Geriatrics Society* 58:892-900.

Liddle, S. D., G. D. Baxter, and J. H. Gracey. 2004. Exercise and chronic low back pain: What works? *Pain* 107(1-2):176-190.

Lieberman, H. R., C. M. Falco, and S. S. Slade. 2002. Carbohydrate administration during a day of sustained aerobic activity improves vigilance, as assessed by a novel ambulatory monitoring device, and mood. *American Journal of Clinical Nutrition* 76(1):120-127.

Lief, A, Ed. 1948. *The commonsense psychiatry of Dr. Adolf Meyer*. New York: McGraw-Hill.

Lightfoot, J. T. 2011. Current understanding of the genetic basis for physical activity. *Journal of Nutrition* 141(3):526.

Likert, R. 1932. The method of constructing an attitude scale. *Archives of Psychology* 140:44-53.

Lim, J., and D. F. Dinges. 2010. A meta-analysis of the impact of short-term sleep deprivation on cognitive variables. *Psychological Bulletin* 136(3):375-389.

Lindsley, D. B. 1952. Psychological phenomena and the electroencephalogram. *Electroencephalography and Clinical Neurophysiology* 4:443-456.

Lindwall, M., H. Asci, and M. S. Hagger. 2011. Factorial validity and measurement invariance of the Revised Physical Self-Perception Profile (PSPP-R) in three countries. *Psychology, Health & Medicine* 16(1):115-128.

Lindwall, M., M. Rennemark, and T. Berggren. 2008. Movement in mind: The relationship of exercise with cognitive status for older adults in the Swedish National Study on Aging and Care (SNAC). *Aging & Mental Health* 12(2):212-220.

Linenger, J. M., C. V Chesson, II, and D. S. Nice. 1991. Physical fitness gains following simple environmental change. *American Journal of Preventive Medicine* 7(5):298-310.

Lippke, S., R. Schwarzer, J. P. Ziegelmann, U. Scholz, and B. Schuz. 2010. Testing stage-specific effects of a stage-matched intervention: A randomized controlled trial targeting physical exercise and its predictors. *Health Education & Behavior* 37(4):533-546.

Lirgg, C. D. 1991. Gender differences in self-confidence in physical activity: A meta-analysis of recent studies. *Journal of sport & Exercise Psychology* 13(3):294-310.

Littre, E. 1839-1861. *Oeuvres completes d'Hippocrate*. Paris: Brillière.

Liu, W. T., C. H. Wang, H. C. Lin, et al. 2008. Efficacy of a cell phone-based exercise programme for COPD. *European Respiratory journal* 32(3):651-659.

Lloyd-Jones, D., R. Adams, M. Carnethon, et al. 2009. Heart disease and stroke statistics—2009 Update. *Circulation* 119(3):e21-e181.

Long, B. C., and R. van Stavel. 1995. Effects of exercise training on anxiety: A meta-analysis. *Journal of Applied sport Psychology* 7:167-189.

Long, M. A. 1995. A study of dental anxiety in a Belfast population. *Journal of the Irish Dental Association* 41(1):2-5.

Lopez, A. D., C. D. Mathers, M. Ezzati, D. T. Jamison, and C. J. Murray. 2006. Global and regional burden of disease and risk factors, 2001: Systematic analysis of population health data. *Lancet* 367(9524):1747-1757.

Lox, C. L., E. McAuley, and R. S. Tucker. 1995. Exercise as an intervention for enhancing subjective well-being in an HIV-1 population. *Journal of sport & Exercise Psychology; Journal of sport &*

Exercise Psychology. 17(4):345-362.

Lowry, R., S. M. Lee, J. E. Fulton, and L. Kann. 2009. Healthy People 2010 objectives for physical activity, physical education, and television viewing among adolescents: National trends from the Youth Risk Behavior Surveillance System, 1999-2007. *Journal of Physical Activity & Health* 6(Suppl. 1):S36-S45.

Lubans, D. R., C. Foster, and S. J. H. Biddle. 2008. A review of mediators of behavior in interventions to promote physical activity among children and adolescents. *Preventive Medicine* 47 (5):463-470.

Luck, S. J. 2005. *An introduction to the event-related potential technique*. Boston: MIT Press.

Luepker, R. V, D. M. Murray, D. R. Jacobs, et al. 1994. Community education for cardiovascular disease prevention: Risk factor changes in the Minnesota Heart Health Program. *American Journal of Public Health* 84:1383-1393.

Luepker, R. V, C. L. Perry, S. M. McKinlay, et al. 1996. Outcomes of a field trial to improve children's dietary patterns and physical activity. The Child and Adolescent Trial for Cardiovascular Health. CATCH collaborative group. *Journal of the American Medical Association* 275 (Mar 13):768-776.

Lundahl, B. W., C. Kunz, C. Brownell, D. Tollefson, and B. L. Burke. 2010, A meta-analysis of motivational interviewing: Twenty-five years of empirical studies. *Research on Social Work Practice* 20 (2):137-160.

Luppino, F. S., L. M. de Wit, P. F. Bouvy, et al. 2010. Overweight, obesity, and depression: A systematic review and meta-analysis of longitudinal studies. *Archives of General Psychiatry* 67 (3):220.

Lutter, M., and E. J. Nestler. 2009. Homeostatic and hedonic signals interact in the regulation of food intake. *Journal of Nutrition* 139 (3):629-632.

Maas, J. W. 1979. Biochemistry of the affective disorders. *Hospital Practice* 14 (May):113-120.

MacDonald, J. R. 2002. Potential causes, mechanisms, and implications of post exercise hypotension. *Journal of Human Hypertension* 16 (4):225-236.

Macedo, L. G., C. G Maher, J. Latimer, and J. H McAuley. 2009. Motor control exercise for persistent, nonspecific low back pain: A systematic review. *Physical Therapy* 89 (1):9-25.

Macera, C. A., K. L. Jackson, G. W. Hagenmaier, J. J. Kronenfeld, H. W. Kohl, and S. N. Blair. 1989. Age, physical activity, physical fitness, body composition, and incidence of orthopedic problems. *Research Quarterly for Exercise & Sport* 60(3):225-233.

Macmillan, M. B. 2000. Restoring Phineas Gage. *Journal of the History of Neurosciences* 9:42-62.

Madden, D. J., J. Spaniol, M. C. Costello, et al. 2009. Cerebral white matter integrity mediates adult age differences in cognitive performance. *Journal of Cognitive Neuroscience* 21(2):289-302.

Maddock, R. J., C. S. Carter, and D. W. Gietzen. 1991. Elevated serum lactate associated with panic attacks induced by hyperventilation. *Psychiatry Research* 38(Sept):301-311.

Maddocks, M., S. Mockett, and A. Wilcock. 2009. Is exercise an acceptable and practical therapy for people with or cured of cancer? A systematic review. *Cancer Treatment Reviews* 35 (4): v383-390.

Maimonides, M. 1199. *Treatise on a hygiene*.

Manchikanti, L., V. Singh, S. Datta, S. P. Cohen, and J. A. Hirsch. 2009. Comprehensive review of epidenuology, scope and impact of spinal pain. *Pain Physician* 12:E35-E70.

Mancuso, C. A., M. Rincon, W. Sayles, and S. A. Paget. 2007. Comparison of energy expenditure from lifestyle physical activities between patients with rheumatoid arthritis and healthy controls. *Arthritis Care & Research* 57(4):672-678.

Mansour, A., C. A. Fox, H. Akil, and S. J. Watson. 1995. Opioid-receptor mRNA expression in the rat CNS: Anatomical and functional implications. *Trends in Neurosciences* 18(1):22-29.

Marchetti, C., and S. Della Sala. 1998. Disentangling the alien and anarchic hand. *Cognitive Neuropsychiatry* 3(3):191-207.

Marcora, S. 2009a. Last word on viewpoint: Perception of effort during exercise is independent of afferent feedback from skeletal muscles, heart, and lungs. *Journal of Applied Physiology* 106 (6):2067.

Marcora, S. 2009b. Perception of effort during exercise is independent of afferent feedback from skeletal muscles, heart, and lungs. *Journal of Apptied Physiology* 106(6):2060-2062.

Marcora, S. M. 2011. Role of feedback from Group III and IV muscle afferents in perception of effort, muscle pain, and discomfort. *Journal of Applied Physiology* 110 (5): 1499; author reply 1500.

Marcus, B. H., J. T. Ciccolo, and C. N. Sciamanna. 2009. Using electronic/computer interventions to promote physical activity. *British Journal of sports Medicine* 43(2):102-105.

Marcus, B. H., C. A. Eaton, J. S. Rossi, et al. 1994. Self-efficacy, decision-making and the stages of change: An integrative model of physical exercise. *Journal of Applied Social Psychology* 24:489-508.

Mason, J. W., J. T. Maher, L. H. Hartley, E. Mougey, M. J. Perlow, and L. G. Jones. 1976. Selectivity of corticosteroid and catecholamine responses to various natural stimuli. In *Psychopathology of human adaptation*, edited by G. Serban, 147-171. New York: Plenum.

Marcus, B. H., V. C. Selby, R. S. Niaura, and J. S. Rossi. 1992. Self-efficacy and the stages of exercise behavior change. *Research*

Quarterly for Exercise and Sport 63(1):60-66.

Marcus, B. H., and L. R. Simkin. 1993. The stages of exercise behavior. *Journal of sports Medicine and Physical Fitness* 33:83-88.

Marcus, B. H., and A. L. Stanton. 1993. Evaluation of relapse prevention and reinforcement interventions to promote exerase adherence in sedentary females. *Research Quarterly for Exercise and Sport* 64:447-452.

Marcus, B. H., D. M. Williams, P. M. Dubbert, et al. 2006. Physical activity intervention studies: What we know and what we need to know: A scientific statement from the American Heart Association Counal on Nutrition, Physical Activity, and Metabolism (Subcommittee on Physical Activity); Council on Cardiovascular Disease in the Young; and the Interdisciplinary Working Group on Quality of Care and Outcomes Research. *Circulation* 114 (24):2739-2752.

Markland, D., and L. Hardy. 1993. The exercise motivation inventory: Preliminary development and validity of a measure of individuals' reasons for participation in regular physical exerase. *Personality and Individual Differences* 15(3):289-296.

Marks, B. L., D. J. Madden, B. Bucur, et al. 2007. Role of aerobic fitness and aging on cerebral white matter integrity. *Annals of the New York Academy of Sciences* 1097:171-174.

Marlatt, G. A., and J. R. Gordon. 1985. *Relapse prevention: Maintenance strategies in addictive behavior change*. New York: Guilford Press.

Maroulakis, E., and Y. Zervas. 1993. Effects of aerobic exercise on mood of adult women. *Perceptual and Motor Skills* 76 (3): 795-801.

Marsh, H. W. 1990. The structure of academic self-concept: The Marsh/Shavelson model. *Journal of Educational Psychology* 82 (4): 623-636.

Marsh, H. W. 1993. Physical fitness self-concept: Relations of physical fitness to field and technical indicators for boys and girls aged 9-25. *Journal of Sport & Exercise Psychology* 15(2):184-206.

Marsh, H. W. 1997. The measurement of physical selfconcept: A construct validation approach. *In The physical self: From motivation to well-being*. edited by K. R. Fox. Champaign, IL: Human Kinetics.

Marsh, H. W. 1998. Age and gender effects in physical self-concepts for adolescent elite athletes and nonathletes: A multicohort-multioccasion design. *Journal of sport & Exercise Psychology* 20 (3):237-259.

Marsh, H. W. 1999. Cognitive discrepancy models: Actual, ideal, potential, and future self-perspectives of body image. *Social Cognition* 17(1):46-75.

Marsh, H. W., J. Hey, L. A. Roche, and C. Perry. 1997. Structure of physical self-concept: Elite athletes and physical education students. *Journal of Educational Psychology* 89 (2):369-380.

Marsh, H. W., A. J. Martin, and S. Jackson. 2010. Introducing a short version of the physical self description questionnaire: New strategies, short-form evaluative criteria, and applications of factor analyses. *Journal of sport & Exercise Psychology* 32 (4):438-482.

Marsh, H. W., and R. O'Neill. 1984. Self Description Questionnaire Ⅲ: The construct validity of multidimensional self-concept ratings by late adolescents. *Journal of Educational Measurement* 21 (2): 153-174.

Marsh, H. W., J. Parker, and J. Barnes. 1985. Multidimensional adolescent self-concepts: Their relationship to age, sex, and academic measures. *American Educational Research Journal* 22(3): 422-444.

Marsh, H. W., G. E. Richards, S. Johnson, and L. Roche. 1994. Physical Self-Description Questionnaire: Psychometric properties and a multitrait-multimethod analysis of relations to existing instruments. *Journal of Sport & Exercise Psychology* 16(3):270-305.

Marsh, H. W., I. D. Smith, and J. Barnes. 1983. Multitraitmultimethod analyses of the Self-Description Questionnaire: Student-teacher agreement on multidimensional ratings of student self-concept. *American Educational Research Journal* 20 (3):333-357.

Marsh, H. W., and A. S. Yeung. 1998. Top-down, bottomup, and horizontal models: The direction of causality in multidimensional, hierarchical self-concept models. *Journal of Personality and Social Psychology* 75(2):5509-5527.

Martin, C. K., T. S. Church, A. M. Thompson, C. P. Earnest, and S. N. Blair. 2009. Exercise dose and quality of life: A randomized controlled trial. *Archives of Internal Medicine* 169(3):269-278.

Martin, J. L., M. R. Marler, J. O. Harker, K. R. Josephson, and C. A. Alessi. 2007. A multicomponent nonpharmacological intervention improves activity rhythms among nursing home residents with disrupted sleep/wake patterns. *Journals of Gerontology. Series A, Biological Sciences and Medical Sciences* 62(1):67-72.

Martin, P., A. Bishop, L. Poon, and M. A. Johnson. 2006. Influence of personality and health behaviors on fatigue in late and very late life. *Journals of Gerontology. Series B, Psychological Sciences and Social Sciences* 61(3):P161-P166.

Martin Ginis, K. A., S. M. Burke, and Lise Gauvin. 2007. Exercising with others exacerbates the negative effects of mirrored environments on sedentary women's feeling states. *Psychology & Health* 22(8):945-962.

Martin Ginis, K. A., and A. E. Latimer. 2007. The effects of single bouts of body-weight supported treadmill training on the feeling states of people with spinal cord injury. *Spinal Cord* 45 (1): 11112-11115.

Martinsen, E. W. 1990. Physical fitness, anxiety and depression. *British Journal of Hospital Medicine* 43(3):194,196,199.

Martinsen, E. W. 1993. Therapeutic implications of exercise for clinically anxious and depressed patients. *International Journal of Sport Psychology* 24(2):185-199.

Martinsen, E. W. 2008. Physical activity and depression: Clirucal experience. *Acta Psychiatrica Scandinavica* (Suppl.) 377:23-27.

Martinsen, E. W. 2008. Physical activity in the prevention and treatment of anxiety and depression. *Nordic Journal of Psychiatry* 62 (Suppl. 47):25-29.

Martinsen, E. W., A. Hoffart, and O. Solberg. 1989. Comparing aerobic with nonaerobic forms of exercise in the treatment of clinical depression: A randomized trial. *Comprehensive Psychiatry* 30 (Jul-Aug):324-331.

Martinsen, E. W., A. Medhus, and L. Sandvik. 1985. Effects of aerobic exercise on depression: A controlled study. *British Medical Journal (Clinical Research Ed.)* 291 (July 13):109.

Martinsen, E. W., T. Olsen, E. Tonset, K. E. Nyland, and T. F. Aarre. 1998B. Cognitive-behavioral group therapy for panic disorder in the general clinical setting: A naturalistic study with 1-year follow-up. *Journal of Clinical Psychiatry* 59(8):437-442; quiz 443.

Martinsen, E. W., J. S. Raglin, A. Hoffart, and S. Friis. 1998. Tolerance to intensive exerase and high levels of lactate in panic disorder. *Journal of Anxiety Disorders* 12 (4):333-342.

Martinsen, E. W., L. Sandvik, and O. B. Kolbjornsrud. 1989. Aerobic exercise in the treatment of nonpsychotic mental disorders: An exploratory study. *Nordisk Psykiatrtisk Tidsskrift* 43(6):521-529.

Martinsen, E. W., J. Strand, G. Paulsson, and J. Kaggestad. 1989. Physical fitness level in patients with anxiety and depressive disorders. *International Journal of Sports Medicine* 10(Feb):58-61.

Masley, S., R. Roetzheim, and T. Guakieri. 2009. Aerobic exercise enhances cognitive flexibility. *Journal of Clinical Psychology in Medical Settings* 16(2):186-193.

Masse, L. C., C. Nigg, K. Basen-Engquist, and A. A. Atienza. 2011. Understanding the mechanism of physical activity behavior change.

Mathers, C. D., and D. Loncar. 2006. Projections of global mortality and burden of disease from 2002 to 2030. *PIoS Medicine* 3 (11):e442.

Mathes, W. F., D. L. Nehrenberg, R. Gordon, K. Hua, T. Garland, Jr., and D. Pomp. 2010. Dopaminergic dysregulation in mice selectively bred for excessive exercise or obesity. *Behavioural Brain Research* 210(2):155-163.

Matthews, C. E., K. Y. Chen, P. S. Freedson, et al. 2008. Amount of time spent in sedentary behaviors in the United States, 2003-2004. *American Journal of Epidemiology* 167 (7):875-881.

Matthews, V. B., M. B. Astrom, M. H. Chan, et al. 2009. Brain-derived neurotrophic factor is produced by skeletal muscle cells in response to contraction and enhances fat oxidation via activation of AMP-activated protein kinase. *Diabetologia* 52(7):1409-1418.

Mauger, A. R., A. M. Jones, and C. A. Williams. 2010. Influence of acetaminophen on performance during time trial cycling. *Journal of Applied Physiology* 108 (1):98-104.

Mausner, J. S., and S. Kramer. 1985. Epidemiology: *An introductory text.* 2nd ed. Philadelphia: Saunders.

McAuley, E. 1994. Physical activity and psychosocial outcomes. In *Physical activity, fitness, and health: International proceedings and consensus statement,* edited by Bouchard, C. and R. J. Shephard Champaign, IL: Human Kinetics.

McAuley, E., S. M. Bane, D. L. Rudolph, and C. L. Lox. 1995. Physique anxiety and exerase in middle-aged adults. *Journals of Gerontology: Series B: Psychological Sciences and Social Sciences* 50 (5):229-235.

McAuley, E., and B. Blissmer. 2000. Self-efficacy determinants and consequences of physical activity. *Exercise and sport Sciences Reviews* 28:85-88.

McAuley, E., and K. S. Courneya. 1994. The Subjective Exercise Experiences Scale (SEES): Development and preliminary validation. *Journal of Sport & Exercise Psychology* 16(2):163-177.

McAuley, E., K. S. Courneya, D. L. Rudolph, and C. L. Lox. 1994. Enhancing exercise adherence in middle-aged males and females. *Preventive Medicine.* 23:498-506.

McAuley, E., S. Elavsky, R. W. Motl, J. F. Konopack, L. Hu, and D. X. Marquez. 2005. Physical activity, selfefficacy, and self-esteem: Longitudinal relationships in older adults. *Journals of Gerontology. Series B, Psychological Sciences and Social Sciences* 60(51):P268-P275.

McAuley, E., C. L. Lox, and S. C. Duncan. 1993. Long-term maintenance of exercise, self-efficacy, and physiological change in older adults. *Journal of Gerontology* 48 (4):218-224.

McAuley, E., S. L. Mihalko, and S. M. Bane. 1997. Exercise and self-esteem in middle-aged adults: Multidimensional relationships and physical fitness and self-efficacy influences. *Journal of Behavioral Medicine* 20 (1):67-83.

McCabe, P. M., J. F. Sheridan, J. M. Weiss, J. P. Kaplan, B. H. Natelson, and W. P. Pare. 2000. Animal models of disease. *Physiology and Behavior* 68 (Feb):501-507.

McCloskey, D. I. 1978. Kinesthetic sensibility. *Physiological reviews* 58 (4):763-820.

McCrae, R. R., and P. T. Costa. 2003. *Personality in adulthood: A five-factor theory perspective.* New York: Guilford Press.

McCrae, R. R., P. T. Costa, Jr., F. Ostendorf, et al. 2000. Nature over nurture: Temperament, personality, and life span development. *Journal of Personality and Social Psychology* 78(1):173-186.

McCrae, R. R., and O. P. John. 1992. An introduction to the five-factor model and its applications. *Journal of Personality* 60 (2): 175-215.

McCulloch, T. L., and J. S. Bruner. 1939. The effect of electric shock upon subsequent learning in the rat. *Journal of Psychology* 7: 333-336.

McDermott, L. M., and K. P. Ebmeir. 2009. A meta-analysis of depression severity and cognitive function. *Journal of Affective Disorders* 119:1-8.

McDonald, D. G., and J. A. Hodgdon. 1991. *The psychological effects of aerobic fitness training: Research and theory*. New York: Springer-Verlag.

McEwen, B. S. 1998. Protective and damaging effects of stress mediators. *New England Journal of Medicine* 338:171-179.

McFarland, M. B., and P. L. Kaminski. 2009. Men, muscles, and mood: The relationship between self-concept, dysphoria, and body image disturbances. *Eating Behaviors* 10 (1):68-70.

McGinty, D., and R. Szymusiak. 1990. Keeping cool: A hypothesis about the mechanisms and functions of slow wave sleep. *Trends in Neurosciences* 13:480-487.

McGrae McDermott, M., S. Mehta, and P. Greenland. 1999. Exertional leg symptoms other than intermittent claudication are common in peripheral arterial disease. *Archives of Internal Medicine* 159 (4):387-392.

McMahon, S. B., and M. Koltzenburg. 2005. *Wall and Melzack's textbook of pain*. 5th ed. Philadelphia: Churchill Livingstone.

McMorris, T., and J. Graydon. 2000. The effect of incremental exercise on cognitive performance. *International Journal of sport Psychology* 31:66-81.

McMorris, T., J. Sproule, A. Turner, and B. J. Hale. 2011. Acute, intermediate intensity exercise, and speed and accuracy in working memory tasks: A meta-analytical comparison of effects. *Physiology & Behavior* 102(3-4):421-428.

McMorris, T., P. D. Tomporowski, and M. Audiffren, eds. 2009. *Exercise and cognition*. Chichester, UK: John Wiley & Sons.

McNair, D. M., M. Lorr, and L. F. Droppleman. 1981. *Manual for the Profile of Mood States*. San Diego, CA: Educational and Industrial Testing Service.

McNally, R. J., E. B. Foa, and C. D. Donnell. 1989. Memory bias for anxiety information in patients with panic disorder. *Cognition & Emotion* 3(1):27-44.

McNeely, M. L., M. B. Parliament, H. Seikaly, et al. 2008. Effect of exercise on upper extremity pain and dysfunction in head and neck cancer survivors. *Cancer* 113 (1):214-222.

McNeil, J. K., E. M. LeBlanc, and M. Joyner. 1991. The effect of exercise on depressive symptoms in the moderately depressed elderly. *Psychology & Aging* 6(3):487-488.

McNeill, L. H., M. W. Kreuter, and S. V Subramanian. 2006. Social environment and physical activity: A review of concepts and evidence. *Social Science & Medicine* 63 (4):1011-1022.

McSherry, J. A. 1984. The diagnostic challenge of anorexia nervosa. *American Family Physician* 29(Feb):141-145.

Mead, G. E., W. Morley, P. Campbell, C. A. Greig, M. Mc-Murdo, and D. A. Lawlor. 2009. Exercise for depression. *Cochrane Database of Systematic Reviews*(3):CD004366.

Meeusen, R. 2009. Commentaries on Viewpoint: Perception of effort during exercise is independent of afferent feedback from skeletal muscles, heart, and lungs. *Journal of Applied Physiology* 106 (6):2063.

Meeusen, R., and K. De Meirleir. 1995. Exercise and brain neurotransmission. *Sports Medicine* 20(3):160-188.

Meeusen, R., I. Smolders, S. Sarre, et al. 1997. Endurance training effects on neurotransmitter release inrat striatum: An in vivo microdialysis study. *Acta Psychiatrica Scandinavica* 159 (Apr): 335-341.

Mehrabian, A. 1970. A semantic space for nonverbal behavior. *Journal of Consulting and Clinical Psychology* 35(2):248-257.

Mehrabian, A, and J. A. Russell. 1974. *An approach to environmental psychology*. Cambridge, MA: MIT.

Meichenbaum, D. 1977. *Cognitive-behavior modification: An integrative approach*. New York: Plenum Press.

Meichenbaum, D., and R. Cameron. 1974. The clinical potential of modifying what clients say to themselves. *Psychotherapy: Theory, Research & Practice* 11(2):103-117.

Meichenbaum, D. H., and J. Goodman. 1971. Training impulsive children to talk to themselves: A means of developing self-control. *Journal of Abnormal Psychology* 77(2):115-126.

Mellinger, G. D., M. B. Balter, and E. H. Uhlenhuth. 1985. Insomnia and its treatment. Prevalence and correlates. *Archives of General Psychiatry* 42:225-232.

Meloni, E. G., and M. Davis. 1999. Enhancement of the acoustic startle response in rats by the dopamine D-sub-1 receptor agonist SKF 82958. *Psychopharmacology* 144(4):373-380.

Menard, J., and D. Treit. 1999. Effects of centrally administered anxiolytic compounds in arumal models of anxiety. *Neuroscience and Biobehavioral Reviews* 23(Mar):591-613.

Mense, S. 2009. Algesic agents exciting muscle nociceptors. *Experimental Brain Research* 196(1):89-100.

Merom, D. , A. Bauman, P. Phongsavan, et al. 2009. Can a motivational intervention overcome an unsupportive environment for walking: Findings from the Step-by-Step study. *Annals of Behavioral Medicine* 38(2):137-146.

Merom, D. , P. Phongsavan, R. Wagner, et al. 2008. Promoting walking as an adjunct intervention to group cognitive behavioral therapy for anxiety disorders: A pilot group randomized trial. *Journal of Anxiety Disorders* 22 (6):959-968.

Messick, S. 1989. Validity. In *Educational measurement*, edited by R. L. Linn. 3rd ed. New York: Macmillan.

Messier, S. P. , R. F. Loeser, G. D. Miller, et al. 2004. Exercise and dietary weight loss in overweight and obese older adults with knee osteoarthritis: The arthritis, diet, and activity promotion trial. *Arthritis & Rheumatism* 50(5):1501-1510.

Michael, E. D. 1957. Stress adaptations through exercise. *American Association for Health, Physical Education, and Recreation: Research Quarterly* 28:50-54.

Michie, S. , S. Ashford, F. F. Sniehotta, S. U. Dombrowski, A. Bishop, and D. P. French. 2011. A refined taxonomy of behaviour change techniques to help people change their physical activity and healthy eating behaviours: The CALO-RE taxonomy. *Psychology & Health* 26:1479-1498.

Michie, S. , M. Johnston, J. Francis, W. Hardeman, and M. Eccles. 2008. From theory to intervention: Mapping theoretically derived behavioural determinants to behaviour change techniques. *Applied Psychology* 57(4):660-680.

Mikkelsen, S. S. , J. S. Tolstrup, E. M. Flachs, E. L. Mortensen, P. Schnohr, and T. Flensborg-Madsen. 2010. A cohort study of leisure time physical activity and depression. *Preventive Medicine* 51(6):471-475.

Milani, R. V, and C. J. Lavie. 2007. The role of exercise training in peripheral arterial disease. *Vascular Medicine* 12 (4):351-358.

Miller, G. A. 1956. The magical number seven, plus or minus two: Some limits on our capacity for processing information. *Psychological Review* 63:81-97.

Mikkelsen, S. S. , J. S. Tolstrup, E. M. Flachs, E. L. Mortensen, P. Schnohr, and T. Flensborg-Madsen. 2010. A cohort study of leisure time physical activity and depression. *Preventive Medicine* 51 (6):471-475.

Milne, H. M. , K. E. Wallman, S. Gordon, and K. S. Courneya. 2008. Effects of a combined aerobic and resistance exercise program in breast cancer survivors: A randomized controlled trial. *Breast Cancer Research and Treatment* 108(2):279-288.

Mitchell J. H, and P. B. Raven. 1994. Cardiovascular adaptation to physical activity. In *Physical activity, fitness, and health: International proceedings and consensus statement*, edited by C. Bouchard, R. J. Shephard, and T. Stephens. Champaign, IL: Human Kinetics.

Mittenberg, W. , C. Patton, E. M. Canyock, and D. C. Condit. 2002. Base rates of malingering and symptom exaggeration. *Journal of Clinical and Experimental Neuropsychology* 24 (8):1094-1102.

Miyake, A. , N. P. Friedman, M. J. Emerson, A. H. Witzki, A. Howerter, and T. D. Wager. 2000. The unity and diversity of executive functions and their contributions to complex "frontal lobe" tasks: A latent variable analysis. *Cognitive Psychology* 41: 49-100.

Mogenson, G. J. 1987. Limbic-motor integration. *Progress in Psychobiology and Physiological Psychology* 12:117-170.

Molloy, G. J. , D. Dixon, M. Hamer, and F. F. Sniehotta. 2010. Social support and regular physical activity: Does planning mediate this link? *British Journal of Health Psychology* 15: 859-870.

Molteni, R. , R. J. Barnard, Z. Ying, K. Roberts, and F. Gomez-Pinilla. 2002. A high-fat, refined sugar diet reduces hippocampal brain-derived neurotrophic factor, neuronal plasticity, and learning. *Neuroscience* 112 (4):803-814.

Moore, J. B. , N. G. Mitchell, W. S. Bibeau, and J. B. Bartholomew. 2011. Effects of a 12-week resistance exercise program on physical self-perceptions in college students. *Research Quarterly for Exercise and Sport* 82,291-301.

Moos, R. H. 1979. Social-ecological perspectives on health. Edited by G. C. Stone, F. Cohen and N. E. Adler. *In Health psychology: A handbook*. San Francisco: Jossey-Bass.

Monahan, T. 1988. Perceived exertion: An old exercise tool finds new applications. *Physician and sportsmedicine* 16:174-179.

Mondin, G. W. , W. P. Morgan, P. N. Piering, and A. J. Stegner. 1996. Psychological consequences of exercise deprivation in habitual exercisers. *Medicine & Science in Sports & Exercise* 28(9): 1199-1203.

Monti, J. M. 2010. Serotonin 5-HT(2A) receptor antagonists in the treatment of insomnia: Present status and future prospects. *Drugs of Today* 46(3):183-193.

Morabia, A. , and M. C. Costanza. 2011. Physical activity or academic achievement? Both! *Preventive Medicine* 52:S1-S2.

Morey, M. C. , D. C. Snyder, R. Sloane, et al. 2009. Effects of home-based diet and exercise on functional outcomes among older, overweight long-term cancer survivors: RENEW: A randomized controlled trial. *Journal of the American Medical Association* 301 (18):1883-1891.

Morgan, K. 2003. Daytime activity and risk factors for late-life insomnia. *Journal of Sleep Research* 12(3):231-238.

Morgan, W. P. 1968. Selected physiological and psychomotor correlates of depression in psychiatric patients. *Research Quarterly* 39 (Dec):1037-1043.

Morgan, W. P. 1969. A pilot investigation of physical working capacity in depressed and nondepressed psychiatric males. *Research Quarterly* 40(Dec):859-861.

Morgan, W. P. 1970. Physical working capacity in depressed and non-depressed psychiatric females: A preliminary study. *American Corrective Therapy Journal* 24(Jan-Feb):14-16.

Morgan, W. P. 1973a. Influences of acute physical activity on state anxiety. In *Proceedings, Annual Meeting of the College Physical Education Association for Men*, edited by C. E. Mueller. Minneapolis: University of Minnesota.

Morgan, W. P. 1973b. Psychological factors influencing perceived exertion. *Medicine and Science in Sports* 5(2):97-103.

Morgan, W. P. 1977. Involvement in vigorous physical activity with special reference to adherence. *In Proceedings of the National College Physical Education Association*, edited by L. I. Gedvilas and M. W. Kneer. Chicago: University of Illinois-Chicago Publications.

Morgan, W. P. 1979a. Anxiety reduction following acute physical activity. *Psychiatrc Annals* 9(3):36-45.

Morgan, W. P. 1979b. Negative addiction in runners. *Physician and sportsmedicine* 7:57-70.

Morgan, W. P. 1981. Psychophysiology of self-awareness during vigorous physical activity. *Research Quarterly for Exercise and sport* 52(3):385-427.

Morgan W. P. 1985. Affective beneficence of vigorous physical activity. *Medicine and Science in sports and Exercise* 17(1),94-100.

Morgan, W. P. 1986. Presidential message. *American Psychological Association Newsletter, Division 47, Exercise and sport Psychology* 1 (1):1-2.

Morgan, W. P. 1994a. 40 years of progress: Sport psychology in exercise science and sports medicine. *40th Anniversary Lecture*. American College of Sports Medicine:81-92.

Morgan, W. P. 1994b. Physical activity, fitness, and depression. In *Physical activity, fitness, and health: International proceedings and consensus statement*, edited by C. Bouchard, R. J. Shephard, and T. Stephens. Champaign, IL: Human Kinetics.

Morgan, W. P. 1997. Methodological considerations. In *Physical activity and mental health*, edited by W. P. Morgan. From *The series in psychology and bebavioral medicine*. Washington, DC: Taylor & Francis.

Morgan, W., D. Brown, J. Raglin, P. O'connor, and K. Ellickson. 1987. Psychological monitoring of overtraining and staleness. *British Journal of sports Medicine*. 21(3):107-114.

Morgan, W. P., D. L. Costill, M. G. Flynn, and J. S. Raglin. 1988. Mood disturbance following increased training in swimmers. *Medicine & Science in sports & Exercise* 20(4):408-414.

Morgan, W. P. and S. E. Goldston. 1987. *Exercise and mental health*. Washington, DC: Hemisphere.

Morgan, W. P., K. Hirota, G. A. Weitz, and B. Balke. 1976. Hypnotic perturbation of perceived exertion: Ventilatory consequences. *American Journal of Clinical Hypnosis* 18 (3):182-190.

Morgan, W. P., P. B. Raven, B. L. Drinkwater, and S. M. Horvath. 1973. Perceptual and metabolic responsivity to standard bicycle ergometry following various hypnotic suggestions. *International Journal of Clinical & Experimental Hypnosis*(2):86-101.

Morgan, W. P. and P. J. O'Connor. 1988. Exercise and Mental Health. In *Exercise adberence: Its impact on public health*, edited by R. K. Dishman. Champaign, IL: Human Kinetics.

Morgan, W. P., J. A. Roberts, F. R. Brand, and A. D. Feinerman. 1970. Psychological effect of chronic physical activity. *Medicine & Science in sports & Exercise* 2(Winter):213-217.

Morgan, W. P., J. A. Roberts, and A. D. Feinerman. 1971. Psychologic effect of acute physical activity. *Archives of Physical Medicine and Rehabilitation* 52(Sep):422-425.

Morrato, E. H., J. O. Hill, H. R. Wyatt, V. Ghushchyan, and P. W. Sullivan. 2007. Physical activity in U. S. adults with diabetes and at risk for developing diabetes, 2003. *Diabetes Care* 30 (2): 203-209.

Morrow, J. R., Jr., J. A. Krzewinski-Malone, A. W. Jackson, T. J. Bungum, and S. J. FitzGerald. 2004. American adults' knowledge of exercise recommendations. *Research Quarterly for Exercise and Sport* 75(3):231-237.

Mosely, L. 2002. Combined physiotherapy and education is efficacious for chronic low back pain. *Australian Journal of Physiotherapy* 48:297-302.

Motl, R. W., and R. K. Dishman. 2003. Acute leg-cycling exercise attenuates the H-reflex recorded in soleus but not flexor carpi radialis. *Muscle Nerve* 28 (5):609-614.

Motl, R. W., and R. K. Dishman. 2004. Effects of acute exercise on the soleus H-reflex and self-reported anxiety after caffeine ingestion. *Physiology & Behavior* 80(4):577-585.

Motl, R. W., R. K. Dishman, R. Saunders, et al. 2002. Examining social-cognitive determinants of intention and physical activity in adolescent girls using structural equation modeling. *Health Psychology* 21(5):459-467.

Motl, R. W., R. K. Dishman, D. S. Ward, et al. 2002. Examining social-cognitive determinants of intention and physical activity among black and white adolescent girls using structural equation modeling. *Health Psychology* 21(5):459-467.

Motl,R. W. ,D. Dlugonski,T. R. Wojcicki, E. McAuley,and D. C. Mohr. 2011. Internet intervention for increasing physical activity in persons with multiple sclerosis. *Multiple Sclerosis* 17（1）：116-128.

Motl,R. W. , R. C. Gliottoni, and J. A. Scott. 2007. Self-efficacy correlates with leg muscle pain during maximal and submaximal cycling exercise. *Journal of Pain* 8(7):583-587.

Motl,R. W. ,and J. L. Gosney. 2008. Effect of exercise training on quality of life in multiple sclerosis: A meta-analysis. *Multiple Sclerosis* 14 (1):129-135.

Motl,R. W. ,B. D. Knowles, and R. K. Dishman. 2003. Acute bouts of active and passive leg cycling attenuate the amplitude of the soleus H-reflex in humans. *Neuroscience Letters* 347(2):69-72.

Motl,R. W. ,J. F. Konopack, E. McAuley, S. Elavsky, G. J. Jerome, and D. X. Marquez. 2005. Depressive symptoms among older adults:Long-term reduction after a physical activity intervention. *Journal of Behavioral Medicine* 28 (4):385-394.

Motl, R. W. , and E. McAuley. 2009a. Pathways between physical activity and quality of life in adults with multiple sclerosis. *Health Psychology* 28 (6):682-689.

Motl, R. W. , and E. McAuley. 2009b. Symptom cluster as a predictor of physical activity in multiple sclerosis: Preliminary evidence. *Journal of Pain and Symptom Management* 38 (2):270-280.

Motl,R. W. ,E. McAuley,D. Wynn,Y. Suh,and M. Weikert. 2011. Effects of change in fatigue and depression on physical activity over time in relapsing-remitting multiple sclerosis. *Psychology, Health & Medicine* 16(1):1-11.

Motl,R. W. , P. J. O'Connor, and R. K. Dishman. 2003. Effect of caffeine on perceptions of leg muscle pain during moderate intensity cycling exercise. *Journal of Pain* 4(6):316-321.

Motl,R. W. , P. J. O'Connor, and R. K. Dishman. 2004. Effects of cycling exercise on the soleus H-reflex and state anxiety among men with low or high trait anxiety. *Psychophysiology* 41（1）：96-105.

Motl,R. W. ,P. J. O'Connor,L. Tubandt, T. Puetz, and M. R. Ely. 2006. Effect of caffeine on leg muscle pain during cycling exercise among females. *Medicine & Science in sports & Exercise* 38 (3):598-604. doi:10.1249/01. mss. 0000193558.70995.03.

Motl,R. W. ,E. M. Snook,and R. T. Schapiro. 2008. Symptoms and physical activity behavior in individuals with multiple sclerosis. *Research in Nursing & Health* 31 (5):466-475.

Mudry,E. ,C. Hodgins, N. el-Guebaly, et al. 2011. Conceptualizing excessive behaviour syndromes: A systematic review. *Current Psychiatry Reviews* 7(2):138-151.

Müller-Riemenschneider, F. , T. Reinhold, M. Nocon, and S. N. Willich. 2008. Long-term effectiveness of interventions promoting physical activity:A systematic review. *Preventive Medicine* 47 (4):354-368.

Murphy, F. C. , I. Nimmo-Smith, and A. D. Lawrence. 2003. Functional neuroanatomy of emotions: A meta-analysis. *Cognitive, Affective & Behavioral Neuroscience* 3(3):207-233.

Murray,P. S. ,J. L. Groves, B. J. Pettett, et al. 2010. Locus coeruleus galanin expression is enhanced after exercise in rats selectively bred for high capacity for aerobic activity. *Peptides* 31(12):2264-2268.

Muscio, B. 1921. Is a fatigue test possible? *British Journal of Psychology* 12:31-46.

Muthén, L. K. , and B. O. Muthén. 1998-2010. *Statistical analysis with latent variables,Mplus user's guide*. 4th ed. (edition 6.1). Los Angeles:Muthén & Muthén.

Mutrie,N. 1997. The therapeutic effects of exercise on the self. In *The physical self: From motivation to well-being*, edited by K. R. Fox. Champaign,IL:Human Kinetics.

Mutrie,N. , A. M Campbell, F. Whyte, et al. 2007. Benefits of supervised group exerase programme for women being treated for early stage breast cancer: Pragmatic randomised controlled trial. *BMJ* 334 (7592):517.

Myllymäki,T. ,H. Kyröläinen, K. Savolainen,et al. 2011. Effects of vigorous late-night exercise on sleep quality and cardiac autonomic activity. *Journal of Sleep Research* 20 (1 Pt 2):146-153.

Naglieri,J. A. , and D. Johnson. 2000. Effectiveness of a cognitive strategy intervention to improve math calculation based on the PASS theory. *Journal of Learning Disabilities* 33:591-597.

Nakabeppu, Y. , and D. Nathans. 1991. A naturally occurring truncated form of FosB that inhibits Fos/Jun transcriptional activity. *Cell* 64 (4):751-759.

Narayan,K. M. V,J. P. Boyle, L. S. Geiss,J. B. Saaddine, and T. J. Thompson. 2006. Impact of recent increase in incidence on future diabetes burden. *Diabetes Care* 29(9):2114-2116.

Narin,S. , L. Osün, D. Pinar, V. Erbas, V Oztürk, and F. Idiman. 2003. The effects of exercise and exercise-related changes in blood nitric oxide level on migraine headache. *Clinical Rehabilitation* 17 (6):624-630.

National Center for Education Statistics, Integrated Postsecondary Education Data System. 2009. Fall enrollment survey (IPEDS-EF:92-99),and spring 2001 through spring 2007; and enrollment in degreegranting institutions model, 1980-2006. Washington, DC:U. S. Department of Education.

National Center for Health Statistics (NCHS), Centers for Disease Control and Prevention. 2011. *Healthy People 2010 final review*. Accessed April 17, 2012.

National Commission on Sleep Disorders Research. 1993. *Wake up American: A national sleep alert*. Executive summary and executive report. Washington, DC: National Institutes of Health, US Government Printing Office.

National Institutes of Health. 2010. NIH State-of-the-Science Conference: *Manifestations and management of chronic insomnia in adults*. June 13-15, 2005.

Nauta, W. J. H., and M. Feirtag. 1979. *The organization of the brain*. San Francisco: Freeman.

Neeper, S. A., F. Gomez-Pinilla, J. Choi, and C. W. Cotman. 1996. Physical activity increases mRNA for brain-derived neurotrophic factor and nerve growth factor in rat brain. *Brain Research* 726 (1-2): 49-56.

Nelson, M. C., M. Story, N. I. Larson, D. Neumark-Sztainer, and L. A. Lytle. 2008. Emerging adulthood and college-aged youth: An overlooked age for weight-related behavior change. *Obesity* 16 (10): 2205-2211.

Nemeroff, C. B. 1998. The neurobiology of depression. *Scientific American* 278(6): 42-47.

Nes, L. S., and S. C. Segerstrom. 2006. Dispositional optimism and coping: A meta-analytic review. *Personality and Social Psychology Review* 10 (3): 235-251.

Nestler, E. J., and W. A. Carlezon, Jr. 2006. The mesolimbic dopamine reward circuit in depression. *Biological Psychiatry* 59 (12): 1151-1159.

Nettelbeck, T., and C. Wilson. 1997. Speed of information processing and cognition. In *Ellis' handbook of mental deficiency, psychological theory and research*, edited by W. E. MacLean, Jr. Mahwah, NJ: Erlbaum.

Netz, Y., M. J. Wu, B. J. Becker, and G. Tenenbaum. 2005. Physical activity and psychological well-being in advanced age: A meta-analysis of intervention studies. *Psychology and Aging* 20 (2): 272-284.

Newbold, R. F. 1990. Patterns of anxiety in Sallust, Suetonius and Procopius. *The Ancient History Bulletin* 4(2): 44-50.

Nigg, C. R., B. Borrelli, J. Maddock, and R. K. Dishman. 2008. A theory of physical activity maintenance. *Applied Psychology* 57 (4): 544-560.

Nigg, C. R., R. W. Motl, C. C. Horwath, K. K. Wertin, and R. K. Dishman. 2011. A research agenda to examine the efficacy and relevance of the transtheoretical model for physical activity behavior. *Psychology of Sport and Exercise* 12 (1): 7-12.

Nigg, C. R., and R. J. Paxton. 2008. Conceptual perspectives. In *Youth physical activity and inactivity: Challenges and solutions*, edited by A. L. Smith and S. J. H. Biddle. Champaign, IL: Human Kinetics.

Noack, H., M. Lovden, F. Schmiedek, and U. Lindenberger. 2009. Cognitive plasticity in adulthood and old age: Gauging the generality of cognitive intervention effects. *Restorative Neurology and Neuroscience* 27: 435-453.

Noble, B. J., G. A. Borg, I. Jacobs, and P. Kaiser. 1983. A category-ratio perceived exertion scale: Relationship to blood and muscle lactates and heart rate. *Medicine & Science in sports & Exercise* 15: 523-528.

Noble, B. J., and R. J. Robertson. 1996. *Perceived exertion*. Champaign, IL: Human Kinetics.

Nock, M. K., I. Hwang, N. A. Sampson, and R. C. Kessler. 2010. Mental disorders, comorbidity and suicidal behavior: Results from the National Comorbidity Survey Replication. *Molecular Psychiatry* 15 (8): 868-876.

Nock, M. K., I. Hwang, N. Sampson, et al. 2009. Crossnational analysis of the associations among mental disorders and suicidal behavior: Findings from the WHO World Mental Health Surveys. *PloS medicine* 6(8): e1000123.

North, T. C., P. McCullagh, and Z. Vu Tran. 1990. Effect of exercise on depression. *Exercise and sport Sciences Reviews* 18: 379-415.

Nunez, P. L., and R. Srinivasan. 2006. *Electric fields of the brain: The neurophysics of EEG*. New York: Oxford University Press.

Nunnally, J. C., and I. H. Bernstein. 1994. *Psychometric theory*. 3rd ed. New York: McGraw-Hill.

Nybo, L., and N. H. Secher. 2004. Cerebral perturbations provoked by prolonged exercise. *Progress in Neurobiology* 72(4): 223-261.

O'Brien, P. M., and P. J. O'Connor. 2000. Effect of bright light on cycling performance. *Medicine & Science in Sports & Exercise* 32 (2): 439.

O'Connell, A. A., and D. B. McCoach. 2004. Applications of hierarchical linear models for evaluations of health interventions: Demystifying the methods and interpretations of multilevel models. *Evaluation & the Health Professions* 27(2): 119-151.

O'Connor, P. J., L. E. Aenchbacher, and R. K. Dishman. 1993. Physical activity and depression in the elderly. *Journal of Aging and Physical Activity* 1: 34-58.

O'Connor, P. J., M. J. Breus, and S. D. Youngstedt. 1998. Exercise-induced increase in core temperature does not disrupt a behavioral measure of sleep. *Physiology and Behavior* 64: 213-217.

O'Connor, P. J., C. X. Bryant, J. P. Veltri, and S. M. Gebhardt.

1993. State anxiety and ambulatory blood pressure following resistance exercise in females. *Medicine & Science in sports & Exercise* 25(Apr):516-521.

O'Connor, P. J. , R. D. Carda, and B. K. Graf. 1991. Anxiety and intense running exercise in the presence and absence of interpersonal competition. *International Journal of Sports Mecticine* 12:423-426.

O'Connor, P. J. , and D. B. Cook. 1999. Exercise and pain: The neurobiology, measurement, and laboratory study of pain in relation to exercise in humans. *Exercise and Sport Sciences Reviews* 27:119-166.

O'Connor, P. J. , and D. B. Cook. 2001. Moderate-intensity muscle pain can be produced and sustained during cycle ergometry. *Medicine & Science in Sports & Exercise* 33(6):1046-1051.

O'Connor, P. J. , and J. C. Davis. 1992. Psychobiologic responses to exercise at different times of the day. *Medicine & Science in Sports & Exercise* 24:714-719.

O'Connor, P. J. , M. P. Herring, and A. Caravalho. 2010. Mental health benefits of strength training in adults. *American Journal of Lifestyle Medicine* 45(5):377-396.

O'Connor, P. J. , R. W. Motl, S. P. Broglio, and M. R. Ely. 2004. Dose-dependent effect of caffeine on reducing leg muscle pain during cycling exercise is unrelated to systolic blood pressure. *Pain* 109(3):291-298.

O'Connor, P. J. , S. J. Petruzzello, K. A. Kubitz, and T. L. Robinson. 1995. Anxiety responses to maximal exercise testing. *British Journal of sports Medicine* 29:97-102.

O'Connor, P. J. , J. S. Raglin, and E. W. Martinsen. 2000. Physical activity, anxiety and anxiety disorders. *International Journal of sport Psychology* 31(2):136-155.

O'Connor, P. J. , and J. C. Smith. 1999. Physical activity and eating disorders. In *Lifestyle medicine*, edited by J. M. Rippe. Cambridge, MA: Blackwell Science.

O'Connor, P. J. , J. C. Smith, and W. P. Morgan. 2000. Physical activity does not provoke panic attacks in patients with panic disorder: A review of the evidence. *Anxiety, Stress & Coping* 13: 333-353.

O'Connor, P. J. , and S. D. Youngstedt. 1995. Influence of exercise on human sleep. In *Exercise and sport sciences review*, edited by J. O. Holloszy. Baltimore: Williams and Wilkins.

O'Connor, T. M. , R. Jago, and T. Baranowski. 2009. Engaging parents to increase youth physical activity: A systematic review. *American Journal of Preventive Medicine* 37(2):141-149.

O'Neal, H. A. , A. L. Dunn, and E. W. Martinsen. 2000. Depression and exercise. *International Journal of sport Psychology* 31 (2):

110-135.

O'Neal, H. , J. D. Van Hoomissen, P. V Holmes, and R. K. Dishman. 2001. *Preprogalanin messenger RNA levels are increased in rat locus coeruleus after exercise training*. *Neuroscience Letters*. 299 (1-2): 69-72.

O'Reilly, R. A. 2010. The what and how of prefrontal cortical organization. *Trends in Neuroscience* 33:355-361.

O'Shea, S. D. , N. F, Taylor, and J. D. Paratz, 2007. Factors affecting adherence to progressive resistance exerase for persons with COPD. *Journal of Cardiopulmonary Rehabilitation and Prevention* 27 (3):166-174.

Ogawa, S. , T. M. Lee, A. S. Nayak, and P. Glynn. 1990. Oxygenation-sensitive contrast in magnetic resonance image of rodent brain at high magnetic fields. *Magnetic Resonance in Medicine* 14(1):68-78.

Ogoh, S. , W. L. Wasmund, D. M. Keller, et al. 2002. Role of central command in carotid baroreflex resetting in humans during static exercise. *Journal of Physiology* 543(1):349.

Ohayon, M. M. , M. Caulet, and C. Guilleminault. 1998. How a general population perceives its sleep and how this relates to the complaint of insomnia. *Sleep* 20:715-723.

Oken, B. S. , S. Kishiyama, D. Zajdel, D. Bourdette, D. Carlsen, and M. Haas. 2004. Randomized controlled trial of yoga and exercise in multiple sclerosis. *Neurology* 62(11):2058-2064.

Olds, J. 1956. Pleasure centers in the brain. *Scientific American*: 105-116.

Olds, J. , and P. Milner. 1954. Positive reinforcement produced by electrical stimulation of septal area and other regions of rat brain. *Journal of Comparative and Physiological Psychology* 47(6):419-427.

Olfson, M. , and S. C. Marcus. 2009. National patterns in antidepressant medication treatment. *Archives of General Psychiatry* 66 (8): 848-856.

Olivardia, R. , H. J. Pope, and J. I. Hudson. 2000. Muscle dysmorphia in male weightlifters: A case-control study. *American Journal of Psychiatry* 157(Aug):1291-1296.

Oman, R. F. , and A. C. King. 1998. Predicting the adoption and maintenance of exercise partiapation using self-efficacy and previous exercise participation rates. *American Journal of Health Promotion*. 12(3):154-161.

Opdenacker, J. , C. Delecluse, and F. Boen. 2009. The longitudinal effects of a lifestyle physical activity intervention and a structured exercise intervention on physical self-perceptions and self-esteem in older adults. *Journal of Sport & Excercise Psychology* 31 (6): 743-760.

Orth, U. , K. H. Trzesniewski, and R. W. Robins. 2010. Self-esteem development from young adulthood to old age: A cohort-sequential longitudinal study. *Journal of Personality and Social Psychology* 98(4):645-658.

Orwin, A. 1974. Treatment of a situational phobia: A case for running. *British Journal of Psychiatry* 125:96-98.

Osborn, J., and S. W. G. Derbyshire. 2010. Pain sensation evoked by observing injury in others. *Pain* 148(2):268-274.

Osei-Tutu, K. B., and P. D. Campagna. 2005. The effects of short-vs. long-bout exercise on mood, V\od\O₂ max, and percent body fat. *Preventive Medicine* 40(1):92-98.

Osgood, C. E., G. J. Suci, and P. H. Tannenbaum. 1957. *The measurement of meaning*. Urbana: University of Illinois Press.

Ossip-Klein, D. J., E. J. Doyne, E. D. Bowman, K. M, Osborn, and R. A. Neimeyer. 1989. Effects of running or weight lifting on self-concept in clinically depressed women. *Journal of Consulting and Clinical Psychology*. 57 (1):158.

Ottawa Panel Members, Ottawa Methods Group, L. Brosseau, G. A. Wells, et al. 2004. Ottawa Panel evidence-based clinical practice guidelines for therapeutic exercises in the management of rheumatoid arthritis in adults, *Physical Therapy* 84 (10):934-972.

Ouslander, J. G., B. R. Connell, D. L. Bliwise, Y. Endeshaw, P. Griffiths, and J. F. Schnelle. 2006. A nonpharmacological intervention to improve sleep in nursing home patients: Results of a controlled clinical trial. *Journal of the American Geriatrics Society* 54 (1): 38-47.

Owen, A. M. 2004. Cognitive dysfunction in Parkinson's disease: The role of frontostriatal circuitry. *Neuroscientist* 10(6):525-537.

Owen, C. G., C. M. Nightingale, A. R. Rudnicka, et al. 2010. Family dog ownership and levels of physical activity in childhood: Findings from the Child Heart and Health Study in England. *American Journal of Public Health* 100(9):1669-1671.

Owen, N., G. N. Healy, C. E. Matthews, and D. W. Dunstan. 2010. Too much sitting: The population health science of sedentary behavior. *Exercise and Sport Sciences Reviews* 38(3):105-113.

Owen, N., E. Leslie, J. Salmon, and M. J. Fotheringham. 2000. Environmental determinants of physical activity and sedentary behavior. *Exercise and Sport Sciences Reviews* 28:153-158.

Ozminkowski, R. J., S. Wang, and J. K. Walsh. 2007. The direct and indirect costs of untreated insomnia in adults in the United States. *Sleep* 30 (3):263-273.

Paffenbarger, R. S., I. M. Lee, and R. Leung. 1994. Physical activity and personal characteristics associated with depression and suicide in American college men. *Acta Psychiatrica Scandinavia* (Suppl. 377):16-22.

Pagliari, R., and L. Peyrin. 1995. Norepinephrine release in the rat frontal cortex under treadmill exercise: A study with microdialysis. *Journal of Applied Physiology* 78(Jun):2121-2130.

Palkovitz, M., and M. J. Brownstein. 1988. *Maps and guide to microdissection of the rat brain*. New York: Elsevier.

Palmer, L. K. 1995. Effects of a walking program on attributional style, depression, and self-esteem in women. *Perceptual & Motor Skills* 81(3, Pt 1):891-898.

Pan, S., C. Cameron, M. DesMeules, H. Morrison, C. Craig, and X. H. Jiang. 2009. Individual, social, environmental, and physical environmental correlates with physical activity among Canadians: A cross-sectional study. *BMC Public Health* 9 (1):21.

Pandolf, K. B. 1982. Differentiated ratings of perceived exertion during physical exercise. *Medicine & Science in Sports & Exercise* 14:397-405.

Pandolf, K. B., R. I. Burse, and R. F. Goldman. 1975. Differentiated ratings of perceived exertion during physical conditioning of older individuals using legweight loading. *Perceptual and motor Skills* 40,563-574.

Panksepp, J. 1998. The sources of fear and anxiety in the brain. In *Affective neuroscience: The foundations of human and animal emotions*, edited by J. Panksepp. New York: Oxford University Press.

Papez, J. W. 1937. A proposed mechanism of emotion. *Archives of neurology and psychiatry*. 38(4):725-743.

Partonen, T., J. Leppert, C. Hursch, and J. Lonnqvist. 1999. Randomized trial of physical exercise alone or combined with bright light on mood and health-related quality of life. *Psychological Medicine* 28:1359-1364.

Passos, G. S., D. Poyares, M. G. Santana, S. A. Garbuio, S. Tufik, and M. T. Mello. 2010. Effect of acute physical exercise on patients with chronic primary insomnia. *Journal of Clinical Sleep Medicine* 6 (3):270-275.

Pate, R. R., G. W. Heath, M. Dowda, and S. G. Trost. 1996. Associations between physical activity and other health behaviors in a representative sample of U. S. adolescents. *American Journal of Public Health* 86(11):1577-1581.

Pate, R. R., M. Pratt, S. N. Blair, et al. 1995. Physical activity and public health: a recommendation from the Centers for Disease Control and Prevention and the American College of Sports Medicine. *Journal of the American Medical Association*. 273(5):402-407.

Pate, R. R., R. Saunders, R. K. Dishman, C. Addy, M. Dowda, and D. S. Ward. 2007. Long-term effects of a physical activity intervention in high school girls. *American Journal of Preventive Medicine* 33(4):276-280.

Paterson, D. H., and D. E. R. Warburton. 2010. Physical activity and functional limitations in older adults: A systematic review related to Canada's Physical Activity Guidelines. *International Journal of Behavioral Nutrition and Physical Activity* 7:38.

Paterson, D. J., J. S. Friedland, D. A. Bascom, et al. 1990. Changes in arterial K^+ and ventilation during exercise in normal subjects and subjects with McArdle's syndrome. *Journal of Physiology* 429:339-348.

Patten, S. B., J. V Williams, D. H. Lavorato, and M. Eliasziw. 2009. A longitudinal community study of major depression and physical activity. *General Hospital Psychiatty* 31(6):571-575.

Paulhus, D. L. 1984. Two-component models of socially desirable responding. *Journal of Personality & Social Psychology* 46 (3): 598-609.

Pearman, S. N., R. F. Valois, R. G. Sargent, R. P. Saunders, J. W. Drane, and C. A. Macera. 1997. The impact of a required college health and physical education course on the health status of alumni. *Journal of American College Health* 4:77-85.

Penttinen, J., and R. Erkkola. 1997. Pregnancy in endurance athletes. *Scandinavian Journal of Medicine & Science in Sports* 7(4): 226-228.

Peppard, P. E., and T. Young. 2004. Exercise and sleep-disordered breathing: An association independent of body habitus. *Sleep* 27 (3):480-484.

Pereira, A. C., D. E. Huddleston, A. M. Brickman, et al. 2007. An in vivo correlate of exerase-induced neurogenesis in adult dentate gyrus. *Proceedings of the National Academy of Science* 104 (13): 5638-5643.

Perrey, S. 2008. Non-invasive NIR spectroscopy of human brain function during exercise. *Methods* 45 (4):289-299.

Perri, M. G., S. D. Anton, P. E. Durning, et al. 2002. Adherence to exercise prescriptions: Effects of prescribing moderate versus higher levels of intensity and frequency. *Health Psychology* 21(5): 452-458.

Perrin, E. M., J. Boone-Heinonen, A. E. Field, T. Coyne-Beasley, and P. Gordon-Larsen. 2010. Perception of overweight and self-esteem during adolescence. *International Journal of Eating Disorders* 43(5):447-454.

Perrine, S. A., I. S. Sheikh, C. A. Nwaneshiudu, J. A. Schroeder, and E. M. Unterwald. 2008. Withdrawal from chronic administration of cocaine decreases delta opioid receptor signaling and increases anxiety-and depression-like behaviors in the rat, *Neuropharmacology* 54 (2):355-364.

Peterson, C., and M. E. P. Seligman. 2004. *Character strengtbs and virtues: A handbook and classification*. New York: Oxford University Press.

Petronis, K. R., J. F. Samuels, E. K. Moscicki, and J. C. Anthony. 1990. An epidemiologic investigation of potential risk factors for suicide attempts. *Social Psychiatry and Psychiatric Epidemiology* 25 (July):193-199.

Petruzzello, S. J., E. E. Hall, and P. Ekkekakis. 2001. Regional brain activation as a biological marker of affective responsivity to acute exercise: Influence of fitness. *Psychophysiology* 38(1):99-106.

Petruzzello, S. J., and D. M. Landers. 1994. State anxiety reduction and exercise: Does hemispheric activation reflect such changes? *Medicine & Science in Sports & Exercise* 26 (8):1028-1035.

Petruzzello, S. J., D. M. Landers, B. D. Hatfield, K. A. Kubitz, and W. Salazar. 1991. A meta-analysis on the anxiety-reducing effects of acute and chronic exercise. Outcomes and mechanisms. *Sports Medicine* 11(Mar):143-182.

Petruzzello, S. J., and A. K. Tate. 1997. Brain activation, affect, and aerobic exercise: An examination of both state-independent and state-dependent relationships. *Psychophysiology* 34(5):527-533.

Petruzzello, S. J., E. E. Hall, and P. Ekkekakis. 2001. Regional brain activation as a biological marker of affective responsivity to acute exercise: influence of fitness. *Psychophysiology* 38(1):99-106.

Pew Internet and American Life Project. 2011a. *Home broadband adoption*, 2000—2010. Pew Internet & American Life Project 2010.

Pew Internet and American Life Project. 2011b. Trend data. Pew Research Center 2011.

Pfaff, D. W. 2006. Brain arousal anct information theory: *Neural and genetic mechanisms*. Cambridge, MA: Harvard University Press.

Phan, K. L., T. Wager, S. F. Taylor, and I. Liberzon. 2002. Functional neuroanatomy of emotion: A meta-analysis of emotion activation studies in PET and fMRI. *NeuroImage* 16(2):331-348.

Phillips, E. D. 1973. Greek medicine: *Philosophy and medicine from Alcmaeon to Alexandrians*. London: Thames and Hudson.

Phillips, K. A., G. Qumn, and R. L. Stout. 2008. Functional impairment in body dysmorphic disorder: A prospective, follow-up study. *Journal of Psychiatric Research* 42(9):701-707.

Phillips, K. A., R. L. O'Sullivan, and H. J. Pope. 1997. Muscle dysmorphia [letter]. *Journal of Clinical Psychiatry* 58 (Aug):361.

Phillips, K. A., S. Wilhelm, L. M. Koran, et al. 2010. Body dysmorphic disorder: Some key issues for DSM-V. *Depression and Anxiety* 27(6):573-591.

Physical Activity Guidelines Advisory Committee. 2008. Physical Activity Guidelines Advisory Committee Report, pp. 1-58. Washington, DC: U. S. Department of Health and Human Services.

Pierce, T. W., D. J. Madden, W. C. Siegel, and J. A. Blumenthal. 1993. Effects of aerobic exercise on cognitive and psychosocial functioning in patients with mild hypertension. *Health Psychology*

12:286-291.

Pinto, B. M., H. Lynn, B. H. Marcus, J. DePue, and M. G. Goldstein. 2001. Physician-based activity counseling: Intervention effects on mediators of motivational readiness for physical activity. *Annals of Behavioral Medicine* 23:2-10.

Piters, K. M., A. Colombo, H. G. Olson, and S. M. Butman. 1985. Effect of coffee on exercise-induced angina pectoris due to coronary artery disease in habitual coffee drinkers. *American Journal of Cardiology* 55(4):277-280.

Pitts, F. J., and J. J. McClure. 1967. Lactate metabolism in anxiety neurosis. *New England Journal of Medicine* 277 (Dec 21): 1329-1336.

Plotnikoff, R. C., S. B. Hotz, N. J. Birkett, and K. S. Courneya. 2001. Exercise and the transtheoretical model: A longitudinal test of a population sample. *Preventive Medicine* 33 (5):441-452.

Ployhart, R. E., and R. J. Vandenberg. 2010. Longitudina research: The theory, design, and analysis of change. *Journal of Management* 36 (1):94.

Plutchik, R. 1994. *The psychology and biology of emotion*. New York: HarperCollins College.

Polidori, M. C., G. Nelles, and L. Pientka. 2010. Prevention of dementia: Focus on lifestyle. *International Journal of Alzbeimer's Disease*. 2010: Article ID 393579, 9 pages. doi: 10. 4061/2010/393579.

Pollack, M. H., C. Allgulander, B. Bandelow, et al. 2003. WCA recommendations for the long-term treatment of panic disorder. *CNS Spectrums* 8(8 Suppl. 1):17-30.

Pollock, M. L., J. F. Carroll, J. E. Graves, et al. 1991. Injuries and adherence to walk/jog and resistance training programs in the elderly. *Medicine & Science in Sports & Exercise* 23 (10): 1194-1200.

Pontifex, M. B., and C. H. Hillman. 2007. Neuroelectric and behavioral indices of interference control during acute cycling. *Clinical Neurophysiology* 118:570-580.

Poole, L., A. Steptoe, A. J. Wawrzyniak, S. Bostock, E. S. Mitchell, and M. Hamer. 2011. Associations of objectively measured physical activity with daily mood ratings and psychophysiological stress responses in women. *Psychophysiology* 48(8):1165-1172.

Pope, H. J., A. J. Gruber, P. Choi, R. Olivardia, and K. A. Phillips. 1997. Muscle dysmorphia. An underrecognized form of body dysmorphic disorder. *Psychosomatics* 38 (Nov-Dec):548-557.

Pope, H. J., A. J. Gruber, B. Mangweth, B. Bureau, C. de-Col, R. Jounent, and J. I. Hudson. 2000. Body perception among men in three countries. *American Journal of Psychiatry* 157:1297-1231.

Porkka-Heiskanen, T., R. E. Strecker, M. Thakkar, A. A. Bjorkum,

R. W. Greene, and R. W. McCarley. 1997. Adenosine: A mediator of the sleep-inducing effects of prolonged wakefulness. *Science* 276:1265-1268.

Posadzki, P., E. Ernst, R. Terry, and M. Soo Lee. 2011. Is yoga effective for pain? A systematic review of randomized clinical trials. *Complementary Therapies in Medicine* 19 (5):281-287.

Posner, M. I., and S. Dahaene. 1994. Attentional networks. *Trends in Neurosciences* 17:75-79.

Posner, M. I., and M. E. Raichle. 1997. *Images of mind*. New York: Scientific American Library.

Poudevigne, M. S., and P. J. O'Connor. 2005. Physical activity and mood during pregnancy. *Medicine & Science in sports & Exercise* 37 (8):1374-1380.

Prakash, R. S., M. W. Voss, K. I. Erickson, J. M. Lewis, L. Chaddock, and E. Malkowski. 2011. Cardiorespiratory fitness and attentional control in the aging brain. *Frontiers in Human Neuroscience* 4:1-12.

Price, D. D. 1999. *Psychological mechanisms of pain and analgesia*. Seattle: IASP Press.

Price, D. D. 2000. Psychological and Neural Mechanisms of the Affective Dimension of Pain. *Science* 288(5472):1769-1772.

Prince, S., K. Adamo, M. Hamel, J. Hardt, S. Gorber, and M. Tremblay. 2008. A comparison of direct versus self-report measures for assessing physical activity in adults: A systematic review. *International Journal of Behavioral Nutrition and Physical Activity* 5(1):56.

Prochaska, J. O. 1979. *Systems of psychotherapy: A transtheoretical analysis*. Homewood, IL: Dorsey Press.

Prochaska, J. O., and C. C. DiClemente. 1982. Transtheoretical therapy: Toward a more integrative model of change. *Psychotherapy: Theory, Research and Practice* 20:161-173.

Prochaska, J. O., and C. C. DiClemente. 1983. Stages and processes of self-change of smoking: Toward an integrative model of change. *Journal of Consulting and Clinical Psychology* 51 (3): 390-395.

Prochaska, J. O., and W. F. Velicer. 1997. The Transtheoretical Model of behavior change. *American Journal of Health Promotion*. 12:38-48.

Puetz, T. W. 2006. Physical activity and feelings of energy and fatigue: Epidemiological evidence. *Sports Medicine* 36 (9): 767-780.

Puetz, T. W., S. S. Flowers, and P. J. O'Connor. 2008. A randomized controlled trial of the effect of aerobic exercise training on feelings of energy and fatigue in sedentary young adults with persistent fatigue. *Psychotherapy and Psychosomatics* 77 (3):

167-174.

Puetz, T. W., and M. P. Herring. 2012. Differential effects of exercise on cancer-related fatigue during and following treatment. *American Journal of Preventive Medicine* 43(2):e1-e10.

Puetz, T. W., P. J. O'Connor, and R. K. Dishman. 2006. Effects of chronic exercise on feelings of energy and fatigue: A quantitative synthesis. *Psychological Bulletin* 132 (6):866-876.

Pugliese, J., and B. Tinsley. 2007. Parental socialization of child and adolescent physical activity: A meta-analysis. *Journal of Family Psychology* 21(3):331-343.

Quan, S. F., G. T. O'Connor, J. S. Quan, et al. 2007. Association of physical activity with sleep-disordered breathing. *Sleep & Breathing* [*Schlaf & Atmung*] 11(3):149-157.

Radegran, G., and Y. Hellsten. 2000. Adenosine and nitric oxide in exercise-induced human skeletal muscle vasodilatation. *Acta Physiologica Scandinavica* 168(Apr):575-591.

Raglin, J. S. 1997. Anxiolytic effects of physical activity. In *Physical activity and mental health*, edited by W. P. Morgan. Washington, DC: Taylor & Francis.

Raglin, J. S., P. E. Turner, and F. Eksten. 1993. State anxiety and blood pressure following 30 min of leg ergometry or weight training. *Medicine & Science in Sports & Exercise* 25 (9): 1044-1048.

Raglin, J. S., and L. Moger. 1999. Adverse consequences of physical activity: When more is too much. In *Lifestyle medicine*, edited by J. M. Rippe. Malden, MA: Blackwell Science.

Raglin, J. S., and W. P. Morgan. 1985. Influence of vigorous exercise on mood state. *The Behavior Therapist* 8(9):179-183.

Raglin, J. S., and M. Wilson. 1996. State anxiety following 20 minutes of bicycle ergometer exercise at selected intensities. *International Journal of sports Medicine* 17 (Aug):467-471.

Raglin, J. S., and G. S. Wilson. 2000. Overtraining in athletes. In *Emotions in sport*, edited by Y. L. Hanin. Champaign, IL: Human Kinetics.

Ramachandran, V. S., and W. Hirstein. 1998. The perception of phantom limbs. The D. O. Hebb lecture. *Brain* 121 (Pt 9): 1603-1630.

Ramel, J., R. Bannuru, M. Griffith, and C. Wang. 2009. Exercise for fibromyalgia pain: A meta-analysis of randomized controlled trials. *Current Rheumatology Reviews* 5(4):188-193.

Rankinen, T., T. Rice, M. Teran-Garcia, D. C. Rao, and C. Bouchard. 2010. FTO genotype is associated with exercise training-induced changes in body composition. *Obesity* 18 (2): 322-326.

Rankinen, T., S. M. Roth, M. S. Bray, et al. 2010. Advances in exercise, fitness, and performance genomics. *Medicine & Science in Sports & Exercise* 42 (5):835-846.

Rankinen, T., A. Zuberi, Y. C. Chagnon, et al. 2006. The human obesity gene map: The 2005 update. *Obesity* 14 (4):529-644.

Rasch, G. 1960. *Studies in mathematical psychology: I. Probabilistic models for some intelligence and attainment tests*. Copenhagen, Denmark: Nielsen & Lydiche.

Rasmussen, K., D. A. Morilak, and B. L. Jacobs. 1986. Single unit activity of locus coeruleus neurons in the freely moving cat. I. During naturalistic behaviors and in response to simple and complex stimuli. *Brain Research* 371 (Apr 23):324-334.

Rasmussen, P., P. Brassard, H. Adser, et al. 2009. Evidence for a release of brain-derived neurotrophic factor from the brain during exercise. *Experimental Physiology* 94(10):1062-1069.

Rathbone, J. L., F. L. Bacon, and C. H. Keene 1932. *Foundations of Health*. Boston: Houghton Mifflin.

Raudenbush, S. W., and A. S. Bryk. 2002. *Hierarchical linear models: Applications and data analysis methods*. Vol. 1. Thousand Oaks, CA: Sage.

Raynor, D. A., K. J. Coleman, and L. H. Epstein. 1998. Effects of proximity on the choice to be physically active or sedentary. *Research Quarterly for Exercise and sport* 69:99-103.

Rechel, J. A., Yard, E. E., Comstock, R. D. 2008. An epidemiological comparison of high school sports injuries sustained in practice and competition. *Journal of Athletic Training* 43 (2):197-204.

Rector, N. A., and D. Roger. 1997. The stress buffering effects of self-esteem. *Personality & Individual Differences* 23 (5):799-808.

Reed, J., and S. Buck. 2009. The effect of regular aerobic exercise on positive-activated affect: A meta-analysis. *Psychology of Sport and Exercise* 10(6):581-594.

Reed, J., and D. S. Ones. 2006. The effect of acute aerobic exercise on positive activated affect: A meta-analysis. *Psychology of Sport and Exercise* 7 (5):477-514.

Reeves, W. C., T. W. Strine, L. A. Pratt, et al. 2011. Mental illness surveillance among adults in the United States. *Morbidity and Mortality Weekly Report Surveillance Summaries*. 60 (Suppl. 3): 1-29. corrected.

Reger, B., L. Cooper, S. Booth-Butterfield, et al. 2002. Wheeling Walks: A community campaign using paid media to encourage walking among sedentary older adults. *Preventive Medicine* 35(3): 285-292.

Regier, D. A., R. M. Hirschfeld, F. K. Goodwin, J. D. Burke, Jr., J. B. Lazar, and L. L. Judd. 1988. The NIMH Depression Awareness, Recognition, and Treatment Program: Structure, aims, and scientific basis. *American Journal of Psychiatry*. 145(11):1351-1357.

Reid, K. J. , K. G. Baron, B. Lu, E. Naylor, L. Wolfe, and P. C. Zee. 2010. Aerobic exercise improves self-reported sleep and quality of life in older adults with insomnia. *Sleep Medicine* 11 (9): 934-940.

Reiman, E. M. 1997. The application of positron emission tomography to the study of normal and pathologic emotions. *Journal of Clinical Psychiatry* 58(Suppl. 16): 4-12.

Reis, J. P. , H. R. Bowels, B. E. Ainsworth, K. D. DuBose, S. Smith, and J. N. Laditka. 2004. Nonoccupational physical activity by degree of urbanization and U. S. geographic region. *Medicine & Science in Sports & Exercise* 36 (12): 2093-2098.

Rejeski, W. J. 1981. Perception of exertion: A social psychophysiological integration. *Journal of sport Psychology* 3: 305-320.

Renner, B. , S. Kwon, B. H. Yang, et al. 2008. Social-cognitive predictors of dietary behaviors in South Korean men and women. *International Journal of Behavioral Medicine* 15(1): 4-13.

Rethorst, C. D. , D. M. Landers, C. T. Nagoshi, and J. T. Ross. 2010. Efficacy of exercise in reducing depressivesymptoms across 5-HTTLPR genotypes. *Medicine & Science in Sports & Exercise* 42 (11): 2141-2147.

Rethorst, C. D. , D. M. Landers, C. T. Nagoshi, and J. T. Ross. 2011. The association of 5-HTTLPR genotype and depressive symptoms is moderated by physical activity. *Journal of Psychiatric Research* 45 (2): 185-189.

Rethorst, C. D. , B. M. Wipfli, and D. M. Landers. 2009. The antidepressive effects of exercise: A meta-analysis of randomized trials. *Sports Medicine* 39 (6): 491-511.

Rhodes, J. S. , S. C. Gammie, and T. Garland, Jr. 2005. Neurobiology of mice selected for high voluntary wheel-running activity. *Integrative and Comparative Biology* 45(3): 438-455.

Rhodes, R. E. , and K. S. Courneya. 2003. Investigating multiple components of attitude, subjective norm, and perceived control: An examination of the theory of planned behaviour in the exercise domain. *British Journal of Social Psychology* 42 (Pt 1): 129-146.

Rhodes, R. E. , and G.-J. de Bruijn. 2010. Automatic and motivational correlates of physical activity: Does intensity moderate the relationship? *Behavioral Medicine* 36 (2): 44-52.

Rhodes, R. E. , G.-J. de Bruijn, and D. H. Matheson. 2010. Habit in the physical activity domain: Integration with intention temporal stability and action control. *Journal of Sport & Exercise Psychology* 32(1): 84-98.

Rhodes, R. E. , B. Fiala, and M. Conner. 2009. A review and meta-analysis of affective judgments and physical activity in adult populations. *Annals of Behavioral Medicine* 38(3): 180-204.

Rhodes, R. E. , and C. R. Nigg. 2011. Advancing physical activity theory: A review and future directions. *Exercise and sport Sciences Reviews* 39 (3): 113-119.

Rhodes, R. E. , and L. A. Pfaeffli. 2010. Mediators of physical activity behaviour change among adult non-clinical populations: A review update. *International Journal of Behavioral Nutrition and Physical Activity* 7: 37.

Rhodes, R. E. , D. E. Warburton, and H. Murray. 2009. Characteristics of physical activity guidelines and their effect on adherence: A review of randomized trials. *Sports Medicine* 39(5): 355-375.

Rhyu, I. J. , J. A. Bytheway, S. J. Kohler, et al. 2010. Effects of aerobic exercise training on cognitive function and cortical vascularity in monkeys. *Neuroscience* 167(4): 1239-1248.

Rice, D. P. , and L. S. Miller. 1998. Health implications and cost implications of anxiety and other mental disorders in the United States. *British Journal of Psychiatry* 34(Suppl.): 4-9.

Richards, K. C. , C. Lambert, C. K. Beck, et al. 2011. Strength training, walking, and social activity improve sleep in nursing home and assisted living residents: A randomized controlled trial. *Journal of the American Geriatrics Society* 59 (2): 214-223.

Richter, E. A. , and J. R. Sutton. 1994. Hormonal adaptations to physical activity. In *Physical activity, fitness and health: International proceedings and consensus statement*, edited by C. Bouchard, R. Shephard, and T. Stephens. Champaign, IL: Human Kinetics.

Ridgers, N. D. , G. Stratton, S. J. Fairclough, and J. W. Twisk. 2007. Long-term effects of playground markings and physical structures on children's recess physical activity levels. *Preventive Medicine* 44 (5): 393-397.

Riley, W. T. , D. E. Rivera, A. A. Atienza, W. Nilsen, S. M. Allison, and R. Mermelstein. 2011. Health behavior models in the age of mobile interventions: Are our theories up to the task? *Translational Behavioral Medicine* 1 (1): 53-71.

Rimmer, J. H. , M. D. Chen, J. A. McCubbin, C. Drum, and J. Peterson. 2010. Exercise intervention research on persons with disabilities: What we know and where we need to go. *American Journal of Physical Medicine & Rehabilitation* 89 (3): 249-263.

Rittweger, J. , K. Just, K. Kautzsch, P. Reeg, and D. Felsenberg. 2002. Treatment of chronic lower back pain with lumbar extension and whole-body vibration exercise: A randomized controlled trial. *Spine* 27 (17): 1829-1834.

Robbins, T. W. , M. Cador, J. R. Taylor, and B. J. Everitt. 1989. Limbic-striatal interactions in reward-related processes. *Neuroscience and Biobehavioral Reviews* 13(2-3): 155-162.

Roberts, C. K. , B. Freed, and W. J. McCarthy. 2010. Low aerobic fitness and obesity are associated with lower standardized test scores in children. *Journal of Pediatrics* 156:711-718.

Robert, G., and J. Hockey. 1997. Compensatory control in the regulation of human performance under stress and high workload: A cognitive-energetical framework. *Biological Psychology* 45 (1-3): 73-93.

Roberts, W. R. (trans). 1924. Rhetorica: The Works of Aristotle, Vol. Ⅱ. Oxford: Clarendon Press. Rpt. 1954 in Aristotle, "Rhetoric" and "Poetics"(trans. Roberts & Ingram Bywater). New York: Modern Library.

Roberts, R. J. 1982. Central signals of perceived exertion during dynamic exercise. *Medicine and Science in Sport and Exercise* 14(5): 390-396.

Robertson, R. J., F. L. Goss, D. J. Aaron, et al. 2006. Observation of perceived exertion in children using the OMNI pictorial scale. *Medicine & Science in Sports & Exercise* 38 (1):158-166.

Robertson, R. J., F. L. Goss, J. L. Andreacci, et al. 2005. Validation of the Children's OMNI-Resistance Exercise Scale of perceived exertion. *Medicine & Science in sports & Exercise* 37 (5):819-826.

Robertson, R. J., F. L. Goss, N. F. Boer, et al. 2000. Children's OMNI scale of perceived exertion: Mixed gender and race validation. *Medicine & Science in Sports & Exercise* 32 (2):452-458.

Robertson, R. J., J. E. Falkel, A. L. Drash, et al. 1986. Effect of blood pH on peripheral and central signals of perceived exertion. *Medicine & Science in Sports & Exercise* 18 (Feb):114-122.

Robertson, R. J., R. L. Gillespie, E. Hiatt, and K. D. Rose. 1977. Perceived exertion and stimulus intensity modulation. *Perceptual & Motor Skills* 45:211-218.

Robertson, R. J., and B. J. Noble. 1997. Perception of physical exertion: Methods, mediators, and applications. *Exercise and Sport Sciences Reviews* 25:407-452.

Rochester, C. L. 2003. Exercise training in chronic obstructive pulmonary disease. *Journal of Rehabilitation Research and Development* 40 (5):59-80.

Rodgers, W. M., C. R. Hall, L. R. Duncan, E. Pearson, and M. I. Milne. 2010. Becoming a regular exerciser: Examining change in behavioural regulations among exercise initiates. *Psychology of sport and Exercise* 11(5):378-386.

Roid, G. H., and W. H. Fitts. 1994. *Tennessee self-concept scale [revised manual]* Los Angeles: Western Psychological Services.

Rollnick, S., W. R. Miller, and C. Butler. 2007. *Motivational interviewing in health care: Helping patients change behavior.* New York: Guilford Press.

Romberg, A., A. Virtanen, and J. Ruutiainen. 2005. Long-term exercise improves functional impairment but not quality of life in multiple sclerosis. *Journal of Neurology* 252(7):839-845.

Ronis, D. L., J. F. Yates, and J. P. Kirscht. 1989. Attitudes, decisions, and habits as determinants of repeated behavior. In *Attitude Structure and Function*. edited by A. R. Pratkanis, S. J. Breckler, and A. G. Greenwald. Hillsdale, NJ: Erlbaum.

Rooks, C. R., K. K. McCully, and R. K. Dishman. 2011. Acute exercise improves endothelial function despite increasing vascular resistance during stress in smokers and nonsmokers. *Psychophysiology* 48(9):1299-1308.

Rooks, C. R., N. J. Thom, K. K. McCully, and R. K. Dishman. 2010. Effects of incremental exercise on cerebral oxygenation measured by near-infrared spectroscopy: A systematic review. *Progress in Neurobiology* 92 (2):134-150.

Rosekind, M. R., and K. B. Gregory. 2010. Insomnia risks and costs: Health, safety, and quality of life. *American Journal of Managed Care* 16(8):617-626.

Rosenberg, M. 1965. *Society and the adolescent self-image*. Princeton, NJ: University Press.

Rosenzweig, M. R., A. L. Leiman, and S. M. Breedlove. 1999a. *Biological psychology: An introduction to behavioral, cognitive, and clinical neuroscience*. 2nd ed. Sunderland, MA: Sinauer Associates.

Rosenzweig, M. R., A. L. Leiman, and S. M. Breedlove. 1999b. Emotions, aggression, and stress. In *Biological psychology: An introduction to behavioral, cognitive, and clinical neuroscience*, edited by M. R. Rosenzweig, A. L. Leiman, and S. M. Breedlove. 2nd ed. Sunderland, MA: Sinaucr Associates.

Rosner, F. 1965. The hygienic principles of Moses Maimonides. *The Journal of the American Medical Association* 194 (13): 1352-1354.

Roth, K. B., G. Borges, M. E. Medina-Mora, R. Orozco, C. Oueda, and H. C. Wilcox. 2011. Depressed mood and antisocial behavior problems as correlates for suicide-related behaviors in Mexico. *Journal of Psychiatric Research* 45(5):596-602.

Roth, T., S. Jaeger, R. Jin, A. Kalsekar, P. E. Stang, and R. C. Kessler. 2006. Sleep problems, comorbid mental disorders, and role functioning in the national comorbidity survey replication. *Biological Psychiatry* 60(12):1364-1371.

Rothwell, J. C., M. M. Traub, B. L. Day, J. A. Obeso, P. K. Thomas, and C. D. Marsden. 1982. Manual motor performance in a deafferented man. Brain: *A Journal of Neurology* 105 (Pt 3): 515-542.

Rowe, D. A., J. Benson, and T. A. Baumgartner. 1999. Development of the Body Self-Image Questionnaire. *Measurement in Physical Education and Exercise Science* 3 (4):223-248.

Rowell, L. B. 1993. *Human cardiovascular control*. New York: Oxford University Press.

Rowland, T. W. 1998. The biological basis of physical activity. *Medicine & Science in sports & Exercise* 30(3):392-399.

Roy, C. S., and C. S. Sherrington. 1890. On the regulation of the blood-supply of the brain. *Journal of Physiology* 11(1-2):85-158.

Rudolph, D. L. and J. G. Kim. 1996. Mood responses to recreational sport and exercise in a Korean sample. *Journal of Social Behavior & Personality* 11 (4):841-849.

Rush, A. J., M. H. Trivedi, S. R. Wisniewski, et al. 2006. Bupropion-SR, sertraline, or venlafaxine-XR after failure of SSRIs for depression. *New England Journal of Medicine* 354 (12): 1231-1242.

Rushton, A., C. Wright, P. Goodwin, M. Calvert, and N. Freemantle. 2011. Physiotherapy rehabilitation post first lumbar discectomy: A systematic review and meta-analysis of randomized controlled trials. *Spine* 36 (14): E961-E972. doi: 10. 1097/ BRS.0b013e3181f0e8f8.

Rushton, J. L., M. Forcier, and R. M. Schectman. 2002. Epidemiology of depressive symptoms in the National Longitudinal Study of Adolescent Health. *Journal of the American Academy of Child and Adolescent Psychiatry* 41(2):199-205.

Russell, J. A. 1980. A circumplex model of affect. *Journal of Personality and Social Psychology*. 39 (6):1161-1178.

Russell, J. A., M. Lewicka, and T. Niit. 1989. A cross-cultural study of a circumplex model of affect. *Journal of Personality & Social Psychology* 57(5):848-856.

Russell, J. A., and A. Mehrabian. 1977. Evidence for a 3-factor theory of emotions. *Journal of Research in Personality* 11 (3): 273-294.

Russell, J. A., A. Weiss, and G. A. Mendelsohn. 1989. Affect Grid: A single-item scale of pleasure and arousal. *Journal of Personality & Social Psychology* 57(3):493-502.

Russo-Neustadt, A. 2003. Brain-derived neurotrophic factor, behavior, and new directions for the treatment of mental disorders. *Seminars in Clinical Neuropsychiatry* 8(2):109-118.

Ryan, R. M., and E. L. Deci. 2001. On happiness and human potentials: A review of research on hedonic and eudaimoruc well-being. *Annual Review of Psychology* 52:141-166.

Ryan, R. M., and E. L. Deci. 2002. Overview of self-determination theory. In *Handbook of self-determination research*, edited by E. L. Deci and R. M. Ryan. Rochester, NY: University of Rochester Press.

Sabatinelli, D., E. E. Fortune, Q. Li, et al. 2011. Emotional perception: A meta-analyses of face and natural scene processing. *NeuroImage* 54 (3):2524-2533.

Sacheck, J. M., J. F. Kuder, and C. D. Economos. 2010. Physical fitness, adiposity, and metabolic risk factors in young college students. *Medicine & Science in Sports & Exercise* 42 (6): 1039-1044.

Sacks, M. H., and M. L. Sachs. 1981. *Psychology of running*. Champaign, IL: Human Kinetics.

Saelens, B. E., and S. L. Handy. 2008. Built environment correlates of walking: A review. *Medicine & Science in Sports & Excercise* 40 (7 Suppl.):S550-S566.

Sagatun, A., A. J. Sogaard, E. Bjertness, R. Selmer, and S. Heyerdahl. 2007. The association between weekly hours of physical activity and mental health: A three year follow-up study of 15-16-year-old students in the city of Oslo, Norway. *BMC Public Health* 7:155.

Salam, J. N., J. H. Fox, E. M. Detroy, M. H. Guignon, D. F. Wohl, and W. A. Falls. 2009. Voluntary exercise in C57 mice is anxiolytic across several measures of anxiety. *Behavioural Brain Research* 197 (1):31-40.

Salamone, J. D., M. Correa, A. Farrar, and S. M. Mingote. 2007. Effort-related functions of nucleus accumbens dopamine and associated forebrain circuits. *Psycho-pharmacology* 191 (3): 461-482.

Sallis, J. F., W. L. Haskell, S. P. Fortmann, K. M. Vranizan, C. B. Taylor, and D. S. Solomon. 1986. Predictions of adoption and maintenance of physical activity in a community sample. *Preventive Medicine* 15:331-341.

Sallis, J. F., and M. F. Hovell. 1990. Determinants of exercise behavior. *Exercise and Sport Sciences Reviews* 11:307-330.

Sallis, J. F., T. L. McKenzie, T. L. Conway, et al. 2003. Environmental interventions for eating and physical activity: A randomized controlled trial in middle schools. *American Journal of Preventive Medicine* 24(3):209-217.

Sallis, J. F., and N. Owen. 1999. *Physical activity and behavioral medicine*. Thousand Oaks, CA: Sage.

Sallis, J. F., N. Owen, and E. B. Fisher. 2008. Ecological models of health behavior. In *Health behavior and health education: Theory, research, and practice*, edited by K. Glanz, B. K. Rimer, and P. Viswanath. San Fransasco: Jossey-Bass.

Sallis, J. F., J. J. Prochaska, and W. C. Taylor. 2000. A review of correlates of physical activity of children and adolescents. *Medicine & Science in sports & Excercise* 32:963-975.

Sallis, J. F., B. G. Simons-Morton, E. J. Stone, et al. 1992. Determinants of physical activity and interventions in youth. *Medicine & Science in Sports & Exercise* 24(6):S248-S257.

Salthouse, T. A. 1988. The role of processing resources in cognitive aging. In *Cognitive development in adulthood: Progress in cognitive development research*, edited by M. L. Howe and C. J. Brainerd. New York: Springer-Verlag.

Sanchez-Villegas, A. , I. Ara, F. Guillen-Grima, M. Bes-Rastrollo, J. J. Varo-Cenarruzabeitia, and M. A. Martinez-Gonzalez. 2008. Physical activity, sedentary index, and mental disorders in the SUN cohort study. *Medicine & Science in Sports & Exercise* 40 (5): 827-834.

Sanders, A. F. 1998. *Elements of human performance: Reaction processes and attention in human skill*. Mahwah, NJ: Lawrence Erlbaum.

Sanes, J. N. , and R. Shadmehr. 1995. Sense of muscular effort and somesthetic afferent information in humans. *Canadian Journal of Physiology and Pharmacology* 73 (2): 223-233.

Santos, M. P. , H. Gomes, and J. Mota. 2005. Physical activity and sedentary behaviors in adolescents. *Annals of Behavioral Medicine* 30(1): 21-24.

Sapolsky, R. M. 1994. *Why zebras don't get ulcers: A guide to stress, stress-related diseases, anct coping*. New York: W. H. Freeman.

Sarter, M. , and J. P. Bruno. 1999. Abnormal regulation of corticopetal cholinergic neurons and impaired information processing in neuropsychiatric disorders. *Trends in Neurosciences* 22 (Feb): 67-74.

Sayers, S. P. , P. M. Clarkson, P. A. Rouzier, and G. Kamen. 1999. Adverse events associated with eccentric exercise protocols: Six case studies. *Medicine & Science in sports & Exercise* 31 (12): 1697.

Schaefer, E. S. , and R. Plutchik. 1966. Interrelationships of emotions, traits, and diagnostic constructs. *Psychological Reports* 18: 399-410.

Schaefer, S. , O. Huxhold, and U. Lindenberger. 2006. Healthy mind in healthy body? A review of sensorimotor-cognitive interdependencies in old age. *European Review of Aging and Physical Activity* 3: 45-54.

Schappert, S. M. 1998. Ambulatory care visits to physician offices, hospital outpatient departments, and emergency departments: United States, 1996. *Vital and Health Statistics*. 13 (134). Wahsington, DC: National Center for Health Statistics, Centers for Disease Control and Prevention.

Sciolino N. R. , R. K. Dishman, and P. V Holmes. 2012. Voluntary exercise offers anxiolytic potential and amplifies galanin gene expression in the locus coeruleus of the rat. *Behavioural Brain Research*. 233(1): 191-200.

Sciolino N. R. , P. V Holmes. 2012. Exercise offers anxiolytic potential: A role for stress and brain noradrenergic-galaninergic mechanisms. *Neuroscience and Biobehaviol* Reviews. Jul 5. [Epub ahead of print].

Schechtman, K. B. , and M. G. Ory. 2001. The effects of exercise on the quality of life of frail older adults: A preplanned meta-analysis of the FICSIT trials. *Annals of Behavioral Medicine* 23 (3): 186-197.

Scheier, M. F. , and C. S. Carver. 1992. Effects of optimism on psychological and physical well-being: Theoretical overview and empirical update. *Cognitive Therapy and Research* 16(2): 201-228.

Schlicht, W. 1994. Does physical exercise reduce anxious emotions? A meta-analysis. *Anxiety, Stress & Coping: An International Journal* 6 (4): 275-288.

Schmader, K. E. 2002. Epidemiology and impact on quality of life of postherpetic neuralgia and painful diabetic neuropathy. *Clinical Journal of Pain* 18(6): 350-354.

Schmitz, K. H. , K. S. Courneya, C. Matthews, et al. 2010. American College of Sports Medicine roundtable on exercise guidelines for cancer survivors. *Medicine & Science in Sports & Exercise* 42(7): 1409-1426.

Schmitz, K. , S. A. French, and R. W. Jeffery. 1997. Correlates of changes in leisure time physical activity over 2 years: The Healthy Worker Project. *Preventive Medicine* 26: 570-579.

Schmitz, K. H. , J. Holtzman, K. S. Courneya, L. C. Mâsse, S. Duval, and R. Kane. 2005. Controlled physical activity trials in cancer survivors: A systematic review and meta-analysis. *Cancer Epidemiology Biomarkers & Prevention* 14 (7): 1588-1595.

Schneirla, T. 1959. An evolutionary and developmental theory of biphasic processes underlying approach and withdrawal. In *Nebraska Symposium on Motivation*, edited by M. Jones. Lincoln: University of Nebraska Press.

Scholz, U. , B. Schuz, J. P. Ziegelmann, S. Lippke, and R. Schwarzer, 2008. Beyond behavioural intentions: Planning mediates between intentions and physical activity. *British Journal of Health Psychology* 13(Pt 3): 479-494.

Schuz, B. , F. F. Sniehotta, N. Mallach, A. U. Wiedemann, and R. Schwarzer. 2009. Predicting transitions from preintentional, intentional and actional stages of change. *Health Education Research* 24 (1): 64-75.

Schwarzer, R. 1992. *Self-efficacy in the adoption and maintenance of health behaviors: Theoretical approaches and a new model*: Washington, DC: Hemisphere.

Schwarzer, R. 2008. Modeling health behavior change: How to predict and modify the adoption and maintenance of health behaviors. *Applied Psychology—an International Review* 57 (1): 1-29.

Schwarzer, R. , A. Luszczynska, J. P. Ziegelmann, U. Scholz, and S. Lippke. 2008. Social-cognitive predictors of physical exercise adherence: Three longitudinal studies in rehabilitation *Health*

Psychology 27(1 Suppl.):S54-S63.

Schwarzer, R., B. Schüz, J. P. Ziegelmann, S. Lippke, A. Luszczynska,and U. Scholz. 2007. Adoption and maintenance of four health behaviors: Theory-guided longitudinal studies on dental flossing, seat belt use, dietary behavior, and physical activity. *Annals of Behavioral Medicine* 33 (2):156-166.

Secher,N. H., T. Seifert, and J. J. Van Lieshout. 2008. Cerebral blood flow and metabolism during exercise: Implications for fatigue. *Journal of Applied Physiology* 104(1):306-314.

Secord, P. F., and S. M. Jourard. 1953. The appraisal of body-cathexis: Body-cathexis and the self. *Journal of Consulting Psychology* 17:343-347.

Segal, R., W. Evans, D. Johnson, et al. 2001. Structured exercise improves physical functioning in women with stages I and II breast cancer:Results of a randomized controlled trial. *Journal of Clinical Oncology* 19 (3):657-665.

Segar,M. L., VL. Katch, R. S. Roth, et al. 1998. The effect of aerobic exercise on self-esteem and depressive and anxiety symptoms among breast cancer survivors [see comments]. *Oncology Nursing Forum* 25(Jan-Feb):107-113.

Sehested J., G. Reinicke, K. Ishino, et al. 1995. Blunted humoral responses to mental stress and physical exercise in cardiac transplant recipients. *European Heart Journal* 166:852-858.

Seip,R. L.,D. Snead, E. F. Pierce, P. Stein, and A. Weltman. 1991. Perceptual responses and blood lactate concentration: Effect of training state. *Medicine & Science in sports & Exercise* 23 (Jan): 80-87.

Seligman, M. E. P., and M. Csikszentmihalyi. 2000. Positive psychology:An introduction. *American Psychologist* 55 (1):5-14.

Selye,H. 1936. A syndrome produced by diverse nocuous agents. *Nature* 138:32.

Selye,H. 1950. *Stress*. Montreal:Acta.

Sexton,H.,A. Maere,and N. H. Dahl. 1989. Exercise intensity and reduction in neurotic symptoms:A controlled follow-up study. *Acta Psychiatrica Scandinavica* 80 (3):231-235.

Shankarappa,S. A., E. S. Piedras-Rentería, and E. B. Stubbs. 2011. Forced-exercise delays neuropathic pain in experimental diabetes: Effects on voltage-activated calcium channels. *Journal of Neurochemistry* 118 (2):224-236.

Shaper,A. G.,D. G. Cook, M. Walker,and P. W. Macfarlane. 1984. Prevalence of ischaemic heart disease in middle aged British men. *British Heart Journal* 51(6):595-605.

Shapiro,D., L. D. Jamner, J. D. Lane, et al. 1996. Blood pressure publication guidelines. *Psychophysiology* 33:1-12.

Shapiro P. A., R. P. Sloan, E. Bagiella, J. T. Bigger, Jr., and J. M.

Gorman. 1996. Heart rate reactivity and heart period variability throughout the first year after heart transplantation. *Psychophysiology* 331:54-62.

Shapiro,P. A.,R. P. Sloan,J. T. Bigger,Jr., E. Bagiella,and J. M. Gorman. 1994. Cardiac denervation and cardiovascular reactivity to psychological stress. *American Journal of Psychiatry* 1518: 1140-1147.

Shavelson, R. J., J. J. Hubner, and G. C. Stanton. 1976. Self-concept: Validation of construct interpretations. *Review of Educational Research* 46 (3):407-441.

Shaver, P.,J. Schwartz,D. Kirson, and C. O'Connor. 1987. Emotion knowledge:further exploration of a prototype approach. *Journal of Personality and Social Psychology*.52(6):1061-1086.

Sherman, K. J., D. C. Cherkin, R. D. Wellman, et al. 2011. A randomized trial comparing yoga,stretching,and a self-care book for chronic low back pain. *Archives of Internal Medicine*.171(22): 2019-2026.

Sherrill,D. L., K. Kotchou, and S. F. Quan. 1998. Association of physical activity and human sleep disorders. *Archives of Internal Medicine* 158:1894-1898.

Sherrington, C. S. 1900. The muscular sense. In *Textbook of Physiology*, edited by E. A. Schafer, Vol 2: p. 1002-1025. Edinburgh & London:Pentland.

Sherrington,C. S. 1906. *The integrative action of the nervous system*. New Haven:Yale University.

Shields,M. R.,C. L. Larson, A. M. Swartz, and J. C. Smith. 2011. Visual threat detection during moderate-and high-intensity exercise. *Emotion* 11 (3):572.

Shilts,M. K.,M. Horowitz,and M. S. Townsend. 2004. Goal setting as a strategy for dietary and physical acivity behavior change:A review of the literature. *American Journal of Health Promotion* 19 (2):81-93.

Shilts,M.,Townsend, B.,Dishman,RK. 2013. Using goal setting to promote health behavior change:Diet and physical activity. In *New developments in goal setting and task performance*,edited by E. Locke and G. Latham. London:Taylor & Francis.

Shippenberg,T. S., and W. Rea. 1997. Sensitization to the behavioral effects of cocaine:Modulation by dynorphin and kappa-opioid receptor agonists. *Pharmacology, Biochemistry, and Behavior* 57 (3):449-455.

Sibley, B. A., and J. L. Etnier. 2003. The relationship between physical activity and cognition in children: A meta-analysis. *Pediatric Exercise Science* 15:243-256.

Siegel,J. M. 2000. Brainstem mechanisms generating REM sleep. In *Principles and practice of sleep medicine*,edited by M. K. Kryger,T.

Roth and W. O. Dement. New York: Saunders.

Silber, H. A. , D. A. Bluemke, P. Ouyang, Y. P. Du, W. S. Post, and J. A. Lima. 2001. The relationship between vascular wall shear stress and flow-mediated dilation: Endothelial function assessed by phase-contrast magnetic resonance angiography. *Journal of the American College of Cardiology* 38 (7):1859-1865.

Silva, M. N. , D. Markland, E. V. Carraca, et al. 2011. Exercise autonomous motivation predicts 3-yr weight loss in women. *Medicine & Science in Sports & Exercise* 43(4):728-737.

Silverberg, A. B. , S. D. Shah, M. W. Haymond, and P. E. Cryer. 1978. Norepinephrine: Hormone and neurotransmitter in man. *American Journal of Physiology* 234:E252-E256.

Simkin, L. R. , and A. M. Gross. 1994. Assessment of coping with high-risk situations for exercise relapse among healthy women. *Health Psychology* 13 (3):274-277.

Singer, J. D. , and J. B. Willett. 2003. *Applied longitudinal data analysis: Modeling change and event occurrence*. New York: Oxford University Press.

Singh, N. A. , K. M. Clements, and M. A. Fiatarone. 1997. A randomized controlled trial of the effect of exercise on sleep. *Sleep* 20 (2):95-101.

Singh, N. A. , T. M. Stavrinos, Y. Scarbek, G. Galambos, C. Liber, and M. A. Fiatarone Singh. 2005. A randomized controlled trial of high versus low intensity weight training versus general practitioner care for clinical depression in older adults. *Journals of Gerontology. Series A, Biological Sciences and Medical Sciences* 60 (6):768-776.

Sinyor, D. , S. G. Schwartz, F. Peronnet, G. Brisson, and P. Seraganian. 1983. Aerobic fitness level and reactivity to psychosocial stress: Physiological, biochemical, and subjective measures. *Psychosomatic Medicine* 45 (Jun):205-217.

Sjogren, T. , K. J. Nissinen, S. K. Jarvenpaa, M. T. Ojanen, H. Vanharanta, and E. A. Malkia. 2006. Effects of a physical exercise intervention on subjective physical well-being, psychosocial functioning and general well-being among office workers: A cluster randomized-controlled cross-over design. *Scandinavian Journal of Medicine & Science in Sports* 16(6):381-390.

Skapinakis, P. , G. Lewis, and V. Mavreas. 2003. Crosscultural differences in the epidemiology of unexplained fatigue syndromes in primary care. *British Journal of Psychiatry* 182:205-209.

Skinner, B. F. 1938. *The behavior of organisms*. New York: Appleton-Century-Crofts.

Skinner, J. S. , R. Hutsler, V. Bergsteinova, and E. R. Buskirk. 1973. The validity and reliability of a rating scale of perceived exertion. *Medicine and Science in Sports* 5(2):94-96.

Skrinar, G. S. , S. P. Ingram, and K. B. Pandolf. 1983. Effect of endurance training on perceived exertion and stress hormones in women. *Perceptual & Motor Skills* 57 (Dec):1239-1250.

Sloan, R. P. , P. A. Shapiro, R. E. DeMeersman, et al. 2011. Impact of aerobic training on cardiovascular reactivity to and recovery from challenge. *Psychosomatic Medicine* 73 (2):134-141.

Smith, J. C. , and J. B. Crabbe. 2000. *Emotion and exercise*. International Journal of Sport Psychology 31(2):156-174.

Smith, J. C. , K. A. Nielson, J. L. Woodard, et al. 2010. Interactive effects of physical activity and APOE-e4 on Bold semantic memory activation in healthy elders. *NeuroImage*. 54:635-644. doi:10.1016/j. neuroimage. 2010. 07. 070.

Smith, J. C. , and P. J. O'Connor. 2003. Physical activity does not disturb the measurement of startle and corrugator responses during affective picture viewing. *Biological Psychology* 63 (3):293-310.

Smith, J. C. , P. J. O'Connor, J. B. Crabbe, and R. K. Dishman. 2002. Emotional responsiveness after low-and moderate-intensity exercise and seated rest. *Medicine & Science in Sports & Exercise* 34 (7):1158-1167.

Smith, J. C. , E. S. Paulson, D. B. Cook, M. D. Verber, and Q. Tian. 2010. Detecting changes in human cerebral blood flow after acute exercise using arterial spin labeling: Implications for fMRI. *Journal of Neuroscience Methods* 191(2):258-262.

Smith, K. S. , and K. C. Berridge. 2007. Opioid limbic circuit for reward: Interaction between hedonic hotspots of nucleus accumbens and ventral pallidum. *Journal of Neuroscience* 27(7):1594-1605.

Smith, L. L. i991. Acute inflammation: The underlying mechanism in delayed onset muscle soreness? *Medicine & Science in Sports & Exercise* 23 (5):542-551.

Smith, M. T. , and J. A. Haythornthwaite. 2004. How do sleep disturbance and chronic pain inter-relate? Insights from the longitudinal and cognitive-behavioral clinical trials literature. *Sleep Medicine Reviews* 8(2):119-132.

Smith, P. J. , J. A. Blumenthal, M. A. Babyak, et al. 2010. Effects of the dietary approaches to stop hypertension diet, exercise, and caloric restriction on neurocognition in overweight adults with high blood pressure. *Hypertension* 55(6):1331-1338.

Smith, T. L. , K. H. Masaki, K. Fong, et al. 2010. Effect of walking distance on 8-year incident depressive symptoms in elderly men with and without chronic disease: The Honolulu-Asia Aging Study. *Journal of the American Geriatrics Society* 58(8):1447-1452.

Smits, J. A. , A. C. Berry, D. Rosenfield, M. B. Powers, E. Behar, and M. W. Otto. 2008. Reducing anxiety sensitivity with exercise. *Depression and Anxiety* 25 (8):689-699.

Smits, J. A. , A. C. Berry, C. D. Tart, and M. B. Powers. 2008. The efficacy of cognitive-behavioral interventions for reducing anxiety sensitivity: A meta-analytic review. *Behaviour Research and Therapy* 46(9):1047-1054.

Snodgrass, J. G. , G. Levy-Berger, and M. Hydon. 1985. *Human experimental psychology*. New York: Oxford University Press.

Soares, J. , P. V. Holmes, K. J. Renner, G. L. Edwards, B. N. Bunnell, and R. K. Dishman. 1999. Brain noradrenergic responses to footshock after chronic activity-wheel running. *Behavioral Neuroscience* 113 (Jun):558-566.

Sobocki P. , B. Jönsson, J. Angst, and C. Rehnberg. 2006. Cost of depression in Europe. *Journal of Mental Health Policy and Economics*. 9(2):87-98.

Sonstroem, R. J. 1978. Physical estimation and attraction scales: Rationale and research. *Medicine and Science in sports* 10 (Summer):97-102.

Sonstroem, R. J. 1998. Physical self-concept: Assessment and external validity. *Exercise and Sport Sciences Reviews* 26:133-164.

Sonstroem, R. J. 1988. Psychological models. In *Exercise adherence: its impact on public health*, edited by R. K. Dishman. Champaign, IL: Human Kinetics.

Sonstroem, R. J. , L. L. Harlow, and L. Josephs. 1994. Exercise and self-esteem: Validity of model expansion and exercise associations. *Journal of Sport & Exercise Psychology* 16 (1):29-42.

Sonstroem, R. J. , and W. P. Morgan. 1989. Exercise and self-esteem: Rationale and model. *Medicine & Science in Sports & Exercise* 21 (3):329-337.

Sorabji, R. 2004. *Aristotle on memory*. 2nd ed. Chicago: University of Chicago Press.

Sothmann, M. S. , J. Buckworth, R. P. Claytor, R. H. Cox, J. E. White-Welkley, and R. K. Dishman. 1996. Exercise training and the cross-stressor adaptation hypothesis. *Exercise and sport Sciences Reviews* 24:267-287.

Sothmann, M. S. , A. B. Gustafson, T. L. Garthwaite, T. S. Horn, and B. A. Hart. 1988. Cardiovascular fitness and selected adrenal hormone responses to cognitive stress. *Endocrine Research* 14: 59-69.

Southall, J. P. C. 1924. *Helmholz's treatise on physiological optics*. Translated from the third German edition, Vol. I: The Optical Society of America. Menasha, WI: Banta

Spalding, T. W. , L. S. Jeffers, S. W. Porges, and B. D. Hatfield. 2000. Vagal and cardiac reactivity to psychological stressors in trained and untrained men. *Medicine and Science in sports and Exercise*. 32 (3):581-591.

Sparks, A. C. 1997. Reflections on the socially constructed physical self. In *The physical self: From motivation to well-being*, edited by K. R. Fox. Champaign, IL: Human Kinetics.

Sparling, P, B. 2003. College physical education: An unrecognized agent of change in combating inactivity-related diseases. *Perspectives in Biology and Medicine* 46 (4):579-587.

Sparling, P. B. , A. Giuffrida, D. Piomelli, L. Rosskopf, and A. Dietrich. 2003. Exercise activates the endocannabinoid system. *Neuroreport* 14 (17):2209-2211.

Sparling, P. B. , T. K. Snow, and B. Beavers. 1999. Serum cholesterol levels in college students: Opportunities for education and intervention. *Journal of American College Health Association* 48: 123-127.

Speck, R. M. , K. S. Courneya, L. C. Masse, S. Duval, and K. H. Schmitz. 2010. An update of controlled physical activity trials in cancer survivors: A systematic review and meta-analysis. *Journal of Cancer Survivorship: Research and Practice* 4(2):87-100.

Spence, J. C. , K. R. McGannon, and P. Poon. 2005. The effect of exercise on global self-esteem: A quantitative review. *Journal of Sport & Exercise Psychology* 27 (3):311-334.

Sperry, R. W. 1950. Neural basis of the spontaneous optokinetic response produced by visual inversion. *Journal of Comparative and Physiological Psychology* 43 (6):482-489.

Spielberger, C. D. , R. L. Gorsuch, R. Lushene, P. R. Vagg, and G. A. Jacobs. 1983. *Manual for the State-Trait Anxiety Inventory*. Palo Alto, CA: Consulting Psychologists Press.

Spirduso, W. W. 1980. Physical fitness, aging, and psychomotor speed: A review. *Journal of Gerontology* 35:850-865.

Spirduso, W. W. , L. W. Poon, and W. J. Chodzko-Kajko. 2008. Exercise and its mediating effects on cognition. Edited by L. W. Poon, W. W. Spirduso, and W. J. Chodzko-Kajko. Vol. 2, *Aging, exercise, and cognition series*. Champaign, IL: Human Kinetics.

Stagg, N. J. , H. P. Mata, M. M. Ibrahim, et al. 2011. Regular exercise reverses sensory hypersensitivity in a rat neuropathic pain model: Role of endogenous opioids. *Anesthesiology* 114 (4):940-948. doi:10.1097/ALN.0b013e318210f880.

Stahl, S. M. 2002. The psychopharmacology of energy and fatigue. *Journal of Clinical Psychiatry* 63 (1):7-8.

Ståhl, T. , A. Rutten, D. Nutbeam, et al. 2001. The importance of the social environment for physically active lifestyle: Results from an international study. *Social Science and Medicine* 52:1-10.

Steele, T. 1972. *Treatise of man. Rene Descartes*. Cambridge, MA: Harvard University Press.

Stefoni, S. , K. Midtved, E. Cole, et al. 2005. Efficacy and safety outcomes among de novo renal transplant recipients managed by C2 monitoring of cyclosporine a microemulsion: Results of a 12-

month, randomized, multicenter study. *Transplantation* 79 (5): 577-583.

Steimer, T. 2002. The biology of fear-and anxiety-related behaviors. *Dialogues in Clinical Neuroscience* 4:231-249.

Stein, P. N., and R. W. Motta. 1992. Effects of aerobic and nonaerobic exercise on depression and self-concept. *Perceptual & Motor Skills* 74 (1):79-89.

Steinberg, H., B. R. Nicholls, E. A. Sykes, et al. 1998. Weekly exercise consistently reinstates positive mood. *European Psychologist* 3 (4):271-280.

Steinhardt, M., and R. K. Dishman. 1989. Reliability and validity of expected outcomes and barriers for habitual physical activity. *Journal of Occupational Medicine* 31 (6):536-546.

Stenson, P. D., M. Mort, E. V Ball, et al. 2009. The Human Gene Mutation Database:2008 update. *Genome Medicine* 1(1):13.

Stenström, C. H., and M. A. Minor. 2003. Evidence for the benefit of aerobic and strengthening exercise in rheumatoid arthritis. *Arthritis Care & Research* 49(3):428-434.

Stephens, T. 1988. Physical activity and mental health in the United States and Canada: Evidence from four population surveys. *Preventive Medicine* 17:35-47.

Steptoe, A., J. Wardle, R. Fuller, et al. 1997. Leisure-time physical exercise: Prevalence, attitudinal correlates, and behavioral correlates among young Europeans from 21 Ountries. *Preventive Medicine* 26 (6):845-854.

Sternberg, S. 1969. Memory-scanning: Mental processes revealed by reaction time experiments. *American Scientist* 57:421-457.

Stetson, B. A., A. O. Beacham, S. J. Frommelt, et al. 2005. Exercise slips in high-risk situations and activity patterns in long-term exercisers: An application of the relapse prevention model. *Annals of Behavioral Medicine* 30 (1):25-35.

Stevens, J. C. 1957. On the psychophysical law. *Psychological Review* 64 (3):153-181.

Stevens, J. C., and E. H. Galanter. 1957. Ratio scales and category scales for a dozen perceptual continua. *Journal of Experimental Psychology* 54:377-411.

Stevens, J. C., and J. D. Mack. 1959. Scales of apparent force. *Journal of Experimental Psychology* 58:405-413.

Stewart, A. L., K. M. Mills, P. G. Sepsis, et al. 1997. Evaluation of CHAMPS, a physical activity promotion program for older adults. *Annals of Behavioral Medicine* 19 (4):353-361.

Stewart, W. F., J. A. Ricci, E. Chee, D. Morganstein, and R. Lipton. 2003. Lost productive time and cost due to common pain conditions in the U. S. workforce. *Journal of the American Medical Association* 290(18):2443-2454.

Stone, E. J., T. L. McKenzie, G. J. Welk, and M. Booth. 1998. Effects of physical activity interventions in youth: Review and synthesis. *American Journal of Preventive Medicine* 15 (4):298-315.

Stones, M. J., and A. Kozma. 1988. Physical activity, age, and cognitive/motor performance. In *Cognitive development in adulthood: Progress in cognitive development research*, edited by M. L. Howe and C. J. Branerd. New York: Springer-Verlag.

Strawbridge, W. J., S. Deleger, R. E. Roberts, and G. A. Kaplan. 2002. Physical activity reduces the risk of subsequent depression for older adults. *American Journal of Epidemiology* 156 (4): 328-334.

Strijk, J. E., K. I. Proper, L. Klaver, A. J. van der Beek, and W. van Mechelen. 2010. Associations between VO$_2$max and vitality in older workers: A cross-sectional study. *BMC Public Health* 10:684.

Strine, T. W., A. H. Mokdad, L. S. Balluz, et al. 2008. Depression and anxiety in the United States: Findings from the 2006 Behavioral Risk Factor Surveillance System. *Psychiatric Services* 59 (12):1383-1390.

Strohle, A. 2009. Physical activity, exercise, depression and anxiety disorders. *Journal of Neural Transmission* 116(6):777-784.

Strohle, A., C. Feller, M. Onken, F. Godemann, A. Heinz, and F. Dimeo. 2005. The acute antipanic activity of aerobic exercise. *American Journal of Psychiatry* 162(12):2376-2378.

Ströhle, A., B. Graetz, M. Scheel, et al. 2009. The acute antipanic and anxiolytic activity of aerobic exercise in patients with panic disorder and healthy control subjects. *Journal of Psychiatric Research* 43 (12):1013-1017.

Ströhle, A., M. Hofler, H. Pfister, et al. 2007. Physical activity and prevalence and incidence of mental disorders in adolescents and young adults. *Psychological Medicine* 37 (11):1657-1666.

Ströhle, A., M. Stoy, B. Graetz, et al. 2010. Acute exercise ameliorates reduced brain-derived neurotrophic factor in patients with panic disorder. *Psychoneuroen-docrinology* 35(3):364-368.

Strong, W. B., R. M. Malina, C. J. Blimkie, et al. 2005. Evidence based physical activity for school-age youth. *Journal of Pediatrics* 146 (6):732-737. doi:10.1016/j. jpeds. 2005.01.055.

Stroth, S., K. Hille, M. Spitzer, and R. Reinhardt. 2009. Aerobic endurance exercise benefits memory and affect in young adults. *Neuropsychological Rehabilitation* 19 (2):223-243.

Stubbe, J. H., D. I. Boomsma, J. M. Vink, et al. 2006. Genetic influences on exercise participation in 37,051 twin pairs from seven countries. *PLoS ONE* 1:e22.

Stuifbergen, A. K., H. Becker, S. Blozis, G. Timmerman, and V. Kullberg. 2003. A randomized clinical trial of a wellness intervention for women with multiple sclerosis. *Archives of*

Physical Medicine and Rehabilitation 84 (4):467-476.

Stunkard,A. J. ,M. S. Faith,and K. C. Allison. 2003. Depression and obesity. *Biological Psychiatry* 54(3):330-337.

Sturman,M. T. , M. C. Morris, C. F. Mendes De Leon, R. S. Wilson, and D. A. Evans. 2005. Physical activity, cognitive activity, and cognitive decline in a biracial community population. *Archives of Neurology* 62:1750-1754.

Sun,Y.-C. , Y.-C. Hung, Y. Chang, and S.-C. Kuo. 2010. Effects of a prenatal yoga programme on the discomforts of pregnancy and maternal childbirth self-efficacy in Taiwan. *Midwifery* 26 (6):e31-e36.

Sundgot-Borgen,J. 1994. Risk and trigger factors for the development of eating disorders in female elite athletes. *Medicine & Science in Sports & Exercise* 26(Apr):414-419.

Sundgot-Borgen,J. ,and M. K. Torstveit. 2004. Prevalence of eating disorders in elite athletes is higher than in the general population. *Clinical Journal of Sport Medicine* 14 (1):25-32.

Swallow,J. G. , P. A. Carter, and T. Garland, Jr. 1998. Artificial selection for increased wheel-running behavior in house mice. *Behavior Genetics* 28(3):227-237.

Szabo,A. , E. Billett,and J. Turner. 2001. Phenylethyl amine, a possible link to the antidepressant effects of exercise? *British Journal of sports Medicine* 35(5):342-343.

Tammelin, T. 2003. Adolescent participation in sports and adult physical activity. *American Journal of Preventive Medicine* 24 (1):22.

Tanaka,K. ,A. C. de Quadros, R. F. Santos, F. Stella, L. T. Gobbi, and S. Gobbi. 2009. Benefits of physical exercise on executive functions in older people with Parkinson's disease. *Brain and Cognition* 69:435-441.

Tancer, M. E. , M. B. Stein, and T. W. Uhde. 1993. Growth hormone response to intravenous clonidine in social phobia: Comparison to patients with panic disorder and healthy volunteers. *Biological Psychiatry* 34(Nov 1):591-595.

Tanha,T. , P Wollmer, O Thorsson, et al. 2011. Lack of physical activity in young children is related to higher composite risk factor score for cardiovascular disease. *Acta Paediatrica* 100 (5): 717-721.

Tantillo M,C. M. Kesick, G. W. Hynd, R. K. Dishman. 2002. The effects of exercise on children with attention-defiat hyperactivity disorder. *Medicine and Science in sports and Exercise* 34 (2): 203-212.

Task Force of the European Society of Cardiology and the North American Society of Pacing and Electrophysiology. 1996. Heart rate variability:Standards of measurement,physiological interpretation

and clinical use. *Circulation* 93:1043-1065.

Taylor, A. H. , N. T. Cable, G. Faulkner, et al. 2004. Physical activity and older adults: A review of health benefits and the effectiveness of interventions. *Journal of sports Sciences* 22 (8): 703-725.

Taylor,S. E. 1999. Health behaviors. In *Health psychology*,4th ed. Boston:McGraw-Hill.

Tellegen, A. 1985. Structures of mood and personality their relevance to assessing anxiety, with emphasis on self-report. In *Anxiety and the Anxiety Disorders*, edited by A. H. Tuma, and J. Maser. Hillsdale,NJ:Erlbaum.

Tenebaum ,G. 1999. The implementation of Thurstone's and Guttman's measurement ideas in Rasch analysis. *International Journal of sport Psychology* 30:3-16.

Thayer,J. F. , B. H. Friedman, and T. D. Borkovec. 1996. Autonomic characteristics of generalized anxiety disorder and worry. *Biological Psychiatry* 39 (Feb 15):255-266.

Thayer, R. E. 1987. Energy, tiredness, and tension effects as a function of a sugar snack vs. moderate exercise. *Journal of Personality & Social Psychology* 52:119-125.

Thayer, R. E. 1989. *The biopsychology of mood and arousal*. New York:Oxford University Press.

Thayer, R. E. , J. R. Newman, and T. M. McClain. 1994. Self-regulation of mood:Strategies for changing a bad mood,raising energy,and reducing tension. *Journal of Personality and Social Psychology* 67(Nov):910-925.

Thelen, E. 2004. The central role of action in typical and atypical development:A dynamical systems perspective. In *Movement and action in learning and development: Clinical implications for pervasive developmental disorders*, edited by I. J. Stockman. New York: Elsevier.

Thom,N. J. , B. A. Clementz, O'Connor P. J. ,and R. K. Dishman. 2012. *The effects of an acute bout of moderate intensity exercise on anger*. Athens,GA:University of Georgia.

Thompson,J. 2004. The (mis) measurement of body image:Ten strategies to improve assessment for applied and research purposes. *Body Image* 1(1):7-14.

Thorndike, E. L. 1904. *An introduction to the theory of mental and social measurements*. New York:The Science Press.

Thorsen, L. , W. Nystad, H. Stigum, et al. 2005. The association between self-reported physical activity and prevalence of depression and anxiety disorder in long-term survivors of testicular cancer and men in a general population sample. *Supportive Care in Cancer* 13 (8):637-646.

Thurstone,1. 1. 1926. The scoring of individual performance. *Journal of*

Educational Psychology 17:446-457.

Thurstone, L. L. 1927. A law of comparative judgment. *Psychological Review* 34:273-286.

Thurstone, L. L. 1928. *Attitudes can be measured*. Vol. 33. Chicago: University of Chicago Press.

Thurstone, L. L. 1931. The measurement of social attitudes. *Journal of Abnoral & Social Psychology* 26:249-269.

Thurstone, L. L., and E. J. Chave. 1929. *The measurement of attitude*. Chicago: University of Chicago Press.

Tian, Q., and J. C. Smith. 2011. Attentional bias to emotional stimuli is altered during moderate-but not high-intensity exercise. *Emotion*. 11(6):1415-1424. doi:10.1037/a0023568.

Tieman, J. G., L. J. Peacock, K. J. Cureton, and R. K. Dishman. 2001. Acoustic startle eyeblink response after acute exercise. *International Journal of Neuroscience* 106:21-33.

Tieman, J. G., L. J. Peacock, K. J. Cureton, and R. K. Dishman. 2002. The influence of exercise intensity and physical activity history on state anxiety after exercise. *International Journal of sport Psychology* 33(2):155-166.

Tiger, L. 1979. *Optimism: The biology of hope*. New York: Simon and Schuster.

Tomarken, A. J., and D. H. Zald. 2009, Conceptual, methodological, and empirical ambiguities in the linkage between anger and approach: comment on Carver and Harmon-Jones (2009). *Psychological Bulletin*. 135 (2):209-214; discussion 215-217. doi: 10.1037/a0014735.

Tomporowski, P. D. 1997. The effects of physical and mental training on the mental abilities of older adults. *Journal of Aging and Physical Activity* 5:9-27.

Tomporowski, P. D. 2003. Effects of acute bouts of exercise on cognition. *Acta Psychologica* 112:297-324.

Tomporowski, P. D., C. L. Davis, P. H. Miller, and J. A. Naglieri. 2008. Exercise and children's intelligence, cognition, and academic achievement. *Educational Psychology Review* 20 (2):111-131.

Tomporowski, P. D., and N. R. Ellis. 1986. The effects of exercise on cognitive processes: A review. *Psychological Bulletin* 99: 338-346.

Tomporowski, P. D., K. Lambourne, and M. S. Okumura. 2011. Physical activity interventions and children's mental function: An introduction and overview. *Preventive Medicine* 52, S3-S9.

Tomporowski, P. D., B. A. McCullick, and M. Horvat. 2010. *Role of contextual interference and mental engagement on learning: Perspectives on cognitive psychology*. New York: Nova Science.

Tomporowski, P. D., J. A. Naglieri, and K. Lambourne. 2010. Exerase psychology and children's intelligence. In *Oxford Handbook of Exercise Psychology*, edited by E. O. Acevedo. New York: Oxford University Press.

Torregrossa, M. M., E. M. Jutkiewicz, H. I. Mosberg, G. Balboni, S. J. Watson, and J. H. Woods. 2006. Peptidic delta opioid receptor agonists produce antidepres-sant-like effects in the forced swim test and regulate BDNF mRNA expression in rats. *Brain Research* 1069(1):172-181.

Torrubia, R., C. Avila, J. Moltó, and X. Caseras. 2001. The Sensitivity to Punishment and Sensitivity to Reward Questionnaire (SPSRQ) as a measure of Gray's anxiety and impulsivity dimensions. *Personality and Individual Differences* 31 (6):837-862.

Trivedi, M. H., M. Fava, S. R. Wisniewski, et al. 2006a. Medication augmentation after the failure of SSRIs for depression. *New England Journal of Medicine* 354 (12):1243-1252.

Trivedi, M. H., T. L. Greer, B. D. Grannemann, H. O. Chambliss, and A. N. Jordan. 2006b. Exercise as an augmentation strategy for treatment of major depression. *Journal of Psychiatric Practice* 12 (4):205-213.

Troiano, R. P., D. Berrigan, K. W. Dodd, L. C. Masse, T. Tilert, and M. McDowell. 2008. Physical activity in the United States measured by accelerometer. *Medicine & Science in sports & Exercise* 40 (1):181-188.

Troped, P. J., and R. P. Saunders. 1998. Gender differences in social influence on physical activity at different stages of exercise adoption. *American Journal of Health Promotion* 13:112-115.

Trost, S. G., N. Owen, A. E. Bauman, J. F. Sallis, and W. Brown. 2002. Correlates of adults' participation in physical activity: Review and update. *Medicine & Science in sports & Exercise* 34 (12):1996-2001.

Trzesniewski, K. H., M. B. Donnellan, T. E. Moffitt, R. W. Robins, R. Poulton, and A. Caspi. 2006. Low self-esteem during adolescence predicts poor health, criminal behavior, and limited economic prospects during adulthood. *Developmental Psychology* 42 (2):381-390.

Tsuji, H., M. G. Larson, F. J. J. Venditti, et al. 1996. Impact of reduced heart rate variability on risk for cardiac events: The Framingham Study. *Circulation* 94:2850-2855.

Tsutsumi, T., B. M. Don, L. D. Zaichkowsky, K. Takenaka, K. Oka, and T. Ohno. 1998. Comparison of high and moderate intensity of strength training on mood and anxiety in older adults. *Perceptual & Motor Skills* 87(3, Pt 1):1003-1011.

Tucker, L. A. 1985. Effect of weight training on self-concept: A profile of those influenced most. *Research Quarterly for Excercise and Sport* 54:389-397.

Turk, D. C., and R. Melzack. 2001. The measurement of pain and the assessment of people experiencing pain. In *Handbook of pain assessment*, edited by D. C. Turk and R. Melzack. New York: Guilford Press.

Tworoger, S. S., Y. Yasui, M. V Vitiello, et al. 2003. Effects of a yearlong moderate-intensity exercise and a stretching intervention on sleep quality in postmenopausal women. *Sleep* 26 (7): 830-836.

Uhlenhuth, E. H., M. B. Balter, G. D. Mellinger, I, H. Cisin, and J. Clinthorne. 1983. Symptom checklist syndromes in the general population: Correlations with psychotherapeutic drug use. *Archives of General Psychiatry* 40:1167-1173.

Umeda, M., L. W. Newcomb, L. D. Ellingson, and K. F. Koltyn. 2010. Examination of the dose-response relationship between pain perception and blood pressure elevations induced by isometric exercise in men and women. *Biological Psychology* 85(1):90-96.

Unlu, E., E. Eksioglu, E. Aydog, S. Tolga Aydoð, and G. Atay. 2007. The effect of exercise on hip muscle strength, gait speed and cadence in patients with total hip arthroplasty: A randomized controlled study. *Clinical Rehabilitation* 21(8):706-711.

Urponen, H., I. Vuori, J. Hasan, and M. Partinen. 1988. Self evaluations of factors promoting and disturbing sleep: An epidemiological survey in Finland. Social Saence Medicine 26(4): 443-450.

U. S. Census Bureau. 2012. *Facts for features—Back to school*: 2011-2012. U. S. Department of Commerce, June 27, 2011.

U. S. Department of Health and Human Services (USD-HHS). 1996. *Physical activity and health*: *A report of the surgeon general*. Atlanta, GA: U. S. Department of Health and Human Services, Centers for Disease Control and Prevention, National Center for Chronic Disease Prevention and Health Promotion.

U. S. Department of Health and Human Services (USDHHS). 2000. *Healthy people* 2010: *Understanding and improving health*. Washington, DC: U. S. Government Printing Office.

U. S. Department of Health and Human Services (USDHHS). 2000. *Mental health*: *A report of the surgeon general*. Atlanta, GA: U. S. Department of Health and Human Services, Centers for Disease Control and Prevention, National Center for Chronic Disease Prevention and Health Promotion.

U. S. Department of Health and Human Services (USDHHS). 2010. *Healthy people* 2020. Washington, DC: U. S. Government Printing Office.

U. S. Public Health Services. 1990. *Promoting health/preventing disease*: *Year* 2000 *objectives for the nation*. Washington, DC: U. S. Government Printing Office.

Utter, A. C., R. J. Robertson, D. C. Nieman, and J. Kang. 2002.

Children's OMNI Scale of Perceived Exertion: Walking/running evaluation. *Medicine & Science in Sports & Exercise* 34 (1): 139-144.

Valkeinen, H., M. Alen, P. Hannonen, A. Häkkinen, O. Airaksinen, and K. Hakkinen. 2004. Changes in knee extension and flexion force, EMG and functional capacity during strength training in older females with fibromyalgia and healthy controls. *Rheumatology* 43(2):225-228.

Van Ameringen, M., C. Allgulander, B. Bandelow, et al. 2003. WCA recommendations for the long-term treatment of social phobia. *CNS spectrums* 8 (8 Suppl. 1):40-52.

Van Baar, M. E., W. J. J. Assendelft, J. Dekker, R. A. B. Oostendorp, and J. W. J. Bijlsma. 1999. Effectiveness of exercise therapy in patients with osteoarthritis of the hip or knee: A systematic review of randomized clinical trials. *Arthritis & Rheumatism* 42 (7):1361-1369.

Van Cauwenberg, J., I. De Bourdeaudhuij, F. De Meester, et al. 2011. Relationship between the physical environment and physical activity in older adults: A systematic review. *Health and Place* 17 (2):458-469.

Van Landuyt, L. M., P. Ekkekakis, E. E. Hall, and S. J. Petruzzello 2000. Throwing the mountains into the lakes: On the perils of nomothetic conceptions of the exercise-affect relationship. *Journal of Sport and Exercise Psychology*, 22 (2):208-234.

Van der Horst, K., A. Oenema, I. Ferreira, et al. 2007. A systematic review of environmental correlates of obesity-related dietary behaviors in youth. *Health Education Research* 22 (2):203-226.

Van Der Horst, K., M. J. C. A. Paw, J. W. R. Twisk, and W. Van Mechelen. 2007. A brief review on correlates of physical activity and sedentariness in youth. *Medicine & Science in sports & Exercise* 39 (8):1241-1250. doi:10.1249/mss. 0b013e318059bf35.

Van der Linden, D. 2011. The urge to stop: The cognitive and biological nature of acute mental fatigue. In *Cognitive fatigue*, edited by P. L. Ackerman. Washington, DC: American Psychological Assoaation.

Van der Molen, M. W. 1996. Energetics and the reaction process: Running threads through experimental psychology. In *Handbook of perception and action*, edited by O. Neumann and A. F. Sanders. New York: Academic Press.

Van Dorsten, B. 2007. The use of motivational interviewing in weight loss. *Current Diabetes Reports* 7(5):386-390.

Van Hoomissen, J. D., H. O. Chambliss, P. V Holmes, and R. K. Dishman. 2003. Effects of chronic exercise and imipramine on mRNA for BDNF after olfactory bulbectomy in rat. *Brain Research* 974(1-2):228-235.

Van Hoomissen, J., J. Kunrath, R. Dentlinger, A. Lafrenz, M. Krause, and A. Azar. 2011. Cognitive and locomotor/exploratory behavior after chronic exercise in the olfactory bulbectomy animal model of depression. *Behavioural Brain Research* 222(1):106-116.

Van Hoomissen, J. D., P. V Holmes, A. S. Zellner, A. Poudevigne, and R. K. Dishman. 2004. Effects of beta-adrenoreceptor blockade during chronic exercise on contextual fear conditioning and mRNA for galanin and brain-derived neurotrophic factor. *Behavioral Neuroscience* 118 (6):1378-1390.

Van Hoomissen, J. D., H. A. O'Neal, P. V Holmes, and R. K. Dishman. 2001. Serotorun transporter mRNA in dorsal raphe is unchanged by treadmill exercise training. *Medicine and Science in Sports and Exercise*, 32(5):S42.

Van Praag, H. 2009. Exercise and the brain: Something to chew on. *Trends in Neurosciences* 32 (5):283-290.

Van Praag, H., B. R. Christie, T. J. Sejnowski, and F. H. Gage. 1999. Running enhances neurogenesis, learning, and long-term potentiation in mice. *Proceedings of the National Academy of Sciences of the United States of America* 96 (23):13427-13431.

Van Reeth, O., J. Sturis, M. M. Byrne, et al. 1994. Nocturnal exercise phase delays circadian rhythms of melatonin and thyrotropin secretion in normal men. *American Journal of Physiology* 266 (6 Pt i):E964-E974.

Van Uffelen, J. G. Z., M. J. M. Chinapaw, W. van Mechelen, and M. Hopman-Rock. 2011. Walking or vitamin B for cognition in older adults with mild cognitive impairment? A randomized controlled trial. *British Journal of Sports Medicine* 42:344-351.

Van Vorst, J. G., J. Buckworth, and C. Mattern. 2002. Physical self-concept and strength changes in college weight training classes. *Research Quarterly for Exercise and Sport* 73(1):113-117.

Varkey, E, Å. Cider, J. Carlsson, and M. Linde. 2011. Exercise as migraine prophylaxis: A randomized study using relaxation and topiramate as controls. *Cephalalgia* 31 (14):1428-1438.

Varrassi, G., C. Bazzano, and W. T. Edwards. 1989. Effects of physical activity on maternal plasma beta-endorphin levels and perception of labor pain. *American Journal of Obstetrics and Gynecology* 160(3):707-712.

Vaux, C. L. 1926. A discussion of physical exercise and recreation. *Occupational Therapy & Rehabilitation* 5:329-333.

Vaynman, S., and F. Gomez-Pinilla. 2006. Revenge of the "Sit": How lifestyle impacts neuronal and cognitive health through molecular systems that interface energy metabolism with neuronal plasticity. *Journal of Neuroscience Research* 84:699-715.

Vaynman, S., Z. Ying, and F. Gomez-Pinilla. 2004. Hippocampal BDNF mediates the efficacy of exercise on synaptic plasticity and cognition. *European Journal of Neuroscience* 20 (10):2580-2590.

Veasey, S. C., C. A. Fornal, C. W. Metzler, and B. L. Jacobs. 1995. Response of serotonergic caudal raphe neurons in relation to speafic motor activities in freely moving cats. *Journal of Neuroscience* 15 (Jul): 5346-5359.

Velikonja, O., K. Curic, A. Ozura, and S. S. Jazbec. 2010. Influence of sports climbing and yoga on spasticity, cognitive function, mood and fatigue in patients with multiple sclerosis. *Clinical Neurology and Neurosurgery* 112 (7):597-601.

Verplanken, B., and O. Melkevik. 2008. Predicting habit: The case of physical exercise. *Psychology of sport and Exercise* 9 (1):15-26.

Verplanken, B., and S. Orbell. 2003. Reflections on past behavior: A self report index of habit strength. *Journal of Applied Social Psychology* 33 (6):1313-1330.

Viner, R. M., C. Clark, S. J. Taylor, et al. 2008. Longitudinal risk factors for persistent fatigue in adolescents. *Archives of Pediatrics & Adolescent Medicine* 162(5):469-475.

Vitiello, M. V 2008. Exercise, sleep, and cognition. In *Exercise and its mediating effects on cognition*, edited by W. W. Spirduso, L. W. Poon, and W. J. Chodzko-Zajko. Champaign, IL: Human Kinetics.

Volinn, E. 1997. The epidemiology of low back pain in the rest of the world: A review of surveys in low-and middle-income countries. *Spine* 22(15):1747-1754.

von Holst, E., and H. Mittelstaedt. 1950. Das reaff-erenzprinzip: Wechselwirkungen zwischen Zentralnerven-system und Peripherie [The re-afference principle: Mutual effects between the central nervous system and the periphery]. *Naturwissenschaften* 37: 464-476.

Von Korff, M., P. Crane, M. I, ane, et al. 2005. Chronic spinal pain and physical-mental comorbidity in the United States: Results from the national comorbidity survey replication. *Pain* 113 (3): 331-339.

Vytal, K., and S. Hamann. 2010. Neuroimaging support for discrete neural correlates of basic emotions: A voxel-based meta-analysis. *Journal of Cognitive Neuroscience* 22 (12):2864-2885.

Wallace, L. S., J. Buckworth, T. E. Kirby, and W. M. Sherman. 2000. Characteristics of exercise behavior among college students: Application of social cognitive theory to predicting stage of change. *Preventive Medicine* 31 (5):494-505.

Waller, B., J. Lambeck, and D. Daly. 2009. Therapeutic aquatic exercise in the treatment of low back pain: A systematic review. *Clinical Rehabilitation* 23 (1):3-14.

Walters, S. T., and J. E. Martin. 2000. Does aerobic exercise really enhance self-esteem in children? A prospective evaluation in 3rd-5th graders. *Journal of sport behavior* 23 (1):53-62.

Wang, G. , C. A. Macera, B. Scudder-Soucie, T. Schnud, M. Pratt, and D. Buchner. 2004. Cost effectiveness of a bicycle/pedestrian trail development in health promotion. *Preventive Medicine* 38 (2):237-242.

Wang, G. J. , N. D. Volkow, J. S. Fowler, et al. 2000. PET studies of the effects of aerobic exercise on human striatal dopamine release. *Journal of Nuclear Medicine* 41 (Aug):1352-1356.

Wankel, L. M. , and J. M. Sefton. 1989. A season-long investigation of fun in youth sports. *Journal of Sport & Exercise Psychology* 11 (4):355-366.

Wasserman, J. D. , and D. S. Tulsky. 2005. A history of intelligence assessment. In *Contemporary intellectual assessment : Theories, tests, and issues*, edited by D. P. Flanagan and P. L. Harrison. New York: Guilford Press.

Watanabe, Y. , B. Evengard, B. H. Natelson, L. A. Jason, and H. Kuratsune. 2010. *Fatigue science for human health*. Japan: Springer.

Waters, R. P. , K. J. Renner, R. B. Pringle, et al. 2008. Selection for aerobic capacity affects corticosterone, monoamines and wheel-running activity. *Physiology & Behavior* 93(4-5):1044-1054.

Waters, R. P. , K. J. Renner, C. H. Summers, et al. 2010. Selection for intrinsic endurance modifies endocrine stress responsiveness. *Brain Research* 1357:53-61.

Watson, D. 2009. Locating anger in the hierarchical structure of affect: Comment on Carver and Harmon-Jones (2009). *Psychological Bulletin* 135 (2):205-208; discussion 215-217.

Watson, D. , and L. A. Clark. 1994. The vicissitudes of mood: A schematic model. In *The nature of emotion : Fundamental questions*, edited by P. Ekman and R. J. Davidson. New York: Oxford University Press.

Watson, D. , L. A. Clark, and A. Tellegen. 1988. Development and validation of brief measures of positive and negative affect: The PANAS scales. *Journal of Personality & Social Psychology* 54(6): 1063-1070.

Watson, D. , and A. Tellegen. 1985. Toward a consensual structure of mood. *Psychological Bulletin* 98 (2):219-235.

Watson, J. B. 1919. *Psychology from the standpoint of a behaviorist*. Philadelphia: Lippincott.

Watson L. , B. Ellis, and G. C. Leng. 2008. Exercise for intermittent claudication. *Cochrane Database System Review* 8 (4):CD000990.

Weber, E. H. , 1834. *De pulsu, resorptione et tactu*. Annotationes Anatomicae et Physiologicae, Leipzig, Germany: Koehler.

Webber, L. S. , D. J. Catellier, L. A. Lytle, et al. 2008. Promoting physical activity in middle school girls: Trial of activity for adolescent girls. *American Journal of Preventive Medicine* 34 (3): 173-184.

Wedekind, D. , A. Broocks, N. Weiss, K. Engel, K. Neubert, and B. Bandelow. 2010. A randomized, controlled trial of aerobic exercise in combination with paroxetine in the treatment of panic disorder. *World Journal of Biological Psychiatry* 11 (7):904-913.

Weir, L. T. , and A. S. Jackson. 1992. % V̇O₂ max and % HRmax reserve are not equal methods of assessing exercise intensity. *Medicine & Science in Sports & Exercise* 24 (5 Suppl.):1057.

Weir, P. T. , G. A. Harlan, F. L. Nkoy, et al. 2006. The incidence of fibromyalgia and its associated comorbidities: A population-based retrospective cohort study based on international classification of diseases, 9th revision codes. *Journal of Clinical Rheumatology* 12 (3):124-128. doi:10. 1097/01. thu. 0000221817. 46231. 18.

Weisberg, R. B. 2009. Overview of generalized anxiety disorder: Epidemiology, presentation, and course. *Journal of Clinical Psychiatry* 70 (Suppl. 2):4-9.

Weiser, P. C. , R. A. Kinsman, and D. A. Stamper. 1973. Task-specific symptomatology changes resulting from prolonged submaximal bicycle riding. *Medicine & Science in Sports & Exercise* 5:79-85.

Weiser, P. C. , and D. A. Stamper. 1977. Psychophysiological interactions leading to increased effort, leg fatigue, and respiratory distress during prolonged strenuous bicycle riding. In *Physical work and effort*, edited by G. A. Borg. New York: Pergamon Press.

Weissman, M. M. , R. C. Bland, G. J. Canino, C. Faravelli, S. Greenwald, H. G. Hwu, P. R. Joyce, E. G. Karam, C. K. Lee, J. Lellouch, J. P. Lepine, S. C. Newman, M. Rubio-Stipec, J. E. Wells, P. J. Wickramaratne, H. Wittchen, and E. K. Yeh. 1996. Cross-national epidemiology of major depression and bipolar disorder. *Journal of the American Medical Association* 276 (Jul 24-31):293-299.

Weissman, M. M. , R. C. Bland, G. J. Canino, C. Faravelli, S. Greenwald, H. G. Hwu, P. R. Joyce, E. G. Karam, C. K. Lee, J. Leeouch, S. C. Newman, M. A. Oakley-Browne, M. Rubio-Stipec, J. E. Wells, P. J. Wickramaratne, H. Wittchen, and E. K. Yeh. 1997. The crossnational epidemiology of panic disorder. *Archives of General Psychiatry* 54:305-309.

Weissman, M. M. , J. S. Markowitz, R. Ouellette, S. Greenwald, and J. P. Kahn. 1990. Panic disorder and cardiovascular/cerebrovascular problems: Results from a community survey. *American Journal of Psychiatry* 147:1504-1508.

Wendel-Vos, W. , M. Droomers, S. Kremers, J. Brug, and F. van Lenthe. 2007. Potential environmental deter-minants of physical activity in adults: A systematic review. *Obesity Reviews* 8 (5): 425-440.

Werme, M. , C. Messer, L. Olson, et al. 2002. Delta FosB regulates wheel running. *Journal of Neuroscience* 22(18):8133-8138.

Wessel,J. 2004. The effectiveness of hand exerases for persons with theumatoid arthritis: A systematic review. *Journal of Hand Therapy* 17 (2):174-180.

West, R. L. 1996. An application of prefrontal cortex function theory to cognitive aging. *Psychological Bulletin* 120:272-292.

Weyerer, S. 1992. Physical inactivity and depression in the community: Evidence from the Upper Bavarian Field Study. *International Journal of sports Medicine* 136:492-496.

Whaley, M. H. , P. H. Brubaker, L. A. Kaminsky, and C. R. Miller. 1997. Validity of rating of perceived exertion during graded exercise testing in apparently healthy adults and cardiac patients. *Journal of Cardiopulmonary Research* 17(Jul-Aug):261-267.

White, L. J. , and V. Castellano. 2008a. Exercise and brain health: Implications for multiple sclerosis: Part 1—neuronal growth factors. *Sports Medicine* 38 (2):91-100.

White, L. J. , and V. Castellano. 2008b. Exercise and brain health: Implications for multiple sclerosis. Part II —immune factors and stress hormones. *Sports Medicine* 38 (3):179-186.

White, P. D. , K. A. Goldsmith, A. L. Johnson, et al. 2011. Comparison of adaptive pacing therapy, cognitive behaviour therapy, graded exercise therapy, and specialist medical care for chronic fatigue syndrome(PACE): A randomised trial. *Lancet* 377 (9768):823-836.

White-Welkley, J. E. , B. N. Bunnell, E. H. Mougey, J. L. Meyerhoff, and R. K. Dishman. 1995. Treadmill training and estradiol moderate hypothalamic-pituitary-adrenal cortical responses to acute running and immobilization. *Physiology and Behavior* 57: 533-540.

White-Welkley, J. E. , G. L. Warren, B. N. Bunnell, E. H. Mougey, J. L. Meyerhoff, and R. K. Dishman. 1996. Treadmill exercise training and estradiol increase plasma ACTH and prolactin after novel footshock. *Journal of Applied Physiology* 80(Mar):931-939.

Whitt-Glover, M. C. , W. C. Taylor, M. F. Floyd, M. M. Yore, A. K. Yancey, and C. E. Matthews. 2009. Disparities in physical activity and sedentary behaviors among U. S. children and adolescents: Prevalence, correlates, and intervention implications. *Journal of Public Health Policy* 30 (Suppl. 1):S309-S334.

Whybrow, P. C. , H. S. Akiskal, and W. T. McKinney. 1984. *Mood disorders: Toward a new psychohiology*. New York: Plenum.

Wiedemann, A. U. , S. Lippke, T. Reuter, B. Schuz, J. P. Ziegelmann, and R. Schwarzer. 2009. Prediction of stage transitions in fruit and vegetable intake. *Health Education Research* 24 (4):596-607.

Wiggins, J. S. , P. Trapnell, and N. Phillips. 1988. Psychometric and geometric characteristics of the Revised Interpersonal Adjective Scales (IASoR). *Multivariate Behavioral Research* 23:517-530.

Wilfley, D. , and J. T. Kunce. 1986. Differential physical and psychological effects of exercise. *Journal of Counseling Psychology*. 33(3):337.

Williams, D. M. , S. Dunsiger, J. T. Ciccolo, B. A. Lewis, A. E. Albrecht, and B. H. Marcus. 2008. Acute affective response to a moderate-intensity exercise stimulus predicts physical activity participation 6 and 12 months later. *Psychology of sport and Exercise* 9 (3):231-245.

Williams, D. M. , C. E. Matthews, C. Rutt, M. A. Napolitano, and B. H. Marcus. 2008. Interventions to increase walking behavior. *Medicine & Science in Sports & Exercise* 40 (7 Suppl.):S567-S573.

Williams, D. S. , J. A. Detre, J. S. Leigh, and A. P. Koretsky. 1992. Magnetic resonance imaging of perfusion using spin inversion of arterial water. *Proceedings of the National Academy of Sciences of the United States of America* 89 (1):212-216.

Williams, G. C. , M. Gagne, R. M. Ryan, and E. L. Deci. 2002. Facilitating autonomous motivation for smoking cessation. *Health Psychology* 21 (1):40-50.

Williams, G. C. , D. S. Minicucci, R. W. Kouides, et al. 2002. Self-determination, smoking, diet and health. *Health Education Research* 17 (5):512-521.

Williams, J. W. , Jr. , C. D. Mulrow, E. Chiquette, P. H. Noel, C. Aguilar, and J. Cornell. 2000. A systematic review of newer pharmacotherapies for depression in adults: evidence report summary. *Annals of Internal Medicine*. 132 (9):743-56.

Williams, J. W. , B. L. Plassman, J. Burke, T. Holsinger, and S. Benjamin. 2010. Preventing Alzheimer's disease and cognitive decline. Edited by AHRQ. Rockville, MD: Agency for Healthcare Research and Quality.

Williams, M. A. , P. A. Ades, L. F. Hamm, et al. 2006. Clinical evidence for a health benefit from cardiac rehabilitation: An update. *American Heart Journal* 152(5):835-841.

Williams, S. L. , and D. P. French. 2011. What are the most effective intervention techniques for changing physical activity self-efficacy and physical activity behaviour—and are they the same? *Health Education Research* 26 (2):308-322.

Williamson, J. W. , P. J. Fadel, and J. H. Mitchell. 2006. New insights into central cardiovascular control during exercise in humans: A central command update. *Experimental Physiology* 91 (1):51-58.

Williamson, J. W. , D. B. Friedman, J. H. Mitchell, N. H. Secher, and L. Friberg. 1996. Mechanisms regulating regional cerebral activation during dynamic handgrip in humans. *Journal of Applied Physiology* 81(5):1884-1890.

Williamson, J. W. , R. McColl, and D. Mathews. 2003. Evidence for central command activation of the human insular cortex during exercise. *Journal of Applied Physiology* 94 (5):1726-1734.

Willner, P. 1995. Animal models of depression: Validity and applications. In *Depression and mania: From neurobiology to treatment*, edited by G. Gessa, W. Fratta, L. Pani, and G. Serra. New York: Raven Press.

Wilmore, J. H. , and D. L. Costill. 1994. *Physiology of sport and exercise*. Champaign, IL: Human Kinetics.

Wilmore, J. H. , A. S. Leon, D. C. Rao, J. S. Skinner, J. Gagnon, and C. Bouchard. 1997. Genetics, response to exercise, and risk factors: the HERITAGE Family Study. *World Review of Nutrition & Dietetics* 81:72-83.

Wilson, C. A. , J. R. Pearson, A. J. Hunter, P. A. Tuohy, and A. P. Payne. 1986. The effect of neonatal manipulation of hypothalamic serotonin levels on sexual activity in the adult rat. *Pharmacology, Biochemistry, and Behavior* 24 (May):1175-1183.

Wilson, G. F. , J. A. Caldwell, and C. A. Russell. 2007. Performance and psychophysiological measures of fatigue effects on aviation related tasks of varying difficulty. *International Journal of Aviation Psychology* 17(2):219-247.

Wilson, P. M. , D. E. Mack, and K. P. Grattan. 2008. Understanding motivation for exercise: A self-determination theory perspective. *Canadian Psychology* 49(3):250-256.

Winchester, P. K. , J. W. Williamson, and J. H. Mitchell. 2000. Cardiovascular responses to static exercise in patients with Brown-Sequard syndrome. *Journal of Physiology* 527 Pt 1:193-202.

Winters, E. , ed. 1951. *The collected works of Adolf Meyer*. Baltimore: Johns Hopkins Press.

Wipfli, B. M. , C. D. Rethorst, and D. M. Landers. 2008. The anxiolytic effects of exercise: A meta-analysis of randomized trials and dose-response analysis. *Journal of Sport & Exercise Psychology* 30(4):392-410.

Wise, L. A. , L. L. Adams-Campbell, J. R. Palmer, and L. Rosenberg. 2006. Leisure time physical activity in relation to depressive symptoms in the Black Women's Health Study. *Annals of Behavioral Medicine*. 32 (1):68-76. doi:10.1207/s15324796abm3201_8.

Wise, R. A. 2004. Dopamine, learning and motivation. *Nature reviews. Neuroscience* 5 (6):483-494.

Wise, R. A. 2008. Dopamine and reward: The anhedonia hypothesis 30 years on. *Neurotoxicity Research* 14(2-3):169-183.

Wolf, M. , M. Ferrari, and V. Quaresima. 2007. Progress of near-infrared spectroscopy and topography for brain and muscle clinical applications. *Journal of Biomedical Optics* 12: 062104. doi: 10.1117/1.2804899.

Wolf, P. A. , A. Beiser, M. F. Elias, A. Rhoda, R. S. Vasan, and S. Seshadri. 2007. Relation of obesity to cognitive function: Importance of central obesity and synergistic influence of concomitant hypertension. The Framingham Heart Study. *Current Alzheimer Research* 4:111-116.

Wolfe, F. , K. Ross, J. Anderson, I. J. Russell, and L. Hebert. 1995. The prevalence and characteristics of fibromyalgia in the general population. *Arthritis & Rheumatism* 38 (1):19-28.

Wolff, E. , and A. Ströhle. 2010. Causal associations of physical activity/exercise and symptoms of depression and anxiety. *Archives of General Psychiatry* 67(5):540-541.

Wolin, K. Y. , R. J. Glynn, G. A. Colditz, I. M. Lee, and I. Kawachi. 2007. Long-term physical activity patterns and health-related quality of life in U. S. women. *American Journal of Preventive Medicine* 32 (6):490-499.

Woo, M. , S. Kim, J. Kim, S. J. Petruzzello, and B. D. Hatfield. 2009. Examining the exercise-affect dose-response relationship: Does duration influence frontal EEG asymmetry? *International Journal of Psychophysiology* 72 (2):166-172.

Woolf, C. J. , and R. J. Mannion. 1999. Neuropathic pain: Aetiology, symptoms, mechanisms, and management. *The Lancet* 353 (9168): 1959-1964.

World Health Organization. 1992. *International classification of diseases*. 10th ed. Geneva: World Health Organization.

World Health Organization. 2008. *Global burden of disease: 2004 update*. Geneva: World Health Organization.

World Health Organization. 2011a. *Global recommendations on physical activity for health*. Geneva: World Health Organization.

World Health Orgaruzation. 2011b. mHealth: New horizons for health through mobile technologies. In *Global observatory for eHealth series*. Geneva: World Health Organization.

Wozniak, R. H. 1992. *Mind and body: Rene Descartes to William James*. Bethesda, MD, and Washington, DC: National Library of Medicine and American Psychological Association.

Wylie, R. C. 1989. *Measures of self-concept*. Lincoln: University of Nebraska Press.

Yagi, Y. , K. L. Coburn, K. N. Estes, and J. E. Arruda. 1999. Effects of aerobic exercise and gender on visual and auditory P300, reaction time, and accuracy. *Journal of Applied Physiology and Occupational Physiology* 80:402-408.

Yamamoto, U. , M. Mohri, K. Shimada, et al. 2007, Six month aerobic exercise training ameliorates central sleep apnea in patients with chronic heart failure. *Journal of Cardiac Failure* 13 (10):825-829.

Yancey, A. K. , W. J. McCarthy, W. C. Taylor, et al. 2004. The Los

Angeles Lifi Off: A sociocultural environmental change intervention to integrate physical activity into the workplace. *Preventive Medicine* 38 (6):848-856.

Yang,C. Y. ,J. C. Tsai,Y. C. Huang,and C. C. Lin. 2011. Effects of a home-based walking program on perceived symptom and mood status in postoperative breast cancer women receiving adjuvant chemotherapy. *Journal of Advanced Nursing* 67 (1):158-168.

Yates, A. , K. Leehey, and C. M. Shisslak. 1983. Running—an analogue of anorexia? *New England Journal of Medicine* 308 (Feb 3):251-255.

Yeung,R. R. 1996. The acute effects of exercise on mood state. *Journal of Psychosomatic Research* 40 (2):123-141.

Yeung,R. R. ,and D. R. Hemsley. 1996. Effects of personality and acute exercise on mood states. *Personality & Individual Differences* 20 (5):545-550.

Yoo,H. S. , B. N. Bunnell, J. B. Crabbe, L. R. Kalish, and R. K. Dishman. 2000. Failure of neonatal clomipramine treatment to alter forced swim immobility: Chronic treadmill or activity-wheel running and imipramine. *Physiology & Behavior* 70 (3-4): 407-411.

Yoo,H. ,H. A. O'Neal,S. Hong,R. L. Tackett,and R. K. Dishman. 1999. Brain β-adrenergic responses to footshock after wheel running. *Medicine & Science in sports & Exercise* 31 (5) (Suppl.): S109,647.

Yoo,H. ,R. L. Tackett,and R. K. Dishman. 1996. Brain β-adrenergic responses to wheel running. *Medicine & Science in sports & Exercise* 28 (5) (Suppl.):S109,647.

Yorio,J. M. ,R. K. Dishman,W. R. Forbus,and K. J. Cureton. 1992. Breathlessness predicts perceived exertion in young women with mild asthma. *Medicine & Science in sports & Exercise* 24 (8):860-867.

Young,D. R. , W. L. Haskell, C. B. Taylor, and S. P. Fortmann. 1996. Effect of community health education on physical activity knowledge, attitudes, and behavior. The Stanford Five-City Project. *American Journal of Epidemiology* 144 (3):264-274.

Youngstedt,S. D. 1997. Does exercise truly enhance sleep? *Physician and Sports medicine* 25 (10):73-82.

Youngstedt, S. D. 2000. The exercise-sleep mystery. *International Journal of Sport Psychology* 31 (2):241-255.

Youngstedt,S. D. 2005. Effects of exercise on sleep. *Clinics in sports Medicine* 24 (2):355-365,xi.

Youngstedt,S. D. ,R. K. Dishman,K. J. Cureton,and L. J. Peacock.

1993. Does body temperature mediate anxiolytic effects of acute exercise? *Journal of Applied Physiology* 74 (Feb):825-831.

Youngstedt,S. D. ,and C. E. Kline. 2006. Epidemiology of exercise and sleep. *Sleep and Biological Rhythms* 4(3):215-221.

Youngstedt, S. D. , D. F. Kripke, and J. A. Elliott. 1999. Is sleep disturbed by vigorous late-night exercise? *Medicine and Science in Sports and Exercise* 31 (6):864-869.

Youngstedt,S. D. ,P. J. O'Connor,J. B. Crabbe,and R. K. Dishman. 1998. Acute exercise reduces caffeine-induced anxiogenesis. *Medicine & Science in Sports & Exercise* 30 (5):740-745.

Youngstedt,S. D. ,P. J. O'Connor,J. B. Crabbe,and R. K. Dishman. 2000. The influence of acute exercise on sleep following high caffeine intake. *Physiology & Behavior* 68 (4):563-570.

Youngstedt, S. D. , PJ. O'Connor, and R. K. Dishman. 1997. The effects of acute exercise on sleep: A quantitative synthesis. *Sleep* 20 (3):203-214.

Yurtkuran,M. ,A. Alp,and K. Dilek. 2007. A modified yoga-based exercise program in hemodialysis patients: A randomized controlled study. *Complementary Therapies in Medicine* 15 (3):164-171.

Zago,S. ,R. Ferrucci, S. Marceglia, and A. Priori. 2009. The Mosso method for recording brain pulsation: The forerunner of functional neuroimaging. *NeuroImage* 48 (4):652-656.

Zagrodnik, J. A. , and M. Horvat. 2009. Chronic exercise and developmental disabilities. In *Exercise and cognitive function*, edited by T. McMorris, P. D. Tomporowski, and M. Audiffren. Chichester, UK: Wiley.

Zajonc, R. B. 1985. Emotions and facial expression. *Science* 230 (4726):608-687.

Zajonc,R. B. ,and D. N. McIntosh. 1992. Emotions research: Some promising questions and some questionable promises. *Psychological Science* 3 (1):70-74.

Zhang,H. N. ,and M. C. Ko. 2009. Seizure activity involved in the up-regulation of BDNF mRNA expression by activation of central mu opioid receptors. *Neuroscience* 161 (1):301-310.

Zhao,G. , X. Zhang, X. Xu, M. Ochoa, and T. H. Hintze. 1997. Short-term exercise training enhances reflex cholinergic nitric oxide-dependent coronary vasodilation in conscious dogs. *Circulation Research* 80(Jun):868-876.

Zmijewski,C. F. , and M. O. Howard. 2003. Exercise dependence and attitudes toward eating among young adults. *Eating Behaviors* 4(2):181-196.

译后记

这是一部同时强调身体活动与锻炼行为的心理学和生物学机制的著作！与以往教科书的最大不同是，它挑战传统的锻炼心理学研究的哲学观和价值观。作者强调，锻炼心理学是交叉科学，而不是心理学的一个分支；关注锻炼行为效益背后的神经—生物学机制，与社会环境同等重要。

这是一部研究导向的著作！它包含锻炼心理学相关领域的最新学术文献，介绍具有学科导向性和代表性的研究成果；它从多学科视角分析与评价身体活动和锻炼的前因后果；它并不苛求对研究问题的统一答案，而是引导读者深入思考。

这是一部挑战读者知识结构的著作。书中介绍了大量与锻炼心理学相关的生物学、神经科学、遗传学、医学和统计学的前沿性知识，令读者检视自己作为锻炼心理学研究者知识结构的完善性。

因此它既可以作为国内锻炼心理学方向硕士研究生的教科书，心理学本科专业学生的教学参考书，又可以成为运动科学专业、运动与健康专业研究者在涉及心理学问题时的重要参考。

本书由北京体育大学运动心理学专业教师翻译，而我们在翻译过程中就深刻感受到了它对我们自身生物科学知识和统计学基础乃至英文水平的挑战。

全书共包括16章，第1、2章由毛志雄翻译，第3、5章由姜媛翻译，第4、10章由迟立忠翻译，第6、16章由张禹翻译，第7章由褚跃德、李杰翻译，第8章由李杰翻译，第9章由王莉翻译，第11章由张国礼翻译，第12、14章由郭璐翻译，第13、15章由王英春翻译。本书其余部分由毛志雄翻译并负责全书统稿。

翻译质量的基本指标是"信、达、雅"。囿于英文水平，我们努力在"信"和"达"的前提下追求"雅"。纵使如此，译者还是深深感到了英语科技语言的艰深，因此文字晦涩、"翻译痕迹"在所难免，敬请读者原谅并批评指正。

衷心希望通过我们的努力，读者能够更加全面地了解锻炼心理学研究的主要领域，以及原作者的学术理念，拓宽自己的学术视野。

感谢原书作者为我们提供了这笔宝贵精神财富！

感谢北京师范大学出版社为我们提供一次难得的进步机会！

特别感谢河北大学外国语学院苏攀教授及其团队的刘丽丽、宋志敏、黄思瑶、冯桥、高琳、苗怡，对本书翻译工作提供的实质性帮助！

——毛志雄，2020 年 12 月于北京体育大学

作者简介

珍妮特·巴克沃斯（Janet Buckworth），哲学博士，俄亥俄州立大学哥伦布分校锻炼科学副教授。她为本科生和研究生教授高级课程：锻炼中的行为改变。她在锻炼心理学和行为改变方面论著广泛。

因在这一领域的专业知识，巴克沃斯在几个锻炼心理学、锻炼与抑郁的会议上担任主题报告人。她还获得了国家健康研究院（NIH）基金的资助，研究锻炼坚持。

巴克沃斯博士是行为医学学会（Society of Behavioral Medicine）和美国健康体育教育娱乐与舞蹈协会（American Alliance for Health，Physical Education，Recreation and Dance）的会员，也是美国运动医学学院（American College of Sports Medicine，ACSM）的资深会员。

她和丈夫查克·穆迪（Chuck Moody）住在俄亥俄州的都柏林。巴克沃斯喜欢和狗一起跑步、做饭以及阅读科学幻想和推理小说。

罗德·K. 迪什曼（Rod K. Dishman），哲学博士，是佐治亚大学雅典分校锻炼科学教授、心理学兼职教授，以及锻炼心理学实验室联合主任。他曾在美国、加拿大和欧洲的政府机构担任运动顾问。他的研究曾获得国家健康研究院、疾病控制和预防中心（CDC）、美国心脏病学会和美国奥林匹克委员会（USOC）的资助。

迪什曼是美国运动医学学院、美国人体运动学研究院（National Academy of Kinesiology）的资深会员，也是国际奥林匹克委员会下属的奥林匹克运动科学研究院的 22 位创始人之一。他是《2008 美国人身体活动指南》的科学咨询委员会委员之一。

他住在佐治亚州的雅典，喜欢自行车运动和抗组训练。

帕特里克·J. 奥康纳（Patrick J. O'Connor），哲学博士，是佐治亚大学雅典分校人体运动学教授、锻炼心理学实验室联合主任。他曾担任美国卫生与公众服务部（the U. S. Department of Health and Human Services）《2008 美国人身体活动指南》的顾问。他曾在 80 个学术会议上发表原创研究，撰写了大量期刊论文，并参与了几部图书的撰写工作。奥康纳现在是美国人体运动学研究院、美国运动医学学院的资深会员。

他与妻子莎拉·考佛特（Sarah Covert）、双胞胎女儿艾丹（Aydan）和西恩纳（Siena）一起住在佐治亚州的雅典。奥康纳喜欢参加不同距离的跑步训练和比赛项目，从 5 公里慢跑，到波士顿马拉松。

菲利普·D. 汤普罗斯基（Phillip D. Tomporowski），哲学博士，是佐治亚大学雅典分校人体运动学教授，认知与技能获得实验室主任。他曾联合撰写了三部著作、联合编写了两部教材，并撰写了大量文章和期刊论文。他曾在美国和英国担任多项大学推广计划、国际计划、地方社区服务计划以及政府与非政府组织的顾问。汤普罗斯基现在是美国运动医学学院的资深会员。

他住在佐治亚州的雅典。汤普罗斯基是材料艺术指导师和实践者。他还喜欢参加三项全能和障碍赛跑。